PROCÉDURES COLLECTIVES

Denis VOINOT

PROCÉDURES COLLECTIVES

Denis VOINOT
Professeur à l'Université de Lille 2

2e édition

LGDJ
lextenso éditions

Dans la même collection

Alleaume C., Craipeau N., *Propriété intellectuelle*, 2009.
Beignier B., *Libéralités et successions*, 2e éd., 2012.
Beignier B., *Régimes matrimoniaux – PACS – Concubinage*, 3e éd., 2012.
Beignier B. et Bléry C., *Introduction au droit*, 3e éd., 2011.
Beignier B. et Binet J.-R., *Droit des personnes et de la famille*, 2013.
Berramdane A., Rossetto J., *Droit de l'Union européenne, Institutions et ordre juridique*, 2e éd., 2013.
Binet J.-R., *Droit médical*, 2010.
Bioy X., *Droits fondamentaux et libertés publiques*, 2e éd., 2012.
Bonfils P., *Droit pénal des affaires*, 2009.
Bossu B., Dumont F., Verkindt P.-Y., *Droit du travail*, 3e éd., 2011.
Castets-Renard C., *Droit de l'internet : droit français et européen*, 2e éd., 2012.
Cohendet M.-A., *Droit constitutionnel*, 2013.
Debat O., *Droit fiscal des affaires*, 3e éd., 2013.
Julien J., *Droit de la consommation et du surendettement*, 2009.
Julien J. et Mendoza-Caminade A., *Droit commercial*, 2013.
Laronde-Clérac C., de Luget A., Flores-Lonjou M. et Jaulin A., *Méthodologie des exercices juridiques*, 2e éd., 2013.
Mendoza-Caminade A., *Droit de la distribution*, 2011.
Mignot M., *Droit des sûretés*, 2010.
Miniato L., *Voies d'exécution et procédures de distribution*, 2009.
Monsèrié-Bon M.-H., Grosclaude L., *Droit des sociétés et des groupements*, 2e éd., 2013.
Morand-Deviller J., *Droit administratif*, 13e éd., 2013.
Morand-Deviller J., *Droit administratif des biens*, 7e éd., 2012.
Poumarède M., *Droit des obligations*, 2e éd., 2012.
Voinot D., *Procédures collectives*, 2e éd., 2013.

33, rue du Mail, 75081 Paris cedex 02
ISBN : 978-2-275-04110-0

SOMMAIRE

TRAVAUX DIRIGÉS

Liste des abréviations

Act. proc. coll.	Lettre d'actualité des procédures collectives
AGS	Association pour la gestion du régime de garantie des créances des salariés
Bodacc	Bulletin officiel des annonces civiles et commerciales
Bull. civ.	Bulletin des arrêts de la Cour de cassation (chambres civiles)
Bull. crim.	Bulletin des arrêts de la Cour de cassation (chambre criminelle)
Bull. Joly Sociétés	Bulletin Joly Sociétés
Bull. Joly entr. diff.	Bulletin Joly entreprises en difficulté
BICC	Bulletin d'information de la Cour de cassation
BRDA	Bulletin rapide de droit des affaires, Francis Lefebvre
Cah. Dr aff.	Cahiers de droit des affaires
Cass. com.	Cour de cassation, chambre commerciale
Cass. civ.	Cour de cassation, chambre civile
Cass. crim.	Cour de cassation, chambre criminelle
Cass. soc.	Cour de cassation, chambre sociale
C. civ.	Code civil
C. com.	Code de commerce
C. env.	Code de l'environnement
CJUE/CJCE	Cour de Justice de l'Union européenne/Cour de Justice des Communautés européennes
CGI	Code général des impôts
C. mon. fin.	Code monétaire et financier
C. proc. civ.	Code de procédure civile
C. rur. et pêche mar.	Code rural et de la pêche maritime
C. trav.	Code du travail
D.	Dalloz (Recueil)
D. aff.	Dalloz Affaires
DH	Dalloz (hebdomadaire)
Dict. perm. diff. entr.	Dictionnaire permanent difficultés des entreprises
Dr env.	Droit de l'environnement
Dr et patr.	Droit et patrimoine
Dr et procéd.	Droit et procédures
Dr sociétés	Droit des sociétés
EIRL	Entrepreneur individuel à responsabilité limitée
Gaz. Pal.	Gazette du Palais
Gaz. proc. coll.	Gazette des procédures collectives
JCP E	Juris-Classeur périodique – Édition Entreprises et affaires
JCP G	Juris-Classeur périodique – Édition Générale
JCP S	Juris-Classeur périodique – Édition Sociale
JCP CI	Juris-Classeur périodique – Édition Commerce et industrie
JDI	Journal du droit international (Clunet)
JO	Journal officiel
JOUE/JOCE	Journal officiel de l'Union européenne/Journal officiel des Communautés européennes
LPA	Les Petites Affiches
Quot. jur.	Le Quotidien juridique
RD bancaire et fin.	Revue de droit bancaire et financier
Rev. crit. DIP	Revue critique de droit international privé
RJ com.	Revue de jurisprudence commerciale
RJDA	Revue de jurisprudence de droit des affaires

RLDA	Revue Lamy droit des affaires
Rev. proc. coll.	Revue des procédures collectives
Rev. sociétés	Revue des sociétés
RTD com.	Revue trimestrielle de droit commercial et de droit économique
RTD civ.	Revue trimestrielle de droit civil

Bibliographie générale

(Les ouvrages figurant dans cette liste sont cités par nom d'auteur dans l'ouvrage)

L. Antonini et L.-C. Henry, *L'essentiel du droit des entreprises en difficulté*, Gualino éditeur, coll. « Les Carrés », 3e éd., 2012.

J. Bonnard, *Droit des entreprises en difficulté*, Hachette, 5e éd., 2012.

A. Bricard et *alii*, *Accompagner le chef d'entreprise en difficulté, de la prévention au rebond*, Litec, coll. « Affaires finances », 2007.

M.-L. Coquelet, *Entreprises en difficulté, Instruments de paiement et de crédit*, Dalloz, coll. « Hypercours », 4e éd., 2011.

A. Jacquemont, *Droit des entreprises en difficulté*, Litec, 8e éd., 2013.

M. Jeantin et R. le Cannu, *Entreprises en difficulté*, Dalloz, coll. « Précis », 7e éd., 2006.

D. Gibirila, *Droit des entreprises en difficulté*, Defrénois, 1re éd., 2009.

Y. Guyon, *Droit des affaires*, T. 2, *Entreprises en difficulté, Redressement judiciaire, Faillite*, Economica, 9e éd., 2003.

B. Lagarde, *Traité économique et fiscal de la sauvegarde de l'entreprise*, éd. B. Lagarde, 2011.

P.-M. LeCorre, *Droit et pratique des procédures collectives*, Dalloz, coll. « Dalloz action », 2012-2013.

A. Lienhard, *Procédures collectives*, Delmas, 4e éd., 2011/2012.

F.-X. Lucas, H. Lecuyer, (sous la dir.), *La réforme des procédures collectives*, LGDJ, coll. « Droit des affaires », 2006.

F. Melin, *La faillite internationale*, LGDJ, 2004.

F. Melin, *Le règlement communautaire du 29 mai 2000 relatif aux procédures d'insolvabilité*, Feuci, Bruylant, 2008.

F. Pérochon, *Entreprises en difficulté*, LGDJ, coll. « Manuels », 9e éd., 2012.

F. Pérochon et R. Bonhomme, *Entreprises en difficulté. Instruments de crédit et de paiement*, LGDJ, coll. « Manuels », 8e éd., 2009.

Ph. Petel, *Procédures collectives*, Dalloz, coll. « Cours », 7e éd., 2011.

Ripert et Roblot, par Ph. Delebecque et M. Germain, *Traité de droit commercial*, t. II, LGDJ, 17e éd., 2004.

Ph. Roussel-Galle, *Réforme du droit des entreprises en difficulté*, Litec, coll. « Litec professionnels », 2e éd., 2007.

Ph. Roussel-Galle, *Entreprises en difficulté*, LexisNexis, coll. « Droit 360° », 2012.

C. Saint-Alary-Houin, *Droit des entreprises en difficulté*, LGDJ, 7e éd., 2011.

C. Saint-Alary-Houin (commenté sous la dir.), *Code des entreprises en difficulté*, LexisNexis, 2013.

B. Soinne, *Traité des procédures collectives*, Litec, 2e éd., 1995.

J.-P. Sortais, *Entreprises en difficulté : les mécanismes d'alerte et de conciliation*, LGDJ, coll. « Systèmes », 2010.

J. Vallansan (dir.), avec la collaboration de P. Cagnoli, L. Fin-Langer, C. Régnaut-Moutier, *Difficultés des entreprises*, Litec, 6e éd., 2012.

J.-L. Vallens, *L'insolvabilité des entreprises en droit comparé*, Joly, 2010.

J.-L. Vallens, *Entreprises en difficulté*, Lamy Droit commercial, 2013.

D. Vidal, *Droit de l'entreprise en difficulté*, Gualino éditeur, 3e éd., 2010.

D. Voinot, *Droit économique des entreprises en difficulté*, LGDJ, 2007.

COURS

INTRODUCTION

1. – Définition. – En présence d'un débiteur défaillant, le créancier pourrait faire appel aux procédures civiles d'exécution pour recouvrer sa créance. Il s'agirait alors de procédures individuelles que chaque créancier engagerait en fonction des informations et des éléments dont il dispose. Toutefois, selon la gravité de la situation économique et financière du débiteur, cette réaction des créanciers prendrait une ampleur telle qu'elle risquerait de s'avérer contraire à l'intérêt public, à l'intérêt du débiteur lui-même, ainsi qu'à la collectivité des créanciers, puisque chacun des créanciers serait libre de mettre ou non en cause le débiteur en difficulté. Ce serait favoriser le *prix de la course* qui permet aux créanciers les mieux informés de l'état de difficulté du débiteur de se faire payer en priorité. Afin d'éviter ce type de comportements injustes ont été mises en place des procédures collectives, c'est-à-dire des procédures d'ordre public qui obligent les créanciers à se soumettre à une discipline collective et à l'issue desquelles le paiement des créanciers se fait selon un ordre déterminé. Si l'on se place côté débiteur, on observe que les procédures collectives sont différentes en considération de l'état économique et financier de celui-ci. Cela explique que, selon le type de procédures, le débiteur dispose d'une marge de manœuvre plus ou moins grande et, surtout, qu'il conserve un espoir variable de sauvegarder son entreprise.

2. – Les fondements du droit des procédures collectives. – Le droit des procédures collectives repose sur un double fondement. L'un est classique, il s'agit de la défaillance du débiteur ; l'autre est récent, ce sont les difficultés de l'entreprise.

La défaillance correspond à un phénomène banal consistant pour un débiteur à ne pas payer ses dettes soit en raison d'une impossibilité l'en empêchant soit en raison d'un refus de sa part. Le mot défaillance rappelle le terme historique « faillite » qui était jadis utilisé pour qualifier cette matière mais qui, de nos jours, se limite à désigner une sanction personnelle frappant le dirigeant de l'entreprise défaillante. Ce fondement classique occupe toujours une place prépondérante dans les législations modernes mais il est aujourd'hui concurrencé par un nouveau fondement, au domaine plus large, les difficultés de l'entreprise. Il s'agit alors d'un concept qui accueille non seulement le débiteur défaillant mais aussi l'entreprise qui, quoique payant ses dettes, voit pourtant son avenir menacé par ses difficultés. La différence essentielle entre ces deux fondements se situe au stade de l'intervention du droit. Alors qu'en présence d'une défaillance, le droit intervient après un défaut de paiement, dans le cas des difficultés de l'entreprise, le droit peut être utilisé, au moins en théorie, avant même qu'un incident de paiement n'arrive. Il y a là une différence de nature car dans le second cas l'objectif principal est la sauvegarde de l'entreprise (et donc des emplois), le règlement des créanciers étant alors un objectif accessoire. En d'autres termes la réalisation du second but dépend de l'accomplissement du premier. Or c'est cette distinction qui préside à l'ensemble de la matière. Ainsi, selon les choix qui seront faits on privilégiera l'un ou l'autre des objectifs. L'ensemble forme alors une matière dynamique dont les objectifs (Section I) permettent d'en comprendre les techniques (Section II).

Section I
Les objectifs du droit des procédures collectives

3. – Méthode. – Le droit des procédures collectives part d'une réalité économique (le défaut de paiement d'une créance, la perte d'un client, etc.) et propose des modalités pour aboutir à une solution. Les modalités peuvent varier selon les finalités que l'on assigne à cette discipline. Ainsi, le processus qui conduit de la réalité concrète au résultat espéré est fondé sur des objectifs qui ont évolué au cours du temps. Il convient pour l'évoquer de se placer au plan national, au plan européen, ou au plan international.

§ 1 : Au plan national

4. – Évolution des objectifs. – L'origine de cette matière est d'abord liée à son fondement classique, à savoir la défaillance du débiteur. Un tel comportement, qui consiste pour un débiteur à ne pas respecter son engagement, intéresse directement la sécurité des transactions et par conséquent le droit. Les juristes se sont donc attachés à poser des règles visant à lutter contre la défaillance en se fixant des objectifs différents selon les époques et surtout selon la gravité des situations.

I. La répression du débiteur défaillant

5. – Évolution contrastée. – Le fait qu'un débiteur ne paye pas ses créanciers a pendant longtemps été considéré comme un manquement très grave [1]. C'est pourquoi le droit s'est surtout préoccupé de réprimer le failli, l'idée étant ici de traiter le débiteur défaillant comme un criminel. Ce fut vrai dans l'Antiquité et notamment en droit romain, la loi des XII Tables prévoyant une procédure très rigoureuse à l'encontre du failli. La solution ultime pour les créanciers consistait alors dans la mise à mort du débiteur suivi du partage de son corps entre les différents créanciers. Si par la suite, le régime de la faillite a évolué il n'en reste pas moins que pendant longtemps des mesures infamantes ont été appliquées au débiteur défaillant comme par exemple le port d'un bonnet de couleur dans les lieux publics, forme originelle et archaïque de la publicité légale. Cet objectif de répression du débiteur défaillant a ensuite été transmis et a perduré en France sous l'Ancien Régime. Ainsi François Ier, dans l'ordonnance de 1536, puis Charles IX, dans l'ordonnance de 1560, édictent des peines très sévères à l'encontre des banqueroutiers ce qui explique la compétence des juges royaux en matière de faillite. Après la révolution, cette répression sera encore prioritaire en particulier dans le Code de commerce de 1807. Le livre III de ce code intitulé « Des faillites et des banqueroutes » porte la marque de l'empereur Napoléon qui, sensibilisé par les réactions très vives suscitées par différents scandales financiers et

1. Sur l'histoire de la faillite, v. J. Hilaire, *Introduction historique au droit commercial*, PUF, 1986, p. 305 et s. ; R. Szramkiewicz, *Histoire du droit des affaires*, Montchrestien, 1989 ; C. Labrusse, « L'évolution du droit français depuis le Code de commerce », *in Faillites*, R. Rodière (dir.), Dalloz, 1970, p. 5 et s.

par les ruines nombreuses qu'ils avaient entraînées, souhaitait des mesures rigoureuses à l'encontre des faillis. C'est au cours des séances d'élaboration du Code de commerce que Napoléon compare le commerçant au capitaine du navire qui répond de son commerce comme le capitaine répond de la marche de son navire, et si le commerce ou le navire sombre, le commerçant ou le capitaine sont coupables de naufrage. Le Code de commerce reprend à sa manière cette comparaison en édictant l'incarcération obligatoire du failli. Cette répression montrera cependant ses limites, les commerçants cherchant par tous les moyens à éviter la faillite, et lorsqu'il était trop tard, n'ayant souvent d'autre choix que de s'enfuir ou pire encore de se suicider. Après la chute de l'Empire, la répression perdra progressivement de son influence jusqu'à la situation actuelle. Cette répression n'a certes pas disparu du droit français mais elle a été reléguée au rang d'instrument accessoire du droit des procédures collectives et n'inspire plus guère le pouvoir normatif au moins dans sa partie pénale [2].

II. Le règlement des créanciers

6. – Objectif primordial. – Le règlement des créanciers a toujours constitué un objectif primordial dans le droit de la faillite quelle que soit par ailleurs l'évolution de cette matière [3]. La raison en est simple, la faillite étant liée à la défaillance d'un débiteur à l'égard d'un ou de plusieurs créanciers. Autrement dit à l'origine et pendant longtemps la faillite a pour objet principal de régler les relations entre le débiteur et ses créanciers. Au-delà de la répression il s'agit donc de résoudre une difficulté d'ordre patrimonial ce qui peut correspondre à une situation complexe, celle dans laquelle un débiteur en relations d'affaires ne paye pas de nombreux créanciers. La question se pose alors de savoir qui sera payé en premier et dans quelle proportion. Cette interrogation prend une dimension plus dramatique encore si le patrimoine du débiteur est insuffisant pour satisfaire tous les créanciers. Dans ce cas, pour des raisons liées à la paix sociale et à la sécurité du commerce juridique, il est apparu nécessaire de régler la question sous une forme collective c'est-à-dire de ne pas laisser chaque créancier agir individuellement. Sont ainsi nées les procédures collectives de paiement par lesquelles on opère une saisie collective du patrimoine du débiteur afin de payer de manière équitable les différents créanciers. Un tel processus est ancien. Le droit romain a par exemple connu différentes procédures collectives. Si dans un premier temps, celles-ci se sont exercées sur l'homme aboutissant parfois au partage du corps du débiteur entre les créanciers, dans un deuxième temps le droit romain a admis que l'on puisse saisir l'ensemble des biens du débiteur pour organiser une vente globale, la *venditio bonorum*, au profit d'un tiers chargé de régler les dettes du débiteur. Cette conception de la procédure collective sera ensuite véhiculée tout au long de l'histoire des échanges économiques, elle traversera les frontières et sera ainsi adoptée et adaptée en France, sa traduction moderne ayant pour siège l'actuelle procédure de liquidation judiciaire. L'optique est alors liquidative c'est-à-dire qu'il convient de tirer le meilleur prix des actifs du débiteur pour désintéresser au

2. En ce sens, v. C. Robaczewski, « La non réforme des sanctions pénales dans la loi de sauvegarde des entreprises », *Gaz. Pal.* 9-10 sept. 2005, p. 48.

3. F. Aubert, « Les finalités des procédures collectives », *op. cit.*, p. 379, « [...] *la défense des intérêts des créanciers et le paiement de leurs créances demeurent l'une des finalités incontournables du droit des entreprises en difficulté et celle à laquelle on a coutume de se référer pour mesurer le succès d'une réforme* ».

mieux les créanciers. Encore faut-il nuancer cette présentation des choses depuis que la cession d'entreprise peut être prononcée en liquidation judiciaire. C'est admettre que, même dans le cadre d'une procédure liquidative, il est possible de sauvegarder l'entreprise.

III. La sauvegarde de l'entreprise

7. – **Indulgence à l'égard du débiteur.** – En réaction au mouvement répressif frappant le débiteur hérité de l'Ancien Régime et repris dans le Code de commerce napoléonien se développe pendant la seconde partie du XIXe siècle et pendant tout le XXe siècle un mouvement de faveur et d'indulgence à l'égard du débiteur. Cette nouvelle orientation débute avec la loi du 28 mai1838 qui procède à une refonte du livre III du Code de commerce. Ainsi l'incarcération automatique du failli est supprimée, le tribunal est désormais libre de la prononcer mais aussi d'y mettre un terme à tout moment. La loi du 4 mars1889 est d'une importance capitale par la distinction qu'elle introduit entre le commerçant malhonnête qui se voit appliquer la procédure de faillite et le commerçant malheureux et de bonne foi qui relève d'une nouvelle procédure, la liquidation judiciaire. Franchissant une étape supplémentaire dans le sens de l'indulgence, les lois des 30 décembre 1903, 31 mars 1906 et 23 mars 1908 ont introduit la réhabilitation de plein droit du failli après une durée de dix ans. Ce texte a suscité de vives réactions de la part de la doctrine, Ripert et Roblot dénonçant des lois à caractère politique, « *votées facilement par des députés qui escomptaient la reconnaissance des électeurs réhabilités* » [4]. La période postérieure à la Première Guerre mondiale voit naître le règlement transactionnel introduit par une loi du 2 juillet 1919. L'idée était de protéger en toute confidentialité les commerçants ruinés par la guerre tout en leur laissant une importante marge de manœuvre dans la poursuite de leur commerce, c'est-à-dire sans l'assistance d'un administrateur. La doctrine a beaucoup critiqué ce système qui aurait provoqué la ruine de nombreux créanciers par l'insolvabilité juridiquement constatée. Ainsi, selon Léon Mazeaud, avec cette loi le législateur a dépassé « *les bornes de la raison ; [...] ce régime fut un déplorable encouragement à l'immoralité du commerce* » [5]. Le décret du 25 août 1937 allait pourtant s'orienter dans le même sens en créant le règlement amiable homologué par lequel le débiteur obtenait en toute confidentialité des délais de paiement décidés à la majorité des créanciers qui liait la minorité. S'il est vrai que ces textes sont allés très loin ; dans la protection du débiteur ; il n'en reste pas moins qu'ils annonçaient déjà une vision différente du droit de la faillite prenant plus en considération la sauvegarde du débiteur en difficulté. Le décret du 20 mai 1955 est certes revenu à plus de rigueur en supprimant la réhabilitation de plein droit mais il n'a pas remis en cause la distinction entre la procédure de faillite et la procédure de règlement judiciaire pouvant aboutir à un accord entre le débiteur et ses créanciers, c'est-à-dire à un concordat. Il y a désormais une cohabitation entre des règles dirigées contre le failli et d'autres favorisant la sauvegarde du débiteur. Ce mouvement en faveur du débiteur connaîtra une ampleur considérable, pour ne pas dire révolutionnaire, à partir de la fin des années 1960, le débiteur s'effaçant, sans pour autant disparaître, au profit de la notion d'entreprise.

4. G. Ripert, R. Roblot, *Traité de droit commercial*, LGDJ, 5e éd., n° 3170.
5. L. Mazeaud, *Cours de droit commercial*, Les Cours du droit, 1967-1968, p. 546.

8. – Distinction de l'homme et de l'entreprise. – La distinction de l'homme et de l'entreprise signifie que l'on ne peut imputer une faute au dirigeant et en faire payer les conséquences à l'entreprise [6]. Il est préférable de sanctionner le dirigeant et de sauvegarder l'entreprise tant que cela est possible [7]. À l'inverse il est inutile de maintenir en vie une entreprise qui n'est pas viable sur le plan économique et injuste de condamner un dirigeant victime des circonstances économiques. Ce nouveau principe directeur du droit des défaillances d'entreprises trouvera sa première traduction dans la loi n° 67-563 du 13 juillet 1967 [8], un texte qui innove dans trois directions.

Ce texte conserve d'abord la distinction entre la faillite et le règlement judiciaire mais il en change les termes. Désormais on parle de liquidation des biens et de règlement judiciaire. Le règlement judiciaire est destiné à assurer la poursuite de l'exploitation et concerne donc les entreprises susceptibles de redressement après apurement de leur passif. La liquidation des biens est orientée immédiatement vers la réalisation de l'actif et concerne les entreprises dans une situation sans issue sur le plan économique. Au terme faillite ne correspond plus alors une procédure mais une sanction – la faillite personnelle – applicable aux dirigeants et non à l'entreprise.

La loi de 1967 étend ensuite son domaine puisque les procédures de règlement ou de liquidation de biens peuvent s'appliquer aux commerçants personnes physiques ou morales mais aussi aux personnes morales de droit privé même non commerçantes. C'est donc en toute logique que le tribunal de grande instance acquiert en la matière une compétence concurrente à celle du tribunal de commerce.

La loi de 1967 modifie enfin la situation des créanciers titulaires de sûretés. Avant ce texte les créanciers garantis par un privilège ou par une hypothèque n'étaient pas atteints par la faillite ou le règlement judiciaire du débiteur. Ils pouvaient donc poursuivre ce dernier et n'étaient affectés par la faillite que dans la mesure où la vente du bien grevé ne suffisait pas à les désintéresser. Dans ce cas ils se retrouvaient créanciers chirographaires. Avec la loi de 1967 certains créanciers – par exemple le Trésor public – ne peuvent plus exercer de poursuites dans le cadre du règlement judiciaire. De plus les créanciers privilégiés et hypothécaires sont tenus de produire, c'est-à-dire de faire connaître au syndic, le montant de leurs créances et celles-ci sont soumises à la vérification du syndic comme les créances chirographaires. Cependant certaines catégories de créanciers bénéficient d'un traitement favorable. Tel est le cas des salariés. En prévision du cas fréquent où l'actif de l'entreprise est insuffisant, un régime d'assurance est mis en place pour régler, dans les délais brefs, la plus grande partie des créances de salaires nées de licenciements prononcés au moment déclaratif (Association nationale pour la gestion du régime d'assurance des créances des salariés, dite AGS) [9].

Le régime issu de la loi n° 67-563 du 13 juillet 1967 a été critiqué en raison notamment de l'anarchie dans le règlement des créanciers, de la prise en compte insuffisante des conséquences

6. Sur cette distinction, v. *Aspects économiques de la faillite*, rapport de l'Inspection générale des finances, Bibl. dr. com., Sirey, 1970, spéc. p. 111 et s. ; A. Brunet, « De la distinction de l'homme et de l'entreprise », *in Études Roblot*, LGDJ, 1984, p. 471 ; R. Houin, « Permanence de l'entreprise à travers la faillite », *Liber amicorum baron Louis Fredericq*, Gent, 1965, p. 609 (cet article est également annexé au rapport préc. de l'Inspection général des finances) ; F. Terré, « Droit de la faillite ou faillite du droit ? », *RJ com.* 1991, p. 1-29.

7. Sur ces deux approches, v. C. Champaud, « La responsabilité commerciale, de Colbert à Badinter », *in Mélanges A. Decocq*, Litec, 2004, spéc. p. 104 et s.

8. Et son décret d'application n° 1120 du 22 déc. 1967.

9. L. n° 73-1194 du 27 déc. 1973.

sociales et économiques des défaillances d'entreprise et plus généralement de l'inadaptation de la loi au traitement des entreprises en difficulté. Il n'en reste pas moins que le principe directeur d'une distinction entre l'homme et l'entreprise sera pourtant conservé dans les textes futurs. On constate même une accentuation du régime de protection de l'entreprise avec la loi n° 85-98 du 25 janvier 1985. Il y a désormais deux mandataires de justice, d'une part l'administrateur judiciaire, qui défend l'intérêt de l'entreprise, et d'autre part, le représentant des créanciers [10] qui a pour mission de défendre l'intérêt collectif des créanciers. Sur le plan procédural, alors que le redressement judiciaire est réservé aux entreprises en cessation des paiements susceptibles d'être sauvegardées soit par un plan de continuation soit par un plan de cession, la liquidation judiciaire concerne des entreprises en cessation des paiements dont l'activité a cessé ou dont le redressement est manifestement impossible. Ce régime, favorable au débiteur, sera ensuite modifié afin de renforcer les droits de certains créanciers. Ce fut le cas des créanciers titulaires de sûretés réelles par la loi n° 94-475 du 10 juin 1994 et des créanciers pouvant se prévaloir d'une clause de réserve de propriété par la loi n° 96-588 du 1er juillet 1996 [11].

9. – Loi de sauvegarde des entreprises. – Avec l'adoption de la loi n° 2005-845 du 26 juillet 2005 de sauvegarde des entreprises et du décret n° 2005-1677 du 28 décembre 2005, une nouvelle étape a été franchie marquant un peu plus la volonté des pouvoirs publics de tout mettre en œuvre pour sauvegarder l'entreprise en difficulté. Si les procédures de redressement judiciaire et de liquidation judiciaire ont été maintenues, d'autres procédures sont introduites dans le but d'anticiper la défaillance du débiteur. On peut citer la procédure de conciliation [12] qui remplace le règlement amiable et dont l'objectif est d'aboutir à un accord entre le débiteur et ses créanciers. La grande innovation de la loi de 2005 réside surtout dans la création d'une nouvelle procédure [13], la procédure de sauvegarde, ouverte à un débiteur qui n'est pas en cessation des paiements, c'est-à-dire qui n'est pas défaillant mais qui connaît des difficultés insurmontables. Le recours à cette procédure n'étant pas au niveau espéré par les pouvoirs publics, son régime juridique introduit par la loi n° 2005-845 du 26 juillet 2005 sera rapidement modifié par l'ordonnance n° 2008-1345 du 18 décembre 2008 portant réforme du droit des entreprises en difficulté ainsi que par le décret n° 2009-160 du 12 février 2009 [14] et le décret n° 2009-1661 du 28 décembre 2009 [15].

10. – La sauvegarde financière accélérée. – Plus récemment, une nouvelle étape a été franchie dans l'anticipation de la défaillance des entreprises avec la création de la procédure de sauvegarde financière accélérée [16] par la loi n° 2010-1249 du 22 octobre 2010 de régulation bancaire et financière et du décret n° 2010-236 du 3 mars 2011 [17]. Cette procédure est en quelque sorte le pont entre deux procédures puisque, débutant en procédure de conciliation, elle se termine en

10. Actuel mandataire judiciaire dans le régime des procédures collectives en vigueur.
11. La modification introduite par ce texte a été ensuite abrogée par l'ordonnance n° 2006-346 du 23 mars 2006 réformant le droit des sûretés.
12. C. com., art. L. 611-4 à L. 611-15 ; art. R. 611-22 à R. 611-50.
13. D. Voinot, « La nouvelle procédure de sauvegarde », *Gaz. Pal.* 7-8 sept. 2005, p. 24.
14. D. n° 2009-160 du 12 févr. 2009 pris pour l'application de l'ord. n° 2008-1345 du 18 déc. 2008 portant réforme du droit des entreprises en difficulté et modifiant les procédures de saisie immobilière et de distribution du prix d'un immeuble.
15. D. n° 2009-1661 du 28 déc. 2009 relatif aux frais de justice en matière commerciale et aux auxiliaires de justice.
16. C. com., art. L. 628-1 à L. 628-7 ; art. R. 628-1 à R. 628-14.
17. D. n° 2011-236 du 3 mars 2011 pris pour l'application des articles 57 et 58 L. n° 2010-1249 du 22 oct. 2010 de régulation bancaire et financière.

sauvegarde par l'adoption d'un plan de sauvegarde en application de règles adaptées. Il s'agit alors de satisfaire un objectif de célérité afin de donner toutes ces chances au sauvetage de l'entreprise.

11. – L'entrepreneur individuel à responsabilité limitée : la résurgence du patrimoine. – L'avènement en droit français de l'entrepreneur individuel à responsabilité [18] nécessitait d'adapter les procédures collectives en raison l'incidence patrimoniale de cette réforme. Cette adaptation a été réalisée par l'ordonnance n° 2010-1512 du 9 décembre 2010 portant adaptation du droit des entreprises en difficulté [19] et des procédures de traitement des situations de surendettement à l'entrepreneur individuel à responsabilité limitée. Désormais un débiteur peut faire l'objet de procédures distinctes sur ces différents patrimoines. Il peut ainsi relever d'une procédure collective du Code de commerce pour son patrimoine affecté à une activité commerciale et d'une procédure de surendettement des particuliers à l'égard de son patrimoine non affecté. Depuis le 1er janvier 2013, l'EIRL peut avoir plusieurs patrimoines affectés à des activités professionnelles différentes ce qui rendra possible l'ouverture de plusieurs procédures collectives à l'égard d'un même débiteur. Cette réforme place le patrimoine au cœur du droit des procédures collectives reléguant au second plan la personne du débiteur.

11-1. – Renforcement des mesures conservatoires à l'égard du patrimoine de tiers. Loi n° 2012-346 du 12 mars 2012 relative aux mesures conservatoires en matière de procédures de sauvegarde, de redressement judiciaire ou de liquidation judiciaire et aux biens qui en font l'objet. – Cette loi, adoptée dans l'urgence à la suite d'une affaire médiatisée (Petrolus), répond, selon l'exposé des motifs, à « la nécessité d'introduire dans le droit des difficultés des entreprises des mesures permettant de faire obstacle à ce que des tiers prélèvent les actifs de l'entreprise défaillante, organisent leur protection face au risque de voir leur responsabilité engagée, ou privent cette entreprise de toute possibilité de répondre à ses obligations, notamment environnementales urgentes ». C'est dans ce but qu'il est possible au juge de prononcer des mesures conservatoires dans un certain nombre d'hypothèses [20] sans pour autant qu'une créance soit fondée en son principe. La loi a été accompagnée d'un décret n° 2012-1190 du 25 octobre 2012.

§ 2 : Au plan européen

I. Le droit de l'Union européenne

A. L'harmonisation des législations nationales

12. – Absence d'un régime harmonisé à l'ensemble des secteurs d'activité. – L'Union européenne s'est intéressée au droit de la faillite dans le cadre de la mise en place du marché

18. L. n° 2010-658 du 15 juin 2010 relative à l'entrepreneur individuel à responsabilité limitée ; D. n° 2010-1706 du 29 déc. 2010 relatif à l'entrepreneur individuel à responsabilité limitée.

19. V. notamment, Livre VI Code de commerce, titre VIII – Dispositions particulières à l'entrepreneur individuel à responsabilité limitée : C. com., art. L. 680-1 à L. 680-7.

20. V. *infra*, n° 368-1 et s.

intérieur, dont on sait qu'il s'agit d'un espace où circulent librement personnes, marchandises, services et capitaux et dans lequel la concurrence doit être respectée [21]. Il est en effet assez aisé de comprendre de quelle manière les défaillances d'entreprises sont susceptibles de porter atteinte à ce projet devenu peu à peu une réalité pour les Européens. Les procédures d'insolvabilité étant faites de contraintes, on imagine que les entreprises soucieuses de préserver leurs intérêts déplacent leurs avoirs dans un État de l'Union européenne où la législation leur est plus favorable (*forum shopping*) [22]. Ce risque n'a cependant pas convaincu les États membres de l'Union européenne de généraliser à tous les secteurs d'activité une harmonisation des législations nationales [23]. Si cette harmonisation n'a pu se faire cela s'explique peut-être moins en raison d'une opposition de conception sur la faillite elle-même qu'en raison de fortes différences dans les régimes applicables aux créanciers titulaires de sûretés dans les États européens. Ce sentiment est d'ailleurs confirmé par les projets récents d'harmonisation proposés par la Commission européenne [24]. Dans une communication du 12 décembre 2012, la Commission envisage de travailler sur le sauvetage de l'entreprise et la possibilité pour l'entrepreneur de bénéficier d'une réhabilitation. Elle propose ainsi que l'harmonisation porte sur le rebond du dirigeant honnête [25], sur le raccourcissement des délais de réhabilitation [26], sur les conditions d'engagement des procédures [27], sur le droit des créanciers à engager une procédure d'insolvabilité [28], sur la déclaration et la vérification des créances [29], sur les plans de restructuration [30].

13. – Harmonisation sectorielle. Banques et assurances. – Le droit des procédures collectives a ainsi fait l'objet d'une harmonisation dans certains secteurs sensibles comme celui des établissements de crédit ou des assurances. C'est ainsi qu'ont été adoptées la directive n° 2001/24/CE du Parlement européen et du Conseil du 4 avril 2001 concernant l'assainissement et la liquidation des établissements de crédit mais aussi la directive n° 2001/17/CE du Parlement européen et du Conseil du 19 mars 2001 concernant l'assainissement et la liquidation des entreprises d'assurance. La crise financière internationale a relancé la réflexion européenne dans ces secteurs sensibles. Les institutions européennes souhaitent en effet éviter le risque systémique c'est-à-dire le phénomène d'insolvabilité en chaîne des banques qui s'est produit au cœur de la crise dans ce secteur. Pour cela, il est sans doute préférable de liquider au plus vite les établissements défaillants afin d'éviter des faillites en cascade. C'est précisément l'une des solutions issues de la proposition de directive du Parlement européen et du Conseil

21. V. L. Cartou, J.-L. Clergerie, A. Gruber, P. Rambaud, *L'Union européenne*, Dalloz, 4e éd., 2002, p. 276 et s.
22. V. D. Fasquelle, « Les faillites des groupes de sociétés dans l'Union européenne : la difficile conciliation entre approches économique et juridique », *Bull. Joly Sociétés*, 2006-2, p. 151.
23. V. D. Voinot, « Droit commun européen et droit des procédures collectives », in M. Boumghar, V. Durand, *Les nouvelles échelles du droit commun*, Larcier, coll. Code économique européen, 2013, p. 115.
24. Communication de la Commission, 12 déc. 2012, Nouvelle approche européenne en matière de défaillances et d'insolvabilité des entreprises COM (2012) 742 final.
25. Point 3.1, Communication de la Commission, 12 déc. 2012, Nouvelle approche européenne en matière de défaillances et d'insolvabilité des entreprises.
26. *Ibid.* Point 3.2.
27. *Ibid.* Point 3.3.
28. *Ibid.* Point 3.4.
29. *Ibid.* Point 3.5.
30. *Ibid.* Point 3.6.

du 6 juin 2012 établissant un cadre pour le redressement et la résolution des défaillances d'établissements de crédit et d'entreprises d'investissement [31].

14. – Harmonisation. Protection des salariés en cas d'insolvabilité de l'employeur. – D'autres directives d'harmonisation ont touché non pas à un secteur en particulier mais une catégorie de créanciers, les salariés. Eu égard aux effets que peut avoir l'insolvabilité sur les ménages, il est apparu assez rapidement nécessaire d'unifier autant que possible les règles relatives au sort des créances salariales. Ce fut chose faite par l'adoption de la directive 80/987/CEE du 20 octobre 1980 relative à la protection des travailleurs salariés en cas d'insolvabilité de l'employeur. Ce texte ayant été modifié à plusieurs reprises, il a finalement été codifié dans une nouvelle directive n° 2008/94/CE du 22 octobre 2008. Celle-ci a pour objectif de garantir le paiement des salariés dont l'employeur fait l'objet d'une procédure d'insolvabilité. À cette fin, elle impose aux États membres d'instituer des organismes de garanties permettant le paiement des salariés en cas d'insolvabilité des employeurs transfrontaliers.

B. Le droit international privé européen : règlement CE n° 1346/2000 du Conseil du 29 mai 2000 relatif aux procédures d'insolvabilité [32]

1°/ Objet

15. – C'est après certaines résistances [33] qu'a finalement été adopté le règlement communautaire n° 1346/2000 du 29 mai 2000 [34], dont la révision devrait intervenir en 2013 la Commission ayant publié récemment un projet de révision [35]. Le règlement communautaire n° 1346/2000 du 29 mai 2000 est entré en vigueur le 31 mai 2002. Il est appliqué par les juridictions nationales qui peuvent en demander l'interprétation à la Cour de Justice de l'Union européenne [36]. En France, le texte a donné lieu à une circulaire du ministère de la Justice [37].

31. Proposition de directive du Parlement européen et du Conseil du 6 juin 2012 établissant un cadre pour le redressement et la résolution des défaillances d'établissements de crédit et d'entreprises d'investissement et modifiant les directives 77/91/CEE et 82/891/CE du Conseil ainsi que les directives 2001/24/CE, 2002/47/CE, 2004/25/CE, 2005/56/CE, 2007/36/CE et 2011/35/UE et le règlement (UE) n° 1093/2010 du Parlement européen et du Conseil.

32. *JOCE*, L. 260, 30 juin 2000, p. 1.

33. Étant entendu qu'avant de parvenir à un tel résultat il y avait eu de nombreuses tentatives qui n'ont pas pu être menées à leur terme, v. J. Béghin, « Un îlot de résistance à l'internationalisation : le droit international des procédures collectives », *in Mélanges Loussouarn*, Dalloz, 1994, p. 31.

34. Sur ce texte, v. Ph. Roussel-Galle, p. 865 ; P.-M Le Corre, *op. cit.* n° 092.00 et s. ; F. Pérochon, *op. cit.*, n° 440 et s. ; A. Jacquemont, *op. cit.*, n° 177 et s. ; F. Mélin, *Le règlement communautaire du 29 mai 2000 relatif aux procédures d'insolvabilité*, Bruylant, 2008 ; C. Saint-Alary-Houin, *op. cit.*, p. 805 ; E. Fabries-Lecea, *L'apport du règlement « insolvabilité » à la construction de l'ordre juridique de l'Union européenne, Étude de droit international privé européen*, thèse Université Toulouse 1 Capitole, 2010 ; D. Bureau, « La fin d'un îlot de résistance, le Règlement du Conseil relatif aux procédures d'insolvabilité », *Rev. crit. DIP* 2002, p. 613 ; J.-C. Coviaux, « Présentation générale du règlement n° 1346/2000 relatif aux procédures d'insolvabilité », *in Les entreprises en difficulté dans l'Union européenne*, *LPA* n° spécial 20 nov. 2001, p. 17 ; L. Idot, « Un nouveau droit communautaire des procédures collectives : le règlement (CE) n° 1346/2000 du 29 mai 2000 », *JCP* E 2000, p. 1648 ; E. Kerckhove, « La convention européenne relative aux procédures d'insolvabilité », *Rev. proc. coll.* 1996, p. 277 ; J.-L. Vallens, « Le règlement communautaire sur les procédures d'insolvabilité et les procédures de redressement et de liquidation judiciaires », *RLDA*, juill. 2002, supplément, p. 5.

35. Commission européenne, Proposition de règlement du Parlement européen et du Conseil modifiant le règlement (CE) n° 1346/2000 du Conseil relatif aux procédures d'insolvabilité, COM (2012) 744 final, point 1.1, p. 1.

36. F. Mélin, *La faillite internationale*, LGDJ, 2004, n° 87, p. 104.

37. Circulaire ministérielle du 15 déc. 2006 relative au règlement n° 1346/2000 du 29 mai 2000 relatif aux procédures d'insolvabilité, *Bull. ministère Justice*, n° 2007-1 du 28 févr. 2007. Sur ce texte v. Ph. Roussel-Galle, « De quelques pistes d'interprétation du règlement CE n° 1346/2000 sur les procédures d'insolvabilité : la circulaire du 15 déc. 2006 », *JDI* 2008, p. 133.

Pour l'essentiel, ce texte a comme objectif la coordination [38] des mesures affectant le patrimoine d'un débiteur déclaré insolvable, dont le centre des intérêts principaux est situé dans un État membre et qui possède des biens dans plusieurs États membres. Il a pour objet de coordonner les procédures de défaillance d'entreprises ouvertes dans les différents États membres [39] et contient des règles de conflit relatives à la compétence juridictionnelle et législative et à la reconnaissance des décisions de justice prise par une juridiction d'un État membre de l'Union européenne. Un tel système n'est pas sans danger dans la mesure où il n'écarte pas le risque de *forum shopping* au sein de l'Union européenne. Cela est d'autant plus à craindre que, dans un rapport [40] au Premier ministre sur l'implantation des grands groupes internationaux, il a été observé que de telles entités prennent en compte, avant leur décision d'implantation dans un État, les conditions dans lesquelles les difficultés rencontrées par leurs filiales seront traitées. Il est donc souhaitable qu'une harmonisation européenne intervienne en ce domaine.

2°/ Domaine d'application

16. – Domaine d'application dans l'espace. – Sur le plan de l'espace, le règlement s'applique aux procédures ouvertes dans les États membres de l'Union européenne hormis le Danemark [41] et seulement si « *le centre des intérêts principaux du débiteur est situé dans la Communauté* » [42]. À défaut, c'est le droit international privé des États qui s'applique où, s'il en existe, les conventions internationales [43].

17. – Personnes visées. – Le règlement « *s'applique aux procédures collectives fondées sur l'insolvabilité du débiteur qui entraînent le dessaisissement partiel ou total de ce débiteur ainsi que la désignation d'un syndic* » [44]. Il n'y a pas de définition positive du débiteur, c'est pourquoi il convient de se référer au droit national applicable au lieu d'ouverture de la procédure, ce qui n'est pas sans inconvénient [45]. En revanche certains débiteurs sont exclus du champ d'application [46]. Cela concerne d'abord ceux entrant dans le champ d'application de directives d'harmonisation du droit de l'Union européenne [47]. Il en est ainsi des entreprises d'assurance [48], des établissements de crédit [49], des entreprises d'investissement qui fournissent des services impliquant la détention de fonds ou de valeurs mobilières de tiers, des organismes de placement collectif et enfin des entreprises qui participent à un système de règlement et de livraison

38. Considérant 3 du règlement n° 1346/2000.
39. F. Mélin, *op. cit.*, n° 87, p. 104.
40. S. Huygues, « L'attractivité du territoire pour les sièges sociaux des grands groupes internationaux », rapport au Premier ministre, oct. 2003, p. 41.
41. Règlement (CE) n° 1346/2000 du Conseil du 29 mai 2000, considérant (33).
42. Règlement (CE) n° 1346/2000 du Conseil du 29 mai 2000, considérant (14).
43. Y. Chaput, « Les juges des défaillances financières des entreprises dans l'Union européenne », *in Mélanges J. Béghin*, Litec, 2005, p. 107 ; J.-P. Dom, « Le contexte international du nouveau droit des procédures collectives », *Rev. proc. coll.* 2006, n° 2, p. 125.
44. Règlement (CE) n° 1346/2000 du Conseil du 29 mai 2000, art. 1 § 1.
45. Sur la difficulté d'application de ce critère aux groupes de sociétés, v. J.-L. Vallens, *op. cit.*, p. 10 ; J.-C. Coviaux, *op. cit.*, p. 20-21.
46. Règlement (CE) n° 1346/2000 du Conseil du 29 mai 2000, art. 1 § 2.
47. V. T. Bonneau, « Assainissement et liquidation des établissements de crédit et des entreprises d'assurance (À propos des directives n°s 2001/17 CE du 19 mars 2001 et 2001/24 CE du 4 avr. 2001) : Des relations du droit commun et du droit spécial », *Rev. proc. coll.*, juill. 2001, p. 129.
48. Ces entreprises relèvent de la directive n° 2001/17/CE du 19 mars 2001 concernant l'assainissement et la liquidation des entreprises d'assurance.
49. Ces entreprises relèvent de la directive n° 2001/24/CE du 4 avr. 2001 concernant l'assainissement et la liquidation des établissements de crédit.

d'instruments financiers de l'Espace économique européen [50]. Doivent ensuite être exclues du domaine d'application du règlement sur l'insolvabilité les groupes de société qui, en France, ne sont pas dotées de la personnalité morale. Enfin sont exclus les débiteurs qui ont leur siège en dehors de l'Union européenne ou alors au Danemark.

18. – Procédures visées. – Les procédures visées par le règlement sont des procédures collectives d'insolvabilité qui pour chaque État membres sont énumérées dans l'annexe A du règlement [51]. Il s'agit en principe des procédures qui entraînent le dessaisissement partiel ou total du débiteur. En France c'est le cas dans toutes les procédures concernées (sauvegarde, redressement et liquidation judiciaires). Il est à cet égard indifférent qu'un administrateur soit désigné ou non puisque, dans toutes ces procédures, certaines opérations patrimoniales échappent à la compétence du débiteur. Il en est ainsi des opérations étrangères à la gestion courante qui nécessitent l'autorisation du juge-commissaire. Enfin le règlement désigne des procédures devant conduire à la nomination d'un syndic ce qui, pour la France, correspond au liquidateur, à l'administrateur judiciaire, au commissaire à l'exécution du plan et au mandataire judiciaire [52]. Sont en revanche exclues du champ d'application du règlement les voies d'exécution individuelles mais aussi, pour se limiter à la France, le recours au mandataire *ad hoc*, à la procédure de conciliation [53] ou enfin au surendettement des particuliers.

3°/ Juridiction compétente [54]

19. – Critère de compétence : centre des intérêts principaux. – Le texte européen contient d'abord des règles de compétence juridictionnelle. Il prévoit ainsi que « *les juridictions de l'État membre sur le territoire duquel est situé le centre des intérêts principaux du débiteur sont compétentes pour ouvrir la procédure d'insolvabilité* ». Selon la Cour de Justice de l'Union, « *la notion de "centre des intérêts principaux" du débiteur, visée à l'article 3, § 1, du règlement CE n° 1346/2000 du Conseil, du 29 mai 2000, relatif aux procédures d'insolvabilité, doit être interprétée par référence au droit de l'Union* » [55]. Elle a aussi précisé que compte tenu de l'intention du législateur et de l'effet utile du règlement, l'article 3, paragraphe 1, de ce dernier doit être interprété en ce sens qu'il attribue également une compétence internationale à l'État membre sur le territoire duquel a été ouverte la procédure d'insolvabilité pour connaître des actions qui dérivent directement de cette procédure et qui s'y insèrent étroitement [56].

S'est également posée la question essentielle de savoir si un tribunal ayant ouvert une procédure principale en France peut étendre cette procédure à une autre personne sur le

50. C. mon. et fin., art. L. 330-1, I, al. 3 qui transpose en droit français la directive n° 1998/26/CE du Parlement européen et du Conseil du 19 mai 1998 concernant le caractère définitif du règlement dans les systèmes de paiement et de règlement des opérations sur titres, *JOCE* n° L166 du 20 avr. 2001, p. 28.

51. Art. 2, règlement CE n° 1346/2000.

52. L'annexe C qui désigne les syndics dans chaque État membre a été modifiée pour tenir compte de l'évolution du droit français suite à l'entrée en vigueur de L. n° 2005-845 du 26 juill. 2005 : v. règlement (CE) n° 694/2006, 27 avr. 2006, *JOUE*, 6 mai, n° L. 121, p. 1 (entrée en vigueur le 7 mai 2006).

53. Rép. min. n° 120292, *JOAN* Q, 1er mai 2007, p. 4159 ; *D.* 2007.1332.

54. Sur cette question, v. *infra* première partie.

55. CJUE, 20 oct. 2011, *D.* 2011. 2915, note Vallens ; *ibid.* Actu. 2593, obs. Lienhard ; *Rev. sociétés* 2011. 726, obs. Roussel Galle ; *ibid.* 2012. 116, note Mastrullo ; *Dict. perm. diff. entrep., Bull.* n° 331, obs. Rémery ; *RJDA* 2012, n° 80 ; *Bull. Joly Entrep. diff.* 2012. 34, note Henry ; *Bull. Joly* 2012. 164, obs. Kuntz et Nurit ; *RLDA* janv. 2012. 18, obs. Mélin ; *Dr. sociétés* 2012, n° 150, note Legros.

56. CJCE, 12 févr. 2009, C339/07, point 21.

fondement de la confusion des patrimoines ou de la fictivité de la personne morale comme le prévoit le droit français. La Cour de Justice de l'Union européenne [57] décide qu'une juridiction d'un État membre qui a ouvert une procédure principale d'insolvabilité à l'encontre d'une société, en retenant que le centre des intérêts principaux de celle-ci est situé sur le territoire de cet État, ne peut étendre, en application d'une règle de son droit national, cette procédure à une deuxième société, dont le siège statutaire est situé dans un autre État membre, qu'à la condition qu'il soit démontré que le centre des intérêts principaux de cette dernière se trouve dans le premier État membre. Elle ajoute que la seule constatation de la confusion des patrimoines de ces sociétés ne suffit pas à démontrer que le centre des intérêts principaux de la société visée par ladite action se trouve également dans ce dernier État. Il est nécessaire, pour renverser la présomption selon laquelle ce centre se trouve au lieu du siège statutaire, qu'une appréciation globale de l'ensemble des éléments pertinents permette d'établir que, de manière vérifiable par les tiers, le centre effectif de direction et de contrôle de la société visée par l'action aux fins d'extension se situe dans l'État membre où a été ouverte la procédure d'insolvabilité initiale.

20. – Centre des intérêts principaux. Personne physique. – Pour une personne physique le critère du centre des intérêts principaux s'entend du lieu où le débiteur gère habituellement ses intérêts et qui est donc vérifiable par les tiers. Le domicile ou le lieu de résidence de la personne physique ne permet pas, selon la Cour de cassation, de présumer le lieu où se situe le centre de ses intérêts principaux [58]. Par ailleurs, le transfert du centre des intérêts principaux après l'introduction d'une demande d'ouverture n'a pas d'incidence si l'ouverture de la procédure est prononcée avant le transfert [59].

21. – Centre des intérêts principaux. Personne morale. – Le règlement précise, pour les sociétés et les personnes morales, que « *le centre des intérêts principaux est présumé, jusqu'à preuve contraire, être le lieu du siège statutaire* ». Il s'agit là d'une présomption simple qu'il est possible de renverser si le siège statutaire n'est pas le centre des intérêts principaux [60].

57. CJUE, 15 déc. 2011, *D.* 2012. 403, note Vallens ; *ibid.* 406, note Dammann et Müller ; *ibid.* Pan. 2197, obs. F.-X. Lucas ; *Rev. sociétés* 2012. 189, obs. Roussel Galle ; *ibid.* 313, note Morelli ; *Rev. crit. DIP* 2012. 435, note Khairallah ; *JCP E* 2012. 1088, note Paclotet Poracchia ; *ibid.* 1227, n° 1, obs. Pétel ; *LEDEN* févr. 2012, p. 6, obs. Mélin ; *LPA* 7 févr. 2012, obs. V. Legrand ; *Act. proc. coll.* 2012, n° 17, obs. Vallansan ; *Bull. Joly* 2012. 240, obs. Kuntz et Nurit ; *Bull. Joly Entrep. diff.* 2012.117, note Henry ; *RLDA* mars 2012. 21, obs. Amri et Jebbour ; *Dr. sociétés* 2012, n° 127, note Legros ; *Bull. Joly* 2012. 576, note Borga ; *Rev. proc. coll.* 2012, n° 185, obs. Mastrullo *; v. égal.* Cass. com., 10 mai 2012, *Bull. civ.* IV, n° 97 ; *D.* 2012. 1803, note Jault-Seseke ; *Rev. sociétés* 2012. 529, obs. Roussel Galle ; *LEDEN* juin 2012, p. 7, obs. Mélin ; *RJDA* 2012, n° 705 ; *Bull. Joly Entrep. diff.* 2012. 243, note Henry ; *Dr. sociétés* 2012, n° 149, note Legros ; *Dr. et patr.* sept. 2012.97, obs. Monsèrié-Bon.

58. Cass. com., 15 févr. 2011, *D.* 2011, Actu. 589, obs. Lienhard ; *JCP* E 2011.1298, note Mélin ; *Act. proc. coll.* 2011, n° 92, obs. Vallansan ; *Dict. perm. diff. entr., Bull.* n° 324, obs. Rémery ; *RJDA* 2011, n° 343.

59. CJCE 17 janv. 2006, D. 2006. 1752, note Dammann ; *ibid.* AJ 367, obs. Lienhard ; *RJDA* 2006, n° 449 ; *Gaz. Pal.* 30 avr.-4 mai 2006, p. 19, obs. Mélin ; *Rev. sociétés* 2006. 346, note Vallens ; *Bull. Joly* 2006. 753, note Fasquelle ; *RJ com.* 2006. 243, note Sortais (affaire *Staubitz/Schreiber*).

60. V. affaire *Daisytek* : CA. Versailles, 4 sept. 2003, *JDI* 2004, p. 1012, note Jacquemont ; *BICC* 2004, n° 800 ; *D.* 2003. 2352, note Vallens ; *JCP* E 2003, n° 50, p. 2012, note Likillimba ; *Rev. sociétés* 2003.891, note Rémery ; *JCP* 2004. II. 10007, note Menjucq ; *Act. proc. coll.* 2003, n° 224, obs. Dom ; *Procédures* 2003, n° 239, obs. Nourissat. V. Mélin, *RJDA* janv. 2004 ; Cass. com., 27 juin 2006, n° 03-19863, P+B+R+I, *Gaz. Pal.* 2006, 14-18 juill. 2006, p. 7, note Mélin ; Y. Chaput, « Centre des intérêts principaux et catégories juridiques de l'insolvabilité des entreprises », *RLDA* 2006, n° 6, 309 ; Brémond, *Dr. et patr.* janv. 2004.28 ; Masson, *Rev. proc. coll.* 2004. 38 ; Castell, *Gaz. Pal.* 24-25 févr. 2006, p. 8.

Tel pourrait être notamment le cas, selon la Cour de Justice de l'Union européenne, « *d'une société qui n'exercerait aucune activité sur le territoire de l'État membre où est situé son siège social* ». En revanche, pour cette même juridiction, « *lorsqu'une société exerce son activité sur le territoire de l'État membre où est situé son siège social, le fait que ses choix économiques soient ou puissent être contrôlés par une société mère établie dans un autre État membre ne suffit pas pour écarter la présomption prévue par le règlement* » [61]. En revanche si les organes de direction et de contrôle d'une société se trouvent au lieu de son siège statutaire et que les décisions de gestion de cette société sont prises, de manière vérifiable par les tiers, en ce lieu, la présomption prévue à l'article 3, § 1, s'applique [62].

22. – Contestation de compétence. – Lorsqu'une procédure principale d'insolvabilité est ouverte dans un État membre, la compétence du tribunal d'ouverture doit être contestée dans cet État. En raison du principe de reconnaissance mutuelle du jugement d'ouverture par le règlement européen il n'est pas possible à une juridiction d'un autre État membre d'examiner à nouveau si la juridiction ayant ouvert la procédure principale d'insolvabilité était bien compétente [63]. C'est la raison pour laquelle les créanciers domiciliés dans un État membre autre que celui de la juridiction qui a ouvert une procédure principale d'insolvabilité ne peuvent être privés de la possibilité effective de contester la compétence de cette juridiction [64].

23. – Procédure principale, procédure secondaire et procédure territoriale. – Le règlement prévoit [65] qu'à côté de la procédure principale d'insolvabilité ouverte dans l'État membre où le débiteur a le centre de ses intérêts principaux, peut être ouverte une autre procédure dans

61. CJCE, 2 mai 2006, aff. C 341/04, *Eurofood IFSC Ltd*, *RLDA* 2006, n° 6, 309 ; *D.* 2006. 1752, note Dammann ; *ibid.*, AJ 1286, obs. Lienhard ; *ibid.*, Pan. 2251, obs. F.-X. Lucas ; *JCP* 2006. II. 10089, note Menjucq ; *Rev. sociétés* 2006.360, note Rémery ; *Bull. Joly* 2006. 907, note Fasquelle ; *Gaz. Pal.* 14-18 juill. 2006, p. 7, obs. Mélin ; *Banque et Droit* juill.-août 2006.70, obs. Affaki et Stoufflet ; *JCP* E 2006, n° 37, p. 1531, obs. Pétel. V. Chaput, *RLDA* 2006, n° 6, p. 26 ; Vallens, *JCP* E 2006, n° 27-28, p. 1220.

62. CJUE, 20 oct. 2011, *D.* 2011. 2915, note Vallens ; *ibid.* Actu. 2593, obs. Lienhard ; *Rev. sociétés* 2011. 726, obs. Roussel Galle ; *ibid.* 2012. 116, note Mastrullo ; *Dict. perm. diff. entrep.*, *Bull.* n° 331, obs. Rémery ; *RJDA* 2012, n° 80 ; *Bull. Joly Entrep. diff.* 2012. 34, note Henry ; *Bull. Joly* 2012. 164, obs. Kuntz et Nurit ; *RLDA* janv. 2012. 18, obs. Mélin ; *Dr. sociétés* 2012, n° 150, note Legros.

63. En ce sens CJCE, 2 mai 2006, *Eurofood*, préc. note précédente : selon la Cour « *la procédure d'insolvabilité principale ouverte par une juridiction d'un État membre doit être reconnue par les juridictions des autres États membres, sans que celles-ci puissent contrôler la compétence de la juridiction de l'État d'ouverture. En effet, la règle de priorité définie à cette disposition, qui prévoit que la procédure d'insolvabilité ouverte dans un État membre est reconnue dans tous les États membres dès qu'elle produit ses effets dans l'État d'ouverture, repose sur le principe de la confiance mutuelle qui a permis la mise en place d'un système obligatoire de compétences et la renonciation corrélative par les États membres à leurs règles internes de reconnaissance et d'exequatur au profit d'un mécanisme simplifié de reconnaissance et d'exécution des décisions rendues dans le cadre de procédures d'insolvabilité. Si une partie intéressée, considérant que le centre des intérêts principaux du débiteur se situe dans un État membre autre que celui dans lequel a été ouverte la procédure d'insolvabilité principale, entend contester la compétence assumée par la juridiction qui a ouvert cette procédure, il lui appartient d'utiliser, devant les juridictions de l'État membre où celle-ci a été ouverte, les recours prévus par le droit national de cet État membre à l'encontre de la décision d'ouverture* ».

64. Affaire *Eurotunnel* : Cass. com., 30 juin 2009, *Bull. civ.* IV, n° 88 ; *D.* 2009. 2591, note Moreil ; *ibid.*, chron. C. cass. 2582, obs. Orsini ; *ibid.*, AJ 1886, obs. Lienhard ; *Gaz. Pal.* 26-28 juill. 2009, p. 7, note Fricero ; *ibid.* 1er-3 nov. 2009, p. 6, obs. Reille ; *JCP* E 2009. 1974, note Rolland ; *ibid.* 2010. 1011, n° 2, obs. Pétel ; *RTD com.* 2009.625, obs. Vallens ; *Dict. perm. diff. entr.* 2009, *Bull.* n° 306, obs. Rémery ; *LEDEN* sept. 2009, p. 1, obs. F.-X. Lucas ; *Bull. Joly* 2009.877, note Jault-Seseke et Robine ; *Act. proc. coll.* 2009, n° 224, obs. Dom ; *RLDA* 2009, n° 42, p. 25, obs. Mélin ; *Dr. sociétés* 2009, n° 230, note Legros ; *Rev. proc. coll.* 2009, n° 147, obs. Mastrullo ; *Dr. et patr.* oct. 2010. 88, obs. Saint-Alary-Houin et Monsèrié-Bon. V. concl. Bonhomme, *Rev. proc. coll.* 2009, Étude 16.

65. Art. 3, règlement CE n° 1346/2000.

l'État membre dans lequel le débiteur possède un établissement [66]. Cette procédure territoriale est dite secondaire lorsqu'elle est ouverte suite à l'ouverture d'une procédure d'insolvabilité dans l'État où se situe le « *centre de ses intérêts principaux* » (procédure principale) du débiteur. Toutefois, une procédure territoriale peut, par exception, être ouverte avant l'ouverture d'une procédure principale d'insolvabilité et ceci dans deux cas :

– « *si une procédure d'insolvabilité ne peut pas être ouverte [...] en raison des conditions établies* [67] *par la loi de l'État membre sur le territoire duquel est situé le centre des intérêts principaux du débiteur* » ;

– « *si l'ouverture de la procédure territoriale d'insolvabilité est demandée par un créancier dont le domicile, la résidence habituelle ou le siège se trouve dans l'État membre sur le territoire duquel est situé l'établissement concerné, ou dont la créance a son origine dans l'exploitation de cet établissement* » [68].

Une procédure territoriale ne peut avoir d'effet que pour les biens du débiteur se trouvant sur le territoire où se situe l'établissement ayant justifié l'ouverture de cette procédure. Il en résulte que le tribunal en charge de la procédure secondaire ne peut statuer sur une interdiction de gérer [69]. S'agissant d'une procédure secondaire, celle-ci est obligatoirement une procédure de liquidation [70] et le fait que la procédure principale ait pour objectif la protection du débiteur n'empêche pas l'ouverture d'une procédure secondaire d'insolvabilité du débiteur dans un État membre dans lequel il dispose d'un établissement [71].

4°/ Loi applicable

24. – Principe : loi du lieu d'ouverture de la procédure d'insolvabilité. – Le règlement pose une règle de conflit de loi attribuant compétence à la loi du lieu d'ouverture de la procédure d'insolvabilité ou *lex fori concursus* [72]. La loi de l'État d'ouverture détermine en particulier les conditions d'ouverture, le déroulement et la clôture de la procédure d'insolvabilité. On peut

---

66. La notion d'« établissement » au sens de l'art. 3, § 2, doit être interprétée en ce sens qu'elle requiert la présence d'une structure comportant un minimum d'organisation et une certaine stabilité en vue de l'exercice d'une activité économique ; la seule présence de biens isolés ou de comptes bancaires ne répond pas, en principe, à cette définition, v. CJUE, 20 oct. 2011, *D.* 2011. 2915, note Vallens ; *ibid.* Actu. 2593, obs. Lienhard ; *Rev. sociétés* 2011. 726, obs. Roussel Galle ; *ibid.* 2012. 116, note Mastrullo ; *Dict. perm. diff. entrep., Bull.* n° 331, obs. Rémery ; *RJDA* 2012, n° 80 ; *Bull. Joly Entrep. diff.* 2012. 34, note Henry ; *Bull. Joly* 2012. 164, obs. Kuntz et Nurit ; *RLDA* janv. 2012. 18, obs. Mélin ; *Dr. sociétés* 2012, n° 150, note Legros.

67. Sur la notion de « conditions établies » et de « créancier » au sens de l'article 3, §4, v. CJUE, 17 nov. 2011, *RJDA* 2012, n° 189 ; *LEDEN* mars 2012, p. 7, obs. Mélin ; *Bull. Joly Entrep. diff.* 2012. 111, note Vallens.

68. V. par ex. pour une société belge mise en redressement judiciaire en France sur assignation du comptable public. La Cour de cassation relève « *que la cour d'appel a retenu la compétence des juridictions françaises en raison de l'existence en France d'un établissement de la société et non du centre de ses intérêts principaux* », Cass. com., 18 mars 2008, *RJDA* 2008, n° 698 ; *Bull. Joly* 2008. 699, note Mélin ; *Dr. sociétés* 2008, n° 203, note Legros ; *RTD com.* 2010. 204, obs. Vallens.

69. Cass. com., 22 janv. 2013, *D.* 2013. 755, note Dammann et Rapp ; *ibid.* Actu. 301, obs. Lienhard ; *Rev. sociétés* 2013. 183, obs. Henry ; *JCP E* 2013. 1216, n° 11, obs. Pétel ; *ibid.* 1218, note Lemay ; *Act. proc. coll.* 2013, n° 53, obs. Legrand ; *LEDEN* mars 2013, p. 6, obs. Mélin ; *Bull. Joly* 2013. 263, note Vallens ; *Rev. proc. coll.* 2013, n° 30, obs. Mastrullo ; *Dr. sociétés* 2013, n° 89, note Legros ; *RJDA* 2013, n° 440 ; *Bull. Joly Entrep. diff.* 2013. 175, note Sortais.

70. Art. 3, règlement CE n° 1346/2000, v. égal. art. 27 à 38 du règlement.

71. CJUE, 22 nov. 2012, *D.* 2013. 468, note Dammann et Leclair de Bellevue ; *Rev. sociétés* 2013. 184, obs. Henry ; *JCP E* 2013. 1050, note d'Avout ; *Bull. Joly Entrep. diff.* 2013. 47, note Sortais ; *LEDEN* mars 2013, p. 6, obs. Mélin ; *Rev. proc. coll.* 2013, n° 29, obs. Mastrullo ; *Act. proc. coll.* 2013, n° 111, obs. V. Legrand.

72. Art. 4, 1, règlement CE n° 1346/2000 : « *sauf disposition contraire du présent règlement, la loi applicable à la procédure d'insolvabilité et à ses effets est celle de l'État membre sur le territoire duquel la procédure est ouverte, ci-après dénommé "État d'ouverture"* ».

donc remarquer que la loi applicable couvre assez largement les questions touchant à l'insolvabilité du débiteur. C'est elle qui détermine notamment [73], les débiteurs relevant du règlement, les biens faisant l'objet du dessaisissement, les règles concernant la production, la vérification et l'admission des créances [74], la clôture de la procédure [75]. En revanche la question de l'existence de la créance ne relève pas de la procédure d'insolvabilité, c'est pourquoi la notion de créancier doit être déterminée selon la loi applicable à la source de cette créance [76].

25. – Exceptions. – Des exceptions sont prévues qui dérogent à la *lex fori concursus*. On peut citer, à titre d'illustration les contrats portant sur un bien immobilier. Plus précisément comme le précise l'article 8 du règlement, « *les effets de la procédure d'insolvabilité sur un contrat donnant le droit d'acquérir un bien immobilier ou d'en jouir sont régis exclusivement par la loi de l'État membre sur le territoire duquel ce bien est situé* ». De même, autre exemple, s'agissant des effets sur les contrats de travail, s'applique la loi du lieu du contrat de travail [77].

5°/ Reconnaissance des décisions de justice

26. – Principe. – Le règlement pose le principe de la reconnaissance de droit des décisions relatives à l'ouverture [78], au déroulement [79] et la clôture [80] d'une procédure d'insolvabilité du moment qu'elles ont été prises par une juridiction compétente [81]. Cette règle de principe s'applique également lorsque le débiteur, du fait de sa qualité, n'est pas susceptible de faire l'objet d'une procédure d'insolvabilité dans les autres États membres. Cette reconnaissance a une incidence sur les prérogatives dont disposent les autorités compétentes des autres États membres que celui dans lequel la procédure principale a été ouverte. Ainsi, lorsqu'aucune procédure secondaire d'insolvabilité n'a été ouverte, ces autorités sont tenues, sauf exception prévue par le règlement, « *de reconnaître et d'exécuter toutes les décisions relatives à cette procédure principale d'insolvabilité*

---

73. Art. 4, règlement CE n° 1346/2000.

74. Pour une application de la loi française dans une procédure d'insolvabilité à propos de la production des créances. Cass. com., 15 déc. 2009 : *Bull. civ.* IV, n° 164 ; *D.* 2010. AJ 86, obs. LIENHARD ; *Rev. sociétés* 2010.187, note DAMMANN et SAUTERAUD ; *RTD com.* 2010.210, obs. VALLENS ; *JCP* E 2010.1296, n° 10, obs. PÉTEL ; *Act. proc. coll.* 2010, n° 22, obs. VALLANSAN ; *LEDEN* févr. 2010, p. 7, obs. MÉLIN ; *RJDA* 2010, n° 542 ; *Bull. Joly* 2010. 367, note JAULT-SESEKE et ROBINE ; *Rev. proc. coll.* 2010, n° 217, obs. MENJUCQ. Cass. com., 22 juin 2010 : *D.* 2010, Actu. 1702 ; *RTD com.* 2010.783, obs. MARTIN-SERF ; *Dict. perm. diff. entr., Bull.* n° 317, obs. RÉMERY ; *Bull. Joly* 2010. 755, note VALLENS ; *LEDEN* oct. 2010, p. 7, obs. MÉLIN ; *Act. proc. coll.* 2010, n° 225, obs. ROBINE ; *RJDA* 2010, n° 1172 ; *Rev. proc. coll.* 2010, n° 217, obs. MENJUCQ. Sur l'application du relevé de forclusion : Cass. com., 16 nov. 2010 : *D.* 2010, Actu. 2832, obs. LIENHARD ; *Rev. sociétés* 2011. 196, obs. ROUSSEL-GALLE ; *Dict. perm. diff. entr., Bull.* n° 321, obs. RÉMERY ; *LEDEN* janv. 2011, p. 7, obs. MÉLIN ; *Gaz. Pal.* 7-8 janv. 2011, p. 39, obs. LE CORRE-BROLY ; *RJDA* 2011, n° 170 ; *LPA*, 29 avr. 2011, obs. NABET.

75. CJUE, 22 nov. 2012, *D.* 2013. 468, note DAMMANNET LECLAIR DE BELLEVUE ; *Rev. sociétés* 2013. 184, obs. HENRY ; *JCP E* 2013. 1050, note D'AVOUT ; *Bull. Joly Entrep. diff.* 2013. 47, note SORTAIS ; *LEDEN* mars 2013, p. 6, obs. MÉLIN ; *Rev. proc. coll.* 2013, n° 29, obs. MASTRULLO ; *Act. proc. coll.* 2013, n° 111, obs. V. LEGRAND.

76. Cass. com. 13 sept. 2011, *Bull. civ.* IV, n° 131 ; *D.* 2011. 2518, note D'AVOUT et BORGA ; *RTD com.* 2011. 801, obs. VALLENS ; *ibid.* 2012. 190, obs. MARTIN-SERF ; *RTD civ.* 2012. 116, obs. FAGES ; *Rev. crit. DIP* 2011. 870, rapp. RÉMERY ; *BRDA* 2011, n° 18, p. 13 ; *LEDEN* oct. 2011, p. 1, obs. F.-X. LUCAS ; *Act. proc. coll.* 2011, n° 259, obs. JAULT-SESEKEET ROBINE ; *Dict. perm. diff. entrep., Bull.* n° 330, obs. ROUSSEL GALLE ; *Bull. Joly Entrep. diff.* 2011. 305, note HENRYET HOUIN-BRESSAND ; *RJDA* 2011, n° 943 ; *Bull. Joly* 2011. 987, note LIBCHABER ; *Rev. proc. coll.* 2011, n° 173, obs. MENJUCQ et MASTRULLO ; *Dr. et patr.* déc. 2011. 95, obs. ANCEL ; *Gaz. Pal.* 20-21 janv. 2012, p. 12, obs. MÉLIN ; *LPA* 27 juin 2012, p. 14, obs. TABOUROT-HYEST. – V. Rapp. RÉMERY, *RJDA* nov. 2011, p. 827. – V. aussi DAMMANN et ALBERTINI, *JCP E* 2011. 1803 ; FISZELSON, *RLDA* nov. 2011. Étude 32 ; DAMMANN, *Dr. et patr.* avr. 2012. 91 ; GARCIA et BEBE EPALE, *Banque et Droit* mars-avr. 2012. 14.

77. Art. 10, règlement CE n° 1346/2000.

78. Art. 16.1, règlement CE n° 1346/2000.

79. Art. 25, règlement CE n° 1346/2000.

80. *Ibid.*

81. Art. 16.1, règlement CE n° 1346/2000.

et, partant, ne sont pas en droit d'ordonner, en application de la législation de cet autre État membre, des mesures d'exécution portant sur les biens du débiteur déclaré insolvable situés sur le territoire dudit autre État membre, lorsque la législation de l'État d'ouverture ne le permet pas [...] » [82].

27. – Exception. – Le règlement prévoit différentes exceptions à la reconnaissance des décisions. Il en est ainsi de l'exception d'ordre public selon laquelle « *tout État membre peut refuser de reconnaître une procédure d'insolvabilité ouverte dans un autre État membre ou d'exécuter une décision prise dans le cadre d'une telle procédure, lorsque cette reconnaissance ou cette exécution produirait des effets manifestement contraires à son ordre public, en particulier à ses principes fondamentaux ou aux droits et aux libertés individuelles garantis par sa constitution* » [83]. Le refus de reconnaissance pour atteinte à l'ordre public peut être ainsi fondé sur la méconnaissance du droit d'accès au juge et, notamment, sur l'impossibilité pour un créancier domicilié dans un État membre autre que celui d'ouverture de la procédure principale d'insolvabilité de contester effectivement, dans l'État d'ouverture, la compétence assumée par ses juridictions [84]. De même un « *État membre peut refuser de reconnaître une procédure d'insolvabilité ouverte dans un autre État membre lorsque la décision d'ouverture a été prise en violation manifeste du droit fondamental à être entendue dont dispose une personne concernée par une telle procédure* » [85]. Cette notion « d'ordre public » n'est pas laissée à la libre appréciation des États membres, son interprétation étant soumise à la Cour de Justice de l'Union européenne.

6°/ Organes de la procédure

28. – Pouvoirs du syndic. – Le syndic correspond aux professionnels des procédures collectives qui sont énumérés, pour chaque État membre, dans l'annexe C du règlement européen. Il est prévu que par le règlement que « *le syndic désigné par une juridiction compétente peut exercer sur le territoire d'un autre État membre tous les pouvoirs qui lui sont conférés par la loi de l'État d'ouverture, aussi longtemps qu'aucune autre procédure d'insolvabilité n'y a été ouverte ou qu'aucune mesure conservatoire contraire n'y a été prise à la suite d'une demande d'ouverture d'une procédure d'insolvabilité dans cet État* » [86]. Le règlement précise ensuite dans quelle mesure le syndic peut exercer ses pouvoirs hors du territoire d'ouverture de la procédure.

29. – Devoir de coopération et d'information [87]**.** – La possibilité d'une cohabitation entre différentes procédures étant prévu par le règlement, il était donc nécessaire de poser des règles de coopération entre les différents organes désignés dans chaque procédure. C'est la raison pour laquelle le règlement prévoit d'abord que « *le syndic de la procédure principale et les syndics des procédures secondaires sont tenus d'un devoir d'information réciproque* ». Ce devoir se traduit concrètement par l'obligation qui leur est faite de communiquer sans délai tout renseignement qui peut être utile à l'autre procédure, notamment sur l'étendue du passif du débiteur. Le

82. CJUE, 21 janv. 2010, *D.* 2011. 498, note Dammann et Carole-Brisson ; *Rev. sociétés* 2011.44, note Mélin ; *JCP* E 2010.1833, n° 11, obs. Menjucq ; *Dict. perm. diff. entr.*, *Bull.* n° 312, obs. Rémery ; *Procédures* 2010, n° 72, obs. Nourissat ; *Bull. Joly* 2010. 493, note Jault-Seseke.
83. Art. 26 règlement CE n° 1346/2000.
84. Cass. com., 15 févr. 2011, *D.* 2011, Actu. 588, obs. Lienhard ; *RJDA* 2011, n° 344 ; *LEDEN* avr. 2011, p. 7, obs. Mélin.
85. CJCE, 2 mai 2006, aff. C 341/04, *Eurofood IFSC Ltd*, préc.
86. Art. 18, règlement CE n° 1346/2000.
87. Art. 31, règlement CE n° 1346/2000.

règlement prévoit ensuite que le syndic de la procédure principale et les syndics des procédures secondaires sont tenus d'un devoir de coopération réciproque. C'est ainsi que le « *syndic d'une procédure secondaire doit en temps utile permettre au syndic de la procédure principale de présenter des propositions relatives à la liquidation ou à toute utilisation des actifs de la procédure secondaire* ». Ces dispositions du règlement sont parfois complétées par des initiatives professionnelles. Ainsi en France, le Conseil national des administrateurs judiciaires et mandataires judiciaires a élaboré un guide de coopération entre les professionnels français et italiens des défaillances d'entreprises.

7°/ Droits et obligations des créanciers

30. – Production des créances. – Les créanciers qui ont leur résidence habituelle, leur domicile ou leur siège dans une État membre autre que l'État d'ouverture, « *y compris les autorités fiscales et les organismes de sécurité sociale des États membres, ont le droit de produire leurs créances par écrit dans la procédure d'insolvabilité* » [88]. Pour produire sa créance, le créancier envoie « *une copie des pièces justificatives, s'il en existe, et indique la nature de la créance, sa date de naissance et son montant ; il indique également s'il revendique, pour cette créance, un privilège, une sûreté réelle ou une réserve de propriété, et quels sont les biens sur lesquels porte la garantie qu'il invoque* » [89]. Lorsque la procédure d'insolvabilité est ouverte en France mais que les créanciers sont établis à l'étranger, la Cour de cassation applique les règles françaises. C'est le cas par exemple en matière de délégation de pouvoir pour déclarer [90] et aussi pour le délai de forclusion des créanciers [91].

31. – Obligation d'information des créanciers. – Le syndic nommé dans une procédure d'insolvabilité ouverte dans un État membre doit informer sans délai les créanciers connus qui ont leur résidence habituelle, leur domicile ou leur siège dans les autres États membres [92]. Cette information, assurée par l'envoi individuel d'une note, peut porter notamment sur les délais à observer, les sanctions prévues quant à ces délais, l'organe ou l'autorité habilité à recevoir la production des créances et les autres mesures prescrites. Cette note indique également si les créanciers dont la créance est garantie par un privilège ou une sûreté réelle doivent produire leur créance [93].

---

88. Art. 39, règlement CE n° 1346/2000.

89. Art. 41, règlement CE n° 1346/2000.

90. Cass. com., 22 juin 2010, F-P+B, n° 09-65481 : « *il en résulte que dans le cas d'une procédure d'insolvabilité ouverte en France, la déclaration de créance, faite à titre personnel, par une personne morale, si elle n'émane pas des organes habilités par la loi à la représenter, peut encore être effectuée par tout préposé titulaire d'une délégation de pouvoirs lui permettant d'accomplir un tel acte, émanant d'un des organes préc. ou d'un préposé ayant lui-même reçu d'un organe habilité le pouvoir de déclarer les créances ainsi que la faculté de le subdéléguer* ».

91. Cass. com., 16 nov. 2010, F-P+B, n° 09-16572 : « *Mais attendu, en premier lieu, que le règlement (CE) n° 1346/2000 du 29 mai 2000 relatif aux procédures d'insolvabilité, dont l'article 21 ne prévoit la publicité de la décision ouvrant la procédure dans les autres États membres qu'à la requête du syndic ou sur décision de ces autres États, mais à la condition, dans ce second cas, que le débiteur, et non pas le créancier, y ait un établissement, renvoie, par son article 4, § 2 h), au droit interne de l'État d'ouverture pour la détermination de l'ensemble des règles relatives à la production des créances et à ses suites ; qu'il résulte des dispositions, ainsi rendues applicables, de l'article L. 622-26, al. 3, du Code de commerce dans leur rédaction issue de la loi du 26 juill. 2005 de sauvegarde des entreprises, que le délai de l'action en relevé de forclusion court à compter de la publication du jugement d'ouverture, sans distinction selon le lieu d'établissement, en France ou à l'étranger, du créancier ; que, par ce motif de pur droit, suggéré par la défense, la décision de la cour d'appel se trouve justifiée* ».

92. Art. 40.1, règlement CE n° 1346/2000.

93. Art. 40.2, règlement CE n° 1346/2000.

II. Le droit des États européens [94]

32. – Généralités. – Les systèmes juridiques des États européens en matière de défaillance d'entreprise se caractérisent par une certaine diversité dont il ne faut cependant pas exagérer la portée [95]. Si le traitement préférentiel des créanciers relève en effet de régimes assez différents d'un État à l'autre, on observe en revanche une certaine homogénéité quant aux finalités retenues par les législations nationales en matière de défaillance d'entreprises. En général ces législations oscillent entre un règlement rapide des créanciers et la sauvegarde des entreprises mais on constate une tendance à favoriser la survie de l'entreprise si cela est possible. Il y a donc sur ce plan une évolution commune en Europe qui devrait faciliter l'avènement d'une législation européenne harmonisée se fondant sur la sauvegarde de l'entreprise. Sur le plan des modalités on peut observer des traits communs dans la plupart des législations comme l'existence de groupements de créanciers [96] dotés ou non de la personnalité morale mais aussi des limitations apportées aux droits des créanciers qu'ils soient privilégiés ou non [97].

§ 3 : Au plan international

33. – Adoption de textes de portée régionale. – Sur le plan international le droit des défaillances d'entreprises en difficulté n'a eu jusqu'à présent qu'un impact régional illustré soit par des conventions bilatérales soit par des textes multilatéraux comme on l'a vu en Europe avec le règlement communautaire n° 1346/2000 du 29 mai 2000 sur l'insolvabilité ou en Afrique avec l'Acte uniforme du 10 avril 1998 portant organisation des procédures collectives d'apurement du passif, adopté et appliqué dans le cadre de l'Organisation pour l'harmonisation en Afrique du droit des affaires (OHADA). À côté de ces textes de droit positif on déplore par ailleurs certains échecs comme celui de la Convention d'Istanbul de 1990, adoptée par le Conseil de l'Europe mais jamais ratifiée. En l'absence de textes ce sont dès lors les règles de droit international privé propres à chaque État qui s'appliquent [98].

34. – Intérêt des organisations internationales pour la faillite. – Cette relative absence de normes à l'échelon international ne doit toutefois pas éluder l'intérêt que certaines organisations internationales portent à cette discipline en particulier du fait de la résonance que peuvent connaître les travaux de ces organisations internationales

94. V. J.-L. Vallens, *L'insolvabilité des entreprises en droit comparé,* Joly éd., 2010.

95. Pour une présentation sommaire de la situation législative en Allemagne, au Royaume-Uni, en Espagne, en Italie, en Suède, aux Pays-Bas, v. J.-J. Hyest, Rapport Sénat n° 335, p. 40. Voir également, le tableau comparatif réalisé par l'Observatoire consulaire des entreprises en difficultés, *JCP* E 2005.1517, n° 42. On consultera aussi le Réseau judiciaire européen en matière civile et commerciale mis en ligne par la Commission européenne, v. http://ec.europa.eu/civiljustice/bankruptcy. V. égal. J.-L. Vallens, précit.

96. Ce que l'on appelait la « masse » dans la législation antérieure à la loi du 25 janv. 1985, masse qui était alors dotée de la personnalité morale.

97. Pour une comparaison entre quatre États européens, v. M.-N. Segarra, *La situation des créanciers dans les procédures collectives – aspects de droit comparé (Allemagne, Espagne, France, Italie)*, thèse Pau, 2000.

98. Sur lesquelles, v. F. Mélin, *La faillite internationale, op. cit.*, p. 17 et s.

dans les pays émergents soucieux de se doter d'une législation en ce domaine. Il est d'abord nécessaire d'évoquer l'intérêt manifesté par la Commission des Nations unies pour le droit commercial international (CNUDCI) et ceci à travers deux initiatives. La première a consisté dans l'adoption en 1997 d'une loi type ayant pour objet l'édiction d'une législation moderne et équitable applicable lorsque le débiteur insolvable a des biens dans différents États. Cette loi pose les conditions dans lesquelles une personne administrant une procédure d'insolvabilité étrangère a accès aux tribunaux de l'État ayant adopté la loi type. Elle fixe aussi les conditions de la reconnaissance d'une procédure étrangère d'insolvabilité et permet aux juridictions et administrateurs judiciaires de différents pays de coopérer plus efficacement tout en énonçant des dispositions sur la coordination des procédures d'insolvabilité ayant lieu concurremment dans des États différents. Afin d'aider les États membres à adopter une législation fondée sur la loi type, la CNUDCI a fait une deuxième proposition en adoptant le *Guide pour l'incorporation de la loi type*[99]. Ce guide est en quelque sorte un instrument (un modèle ?) à l'usage des États qui veulent se doter, au plan interne, d'une législation efficace dans le secteur des défaillances d'entreprises.

35. – Intervention de la Banque mondiale. – On peut ensuite relever l'intérêt de la Banque mondiale en association avec différentes organisations internationales[100], la plupart étant des bailleurs de fonds, pour le droit des défaillances d'entreprises, une attention qui s'est traduite par une réflexion menée par un groupe d'experts à la suite de la crise asiatique pour enfin parvenir en 2001 à l'établissement de principes et de lignes directrices concernant la gestion des procédures de faillite[101]. L'objectif est de convaincre les États émergents d'adopter des législations en matière de défaillance d'entreprises et ceci afin de garantir une certaine sécurité sur les marchés et notamment sur les marchés financiers. Pour la Banque mondiale la législation sur la défaillance d'entreprises doit, par la mise en place de procédures, permettre la restructuration d'entreprises viables ou alors la fermeture efficace et le transfert des capitaux des entreprises en échec. Même s'il existe des différences notables entre les systèmes nationaux en matière d'insolvabilité un consensus peut toutefois se faire autour d'un certain nombre de principes. En réalité les choses apparaissent plus complexes. S'il existe bien un consensus sur la nécessité de se doter d'une législation en matière d'insolvabilité, les divergences sont en revanche assez nettes s'agissant de hiérarchiser les objectifs. Il résulte ainsi des études publiées par la Banque mondiale que les droits de la faillite privilégiant une approche contractuelle ainsi que le règlement des créanciers seraient plus efficaces que ceux visant à sauvegarder les entreprises défaillantes en donnant un rôle majeur au juge. Ce constat est cependant discuté dans la mesure où la méthode utilisée pour y parvenir l'est

99. Sur lequel, v. J.-L. Vallens, « Le guide législatif de la CNUDCI sur le droit de l'insolvabilité : vers l'harmonisation du droit de la faillite ? », *D.* 2004, p. 2420.

100. La Banque africaine de développement africaine, la Banque asiatique de développement, la Banque européenne pour la reconstruction et le développement, la Banque interaméricaine de développement, l'Association internationale des praticiens de l'insolvabilité, l'International Bar Association, la Société de finance internationale, le Fonds monétaire international, l'Organisation pour la coopération et le développement économiques, la Commission des Nations unies pour l'harmonisation du droit commercial international.

101. Principes et directives régissant le traitement de l'insolvabilité et la protection des droits des créanciers, avr. 2001, disponible sur www.worldbank.org\ifa\ipg_fr.\df.

aussi [102]. Il convient cependant de tenir compte de tous les outils proposés aux entreprises et notamment de ceux consacrés à la prévention des difficultés dont l'utilisation est encore modeste mais dont les résultats sont prometteurs en terme d'efficacité [103].

Section II
Les techniques du droit des procédures collectives

36. – Plan. – Si le recours aux procédures judiciaires est un trait caractéristique de cette branche du droit des affaires, l'originalité réside dans le caractère collectif de ces procédures.

Sous-section I : Des procédures judiciaires

37. – Pluralité de procédures. – Le droit des procédures collectives est mis en œuvre par des procédures judiciaires, il en existe six. Il s'agit de la procédure de désignation d'un mandataire *ad hoc* [104], de la conciliation [105], de la sauvegarde [106], de la sauvegarde financière accélérée [107], du redressement judiciaire [108] et enfin de la liquidation judiciaire [109]. Ce sont des procédures judiciaires au sens où elles nécessitent la saisine d'un tribunal de l'ordre judiciaire. Ensuite ces procédures ont des caractéristiques propres qui les font s'éloigner les unes des autres même si un système de passerelles procédurales permet, à certaines conditions, de passer de l'une à l'autre. Cela laisse entendre qu'il faut tenter de saisir l'esprit de cet ensemble procédural en plus de la maîtrise des règles propres à chacune des procédures. Pour le reste il est bien évident qu'il y a peu de comparaison possible entre la saisine d'un juge par un débiteur pour obtenir la désignation d'un mandataire *ad hoc* ou encore celle d'un conciliateur et des procédures comme la sauvegarde, le redressement ou la liquidation judiciaire dans lesquelles le juge a un pouvoir de décision étendu tout au long du déroulement de l'instance. Il n'en reste pas moins que la sollicitation du juge intervient dans tous ces cas pour parvenir à partir d'une situation de fait donnée (la défaillance ou alors les difficultés d'une entreprise) à la meilleure solution économique possible.

102. Ce que reconnaît la Banque mondiale dans la présentation de son rapport 2007 : « Cette méthodologie a ses limites » ; v. les commentaires critiques : A. Couret, « Expérience confrontée d'évaluation économique des droits de la faillite », *in Mesurer l'efficacité économique du droit*, *op. cit.*, p. 35 ; v. égal. Association Henri Capitant des amis de la culture juridique française, *Les droits de tradition civiliste en question, à propos des rapports Doing Business de la Banque mondiale*, Société de législation comparée, 2006, p. 21 et s. (critique de la méthode utilisée) et p. 73 et s. (à propos du droit de la faillite) ; M. Haravon, « Le rapport Doing business de la Banque mondiale : mythes et réalités d'un rapport sans nuance », *JCP* E 2005, 1478 ; B. du Marais (dir.), *Des indicateurs pour mesurer le droit ? Les limites des rapports Doing business*, La Documentation française, 2007 ; B. du Marais, « Entre la Jamaïque et le Kiribiati. Quelques réflexions sur l'attractivité du droit français dans la compétition économique internationale », rapport annuel du Conseil d'État 2006, p. 377.

103. En ce sens, A. Couret, *op. cit.*, p. 50, v. *infra*.

104. C. com., art. L. 611-3.

105. C. com., art. L. 611-4 et s.

106. C. com., art. L. 620-1 et s.

107. C. com., art. L. 628-1 à L. 628-7 ; art. R. 628-1 à R. 628-14.

108. C. com., art. L. 631-1 et s.

109. C. com., art. L. 640-1 et s.

§ 1 : Les différentes interventions judiciaires

38. – Interventions du tribunal. – Le tribunal de la procédure joue un rôle essentiel dans la mesure où c'est lui qui prend les décisions importantes. Sans être exhaustif, c'est au tribunal qu'il appartient d'ouvrir les procédures collectives : sauvegarde, sauvegarde financière accélérée, redressement judiciaire, liquidation judiciaire. De même c'est au tribunal qu'il appartient de se prononcer sur l'issue de ces mêmes procédures. C'est ainsi qu'il arrêtera un plan de sauvegarde ou un plan de redressement. C'est aussi à lui qu'il revient de prononcer la clôture de la liquidation judiciaire. Il intervient aussi dans les procédures de prévention des difficultés des entreprises et notamment en conciliation puisqu'il est seul habilité à homologuer l'accord amiable conclu entre le débiteur et ses créanciers. D'une manière plus générale il convient d'être attentif à la répartition des compétences entre le tribunal et les membres de celui-ci. Il ne saurait être admis en effet qu'une autorité autre que le tribunal décide lorsque les textes désignent ce dernier expressément [110].

39. – Interventions du président du tribunal. – Le président du tribunal a des pouvoirs spécifiques dans le cadre de la prévention des difficultés des entreprises. C'est lui qui désigne un mandataire *ad hoc* à la demande du débiteur [111]. Il est encore compétent pour désigner un conciliateur dans la procédure de conciliation sur requête du débiteur [112]. Il a ensuite des attributions d'ordre procédural : il peut notamment désigner un expert avant d'ouvrir une procédure de conciliation. Il peut aussi obtenir communication d'information auprès de différents organismes. Dans la procédure de sauvegarde, de sauvegarde financière accélérée, de redressement judiciaire et de liquidation judiciaire, il demande par exemple au greffier d'aviser le chef d'entreprise de convoquer le comité d'entreprise ou le délégué du personnel pour que soit désigné le représentant des salariés dans la procédure collective.

40. – Intervention du juge-commissaire. – Le juge-commissaire est un organe essentiel et spécifique aux procédures collectives *stricto sensu* c'est-à-dire à la sauvegarde, la sauvegarde financière accélérée, le redressement judiciaire et la liquidation judiciaire. Il n'y a en effet pas de juge-commissaire désigné dans le mandat *ad hoc* ou la procédure de conciliation. En revanche un juge-commissaire est nommé par le tribunal dès l'ouverture de la procédure de sauvegarde, de sauvegarde financière accélérée, de redressement judiciaire et enfin de liquidation judiciaire [113]. Le juge-commissaire est un membre du tribunal, nommé par ce dernier qui peut en désigner plusieurs en cas de nécessité [114]. Toutefois ne peuvent être désignés comme juge-commissaire les parents ou alliés, jusqu'au quatrième degré inclusivement, du chef d'entreprise ou des dirigeants, s'il s'agit d'une personne morale [115]. Quant à ses missions le juge-commissaire en exerce plusieurs. Il est d'abord chargé d'une mission générale consistant

110. Ainsi à l'ouverture d'une procédure collective, le pouvoir de désigner un juge pour recueillir tous renseignements sur la situation financière, économique et sociale de l'entreprise appartient au tribunal et non à son président, CA Reims, 14 mars 2011, *JCP E* 2011. 1319, note DELATTRE.

111. C. com., art. L. 611-3.

112. C. com., art. L. 611-6.

113. C. com., art. L. 621-9.

114. C. com., art. L. 621-3.

115. C. com., art. L. 621-5.

à veiller « *au déroulement rapide de la procédure et à la protection des intérêts en présence* » [116]. Il doit ensuite assurer plusieurs tâches particulières :

– en premier lieu il exerce un rôle d'information essentiel dans la mesure où le tribunal doit, à peine de nullité du jugement [117], statuer sur rapport du juge-commissaire « *sur tout ce qui concerne la sauvegarde, le redressement et la liquidation judiciaires, la faillite personnelle* » ou l'interdiction prévue de gérer sauf lorsque le tribunal statue sur un recours formé contre une ordonnance de ce juge [118] ;

– en second lieu il dispose du pouvoir de prendre un grand nombre de décisions notamment en matière d'admission des créances, de gestion de l'entreprise pendant la période d'observation, de réalisation de l'actif, etc. Il a reçu pour cela une compétence exclusive. C'est par exemple le cas en matière de contrat en cours où il est seul à pouvoir trancher les litiges relatifs à la résiliation de plein droit du contrat [119]. Dans le contentieux de la déclaration de créances, lui seul peut se prononcer sur l'admission des créances ou viser les créances salariales. Il n'est en revanche pas compétent pour statuer sur l'existence d'une créance et la Cour de cassation ne lui reconnaît pas le « pouvoir juridictionnel » de trancher le contentieux relatif aux créances litigieuses [120].

Ces fonctions prennent fin dès la reddition définitive des comptes de l'administrateur, du mandataire judiciaire ou du liquidateur. Pour lui permettre d'accomplir ses différentes missions, le juge commissaire dispose d'un droit à communication d'informations sur la situation économique, financière, sociale et patrimoniale du débiteur. À l'inverse il communique au liquidateur et à l'administrateur s'il y a lieu « *tous les renseignements utiles à l'accomplissement de leur mission* » [121]. Il dispose du pouvoir de désigner un technicien en cas de nécessité [122]. Ce pouvoir est fondé sur l'article L. 621-9 du Code de commerce qui dispose : « *Lorsque la désignation d'un technicien est nécessaire, seul le juge-commissaire peut y procéder en vue d'une mission qu'il détermine, sans préjudice de la faculté pour le tribunal prévue à l'article L. 621-4 de désigner un ou plusieurs experts. Les conditions de la rémunération de ce technicien sont fixées par un décret en Conseil d'État* ». Ce texte a fait l'objet d'une question prioritaire de constitutionnalité que la Cour de cassation n'a pas renvoyée au Conseil constitutionnel aux motifs qu'il ne méconnaîtrait pas les droits de la défense, le principe de la contradiction ou celui de l'égalité des armes [123].

116. C. com., art. L. 621-9.

117. CA Versailles, 12 janv. 2012, *Dr. sociétés* 2013, n° 52, note LEGROS ; CA Rennes, 2 oct. 2012, *LEDEN* déc. 2012, p. 5, obs. FAVARIO.

118. C. com., art. R. 662-12.

119. Cass. com., 19 févr. 2013, *D.* 2013. Actu. 566 ; *JCP E* 2013. 1216, n° 8, obs. PÉTEL ; *ibid.* 1277, note LEGROS ; *Bull. Joly Entrep. diff.* 2013. 138, note MONSÈRIÉ-BON : « *le juge-commissaire était saisi d'un litige portant sur la résiliation de plein droit d'un contrat en cours prévue par l'article L. 641-11-1, III-1°, du Code de commerce, de sorte qu'il était seul compétent pour en connaître, peu important que le contrat ait été conclu par le délégataire d'un service public et comporte occupation du domaine public* ».

120. Cass. com., 18 sept. 2012, *RTD com.* 2013. 153, obs. VALLENS ; *Bull. Joly Entrep. diff.* 2013. 30, note THÉRON.

121. C. com., art. L. 641-11.

122. C. com., art. L. 621-9, al. 2.

123. Cass. QPC, 1er févr. 2011, *D.* 2011, Actu. 513, obs. LIENHARD ; *Rev. sociétés* 2011. 193, obs. ROUSSEL GALLE ; *Dict. perm. diff. entrep.*, *Bull.* n° 323, obs. HENRY ; *Act. proc. coll.* 2011, n° 95, obs. DELATTRE ; *Dr. et proc.* mai 2011. Chron., n° 6, obs. REILLE ; *Bull. Joly Entrep. diff.* 2011. 204, note ROHART-MESSAGER.

41. – Intervention du ministère public [124] : information. – Pendant longtemps, le rôle du ministère public en matière de défaillances d'entreprises s'est limité à la défense de l'ordre public par le déclenchement d'actions répressives ou de procédures disciplinaires. Sous le régime originel de la loi n° 67-563 du 13 juillet 1967, il assurait un simple contrôle de la procédure. Puis, avec la complexification des procédures, est apparu nécessaire d'accroître le rôle du ministère public. L'exercice de sa mission consiste d'abord à s'informer ou alors à informer. L'article 425-2° du nouveau Code de procédure civile [125] pose une règle générale selon laquelle le ministère public doit avoir communication « *des procédures de sauvegarde, de redressement judiciaire et de liquidation judiciaire, des causes relatives à la responsabilité pécuniaire des dirigeants sociaux et des procédures de faillite personnelle ou relatives aux interdictions prévues par l'article L. 653-8 du Code de commerce* ». Le livre VI du Code de commerce contient par ailleurs des dispositions relatives à l'information du ministère public. Par exemple, il peut obtenir la communication des pièces et actes relatifs au mandat *ad hoc* ou à la conciliation. Il peut aussi requérir à tout moment communication de tous actes ou documents relatifs à la procédure [126]. Sa présence à l'audience est parfois obligatoire. Tel est le cas, à titre d'illustration, lorsque s'ouvre une « *procédure de sauvegarde à l'égard d'un débiteur qui bénéficie ou qui a bénéficié d'un mandatad hocou d'une procédure de conciliation dans les 18 mois qui précèdent [...] à moins qu'il ne s'agisse de patrimoines distincts d'un entrepreneur individuel à responsabilité limitée* » [127]. À l'inverse il peut être amené à transmettre certaines informations dont il a connaissance. Il communique ainsi au juge-commissaire les renseignements qu'il détient et qui peuvent être utiles à la procédure (d'office ou sur demande du juge) [128].

42. – Intervention du ministère public : initiative. – Le ministère public a le pouvoir d'agir pour la défense générale de l'ordre public [129]. Il peut donc prendre l'initiative d'introduire certaines demandes, par exemple une action en responsabilité pour insuffisance d'actif, ce qui fait de lui une partie principale. Lorsqu'il intervient au cours de la procédure sans en avoir pris l'initiative il est alors considéré comme partie jointe. Ce pouvoir d'intervention a pour contrepartie l'obligation de respecter les exigences du procès équitable [130]. Le ministère public peut aussi exercer de nombreuses voies de recours [131], il est même parfois seul à pouvoir le faire. C'est ainsi que, selon l'article L. 661-7, alinéa 2 du Code de commerce, lui seul peut se pourvoir en cassation à l'encontre des arrêts relatifs aux plans de cession [132]. Il est aussi habilité à demander le renouvellement et le prolongement de la période d'observation dans la procédure de sauvegarde et de redressement judiciaire [133]. Il a également la possibilité de demander au tribunal la conversion de la

124. J.-P. Rémÿ, « Le ministère public et le droit des entreprises en difficulté : un an de jurisprudence de la chambre commerciale de la Cour de cassation (janv. 2011 – févr. 2012) », *D.* 2012, p. 700. ; J.-P. Triaulaire, « Le rôle du ministère public », *Rev. proc. coll.* 2006-2, p. 213.
125. CPC, art. 425-2°.
126. C. com., art. L. 621-8, al. 1er.
127. C. com., art. L. 621-1, al. 4.
128. C. com., art. L. 621-8, al. 2.
129. CPC, art. 423.
130. V. sur cette question : J.-P. Rémery, précit.
131. C. com., art. L. 661-1 et s.
132. V. J.-P. Rémery, précit.
133. C. com., art. L. 621-3.

procédure de sauvegarde en une procédure de redressement judiciaire si le débiteur était en cessation des paiements « *au moment du prononcé du jugement* » [134]. Son pouvoir d'initiative lui permet encore d'exercer une police de la procédure par exemple en demandant la désignation, en s'opposant à une nomination de certains organes de la procédure [135]. Un tribunal peut cependant désigner une personne par exemple un ancien conciliateur comme administrateur judiciaire sans suivre l'opposition du ministère public. Le juge ne saurait être lié par cette opposition sans commettre un excès de pouvoir [136].

§ 2 : La légitimité de l'intervention judiciaire

43. – Évolution contestée. – Le recours au juge pour traiter la défaillance d'un débiteur est discuté. On estime d'un côté que le modèle juridictionnel et le formalisme d'ordre public qui le caractérise sont peu adaptés aux contraintes du droit des défaillances d'entreprises qui nécessite d'obtenir des décisions rapides et sûres et cela afin de permettre au mieux la sauvegarde de l'entreprise, de l'emploi et l'apurement du passif [137]. D'un autre côté on critique le recours au juge du fait des atteintes portées à la mission de ce dernier [138]. Il ne s'agirait plus pour le juge de dire le droit puisqu'il exerçait un rôle administratif. Il en résulterait une perte d'indépendance et d'impartialité, le juge n'étant que « *l'organe d'exécution forcée d'un processus administratif* » [139]. Dans ce contexte le juge ne peut atteindre un objectif donné et arbitrer de manière impartiale les conflits sans sacrifier l'une de ses missions au profit de l'autre. On aura compris que la question est débattue de savoir s'il faut un juge pour mettre en œuvre le droit des défaillances d'entreprises [140]. On peut observer que l'intervention du juge en ce domaine s'explique surtout pour des raisons historiques [141] alors même que sa mission a changé. Il est sans doute possible d'organiser les choses autrement. C'est d'ailleurs le cas en matière de surendettement des particuliers [142] où il existe une phase administrative qui se déroule devant des commissions départementales de surendettement qui traitent les difficultés des particuliers. Or ces commissions ne sont pas des tribunaux au sens de l'article 6-1 de la Convention européenne des droits de l'homme [143]. Il est aussi possible de considérer que le juge n'a pas à s'immiscer dans la gestion de l'entreprise mais qu'il peut pourtant jouer un rôle déterminant pour peser les intérêts en présence et décider des choix cruciaux pour

134. C. com., art. L. 621-12.
135. V. C. com., art. L. 621-4.
136. Cass. com., 31 janv. 2012, *Bull. civ.* IV, n° 19 ; *D.* 2012. Chron. C. cass. 1224, obs. Arbellot ; *ibid.* Actu. 431, obs. Lienhard ; *JCP E* 2012. 1227, n° 2, obs. Pétel ; *LEDEN* mars 2012, p. 1, obs. F.-X. Lucas ; *Rev. proc. coll.* 2012, n° 24, obs. Lebel ; *Act. proc. coll.* 2012, n° 83, obs. Delattre ; *Gaz. Pal.* 27-28 avr. 2012, p. 17, obs. Bidan ; *Bull. Joly Entrep. diff.* 2012. 166, note Sortais ; *LPA* 15 juin 2012, p. 5, obs. Henry. – V. Ghalimi, *Rev. proc. coll.* 2012. Étude 26 ; C. Delattre, « L'intervention du ministère public dans la désignation des administrateurs et mandataires judiciaires », *Rev. proc. coll.* 2009. Étude 9.
137. R. Percerou, « Le traitement judiciaire de la situation des entreprises en difficulté : mythe ou possibilité réelle », *Le droit des entreprises dans ses relations externes à la fin du XXe siècle, in Mélanges C. Champaud*, Dalloz, 1997, p. 507.
138. G. Wiederkehr, « Procédures collectives de règlement et fonction du juge », *in Mélanges D. Schmidt*, Joly, 2005, p. 490.
139. R. Martin, « La saisine d'office du juge – Essai sur sa signification », *JCP* 1973.IV. 6316.
140. En faveur de l'intervention du juge, H.-J. Nougein, « Le juge de la prévention », *Rev. jur. com.* 2005, p. 30 et s.
141. V. *supra* n°s 5 et s., sur l'évolution historique de la faillite.
142. Y. Picod, H. Davo, *Droit de la consommation*, Armand Colin, 2005, n° 504, p. 312.
143. Cass. 2e civ., 18 déc. 2003, 02-041149 « *Attendu que le demandeur fait grief au tribunal d'avoir violé les articles L. 331-1 du Code de la consommation et 6 de la Convention européenne de sauvegarde des droits de l'homme et des libertés fondamentales, en rejetant l'exception de nullité de cette décision qui n'est cependant pas signée et ne comporte pas la mention des membres de la commission qui l'ont rendue* ».

l'entreprise. Il demeure ainsi dans sa fonction classique qui est de juger et non de gérer [144]. Malgré les critiques, la réforme intervenue par la loi du 26 juillet 2005 sur la sauvegarde des entreprises n'a pas remis en cause la présence du juge dans les procédures collectives ni d'ailleurs sa mission. Le pouvoir donné au tribunal de se saisir d'office a cependant été contesté par l'intermédiaire d'une question prioritaire de constitutionnalité. Le Conseil constitutionnel a déclaré inconstitutionnel l'article L. 631-5 du Code de commerce donnant au tribunal le pouvoir de se saisir d'office du tribunal afin d'ouvrir une procédure de redressement judiciaire. Si ce cas de saisine pouvait se justifier pour des raisons d'intérêt général, la loi ne contient pas de garanties propres à assurer le respect du principe d'impartialité ». Le législateur n'étant pas intervenu sur cette question il est probable que la plupart des cas de saisine d'office du tribunal encourent le même risque d'abrogation [145].

Sous-section II : Les procédures de prévention des difficultés

44. – Mandat *ad hoc* et conciliation. – Plutôt que de privilégier le traitement de la défaillance du débiteur, le législateur moderne a eu le souci de prévenir cette défaillance [146]. Certes la fonction préventive de la faillite s'est toujours manifestée dans cette matière notamment par la présence de sanctions pénales [147]. Il s'est alors agi d'inciter les dirigeants à adopter des comportements conformes aux attentes de la société. Mais à l'époque contemporaine le contenu de la fonction préventive s'est affiné et ses modes d'expression se sont diversifiés. Ainsi plutôt qu'opérer un traitement des difficultés de l'entreprise la doctrine a pensé qu'il serait préférable de prévenir ces mêmes difficultés [148] avant même que l'entreprise ne soit en cessation des paiements. Il s'agit désormais d'anticiper la défaillance de l'entreprise afin d'augmenter les chances de sauvegarde de cette dernière. Le texte fondateur en la matière est l'ordonnance n° 820 du 23 septembre 1967 [149] qui avait mis en place une procédure de suspension des poursuites concernant des entreprises qui n'étaient pas en cessation des paiements. Dans la lignée de cette procédure la loi du 1er mars 1984 introduit le règlement amiable dont l'objet est d'inciter le débiteur et ses créanciers à parvenir à un accord grâce à l'intervention d'un conciliateur désigné par le juge. Ce dernier a le pouvoir d'ordonner une suspension provisoire des poursuites des créanciers et d'homologuer l'accord convenu ce qui donne à cette convention une plus grande sécurité qu'un contrat de droit commun. La loi n° 2005-845 du 26 juillet 2005 de sauvegarde des entreprises représente l'ultime étape en matière de prévention des difficultés. Elle se traduit concrètement par l'existence de deux procédures : le mandat *ad hoc* et la conciliation [150]. Ces procédures ne sont pas à proprement parler des procédures collectives dans la mesure où il n'y a

144. C'est la réponse à l'alternative proposée par le professeur Yves Chaput : « *Gérer ou juger il faut choisir* », v. Y. Chaput, « Les juges des défaillances financières des entreprises dans l'Union européenne », *in Mélanges J. Béghin*, Litec, 2005, p. 119-120.

145. En ce sens, v. B. Saintourens, « La déclaration d'inconstitutionnalité de l'ouverture du redressement judiciaire par saisine d'office du tribunal », *Rev. proc. coll.* 2013, Étude 2, spéc. 16.

146. J.-P. Sortais, *Entreprises en difficulté – Les mécanismes d'alerte et de conciliation*, LGDJ, 2010.

147. R. Merle, A. Vitu, *Traité de droit criminel*, t. I, *Problèmes généraux de la science criminelle – Droit pénal général*, 7e éd., Cujas, n° 654, ces auteurs évoquent cependant la délicate mesure de l'efficacité de la fonction préventive de la peine.

148. J. Paillusseau, « Du droit des faillites au droit des entreprises en difficulté », *in Mélanges R. Houin*, Sirey, 1985, p. 109.

149. Et son décret d'application n° 1255 du 31 déc. 1967.

150. Pour un bilan de ces procédures, v. M. Guillonneau, J.-Ph. Hael, B. Munoz-Perez, « La prévention des difficultés des entreprises par le mandat *ad hoc* et la conciliation devant les juridictions commerciales de 2006 à 2011 », http://halshs.archives-ouvertes.fr/halshs-00836755

pas pendant leur déroulement de discipline collective imposée aux créanciers. Cela signifie que chaque créancier peut en principe, malgré l'ouverture de la procédure, poursuivre individuellement le débiteur.

§ 1 : Le mandat ad hoc

45. – Notion de mandat *ad hoc*. – La désignation du mandataire *ad hoc* dans une perspective de prévention des difficultés de l'entreprise a pour origine une pratique mise en œuvre par certaines juridictions dont le tribunal de commerce de Paris [151]. Afin de résoudre ses difficultés passagères, une entreprise demandait la désignation d'un mandataire chargé de résoudre une question particulière, on pense notamment à la renégociation de ses dettes par l'obtention de remises ou de délais de paiement de la part de ses créanciers ou encore à la restructuration du capital. Ce système, très souple, même s'il est moins utilisé que les procédures de traitement des entreprises défaillantes, a pourtant connu un certain succès. On évalue en effet à 60 % de réussite l'utilisation du mandat *ad hoc* et du règlement amiable, alors que seulement 5 % des procédures de redressement judiciaires ont abouti à un sauvetage de l'entreprise [152]. Convaincu des bienfaits de l'institution, le pouvoir normatif a consacré très clairement celle-ci dans la loi n° 2005-845 du 26 juillet 2005 tout en conservant les principaux atouts de son régime, savoir souplesse et confidentialité.

I. La demande de désignation d'un mandataire *ad hoc*

46. – *Amicus curiae*. – Présenté comme un ami de la Cour [153], le mandataire *ad hoc* est désigné par le président du tribunal de commerce ou du tribunal de grande instance et ceci à la demande du représentant de l'entreprise [154]. Cette désignation intervient dans le cadre d'une procédure au sens où le juge est sollicité pour désigner un mandataire *ad hoc*. Cela n'en fait pas pour autant une procédure « *spécialement organisée* » [155] même si on a pu dénoncer une « *judiciarisation regrettable de cette procédure* » [156].

47. – Ami de l'entreprise. – Ami de la Cour, le mandataire *ad hoc* est aussi ami de l'entreprise puisque, dans le cadre d'une procédure d'anticipation de la défaillance, son intervention vise surtout à faciliter l'adoption d'une solution permettant à l'entreprise de sortir, si possible, des difficultés. Quoique le texte n'apporte aucune précision sur ce point, doivent pouvoir

---

151. V. P. Rey, *De l'usage de la loi du 1er mars 1984 relative à la prévention et au règlement amiable des difficultés des entreprises*, thèse Paris I, 1993, p. 212 et s. ; J.-P. Marchi, « Une création originale du tribunal de commerce de Paris : le mandataire *ad hoc* », *Gaz. Pal.* 1983. 1., doctr. p. 123.

152. A. Reins, B. Berger-Perrin, M. Picard, T. Bellot, « Un mandat *ad hoc* confirmé et une procédure de conciliation améliorée », *LPA*, 16 mars 2006, n° 54, p. 10.

153. P. Drai, « Le monde des affaires et ses juges », *Rev. jur. com.* 1990, p. 330 et s. ; v. plus généralement, G. Canivet, « L'*amicus curiae* en France et aux États-Unis », *Rev. jur. com.* 2005, p. 99 et s.

154. C. com., art. L. 611-3. Le tribunal de commerce est compétent si le débiteur exerce une activité commerciale ou artisanale. Le tribunal de grande instance et compétent dans les autres cas.

155. En ce sens, F. Vinckel, « L'option entre les procédures préventives du nouveau droit des entreprises en difficulté : analyse des risques », *LPA*, 12 juin 2006, n° 116, p. 7.

156. En raison de « la communication du dossier au parquet » ou encore de « l'intervention du greffe », Ph. Peyramaure, « Vers un droit de la restructuration des entreprises en difficulté », *LPA*, 17 févr. 2006, n° 35, p. 36.

bénéficier du mandat *ad hoc* toutes les entreprises, personnes morales ou alors personnes physiques exerçant une activité professionnelle indépendante [157].

48. – Qualité de mandataire *ad hoc*. – La loi n'indique pas qui peut exercer la mission de mandataire *ad hoc* mais elle précise que « *le débiteur peut proposer le nom d'un mandataire ad hoc* » [158]. Elle précise en revanche qui ne peut être désigné comme mandataire *ad hoc* en énumérant un certain nombre d'incompatibilités. Ainsi, ne peut être investi de cette mission :

– une personne exerçant la fonction de juge consulaire ou ayant quitté cette fonction depuis moins de cinq ans [159] ;

– une personne ayant perçu au cours des vingt-quatre mois précédents, à quelque titre que ce soit, directement ou indirectement, une rémunération ou un paiement de la part du débiteur intéressé, de tout créancier du débiteur ou d'une personne qui en détient le contrôle ou est contrôlée par lui sauf s'il s'agit d'une rémunération perçue au titre d'un mandat *ad hoc* ou d'une mission de règlement amiable ou de conciliation réalisée pour le même débiteur ou le même créancier. L'ordonnance n° 2010-1512 du 9 décembre 2010 a apporté une précision importante concernant l'existence d'une rémunération ou d'un paiement perçus de la part d'un débiteur entrepreneur individuel à responsabilité limitée. Cette rémunération ou ce paiement « *est apprécié en considération de tous les patrimoines dont ce dernier est titulaire* ». La personne désignée mandataire *ad hoc* doit attester sur l'honneur, lors de l'acceptation de son mandat, qu'elle se conforme à ces interdictions [160].

Si ces conditions sont respectées, toute personne peut exercer la mission de mandataire *ad hoc*. Cela peut être un administrateur judiciaire [161], un mandataire judiciaire, un avocat, etc. Au-delà des seules qualités professionnelles, le mandataire *ad hoc* doit surtout présenter des qualités de fin négociateur et de réelle indépendance [162].

49. – Demande et désignation. – La nomination d'un mandataire *ad hoc* se fait par écrit à la demande exclusive du représentant de l'entreprise [163]. S'il s'agit d'une personne morale, cette demande ne peut être formulée que par une personne habilitée à représenter l'entreprise en justice, soit le représentant légal ou son délégataire. La demande motivée est adressée ou remise, sans forme et sans représentation obligatoire [164], au président du tribunal de commerce ou du tribunal de grande instance selon le cas par le représentant légal de la personne morale ou par le débiteur personne physique et déposée au greffe. Dès réception de la demande, le président du tribunal fait convoquer, par le greffier, le représentant légal de la personne morale ou le débiteur personne physique pour recueillir ses observations [165].

---

157. Cpr. H. Croze, « Loi de sauvegarde des entreprises (II) – Mandat *ad hoc* et procédure de conciliation », *Procédures* n° 11, nov. 2005, étude 12 ; pour les entreprises personnes physiques l'auteur pose la condition qu'elles aient « *une activité économique* ». Sur l'intérêt du mandat *ad hoc* et de la conciliation pour les professions libérales, v. B. Longuet, « Extension de la procédure aux professions libérales », *LPA*, 16 mars 2006, n° 54, p. 19.
158. C. com., art. L. 611-3, al. 1.
159. C. com., art. L. 611-13, al. 2.
160. C. com., art. L. 611-13, al. 1.
161. « Le tribunal de commerce de Paris choisit le mandataire *ad hoc* parmi les administrateurs judiciaires », P. Rey, *op. cit.*, n° 179, p. 22.
162. En ce sens, C. Colaert, « Le financement des sociétés en mandat *ad hoc* », *Rev. jur. com.* 2005, spéc. p. 132.
163. C. com., art. L. 611-3 ; art. R. 611-18.
164. H. Croze, *op. cit.*, p. 2.
165. C. com., art. R. 611-19.

La discussion n'est pas publique [166]. La décision statuant sur la désignation du mandataire *ad hoc est* notifiée au demandeur. La décision nommant le mandataire *ad hoc est* notifiée à ce dernier par le greffier [167]. En cas de refus de désignation d'un mandataire *ad hoc*, le requérant peut interjeter appel.

50. – Renvoi d'une juridiction à une autre. – Lorsque les intérêts en présence le justifient, le président du tribunal peut, avec l'accord ou sur demande du débiteur, dès sa saisine ou pendant le cours de la mission du mandataire *ad hoc*, demander son dessaisissement au profit d'une autre juridiction. La décision est prise par le premier président de la cour d'appel ou le premier président de la Cour de cassation selon les cas [168]. La décision prise est insusceptible de recours sauf excès de pouvoir du juge.

51. – Refus ou acceptation du mandataire *ad hoc*. – La personne désignée doit faire connaître sans délai au président du tribunal son acceptation ou son refus. En cas d'acceptation, il lui adresse l'attestation sur l'honneur prévue à l'article L. 611-13 du Code de commerce. La rémunération du mandataire *ad hoc est* fixée par le président du tribunal avec l'accord du débiteur. Les modalités de cette rémunération dépendent de l'étendue de la mission. À l'issue de la mission, la rémunération est arrêtée par ordonnance du président du tribunal [169].

52. – Mission *et rémunération* du mandataire *ad hoc*. – Le président du tribunal fixe la mission du mandataire *ad hoc*. Celle-ci devrait consister en un rapprochement du débiteur et des créanciers afin de parvenir à un accord mais son intervention peut avoir un autre objet, comme par exemple préparer une liquidation amiable si l'entreprise apparaît d'ores et déjà condamnée. En revanche il n'a pas en principe pour mission de représenter l'entreprise en justice comme cela peut-être le cas lorsque, dans une procédure de liquidation judiciaire prononcée à l'encontre d'une personne morale, il est nécessaire de désigner un mandataire au lieu et place des dirigeants [170]. En principe son mandat judiciaire ne devrait pas inclure le pouvoir d'engager le patrimoine de l'entreprise et il ne peut s'immiscer dans la gestion de celle-ci. Comme le relève le professeur Georges Bolard, le mandataire *ad hoc* « *reçoit mission d'accomplir certains actes ou de déployer une certaine activité dans le but fixé par le juge* » [171]. S'il dépasse la mission qui lui a été confiée, il engage sa responsabilité [172]. Les conditions de la rémunération [173] du mandataire *ad hoc* sont fixées par ordonnance du président du tribunal en fonction des diligences nécessaires à l'accomplissement de sa mission et après avoir recueilli l'accord du débiteur [174].

166. CPC, art. 434 et C. com., art. L. 662-3.
167. C. com., art. R. 611-20.
168. C. com., art. R. 662-8.
169. C. com., art. L. 611-14.
170. C. com., art. L. 641-9, II.
171. G. Bolard, « Administration provisoire et mandat *ad hoc* : du fait au droit », *JCP* G, n° 46, 15 nov. 1995, I, 3882.
172. Pour une illustration où le mandataire *ad hoc* a été condamné solidairement à payer 6 000 000 d'euros de dommages et intérêts, Cass. com., 1er févr. 2011, n° 09-16179, n° 09-17086, n° 09-69619, *Rev. proc. coll.* 2011, com. 166, note Ch. Delattre.
173. J.-B. Drummen, « La rémunération des mandataires *ad hoc* et des conciliateurs », *BJE* sept. 2011, p. 283, n° 121 ; F. Pérochon, « Prévention : Suivi et résolution des accords amiables. Rémunération dans les missions amiables », *Bulletin Joly Entreprises en difficulté*, 1er nov. 2012 n° 6, p. 409.
174. C. com., art. L. 611-14. ; R. 611-47 à R. 611-50.

53. – Fin de mission à la demande exclusive du débiteur. – Lorsque le débiteur en fait la demande, le président du tribunal met fin sans délai à la mission du mandataire *ad hoc*. On observe que le mandat *ad hoc* n'est pas limité par un délai légal mais le juge peut fixer un terme avec une possibilité de renouvellement de la mission. Enfin le mandataire *ad hoc* est tenu par une obligation de confidentialité [175], celle-ci étant l'un des facteurs du succès de la procédure.

II. Les conséquences du mandat *ad hoc*

54. – Objet du mandat *ad hoc*. – Contrairement à la conciliation, l'objet du mandat *ad hoc* n'est pas précisé par la loi mais il doit l'être par le juge. C'est en effet à ce dernier qu'il appartient de déterminer la mission du mandataire *ad hoc* qui peut donc être variable même si la mission la plus courante est d'assister « *les dirigeants des entreprises en difficulté dans l'élaboration de plans qui permettront la poursuite de leurs activités industrielles* » [176]. Cette mission pourrait toutefois évoluer avec la multiplication des procédures d'anticipation des défaillances d'entreprises.

A. La diversité des missions du mandataire *ad hoc*

55. – Instrument contractuel. – On dit du mandat *ad hoc* qu'il est un « *instrument essentiellement contractuel qui a fait la preuve de son efficacité* » [177]. Le mandat *ad hoc* peut en effet conduire à la conclusion de conventions avec les différents partenaires de l'entreprise. C'est au mandataire *ad hoc* que revient la tâche de négocier de tels accords.

56. – Missions. – Le mandataire *ad hoc* peut d'abord exercer une mission interne c'est-à-dire être amené à intervenir au sein de l'entreprise elle-même. Il se peut en effet qu'il y ait une situation délicate comme une mésentente entre associés ou encore un conflit social. Le mandataire peut alors agir comme un conciliateur. Tel est le cas, par exemple, lorsqu'il est désigné pour voter à la place des minoritaires abusant de leur position [178]. Le mandataire *ad hoc* peut ensuite agir dans le cadre de missions externes c'est-à-dire dans le cadre de relations que l'entreprise noue avec ses partenaires. Sa mission consiste alors à conclure des accords.

57. – Négociation avec les organismes publics d'aide aux entreprises en difficulté. – Le mandataire *ad hoc* peut tenter d'obtenir des mesures d'étalements des dettes de la part des créanciers. Il peut notamment négocier avec les différents organismes publics dont la mission est d'éviter les défaillances d'entreprise puisque ces organismes sont susceptibles de lui verser des fonds ou alors de lui accorder des mesures d'échelonnement de leurs dettes. Ces organismes peuvent aussi apporter un appui au mandataire « *pour dégager une*

175. C. com., art. L. 611-15.
176. P. Rey, *op. cit.*, n° 179, p. 215.
177. J. Simon, A. Reygrobellet, « Vers une approche plus économique des procédures collectives ? Le point de vue du Medef », *LPA*, 17 févr. 2006, n° 35, p. 56.
178. Cass. com., 9 mars 1993, *JCP* E, II, 448, note Viandier.

solution de redressement collective rassemblant les actionnaires, les établissements financiers et les principaux clients »[179].

58. – Sécurité juridique des accords passés. – Si le mandat *ad hoc* se révèle efficace en raison de sa souplesse et de sa confidentialité, est-il pour autant sûr quant à ses résultats ? La réponse à cette question dépend des effets positifs qui résulteront de la mission conduite par le mandataire *ad hoc*. En revanche si les difficultés de l'entreprise ne sont pas résorbées et qu'une procédure de redressement ou de liquidation judiciaire est prononcée les accords passés pourront selon leur nature être remis en cause au titre des nullités de la période suspecte[180] ou alors suite à l'exercice d'une action paulienne. À l'inverse, ces accords peuvent être consolidés s'ils préparent l'ouverture d'une procédure de conciliation ou de sauvegarde.

B. Les prémices à l'ouverture d'une procédure de sauvegarde ou de conciliation

59. – Antichambre des procédures d'anticipation. – La multiplication des procédures préventives et les régimes très différents qui les caractérisent sont susceptibles de faire hésiter le chef d'entreprise quant au choix à effectuer. On peut certes s'appuyer sur l'existence ou non d'une cessation des paiements pour écarter, le cas échéant, la procédure de sauvegarde. Les choses ne devraient toutefois pas être si tranchées. Il se peut en effet que l'on puisse remédier à une cessation des paiements en ayant recours au mandat *ad hoc* avant de poursuivre plus avant la réorganisation de l'entreprise dans le cadre d'une procédure de sauvegarde. L'approche ressemble à celle du « *pre package plan* »[181] d'usage aux États-Unis qui conduit les créanciers et le débiteur à conclure des accords avant de solliciter le juge ce qui permet de réduire la durée et donc le coût de la procédure. Mais on peut aussi préparer une procédure de conciliation en ayant recours préalablement à un mandat *ad hoc*. Il ne s'agit plus ici d'écarter la cessation des paiements puisque la loi admet qu'une conciliation peut s'ouvrir si le débiteur n'est pas dans cet état depuis plus de quarante-cinq jours. En revanche on peut imaginer que le mandat *ad hoc* permette d'évaluer l'intérêt qu'il y a à persévérer dans cette démarche préventive en demandant l'ouverture d'une conciliation. Quoi qu'il en soit l'idée que le mandat *ad hoc* puisse servir de préalable à la procédure de conciliation ou de sauvegarde a été défendue dès l'entrée en vigueur de la loi. On a ainsi proposé de faire du mandat *ad hoc* un « *tronc commun* »[182] aux procédures d'anticipation de la défaillance des entreprises afin de déterminer la cause des difficultés ainsi que les moyens d'une possible résolution.

§ 2 : La procédure de conciliation

60. – Nouvelle procédure. – La loi n° 2005-845 du 26 juillet 2005 a introduit une procédure dite de conciliation[183] qui vise à résoudre les difficultés des entreprises par le biais

179. Circ. 25 nov. 2004, *JO*, 1er déc. 2004, p. 20441 ; *Act. proc. coll.* 2005/1, n° 1, note Roussel-Galle.
180. V. *infra*, nos 473 et s.
181. J.-M. Lucheux, « Le US chapter eleven, une inspiration nouvelle ? », *Rev. jur. com.* 2004, n° hors-série, spéc. p. 164.
182. C. Cavaglioli, C. Léguevaques, « Aperçu de la procédure de sauvegarde à l'usage du chef d'entreprise », *LPA*, 17 févr. 2006, n° 35, p. 22.
183. C. com., art. L. 611-4 et s. ; sur cette procédure.

d'un accord entre le débiteur et ses principaux créanciers. Cette procédure se substitue à l'ancien règlement amiable avec certains correctifs dans le régime applicable. Judiciaire dans son déclenchement, son déroulement donne lieu à une négociation entre le débiteur, ses créanciers et même ses « contractants habituels ». Son issue est plus ou moins marquée du sceau de la justice selon que l'accord auquel sont parvenus l'entreprise et ses partenaires a fait l'objet d'un simple constat ou d'une homologation par le tribunal [184]. L'esprit de cette procédure est caractérisé par une liberté importante donnée au débiteur qui peut seul prendre l'initiative de son déclenchement.

I. L'ouverture de la conciliation

A. Conditions de fond

61. – Débiteurs concernés. – La procédure de conciliation est offerte au débiteur personne morale de droit privé [185] ou personne physique exerçant une activité commerciale, artisanale ou indépendante « *y compris une profession libérale soumise à un statut législatif ou réglementaire ou dont le titre est protégé* » [186]. Deux précisions peuvent être apportées : d'abord pour les agriculteurs cette procédure n'est pas applicable car il existe une procédure de règlement amiable prévue aux articles L. 351-1 à L. 351-7 du Code rural et de la pêche maritime. La deuxième observation concerne les commerçants de fait qui peuvent bénéficier de la procédure de conciliation malgré l'article L. 123-8 du Code de commerce qui, on le sait, empêche un commerçant non immatriculé au registre du commerce et des sociétés (RCS) de se prévaloir de cette qualité. En effet, les textes [187] relatifs au domaine d'application de la procédure de conciliation ne visant pas le commerçant mais les personnes exerçant « *une activité commerciale ou artisanale* », il n'y a donc aucune raison d'opposer au demandeur son absence d'immatriculation au registre du commerce et des sociétés. Cela permet aussi d'appliquer la procédure aux personnes bénéficiant du statut d'auto-entrepreneur qui n'ont pas l'obligation de s'immatriculer au RCS [188] et qui, en raison des dispositions particulières qui leur sont applicables, n'ont pas à joindre à leur requête un extrait d'immatriculation [189].

62. – Difficultés rencontrées. – La procédure de conciliation s'adresse aux entreprises qui « *éprouvent une difficulté juridique, économique ou financière, avérée ou prévisible, et ne se trouvent pas en cessation des paiements depuis plus de 45 jours* ». L'entreprise dispose ainsi d'une certaine marge de manœuvre l'expression « *difficulté juridique, économique ou financière* » étant assez vague pour permettre d'englober toutes les situations. La référence à la cessation des paiements est une nouveauté par rapport à l'ancien règlement amiable qui ne pouvait bénéficier qu'à un débiteur qui n'était pas défaillant sur le plan financier. Tel n'est plus le cas désormais puisque la procédure peut être ouverte à l'égard d'un débiteur

184. Sur les effets de la conciliation, v. *infra*, n°s 71 et s.
185. C. com., art. L. 611-5.
186. C. com., art. L. 611-5.
187. C. com., art. L. 611-4 et L. 611-5.
188. C. com., art. L. 123-1-1. Sur les risques encourus par les professionnels non immatriculés, v. L. Nurit-Pontier, « Dispense d'immatriculation de l'auto-entrepreneur : une simplification non dénuée de risques », *D.* 2009, p. 585.
189. V. C. com., art. R. 611-22.

en cessation des paiements. On peut cependant observer que l'état de cessation des paiements doit être récent. Le délai de quarante-cinq jours est le même pour la conciliation et pour le redressement ou la liquidation judiciaire. Ainsi le débiteur dans cette situation ne doit pas attendre pour demander la conciliation au risque sinon de s'exposer à l'assignation d'un créancier en vue d'obtenir l'ouverture de procédure d'un traitement de la défaillance de l'entreprise (redressement ou liquidation). Il y a donc une « *compétition* » [190] entre les procédures (conciliation/redressement) mais aussi entre les intéressés (débiteur/créancier). Que doit faire le tribunal si une demande de conciliation est formulée après la délivrance d'une assignation ? Pour un débiteur qui exerce une activité agricole qui n'est pas constituée sous la forme d'une société commerciale la procédure de redressement ou de liquidation judiciaire ne peut être ouverte si le président du tribunal de grande instance n'a pas été saisi, préalablement à l'assignation, d'une demande tendant à la désignation d'un conciliateur présentée en application de l'article L. 351-2 du Code rural et de la pêche maritime [191]. Pour les autres débiteurs, il est douteux que l'on puisse ouvrir une procédure de conciliation. L'inertie du débiteur devrait conduire le tribunal à prononcer l'ouverture d'une procédure de redressement judiciaire ce qui peut orienter l'entreprise vers une cession à tiers. Si le débiteur demande l'ouverture d'une procédure au-delà de quarante-cinq jours la demande est irrecevable.

B. Conditions de procédure

63. – Pouvoir exclusif du débiteur de déclencher la procédure. – Le débiteur a le pouvoir exclusif de demander l'ouverture d'une procédure de conciliation. C'est donc le chef d'entreprise ou le représentant légal de la personne morale qui adresse une requête en ce sens au président du tribunal. Il s'agit donc d'une « *véritable demande en justice* » [192]. Celle-ci doit exposer « *sa situation économique, sociale et financière, ses besoins de financement ainsi que, le cas échéant, les moyens d'y faire face* » [193]. Lorsque la procédure concerne un établissement de crédit, un établissement de paiement ou une entreprise d'investissement, le président du tribunal ne peut être saisi d'une demande d'ouverture « *qu'après avis de l'Autorité de contrôle prudentiel* » [194].

64. – Complément d'information. – Si le président du tribunal décide d'ouvrir la procédure de conciliation, il peut compléter les informations fournies par le débiteur en chargeant un expert d'établir un rapport sur la situation économique, sociale et financière du débiteur, il peut aussi obtenir des établissements bancaires ou financiers [195] tout renseignement de nature à donner une exacte information sur la situation économique et financière. Dès réception de la demande, le président du tribunal fait convoquer, par le greffier, le

190. F. Macorig-Venier, « Du règlement amiable à la conciliation », *Rev. proc. coll.* 2005-4, spéc. p. 353.
191. C. com., art. L. 631-5, pour le redressement judiciaire ; art. L. 640-5, pour la liquidation judiciaire.
192. V. F. Macorig-Venier, *op. cit.*, p. 353, spéc. note 2.
193. C. com., art. L. 611-6, al. 1. Sur le contenu de la demande, v. C. com., art. R. 611-22.
194. C. mon. et fin., art. L. 613-27, al. 2. Sur les modalités de cette demande d'avis, v. C. mon. et fin., art. R. 613-16.
195. « *Nonobstant toute disposition législative et réglementaire contraire* », C. com., art. L. 611-6, al. 5.

représentant légal de la personne morale débitrice ou le débiteur personne physique pour recueillir ses explications [196].

65. – Pouvoirs du président du tribunal. – Le président du tribunal joue un rôle tout au long de la procédure. C'est lui qui décide ou non de l'ouverture de la procédure. Pendant le déroulement de celle-ci il dispose de prérogatives pour obtenir des informations afin d'établir la situation économique, sociale et financière du débiteur notamment en désignant un expert pour rédiger un rapport sur cette situation [197]. C'est lui enfin qui constate ou homologue l'accord.

66. – Décision du président du tribunal. – Le président du tribunal peut refuser ou accepter l'ouverture de la procédure.

Il peut d'abord ne pas faire droit à la demande de désignation d'un conciliateur (ou de prorogation de sa mission). Tel serait par exemple le cas si le débiteur est en cessation des paiements depuis plus de quarante-cinq jours. Face à ce refus, le débiteur peut interjeter appel de la décision dans un délai de dix jours à compter de la notification de la décision. L'appel est fait pas simple déclaration adressée par le débiteur au greffe [198]. Le président du tribunal peut, dans un délai de cinq jours à compter de la déclaration d'appel, modifier ou rétracter sa décision. En cas de modification ou de rétractation, le greffier notifie la décision au débiteur. Dans le cas contraire, le greffier du tribunal transmet sans délai au greffe de la cour le dossier de l'affaire avec la déclaration d'appel et une copie de la décision. Il avise le débiteur de cette transmission. L'appel est instruit et jugé selon les règles applicables en matière gracieuse devant le tribunal de grande instance.

Le président du tribunal peut au contraire décider d'ouvrir la procédure. Dans ce cas son ordonnance n'est susceptible d'appel que de la part du ministère public [199]. La décision est communiquée au ministère public et à l'ordre professionnel ou l'autorité compétente si le débiteur exerce une profession libérale soumise à un statut législatif ou réglementaire ou dont le titre est protégé [200]. Il n'y a donc pas de publicité. Cela n'empêche pas d'informer les représentants du personnel ou le comité du personnel qui sont bien sûr directement concernés par la conciliation [201]. Le préfet est également informé.

67. – Désignation, récusation du conciliateur. – Lorsqu'il décide d'ouvrir la procédure, le président du tribunal désigne un conciliateur, le cas échéant sur proposition du débiteur. La durée d'intervention du conciliateur est de quatre mois, délai qui peut être prorogé d'un mois sur décision motivée du président du tribunal à la demande du conciliateur [202]. Si avant l'expiration de cette période une demande d'homologation de l'accord amiable négocié entre le débiteur et les créanciers est formulée, alors la mission du conciliateur et la procédure se prolongent jusqu'à ce que le tribunal statue sur cette demande. En revanche, si aucune demande d'homologation n'a été formulée, la procédure et la mission du conciliateur prennent fin « *de plein droit*

196. C. com., art. R. 611-23.
197. C. com., art. L. 611-6, al. 5.
198. C. com., art. R. 611-26.
199. C. com., art. L. 611-6, al. 3.
200. C. com., art. L. 611-6, al. 3.
201. En ce sens, F.-X. Lucas, H. Lécuyer, « La loi de sauvegarde article par article », *LPA*, 8 févr. 2006, n° 28, p. 15 ; C. Saint-Alary-Houin, « La procédure de conciliation », *Rev. proc. coll.* 2006-2, spéc. p. 170.
202. C. com., art. L. 611-6, al. 3.

et une nouvelle conciliation ne peut être ouverte dans les trois mois qui suivent »[203]. Par ailleurs et en tout état de cause, « *l'ouverture d'une procédure de sauvegarde, de redressement judiciaire ou de liquidation judiciaire met fin de plein droit à la procédure de conciliation* »[204]. À l'inverse la conciliation peut déboucher sur l'ouverture d'une procédure de sauvegarde financière accélérée[205].

68. – Qualité de conciliateur. – Il n'y a pas de qualité juridique particulière requise pour pouvoir exercer la fonction de conciliateur. Toutefois ce dernier ne doit pas relever de l'une des incompatibilités prévues par l'article L. 611-13 du Code de commerce[206]. À cela s'ajoute le fait que le débiteur peut demander la récusation du conciliateur[207] dans un certain nombre d'hypothèses[208]. Tel est le cas lorsqu'il a directement ou indirectement un intérêt personnel à la procédure ou lorsqu'il existe un lien direct ou indirect, quelle qu'en soit la nature, entre le conciliateur et l'un des créanciers ou l'un des dirigeants ou préposés de celui-ci. Il en est de même s'il existe une cause de défiance entre le conciliateur et le débiteur ou encore s'il est dans l'une des situations d'incompatibilité visées à l'article L. 611-13 du même code ou enfin s'il a été définitivement radié ou destitué d'une profession réglementée.

69. – Mission et rémunération du conciliateur. – Le conciliateur a pour mission de favoriser la conclusion entre le débiteur et ses principaux créanciers ainsi que, le cas échéant, ses contractants habituels, d'un accord amiable destiné à mettre fin aux difficultés de l'entreprise. Il peut aussi faire des propositions se rapportant à la sauvegarde de l'entreprise, à la poursuite de l'activité économique et au maintien de l'emploi[209]. Au fur et à mesure de sa mission, le conciliateur doit informer le président du tribunal de l'avancement de sa mission ainsi que des diligences du débiteur. À l'expiration de la période d'intervention du conciliateur, la mission de celui-ci ainsi que la procédure prennent fin de plein droit. Les conditions de la rémunération[210] du conciliateur sont fixées par ordonnance du président du tribunal en fonction des diligences nécessaires à l'accomplissement de sa mission et après avoir recueilli l'accord du débiteur[211].

70. – Situation des créanciers pendant la procédure. – Les poursuites engagées contre le débiteur ne sont pas suspendues à l'ouverture de la procédure de conciliation et le tribunal n'a pas la faculté de suspendre de manière générale les poursuites comme c'était le cas dans l'ancien règlement amiable. Toutefois, si un créancier cherche à obtenir le paiement de sa créance pendant la procédure, le débiteur peut demander au président du tribunal de faire application des articles 1244-1 à 1244-3 du Code civil[212] c'est-à-dire de lui accorder des délais

203. C. com., art. L. 611-6, al. 2.
204. C. com., art. R. 611-38-1.
205. V. C. com., art. L. 628-1.
206. Ce sont les mêmes qui sont applicables au mandataire *ad hoc*, v. *supra*, n° 48.
207. C. com., art. L. 611-6.
208. C. com., art. R. 611-27.
209. C. com., art. L. 611-7.
210. J.-B. Drummen, « La rémunération des mandataires *ad hoc* et des conciliateurs », *BJE* sept. 2011, p. 283, n° 121 ; F. Pérochon, « Prévention : Suivi et résolution des accords amiables. Rémunération dans les missions amiables », *Bulletin Joly Entreprises en difficulté*, 1er nov. 2012 n° 6, p. 409
211. C. com., art. L. 611-14. ; R. 611-47 à R. 611-50.
212. C. com., art. L. 611-7. Sous le régime antérieur la jurisprudence avait jugé que les délais de paiement pouvaient être imposés quelle que soit la nature de la créance et notamment à l'égard des créances fiscales, Cass. com., 16 juin 1988, *JCP* E 1998, 1795, obs. P. Serlooten ; *RTD com.* 1998, p. 918, obs. F. Macorig-Venier ; CA Douai, 2e ch., 25 juin 2000, *Dr. sociétés* 2001, n° 29, obs. Chaput ; *RTD com.* 2001, p. 213, obs. F. Macorig-Venier ; *JCP* E 2002, n° 4, p. 177, note O. Tirloir.

de grâce. Dès lors qu'il est mis en demeure de payer par un créancier le débiteur peut saisir le tribunal de la procédure de conciliation d'une demande de délai de paiement. Si le débiteur fait l'objet de poursuite du créancier devant une autre juridiction celle-ci doit alors surseoir à statuer jusqu'au prononcé de la décision sur les délais de paiement [213]. Le tribunal statue sur les délais en la forme des référés après avoir recueilli les observations du conciliateur. La décision rendue par le président du tribunal est communiquée à cette juridiction par le greffier.

La possibilité d'accorder un délai de paiement ne doit toutefois pas être confondue avec l'arrêt des poursuites individuelles exercées par les créanciers. C'est ce qu'a rappelé la Cour de cassation [214] dans une espèce où le titulaire d'un bail avait, avant la procédure de conciliation, obtenu par ordonnance de référé passée en force de chose jugée la suspension d'une clause de résiliation du bail et l'octroi de délai de paiement. Le débiteur, au bénéfice duquel une procédure de conciliation avait été par la suite ouverte, n'ayant pas respecté son engagement de payer dans les délais, les juges du fond lui avaient accordé des délais supplémentaires de paiement privant ainsi de son effet l'action en libération des lieux engagés par le bailleur. L'arrêt de la cour d'appel est censuré par la Cour de cassation qui juge que « *la procédure de conciliation instituée par les articles L. 611-4 et suivants du Code de commerce n'entraîne pas la suspension des poursuites individuelles* » et que l'ordonnance ayant accordé des délais de paiement, « *était passée en force de chose jugée et que dès lors la clause résolutoire était acquise à la date de la première échéance non respectée* ».

II. Les issues de la conciliation

71. – Accord amiable ou ouverture d'une procédure de sauvegarde financière accélérée. – La procédure de conciliation a pour objectif de favoriser la conclusion entre le débiteur « *et ses principaux créanciers* » d'un accord amiable [215]. C'est l'issue normale de la procédure de conciliation [216]. Si l'accord n'est pas possible mais que le débiteur réunit les conditions de la sauvegarde financière accélérée, ce dernier peut demander l'ouverture de cette procédure au tribunal [217].

1°/ Conclusion d'un accord amiable

a) Objet de l'accord

72. – Périmètre de l'accord. – L'accord est soumis aux principes du droit commun des obligations à savoir liberté contractuelle et consensualisme. Cela signifie que les parties sont

213. C. com., art. R. 611-35.

214. Cass. civ. 3e, 10 déc. 2008, *Bull. civ.* III, n° 199 ; *D.* 2009, AJ 16, obs. Lienhard ; *JCP* E 2009. 1229, note P.-H. Brault ; *Gaz. Pal.* 26-28 avr. 2009, p. 8, note le Corre ; *RTD com.* 2009. 448, obs. F. Macorig-Venier ; *Defrénois* 2009. 1403, obs. Gibirila ; CA Paris, 6 juill. 2007 : *Act. proc. coll.* 2007, n° 195, obs. Behar-Touchais ; *RTD com.* 2008. 412, obs. Macorig-Venier ; *Rev. proc. coll.* 2008, n° 101, obs. Delattre.

215. C. com., art. L. 611-7.

216. Si un tel accord n'est pas possible le conciliateur doit présenter sans délai un rapport au président du tribunal. Le président met alors fin à sa mission et à la procédure de conciliation. Cette décision est ensuite notifiée au débiteur. Les conséquences de cet échec pour l'entreprise dépendent de sa situation.

217. C. com., art. L. 628-1.

libres de le rédiger ou non par écrit[218] et qu'elles peuvent en définir le contenu selon leurs vœux. La loi précise toutefois que l'accord est passé « *entre le débiteur est ses principaux créanciers ainsi que, le cas échéant, ses cocontractants habituels* »[219]. En réalité le débiteur est libre d'inviter un créancier à la table des négociations et les créanciers peuvent à discrétion décider d'y participer ou non. Ces derniers peuvent aussi librement déterminer l'étendue de leur contribution en y intégrant tout ou partie de leurs créances[220]. Quant aux contractants il peut par exemple s'agir des salariés[221].

b) Participation des créanciers publics

73. – Participation des créanciers publics. – Afin de « *favoriser* »[222] la conclusion d'un accord a été mis en place un environnement juridique de nature à faciliter la participation des créanciers. Ainsi, pour les créanciers publics il est prévu par l'article L. 611-7, alinéa 3 du Code de commerce que « *les administrations financières, les organismes de sécurité sociale, les institutions gérant le régime d'assurance chômage prévu par les articles L. 351-3 et suivants du Code du travail et les institutions régies par le livre IX du Code de la sécurité sociale peuvent consentir des remises de dettes dans les conditions fixées à l'article L. 626-6* ». Il est également prévu que « *des cessions de rang de privilège ou d'hypothèque ou l'abandon de ces sûretés peuvent être consenties dans les mêmes conditions* ».

Il y a deux séries de conditions légales. D'abord, les organismes ne peuvent accorder de telles remises que « *dans des conditions similaires à celles que lui octroierait, dans des conditions normales du marché, un opérateur économique privé placé dans la même situation* »[223]. Cette expression traduit les exigences européennes en matière d'aides d'États[224]. Il s'agit, en la reprenant, d'éviter que les remises accordées par les créanciers publics ne tombent sous la prohibition européenne des aides publiques accordées aux entreprises nationales. Ensuite, une deuxième série de conditions concerne le régime des remises. Celui-ci est en effet différent selon qu'il s'agit d'impôts directs ou indirects. Dans le premier cas la remise peut porter sur l'intégralité des impôts perçus « *au profit de l'État et des collectivités territoriales ainsi que des produits divers du budget de l'État dus par le débiteur* »[225]. Dans le second cas, c'est-à-dire pour les impôts indirects perçus au profit de l'État et des collectivités territoriales, la remise est limitée aux intérêts de retard, majorations, pénalités ou amendes[226]. Ces conditions légales ont été précisées par décret.

74. – Conditions de fond pour l'obtention d'une remise de dettes. – Les remises de dettes doivent avoir pour « *objet de faciliter la restructuration financière de l'entreprise en difficulté, la poursuite de son activité économique et le maintien de l'emploi. La remise de dettes n'est pas justifiée dès lors que l'entreprise n'est plus viable. Elle ne doit pas représenter un avantage économique*

218. V. sous le régime antérieur, CA Versailles, 9 oct. 1997, *JCP* E 1998, n° 13, p. 513, note A. Triclin et G. Fereira, *RJDA* 3/1998, p. 216 ; *RTD com.* 1998, p. 923, obs. F. Macorig-Venier.
219. C. com., art. L. 611-7, al. 1.
220. Cass. com., 13 oct. 1998, *Bull. civ.* IV, n° 235 ; *RJDA* 1998, n° 1374, p. 1031 ; *RTD com.* 1999, p. 185, obs. F. Macorig-Venier.
221. V. C. Saint-Alary-Houin, « La procédure de conciliation », *Rev. proc. coll.* 2006-2, spéc. p. 173, n° 28.
222. Selon le terme employé par la loi, C. com., art. L. 611-7.
223. C. com., art. L. 626-6, al. 1.
224. CJCE, 29 avr. 1999, aff. C-342-96, *Espagne c. Commission*, *Rec.* CJCE, I-2459.
225. C. com., art. L. 626-6, al. 2.
226. *Ibid.*

injustifié pour l'entreprise bénéficiaire. Les efforts des créanciers publics sont coordonnés avec ceux des autres créanciers en vue de faciliter le redressement durable de l'entreprise et permettre le recouvrement de recettes publiques futures »[227].

75. – Conditions tenant au débiteur. – « *La recevabilité de la demande de remise est subordonnée à la constatation que le débiteur, ou, s'il est une personne morale, ses organes ou ses représentants, n'a pas fait l'objet depuis au moins dix ans d'une condamnation définitive* »[228] par certaines infractions au Code du travail[229].

76. – Domaine des remises quant aux dettes concernées. – Les dettes susceptibles d'être remises sont énumérées dans le Code de commerce[230]. Les remises s'appliquent ainsi :

« *1° Aux pénalités, intérêts de retard, intérêts moratoires, amendes fiscales ou douanières, majorations, frais de poursuite, quel que soit l'impôt ou le produit divers du budget de l'État auquel ces pénalités ou frais s'appliquent ;*

2° Aux majorations de retard, frais de poursuite, pénalités et amendes attachés aux cotisations et contributions sociales recouvrées par les organismes de sécurité sociale et par les institutions régies par le livre IX du Code de la sécurité sociale et par les institutions régies par le livre VII du Code rural et de la pêche maritime ;

3° Aux majorations de retard, frais de poursuite et pénalités attachés aux contributions et cotisations recouvrées par l'institution mentionnée à l'article L. 5312-1 du Code du travail pour le compte de l'organisme gestionnaire du régime d'assurance chômage ;

4° Aux cotisations et contributions sociales patronales d'origine légale ou conventionnelle qu'un employeur est tenu de verser au titre de l'emploi de personnel salarié ;

5° Aux droits au principal afférents aux seuls impôts directs perçus au profit de l'État et des collectivités territoriales ;

6° Aux créances de l'État étrangères à l'impôt et au domaine, aux redevances domaniales, aux redevances pour services rendus et aux autres produits divers du budget de l'État.

Les remises de dettes sont consenties par priorité sur les frais de poursuite, les majorations et amendes, puis sur les intérêts de retard et les intérêts moratoires, et enfin sur les droits et les sommes dus au principal. Les dettes dues au principal ne peuvent pas faire l'objet d'une remise totale ».

77. – La procédure de remise. – Le débiteur ou le conciliateur[231] doit saisir une Commission réunissant les chefs des services financiers et les représentants des organismes et institutions intéressés. La saisine doit être faite, à peine de forclusion, dans un délai de deux mois à compter de la date d'ouverture de la procédure. La demande, qui peut être faite par voie dématérialisée, doit impérativement[232] comporter l'état actif et passif des sûretés ainsi que de celui des engagements hors bilan, les comptes annuels et les tableaux de financement des trois derniers exercices, si ces documents ont été établis, ainsi que de la situation de l'actif

227. C. com., art. D. 626-15.
228. *Ibid.*
229. Les infractions sont celles prévues par les articles L. 8224-1, L. 8224-2, L. 8224-3 et L. 8224-5 du Code du travail.
230. C. com., art. D. 626-10.
231. C. com., art. D. 626-12.
232. Il est recommandé de produire certains documents en plus de ceux dont la production est obligatoire : v. art. D. 626-12, B.

réalisable et disponible et du passif exigible. Enfin doit être précisé le montant des dettes privées, celles-ci étant définies comme « *l'ensemble des concours consentis par les créanciers autres*[233] *que les administrations financières, les organismes de sécurité sociale, l'institution mentionnée à l'article L. 5312-1 du Code du travail pour le compte de l'organisme gestionnaire du régime d'assurance chômage, les institutions régies par le livre IX du Code de la sécurité sociale et les institutions régies par le livre VII du Code rural et de la pêche maritime* »[234].

78. – Suites de la demande. – Une fois la demande déposée et instruite, il appartient au président de la commission de recueillir les décisions des administrations, organismes et institutions représentés et d'en assurer la notification. Lorsque la décision est favorable, la notification précise les montants d'abandon de créances publiques ainsi que les conditions qui y sont attachées vis-à-vis des créanciers privés. Le défaut de réponse dans un délai de deux mois à partir de la date de réception de l'ensemble des éléments exigées vaut décision de rejet [235].

c) Responsabilité limitée des participants à l'accord de conciliation

79. – Responsabilité limitée des participants. – Le sauvetage de l'entreprise passe, pour l'essentiel, par son financement. C'est en effet une nécessité pour l'entreprise, la question du financement se posant au fil du temps bien avant que l'entreprise ne subisse des difficultés pouvant la conduire à la défaillance. Cependant, l'apport d'un concours financier n'est pas sans danger pour le distributeur de crédit. Celui-ci peut d'abord, malgré le crédit apporté, être confronté à un échec de l'entreprise lui faisant perdre ainsi toute chance de récupérer les sommes prêtées. Bien plus, il peut être tenu pour responsable du déclin de l'entreprise, soit parce qu'il a apporté un soutien abusif à celle-ci, soit parce qu'il a interrompu le financement qui aurait permis de sauvegarder l'activité. Le fournisseur de crédit se trouve donc dans une situation paradoxale car, craignant pour sa responsabilité, il hésitera entre le maintien ou la rupture des relations avec son client. Il y a là une insécurité juridique qui se double d'une insécurité économique. Afin de mettre en adéquation la règle juridique avec l'objectif économique de sauvegarde le législateur a opéré deux choix complémentaires par la loi n° 2005-845 du 26 juillet 2005. Il a d'abord encouragé le financement externe de l'entreprise en difficulté en accordant un privilège au créancier qui apporte de « *l'argent frais* » au débiteur[236]. Il a ensuite écarté la « *menace de responsabilité* »[237] qui pesait jusqu'à présent sur le fournisseur de crédit. Ainsi l'article L. 650-1, alinéa 1er du Code de commerce dispose : « *Lorsqu'une procédure de sauvegarde, de redressement judiciaire ou de liquidation judiciaire est ouverte, les créanciers ne peuvent être tenus pour responsables des préjudices subis du fait des concours consentis, sauf les cas de fraude, d'immixtion caractérisée dans la gestion du débiteur ou si les garanties prises en contrepartie de ces concours sont disproportionnées à ceux-ci* »[238].

233. C. com., art. D. 626-12, 3°.
234. C. com., art. D. 626-9.
235. C. com., art. D. 626-14.
236. V. *infra*, n° 82, à propos de l'accord de conciliation homologué.
237. Y. Guyon, *op. cit.*, n° 1076.
238. Sur lequel, v. R. Routier, « L'article L. 650-1 du Code de commerce : un article "détonnant" pour le débiteur et "détonant" pour le contribuable ? », *D.* 2006. Chron. 2916 ; P. Hoang, « L'octroi abusif de crédit s'invite à la table de l'exclusion de responsabilité de l'article L. 650-1 du Code de commerce », *D.* 2012. Chron. 2034.

d) Catégories d'accords

80. – Accord constaté ou accord homologué. – Si les conditions sont réunies, le juge peut selon les cas constater l'accord ou alors homologuer celui-ci selon des modalités qui varient selon le type d'accord.

81. – Procédure de constat ou d'homologation. – La procédure est réduite à sa plus simple expression concernant l'accord constaté. Elle est plus élaborée pour l'accord homologué.

L'accord constaté est prononcé par le président du tribunal sur requête conjointe des parties [239]. Le juge peut aussi refuser l'accord qui demeure valable mais pourrait être affecté par l'ouverture d'une procédure collective subséquente (résiliation du contrat par ex.) [240].

Pour l'accord homologué, c'est au tribunal, et non à son président, qu'il appartient d'homologuer l'accord. Il ne le peut toutefois que si certaines conditions sont réunies. Il doit d'abord s'assurer que le débiteur n'est pas en cessation des paiements ou que l'accord conclu y met fin. Il doit ensuite vérifier que les termes de l'accord sont de nature à assurer la pérennité de l'activité de l'entreprise et que l'accord ne porte pas atteinte aux intérêts des créanciers non-signataires [241]. La demande d'homologation est faite par le débiteur. Avant d'homologuer l'accord le tribunal peut entendre toute personne dont l'audition lui paraît utile. Il a l'obligation d'entendre ou d'appeler en chambre du conseil, le débiteur, les créanciers parties à l'accord, les représentants des salariés (comité d'entreprise ou délégués du personnel), le conciliateur, le ministère public et le cas échéant l'ordre professionnel ou l'autorité compétente pour une profession libérale ou une profession réglementée [242]. L'accord homologué doit être transmis au commissaire aux comptes par tout débiteur soumis au contrôle légal de ses comptes [243]. Dans ce cas il est transmis par le greffier au commissaire aux comptes du débiteur [244]. Le jugement d'homologation est susceptible d'appel de la part du ministère public et, en cas de contestation relative au privilège de la conciliation (C. com., art. L. 611-1), de la part des parties à l'accord. Il peut en outre être frappé de tierce opposition [245].

e) Portée juridique de l'accord constaté et homologué

• Effets communs à l'accord constaté et homologué

82. – Interruption et interdiction des poursuites individuelles [246]. – L'accord, qu'il soit constaté ou homologué, entraîne une interruption et une interdiction des actions en justice et poursuites individuelles tant sur les meubles que sur les immeubles du débiteur « *dans le but d'obtenir le paiement des créances qui en font l'objet* ». Il suspend aussi, pendant la durée

239. C. com., art. L. 611-8, I.
240. Sur cette question, v. J.-P. Sortais, « Le sort des accords de conciliation en cas de refus d'homologation ou de constatation », *Rev. proc. coll.* n° 3, mai 2013, étude 12.
241. C. com., art. L. 611-8, II.
242. C. com., art. L. 611-9.
243. C. com., art. L. 611-10.
244. C. com., art. R. 611-44.
245. C. com., art. L. 11-10, al. 1er.
246. C. com., art. L. 611-10-1.

de l'exécution, les délais impartis aux créanciers parties à l'accord à peine de déchéance ou de résolution des droits afférents aux créances mentionnées par l'accord.

83. – Sort des garants. – Il est désormais prévu tant pour l'accord constaté que pour l'accord homologué que « *les personnes coobligées ou ayant consenti une sûreté personnelle ou ayant affecté ou cédé un bien en garantie peuvent se prévaloir des dispositions de l'accord [...]* »[247].

84. – Conséquences de l'ouverture d'une procédure de sauvegarde, de redressement judiciaire ou de liquidation judiciaire. Fin de la procédure ou de l'accord constaté ou homologué. – Lorsqu'une procédure de sauvegarde, de redressement judiciaire ou de liquidation judiciaire est ouverte, cela met fin de plein droit à la procédure de conciliation en cours[248] ou à l'accord constaté ou homologué[249]. Pour les créanciers cela signifie qu'ils recouvrent l'intégralité de leurs créances et sûretés, déduction faite des sommes perçues.

• Effets propres à chaque type d'accord

85. – Effets propres à l'accord homologué. – L'homologation entraîne la levée de l'interdiction d'émettre des chèques[250] prononcée en raison du rejet d'un chèque émis avant l'ouverture de la procédure.

86. – Résolution de l'accord[251]. – La résolution de l'accord peut d'abord résulter du non-respect des engagements de l'accord. Elle est prononcée par le président du tribunal en présence d'un accord constaté et par le tribunal pour un accord homologué. En tout état de cause la saisine doit se faire à l'initiative de l'une des parties à l'accord et le juge doit constater l'inexécution des engagements résultant de l'accord. En outre, le président du tribunal ou le tribunal qui décide la résolution de l'accord peut aussi prononcer la déchéance de tout délai de paiement accordé au débiteur pendant la procédure de conciliation[252]. Un autre cas de résolution[253] résulte de l'ouverture d'une procédure collective subséquente qui « met fin de plein droit à l'accord constaté ou homologué »[254].

87. – Conséquences de l'ouverture d'une procédure de sauvegarde, de redressement judiciaire ou de liquidation judiciaire. Privilège de la conciliation pour certaines parties à l'accord homologué. – Dans l'hypothèse où une procédure collective est ouverte à la suite d'un accord homologué, certains créanciers parties à l'accord peuvent, dans la procédure collective, se prévaloir du privilège de la conciliation. Celui-ci est l'une des grandes innovations de la réforme issue de la loi n° 2005-845 du 26 juillet 2005. La qualification de privilège est essentielle puisque, différente d'une simple priorité de paiement, le privilège survit à l'accord.

247. C. com., art. L. 611-10-2.
248. C. com., art. R. 611-38-1.
249. C. com., art. L. 611-12.
250. V. C. mon. et fin., art. L. 131-73.
251. C. com., art. L. 611-10-3.
252. V. art. L. 611-7, al. 5, C. com.
253. En ce sens, F. Pérochon, « Prévention : Suivi et résolution des accords amiables. Rémunération dans les missions amiables », *Bulletin Joly Entreprises en difficulté*, 1er nov. 2012, n° 6, p. 409.
254. C. com., art. L. 611-12.

Autrement dit, si après l'homologation de l'accord une procédure est ouverte, les créanciers privilégiés dans la conciliation le demeurent dans les procédures subséquentes. Bénéficient du privilège de la conciliation deux catégories de créanciers :

– d'une part les personnes qui dans un accord homologué ont consenti « *un nouvel apport de trésorerie au débiteur en vue d'assurer la poursuite d'activité de l'entreprise et sa* pérennité »[255]. Il s'agit dans ce cas d'un apport d'argent frais (on parle de privilège de « *new money* » ou de « fresh money »), les sommes devant être versées après l'homologation. La qualification d'apport d'argent frais pourrait soulever des difficultés notamment lorsque l'argent emprunté sert à rembourser des dettes antérieures. Cette novation devrait être exclue du bénéfice du privilège[256].

– d'autre part « *les personnes qui fournissent dans l'accord homologué, un nouveau bien ou service en vue d'assurer la poursuite d'activité de l'entreprise et sa pérennité* »[257]. Dans cette hypothèse le paiement par privilège s'applique au prix de ce bien ou de ce service. C'est le cas par exemple d'un nouveau cautionnement donné par un banquier. En revanche le privilège ne s'applique ni aux apports consentis par les actionnaires et associés du débiteur dans le cadre d'une augmentation de capital ni aux concours consentis par les créanciers signataires de l'accord antérieurement à la procédure de conciliation[258].

Accueilli favorablement par la doctrine, le privilège de la conciliation soulève cependant des interrogations pratiques non négligeables notamment quant à ses effets. La créance est certes privilégiée mais elle est néanmoins une créance née antérieurement à l'ouverture de la procédure collective. Il en résulte que le créancier titulaire du privilège de la conciliation se voit appliquer le régime des créances antérieures. C'est ainsi qu'il doit déclarer sa créance et son privilège à la procédure. La question est alors de savoir quand interviendra le paiement ? En principe pas pendant la période d'observation dans la mesure où, étant créancier antérieur à l'ouverture de la procédure collective, l'interdiction des paiements lui est opposable[259]. Doit-il alors être payé dans le cadre du plan ou hors plan[260] ? La doctrine est divisée sur la lecture de la loi[261] ce qui rend incertaine l'efficacité du privilège de la conciliation[262]. La pratique développe des formules hybrides avec un paiement prioritaire dans le plan par exemple par affectation préférentielle du produit d'une cession d'actifs.

88. – Conséquences de l'ouverture d'une procédure de redressement judiciaire ou de liquidation judiciaire. – Autre avantage de l'accord d'homologation, la date de cessation des

255. *Ibid.*

256. Position de Maître Hélène Bourbouloux in F. Pérochon, « Prévention : Suivi et résolution des accords amiables. Rémunération dans les missions amiables », *Bulletin Joly Entreprises en difficulté*, 1er nov. 2012, n° 6, p. 409.

257. C. com., art. L. 611-11, al. 1.

258. C. com., art. L. 611-11, al. 2 et 3 ; Montpellier, 2 févr. 2010, *BICC* 2010, n° 1380 ; *JCP E* 2010, 1875, note Lebel.

259. T. com. La Roche-sur-Yon, 17 oct. 2012, *LEDEN* oct. 2012, p. 1, obs. F.-X. Lucas.

260. « Argent frais : paiement hors plan ou selon le plan ? Controverse entre François-Xavier Lucas et Françoise Pérochon », *BJE*, 1er sept. 2012 n° 5, P. 341.

261. *Pro :* I. Fernandez Torres, M.-H. Monsérié-Bon, « Le financement des entreprises en difficulté : le privilege de la fesh money, Regards croisés : France/Espagne », *Rev. proc. coll.* 2012, Et. 28, spéc. n° 32. F.-X. Lucas, « Argent frais : paiement hors plan ou selon le plan ? », *op. cit.* ; *Contra :* F. Pérochon, « Argent frais : paiement hors plan ou selon le plan ? », *op. cit.* qui s'appuie sur l'article L. 611-11 selon lequel ces créances « sont payées, pour le montant de cet apport, par privilège avant toutes les autres créances ». Le texte ne précise toutefois pas que les créances sont payées à l'échéance. On peut aussi, avec moins de conviction peut-être, lui opposer sa généralité par rapport à ceux plus spéciaux relatifs aux régimes applicables aux créanciers antérieurs. ; v. égal. Ph. Roussel-Galle, « L'apparition des créanciers atypiques », *BJE* 1er sept. 2012, n° 5, p. 325, spéc. n° 5.

262. D. Voinot, « L'efficacité incertaine du privilège de la conciliation », *Banque* avr. 2012, p. 32.

paiements ne pourra pas remonter à une date antérieure à l'homologation de l'accord définitif sauf cas de fraude [263]. Autrement dit, cela permet d'exclure l'accord et son contenu du domaine d'application des nullités de la période suspecte en redressement ou en liquidation judiciaire. Pour un accord constaté en revanche, la date de cessation des paiements pourra être reportée antérieurement à l'accord ce qui, dès lors, fait planer l'ombre des nullités de la période suspecte. Il y a en particulier un risque pour les créanciers qui ont inscrit des sûretés à la suite de l'accord.

f) Confidentialité et publicité

89. – Confidentialité de la procédure. – L'article L. 611-15 du Code de commerce oblige à la confidentialité « toute personne qui est appelée à la procédure de conciliation ou à un mandat *ad hoc* ou qui, par ses fonctions, en a connaissance ». Cette exigence de confidentialité qui concerne tous les actes de la conciliation (rapport du conciliateur [264], accord de conciliation) dès lors que la loi interdit ou limite leur diffusion est parfois difficile à concilier avec l'obligation d'informer un partenaire non participant à l'accord de conciliation [265]. Elle l'est aussi en cas d'assignation en ouverture d'une procédure collective intervenant avant la conclusion de l'accord. La doctrine [266] préconise le sursis à statuer dans l'attente du résultat de la conciliation. Ce sursis ne devrait pas être automatique. Cela permettrait au tribunal de vérifier si le débiteur n'a pas multiplié les tentatives de conciliation à des fins dilatoires.

90. – Publicité du jugement d'homologation. – Si la décision constatant l'accord n'est pas soumise à publication, en revanche le jugement d'homologationdonne lieu à publicité. Celle-ci est nécessaire pour donner toute sa portée au privilège de la conciliation même si le professeur Pierre-Michel Le Corre [267] préfèrerait une publicité du privilège lui-même et non seulement du jugement d'homologation afin d'assurer une meilleure information des tiers et notamment des prêteurs potentiels. Elle présente toutefois l'inconvénient de mettre à jour les difficultés de l'entreprise. Le jugement d'homologation est d'abord déposé au greffe où tout intéressé peut en prendre connaissance et fait l'objet d'une mesure de publicité [268]. Le jugement ne reprend pas les termes de l'accord. Il mentionne les garanties et privilèges constitués pour en assurer l'exécution. Il précise les montants garantis par le privilège institué par l'article L. 611-11 du Code de commerce [269]. Le jugement statuant sur l'homologation de l'accord est ensuite notifié par le greffier au débiteur et aux créanciers signataires de l'accord. Il est communiqué au conciliateur et au ministère public [270]. Un avis du jugement d'homologation est adressé pour insertion au *Bulletin officiel des annonces civiles et commerciales* [271]. Cette insertion contient l'indication du nom du débiteur, de son siège ou, lorsqu'il est une personne physique, de l'adresse de son entreprise ou de son activité. Il est également mentionné son numéro unique d'identification ainsi que, le cas échéant, le nom de la ville où se trouve le greffe ou la chambre des métiers et de

263. C. com., art. L. 631-8, al. 2.
264. V. Cass. com., 27 sept. 2011, n° 10-20308, note Ch. Delattre, *Rev. proc. coll.* 2012 comm. 179.
265. Ch. Delattre, « La confidentialité de l'article L. 611-15 du Code de commerce », *Rev. proc. coll.* 2012, comm. 177.
266. V. la position de Me Bourbouloux in F. Pérochon, « Prévention : Suivi et résolution des accords amiables. Rémunération dans les missions amiables », *Bulletin Joly Entreprises en difficulté*, 1er nov. 2012, n° 6, p. 409.
267. P.-M. Le Corre, « Du privilège occulte de la conciliation », *Gaz. Pal.* 12-13 oct. 2012, p. 3.
268. C. com., art. L. 611-10.
269. C. com., art. R. 611-40.
270. C. com., art. R. 611-41.
271. C. com., art. R. 611-43.

l'artisanat de région où il est immatriculé. Le même avis est publié dans un journal d'annonces légales du lieu où le débiteur a son siège ou, lorsqu'il est une personne physique, l'adresse de son entreprise ou de son activité. Il mentionne que le jugement est déposé au greffe où tout intéressé peut en prendre connaissance. Ces publicités sont faites d'office par le greffier dans les huit jours de la date du jugement. En revanche le jugement rejetant l'homologation ne fait l'objet d'aucune publicité.

91. – Qui peut prendre connaissance de l'accord de conciliation ? – L'accord constaté ou homologué ne peut être communiqué qu'aux seules personnes désignées dans les textes. S'agissant de l'accord constaté et de ses annexesaprès leur dépôt au greffe il ne peut être délivré de copie qu'aux parties et aux personnes qui peuvent se prévaloir des dispositions de l'accord [272]. Dans ce cas les copies de l'accord délivrées par le greffe valent titre exécutoire [273]. Quant à l'accord homologué, peuvent en prendre connaissance au greffe du tribunal, les personnes appelées à l'audience d'homologation [274]. Il ne peut être communiqué qu'aux parties, aux personnes qui peuvent s'en prévaloir et aux tiers qui exercent une tierce opposition [275]. L'accord homologué est aussi transmis par le greffier au commissaire aux comptes du débiteur [276]. Il peut être aussi communiqué à l'autorité judiciaire (tribunal, ministère public) au moment où le tribunal statue sur l'ouverture d'une procédure de sauvegarde, de redressement ou de liquidation judiciaire lorsque le débiteur a bénéficié d'un mandat *ad hoc* ou d'une procédure de conciliation dans les dix-huit mois qui précèdent [277].

2°/ Ouverture d'une procédure de sauvegarde financière accélérée

92. – Passage de la conciliation à la procédure de sauvegarde financière accélérée. – La procédure de sauvegarde accélérée est une autre issue possible à la procédure de conciliation. Elle s'ouvre en effet sur demande d'un débiteur en cours de conciliation qui justifie avoir élaboré un projet de plan susceptible de recueillir le soutien d'une large majorité des créanciers [278]. Elle s'adresse à un débiteur dont l'activité économique est viable mais qui est lourdement endetté auprès de ses créanciers financiers et qui se heurte au blocage d'une minorité de créanciers au cours de la conciliation. Elle se déroule dans un délai bref [279] pour ne pas altérer les relations commerciales de l'entreprise. L'originalité de cette procédure réside dans le fait qu'elle doit d'abord réunir les conditions d'ouverture d'une procédure de conciliation avant de réunir celles relatives à la sauvegarde ce qui ne va pas sans soulever des difficultés [280].

272. C. com., art. R. 611-39.
273. C. com., art. R. 611-39.
274. C. com., art. R. 611-40.
275. C. com., art. L. 611-9 et R. 611-44. Avec un risque de tierce opposition abusive avec pour seule finalité la communication de l'accord, v. la position de Me Bourbouloux in F. Pérochon, « Prévention : Suivi et résolution des accords amiables. Rémunération dans les missions amiables », *Bulletin Joly Entreprises en difficulté*, 1er nov. 2012, n° 6, p. 409.
276. C. com., art. R. 611-44.
277. C. com., art. L. 621-1 (sauvegarde), art. L. 631-7 (redressement judiciaire), art. L. 641-1 (liquidation judiciaire). V. Ch. Delattre, « La levée de la confidentialité de l'article L. 611-15 du Code de commerce », *Rev. proc. coll.* 2011, com. 165 et *Rev. proc. coll.* 2012, com. 178.
278. C. com., art. L. 628-1, al. 2.
279. La sauvegarde financière accélérée est limitée à une durée d'un mois renouvelable une fois.
280. Sur lesquelles, v. *infra* n° 176, conditions d'ouverture de la SFA.

93. – De la procédure de prévention des difficultés à la procédure collective. – Le passage de la conciliation à la sauvegarde financière accélérée n'est pas un simple changement procédural. Les procédures elles-mêmes changent de nature juridique. La sauvegarde financière accélérée est en principe [281] une procédure collective ce qui n'est pas la procédure de conciliation.

Sous-section III : Les procédures collectives

94. – Notion de procédures collectives. – Si l'on met à part la désignation d'un mandataire *ad hoc* et la conciliation, sauf lorsque cette dernière procédure s'oriente vers une sauvegarde financière accélérée, les procédures d'accompagnement des défaillances d'entreprises ont en principe une nature collective. Elles se distinguent en cela des procédures civiles d'exécution qui ont une nature individuelle. Dans ce dernier cas il s'agit de procédures introduites par un créancier au bénéfice de ce seul créancier. Si les autres créanciers veulent obtenir satisfaction ils doivent donc à leur tour agir à titre individuel contre le débiteur. Ainsi les procédures civiles d'exécution n'englobent pas tous les créanciers. La situation est différente lorsque le débiteur est une entreprise en difficulté faisant l'objet d'une procédure collective. Dans ce cas les créanciers doivent se conformer aux règles des procédures collectives ce qui signifie qu'ils ne peuvent en principe exercer les voies d'exécution traditionnelles. Dans un schéma classique, la procédure collective conduit à placer les créanciers sur un pied d'égalité. Il s'agit d'une procédure collective de paiement dans laquelle le prix de la course laisse place à une procédure d'ordre qui passe par la liquidation du patrimoine et le paiement des dividendes de liquidation aux différents créanciers. On dit alors que la procédure est collective car le règlement des créanciers sera collectif. On s'appuie pour cela sur différents procédés comme par exemple la suspension provisoire des poursuites ou encore l'interdiction des paiements des créances non privilégiées. On crée aussi une organisation judiciaire spécifique qui se caractérise par la présence de professions spécialement affectées à intervenir sur le marché des défaillances d'entreprises. Au fil des réformes et des pratiques, ce caractère collectif des procédures s'est cependant atténué [282] notamment en raison de l'atteinte portée à l'égalité des créanciers. Ces derniers peuvent en effet utiliser des « *instruments juridiques extérieurs* » comme les recours en nullité, certaines garanties, pour échapper à la discipline collective. Il n'y a plus une masse de créanciers représentée par un syndic chargé de défendre l'intérêt collectif [283] mais il y a des intérêts catégoriels correspondant à des classes de créanciers. Dans cette acception, les procédures collectives sont la sauvegarde, la sauvegarde financière accélérée, le redressement judiciaire et enfin la liquidation judiciaire.

281. La question du caractère collective de la SFA est controversée principalement en raison du fait que seules certaines catégories de créanciers sont soumises à une discipline collective. Pour une critique, v. J.-L. Vallens, « La sauvegarde financière accélérée est-elle une procédure collective ? », *RTD com.* 2011, p. 644. On peut cependant relever qu'aucune procédure collective n'englobe tous les créanciers. En faveur du caractère de collectif de la SFA : F.-X. Lucas, « Caractère collectif de la procédure et sauvegarde financière accélérée », *Rev. proc. coll.* n° 3, mai 2012, dossier 18.

282. M.-A. Frison-Roche, « Le caractère collectif des procédures collectives », *Rev. jur. com.* 1996, p. 293 et s.

283. Y. Chaput (dir.), *L'apurement des dettes, Solution au surendettement*, Études du Creda, Litec, 1998, p. 482.

§ 1 : La procédure de sauvegarde

95. – Définition. – La loi n° 2005-845 du 26 juillet 2005 a « *institué une procédure de sauvegarde ouverte sur demande d'un débiteur mentionné à l'article L. 620-2 qui, sans être en cessation des paiements, justifie de difficultés qu'il n'est pas en mesure de surmonter* »[284].

96. – Objectif de réorganisation de l'entreprise. – L'une des innovations marquantes de la loi n° 2005-845 du 26 juillet 2005 est d'avoir, en créant la procédure de sauvegarde, fait de la réorganisation, non plus seulement un moyen, mais aussi une finalité du droit des procédures collectives. La réorganisation est ainsi devenue, non sans contestation[285], l'« *objectif premier* »[286] de la procédure de sauvegarde. L'article L. 620-1 du Code de commerce précise en effet que « cette procédure est destinée à faciliter la réorganisation de l'entreprise afin de permettre la poursuite de l'activité économique, le maintien de l'emploi et l'apurement du passif ».

97. – Objectif d'élaboration d'un plan de sauvegarde. – La procédure de sauvegarde doit non seulement permettre la réorganisation de l'entreprise, mais elle doit aussi aboutir à la sauvegarde de l'emploi et à l'apurement du passif. Le paiement des créanciers interviendra dans le cadre d'un plan d'apurement du passif appelé plan de sauvegarde ainsi que le précise l'article L. 620-1 alinéa 2 du Code de commerce. « *La procédure de sauvegarde donne lieu à un plan arrêté par jugement à l'issue d'une période d'observation et, le cas échéant, à la constitution de deux comités de créanciers, conformément aux dispositions des articles L. 626-29 et L. 626-30* ». La procédure de sauvegarde prend un certain temps puisque la période d'observation est en principe d'une durée de six mois mais qui peut être portée par prolongation successive à dix-huit mois[287].

98. – Nature hybride de la procédure de sauvegarde. – La procédure de sauvegarde est par nature hybride[288]. Elle a d'abord une nature préventive dans la mesure où il s'agit alors, selon l'exposé des motifs du projet de loi, « *d'appréhender les difficultés de l'entreprise [...] avant même qu'elles ne se traduisent en trésorerie* » c'est-à-dire avant que l'entreprise ne soit en cessation des paiements. L'objectif est alors de se placer le plus en amont possible de la cessation des paiements ce qui augmente ses chances de sauvegarde. On peut d'ailleurs relever que sur l'ensemble des procédures prévues par le livre VI du Code de commerce, seule la procédure de sauvegarde exclut, quelles que soient les circonstances, toute cessation des paiements quant à sa mise en œuvre. La procédure de sauvegarde a ensuite une nature curative c'est-à-dire de traitement des difficultés de l'entreprise. Elle vise en effet à résoudre au plan judiciaire les difficultés de l'entreprise. Ainsi que le précise la loi, elle « *donne lieu à un plan arrêté par jugement à l'issue d'une période d'observation* »[289]. L'objectif est désormais, « *de faciliter la réorganisation de l'entreprise afin de permettre la poursuite de l'activité économique, le maintien de l'emploi et l'apurement du passif* ».

284. C. com., art. L. 620-1.
285. On s'est notamment inquiété du sort des salariés dans le cadre d'une telle réorganisation et notamment du risque de dérive à l'américaine, certaines entreprises aux États-Unis ayant abusé de la procédure de réorganisation pour réduire le personnel de l'entreprise.
286. X. de Roux, rapport AN, n° 2095, *op. cit.*, p. 190.
287. C. com., art. L. 621-3.
288. D. Voinot, « La nouvelle procédure de sauvegarde », *Gaz. Pal.* 7-8 sept. 2005, p. 24.
289. C. com., art. L. 620-1, al. 2.

§ 2 : La procédure de sauvegarde financière accélérée (SFA)

99. – Utilité de la procédure de sauvegarde financière accélérée. – La sauvegarde financière accélérée a été instituée par l'article 57 de la loi n° 2010-1249 du 22 octobre 2010 de régulation bancaire et financière [290]. C'est une procédure qui permet aux créanciers financiers du débiteur de négocier un projet de plan d'apurement du passif dans le cadre d'une procédure de conciliation avant de basculer dans la procédure de sauvegarde pour le faire adopter par un tribunal. Cette procédure est applicable aux conciliations ouvertes à compter du 1er mars 2011. Elle est soumise aux dispositions relatives à la sauvegarde sous réserve des dispositions spécifiques du nouveau chapitre qui lui est consacré dans le titre II du Livre VI du Code de commerce [291]. Le champ d'application de la SFA quant au débiteur a été élargi en 2012 [292]. Elle était réservée à l'origine aux débiteurs, dont les comptes étaient certifiés par un commissaire aux comptes ou établis par un expert-comptable, qui employaient plus de 150 salariés ou réalisaient un chiffre d'affaires de plus de 20 millions d'euros. Cependant, comme le relève le professeur François-Xavier Lucas ces seuils se sont révélés inadaptés à des débiteurs qui « s'agissant d'une procédure essentiellement destinée à des sociétés portant une dette financière, que la SFA permet précisément de restructurer, et qui, faute d'être une société d'exploitation développant une activité, n'atteignent aucun des deux seuils de salariés et de chiffre d'affaires » [293]. Le décret n° 2012-1071 du 20 septembre 2012 introduit dans le Code de commerce un nouvel article D. 628-2-1 aux termes duquel la SFA est ouverte à un débiteur dont le total de bilan est :

– soit supérieur à 25 millions d'euros ;

– soit supérieur à 10 millions d'euros mais, dans ce cas, le débiteur doit être une société en contrôlant une autre [294]. La société contrôlée doit en outre avoir un nombre de salariés supérieur à 150 ou un chiffre d'affaires supérieur à 20 millions d'euros ou un total du bilan supérieur à 25 millions d'euros.

100. – Caractéristiques de la sauvegarde financière accélérée. – Les caractéristiques principales de la sauvegarde financière accélérée par rapport à la procédure de sauvegarde résident en premier lieu dans l'absence de période d'observation. Cette différence est logique car, dans la sauvegarde, la période d'observation doit permettre l'élaboration d'un projet de plan. Or, dans la sauvegarde financière accélérée ce projet de plan est une condition à l'ouverture de cette procédure [295]. En réalité c'est parce que le projet de plan a été élaboré en conciliation qu'il n'est pas nécessaire à l'ouverture de procédure de sauvegarde financière accélérée de prévoir une période d'observation. Il convient cependant de nuancer l'affirmation en précisant qu'entre l'ouverture de la procédure de sauvegarde financière accélérée et l'arrêté du plan par un tribunal, l'activité du débiteur se poursuivra selon un régime similaire à celui qui s'applique en période d'observation dans la sauvegarde. Cette période sera courte puisque l'adoption du plan de sauvegarde ne peut se faire que dans un délai d'un mois à compter de l'ouverture de la procédure délai pouvant être

---

290. Les dispositions de la SFA devaient faire l'objet d'une modification législative par L. n° 2011-525 du 17 mai 2011 de simplification et d'amélioration de la qualité du droit. Ce texte a toutefois été déclaré inconstitutionnel s'agissant des mesures modifiant la sauvegarde financière accélérée : Cons. const., 12 mai 2011, n° 2011-629 DC.

291. C. com., art. L. 628-1 à L. 628-7.

292. Décret n° 2012-1071 du 20 septembre 2012 pris pour l'application du 2° du I de l'article 28 de la loi n° 2012-387 du 22 mars 2012 relative à la simplification du droit et à l'allégement des démarches administratives : *JO* 22 sept. 2012, p. 15008.

293. F.-X. Lucas, « Assouplissement des conditions de recours à la SFA », *LEDEN*, 15 oct. 2012, n° 9, p. 1.

294. Au sens de l'article L. 233-3 du Code de commerce.

295. C. com., art. L. 628-1, al. 2.

prolongé d'un mois. Toutefois il convient d'ajouter à ce délai le temps passé en procédure de conciliation qui a obligatoirement précédé l'ouverture de la sauvegarde financière accélérée.

En second lieu, la sauvegarde financière accélérée concerne certains types de créanciers seulement. Il s'agit de ceux « *ayant qualité de membres du comité des établissements de crédit et, s'il y a lieu* »[296], de ceux membres de l'assemblée générale des obligataires[297]. Pour les autres créanciers, la procédure de sauvegarde financière accélérée est sans effet. Cela veut dire qu'ils pourront poursuivre le débiteur en application du droit commun. Cette exclusion du champ d'application de cette procédure des créanciers non financiers a conduit une partie de la doctrine à remettre en cause le caractère collectif de cette procédure[298].

§ 3 : La procédure de redressement judiciaire

101. – Débiteur en cessation des paiements. – Si l'entreprise n'a pas su ou n'a pas pu anticiper sa défaillance, elle n'est pas pour autant condamnée. Elle peut en effet bénéficier d'un traitement judiciaire de ses difficultés dans le cadre d'une procédure de redressement judiciaire. Cette procédure, créée par la loi n° 85-98 du 25 janvier 1985, est ouverte « *à tout débiteur mentionné aux articles L. 631-2 ou L. 631-3 qui, dans l'impossibilité de faire face au passif exigible avec son actif disponible, est en cessation des paiements* ».

102. – Objectif d'élaboration d'un plan de redressement. – L'article L. 631-1, alinéa 2 du Code de commerce précise l'objet de la procédure de redressement judiciaire. Elle « *est destinée à permettre la poursuite de l'activité de l'entreprise, le maintien de l'emploi et l'apurement du passif. Elle donne lieu à un plan arrêté par jugement à l'issue d'une période d'observation et, le cas échéant, à la constitution de deux comités de créanciers, conformément aux dispositions des articles L. 626-29 et L. 626-30* ». On observe donc que, sur le plan des objectifs, la procédure de redressement judiciaire n'est pas fondamentalement différente par rapport à la procédure de sauvegarde.

103. – Caractéristiques de la procédure de redressement judiciaire. – Bien que les régimes de la sauvegarde et du redressement judiciaire se ressemblent[299], ces deux procédures se distinguent aussi sur plusieurs points. Ainsi la marge de manœuvre du débiteur en redressement judiciaire est moindre que dans le cadre d'une procédure de sauvegarde et ceci en raison d'une situation financière – état de cessation des paiements – qui ne permet plus de lui accorder une liberté équivalente celle qui prévaut dans la sauvegarde. Cette réduction d'autonomie a pour corollaire une augmentation des prérogatives des intervenants à la procédure. Ainsi, et à titre d'illustration, le déclenchement de la procédure ne relève plus désormais du pouvoir exclusif du débiteur mais d'un pouvoir partagé entre le débiteur et certaines personnes désignées par la loi (administrateur par ex.). On peut aussi relever qu'en redressement judiciaire le tribunal peut ordonner la cession judiciaire partielle ou totale de l'entreprise et ceci même

296. C. com., art. L. 628-1, al. 2.

297. C. com., art. L. 626-32.

298. J.-L. Vallens, « La sauvegarde financière accélérée est-elle une procédure collective ? », *RTD com.* 2011, p. 644 ; contra F.-X. Lucas, « Caractère collectif de la procédure et sauvegarde financière accélérée », *Rev. proc. coll.* n° 3, mai 2012, dossier 18.

299. V. les nombreux renvois fait à la sauvegarde dans le titre III du Livre VI du Code de commerce consacré au redressement judiciaire.

si le débiteur n'est pas d'accord avec cette solution. C'est là une différence essentielle avec la procédure de sauvegarde dans laquelle l'entrepreneur ne peut jamais faire l'objet d'une « *expropriation* ». Ainsi que le souligne le professeur Coquelet, la décision du tribunal de céder l'entreprise à un tiers « *repose sur un préjugé négatif portant sur l'aptitude personnelle du débiteur de procéder lui-même au sauvetage de son entreprise* » [300].

§ 4 : La procédure de liquidation judiciaire

104. – Débiteur en cessation des paiements et dont le redressement est manifestement impossible. – La procédure de liquidation judiciaire a été instituée par la loi n° 85-98 du 25 janvier 1985. Elle est ouverte « *à tout débiteur mentionné à l'article L. 640-2 en cessation des paiements et dont le redressement est manifestement impossible* » [301]. À certaines conditions, le tribunal peut être tenu, ou à la faculté, d'appliquer un régime de liquidation judiciaire simplifiée [302].

105. – Objectif de la liquidation judiciaire. – La procédure de liquidation judiciaire « *est destinée à mettre fin à l'activité de l'entreprise ou à réaliser le patrimoine du débiteur par une cession globale ou séparée de ses droits et de ses biens* » [303]. Le texte doit être compris de la manière suivante :

– d'une part, à l'issue de la liquidation judiciaire, le débiteur ne pourra pas continuer à exploiter l'activité pour laquelle il fait l'objet d'une procédure de liquidation judiciaire. En ce sens il y a fin de l'activité de l'entreprise ;

– d'autre part il doit y avoir une réalisation de l'actif suivie d'un apurement du passif. La réalisation de l'actif peut se faire par actifs séparés (vente bien par bien) ou alors par cession globale. Dans ce dernier cas cela signifie qu'il y a « *cession d'entreprise* » [304] à un tiers. Ainsi, comme l'envisage l'article L. 631-1 du Code de commerce, la liquidation judiciaire n'aboutit pas toujours à la fin de l'activité de l'entreprise puisque celle-ci peut être reprise par un tiers repreneur. En revanche, une telle reprise, ou plus exactement sa continuation, ne sera jamais possible par le débiteur lui-même.

106. – Caractéristiques de la liquidation judiciaire. – La loi tire les conséquences de la situation compromise dans laquelle se trouve le débiteur. C'est la raison pour laquelle, dès le début de la procédure, le débiteur fait l'objet d'un dessaisissement c'est-à-dire qu'il ne peut plus exercer ses droits et actions sur son patrimoine. Ceux-ci le sont par un liquidateur judiciaire qui est chargé de mener à bien les opérations de liquidation. Pour le reste, le régime de la liquidation judiciaire emprunte aussi au régime de la sauvegarde ou du redressement judiciaire avec parfois des nuances pour tenir compte des particularités de cette procédure.

N°s 107 à 119 réservés.

300. M.-L. Coquelet, *op. cit.*, n° 407.
301. C. com., art. L. 631-1, al. 1er.
302. C. com., art. L. 641-2. Sur ce régime v. *infra*, n° 804 et s.
303. C. com., art. L. 631-1, al. 2.
304. L'expression est employée par le Code de commerce, v. C. com., art. L. 642-1 et s.

PREMIÈRE PARTIE
LE DÉCLENCHEMENT DES PROCÉDURES COLLECTIVES

120. – Les procédures collectives sont lourdes de conséquences pour le débiteur mais aussi pour les partenaires de l'entreprise (les créanciers, les salariés, etc.). Aussi ne peuvent-elles s'ouvrir que si certaines conditions sont remplies tant du point de vue du fond (Titre I) que de la forme (Titre II).

Titre I
Les conditions de fond

121. – Conditions d'ouverture. – La décision d'ouverture d'une procédure collective dépend de la réunion de certaines conditions qui tiennent à la qualité de débiteur mais aussi aux difficultés que connaît ce dernier.

CHAPITRE I
Conditions tenant à la qualité de débiteur

122. – Énumération légale des personnes soumises aux procédures collectives. – Il est traditionnel dans cette matière que la loi désigne, de manière limitative, les personnes auxquels doit s'appliquer le droit des procédures collectives. Ainsi, à côté des commerçants, la loi n° 85-98 du 25 janvier 1985 a ouvert le champ d'application des procédures collectives aux artisans, puis la loi n° 88-1202 du 30 décembre 1988 relative à l'adaptation de l'exploitation agricole à son environnement économique et social l'a étendu aux agriculteurs, et enfin la loi n° 2005-845 du 26 juillet 2005 a accordé le bénéfice de ces procédures aux professions libérales. Toutefois l'ordonnance n° 2008-1345 du 18 décembre 2008 a opéré un mouvement inverse en effaçant toute référence aux commerçants et aux artisans. Désormais les procédures collectives sont applicables « *à toute personne exerçant une activité commerciale ou artisanale, à tout agriculteur, à toute autre personne physique exerçant une activité professionnelle indépendante, y compris une profession libérale soumise à un statut législatif ou réglementaire ou dont le titre est protégé, ainsi qu'à toute personne morale de droit privé* » [1]. Ce texte permet de distinguer entre les personnes physiques et les personnes morales.

Section I
Le débiteur personne physique

123. – Évolution. – Au fil des réformes la notion de débiteur personne physique a été étendue au point qu'aujourd'hui rares sont les personnes physiques exerçant une activité professionnelle qui échappent aux procédures collectives [2]. Certaines incertitudes demeurent toutefois qui nécessitent de distinguer les débiteurs personnes physiques relevant ou non des procédures collectives.

§ 1 : Les débiteurs personnes physiques relevant des procédures collectives

I. Les personnes physiques exerçant une activité professionnelle

124. – Critère général. – Les personnes physiques expressément visées par la loi sont celles qui exercent une « *activité professionnelle indépendante* » [3].

1. C. com., art. L. 620-2, al. 1 (applicable à la sauvegarde, au redressement et à la liquidation judiciaire). On peut toutefois observer qu'en matière de règlement amiable, le Code rural et de la pêche maritime ne vise toutefois pas l'agriculteur mais « l'activité agricole ».

2. Sur les questions spécifiques soulevées à propos des personnes physiques confrontées au droit des procédures collectives, v. le dossier « Personnes physiques et procédures collectives », *Rev. proc. coll.* 2013, dossier 1.

3. V. C. com., art. L. 620-2, al. 1er. Cela concerne toutes les procédures collectives. Sur le non-renvoi au Conseil constitutionnel par la Cour de cassation d'une question prioritaire de constitutionnalité relative à l'extension de la procédure de redressement judiciaire (et non de sauvegarde ou de liquidation judiciaire) au professionnel indépendant, v. Cass., QPC, 19 oct. 2010, *D.* 2010, Actu. 2511, obs. Lienhard ; *Rev. sociétés* 2011. 190, obs. Roussel-Galle ; *LPA,* 20 déc. 2010, obs. Henry ; *Bull. Joly entr. diff.* 2011.8, note Bonhomme.

A. L'exercice d'une activité professionnelle

125. – Dualité de critères. – Seules peuvent être rattachées au domaine d'application du droit des procédures collectives les personnes physiques exerçant une activité professionnelle. L'exercice d'une activité professionnelle suppose la réunion de deux critères, l'un matériel, l'autre intentionnel [4].

126. – Critère matériel. – C'est la répétition d'actes. En effet, « *la profession implique l'habitude* » [5]. Il en résulte que l'accomplissement d'un acte isolé ne suffit pas à caractériser le débiteur. On peut ajouter que la nature juridique des actes réalisés devrait *a priori* être indifférente. Toutefois le Code de commerce se réfère à l'activité commerciale artisanale et plus généralement à l'activité professionnelle indépendante. Comment faut-il interpréter cette énumération ? La référence à l'activité commerciale permet ne pas réserver aux seuls commerçants le bénéfice des procédures collectives. Un professionnel qui exerce accessoirement une activité professionnelle devrait désormais relever du droit des procédures collectives. Cela permet par exemple d'y faire entre un salarié exerçant à titre accessoire une activité commerciale sous le régime d'auto-entrepreneur ou encore l'entrepreneur individuel à responsabilité limitée. Est-ce à dire pour autant que la qualité de commerçant ou d'artisan n'est d'aucune utilité pour déterminer si un débiteur entre dans le champ des procédures collectives ? En réalité, une personne qui produit un extrait de registre faisant état de la qualité de commerçant ou d'artisan devrait être présumée, à preuve contraire, exercer une activité commerciale ou artisanale [6].

127. – Critère intentionnel. – C'est la volonté d'atteindre un but économique. Ainsi, doit être considérée comme un professionnel la personne qui exerce une activité « *pour se procurer les ressources nécessaires à son existence* » [7]. Il est ici indifférent que la personne exerce plusieurs activités. En revanche une personne peut agir de manière répétée sans pour autant qu'il y ait l'intention d'exercer une activité professionnelle. Ainsi le conjoint qui aide son mari professionnel n'acquiert pas automatiquement la qualité de professionnel [8].

B. L'exercice d'une activité indépendante

128. – Dualité d'interprétations. – En principe l'exercice d'une activité professionnelle doit se faire de manière indépendante. La notion d'indépendance peut donner lieu à deux interprétations, l'une restrictive, l'autre extensive.

129. – Interprétation restrictive. – Selon une première interprétation, qui est celle que la jurisprudence retient pour les commerçants [9], l'indépendance signifie agir en son nom et pour son

4. Cpr. Y. Guyon, *Droit des affaires*, t. 1, *Droit commercial général et Sociétés*, 12e éd., Economica, n° 71, qui retient un élément matériel et intentionnel pour qualifier l'habitude chez le commerçant.

5. D. Lochouarn, *La profession – approche juridique de la notion*, thèse Lyon III, 1998, p. 99 ; sur l'habitude, v. F. Pollaud-Dulian, « L'habitude en droit des affaires, Droit et vie des affaires », *Études à la mémoire d'Alain Sayag*, Litec, 1997, p. 349.

6. Sur cette présomption v. D. Voinot, « Quelles compétences pour les tribunaux de commerce en matière de procédures collectives ? », *Procédures*, n° 4, avr. 2011, p. 9, n° 12.

7. *Vocabulaire juridique*, H. Capitant, G. Cornu (dir.), PUF, 1998, V° « profession ».

8. Cass. com., 5 avr. 1994, *Bull. civ.* IV, n° 145, p. 115, à propos de l'épouse d'un agriculteur. ; sur la qualité de conjoint collaborateur, v. *infra*, n° 140.

9. Cass. com., 15 avr. 1991, *Bull. civ.* IV, n° 286, p. 199 ; Cass. com., 30 mars 1993, *Bull. civ.* IV, n° 126, p. 86.

compte personnel. Il en résulte que ne sont pas des entreprises toutes les personnes qui agissent au nom et pour le compte d'une autre personne. Il en est ainsi des salariés, mais aussi des mandataires.

130. – Interprétation extensive. – Selon une autre interprétation, il convient de retenir toutes les professions considérées comme indépendantes. Cela permet de réintégrer un certain nombre de professionnels comme, par exemple, les agents commerciaux personnes physiques dont la définition [10] même repose sur la notion d'indépendance alors qu'ils agissent pourtant au nom et pour le compte d'un tiers. La solution paraît cohérente car un agent commercial exerçant son activité sous couvert d'une personne morale relève déjà du champ d'application du droit des procédures collectives.

131. – Personnes physiques exerçant une activité commerciale ou artisanale. – Depuis l'ordonnance du 18 décembre 2008, relève des procédures collectives, « *toute personne exerçant une activité commerciale ou artisanale [...]* ». Cette référence à l'activité et non au commerçant ou à l'artisan pose la question de savoir si l'on doit encore exiger de celui qui exerce une telle activité une indépendance dans son exercice. La réponse est sans doute positive. Une autre question non résolue est celle de savoir si une activité accessoire de ce type permet aussi de relever des procédures collectives. Tel serait le cas par exemple d'un salarié ayant opté pour le régime de l'auto-entreprise [11]. Le texte actuel ne s'oppose pas à une telle solution.

132. – Agriculteurs. – Le Code de commerce applique les procédures collectives à « *tout agriculteur* » [12]. Or, il résulte de la combinaison des articles L. 311-1 et L. 311-2 du Code rural et de la pêche maritime que ne peut être immatriculée en tant qu'agriculteur qu'une personne physique ou morale « *exerçant à titre habituel des activités réputées agricoles* ». Dès lors l'exercice d'une activité agricole est aussi exigé des agriculteurs pour pouvoir entrer dans le domaine des procédures collectives.

132-1.-Personnes exerçant une profession libérale soumise à un statut législatif ou réglementaire, ou dont le titre est protégé [13]. – La loi de sauvegarde des entreprises a ouvert le champ d'application du droit des procédures collectives aux professions libérales. Le professionnel doit exercer à titre individuel et non en tant qu'associé d'une société d'exercice de la profession libérale [14]. S'il est passé de l'exercice individuel à celui d'associé exerçant dans le

---

10. V. C. com., art. L. 134-1.

11. Pour une application de la procédure collective à ce qui semble être un auto-entrepreneur sans que l'on sache si le débiteur était aussi salarié : v. T. com. Caen, 12 janv. 2011, *D.* 2011. Actu. 512, obs. X. Delpech ; *Rev. sociétés* 2011. 189, obs. Ph. Roussel Galle ; *LEDEN* avr. 2011, p. 2, obs. P. Rubellin ; *Bull. Joly Entrep. diff.* 2011. 106, note V. Legrand.

12. C. com., art. L. 620-2, al. 1 (applicable à la sauvegarde, au redressement et à la liquidation judiciaire). On peut toutefois observer qu'en matière de règlement amiable, le Code rural et de la pêche maritime ne vise toutefois pas l'agriculteur mais « l'activité agricole ».

13. S. Rétif, « L'extension des procédures collectives aux professions libérales », *Dr. et patr.* mars 2006, p. 95 ; R. Martin et P. Neveu, « L'application à la profession d'avocat de la loi du 26 juillet 2005 sur la sauvegarde des entreprises », *JCP* 2006. I. 125 ; T. Favario, « L'avocat en difficulté [application de la loi de sauvegarde à l'avocat exerçant en nom] », *Bull. Joly.* 2006. 691 ; F. Verger et A. Mignone, « Aspects pratiques de l'application de la loi du 26 juillet 2005 aux professionnels libéraux », *D.* 2006. 2234.

14. La jurisprudence a en effet jugé sans convaincre pleinement à propos d'un avocat ayant exercé la profession à titre individuel et devenu par la suite associé d'une société civile professionnelle qu'il n'agit plus en son nom propre mais exerce ses fonctions au nom de la société et qu'il cesse par conséquent d'exercer une activité professionnelle indépendante au sens de l'art. L. 631-2 ; Cass. com., 9 févr. 2010, *Bull. civ.* IV, n°s 35, 36 et 38 ; *D.* 2010. Chron. C. cass. 1113, obs. Orsini ; *ibid.* AJ 434, obs. Lienhard ; *RTD com.* 2010. 391, obs. Monsèrié-Bon ; *Defrénois* 2010. 1474, obs. Gibirila ; *JCP* E 2010. 1267, note Cerati-Gauthier ; *ibid.* 1296, n° 1, obs. Pétel ; *JCP* 2010. 602, note J.-J. Barbièri ; *LEDEN* mars 2010, p. 1, obs. F.-X. Lucas ; *Act. proc. coll.* 2010, n° 70, obs. Vallansan ; *Dr. sociétés* 2010, n° 76, note Legros ; *Gaz. Pal.* 14-16 mars 2010, p. 8, note Dumont-Lefrand ; *ibid.* 2-3 juill. 2010, p. 19, obs. Reille ; *Rev. proc. coll.* 2010, n° 131, obs. Lebel ; *ibid.*, n° 148, obs. Saintourens ; *RJDA* 2010, n° 538 ; *Bull. Joly* 2010. 489, note Daigre ; *Dr. et patr.* oct. 2010. 83, obs. Saint-Alary-Houin et Monsèrié-Bon ; *Bull. Joly Entrep. diff.* 2011. 12, note Martineau-Bourgninaud.

cadre d'une société professionnelle, il pourra faire l'objet d'une procédure collective en raison du passif résultant de l'activité individuelle antérieure. Il pourra aussi faire l'objet d'une assignation en redressement ou liquidation judiciaire de la part d'un créancier dans un délai d'un an à compter de la cessation de l'activité individuelle. De même le fait qu'il soit suppléé dans l'exercice de sa profession n'empêche pas d'ouvrir une procédure collective à son encontre [15].

II. Les personnes physiques n'exerçant pas d'activité

133. – Débiteur n'exerçant pas d'activité. – En principe le débiteur n'exerçant pas d'activité est exclu du champ d'application des procédures collectives. La remarque est importante car elle peut toucher certains professionnels qui tout en ayant la qualité de professionnel n'exercent aucune activité commerciale, artisanale ou indépendante. Tel est par exemple le cas de l'associé d'une société en nom collectif, que la loi qualifie de commerçant, sans tenir compte de l'exercice ou non d'une activité commerciale. En présence d'un tel « commerçant », le juge de la procédure collective doit nécessairement vérifier qu'il y a bien exercice d'une activité commerciale avant d'admettre ce débiteur dans le champ de la procédure [16].

134. – Régime spécifique pour les personnes ayant exercé une activité professionnelle. – Le redressement et la liquidation judiciaire (et non la sauvegarde) sont aussi applicables aux entreprises « *après la cessation de leur activité professionnelle si tout ou partie de leur passif provient de cette dernière* » [17]. Dans ce cas, la cessation des paiements peut être postérieure à la cessation d'activité [18]. Il ne s'agit pas en réalité de traiter une entreprise sans activité. L'entreprise a en effet disparu en tant qu'entité économique. Il reste le débiteur [19] qui peut envisager un plan de redressement [20] pour apurer le passif et conserver son patrimoine personnel (ex. un immeuble d'habitation). Si ce n'est pas possible le débiteur relèvera d'une procédure de liquidation judiciaire.

135. – Débiteur décédé [21]. – Le débiteur décédé peut aussi faire l'objet d'un redressement ou d'une liquidation judiciaire (et non d'une sauvegarde) si au jour de son décès il était en état de cessation des paiements [22]. Il s'agit ici de régler une succession plus que de redresser une entreprise. Sur le fond, le demandeur doit prouver que le débiteur était en cessation des paiements. Sur le plan procédural, l'ouverture de la procédure doit être demandée, en principe, dans l'année du décès sur l'assignation d'un créancier ou sur requête du ministère public. Les textes prévoient aussi la possibilité pour le tribunal de se saisir d'office dans le même délai.

15. Cass. com., 3 mai 2011, n° 10-14806, n° 443, FS-P+B ; *D.* 2011, p. 1343, obs. A. Lienhard ; *Rev. sociétés* 2011, p. 385, note Ph. Roussel-Galle ; *JCP* E 2011, 1596, n° 1, obs. Ph. Pétel ; *Rev. proc. coll.* 2012, comm. 16, note B. Saintourens.
16. CA Paris, 6 juill. 2010, n° 10/03837, *Dalloz Actualités*, obs. A. Lienhard : ayant jugé que l'associé d'une société en nom collectif qui n'exerce pas une activité commerciale, n'est pas éligible à une procédure de redressement judiciaire. Il est intéressant d'observer que la Cour a pris le soin de préciser que l'associé en cause était en réalité « salarié intérimaire ».
17. C. com., art. L. 631-3.
18. X. de Roux, rapport AN, *op. cit.*, p. 342.
19. Sur la possibilité pour le débiteur ayant cessé son activité de demander sa mise en redressement judiciaire, v. Cass., avis, 17 sept. 2007, *Bull. civ.* n° 6 ; *BICC* 15 déc. 2007, p. 21, rapp. Orsini et obs. Bonhomme ; *D.* 2007, AJ 2475, obs. Lienhard ; *Gaz. Pal.* 26-27 oct. 2007, p. 31, note Lebel ; *Act. proc. coll.* 2007, n° 212, obs. Jacquemont ; *JCP* E 2008.1207, n° 3, obs. Pétel ; *RJ com.* 2008. 234, note Roussel-Galle ; *Rev. proc. coll.* 2008, n° 112, obs. Saintourens.
20. S'il est une personne physique. S'il s'agit d'une personne morale la cessation d'activité lui fait perdre tout objet ce qui pour une société entraîne une dissolution de plein droit, v. C. civ., art. 1844-7 5°.
21. C. Saint-Alary-Houin, « Décès du débiteur et procédure collective », *Rev. proc. coll.* 2013, dossier 9.
22. C. com., art. L. 631-3. pour le redressement judiciaire ; art. L. 640-3 pour la liquidation judiciaire.

Cette saisine appelle bien sûr des réservessur le plan constitutionnel du même ordre que celles qui ont conduit le haut conseil à déclarer inconstitutionnel la saisine d'office du tribunal pour ouvrir une procédure de redressement judiciaire (C. com. art. L. 631-5) [23]. Le tribunal peut aussi être saisi sans aucune condition de délaipar les héritiers du débiteur. Cela couvre l'hypothèse d'un héritier découvrant tardivement la succession.

§ 2 : Les débiteurs personnes physiques ne relevant pas des procédures collectives

136. – Rôle du juge. – L'introduction dans la loi de critères généraux de qualification du débiteur personne physique a pour corollaire la nécessité pour le juge de déterminer quels sont les débiteurs relevant ou non du droit des procédures collectives.

137. – Exclusion des particuliers. – On peut exclure du champ d'application de la loi les particuliers. En effet les procédures collectives sont réservées aux professionnels. Ce n'est pas dire que les particuliers ne connaissent pas de difficultés économiques et que le droit s'en désintéresse. Simplement le droit français connaît une procédure de surendettement des particuliers qui diffère dans son régime du droit des procédures collectives [24]. Ainsi, le particulier de mauvaise foi ne saurait bénéficier d'une procédure de surendettement alors que la bonne ou la mauvaise foi du débiteur professionnel n'est, en principe, pas prise en considération pour déclencher les procédures du droit des procédures collectives. Il convient de réserver le cas de l'EIRL dont le patrimoine non affecté peut relever d'une procédure de surendettement alors que, dans le même temps, son patrimoine affecté sera soumis à une procédure collective. Pour déterminer si une personne relève du droit des procédures collective le juge doit se place au jour il statue [25].

138. – Exclusion de la personne physique caution ou coobligé solidaire d'un entrepreneur individuel ou d'une société. – La personne physique qui a pris en engagement de cautionner ou d'acquitter solidairement la dette d'un entrepreneur individuel ou d'une société relève en principe du surendettement des particuliers. En effet, l'impossibilité manifeste pour une personne physique de bonne foi de faire face à cet engagement constitue une situation de surendettement au sens de l'article L. 330-1 du Code de la consommation.

139. – Exclusion des professionnels subordonnés. – Ensuite tous les professionnels ne sont pas des entreprises. Seuls le sont ceux qui sont indépendants. Il convient donc d'exclure en tant qu'entreprise du domaine d'application du droit des procédures collectives les salariés

23. Sur cette question, v. *infra*.

24. Art. L. 330-1 et s., Code de la consommation.

25. Cass. com., 30 sept. 2008, *Bull. civ.* IV, n° 163 ; *D.* 2008. Chron. C. cass. 2749, obs. Bélaval ; *ibid.* AJ 2501, obs. Lienhard, *Act. proc. coll.* 2008, n° 277, obs. Salhi ; *JCP E* 2009. 1008, n° 1, obs. Pétel ; *RD banc. fin.* 2008, n° 180, obs. S. Piedelièvre ; *Gaz. Pal.* 21-22 janv. 2009, p. 25, obs. Lebel ; *Defrénois* 2009. 1394, obs. Gibirila ; *LPA* 13-14 août 2009, note Sortais. 17 mai 2011, *Bull. civ.* IV, n° 74 ; *D.* 2011. Actu. 1407, obs. Lienhard ; *Rev. sociétés* 2011. 519, obs. Roussel Galle ; *LEDEN* juin 2011, p. 4, obs. Rubellin ; *Act. proc. coll.* 2011, n° 162, obs. Cagnoli ; *RD banc. fin.* 2011, n° 147, obs. S. Piedelièvre ; *LPA* 22 août 2011, note Diaka ; *Bull. Joly Entrep. diff.* 2011. 240, note Tagliarino-Vignal ; *Rev. proc. coll.* 2011, n° 124, obs. Gjidara-Decaix ; *ibid.*, n° 212, obs. Lebel ; *RJDA* 2012, n° 512.

qui sont liés à leur employeur par un lien de subordination. On peut de la même manière s'interroger sur la profession de mandataire. On sait qu'un tel professionnel agit au nom et pour le compte d'un mandant ce qui lui fait perdre son indépendance et c'est la raison pour laquelle il devrait être exclu de la catégorie des entreprises. Toutefois il semble opportun de distinguer au sein de la catégorie des mandataires ceux dont l'application du statut suppose un minimum d'indépendance et qui de ce fait devrait entrer dans le domaine d'application du droit économique des entreprises en difficulté. On pense à cet égard, et à titre d'illustration, à l'agent commercial qui, selon l'article L. 134-1 du Code de commerce, « *est un mandataire qui, à titre de profession indépendante, sans être lié par un contrat de louage de service, est chargé, de façon permanente, de négocier, et éventuellement, de conclure des contrats de vente, d'achat, de location ou de prestation de services, au nom et pour le compte de producteurs, d'industriels, de commerçants ou d'autres agents commerciaux [...]* ». En revanche les autres mandataires ne sauraient en principe relever du champ d'application de la loi.

139-1. – Exclusion des dirigeants sociaux. – On peut assimiler aux mandataires les dirigeants de sociétés qui, s'ils n'exercent pas une activité professionnelle indépendante, ne sauraient relever du droit des procédures collectives [26].

140. – Exclusion du conjoint collaborateur [27]. – En principe le conjoint collaborateur ne relève pas du droit des procédures collectives. Ayant choisi un statut légal, il n'est pas suffisamment indépendant puisqu'il « *est réputé avoir reçu du chef d'entreprise le mandat d'accomplir au nom de ce dernier les actes d'administration concernant les besoins de l'entreprise* » [28]. Par exception si le conjoint sort de son statut, un tiers pourra se prévaloir de sa qualité de commerçant de fait et l'assigner en redressement ou en liquidation judiciaire mais lui en revanche ne pourra se prévaloir d'une telle qualité [29]. Le conjoint collaborateur pourrait toutefois être intégré dans une procédure collective à la suite d'une extension de procédure pour confusion de patrimoines.

141. – Les associés. – Il est aussi possible de se demander si les associés personnes physiques peuvent être considérés comme relevant du droit des procédures collectives. La réponse ne

26. V. à propos du gérant d'une SARL, qui agit au nom de la société qu'il représente et non en son nom personnel et n'exerce donc pas une activité professionnelle indépendante lui permettant d'être soumis à une procédure de redressement judiciaire : Cass. com., 12 nov. 2008, *Bull. civ.* IV, n° 191 ; *D.* 2008, AJ 2929, obs. Lienhard ; *Act. proc. coll.* 2008, n° 310, obs. Regnaut-Moutier ; *JCP* E 2009.1023, note Lebel ; *Dr. sociétés* 2009, n° 15, note Legros ; *RLDA* 2009, n° 34, p. 19, obs. Vallens ; *Bull. Joly* 2009.278, note le Corre ; *Defrénois* 2009. 1397, obs. Gibirila ; *Rev. sociétés* 2009. 607, note Roussel-Galle ; *Dr. et patr.* sept. 2009. 107, obs. Monsèrié-Bon. V. également pour un avocat n'exerçant plus à titre individuel une activité professionnelle mais en tant qu'associé d'une société civile professionnelle, Cass. com., 9 févr. 2010, *Bull. civ.* IV, n°s 35, 36 et 38 ; *D.* 2010. chron. C. cass. 1113, obs. Orsini ; *ibid.*, AJ 434, obs. Lienhard ; *RTD com.* 2010.391, obs. Monsèrié-Bon ; *Defrénois* 2010.1474, obs. Gibirila ; *JCP* E 2010.1267, note Cerati-Gauthier ; *ibid.* 1296, n° 1, obs. Pétel ; *JCP* 2010.602, note J.-J. Barbièri ; *LEDEN* mars 2010, p. 1, obs. F.-X. Lucas ; *Act. proc. coll.* 2010, n° 70, obs. Vallansan ; *Dr. sociétés* 2010, n° 76, note Legros ; *Gaz. Pal.* 14-16 mars 2010, p. 8, note Dumont-Lefrand ; *ibid.* 2-3 juill. 2010, p. 19, obs. Reille ; *Rev. proc. coll.* 2010, n° 131, obs. Lebel ; *ibid.*, n° 148, obs. Saintourens ; *RJDA* 2010, n° 538 ; *Bull. Joly* 2010. 489, note Daigre ; *Dr. et patr.* oct. 2010.83, obs. Saint-Alary-Houin et Monsèrié-Bon ; *Bull. Joly entr. diff.* 2011.12, note Martineau-Bourgninaud.

27. P. Rubellin, *Régimes matrimoniaux et procédures collectives*, Thèse, Strasbourg III, 1999 ; F.-X. Lucas, « L'attraction du conjoint *in bonis* dans la procédure collective », *LPA* 24 avr. 2003, p. 4.

28. C. com., art. L. 121-6 ; v. aussi D. n° 2006-966 relatif au conjoint collaborateur (*JO*, 3 août 2006).

29. Cass. com., 11 févr. 2004, *JCP* E 2004, jur. 1742, p. 1886, note Parachkevova ; *RJPF* 2004/6, p. 15, note F. Vauvillé ; *Defrénois* 2004, art. 38066, p. 1654, n° 6, note Gibirila ; cpr. CA Douai, 13 mars 1997, *JCP* E 1998, 28, n° 1 ; *D.* 1997, 433, note D. Voinot ; v. aussi M. Cabrillac, « L'extension de la procédure collective du commerçant à son conjoint collaborateur », *in Mélanges A. Honorat*, éd. Frison-Roche, 2000, p. 82 et s.

faisait pas de doute pour les associés des sociétés en nom collectif et les associés commandités des sociétés en commandite qui selon la loi [30] sont des commerçants et qui, selon la Cour de cassation, exercent nécessairement « *une activité professionnelle consistant dans le contrôle et la surveillance de la société* » [31]. On peut toutefois observer que l'ouverture d'une procédure collective à l'égard des associés de ces sociétés n'est plus automatique du seul fait que la société est soumise elle-même à une telle procédure [32]. Les associés de ces groupements se verront appliquer les règles du droit des procédures collectives uniquement s'ils réunissent les conditions de déclenchement des différentes procédures et notamment s'ils exercent une activité commerciale [33]. Étant donné qu'ils sont coobligés solidaires ils ne pourront donc être poursuivis jusqu'au jugement arrêtant le plan ou prononçant la liquidation judiciaire et, le cas échéant, bénéficier de délais de paiement [34]. Ils auront aussi la possibilité de se prévaloir du plan de sauvegarde [35] mais non du plan de redressement [36]. En revanche pour les autres associés personnes physiques la qualification de débiteur devrait être exclue. C'est notamment le cas de l'avocat qui a cessé d'exercer son activité à titre individuel pour devenir associé d'une société d'exercice libéral [37].

Section II
Le débiteur personne morale

142. – L'entreprise organisation. – Dans le Code de commerce de 1807 seul le commerçant personne physique relevait de la faillite. Pour cette raison sont nées les sociétés commerciales par la forme que l'on a voulu soumettre à cette matière sans qu'il soit nécessaire de vérifier si leur objet était commercial. Une évolution va intervenir à propos des personnes morales avec la loi n° 67-563 du 13 juillet 1967, puisque la faillite pourra désormais s'appliquer non seulement aux sociétés commerciales mais aussi à toutes les personnes morales de droit privé [38]. Dans ce cas, la notion d'entreprise est fondée sur la présence d'une organisation [39] et non sur la nature de l'activité [40]. C'est l'idée selon laquelle la personne morale est « *l'outil le plus simple*

30. Pour les SNC, C. com., art. L. 221-1 ; pour les sociétés en commandite simple, art. L. 222-1 ; pour les sociétés en commandite par actions, art. L. 226-1 ; pour une opinion critique de cette solution, v. F.-X. Lucas, « Interrogations sur la qualité de commerçant de l'associé en nom », *in Mélanges A. Honorat*, *op. cit.*, p. 281 et s.

31. Cass. 2e civ., 11 oct. 2005, n° 04-30437 ; Cass. soc., 17 juin 1999, *Bull. Joly* 2000, p. 224, note P. le Cannu ; v. égal. F.-X. Vincensini, *La commercialité*, PUAM, 1998, n° 553-1, p. 323.

32. A. Cerati-Gauthier, « L'associé dans la loi de sauvegarde des entreprises », *Rev. sociétés* 2006-2, p. 304.

33. Pour le cas d'un associé de SNC qui exerçait une activité de salarié intérimaire et qui donc est exclu du domaine du redressement judiciaire : CA Paris, 6 juill. 2010, *D.* 2010, Actu. 2222, obs. Lienhard ; *Rev. sociétés* 2010.534, obs. Roussel-Galle ; *Bull. Joly* 2010.905, note F.-X. Lucas ; *Rev. proc. coll.* 2010, n° 210, obs. Saintourens ; *Dr. sociétés* 2011, n° 14, note Legros.

34. C. com., art. L. 622-28, al. 2.

35. C. com., art. L. 626-11, al. 2.

36. C. com., art. L. 631-20. V. C. Vincenti, « Le sort des associés indéfiniment responsables des dettes sociales », *LPA*, 17 févr. 2006, n° 35, p. 52.

37. Cass. com. 9 févr. 2010, nos 08-15191, 08-17670 et 08-17144.

38. V. H. Bougattaya, *Le droit et l'identification des entreprises en difficulté*, thèse Poitiers, 1985 ; N. Donio-Journo, *Le redressement et la liquidation judiciaires des personnes morales civiles*, thèse Paris II, 2002 ; A. Martin-Serf, « Faillite et personnes morales », *in Études Roblot*, LGDJ, 1984, p. 449.

39. Elle repose alors sur un contrat organisation, v. P. Didier, « Brèves notes sur le contrat-organisation », *in Mélanges F. Terré*, Dalloz, 1999, p. 635.

40. *Contra* N. Donio-Journo, *op. cit.*, p. 119.

et le plus efficace par lequel l'organisation qu'est l'entreprise va profiter du droit, va entrer dans le commerce juridique »[41]. Ainsi, pour entrer dans le champ d'application du droit des procédures collectives, un groupement de personnes doit non seulement être doté de la personnalité morale mais aussi être une personne morale de droit privé.

§ 1 : Une personne morale

143. – Une personne morale existante. – Le droit des procédures collectives est en principe applicable aux groupements de personnes ayant la personnalité morale. Cela suppose non seulement que la personne morale soit née mais également qu'elle n'ait pas disparu.

I. Naissance de la personnalité morale

144. – Vérification de la naissance de la personnalité morale. – Pour savoir si un groupement relève du droit économique des entreprises en difficulté, il convient de vérifier que la personnalité morale est effectivement née. Pour cela il est nécessaire de tenir compte des modalités distinctes de naissance de la personne morale selon les types de groupements.

145. – Groupements immatriculés. – Cela concerne d'abord la plupart des sociétés dès lors qu'elles sont immatriculées au registre du commerce et des sociétés (sociétés commerciales par la forme, sociétés civiles, sociétés d'exercice libérale, etc.). Sont en revanche exclues les sociétés en participation [42], les sociétés créées de fait [43], les sociétés en formation mais aussi les groupes de sociétés. Le groupement d'intérêt économique peut également être soumis à une procédure collective dès lors qu'il est immatriculé au registre du commerce et des sociétés [44]. Il en est de même pour un groupement européen d'intérêt économique qui fait l'objet d'une immatriculation au registre du commerce et des sociétés en France [45] puisqu'il est alors doté de la personnalité morale.

146. – Groupements soumis à formalisme. – Sont ensuite visés d'autres groupements dont la personnalité morale naît d'un formalisme différent de celui des sociétés. C'est le cas des associations qui n'ont la personnalité morale qu'à compter d'une déclaration à la préfecture ou à la sous-préfecture [46]. C'est également le cas d'un syndicat professionnel qui ne jouit de la personnalité morale qu'à compter du dépôt de ses statuts en mairie [47] ou encore d'une fondation à compter de l'entrée en vigueur du décret qui la reconnaît comme étant d'utilité publique [48].

41. M.-A. Frison-Roche, S. Bonfils, *Les grandes questions du droit économiques, op. cit.*, p. 92 ; v. aussi sur l'idée que la personnalité morale est un outil, C. Giverdon, « L'outillage juridique », *in Mélanges F. Terré*, Dalloz, 1999, p. 275, spéc. p. 283.
42. C. civ., art. 1842, al. 2.
43. C. civ., art. 1873.
44. C. com., art. L. 251-4.
45. C. com., art. L. 252-1.
46. Art. 2 et 5 de la loi du 1er juill. 1901.
47. C. trav., art. L. 411-3 : « un syndicat n'a d'existence légale que du jour du dépôt de ses statuts en mairie », Cass. soc., 7 mai 1987, *Dr. sociétés* 1989, p. 307, obs. J. Savatier. V. Cass. com, 16 mars 2010, n° 09-12539.
48. Art. 2 de la loi du 23 juill. 1987.

147. – Groupements non soumis à formalisme. – Certains groupements peuvent être dotés de la personnalité sans pour autant être soumis sur ce point à un quelconque formalisme. On peut ainsi évoquer à titre d'illustration les comités d'entreprise [49].

148. – Groupements sans personnalité morale. – Si un groupement de personnes n'a pas la personnalité morale le droit économique des entreprises en difficulté ne peut lui être appliqué. Pour une société en formation par exemple l'absence de personnalité entraîne un défaut de qualité pour agir et la régularisation intervenue postérieurement à l'introduction de l'instance ne remet en principe pas en cause cette solution [50]. On peut en revanche se demander si la procédure s'applique à ses membres. Il faut pour cela que ceux-ci réunissent les conditions nécessaires à l'ouverture d'une procédure collective. Ainsi, pour une personne physique, il convient de vérifier qu'il s'agit bien d'un professionnel relevant des procédures collectives [51]. Pour des personnes agissant au nom et pour le compte d'une société en formation on peut douter qu'il y ait suffisamment d'indépendance dans l'exercice de l'activité professionnelle pour retenir la qualité d'entreprise. Il a cependant été jugé qu'une personne qui effectue des actes de commerce à titre habituel, au nom d'une société en formation, peut être personnellement l'objet d'une procédure collective [52]. Pour un groupe de sociétés, les membres du groupe peuvent faire l'objet d'une procédure collective. Ils peuvent même être soumis à une seule procédure par le jeu de l'extension de procédure. Tel est le cas lorsque la personnalité morale est fictive ou qu'il y a confusion des patrimoines entre différentes personnes [53].

II. Disparition de la personnalité morale

149. – Clôture de liquidation. – La personne morale disparaît à compter de la publication de la clôture de liquidation [54]. Cette disparition empêche en principe l'ouverture d'une procédure collective. Encore faut-il distinguer selon que l'introduction de l'instance émane de l'entreprise elle-même ou d'un créancier.

150. – Défaut de qualité pour agir de l'entreprise sans personnalité. – La disparition de la personnalité morale empêche l'entreprise de demander l'ouverture d'une procédure en raison d'un défaut de qualité pour agir. En revanche, l'absence d'activité professionnelle n'empêche pas, au moins en théorie, à une personne morale de demander sa mise en redressement judiciaire [55] ou en liquidation judiciaire [56] si tout ou partie du passif provient de cette activité professionnelle.

---

49. Cass. 2e civ., 28 janv. 1954, *D.* 1954, J, p. 217, note G. Levasseur ; *JCP* 1954, II, 7978, concl. Lemoine.
50. Cass. com., 10 mars 1987, *D.* 1987, somm. p. 355, obs. A. Honorat ; *JCP* G 1987, II, 20 830, note Y. Guyon ; *Rev. sociétés* 1987, 587, note J.-P. Sortais.
51. Cass. com., 30 nov. 1999, n° 97-14595, *Bull. civ.* IV, n° 218 ; Cass. com., 20 juin 2006, n° 03-15.95 ; v. cependant, Cass. 3e civ., 9 oct. 1996, n° 93-10225, *RJ com.* 1998, p. 16, note D. Velardocchio.
52. Cass. com., 14 déc. 1993, *Dr. sociétés*, 1994, n° 49, obs. Chaput ; Cass. com., 15 janv. 1991, *Bull. Joly* 1991, 345, note Calendini.
53. Sur l'extension v. *infra* n° 240 et s.
54. Pour les sociétés, C. civ., art. L. 1844-8, al. 3 ; pour les associations, v. Cass. 1re civ., 11 déc. 1973, *Bull. civ.* I, n° 344.
55. C. com., art. L. 631-3, al. 1.
56. C. com., art. L. 640-3, al. 1.

151. – Introduction de l'instance par un créancier. – Lorsque l'introduction de l'instance émane d'un créancier ce qui ne peut se produire qu'en procédure de redressement ou de liquidation judiciaire, le régime est adapté afin d'éviter les abus qui consisteraient pour un débiteur à procéder en urgence à l'extinction de la personne morale afin d'échapper aux conséquences négatives des procédures mises en œuvre. Ainsi un créancier peut assigner l'entreprise en redressement ou en liquidation judiciaire dans un délai d'un an à compter de la radiation du registre du commerce et sociétés « *consécutive à la publication de la clôture des opérations de liquidation* »[57] s'il s'agit d'une personne morale soumise à immatriculation ou alors à compter de « *la publication de l'achèvement de la liquidation, s'il s'agit d'une personne morale non soumise à immatriculation* »[58].

152. – Sociétés unipersonnelles. – Un régime particulier est réservé aux sociétés unipersonnelles (EURL, SASU ou alors société dans laquelle un associé détient toutes les parts sociales)[59]. Si l'associé unique est une personne morale, la dissolution de la société entraîne transmission universelle du patrimoine à l'associé unique. Dans cette hypothèse, la personne morale dissoute ne saurait en principe être mise en procédure collective puisqu'il n'y a pas de liquidation. Encore faut-il que les publicités nécessaires à la disparition de la personne morale aient été effectuées. À défaut, la disparition de la personnalité juridique sera inopposable aux tiers et ceux-ci pourront assigner le débiteur en redressement ou liquidation judiciaire[60]. Dans cette hypothèse, la transmission universelle du patrimoine ne pourra produire ses effets qu'à compter de la clôture de la procédure. Ainsi dans le cas d'une liquidation judiciaire clôturée pour insuffisance d'actif cela signifie une transmission des dettes à l'associé unique ce qui pose l'intéressante question de savoir si celui-ci peut être poursuivi sur son patrimoine par les créanciers de la procédure. Si l'associé unique est une personne physique il est alors procédé à la dissolution avec liquidation ce qui revient à appliquer la solution classique selon laquelle le créancier peut assigner la société en redressement ou liquidation judiciaire pendant un an à compter de la radiation du registre du commerce et des sociétés consécutive à la publication de la clôture des opérations de liquidation.

§ 2 : Une personne morale de droit privé

153. – Domaine étendu. – Depuis la loi n° 67-563 du 13 juillet 1967 le droit des défaillances des entreprises s'applique aux personnes morales de droit privé. Les réformes successives n'ont pas fait varier la règle, elles n'ont pas non plus apporté de précision sur ce qu'il faut entendre par « *personne morale de droit privé* ». Cela ne pose guère de difficultés pour la plupart des groupements. Ainsi, les sociétés civiles, les associations, les groupements d'intérêt économique,

57. Pour le redressement judiciaire, C. com., art. L. 631-5, al. 2, 1° ; pour la liquidation judiciaire, C. com., art. L. 640-5, al. 2, 1°.

58. Pour le redressement judiciaire, C. com., art. L. 631-5, al. 2, 3° ; pour la liquidation judiciaire, C. com., art. L. 640-5, al. 2, 3°.

59. C. civ., art. 1844-5, al. 4.

60. Cass. com., 20 sept. 2011, n° 10-15068, *Rev. proc. coll.* 2012, comm. 15, note B. SAINTOURENS.

les groupements européens d'intérêt économique [61], les coopératives, les syndicats professionnels [62], les comités d'entreprises, les ordres professionnels, etc. entrent dans le domaine du droit des défaillances d'entreprises.

154. – Exclusion des personnes morales de droit public. – Sont exclues du droit des procédures collectives les personnes morales de droit public, ce qui peut être discuté puisque ces mêmes personnes relèvent d'une autre branche du droit économique, savoir le droit de la concurrence [63]. Tel serait le cas des régies créées par des collectivités territoriales [64] ou encore des groupements d'intérêt public (GIP) qui ont été qualifiés d'établissements publics par le Tribunal des conflits [65]. Entrent en revanche dans le domaine des procédures collectives les sociétés publiques locales qui, bien qu'ayant une mission proche des régies, sont des personnes morales de droit privé. Il en est de même des sociétés d'économie mixtes et des sociétés anonymes d'HLM.

N°s 155 à 164 réservés.

61. P. Rossi, « Observations sur le GEIE en difficulté », *LPA*, 27 mars 1991, p. 30.
62. Pour un exemple de mise en liquidation judiciaire d'un syndicat professionnel : Cass. com., 16 mars 2010, *Bull. civ.* IV, n° 56 ; *D.* 2010, Actu. 887, obs. Lienhard ; *Rev. sociétés* 2010.191, obs. Roussel-Galle ; *Act. proc. coll.* 2010, n° 97, obs. Cagnoli ; *LEDEN* mai 2010, p. 3, obs. Mouial-Bassilana ; *Dr. sociétés* 2010, n° 149, note Legros ; *RJDA* 2010, n° 771.
63. V. M-A. Frison-Roche, M.-S. Payet, *Droit de la concurrence*, Dalloz, 2006, spéc. n° 44.
64. Rép. min. n° 60394 : *JOAN* Q, 23 févr. 2010, p. 1986 ; *Act. proc. coll.* 2010, n° 96.
65. T. confl., 14 févr. 2000, *JCP* G 2000 II. 10 301, note N. Eveno.

CHAPITRE II
Conditions tenant aux difficultés du débiteur

165. – La situation d'un débiteur peut être plus ou moins grave sur le plan économique et financier. La gravité de la situation conditionne l'ouverture des différentes procédures collectives. Il convient à cet égard de distinguer les difficultés exigées pour l'ouverture d'une procédure de sauvegarde de celles qui le sont pour l'ouverture d'une procédure de redressement ou de liquidation judiciaire.

Section I
Les difficultés exigées pour l'ouverture d'une procédure de sauvegarde et d'une procédure de sauvegarde financière accélérée

166. – Depuis la loi n° 2010-1249 du 22 octobre 2010 [1] il existe une procédure de sauvegarde accélérée (§ 2) dont les conditions d'ouverture se complètent mais aussi diffèrent de la procédure de sauvegarde (§ 1).

§ 1 : Les difficultés justifiant l'ouverture d'une procédure de sauvegarde

167. – Double condition. – Pour bénéficier de la procédure de sauvegarde le débiteur doit démontrer deux conditions qui doivent être appréciées le jour où le tribunal statue sur l'ouverture [2]. Il faut que « *sans être en cessation des paiements* », il « *justifie de difficultés qu'il n'est pas en mesure de surmonter* » [3]. Autrement dit, la procédure de sauvegarde s'adresse à une entreprise qui, d'une part, n'est pas en cessation des paiements, mais qui, d'autre part, connaît des difficultés insurmontables.

I. La justification d'une absence de cessation des paiements

168. – Notion de cessation des paiements. – Au sens général de l'expression, la cessation des paiements correspond au fait pour un débiteur de ne pas être en mesure de respecter ses

1. L. n° 2010-1249 du 22 oct. 2010 de régulation bancaire et financière, *JO*, 23 oct. 2010, p. 18984.
2. Cass. com., 26 juin 2007 (2 arrêts), *Bull. civ.* IV, n°s 176 et 177 ; *D.* 2007, AJ 1864, obs. Lienhard ; *ibid.*, chron. C. cass. 2764, obs. Bélaval ; *D.* 2008, Pan. 570, obs. F.-X. Lucas ; *JCP* E 2007.2120, note Vallansan ; *ibid.* 2008.1207, n° 1, obs. Pétel ; *RD bancaire et fin.* 2007, n° 158, obs. F.-X. Lucas ; *Dr. sociétés* 2007, n° 177, note Legros ; *Gaz. Pal.* 26-27 oct. 2007, p. 20, note Lebel ; *Bull. Joly* 2007.1167, note Regnaut-Moutier ; *RJ com.* 2007.359, note Roussel-Galle ; *Rev. proc. coll.* 2007. 222, obs. Saintourens ; *Defrénois* 2007.1578, obs. Gibirila ; *Dr. et patr.* juill.-août 2008.103, obs. Saint-Alary-Houin.
3. C. com., art. L. 620-1.

engagements. De manière plus technique, le Code de commerce la définit comme « *l'impossibilité de faire face au passif exigible avec son actif disponible* » [4]. Notion classique [5] du droit des procédures collectives cette situation de fait a toujours été prise en compte par le droit depuis l'Antiquité jusqu'à nos jours [6]. Actuellement cette notion joue un rôle dans toutes les procédures collectives (sauvegarde, sauvegarde financière accélérée, redressement ou liquidation).

169. – Obstacle à la sauvegarde. – Lorsque l'on dit de la sauvegarde qu'elle s'applique à une entreprise qui n'est pas en cessation des paiements cela ne signifie pas que la cessation des paiements ne joue aucun rôle dans cette procédure. Toutefois contrairement à la vocation traditionnelle de condition d'ouverture des autres procédures (conciliation, redressement, liquidation) la cessation des paiements fait au contraire obstacle au déclenchement de la procédure de sauvegarde. Ainsi, le jour où il statue sur l'ouverture de la procédure le tribunal doit examiner s'il n'y a pas de cessation des paiements avant de se livrer à une autre recherche. Et s'il constate qu'il y a bien cessation des paiements il doit rejeter la demande [7].

170. – Perturbation de la sauvegarde. – La cessation des paiements peut ensuite perturber le déroulement de la procédure de sauvegarde. C'est le cas s'il apparaît en cours de procédure que l'entreprise était déjà en cessation des paiements au moment du prononcé du jugement alors le tribunal convertit la procédure de sauvegarde en procédure de redressement judiciaire [8]. Il prononce cette conversion d'office ou alors sur demande de l'administrateur, du mandataire judiciaire ou du ministère public. De même si au cours de la période d'observation l'entreprise réunit les conditions du redressement ou de la liquidation judiciaire le tribunal convertit la sauvegarde dans l'une de ces procédures [9]. Ici encore le tribunal peut se prononcer d'office ou alors sur demande du débiteur, de l'administrateur, du mandataire judiciaire, d'un contrôleur, et du ministère public [10]. Enfin si en cours d'exécution d'un plan de sauvegarde, le débiteur est en cessation des paiements, le tribunal décide, après avis du ministère public, la résolution du plan et prononce, selon les cas, le redressement judiciaire ou la liquidation judiciaire [11]. On constate donc qu'à tous les stades de la procédure il est indispensable que l'entreprise ne soit pas en cessation des paiements. Toutefois si c'est là une condition nécessaire elle n'est pourtant pas suffisante car l'entreprise doit aussi justifier de difficultés.

II. La justification de difficultés que l'entreprise ne peut surmonter

171. – Une entreprise en difficulté. – La procédure de sauvegarde peut provoquer des distorsions de concurrence, c'est pourquoi elle ne peut être ouverte qu'à des entreprises qui connaissent

4. C. com., art. L. 631-1, al. 1. Sur la délimitation de cette notion, v. *infra*, n°s 180 et s.
5.
6. V. J. Hilaire, *Introduction historique au droit commercial*, PUF, 1re éd., 1986, spéc. n° 189, n° 197 et n° 203.
7. C. com., art. R. 621-5.
8. C. com., art. L. 621-12.
9. C. com., art. L. 622-10, al. 2.
10. C. com., art. L. 622-10, al. 1.
11. C. com., art. L. 626-27, al. 2.

de véritables difficultés, le législateur ayant pris soin de préciser le critère du terme « difficultés » en indiquant que ce sont des difficultés que le débiteur « *n'est pas en mesure de surmonter* » [12].

172. – Contenu du critère. – Un tel critère conduit naturellement à se demander quel est le contenu de l'expression « difficultés » et que signifie le caractère insurmontable de difficultés.

Dans un arrêt de principe (affaire *Cœur la défense*) [13] la Cour de cassation apporte des précisions sur la notion de difficultés. Il résulte de cette interprétation plusieurs enseignements. En premier lieu, les juges n'ont pas à vérifier si les difficultés affectent l'activité de l'entreprise. Autrement dit, des difficultés peuvent être d'ordre financier, sans qu'il y ait pour autant cessation des paiements, et sans que cela affecte l'activité de l'entreprise. En second lieu le fait que la sauvegarde permette au débiteur d'échapper à ses obligations contractuelles n'est pas considéré, en soi, comme un motif de nature à refuser l'ouverture d'une sauvegarde sauf, précise la Cour de cassation, en cas de fraude. La solution paraît justifiée dans la mesure où cela reviendrait à confondre les conditions et les conséquences de la sauvegarde. Toute procédure collective a des conséquences pour les contrats en cours. Quant au caractère insurmontable des difficultés en cause, l'affaire *Cœur la défense* en donne une excellente illustration avec une absence de marché à laquelle était confronté le débiteur à l'origine de la demande de sauvegarde. Plus précisément, le débiteur, lourdement endetté, avait cherché à obtenir des contrats de couverture d'engagements financiers en pleine crise financière internationale, une difficulté qu'il était en effet dans l'impossibilité de surmonter.

173. – Motivation des jugements. – Toutefois la sauvegarde n'a pas seulement de sens pour l'entreprise en difficulté, elle a aussi des conséquences pour les tiers, les créanciers bien sûr mais aussi les concurrents de l'entreprise. Il ne faudrait donc pas que sous couvert de sauvegarde les entreprises en profitent pour échapper à la concurrence d'où l'absolue nécessité pour les juges de bien motiver leur décision. Cela ne signifie pas que la Cour de cassation doit nécessairement élever la notion de « *difficultés que le débiteur n'est pas en mesure de surmonter* » au rang d'une question de droit. Cela veut simplement dire qu'un jugement ne peut se contenter de reproduire les exigences légales (absence de cessation des paiements, présence de difficultés) sans indiquer les raisons pour lesquelles ces exigences sont respectées. À défaut, il y a là un motif de cassation pour défaut de base légale [14] qui paraît pleinement justifié, car les tiers, et en

---

12. C. com., art. L. 620-1.

13. Cass. com., 8 mars 2011, n° 10-13988/10-13989/10-13990, *Heart La Défense*, *D.* 2011, Actu., 10 mars 2011, obs. A. Lienhard. V. les décisions successives ayant précédé l'arrêt de la Cour de cassation dans cette affaire : T. com. Paris, 3 nov. 2008, RG n° 2008/077997 ; CA Paris, 25 févr. 2010, pôle 5, ch. 9, n° 09/22756, *D.* 2010, p. 579, note R. Dammann, G. Podeur. La cour d'appel de Paris rétracte les deux jugements du tribunal de commerce de Paris du 3 nov. 2008, qui avaient ouvert des procédures de sauvegarde à l'égard de la société Heart of La Défense (Hold) et de son actionnaire unique, la société luxembourgeoise Dame Luxembourg. Le principal créancier de ces deux sociétés avait formé une tierce opposition à l'encontre des deux jugements d'ouverture des procédures de sauvegarde. Il avait été débouté en première instance, par un jugement du tribunal de commerce de Paris en date du 7 oct. 2009 (*LEDEN*, déc. 2009, p. 1, obs. F.-X. Lucas). Au fond, la cour estime qu'en l'espèce, les difficultés alléguées par les sociétés débitrices n'étaient pas suffisantes pour leur permettre de se placer sous la protection du droit des procédures collectives. Sur l'utilisation discutable de la sauvegarde : v. A. Besse, N. Morelli, « Le *prepackaged plan* à la française : pour une saine utilisation de la procédure de sauvegarde », *JCP* E2009, p. 1628. ; v. égal. l'arrêt de renvoi : CA Versailles, 13e ch., 19 janv. 2012, n° 11/03519, *SA Eurotitrisation c/ SAS Heart of la Defense.* D. 2012. 433, obs. A. Lienhard ; *ibid.* 1228, obs. H. Gaudemet-Tallon et F. Jault-Seseke ; *Rev. proc. coll.* 2. 2012. 48. comm. 19, note B. Saintourens ; *Rev. proc. coll.* 3. 2012. 15, étude 7, M. Menjucq ; Bull. Joly 2012. 4. § 189, note R. Dammann et L. de Germay ; JCP E 2012. act. 91, obs. M. Danis et T. du Bois du Gaudusson ; *Act. proc. coll.* 4. 2012. rep. 50. obs. L.-C. Henry ; *LPA* 2012, n° 103, p. 6, obs. G. Teboul.

14. V. par ex. Cass. 3e civ., 14 oct. 1980 : *Gaz.* Pal. 1981, 1, Pan. jurispr. p. 21, cassation de l'arrêt qui se borne à énoncer que les conditions prévues par la loi sont réunies.

particulier les concurrents, sont dans l'incapacité de savoir pourquoi une entreprise bénéficie de la protection de la justice. En effet seule une motivation suffisante permet aux concurrents d'apprécier s'il est opportun d'exercer une tierce opposition à l'encontre de la décision d'ouverture de la procédure de sauvegarde [15].

§ 2 : Les difficultés justifiant l'ouverture d'une procédure de sauvegarde financière accélérée [16]

173-1. – La procédure de sauvegarde financière accélérée s'ouvre sur demande d'un débiteur en cours de conciliation qui justifie avoir élaboré un projet de plan susceptible de recueillir le soutien d'une large majorité des créanciers [17]. Elle s'adresse à une entreprise dont l'activité économique est viable mais qui est lourdement endettée auprès de ses créanciers financiers et qui se heurte au blocage d'une minorité de créanciers au cours de la conciliation. Elle se déroule dans un délai bref [18] pour ne pas altérer les relations commerciales de l'entreprise. L'originalité de cette procédure réside dans le fait qu'elle doit d'abord réunir les conditions d'ouverture d'une procédure de conciliation avant de réunir celles relatives à la sauvegarde ce qui ne va pas sans soulever des difficultés.

I. L'ouverture préalable d'une procédure de conciliation

174. – Conditions d'ouverture de la conciliation. – La sauvegarde financière accélérée supposant l'ouverture préalable d'une procédure de conciliation, le débiteur doit donc réunir les conditions d'ouverture de la conciliation. Celles-ci sont énumérées à l'article L. 611-4, alinéa 1 du Code de commerce selon lequel « *il est institué devant le tribunal de commerce, une procédure de conciliation dont peuvent bénéficier les débiteurs exerçant une activité commerciale ou artisanale qui éprouvent une difficulté juridique, économique ou financière, avérée ou prévisible, et ne se trouvent pas en cessation des paiements depuis plus de quarante-cinq jours* ».

175. – Débiteur en cessation des paiements. – La référence à la cessation des paiements est une nouveauté par rapport à l'ancien règlement amiable qui ne pouvait bénéficier qu'à un débiteur qui n'était pas défaillant sur le plan financier. Tel n'est plus le cas désormais puisque la procédure de conciliation peut être ouverte à l'égard d'un débiteur en cessation des paiements. On

---

15. Pour l'ouverture de la tierce-opposition, v. C. com., art. L. 661-2. Sur la recevabilité d'une tierce opposition exercée contre un jugement d'ouverture de sauvegarde, v. CA Lyon, 3ᵉ ch., 31 mai 2006, RG O6/02245, *BICC* n° 646, 15 sept. 2006, n° 1770, « *La tierce opposition peut être formée, selon l'article 583 du nouveau Code de procédure civile, par toute personne qui y a intérêt à condition qu'elle n'ait été ni partie ni représentée au jugement qu'elle attaque. L'assureur crédit qui a accepté de garantir le risque d'impayé de plusieurs fournisseurs du débiteur contre lequel a été ouvert une procédure de sauvegarde, ne peut être assimilé à un créancier et a donc un intérêt propre à agir contre une procédure de sauvegarde à laquelle il n'a pas été représenté et qui peut constituer l'un des faits générateurs du risque d'impayés qu'il a accepté de supporter.* [...] *Est mal fondée la tierce opposition formée contre le jugement d'ouverture de la procédure de sauvegarde, dès lors que cette procédure est adaptée à la situation du débiteur qui réunit toutes les conditions exigées par l'article L. 620-1 du Code de commerce* ».

16. Les dispositions de la SFA devaient faire l'objet d'une modification législative par L. n° 2011-525 du 17 mai 2011 de simplification et d'amélioration de la qualité du droit. Ce texte a toutefois été déclaré inconstitutionnel s'agissant des mesures modifiant la sauvegarde financière accélérée : Cons. const., 12 mai 2011, n° 2011-629 DC.

17. C. com., art. L. 628-1, al. 2.

18. La sauvegarde financière accélérée est limitée à une durée d'un mois renouvelable une fois.

peut cependant observer que l'état de cessation des paiements n'est pas une condition nécessaire. Il est possible que le débiteur soit en cessation des paiements mais il peut aussi ne pas l'être s'ils éprouvent « *une difficulté juridique économique ou financière, avérée ou prévisible* ». La référence à la cessation des paiements est surtout faite pour insister sur le caractère récent de cet état. Le débiteur ne doit pas être en cessation des paiements depuis plus de quarante-cinq jours. Le délai de quarante-cinq jours est le même pour la conciliation et pour le redressement ou la liquidation judiciaire. Ainsi le débiteur dans cette situation ne doit pas attendre pour demander la conciliation au risque sinon de s'exposer à l'assignation d'un créancier en vue d'obtenir l'ouverture de procédure d'un traitement de la défaillance de l'entreprise (redressement ou liquidation). Il y a donc une « *compétition* »[19] entre les procédures (conciliation/redressement) mais aussi entre les intéressés (débiteur/créancier). Que doit faire le tribunal si une demande de conciliation est formulée après la délivrance d'une assignation ? Pour un débiteur qui exerce une activité agricole qui n'est pas constituée sous la forme d'une société commerciale la procédure de redressement ou de liquidation judiciaire ne peut être ouverte si le président du tribunal de grande instance n'a pas été saisi, préalablement à l'assignation, d'une demande tendant à la désignation d'un conciliateur présentée en application de l'article L. 351-2 du Code rural et la pêche maritime[20]. Pour les autres débiteurs il est douteux que l'on puisse ouvrir une procédure de conciliation. L'inertie du débiteur doit conduire le tribunal à prononcer l'ouverture d'une procédure de redressement judiciaire ce qui peut orienter l'entreprise vers une cession judiciaire de l'entreprise à un tiers. Si le débiteur demande l'ouverture d'une procédure au-delà de quarante cinq jours la demande est irrecevable.

II. Les conditions du passage de la conciliation à la sauvegarde financière accélérée

176. – Entreprises d'une certaine taille. – Selon l'article L. 628-1, alinéa 2 du Code de commerce, la sauvegarde financière accélérée ne pourra bénéficier qu'aux entreprises répondant aux critères mentionnés à l'article L. 626-29, alinéa 1er dudit code ce qui limite le recours à cette procédure même si son champ d'application quant au débiteur a été élargi en 2012[21]. Elle était réservée à l'origine aux débiteurs, dont les comptes étaient certifiés par un commissaire aux comptes ou établis par un expert-comptable, qui employaient plus de 150 salariés ou réalisaient un chiffre d'affaires de plus de 20 millions d'euros. Le décret n° 2012-1071 du 20 septembre 2012 introduit dans le Code de commerce un nouvel article D. 628-2-1 aux termes duquel la SFA est ouverte à un débiteur dont le total de bilan est :

– soit supérieur à 25 millions d'euros ;

– soit supérieur à 10 millions d'euros mais, dans ce cas, le débiteur doit être une société en contrôlant une autre[22]. La société contrôlée doit en outre avoir un nombre de salariés supérieur à 150 ou un chiffre d'affaires supérieur à 20 millions d'euros ou un total du bilan supérieur à 25 millions d'euros.

19. F. Macorig-Venier, « Du règlement amiable à la conciliation », *Rev. proc. coll.* 2005-4, spéc. p. 353.
20. C. com., art. L. 631-5, pour le redressement judiciaire ; art. L. 640-5, pour la liquidation judiciaire.
21. Décret n° 2012-1071 du 20 septembre 2012 pris pour l'application du 2° du I de l'article 28 de la loi n° 2012-387 du 22 mars 2012 relative à la simplification du droit et à l'allégement des démarches administratives : *JO* 22 sept. 2012, p. 15008.
22. Au sens de l'article L. 233-3 du Code de commerce.

Dans tous les cas il est toujours nécessaire que les comptes aient été certifiés par un commissaire aux comptes ou établis par un expert-comptable. Cette procédure n'a pas vocation à traiter les difficultés des entreprises de taille modeste. Souvent donc, la procédure trouvera essentiellement à s'appliquer à des entreprises de taille importante dont la complexité de la structure d'endettement rendra parfois difficile la finalisation d'une restructuration purement consensuelle [23].

177. – Absence de cessation des paiements. – L'article L. 628-1 alinéa 2 du Code de commerce vise aussi l'article L. 620-1 dudit code. Ainsi, on fait référence à la situation de l'entreprise. Le débiteur ne doit pas être en cessation des paiements Mais cette précision est surprenante dans la mesure où la conciliation, préalable obligatoire, peut être ouverte après cessation des paiements. Par conséquent, on a suggéré qu'il serait peut-être plus adapté de préciser que la sauvegarde financière accélérée peut être demandée en cours d'une conciliation sans cessation des paiements [24].

Mais le débiteur doit justifier de difficultés insurmontables, mais non absolument insurmontables. Ces difficultés seront caractérisées par l'absence d'accord unanime des créanciers [25]. L'entreprise doit avoir vocation à redevenir pérenne une fois la crise passée. Elle doit être une entreprise qui a une véritable place sur son marché et qui « mérite » à ce titre les efforts qu'elle réclame à ses créanciers. Autrement dit, la sauvegarde financière accélérée a vocation à s'appliquer à des entreprises dont l'activité économique demeure viable mais qui sont fortement endettées auprès de leurs créanciers financiers [26].

Section II
Les difficultés exigées pour l'ouverture d'une procédure de redressement judiciaire et de liquidation judiciaire

§ 1 : L'état de cessation des paiements : une condition commune au redressement et à la liquidation judiciaire

I. Une condition d'intensité variable dans les différentes procédures

178. – Procédure de redressement judiciaire. – Pour le redressement judiciaire, l'article L. 631-1, alinéa 1 du Code de commerce dispose ainsi : « *il est institué une procédure de redressement judiciaire ouverte à tout débiteur [...] qui, dans l'impossibilité de faire face au passif exigible avec son actif disponible, est en cessation des paiements* ». Le texte n'exigeant aucune autre condition, on peut donc dire de la cessation des paiements qu'elle est une condition nécessaire et suffisante d'ouverture d'une procédure de redressement judiciaire. Il convient toutefois de nuancer cette solution dans l'hypothèse de conversion d'une procédure de sauvegarde en procédure de

23. R. Dammann, G. Podeur, « Sauvegarde financière : le "*prepack*" à la française », *D.* 2010, p. 2504.
24. G. Teboul, « Un nouveau coup de balancier : le projet de sauvegarde financière expresse », *Gaz. Pal.* 2010, n° 259, p. 8.
25. G. Berthelot, « Adoption définitive de la sauvegarde financière accélérée », *JCP* G 2010, 1053.
26. Ph. Roussel-Galle, « Premières vues sur la Sauvegarde Financières Accélérée et sur les modifications apportées au droit des entreprises en difficulté par la loi du 22 oct. 2010 », *JCP* E 2010, n° 44, act. 591.

redressement judiciaire à la demande du débiteur. Depuis l'ordonnance du 18 décembre 2008, le débiteur en sauvegarde peut demander l'ouverture de procédure de redressement judiciaire par voie de conversion si « *l'adoption d'un plan de sauvegarde est manifestement impossible, et si la clôture de la procédure conduirait, de manière certaine et à bref délai, à la cessation des paiements* »[27]. C'est admettre que la cessation des paiements n'est pas toujours une condition d'ouverture de la procédure de redressement judiciaire même si cette éviction a un domaine fort étroit puisqu'elle se limite à un cas de conversion dont le pouvoir d'initiative appartient au seul débiteur. Ce cas de conversion de la procédure de sauvegarde en redressement judiciaire ne doit pas être confondu avec celui décidé d'office par le tribunal qui constate après l'ouverture de la sauvegarde, qu'en réalité, « *le débiteur était déjà en cessation des paiements au moment du prononcé du jugement* »[28].

179. – Procédure de liquidation judiciaire. – L'état de cessation des paiements est ensuite le fait générateur de la procédure de liquidation judiciaire[29]. Ainsi l'article L. 641-1, alinéa 1 du Code de commerce dispose « *il est institué une procédure de liquidation judiciaire ouverte à tout débiteur [...] en cessation des paiements et dont le redressement est manifestement impossible* ». On observe que la place occupée par cessation des paiements dans la liquidation judiciaire est légèrement différente par rapport à celle qu'elle tient dans le redressement judiciaire. L'état de cessation des paiements est, certes, une condition nécessaire de l'ouverture de la procédure de liquidation judiciaire mais elle est aussi insuffisante car le texte exige, en plus, que le redressement de l'entreprise soit manifestement impossible[30]. Si le tribunal doit constater l'état de cessation des paiements à l'ouverture de la procédure de liquidation judiciaire, il n'en est pas de même lorsque cette procédure résulte de la conversion d'une procédure de redressement judiciaire en liquidation judiciaire. Dans ce cas, la juridiction qui décide de la conversion n'a pas à se prononcer sur l'état de cessation des paiements mais doit seulement vérifier que la condition du redressement manifestement impossible est bien présente[31]. Lorsqu'une cour d'appel se prononce, elle ne peut confirmer le jugement d'ouverture de la procédure de liquidation judiciaire en se fondant sur les seuls effets produits par la décision de première instance ayant fait l'objet d'une exécution provisoire[32].

II. Délimitation de la cessation des paiements

180. – Double délimitation. – Le législateur a consacré la définition de la cessation des paiements retenue par la jurisprudence. L'article L. 631-1 définit l'état de cessation des paiements comme « l'impossibilité de faire face au passif exigible avec son actif disponible »[33]. Le juge a toutefois pour mission d'en interpréter les éléments de fait et d'en fixer la date.

27. C. com., art. L. 622-10, al. 3.
28. C. com., art. L. 621-12.
29. Sur le contrôle exercé par la Cour de cassation sur la présence des conditions d'ouverture et notamment de l'état de cessation des paiements : Cass. com., 12 janv. 2010, *Dr. sociétés* 2010, n° 210, note Legros.
30. Ce qui est traditionnel. Déjà sous l'ordonnance de 1673, « *La jurisprudence exigeait la cessation des paiements accompagnée de la rupture du commerce* », J. Hilaire, *Introduction historique au droit commercial, op. cit.*, n° 197, p. 319.
31. Cass. com. 23 avr. 2013, *D.* 2013. Actu. 1130, obs. Lienhard ; *Dict. perm. diff. entrep., Bull.* n° 348, obs. Rémery ; *Gaz. Pal.* 2013, obs. Voinot.
32. Cass. com., 10 janv. 2012, *JCP E* 2012. 1157, note Vallansan ; *Rev. proc. coll.* 2012, n° 22, obs. Saintourens ; *Bull. Joly Entrep. diff.* 2012. 151, note Martineau-Bourgninaud.
33. C. com., art. L. 631-1.

A. Délimitation matérielle

181. – Définition légale. – La défaillance de l'entreprise résulte de son état de cessation des paiements. La notion est très ancienne et son contenu a varié à travers les âges. Elle correspond de manière très générale à la situation d'un débiteur qui ne paye plus ses créanciers. Ainsi, dans l'Italie médiévale, les créanciers devaient « *prouver leurs créances et jurer qu'ils n'avaient pas été payés* » [34] pour pouvoir agir contre leur débiteur. En France la jurisprudence s'est emparée de la notion pour assouplir les conditions d'ouverture de la faillite prévues par l'ordonnance de 1673 [35]. La jurisprudence a donc joué un rôle déterminant dans la définition des critères de la cessation des paiements. À l'époque contemporaine l'évolution jurisprudentielle s'est faite dans le sens d'une délimitation plus stricte de la cessation des paiements. Le mouvement s'est accéléré après 1967, année de rupture historique pour le droit de la faillite en France, puisqu'on entre alors dans l'ère du droit économique des entreprises en difficulté [36]. La notion de cessation des paiements sera dans un premier temps comprise comme une situation irrémédiablement compromise du débiteur. Puis, dans un second temps, la Cour de cassation [37] fait évoluer la notion en posant une nouvelle définition de la cessation des paiements qui se retrouve aujourd'hui dans le Code de commerce. Celle-ci est désormais définie comme « *l'impossibilité (pour le débiteur) de faire face au passif exigible avec son actif disponible* » [38]. Cette définition est celle retenue par le droit des procédures collectives en général. Elle n'exclut pas d'autres acceptions. Ainsi, pour les établissements de crédit, il existe une autre définition de la cessation de paiement. D'après l'article L. 613-26, alinéa 1 du Code monétaire et financier, « *sont en état de cessation des paiements les établissements de crédit qui ne sont pas en mesure d'assurer leurs paiements, immédiatement ou à terme rapproché* ». Selon le professeur Thierry Bonneau, « *le paiement immédiat consiste en la capacité, pour une banque, de rembourser les dépôts à vue. Le paiement à terme rapproché concerne le remboursement d'une épargne à court terme, comme le livret A ou le compte d'épargne logement* » [39].

182. – Rôle de la jurisprudence. – Cette consécration légale en fait certainement une notion stable en raison du contrôle qu'exerce la Cour de cassation. Pour autant il convient de faire preuve de réalisme la cessation des paiements demeure encore une « *affaire d'appréciation* » [40]. C'est pourquoi il est essentiel d'insister sur l'une des fonctions primordiales de la cessation des paiements. Elle est le curseur qui marque la frontière entre la période d'anticipation et le traitement de l'entreprise en difficulté. Dès lors si l'on adopte une acception trop large de la cessation des paiements comme, par exemple, une situation irrémédiablement compromise, on prend le risque que les entreprises ne retardent leur décision avant de se placer sous protection judiciaire. Ce faisant on rend inefficace les procédures d'anticipation. C'est pourquoi il est sur

34. J. Hilaire, *op. cit.*, n° 189, p. 308.

35. Dans l'ordonnance de 1673, la faillite était « *réputée ouverte du jour que le débiteur se sera retiré ou que le scellé aura été apposé sur ses biens* ». « *La jurisprudence exigeait la cessation des paiements accompagnée de la rupture du commerce* », J. Hilaire, *op. cit.*, n° 197, p. 319.

36. J.-Ph. Hael, « Vers l'élaboration d'un droit économique des entreprises en difficulté : Bilan et perspectives de l'ordonnance du 23 sept. 1967 », *Rev. jur. com.* 1979, p. 1 et s.

37. Cass. com., 14 févr. 1978, *Bull.* IV, n° 66, p. 53 ; *D.* 1978 IR 443, note Honorat.

38. C. com., art. L. 621-1, al. 1.

39. V. T. Bonneau, *Droit bancaire*, 6e éd., Montchrestien, 2005, p. 270 ; N. Nussenbaum, « La cessation des paiements des banques », *RD bancaire et fin. et bourse*, n° 55, mai/juin 1996, p. 79 ; C. de Boissieu, « Les causes de défaillances bancaires », *RD bancaire et fin. et bourse*, n° 57, sept./oct. 1996, p. 182.

40. Ce qui était déjà le cas sous l'Ancien Régime, v. J. Hilaire, *op. cit.*, n° 198, p. 319.

le plan de l'efficacité plus opportun d'avoir une acception stricte de la cessation des paiements. On oblige ainsi les entreprises qui souhaitent bénéficier des avantages qu'offrent les procédures d'anticipation à réagir avant d'être confrontées à une situation financière trop détériorée. Quant aux entreprises qui auront trop attendu il leur reste le traitement judiciaire de la défaillance avec pour corollaire un avenir incertain et une liberté limitée. On peut déplorer cette situation mais l'efficacité du système repose en grande partie sur la responsabilité des entrepreneurs. L'absence de réaction rapide de ces derniers n'aura pas forcément pour corollaire la disparition de l'entreprise, elle ouvrira au contraire la possibilité pour un tiers de racheter l'activité économique. La définition légale de la cessation des paiements se compose de trois éléments.

183. – Montant du passif exigible. – Il convient d'abord de déterminer le montant du passif exigible [41]. Cette notion regroupe toutes les dettes [42] quelle que soit leur nature (civile ou commerciale) [43], dès lors qu'elles sont certaines, liquides et exigibles. La certitude de la dette résulte du fait qu'elle n'est pas discutée quant à son existence ou quant à son montant. Il convient d'assimiler à l'absence de discussion une contestation du débiteur à des fins dilatoires. Une dette est liquide ensuite lorsqu'elle est déterminée avec certitude quant à son montant. Une dette est exigible enfin lorsqu'elle est arrivée à échéance. On distingue parfois le passif exigible du passif exigé [44]. En réalité ce dernier correspond au passif exigible diminué des dettes échues dont le paiement n'a pas encore été réclamé par les créanciers. La loi se référant au passif exigible il n'y a pas lieu de modifier le contenu de cette notion. On ne tiendra donc pas compte de l'attitude des créanciers dans le calcul du passif exigible. C'est la position de laCour de cassation qui juge que « *pour se prononcer sur l'existence de l'état de cessation des paiements, il n'y a pas à rechercher si le passif exigible a été effectivement exigé dès lors que le débiteur n'a pas allégué qu'il disposait d'une réserve de crédit ou d'un moratoire de la part de ses créanciers lui permettant de faire face à son passif exigible et qu'un fonds de commerce, non encore vendu, ne constitue pas un actif disponible* » [45].

184. – Montant de l'actif disponible. – L'actif disponible est constitué de la trésorerie c'est-à-dire des liquidités (caisse, banque, etc.) et de l'actif réalisable à bref délai [46]. Ce calcul peut donc dépendre des circonstances. Ainsi une action de société faisant l'objet d'une cotation à une bourse de valeur peut être comptabilisée dans l'actif disponible ce qui n'est en revanche pas le cas d'une part sociale dont la cession est soumise à des exigences formelles [47]. De même ne constitue ni un actif disponible ni une réserve de crédit, la partie non libérée d'un capital

41. V. D. Tricot, « La cessation des paiements : une notion stable », *Gaz. Pal.* 3 avr. 2005, n° 120, p. 13.

42. Une seule dette suffit dès lors que l'état de cessation des paiements est caractérisé : Cass. com., 8 mars 1994, *Bull. civ.* IV, n° 102.

43. Cass. com., 22 juin 1993, *D.* 1993, 167, obs. A. Honorat (pour une dette non professionnelle permettant de caractériser l'état de cessation des paiements).

44. Cass. com., 28 avr. 1998, *D. aff.* 1998, 1487, obs. A. L. ; *Defrénois* 1998, 948, obs. P. le Cannu ; *JCP* E 1998, n° 49, p. 1926, note G. A. Likilimba ; *RTD com.* 1999, 187, obs. A. Laude ; *Rev. proc. coll.* 2000, 49, obs. J.-M. Deleneuville ; v. égal. D. Tricot, *op. cit.*, p. 13.

45. Cass. com., 15 févr. 2011, *D.* 2011, Actu. 591, obs. Lienhard ; *JCP* E 2011.1280, note Lebel ; *LEDEN* avr. 2011, p. 3, obs. Delattre.

46. En ce sens : P.-M. Le Corre, *op. cit.* n° 092.00 et s. ; F. Pérochon, *op. cit.* n° 440 et s. ; A. Jacquemont, *op. cit.* n° 177 et s. ; F. Mélin, Le règlement communautaire du 29 mai 2000 relatif aux procédures d'insolvabilité, Bruylant, 2008 C. Saint-Alary-Houin, *op. cit.*, p. 805.

47. Pour l'exclusion de l'actif disponible de participations dans des filiales ainsi que des créances sur ces filiales, Cass. com., 20 juin 1995, *Dr. sociétés* 1995, n° 162, obs. Y. Chaput.

social[48]. On relèvera aussi qu'un immeuble non vendu ne saurait constituer un actif disponible[49]. Ainsi encore la valeur des stocks de marchandises ne peut entrer dans le calcul de l'actif disponible[50] à moins que ces stocks ne soient en cours de réalisation[51]. En revanche constitue un actif disponible la provision d'un chèque de banque jusqu'à l'expiration du délai de prescription de l'action du porteur[52]. Surtout le calcul de l'actif disponible doit prendre en compte les réserves de crédit accordées par les créanciers[53] et d'une manière générale tous les crédits dont peut disposer l'entreprise. Il reste à savoir ce qu'il faut entendre par crédit. Peut-on assimiler au crédit une garantie de paiement donnée par un tiers ? La jurisprudence ne semble pas l'admettre[54]. Il est vrai que l'usage excessif du crédit (par mobilisation du compte client par exemple) peut conduire l'entreprise à une impasse[55]. Il faut en tout état de cause exclure de l'actif disponible les moyens ruineux auxquels le débiteur a eu recours dans l'unique but de gonfler artificiellement l'actif.

185. – Apport de l'ordonnance du 18 décembre 2008 à la définition de la cessation des paiements. – Tirant les conséquences de ce débat, le législateur a tenu à préciser le contenu de la cessation des paiements par l'ordonnance n° 2008-1345 du 18 décembre 2008. Alors que jusqu'à présent la loi se contentait d'indiquer qu'est en cessation de paiement le débiteur qui est « *dans l'impossibilité de faire face au passif exigible avec son actif disponible* », reprenant ainsi l'expression utilisée dès 1978 par la Cour de cassation[56], il est désormais ajouté que « *le débiteur qui établit que les réserves de crédit ou les moratoires dont il bénéficie de la part de ses créanciers lui permettent de faire face au passif exigible avec son actif disponible n'est pas en cessation des paiements* ». Cette modification, qui permet d'introduire un peu de souplesse dans l'interprétation de cette notion[57], ne fait en réalité que consacrer la jurisprudence de la Cour de cassation prenant en compte les réserves de crédit et les délais de paiement dans l'appréciation de la situation du débiteur en difficulté[58]. Ainsi les créances échues non réclamées

48. Cass. com. 23 avr. 2013, *D.* 2013. Actu. 1130, obs. LIENHARD.

49. Cass. com., 7 févr. 2012, *LEDEN* avr. 2012, p. 2, obs. DELATTRE ; *RJDA* 2012, n° 784.

50. Cass. com., 17 mai 1989, *Bull. civ.* IV, n° 152 ; *JCP* 1990. II. 21 464, note BEAUBRUN.

51. CA Versailles, 6 mars 1997, *Rev. proc. coll.* 1998. 33, obs. CALENDINI.

52. Cass. com., 5 févr. 2013, *RJDA* 2013, n° 343.

53. Par ex. une avance de trésorerie qui n'est pas bloquée ou dont le remboursement n'a pas été demandé constitue un actif disponible : Cass. com., 16 nov. 2010 : *D.* 2010, Actu. 2830, obs. LIENHARD ; *LEDEN* janv. 2011, p. 2, obs. RUBELLIN ; *Gaz. Pal.* 7-8 janv. 2011, p. 25, obs. REILLE ; *Dr. sociétés* 2011, n° 37, note LEGROS ; *Bull. Joly* 2011.207, note MOUIAL-BASSILANA. Cass. com., 17 juin 1997, *Bull. civ.* IV, n° 193, p. 168, « *Mais attendu que la cour d'appel a, par motifs propres et adoptés, relevé que M. Jacques G. ne disposait d'aucun actif disponible, que le passif exigible s'élevait à 1 300 000 francs, que son compte-courant en banque était débiteur de 182 609,46 francs et que des engagements de caution contractés par lui-même auprès de divers établissements bancaires en faveur de la société Guillerm étaient devenus exigibles le 17 déc. 1985 ; qu'en l'état de ces constatations, et dès lors qu'il n'est pas allégué que M. Jacques Guillerm disposait d'une réserve de crédit lui permettant de faire face à son passif exigible, la cour d'appel a caractérisé l'état de cessation des paiements de celui-ci* ».

54. Cass. com., 26 juin 1990, *Bull. civ.* IV, n° 194 ; *JCP* E 1991.I.44, n° 1, obs. Ph. PÉTEL : « *l'existence de la garantie à première demande (.... ne pouvait) influer sur l'appréciation de l'état de cessation des paiements de la société* » ; Cass. com., 27 oct. 1998, *APC* 1998, n° 157, obs. REGNAUT-MOUTIER.

55. O. MOUCHOT, « Les incohérences du redressement judiciaire », *Rev. proc. coll.* 1987, n° 4, spéc. p. 16.

56. Cass. com., 14 févr. 1978, *Bull. civ.* IV, n° 66, p. 53 : « *Doit être cassé l'arrêt qui pour refuser la mise en liquidation des biens d'un débiteur déclare que le défaut de payement d'une seule dette ne suffit pas à constituer l'état de cessation des payements, sans rechercher si le débiteur était en mesure de faire face à son passif exigible avec son actif disponible* ».

57. V. G. BERTHELOT, « La cessation de paiement : une notion déterminante et perfectible », *JCP* E 2008, 2232 ; C. LEBEL, « Être ou ne pas être en cessation des paiements », *Gaz. Pal.* 7-8 sept. 2005, p. 14, spéc. p. 16 ; A. OUTIN-ADAM et S. BIENVENU, « Relancer la réforme des textes sur la prévention et le traitement des difficultés des entreprises », *JCP* E 2003, n° 27, p. 1113 ; J.-L. VALLENS, « De la cessation des paiements à l'insolvabilité », *JCP* 2008, I, 148 ; G. TEBOUL, « La cessation des paiements : une définition *ne varietur* ? », *RJ com.*, n° hors-série 2004, p. 14 ; H. CHRIQUI, « Prévention des difficultés des entreprises : peut-on aller plus loin ? », *Gaz. Pal.* 16-18 mai 2004, p. 2 ; C. LÉGUEVAQUES, « La réforme du droit des entreprises en difficulté (à propos de l'avant-projet de févr. 2004) », *LPA*, 23 juin 2004, p. 3.

58. Cass. com., 27 févr. 2007, n° 06-10170, *JCP* G 2007, I, 190, n° 1, obs. M. CABRILLAC et Ph. PÉTEL ; *JCP* E 2007, 1833, note Ph. ROUSSEL-GALLE.

permettront au débiteur d'invoquer son absence de cessation des paiements même s'il lui appartiendra de rapporter la preuve que des réserves de crédit et des moratoires de paiement qui lui ont été accordés lui permettent de conserver une trésorerie suffisante pour faire face au passif exigible. La correction est sage et limitée, elle confirme la stabilité [59] d'une notion qui a été progressivement façonnée par la jurisprudence et qui, à des degrés divers, se retrouve dans l'ensemble des procédures collectives.

186. – Impossibilité pour le débiteur de faire face à ses échéances. – Pour savoir s'il y a impossibilité pour le débiteur de payer ce qui lui est dû, il convient de vérifier que le montant du passif exigible est supérieur à l'actif disponible. Il est ensuite nécessaire de s'assurer que des dettes demeurent impayées. La jurisprudence ajoute qu'il faut vérifier qu'il s'agit bien d'une impossibilité réelle et non d'une volonté du débiteur de ne pas payer ses dettes. En d'autres termes le refus de paiement ne dispense pas le créancier de prouver l'état de cessation des paiements [60]. En général il y aura cessation des paiements le jour où les banquiers refuseront d'accorder un crédit, c'est-à-dire dans une situation où l'entreprise ne peut se redresser [61].

187. – Charge de la preuve de l'état de cessation des paiements. – C'est au demandeur à l'action en redressement ou en liquidation judiciaire (demande ou conversion) de prouver que l'état de cessation des paiements est bien caractérisé. Dans une procédure de sauvegarde le débiteur doit indiquer quelles sont les difficultés de nature à le conduire à la cessation des paiements ce qui l'oblige à démontrer qu'il n'est pas en cessation des paiements [62]. La cessation des paiements s'apprécie de manière objective, c'est-à-dire indépendamment des mobiles du débiteur et lorsque celui-ci est une société faisant partie d'un groupe, la cessation des paiements doit s'apprécier objectivement [63].

B. Délimitation temporelle

188. – Date de fixation de la cessation des paiements. – Les tribunaux doivent constater la cessation de paiement le jour où ils statuent. La règle s'applique en première instance comme en appel [64]. Il y a donc un laps de temps entre le dépôt de bilan au greffe du tribunal et le moment où ce dernier sera amené à statuer. Ce délai peut être mis à profit pour sortir de la cessation des

59. D. Tricot, « La cessation des paiements, une notion stable, souple et sûre », *in* « Les attraits des nouveaux modes de traitement des difficultés des entreprises, Échanges sur la loi de sauvegarde des entreprises : de la Côte d'Or à la Côte d'Azur », LDPA Dijon-Crajefe, *LPA* 2007, n° 119, n° spéc. p. 44.

60. Cass. com., 25 févr. 1997, *D. aff.* 1997, 484, « la cessation des paiements est distincte du refus de paiement et doit être prouvée par celui qui demande l'ouverture du redressement judiciaire ».

61. Y. Guyon, *Droit des affaires*, t. 2, *op. cit.*, n° 1121.

62. Cpr. Cass. com., 2 avr. 1996, *Bull. civ.* IV, n° 111 ; v. égal. E. le Corre-Broly et P.-M. le Corre, *op. cit.*, n° 50.

63. Cass. com. 3 juill. 2012, *Bull. civ.* IV, n° 146 ; *D.* 2012. 2212, note Dammann et François ; *ibid.* Chron. C. cass. 2548, obs. Lecaroz ; *ibid.* Actu. 1814, obs. Lienhard ; *Rev. sociétés* 2012. 527, obs. Henry ; *JCP E* 2012. 1509, note Cerati-Gauthier ; *ibid.* 1757, n° 1, obs. Pétel ; *JCP* 2012. 1073, note Fabre ; *Gaz. Pal.* 5-6 sept. 2012, p. 5, obs. Demeyere ; *Bull. Joly* 2012. 631, note Pelletier ; *Bull. Joly Entrep. diff.* 2012. 279, concl. Bonhomme et note Neau-Leduc ; *LEDEN* sept. 2012, p. 2, obs. Delattre ; *Act. proc. coll.* 2012, n° 206, obs. Fin-Langer ; *Dict. perm. diff. entrep., Bull.* n° 340, obs. Roussel Galle ; *RJDA* 2012, n° 872 ; *Dr. sociétés* 2012, n° 189, note Legros ; *Rev. proc. coll.* 2013, n° 6, obs. Saintourens ; *LPA* 15 avr. 2013, p. 4, obs. Zattara-Gros.

64. C. com., art. L. 631-1, pour le redressement judiciaire ; art. L. 640-1, pour la liquidation judiciaire. Cass. com., 7 nov. 1989, *Bull. civ.* IV, n° 273. C'est au jour où elle statue qu'une cour d'appel, saisie de l'appel d'un jugement ayant ouvert une procédure de redressement judiciaire, doit apprécier si le débiteur est dans l'impossibilité de faire face au passif exigible avec son actif disponible.

paiements afin de bénéficier d'une procédure de sauvegarde, un peu à l'image de ce qui s'est passé avant l'ouverture d'une telle procédure à la société Eurotunnel.

Si un état de cessation des paiements est constaté le tribunal doit ensuite en fixer la date en déterminant le jour où le débiteur a été placé dans l'impossibilité de faire face à son passif exigible avec son actif disponible [65]. À défaut *« la cessation des paiements est réputée être intervenue à la date du jugement d'ouverture de la procédure »* [66]. La fixation de cette date permet de délimiter la période suspecte en procédure de redressement ou de liquidation judiciaire. Il s'agit de la période qui s'écoule entre la cessation des paiements en fait et le constat par le tribunal de cette situation. À certaines conditions les actes conclus pendant cette période sont susceptibles d'être annulés [67].

189. – Report de la date de cessation des paiements. – Dans les procédures de redressement ou de liquidation judiciaires le tribunal peut reporter la date de cessation des paiements à la date où l'entreprise était réellement dans cette situation [68] ce qui permet d'étendre la période suspecte. La demande de report peut émaner de l'administrateur, du mandataire judiciaire ou du ministère public. Le commissaire à l'exécution agissant dans l'intérêt collectif des créanciers devrait également pouvoir agir même s'il n'est pas désigné par les textes [69]. Le débiteur doit avoir été entendu ou dûment appelé et il peut contester la décision de report [70]... Le report de date peut intervenir en plusieurs fois sous trois réserves :

– La demande de report doit être présentée au tribunal dans un délai d'un an après le jugement d'ouverture [71] ;

– sauf cas de fraude, la date ne peut être reportée à une date antérieure à la décision définitive ayant homologué un accord amiable à la suite d'une procédure de conciliation [72]. En cas d'échec de la conciliation, la date peut donc être reportée antérieurement à la décision d'ouverture de la procédure de conciliation qui n'a pas, selon la Cour de cassation, « autorité de la chose jugée quant à la date de cessation des paiements » [73].

– le report ne peut être antérieur de plus de dix-huit mois à la date du jugement d'ouverture de la procédure [74].

Lorsque l'ouverture de la procédure de redressement judiciaire est intervenue par conversion d'une sauvegarde du fait que le débiteur était en cessation des paiements à l'ouverture de la procédure, la date de cessation des paiements peut être reportée dans un délai d'un an à compter du jour du jugement ayant converti la procédure de sauvegarde [75].

---

65. Cass. com., 7 févr. 2012, *Bull. civ.* IV, n° 27 ; *D.* 2012. Actu. 496 ; *JCP E* 2012. 1414, note LEBEL.
66. C. com., art. L. 631-8 (redressement judiciaire) ; art. L. 641-1, IV (liquidation judiciaire).
67. Sur les nullités de la période suspecte, v. *infra* n°s 473 et s.
68. C. com., art. L. 631-8, al. 2 (redressement judiciaire) ; art. L. 632-1 ; art. L. 641-1, IV (liquidation judiciaire).
69. Sur cette question, v. A. LIENHARD, Code Dalloz Procédures collectives, commentaire sous article L. 631-8. ; P.-M. LE CORRE, « Droit et pratique des procédures collectives », *Dalloz Action,* 2012/2013, 222.31 ; F. PÉROCHON, *Entreprises en difficulté,* LGDJ, 9e éd., 2012, n° 396.
70. CA Paris, 23 févr. 2010, *RTD com.* 2011. 179, obs. VALLENS ; *JCP E* 2010. 1632, note LEBEL ; *RJDA* 2010, n° 981 ; *Rev. proc. coll.* 2010, n° 214, obs. SAINTOURENS.
71. C. com., art. L. 631-8, al. 4.
72. C. com., art. L. 611-8 II ; art. L. 631-8, al. 2.
73. Cass. com., 22 mai 2013, n° 12-18509, n° 506 P + B.
74. *Ibid.*
75. C. com., art. L. 631-8, al. 5.

§ 2 : Le redressement manifestement impossible : une condition propre à la liquidation judiciaire

190. – Échec de l'entrepreneur. – Le redressement manifestement impossible est une condition d'ouverture d'une procédure de liquidation judiciaire qui s'ajoute à l'état de cessation des paiements [76]. Elle s'apparente à la situation irrémédiablement compromise qui était le sens que la jurisprudence donnait à la cessation des paiements avant 1978 [77]. L'expression porte en elle la raison de son échec. C'est en effet parce que la situation était irrémédiable qu'il n'était plus possible de sauvegarder les entreprises. En outre le fait d'attendre une situation de non-retour retardait l'ouverture d'une procédure. Cette exigence, qui est aujourd'hui écartée du droit des procédures collectives, se retrouve dans l'exigence d'un redressement manifestement impossible pour ouvrir une procédure de liquidation judiciaire [78]. Le critère de la situation irrémédiablement compromise se retrouve en revanche en droit bancaire, il permet en effet au banquier de justifier de la rupture sans préavis de l'ouverture d'un crédit à durée déterminée ou indéterminée [79].

191. – L'insolvabilité. – Le redressement manifestement impossible doit être distingué de l'insolvabilité. L'insolvabilité est la situation d'une entreprise dont le passif dépasse l'actif. On ne peut donc se contenter, pour établir un état d'insolvabilité, de déterminer le passif exigible et l'actif disponible ; il convient d'évaluer l'actif et le passif dans leur totalité. Si l'on procède de la sorte l'insolvabilité peut tout de même coïncider avec un état de cessation des paiements mais ce n'est pas toujours le cas. En effet, une entreprise insolvable peut être en mesure de se procurer les moyens pour faire face à ses paiements. À l'inverse une entreprise solvable peut se trouver en état de cessation des paiements. C'est le cas si elle est propriétaire d'un fonds de commerce de grande valeur mais qu'elle n'a plus de trésorerie suffisante pour payer ses créanciers. On s'approche de cette situation dans le cas des établissements de crédit qui ne peuvent être mis en liquidation judiciaire que lorsqu'ils ont fait l'objet d'une radiation par la commission bancaire et lorsque le passif, « *dont ils sont tenus envers les tiers, à l'exception des dettes qui ne sont remboursables qu'après désintéressement complet des créanciers chirographaires, est effectivement supérieur à l'actif diminué des provisions devant être constituées* » [80]. De même dans les départements du Haut-Rhin, du Bas-Rhin et de la Moselle, le redressement et la liquidation judiciaires s'appliquent aux personnes physiques qui ne sont pas des commerçants, artisans ou agriculteurs, et n'exercent pas toute autre activité professionnelle indépendante y compris une profession libérale soumise à un statut législatif ou réglementaire « *lorsqu'elles sont de bonne foi et en*

76. V. C. com., art. L. 640-1.

77. Cass. com., 14 févr. 1978, *Bull. civ.* IV, n° 66, p. 53 : « *Doit être cassé l'arrêt qui pour refuser la mise en liquidation des biens d'un débiteur déclare que le défaut de payement d'une seule dette ne suffit pas à constituer l'état de cessation des payements, sans rechercher si le débiteur était en mesure de faire face à son passif exigible avec son actif disponible* ».

78. Sur le contrôle exercé par la Cour de cassation : Cass. com., 12 janv. 2010, *Dr. sociétés* 2010, n° 210, note LEGROS ; Cass. com., 26 mai 2010, *Gaz. Pal.* 2-3 juill. 2010, p. 26, obs. LEBEL.

79. V. C. mon. et fin., art. L. 313-12.

80. C. mon et fin., art. L. 613-26, al. 2.

état d'insolvabilité notoire » [81]. La notion d'insolvabilité se retrouve enfin dans le règlement communautaire n° 1346/2000 du 29 mai 2000 relatif aux procédures d'insolvabilité. La notion d'insolvabilité n'y est pas définie. Elle dépend des procédures reconnues comme procédures d'insolvabilité dans chaque État membre. En France cela concerne les procédures de sauvegarde, redressement et liquidation judiciaires [82].

Nos 192 à 204 réservés.

81. C. com., art. L. 670-1. le texte a été modifié par L. n° 2003-710 du 1er août 2003 (loi Borloo). Pour une définition de « l'insolvabilité notoire », v. CA Colmar, 16 mars 1988, *D.* 1989, somm. 4, obs. Derrida ; pour le cas d'un particulier qui tentait d'obtenir l'application du droit antérieur à la réforme de 2003 en invoquant « *la valeur supérieure à la loi* » du droit local, v. Cass. 2e civ., 13 juill. 2006, n° 05-11574, F-P+B, *Gaz. Pal.*, oct. 2006, note D. Voinot.

82. V. *supra*, n° 18.

Titre II
Les conditions de forme

205. – Plan. – Lorsqu'il est saisi le tribunal est amené à effectuer un certain nombre de choix à commencer par celui d'ouvrir ou non une procédure collective. S'il opte pour l'ouverture le tribunal doit alors déterminer les modalités de traitement de la défaillance dans sa décision.

CHAPITRE I
La saisine du tribunal

206. – La saisine du tribunal est marquée par une certaine diversité de régime tant en ce qui concerne l'auteur de la saisine (Section I) que le tribunal compétent (Section II).

Section I
L'auteur de la saisine

207. – Si le débiteur a toujours le droit, et même parfois l'obligation, de saisir le tribunal de la procédure collective, cette prérogative est dans certaines procédures partagée avec les tiers désignés par la loi.

§ 1 : La saisine par le débiteur

208. – Selon les circonstances le débiteur est soit investi d'un droit exclusif de demander l'ouverture d'une procédure soit d'une obligation de provoquer l'ouverture.

I. Un droit exclusif du débiteur

209. – Alors que traditionnellement le droit exclusif du débiteur de saisir le tribunal n'était pas accordé en cas de demande d'ouverture d'une procédure collective, la loi du 26 juillet 2005 a modifié cette situation en accordant au débiteur le droit exclusif de demander l'ouverture d'une procédure de sauvegarde. Toutefois, depuis l'introduction en 2010 de la sauvegarde financière accélérée, il convient de distinguer cette saisine dans le cadre d'une procédure de sauvegarde puis dans le cadre d'une procédure de sauvegarde financière accélérée.

A. La demande d'ouverture d'une procédure de sauvegarde

1°/ Pouvoir d'initiative

210. – Pouvoir exclusif. – L'entreprise dispose d'un pouvoir exclusif de déclenchement de la sauvegarde [1]. Ce monopole ne surprend pas dès lors que l'on est en présence d'un débiteur

1. C. com., art. L. 620-1.

qui n'est pas en cessation des paiements. Concrètement le débiteur doit déposer une requête auprès du greffe du tribunal compétent [2]. La demande doit être accompagnée de documents dont la liste est fixée par décret [3]. Le greffier informe ensuite le débiteur de son obligation de convoquer le comité d'entreprise (ou les délégués du personnel) afin de faire désigner la personne habilitée à exercer les voies de recours au nom des organes représentatifs du personnel [4].

211. – Pouvoir encadré. – Le pouvoir d'initiative de l'entreprise n'est pas totalement libre. Il dépend en effet du passé de l'entreprise. Si celle-ci a déjà été soumise à une procédure de sauvegarde, de redressement ou de liquidation judiciaire alors aucune nouvelle procédure ne peut être ouverte « *tant qu'il n'a pas été mis fin aux opérations du plan qui en résulte ou que la procédure de liquidation n'a pas été clôturée* » [5]. En revanche, il est tout à fait possible de mettre en œuvre une procédure de sauvegarde à la suite d'un mandat *ad hoc* ou d'une procédure de conciliation. Mais l'ouverture de la procédure de sauvegarde doit être examinée en présence du ministère public si le débiteur « *bénéficie ou a bénéficié d'un mandat ad hoc ou d'une procédure de conciliation* » au cours des dix-huit derniers mois [6]. En outre le tribunal peut d'office ou à la demande du ministère public obtenir communication des pièces et actes relatifs au mandat *ad hoc* ou à la conciliation, la confidentialité ne pouvant alors être opposée à cette demande [7]. Enfin et surtout l'ouverture d'une procédure de sauvegarde met fin de plein droit à l'accord constaté ou homologué, c'est-à-dire au résultat obtenu à l'issue d'une procédure de conciliation [8]. Dans ce cas les créanciers recouvrent l'intégralité de leurs créances et sûretés, déduction faite des sommes perçues. Seuls les créanciers qui ont fait un apport en trésorerie conservent alors le privilège né de cette opération pour garantir leur créance [9].

2°/ Mesures incitatives

212. – Absence d'expropriation. – Plusieurs dispositions législatives peuvent s'analyser comme des mesures visant à inciter le débiteur à saisir le tribunal d'une demande d'ouverture d'une procédure de sauvegarde. La première incitation n'est pas vraiment une mesure, on dira que c'est la conséquence principale d'une procédure de sauvegarde menée à son terme. Ainsi dans cette procédure le tribunal ne pourra pas décider de la cession de l'entreprise à un tiers. En effet il peut seulement arrêter un plan de sauvegarde qui, en réalité, est un plan de continuation de l'entreprise. Pour l'entrepreneur cette solution unique est capitale car si la procédure de sauvegarde est menée à son terme l'entrepreneur devrait conserver la propriété de l'entreprise. On peut d'ailleurs ajouter que même si le plan est rejeté le tribunal ne peut pas prononcer la cession de l'entreprise si aucune autre procédure n'est ouverte.

2. V. C. com., art. R. 621-1 ; le greffier avise le débiteur qu'il doit convoquer le comité d'entreprise (ou les délégués du personnel) afin de faire désigner les personnes habilitées à exercer des voies de recours en application de l'article L. 661-10. Les membres du comité d'entreprise ou les délégués du personnel désignent parmi eux la personne habilitée à exercer en leur nom les voies de recours.
3. C. com., art. R. 621-1.
4. C. com., art. L. 661-10.
5. C. com., art. L. 620-2, al. 2.
6. C. com., art. L. 621-1, al. 4.
7. C. com., art. L. 621-1, al. 5.
8. C. com., art. L. 611-12.
9. Privilège de l'article L. 611-11 du Code de commerce.

213. – Protection du dirigeant garant de l'entreprise. – Une autre mesure peut aussi présenter des avantages mais cette fois pour le dirigeant d'une personne morale souhaitant bénéficier de la procédure de sauvegarde. On sait en effet que très souvent ces dirigeants se sont portés caution personnelle des dettes de leur entreprise. Cette situation peut ainsi les faire hésiter à déclencher une procédure de règlement du passif puisqu'ils risquent à terme d'être mis en cause par les créanciers de la personne morale. Dans la sauvegarde ces dirigeants vont pouvoir se prévaloir du régime très favorable qui est applicable « *aux personnes physiques coobligées ou ayant consenti un cautionnement ou une garantie autonome* » [10]. En effet, ces personnes peuvent d'abord se prévaloir de l'arrêt du cours des intérêts légaux et conventionnels [11], elles ne peuvent pas ensuite faire l'objet d'une action en paiement « *jusqu'au jugement arrêtant le plan* » [12], et enfin elles peuvent se prévaloir des dispositions du plan de sauvegarde [13].

214. – Absence de sanctions du dirigeant du fait de sa gestion. – La procédure de sauvegarde présente des avantages non négligeables puisque, si elle est menée à son terme, il ne devrait pas y avoir de sanctions contre les dirigeants du fait de leur gestion passée. Plus précisément les sanctions spécifiques au droit des procédures collectives ne leur sont pas applicables [14] ce qui pose la question de l'application du droit commun. À l'inverse on peut se demander si le fait pour un dirigeant d'entreprise de ne pas avoir demandé promptement l'ouverture d'une procédure de sauvegarde ne constitue pas de sa part une faute de gestion de nature à engager sa responsabilité civile. La question doit être posée dans la mesure où la procédure de sauvegarde doit être comprise par les dirigeants comme un outil de gestion bien plus que comme une simple procédure de règlement du passif. En tout état de cause, reprocher au dirigeant de ne pas avoir déclenché à temps la procédure de sauvegarde est conforme à l'idée selon laquelle la sauvegarde suppose une réaction pressante de l'entreprise.

B. Le droit exclusif du débiteur de demander l'ouverture d'une procédure de sauvegarde financière accélérée

215. – Demande d'ouverture d'une procédure de conciliation préalable à la sauvegarde financière accélérée. – Le droit exclusif du débiteur de déclencher la procédure de sauvegarde financière accélérée [15] résulte du fait que cette procédure ne peut être que le prolongement d'une procédure de conciliation. Or dans la conciliation le débiteur est seul à disposer du pouvoir de demander l'ouverture de la procédure. C'est donc le débiteur qui adresse une requête en ce sens au président du tribunal. Il s'agit donc d'une « *véritable demande en justice* » [16]. Celle-ci doit exposer « *sa situation économique, sociale et financière, ses besoins de financement ainsi que, le*

---

10. E. Lacassagne, « Les cautions à l'épreuve de la loi de sauvegarde : cautionnement bien qui préviendra le premier », *LPA*, 17 févr. 2006, n° 35, p. 50 ; C. Léguevaques, « La loi de sauvegarde et les cautions : au bonheur des cautions ? », *Rev. proc. coll.* 2005-4, p. 296 ; O. Salvat, « La situation des garants dans la loi de sauvegarde », *Rev. proc. coll.*2006-2.
11. C. com., art. L. 622-28, al. 1er.
12. C. com., art. L. 622-28, II.
13. C. com., art. L. 626-11.
14. La responsabilité pour insuffisance d'actif ne concerne que le débiteur en liquidation judiciaire et la faillite personnelle et les sanctions pénales ne concernent que le débiteur en redressement ou en liquidation judiciaire.
15. L'article L. 628-1, al. 2 du Code de commerce précise « *la procédure de sauvegarde financière accélérée est ouverte sur demande d'un débiteur [...]* ».
16. V. F. Macorig-Venier, *op. cit.*, p. 353, spéc. note 2.

cas échéant, les moyens d'y faire face » [17]. La requête doit être accompagnée de différentes pièces dont une attestation sur l'honneur certifiant l'absence de procédure de conciliation dans les trois mois précédant la date de la demande d'ouverture de la procédure de sauvegarde financière accélérée [18].

216. – Demande d'ouverture de la procédure de sauvegarde financière accélérée. – Lorsque le débiteur est en conciliation il peut, si les conditions de fond sont réunies, demander l'ouverture d'une procédure de sauvegarde financière accélérée. Cette demande doit répondre aux mêmes exigences que celles requises pour l'ouverture d'une procédure de sauvegarde [19] « *avec des précisions propres à la sauvegarde financière accélérée* » [20].

II. Une obligation pour le débiteur

217. – Fondement de l'obligation. – Cette obligation concerne tant la procédure de redressement que de liquidation judiciaire. Le Code de commerce précise en effet que « *l'ouverture de la procédure doit être demandée par le débiteur au plus tard dans les quarante-cinq jours qui suivent la cessation des paiements s'il n'a pas dans ce délai, demandé l'ouverture d'une procédure de conciliation* » [21]. Cette obligation est assortie de sanctions si le débiteur ne l'a pas respectée. Le tribunal de la procédure peut ainsi condamner ce dernier à « *une interdiction de diriger, gérer, administrer ou contrôler, directement ou indirectement, soit toute entreprise commerciale ou artisanale, toute exploitation agricole et toute personne morale, soit une ou plusieurs de celles-ci* » [22].

218. – Formalisme : justification. – La demande d'ouverture de la procédure de redressement judiciaire ou de liquidation judiciaire présentée par le débiteur est soumise à un formalisme rigoureux [23]. Ces exigences formelles ne sont pas là pour décourager l'entrepreneur en difficulté mais au contraire pour éviter qu'une mauvaise information aboutisse à des résultats encore plus néfastes sur le plan économique. Il serait par exemple injustifié de procéder à la liquidation d'une entreprise dont la possibilité de redressement était pourtant manifeste. C'est dire qu'au contraire les règles de formes sont posées pour apporter une sécurité juridique aux opérateurs économiques et, par suite, pour aboutir à une réduction des coûts [24].

219. – Formalisme : contenu. – La demande doit être déposée par le représentant légal de la personne morale ou par le débiteur personne physique au greffe du tribunal compétent [25]. À celle-ci doivent être joints plusieurs documents : l'état du passif exigible et de l'actif disponible ainsi qu'une déclaration de cessation des paiements, un extrait d'immatriculation, une situation de trésorerie datant de moins d'un mois, le nombre des salariés employés à la date de la demande, le nom et l'adresse de chacun d'entre eux et le montant

17. C. com., art. L. 611-6, al. 1.
18. Sur le contenu de la demande, v. C. com., art. R. 611-22.
19. C. com., art. R. 621-1.
20. C. com., art. R. 628-2.
21. C. com., art. L. 631-4 (redressement judiciaire) ; art. L. 640-4 (liquidation judiciaire).
22. C. com., art. L. 653-8, al. 1.
23. C. com., art. R. 631-1 (redressement judiciaire) ; art. R. 640-1 (liquidation judiciaire).
24. Y. Chaput, « Quelques clés réglementaires du Code de sauvegarde », *JCP* G 2006, I, 130, n° 15.
25. C. com., art. R. 631-1 et R. 640-1.

du chiffre d'affaires, défini conformément à l'article R. 123-200 du Code de commerce apprécié à la date de clôture du dernier exercice comptable ; l'état chiffré des créances et des dettes avec l'indication des noms et du domicile des créanciers et, pour les salariés, le montant global des sommes impayées ; l'état actif et passif des sûretés ainsi que celui des engagements hors bilan ; l'inventaire sommaire des biens du débiteur ; s'il s'agit d'une personne morale comportant des membres responsables solidairement des dettes sociales, la liste de ceux-ci avec l'indication de leur nom et domicile ; le nom et l'adresse des représentants du comité d'entreprise ou des délégués du personnel habilités à être entendus par le tribunal s'ils ont déjà été désignés ; une attestation sur l'honneur certifiant l'absence de désignation d'un mandataire *ad hoc* ou d'ouverture d'une procédure de conciliation dans les dix-huit mois précédant la date de la demande ou, dans le cas contraire, faisant état d'une telle désignation ou de l'ouverture de la procédure et mentionnant sa date ainsi que l'autorité qui y a procédé ; lorsque le débiteur exerce une profession libérale soumise à un statut législatif ou réglementaire ou dont le titre est protégé, la désignation de l'ordre professionnel ou de l'autorité dont il relève ; lorsque le débiteur exploite une ou des installations classées au sens du titre Ier du livre V du Code de l'environnement, la copie de la décision d'autorisation ou la déclaration. Ces documents sont datés, signés et certifiés sincères et véritables par le demandeur. Si l'un ou l'autre de ces documents ne peut être fourni ou ne peut l'être qu'incomplètement, la demande indique les motifs qui empêchent cette production. Enfin lorsqu'il s'agit d'une demande d'ouverture de liquidation judiciaire, le demandeur doit en outre produire « *les éléments de nature à établir que le redressement est manifestement impossible* »[26].

III. La saisine par les héritiers du débiteur

220. – Les procédures de redressement ou de liquidation judiciaire peuvent être ouvertes si le débiteur personne physique est décédé en cessation des paiements[27]. Dans cette circonstance le tribunal peut être saisi « *sans condition de délai* » par tout héritier du débiteur. L'hypothèse d'un plan de redressement paraît peu probable avec un débiteur décédé ce qui dès lors oriente logiquement vers une liquidation judiciaire[28].

§ 2 : La saisine par un tiers dans le redressement et la liquidation judiciaire

221. – Risque de déclenchement d'une procédure par un tiers. – Si les conditions du redressement ou de la liquidation judiciaire sont réunies, le débiteur a l'obligation de demander l'ouverture d'une procédure. Il n'est toutefois pas le seul à pouvoir le faire. Cette prérogative est aussi offerte à certains tiers. C'est le cas de ses créanciers, mais aussi du ministère public, du tribunal. En revanche les représentants du personnel (comité

26. C. com., art. R. 640-1.
27. C. com., art. L. 631-3, al. 2, pour le redressement judiciaire et art. L. 640-3, al. 2.
28. V. D. Robine, « Redressement et liquidation judiciaire d'un commerçant décédé », *LPA*, 5 juill. 1999, p. 10.

d'entreprise ou à défaut délégués du personnel) ne sont pas habilités à demander la mise en redressement ou en liquidation judiciaire de l'entreprise même si ces représentants peuvent communiquer au président du tribunal ou au ministère public tout fait révélant la cessation des paiements de l'entreprise [29].

I. La saisine sur assignation d'un créancier

222. – Intérêt pour le créancier. – Un créancier [30] peut assigner son débiteur en redressement [31] ou en liquidation judiciaire [32]. Il est en principe libre de le faire, même s'il a renoncé par contrat à toute poursuite contre le débiteur [33], s'il peut se prévaloir d'une créance [34] certaine quelle qu'en soit la nature [35] et si le débiteur réunit les conditions requises pour l'ouverture de ces procédures.

La saisine sur assignation présente un intérêt pour les créanciers qui veulent « contrer » une demande d'ouverture de sauvegarde. Le débat portera donc sur la preuve de la cessation des paiements qui devra être rapportée par les créanciers [36]. Il peut être intéressant pour un créancier de provoquer le redressement ou la liquidation judiciaire notamment s'il souhaite se porter candidat repreneur. Cela peut notamment intéresser un créancier qui est en même temps concurrent de l'entreprise défaillante. Mais l'assignation ne doit pas dégénérer en abus [37] et la demande d'ouverture du redressement judiciaire est à peine d'irrecevabilité, qui doit être soulevée d'office, exclusive de toute autre demande « *à l'exception d'une demande d'ouverture d'une procédure de liquidation judiciaire formée à titre subsidiaire* » [38]. À l'inverse l'assignation en liquidation judiciaire est exclusive de toute autre demande à l'exception d'une demande d'ouverture d'une procédure de redressement judiciaire [39].

223. – Contenu de l'assignation. – L'assignation d'un créancier doit préciser la nature et le montant de la créance et contenir tout élément de preuve de nature à caractériser la cessation des paiements du débiteur [40]. Lorsqu'il s'agit d'une exploitation agricole, le

29. C. com., art. L. 631-6 pour le redressement judiciaire et art. L. 640-6 pour la liquidation judiciaire.

30. Sur la recevabilité de l'assignation d'un comptable public, v. Cass. com., 7 févr. 2012, *Bull. civ.* IV, n° 27 ; *D.* 2012. Actu. 496 ; *JCP E* 2012. 1414, note Lebel.

31. C. com., art. L. 631-5, al. 2.

32. C. com., art. L. 640-5.

33. Une clause par laquelle le créancier s'est engagé à ne pas poursuivre des associés d'une société en nom collectif n'empêche pas l'assignation en redressement judiciaire à l'initiative du créancier dans la mesure où la demande d'ouverture de la procédure n'équivaut pas à une demande de paiement ou de mise en œuvre d'une voie d'exécution à son égard ou à celui de ses associés. Cass. com., 22 mars 2011, *LEDEN* mai 2011, p. 5, obs. Mairot ; *Dr. sociétés* 2011, n° 155, note Legros.

34. Même s'il ne peut se prévaloir que d'une seule créance : Cass. com., 27 mai 1957, *Gaz. Pal.* 1957, 2, p. 43 ; *JCP* G 1957, II, 10075, note P. Nectoux.

35. Cass. com., 22 juin 1993, *D.* 1993, somm. p. 366, obs. A. Honorat (créance civile).

36. En ce sens, J. Vallansan, *op. cit.*, p. 33-34.

37. Pour l'abus du créancier cherchant à connaître le contenu d'un accord de conciliation, CA Aix-en-Provence, 30 juin 2011, *Act. proc. coll.* 2011, n° 273 ; *LEDEN* févr. 2012, p. 6, obs. Couard ; V. antérieurement, Cass. com., 1er oct. 1997, *D. aff.* 1997, p. 1258 ; *JCP* E 1998-12, p. 469, note F.-X. Lucas ; *LPA*, 9 nov. 1998, p. 14, note G. Teillais (assignation d'un débiteur pouvant payer ses dettes).

38. C. com., art. R. 631-2.

39. C. com., art. R. 640-1, al. 2.

40. C. com., art. R. 631-2.

créancier joint à sa demande une attestation, délivrée par le greffier, de la saisine du président du tribunal de grande instance aux fins de désignation d'un conciliateur. S'il demande l'ouverture d'une liquidation judiciaire, le créancier doit aussi produire « *des éléments de nature à établir que le redressement est manifestement impossible* » [41]. À défaut sa demande doit être rejetée.

224. – Respect d'un délai. – Dans certaines circonstances le créancier doit respecter un délai. Il doit ainsi assigner dans un délai d'un an à compter [42] du décès du débiteur personne physique si au moment de son décès ce dernier était en état de cessation des paiements.

De même un délai d'un an doit être respecté lorsque le débiteur a cessé son activité professionnelle et ceci à compter :

– de la radiation du RCS du débiteur. Pour une personne morale, le délai court à compter de la radiation consécutive à la publication de la clôture des opérations de liquidation ;

– de la cessation de l'activité, s'il s'agit d'une personne immatriculée au répertoire des métiers, d'un agriculteur ou d'une personne physique exerçant une activité professionnelle indépendante, y compris une profession libérale soumise à un statut législatif ou réglementaire ou dont le titre est protégé ;

– de la publication de l'achèvement de la liquidation, s'il s'agit d'une personne morale non soumise à l'immatriculation comme par exemple les comités d'entreprises, les caisses primaires d'assurance-maladie, les associations.

Le créancier ne peut par ailleurs assigner s'il y a une procédure de conciliation en cours. Il doit donc attendre la fin de la procédure pour procéder à cette assignation sous réserve de réunir les conditions de fond.

225. – Respect d'une forme préalable à l'assignation. – Dans plusieurs situations, la loi prévoit de respecter une forme préalable à l'assignation. En premier lieu une procédure de redressement ou de liquidation judiciaire ne peut être ouverte à l'égard d'un exploitant agricole qui n'est pas constitué sous forme de société commerciale que si le président du tribunal de grande instance a été saisi, préalablement à l'assignation, d'une demande tendant à la désignation d'un conciliateur présentée en application de l'article L. 351-2 du Code rural et de la pêche maritime [43]. En second lieu les créanciers parties à un plan d'apurement échelonné d'une ou de plusieurs dettes fiscales ou sociales votés par une commission des chefs des services financiers et des représentants des organismes de sécurité sociale et de l'assurance chômage (CCSF) pour l'examen de la situation des débiteurs retardataires ne peuvent former une assignation en redressement ou liquidation judiciaire qu'après en avoir informé le président de la commission qui pourra leur demander de suspendre leur action pendant un délai de quinze jours, renouvelable une fois [44].

41. C. com., art. R. 640-1.
42. Pour la liquidation judiciaire, C. com., art. L. 640-5 ; pour le redressement judiciaire, C. com., art. L. 631-5.
43. C. com., art. L. 631-5, dernier al.
44. D. n° 2007-686 du 4 mai 2007, art. 4.

II. La saisine sur requête du ministère public

226. – Hypothèses de saisine par le ministère public. – Le ministère public peut saisir le tribunal par requête dans deux cas : d'abord lorsqu'il n'y a pas de procédure de conciliation en cours [45], ensuite lorsque le débiteur personne physique est décédé en cessation des paiements [46]. Dans ce cas le ministère public ne peut saisir le tribunal que dans le délai d'un an à compter du décès.

227. – Contenu de la requête. – Dans sa requête le ministère public doit indiquer les faits de nature à motiver sa demande. Cette requête est jointe à la convocation adressée au débiteur par le président du tribunal [47]. Si le débiteur est décédé la convocation est envoyée aux héritiers du débiteur dont l'adresse est connue. Si l'adresse est inconnue, le président du tribunal de grande instance se saisissant d'office, ou saisi sur la requête du ministère public, de l'administrateur ou du mandataire judiciaire, désigne un mandataire chargé de les représenter [48].

III. La saisine d'office du tribunal et sa remise en cause par le Conseil constitutionnel

228. – Hypothèses de saisine d'office [49]. – Cette saisine d'office s'explique par le fait, qu'à l'origine, il n'existait pas de ministère public auprès des tribunaux de commerce. Pour cette raison, lorsque l'intérêt général l'exigeait, on admettait que le tribunal pouvait se saisir d'office d'une procédure de faillite. Dans le régime actuel le ministère public peut être à l'initiative de la saisine du tribunal mais la saisine d'office a pourtant été maintenue par la loi du 26 juillet 2005 en redressement comme en liquidation judiciaire. Toutefois saisi d'une question prioritaire de constitutionnalité, le Conseil constitutionnel a finalement abrogé la saisine d'office du tribunal pour prononcer un redressement judiciaire [50]. La solution est bien sûr transposable en liquidation judiciaire et devrait prévaloir dans toutes les hypothèses où le tribunal ouvre une procédure. En revanche cela ne devrait pas concerner les conversions de procédures prises à l'initiative de la juridiction [51] puisque le lien d'instance n'a pas été créé par le juge.

45. C. com., art. L. 631-5, al. 2.
46. C. com., art. L. 631-3.
47. C. com., art. L. 631-5 ; art. R. 631-4 (redressement judiciaire) ; art. L. 640-5 ; art. R. 640-1 (liquidation judiciaire).
48. C. com., art. R. 631-4 (redressement judiciaire) ; C. com., art. R. 640-1 (liquidation judiciaire).
49. Sur la saisine d'office, v. P. Cagnoli, *Essai d'analyse procédurale du droit des entreprises en difficulté*, LGDJ, 2002, n° 184 et s.
50. Décision n° 2012-286 QPC du 7 décembre 2012 Actu. 2886, obs. Lienhard ; *D.* 2013. 338, note Vallens ; *Rev. sociétés* 2013. 177, obs. Henry ; *JCP E* 2013. 1048, note Fricero ; *ibid.* 1216, n° 1, obs. Pétel ; *ibid.* 50, note Gerbay ; *Dict. perm. diff. entrep., Bull.* n° 343, obs. Roussel Galle ; *Gaz. Pal.* 23-27 déc. 2012, p. 14, obs. L. Robert ; *LEDEN* janv. 2013, p. 2, obs. Mouial-Bassilana ; *Bull. Joly Entrep. diff.* 2013. 10, note Favario ; *RLDA* févr. 2013.19, obs. Drummen ; v. égal. B. Saintourens, « La déclaration d'inconstitutionnalité de l'ouverture du redressement judiciaire par saisine d'office du tribunal », *Rev. proc. coll.* 2013, Étude 2.
51. D. Voinot, « Conversion d'une procédure de redressement judiciaire en liquidation judiciaire à l'initiative du tribunal : les conditions de la saisine d'office doivent-elles être respectées ? », note sous Cass. com., 22 janv. 2013, n° 11-27318.

Section II
Le tribunal compétent

229. – Tribunal de commerce ou tribunal de grande instance. – Le Code de commerce dispose dans son article L. 621-2, alinéa 1 : « *le tribunal compétent est le tribunal de commerce si le débiteur exerce une activité commerciale ou artisanale. Le tribunal de grande instance est compétent dans les autres cas* ». Cette répartition de compétences peut surprendre dans la mesure où elle conduit à vérifier dans chaque cas si le débiteur exerce ou non tel ou tel type d'activité. Cela paraît d'autant plus délicat que le texte ne distingue pas selon que le débiteur est une personne physique ou une personne morale. En réalité, il convient de compléter cette disposition avec l'article R. 211-4, 8° du Code de l'organisation judiciaire qui précise que le tribunal de grande instance à une compétence exclusive en « *sauvegarde, redressement judiciaire et liquidation judiciaire lorsque le débiteur n'est ni commerçant ni immatriculé au répertoire des métiers* ». C'est dire que le tribunal de commerce est présumé compétent pour toute personne commerçante ou immatriculé au répertoire des métiers. Cela permet d'inclure non seulement les personnes physiques commerçantes ou artisans mais aussi les sociétés commerciales par la forme. La juridiction consulaire devrait être également compétente pour les personnes physiques qui ne sont pas immatriculées au RCS mais qui exercent légalement une activité commerciale à titre accessoire. On pense par exemple à la personne qui tout en étant salariée exerce une activité commerciale sous le régime de l'auto-entreprise.

Le tribunal de grande instance est donc compétent pour tous les agriculteurs et d'une manière générale pour toutes les personnes exerçant une activité professionnelle indépendante hormis une activité commerciale ou artisanale. De même le tribunal de grande instance est compétent pour toutes les personnes morales de droit privé qui ne sont pas commerçantes.

§ 1 : Compétence matérielle

230. – Sur le plan matériel, selon l'article R. 662-3 du Code de commerce, « *Sans préjudice des pouvoirs attribués en premier ressort au juge-commissaire, le tribunal saisi d'une procédure de sauvegarde, de redressement judiciaire ou de liquidation judiciaire connaît de tout ce qui concerne la sauvegarde, le redressement et la liquidation judiciaires, la faillite personnelle ou l'interdiction prévue à l'article L. 653-8 du Code de commerce à l'exception des actions en responsabilité civile exercées à l'encontre de l'administrateur, du mandataire judiciaire, du commissaire à l'exécution du plan ou du liquidateur qui sont de la compétence du tribunal de grande instance* ». Ce texte apporte deux types de précision.

Il indique d'abord qu'au sein du tribunal il y a une répartition des pouvoirs entre le tribunal et le juge-commissaire désigné dans le jugement d'ouverture. C'est en effet le tribunal qui prend les décisions importantes. C'est lui, par exemple, qui statue sur l'ouverture des procédures de sauvegarde, redressement ou liquidation judiciaire. Il arrête aussi le plan avant l'expiration de la période d'observation qu'il a fixée [52]. Il peut également convertir la procédure de sauvegarde en une procédure de redressement judiciaire si le débiteur est en cessation des paiements « *au moment du prononcé du jugement* » [53]. Le tribunal exerce ensuite un contrôle sur la procédure. Ainsi, et à titre d'illustration, il procède à la désignation du juge-commissaire ainsi que la plupart des organes de la procédure.

Le texte proroge ensuite la compétence du tribunal qui, sauf exception, « *connaît de tout ce qui concerne la sauvegarde, le redressement et la liquidation judiciaire* » et de certaines sanctions. Dès lors qu'un litige est né d'une procédure collective ou subit l'influence d'une procédure collective, il doit être tranché par le tribunal de la procédure. Il s'agit par exemple des questions relatives au recouvrement d'une créance, à la nullité d'actes passés en période suspecte, à la rupture d'un contrat, etc. Il ne suffit cependant pas qu'un litige soit rattaché même très indirectement à la procédure collective pour que le tribunal de la procédure soit compétent. Ainsi, lorsque le juge-commissaire décide de la résiliation d'un contrat de franchise dont la clause de non-réaffiliation n'est pas respectée par le franchisé, la contestation qui en résulte ne naît pas de la procédure collective du franchisé et n'est pas soumise à l'influence juridique de cette procédure et, dès lors, la juridiction désignée par la clause attributive de compétence du contrat de franchise est donc compétente [54]. On doit cependant réserver les cas où certaines juridictions ont reçu une compétence exclusive. Dans ces hypothèses ces juridictions demeurent compétentes. Par exemple pour les litiges relatifs à l'existence d'une créance de l'administration, seul le tribunal administratif demeure compétent. En revanche les litiges concernant le recouvrement de ces créances doivent être tranchés par le tribunal de la procédure collective. Ainsi encore, pour la Cour de cassation, « *lorsque deux litiges connexes sont pendants, l'un devant le tribunal de grande instance, juridiction de droit commun compétente pour en connaître en application de l'article L. 211-3 du code de l'organisation judiciaire, et l'autre devant le tribunal de commerce, juridiction d'exception dotée, s'agissant d'une action en nullité d'un acte conclu en période suspecte, née de la procédure collective et soumise à son influence juridique, d'une compétence exclusive d'ordre public, par application de l'article R. 662-3 du Code de commerce, chacune des deux juridictions saisies doit conserver la connaissance de l'affaire qui lui est soumise* » [55]. Une prorogation de compétence est aussi prévue au bénéfice du tribunal qui a ouvert une procédure de sauvegarde, de redressement judiciaire ou de liquidation judiciaire à l'égard d'un EIRL. Dans ce cas en effet, le tribunal de la procédure « *connaît des contestations relatives à l'affectation des éléments du patrimoine de cet entrepreneur qui s'élèvent à l'occasion de cette procédure* » [56].

52. C. com., art. L. 621-3.
53. C. com., art. L. 621-12.
54. Cass. com., 7 févr. 2012, *Bull. civ.* IV, n° 28 ; *D.* 2012. Actu. 495, obs. Lienhard ; *LEDEN* mars 2012, p. 6, obs. Parachkévova ; *Dict. perm. diff. entrep., Bull.* n° 335, obs. Roussel Galle ; *Act. proc. coll.* 2012, n° 80, obs. Fin-Langer ; *Rev. proc. coll.* 2012, n° 59, obs. Cagnoli ; *RJDA* 2012, n° 694.
55. Cass. com., 7 avr. 2009, *Bull. civ.* IV, n° 51 ; *D.* 2009. AJ 1138 ; *Act. proc. coll.* 2009, n° 150, obs. Rolland ; *LEDEN* juin 2009, p. 2, obs. Staes ; *Gaz. Pal.* 26-28 juill. 2009, p. 31, obs. Roussel Galle ; *RJDA* 2009, n° 982.
56. C. com., art. L. 680-7.

§ 2 : Compétence territoriale

231. – Critères de rattachement. – Pour les personnes morales, le tribunal compétent est celui dans le ressort duquel le débiteur a son siège [57]. Cette règle subit cependant des aménagements dans certains cas :

– il se peut tout d'abord que la personne morale n'ait aucun siège sur le territoire français. Dans ce cas le tribunal compétent est celui dans le ressort duquel le débiteur a « *le centre principal de ses intérêts en France* » ;

– il est ensuite possible que le siège statutaire de la personne morale ne corresponde pas à son siège réel. Dans ce cas c'est le siège réel qui doit l'emporter comme critère de rattachement [58] ;

– ensuite lorsqu'il y a eu un changement de siège de la personne morale dans les six mois ayant précédé la saisine du tribunal, alors le tribunal dans le ressort duquel se trouvait le siège initial demeure seul compétent. Ce délai court à compter de l'inscription modificative au registre du commerce et des sociétés du siège initial [59]. Cette règle a pour objectif d'éviter les fraudes de débiteur qui transférant leur siège à un endroit éloigné souhaiterait « perdre » ainsi des créanciers en cours de route ;

– enfin, un autre tribunal peut aussi être désigné par la cour d'appel ou la Cour de cassation si « *les intérêts en présence le justifient* » [60]. Cet aménagement intervient par exemple pour regrouper au sein d'un même tribunal des affaires touchant des sociétés d'un même groupe [61].

Pour les personnes physiques, le tribunal compétent est celui dans le ressort duquel le débiteur « *a déclaré l'adresse de son entreprise ou de son activité* » [62]. Mais là encore on devrait pouvoir prendre en considération « *le centre principal des intérêts en France* » en l'absence de déclaration. Une atténuation possible est celle du renvoi par une cour d'appel ou la Cour de cassation si les intérêts en présence le justifient ce qui pourrait être le cas par exemple si un juge au sein du tribunal de commerce ne peut par exemple se porter candidat repreneur [63].

232. – Carte judiciaire. – Tous les tribunaux ne sont pas compétents pour ouvrir une procédure collective. Un décret en Conseil d'État détermine en effet, dans chaque département, le tribunal ou les tribunaux appelés à connaître des procédures relevant du livre VI du Code de commerce, ainsi que le ressort dans lequel ces tribunaux exercent les attributions qui leur sont dévolues [64].

---

57. C. com., art. R. 600-1, al. 1.
58. Cass. com., 8 mars 1988, *Bull. civ.* IV, n° 103 ; *D.* 1988, somm. 339, obs. A. Honorat ; *Rev. sociétés* 1988, 287, obs. A. Honorat.
59. C. com., art. R. 600-1, al. 2.
60. C. com., art. L. 662-2 ; art. R. 662-7.
61. D. Voinot, « Le renvoi dans la procédure collective », *RG Proc.* 1998, p. 197 ; F. Derrida et P. Julien, « Le droit procédural du redressement et de la liquidation judiciaires des entreprises », *in Mélanges P. Drai*, Dalloz, 2000, p. 285.
62. C. com., art. R. 600-1, al. 1er.
63. D. Voinot, *op. cit.*, p. 197.
64. C. com., art. L. 610-1 ; C. com., art. R. 600-3 qui renvoie aux tableaux des annexes 6-1 et 6-2 du livre VI de la partie réglementaire du Code de commerce.

§ 3 : Compétence internationale [65]

I. Débiteur n'ayant pas son siège en France et relevant du règlement européen n° 1346/2000 du 29 mai 2000

233. – Critère de compétence : centre des intérêts principaux. – Le texte européen contient des règles de compétence juridictionnelle. Il prévoit d'abord que « *les juridictions de l'État membre sur le territoire duquel est situé le centre des intérêts principaux du débiteur sont compétentes pour ouvrir la procédure d'insolvabilité* ». La Cour de Justice des Communautés européennes [66] a ensuite précisé que compte tenu de l'intention du législateur et de l'effet utile du règlement, l'article 3, paragraphe 1 de ce dernier doit être interprété en ce sens qu'il attribue également une compétence internationale à l'État membre sur le territoire duquel a été ouverte la procédure d'insolvabilité pour connaître des actions qui dérivent directement de cette procédure et qui s'y insèrent étroitement.

234. – Centre des intérêts principaux. Personne physique. – Pour une personne physique le critère du centre des intérêts principaux s'entend du lieu où le débiteur gère habituellement ses intérêts et qui est donc vérifiable par les tiers. Le domicile ou le lieu de résidence de la personne physique ne permet pas, selon la Cour de cassation, de présumer le lieu où se situe le centre de ses intérêts principaux [67]. Le transfert du centre des intérêts principaux après l'introduction d'une demande d'ouverture n'a pas d'incidence si l'ouverture de la procédure est prononcée avant le transfert [68].

235. – Centre des intérêts principaux. Personne morale. – Le règlement précise, pour les sociétés et les personnes morales, que « *le centre des intérêts principaux est présumé, jusqu'à preuve contraire, être le lieu du siège statutaire* ». Il s'agit là d'une présomption simple qu'il est possible de renverser si le siège statutaire n'est pas le centre des intérêts principaux [69]. Tel pourrait être notamment le cas, selon la Cour de Justice de l'Union européenne, « *d'une société qui n'exercerait aucune activité sur le territoire de l'État membre où est situé son siège social* ». En revanche, pour cette même juridiction, « *lorsqu'une société exerce son activité sur le territoire de l'État membre où est situé son siège social, le fait que ses choix économiques soient ou puissent être contrôlés par une société mère établie dans un autre État membre ne suffit pas pour écarter la présomption prévue par le règlement* » [70].

---

65. F. Mélin, *La faillite internationale*, LGDJ, 2004 ; J.-P. Dom, « Le contexte international du nouveau droit des procédures collectives », *Rev. proc. coll.* 2006-2, p. 125.

66. CJCE, 12 févr. 2009, C-339/07, point 21.

67. Com. 15 févr. 2011, *D.* 2011, Actu. 589, obs. Lienhard ; *JCP* E 2011.1298, note Mélin ; *Act. proc. coll.* 2011, n° 92, obs. Vallansan ; *Dict. perm. diff. entr.*, *Bull.* n° 324, obs. Rémery ; *RJDA* 2011, n° 343.

68. CJCE, 17 janv. 2006, *D.* 2006. 1752, note Dammann ; *ibid.* AJ 367, obs. Lienhard ; *RJDA* 2006, n° 449 ; *Gaz. Pal.* 30 avr.-4 mai 2006, p. 19, obs. Mélin ; *Rev. sociétés* 2006. 346, note Vallens ; *Bull. Joly* 2006.753, note Fasquelle ; *RJ com.* 2006. 243, note Sortais (affaire *Staubitz/Schreiber*).

69. V. affaire *Daisytek* : CA. Versailles, 4 sept. 2003, *JDI* 2004, p. 1012, note A. Jacquemont ; *BICC* 2004, n° 800 ; *D.* 2003. 2352, note Vallens ; *JCP* E 2003, n° 50, p. 2012, note Likillimba ; *Rev. sociétés* 2003.891, note Rémery ; *JCP* 2004. II. 10007, note Menjucq ; *Act. proc. coll.* 2003, n° 224, obs. Dom ; *Procédures* 2003, n° 239, obs. Nourissat. V. F. Mélin, *RJDA* janv. 2004 ; Cass. com., 27 juin 2006, n° 03-19863, P+B+R+I, *Gaz. Pal.* 2006, 14-18 juill. 2006, p. 7, note F. Mélin ; Y. Chaput, « Centre des intérêts principaux et catégories juridiques de l'insolvabilité des entreprises », *RLDA* 2006, n° 6, 309 ; Brémond, *Dr. et patr.* janv. 2004. 28 ; Masson, *Rev. proc. coll.* 2004. 38 ; Castell, *Gaz. Pal.* 24-25 févr. 2006, p. 8.

70. CJCE, 2 mai 2006, aff. C-341/04, *Eurofood IFSC Ltd*, *RLDA* 2006, n° 6, 309 ; *D.* 2006. 1752, note Dammann ; *ibid.* AJ 1286, obs. Lienhard ; *ibid.* Pan. 2251, obs. F.-X. Lucas ; *JCP* 2006.II.10089, note Menjucq ; *Rev. sociétés* 2006.360, note Rémery ; *Bull. Joly* 2006.907, note Fasquelle ; *Gaz. Pal.* 14-18 juill. 2006, p. 7, obs. Mélin ; *Banque et Droit* juill.-août 2006. 70, obs. Affaki et Stoufflet ; *JCP* E 2006, n° 37, p. 1531, obs. Pétel. V. Chaput, *RLDA* 2006, n° 6, p. 26 ; Vallens, *JCP* E 2006, n° 27-28, p. 1220.

236. – Contestation de compétence. – Lorsqu'une procédure principale d'insolvabilité est ouverte dans un État membre, la compétence du tribunal d'ouverture doit être contestée dans cet État. En raison du principe de reconnaissance mutuelle du jugement d'ouverture par le règlement européen il n'est pas possible à une juridiction d'un autre État membre d'examiner à nouveau si la juridiction ayant ouvert la procédure principale d'insolvabilité était bien compétente [71]. C'est la raison pour laquelle les créanciers domiciliés dans un État membre autre que celui de la juridiction qui a ouvert une procédure principale d'insolvabilité ne peuvent être privés de la possibilité effective de contester la compétence de cette juridiction [72].

237. – Procédure principale, procédure secondaire et procédure territoriale. – Le règlement prévoit [73] qu'à côté de la procédure principale d'insolvabilité ouverte dans l'État membre où le débiteur a le centre de ses intérêts principaux, peut être ouverte une autre procédure dans l'État membre dans lequel le débiteur possède un établissement. Cette procédure territoriale est dite secondaire lorsqu'elle est ouverte suite à l'ouverture d'une procédure d'insolvabilité dans l'État où se situe le « *centre de ses intérêts principaux* » (procédure principale) du débiteur. Toutefois, une procédure territoriale peut, par exception, être ouverte avant l'ouverture d'une procédure principale d'insolvabilité et ceci dans deux cas :

– « si une procédure d'insolvabilité ne peut pas être ouverte [...] en raison des conditions établies par la loi de l'État membre sur le territoire duquel est situé le centre des intérêts principaux du débiteur » ;

– « si l'ouverture de la procédure territoriale d'insolvabilité est demandée par un créancier dont le domicile, la résidence habituelle ou le siège se trouve dans l'État membre sur le territoire duquel est situé l'établissement concerné, ou dont la créance a son origine dans l'exploitation de cet établissement » [74].

Une procédure territoriale ne peut avoir d'effet que pour les biens du débiteur se trouvant sur le territoire où se situe l'établissement ayant justifié l'ouverture de cette procédure. S'agissant d'une procédure secondaire, celle-ci est obligatoirement une procédure de liquidation [75].

71. En ce sens CJCE, 2 mai 2006, *Eurofood*, préc. note précédente : selon la Cour « *la procédure d'insolvabilité principale ouverte par une juridiction d'un État membre doit être reconnue par les juridictions des autres États membres, sans que celles-ci puissent contrôler la compétence de la juridiction de l'État d'ouverture. En effet, la règle de priorité définie à cette disposition, qui prévoit que la procédure d'insolvabilité ouverte dans un État membre est reconnue dans tous les États membres dès qu'elle produit ses effets dans l'État d'ouverture, repose sur le principe de la confiance mutuelle qui a permis la mise en place d'un système obligatoire de compétences et la renonciation corrélative par les États membres à leurs règles internes de reconnaissance et d'exequatur au profit d'un mécanisme simplifié de reconnaissance et d'exécution des décisions rendues dans le cadre de procédures d'insolvabilité. Si une partie intéressée, considérant que le centre des intérêts principaux du débiteur se situe dans un État membre autre que celui dans lequel a été ouverte la procédure d'insolvabilité principale, entend contester la compétence assumée par la juridiction qui a ouvert cette procédure, il lui appartient d'utiliser, devant les juridictions de l'État membre où celle-ci a été ouverte, les recours prévus par le droit national de cet État membre à l'encontre de la décision d'ouverture* ».

72. Aff. *Eurotunnel :* Cass. com., 30 juin 2009, *Bull. civ.* IV, n° 88 ; *D.* 2009.2591, note Moreil ; *ibid.* chron. C. cass. 2582, obs. Orsini ; *ibid.* AJ 1886, obs. Lienhard ; *Gaz. Pal.* 26-28 juill. 2009, p. 7, note Fricéro ; *ibid.* 1er-3 nov. 2009, p. 6, obs. Reille ; *JCP* E 2009.1974, note Rolland ; *ibid.* 2010.1011, n° 2, obs. Pételt ; *RTD com.* 2009. 625, obs. Vallens ; *Dict. perm. diff. entr.* 2009, *Bull.* n° 306, obs. Rémery ; *LEDEN* sept. 2009, p. 1, obs. F.-X. Lucas ; *Bull. Joly* 2009. 877, note Jault-Seseke et Robine ; *Act. proc. coll.* 2009, n° 224, obs. Dom ; *RLDA* 2009, n° 42, p. 25, obs. Mélin ; *Dr. sociétés* 2009, n° 230, note Legros ; *Rev. proc. coll.* 2009, n° 147, obs. Mastrullo ; *Dr. et patr.* oct. 2010.88, obs. Saint-Alary-Houin et Monsèrié-Bon. V. concl. Bonhomme, *Rev. proc. coll.* 2009, Étude 16.

73. Art. 3, règlement CE n° 1346/2000.

74. V. par ex. pour une société belge mise en redressement judiciaire en France sur assignation du comptable public. La Cour de cassation relève « *que la cour d'appel a retenu la compétence des juridictions françaises en raison de l'existence en France d'un établissement de la société et non du centre de ses intérêts principaux* », Cass. com., 18 mars 2008, *RJDA* 2008, n° 698 ; *Bull. Joly* 2008.699, note Mélin ; *Dr. sociétés* 2008, n° 203, note Legros ; *RTD com.* 2010.204, obs. Vallens.

75. Art. 3, règlement CE n° 1346/2000, v. égal. art. 27 à 38 du règlement.

II. Débiteur n'ayant pas son siège sur le territoire français et ne relevant pas du règlement européen n° 1346/2000 du 29 mai 2000

238. – Compétence française. – Lorsque le débiteur ne relève pas du règlement européen du 29 mai 2000 et « *à défaut de siège en territoire français, le tribunal compétent est celui dans le ressort duquel le débiteur a le centre principal de ses intérêts en France* »[76]. Si tel est le cas, la loi française sera en principe applicable et produira ses effets au moins à l'égard des biens situés sur le territoire français.

239. – Compétence étrangère. – Si une juridiction étrangère est compétente, les décisions prises nécessitant d'être exécutées en France devront faire l'objet d'un exequatur. À cette occasion le tribunal français exercera un contrôle sur la compétence.

§ 4 : L'extension de procédure pour confusion de patrimoine ou fictivité de la personne morale

240. – Prorogation de compétence. – Cette extension, une création de la jurisprudence[77], a été consacrée par la loi n° 2005-845 du 26 juillet 2005. Désormais l'article L. 621-2, alinéa 2 du Code de commerce dispose que « *la procédure ouverte peut être étendue à une ou plusieurs autres personnes en cas de confusion de leur patrimoine avec celui du débiteur ou de fictivité de la personne morale* ». Le texte précise ensuite « *à cette fin, le tribunal ayant ouvert la procédure initiale reste compétent* ». Il s'agit là d'une prorogation de compétence tout à fait originale dans la mesure où elle permet d'étendre une procédure collective à des personnes qui, en l'absence de confusion de patrimoine ou de personne morale fictive, ne relèveraient pas forcément du droit des procédures collectives.

241. – Conformité au droit de l'Union européenne. – La règle de l'extension d'une procédure collective d'une personne à une ou plusieurs autres situées notamment dans un autre État membre de l'Union européenne a fait l'objet d'interrogation sur sa conformité au règlement européen sur les procédures d'insolvabilité[78]. Plus précisément s'est posée la question de savoir si un tribunal ayant ouvert une procédure principale en France peut étendre cette procédure à une autre personne sur le fondement de la confusion des patrimoines ou de la fictivité de la personne morale comme le prévoit le droit français. La Cour de Justice de l'Union européenne[79] décide qu'une juridiction d'un État membre qui a ouvert une

---

76. C. com., art. R. 600-1.

77. V. déjà en présence d'une société fictive, Req., 29 juin 1908, *D.* 1910, 1, 2, note Percerou ; F. Derrida, « À propos de l'extension des procédures de redressement ou de liquidation judiciaires », *in Mélanges H.* Cabrillac, Litec, 1999, p. 690 ; J.-M. Deleneuville, « L'extension de procédure pour confusion, fictivité ou fiction », *Rev. proc. coll.* 1999, p. 63.

78. Sur lequel, v. *supra*, n° 15 et s.

79. CJUE, 15 déc. 2011, *D.* 2012. 403, note Vallens ; *ibid.* 406, note Dammann et Müller ; *ibid.* Pan. 2197, obs. F.-X. Lucas ; *Rev. sociétés* 2012. 189, obs. Roussel Galle ; *ibid.* 313, note Morelli ; *Rev. crit. DIP* 2012. 435, note Khairallah ; *JCP* E 2012. 1088, note Paclot et Poracchia ; *ibid.* 1227, n° 1, obs. Pétel ; *LEDEN* févr. 2012, p. 6, obs. Mélin ; *LPA* 7 févr. 2012, obs. V. Legrand ; *Act. proc. coll.* 2012, n° 17, obs. Vallansan ; *Bull. Joly* 2012. 240, obs. Kuntz et Nurit ; *Bull. Joly Entrep. diff.* 2012.117, note Henry ; *RLDA* mars 2012. 21, obs. Amri et Jebbour ; *Dr. sociétés* 2012, n° 127, note Legros ; *Bull. Joly* 2012. 576, note Borga ; *Rev. proc. coll.* 2012, n° 185, obs. Mastrullo ; v. égal. Cass. com. 10 mai 2012 : *Bull. civ.* IV, n° 97 ; *D.* 2012. 1803, note Jault-Seseke ; *Rev. sociétés* 2012. 529, obs. Roussel Galle ; *LEDEN* juin 2012, p. 7, obs. Mélin ; *RJDA* 2012, n° 705 ; *Bull. Joly Entrep. diff.* 2012. 243, note Henry ; *Dr. sociétés* 2012, n° 149, note Legros ; *Dr. et patr.* sept. 2012. 97, obs. Monsèrié-Bon.

procédure principale d'insolvabilité à l'encontre d'une société, en retenant que le centre des intérêts principaux de celle-ci est situé sur le territoire de cet État, ne peut étendre, en application d'une règle de son droit national, cette procédure à une deuxième société, dont le siège statutaire est situé dans un autre État membre, qu'à la condition qu'il soit démontré que le centre des intérêts principaux de cette dernière se trouve dans le premier État membre. Elle ajoute que la seule constatation de la confusion des patrimoines de ces sociétés ne suffit pas à démontrer que le centre des intérêts principaux de la société visée par ladite action se trouve également dans ce dernier État. Il est nécessaire, pour renverser la présomption selon laquelle ce centre se trouve au lieu du siège statutaire, qu'une appréciation globale de l'ensemble des éléments pertinents permette d'établir que, de manière vérifiable par les tiers, le centre effectif de direction et de contrôle de la société visée par l'action aux fins d'extension se situe dans l'État membre où a été ouverte la procédure d'insolvabilité initiale.

241-1. – Constiutionnalité de l'extension. – La Cour de cassation n'a pas transmis une question prioritaire de constitutionnalité visant l'article L. 621-2, jugeant, en particulier, la disposition « justifiée par l'intérêt général, dès lors qu'elle a pour but de rétablir le gage des créanciers compromis par la confusion de patrimoine ou la fictivité de la personne morale »[80].

242. – Personnes concernées. – Le texte ne distinguant pas selon les personnes, la procédure peut donc être étendue à des personnes physiques ou morales, entre personnes physiques, entre personnes morales, entre personnes physiques ou morales. En outre les personnes qui font l'objet d'une extension n'ont pas à réunir les conditions d'ouverture des différentes procédures. Une illustration courante de cette extension concerne les groupes de sociétés dans lesquels la procédure ouverte à l'égard de la société-mère ou d'une filiale peut être étendue à toutes les autres sociétés du groupe[81]. Dans ce cas il n'y aura qu'une seule procédure et donc qu'une seule entité économique. Cette extension peut s'analyser comme la sanction d'un « *abus de personnalité juridique* »[82]. Mais elle peut aussi constituer une technique de nature à « *faciliter la réorganisation de l'entreprise* »[83]. C'est l'une des raisons permettant de justifier qu'une telle extension soit possible en procédure de sauvegarde qui concerne une entreprise non défaillante. Pour un groupe de sociétés par exemple, il est certes possible de demander la sauvegarde pour toutes les sociétés, mais il y aura autant de procédures qu'il y a de sociétés. On peut aussi regrouper toutes ces procédures au sein d'un même tribunal mais, même dans ce cas, l'autonomie patrimoniale de chaque personne morale demeure. Seule l'extension permet d'envisager une réorganisation adaptée à l'entité

80. Cass. com., 8 oct. 2012, pourvoi n° 12-40058.

81. F. Aubert, M.-C. Piniot, « La personnalité morale des sociétés face au droit des procédures collectives dans la jurisprudence de la chambre commerciale de la Cour de cassation : de la confrontation à la conciliation », *in Mélanges P. Bézard*, Dalloz, 2002, p. 287 et s. ; P. Delebecque, « Groupe de sociétés et procédures collectives, confusion des patrimoines et responsabilité des membres du groupe », *Rev. proc. coll.* 1998, p. 129 ; D. Fasquelle, « Les faillites des groupes de sociétés dans l'Union européenne : la difficile conciliation entre approche économique et juridique », *Bull. Joly soc.* 2006-2, p. 151 ; B. Grelon, C. Dessus-Larrivé, « La confusion des patrimoines au sein d'un groupe », *Rev. sociétés* 2006-2, p. 281 ; G. Teboul, « Les conventions intragroupe et les procédures collectives », *LPA*, 27 mai 2005, p. 5.

82. En ce sens, M.-L. Coquelet, *op. cit.*, n° 104.

83. C'est là l'objectif de la procédure de sauvegarde, v. C. com., art. L. 620-1.

économique. Pour une procédure de redressement ou de liquidation judiciaire le raisonnement est différent. Ici en effet l'entreprise est défaillante et la confiance qui lui est accordée est moindre. On comprend alors que les actifs soient réunis en une seule procédure dans l'intérêt des créanciers.

243. – Critères de l'extension. – Il est nécessaire, pour que l'extension soit possible, que l'un des deux critères posés par la loi – confusion des patrimoines ou personne morale fictive – soit caractérisé. S'agissant de la confusion des patrimoines [84], elle suppose qu'il y ait enchevêtrement entre l'actif et le passif de deux ou plusieurs personnes juridiquement distinctes. Ce n'est pas une union mais une confusion. On ne sait plus qui possède quoi et ce que chacun doit [85]. Pour caractériser une telle confusion il convient de ne tenir compte que des faits antérieurs à l'ouverture de la procédure [86] ; Ces faits révèlent une confusion s'il est établi par exemple qu'ils traduisent des « *relations financières anormales* » [87] ou encore un « *flux financier anormal* » [88] ou encore une « *situation de dépendance économique et juridique totale et anormale* » [89].

244. – Extension de procédure et réunion de patrimoines de l'entrepreneur individuel à responsabilité limitée. – L'extension de procédure peut aussi concerner un EIRL à des conditions qui sont spécifiques. L'extension peut être prononcée dans trois cas [90] :

– lorsque le patrimoine de l'EIRL visé par la procédure collective se confond avec un ou plusieurs autres patrimoines de l'EIRL ;

– lorsque le débiteur a commis « *un manquement grave* » aux règles d'affection de ses biens et droits à ces différents patrimoines [91] ou alors aux règles de comptabilité, de fiscalité mais

84. F. Reille, *La notion de confusion des patrimoines*, thèse Montpellier I, 2005 ; D. Tricot, « La confusion des patrimoines et les procédures collectives », rapport Cour de cassation, 1997, 165.

85. Y. Guyon, *op. cit.*, n° 1405.

86. Cass. com., 16 oct. 2012, *Gaz. Pal.* 18-19 janv. 2013, p. 19, obs. Reille ; *RJDA* 2013, n° 51 ; *Rev. proc. coll.* 2013, n° 3, obs. Saintourens ; *LPA* 8 mars 2013, note Gicquiaud ; v. avant 2005 : Cass. com., 28 nov. 2000, *D.* 2001, AJ, p. 309, obs. A. Lienhard ; *Act. proc. coll.* 2001/1, n° 2, obs. C. Hannoun ; *Bull. Joly* 2001, 249, n° 67, B. Saintourens ; *LPA* 15 févr. 2001, n° 33, p. 17, note M.-N. Segarra ; *JCP* E 2001.750, obs. P. Pétel ; Cass. com., 24 mai 2005, n° 01-03795, « *Attendu qu'en se déterminant par de tels motifs impropres à caractériser, par des faits antérieurs au jugement d'ouverture du redressement judiciaire de la société, la confusion du patrimoine de cette dernière avec celui de chacun des deux dirigeants, la cour d'appel n'a pas donné de base légale à sa décision* ».

87. Cass. com., 13 sept. 2011, n° 10-24536 ; *BRDA* 19/2011, n° 8 ; *Bull. Joly Sociétés* 2012, p. 63, note E. Mouial Bassilana ; *Gaz. Pal.* 20-21 janv. 2012, p. 12, note Fl. Reille ; *Rev. proc. coll.* 2012, comm. 18, note B. Saintourens. Caractérise la confusion de patrimoine entre une SCI et une société d'exploitation locataire, le fait d'avoir dû, au-delà des grosses réparations à effectuer en application du bail, supporter en plus du loyer, la charge d'importants travaux d'aménagement, intérieur et extérieur, de l'immeuble loué pour un coût équivalent à six années de loyers, qu'elle a dû partiellement financer par le recours à l'emprunt, tandis que la SCI, au terme du bail, devenait, sans aucune indemnité, propriétaire de tous les aménagements ; qu'en l'état de ces constatations et appréciations caractérisant des relations financières anormales entre les deux sociétés, peu important l'absence de mouvements de fonds entre elles relatifs aux travaux d'aménagement, la cour d'appel a légalement justifié sa décision ; v. en revanche la censure d'un arrêt de cour d'appel qui avait retenu la confusion de patrimoine entre une SARL et une SCI, la deuxième ayant fait profiter la première d'un prêt qu'elle avait obtenu, Cass. com., 15 juin 2011, n° 10-23113 ; *BRDA* 13/2011, n° 12 ; *Gaz. Pal. dr. entr. en diff.* oct. 2011, p. 21, note Fl. Reille ; *Rev. proc. coll.* 2012, comm. 17, note B. Saintourens ; Cass. com., 19 avr. 2005, *Métaleurop*, *D.* 2005, AJ, p. 1225, note A. Lienhard ; *D.* 2005, somm. p. 2013, obs. F.-X. Lucas ; *Gaz. Pal.* 2005, 4-5 nov. 2005, p. 3, note Ch. Lebel ; *Act. proc. coll.* 2005/9, n° 106, note J. Vallansan et M. Thiberge ; *JCP* E 2005.721, p. 796, note B. Rolland ; *JCP* E 2005, chron. 1274, p. 1421, obs. P. Pétel.

88. Cass. com., 26 mai 2010 : *Rev. sociétés* 2011. 119, note Morelli : cet arrêt s'appuie aussi sur ce critère ; v. toutefois. B. Grelon, C. Dessus-Larrivé, *op. cit.*, p. 289 et les explications convaincantes des mêmes auteurs sur l'intérêt de cette évolution.

89. V. Cass. com., 26 mai 2010, *op. cit.*, note précédente.

90. C. com., art. L. 621-2, al. 3.

91. V. art. L. 526-6, al. 2.

aussi à l'obligation d'avoir un ou plusieurs comptes bancaires « *exclusivement dédiés à l'activité à laquelle le patrimoine a été affecté* » [92] ;

– en cas de fraude « *à l'égard d'un créancier titulaire d'un droit de gage général sur le patrimoine visé par la procédure* ».

245. – Modalités de l'extension pour confusion de patrimoine ou personne morale fictive. Auteur de la demande ; voies de recours ; arrêt de l'exécution provisoire. – La demande d'extension peut être présentée [93] par l'administrateur, le mandataire judiciaire ou un créancier contrôleur en cas de carence du mandataire [94], le liquidateur [95], et enfin le ministère public. Le tribunal peut, selon le texte, se saisir d'office mais il n'est pas certain que ce pouvoir soit compatible avec la constitution après la décision [96] du Conseil constitutionnel ayant déclaré inconstitutionnelle la saisine d'office du tribunal pour l'ouverture d'une procédure de redressement judiciaire. La décision statuant sur l'extension d'une procédure ou sur la réunion de patrimoines peut faire l'objet d'un appel et d'un pourvoi en cassation de la part du débiteur soumis à la procédure, du débiteur visé par l'extension, du mandataire judiciaire ou du liquidateur, de l'administrateur et du ministère public. Le premier président de la cour d'appel peut arrêter l'exécution provisoire des jugements étendant à une ou plusieurs autres personnes que le débiteur [97].

246. – Modalités de l'extension pour confusion de patrimoine ou personne morale fictive. Mesures conservatoires – En application de la loi n° 2012-346 du 12 mars 2012, « *le président du tribunal peut ordonner toute mesure conservatoire utile à l'égard des biens du défendeur à l'action mentionnée à ces mêmes alinéas, à la demande de l'administrateur, du mandataire judiciaire, du ministère public ou d'office* » [98]. Dans ce cas le juge déterminer le montant des sommes pour la garantie desquelles la mesure conservatoire est ordonnée [99].

N°s 245 à 254 réservés.

92. C. com., art. L. 526-13.
93. Selon les modalités définies à l'art. 621-8-1, C. com.
94. Cass., avis, 3 juin 2013, n° 13-70003, *D. act.* 25 juin 2013, obs. A. Lienhard. A. Lienhard, Code des procédures collectives Dalloz, commentaires sous art. L. 621-2 du Code de commerce.
95. Après la résolution d'un plan de redressement : Cass. com., 16 oct. 2012, *Bull. civ.* IV, n° 185 ; *D.* 2012. Actu. 2514, obs. Lienhard ; *JCP E* 2012. 1757, n° 2, obs. Pétel ; *Bull. Joly Entrep. diff.* 2012.356, note Le Mesle ; *LEDEN* déc. 2012, p. 3, obs. Parachkévova ; *Act. proc. coll.* 2012, n° 279, obs. Blanc ; *Gaz. Pal.* 18-19 janv. 2013, p. 17, obs. Reille ; *RJDA* 2013, n° 141 ; *Rev. proc. coll.* 2013, n° 5, obs. Saintourens.
96. Décision n° 2012-286 QPC du 7 décembre 2012 Actu. 2886, obs. Lienhard ; *D.* 2013. 338, note Vallens ; *Rev. sociétés* 2013. 177, obs. Henry ; *JCP E* 2013. 1048, note Fricero ; *ibid.* 1216, n° 1, obs. Pétel ; *ibid.* 50, note Gerbay ; *Dict. perm. diff. entrep., Bull.* n° 343, obs. Roussel Galle ; *Gaz. Pal.* 23-27 déc. 2012, p. 14, obs. L. Robert ; *LEDEN* janv. 2013, p. 2, obs. Mouial-Bassilana ; *Bull. Joly Entrep. diff.* 2013. 10, note Favario ; *RLDA* févr. 2013.19, obs. Drummen.
97. C. com., art. R. 661-1.
98. C. com., art. L. 621-2, dernier alinéa.
99. C. com., art. R. 621-8-2.

CHAPITRE II
La décision du tribunal

255. – Compte tenu de l'impact de l'ouverture de la procédure collective sur le débiteur mais aussi pour les tiers, le tribunal doit être bien informé de la situation de l'entreprise. Cette récolte d'informations représente un préalable indispensable (Section I) qui le guidera dans la détermination du contenu de sa décision (Section II).

Section I
L'information préalable à la décision

256. – L'information du tribunal peut résulter de différentes auditions. Elle peut aussi émaner d'enquêtes que la juridiction à le pouvoir de déclencher.

§ 1 : Auditions

257. – Le tribunal ne peut statuer sur l'ouverture de la procédure sans avoir entendu ou dûment appelé certaines personnes [1]. Ces auditions concernent l'ouverture de toutes les procédures collectives.

258. – Audition du débiteur. – C'est d'abord le cas du débiteur. L'audition de ce dernier est évidemment obligatoire pour se conformer aux droits de la défense et plus généralement au droit à un procès équitable. Le particularisme des procédures collectives notamment dans le démarrage du procès qui peut certes résulter d'une requête du débiteur ne remet pas en cause la nécessité d'avoir à respecter les droits fondamentaux du justiciable. Mais l'audition du débiteur est aussi un moyen pour le tribunal d'obtenir directement de la part du chef d'entreprise un éclairage sur la situation de cette dernière.

259. – Audition d'un ordre professionnel. – On peut par ailleurs observer que lorsque le débiteur exerce une profession libérale soumise à un statut législatif ou réglementaire ou dont le titre est protégé, le tribunal statue après avoir entendu ou dûment appelé, dans les mêmes conditions, l'ordre professionnel ou l'autorité compétente dont, le cas échéant, il relève. Il a été

1. C. com., art. L. 621-1 (sauvegarde), L. 631-7 (redressement judiciaire), L. 641-1 (liquidation judiciaire).

jugé que l'audition de l'ordre ne s'impose que dans le cas d'une ouverture de procédure et non dans le cas de son prononcé en cours de période d'observation [2]. Dans tous les cas l'audition aura lieu en chambre du conseil c'est-à-dire en présence de tous les membres du tribunal mais sans la présence du public.

260. – Audition des organes représentatifs du personnel. – Le tribunal doit ensuite entendre les organes représentatifs du personnel dans l'entreprise. Autrement dit seront entendus ou dûment appelés les représentants du comité d'entreprise ou, à défaut, des délégués du personnel. On peut observer que l'audition des représentants des salariés ne concerne pas la procédure de conciliation qui doit demeurer une procédure confidentielle. En revanche dès lors que le tribunal devra statuer sur le passage de la conciliation à la sauvegarde financière accélérée, les représentants du personnel devront être entendus de même que le sera le conciliateur [3].

261. – Autres auditions. – Enfin le tribunal n'est pas limité dans ses auditions puisqu'il peut également entendre « *toute personne dont l'audition lui paraît utile* ».

§ 2 : Rapports, enquêtes et autres modes d'informations

262. – Au-delà des auditions, le tribunal dispose d'autres moyens lui permettant d'obtenir des informations.

263. – Rapport précédent l'ouverture d'une sauvegarde financière accélérée. – Si la procédure de conciliation ne donne lieu à un rapport qu'après décision d'ouverture de la procédure, le passage de la conciliation en sauvegarde financière accélérée oblige le tribunal à statuer sur l'ouverture de la procédure après rapport du conciliateur sur le déroulement de la conciliation et sur les perspectives d'adoption du projet de plan par les créanciers concernés [4]. Le rapport du conciliateur est déposé au greffe et communiqué par le greffier au débiteur et au ministère public. Il est complété par tout élément permettant d'apprécier la pertinence du projet du plan, notamment au regard des conditions économiques et financières de la poursuite de l'activité énoncées par ce projet, et l'ampleur du soutien des créanciers. Il comporte également un avis sur l'exactitude de la liste des créances ayant fait l'objet d'une négociation dans le cadre de la procédure de conciliation telle qu'elle résulte de l'état chiffré joint à la demande d'ouverture [5].

264. – Enquête préalable. – Avant de prendre une décision d'ouverture d'une procédure de sauvegarde, de sauvegarde financière accélérée, de redressement ou de liquidation judiciaire, le tribunal a la possibilité de compléter l'information qui lui a été transmise

2. Cass. com., 6 juill. 2010, *D.* 2010, Actu. 1781, obs. Lienhard ; *JCP* E 2011.1030, n° 2, obs. Pétel ; *LEDEN* sept. 2010, p. 2, obs. Couard ; *Dict. perm. diff. entr., Bull.* n° 318, obs. Rémery ; *Rev. proc. coll.* 2010, n° 198, obs. Lebel ; *Gaz. Pal.* 15-16 oct. 2010, p. 24, obs. Reille ; *RJDA* 2010, n° 1178 ; *LPA*, 20 déc. 2010, obs. Roussel-Galle ; *Bull. Joly entr. diff.* 2011.39, note De Lajarte.
3. C. com., art. L. 628-2.
4. C. com., art. L. 628-2.
5. C. com., art. R. 628-3.

par le débiteur. Il peut à cet effet désigner un juge « *pour recueillir tous renseignements sur la situation financière, économique et sociale de l'entreprise* » [6]. Ce juge peut se faire assister d'un expert et obtenir des informations auprès de différentes personnes (expert comptable, etc.) ou organismes [7]. Le rapport de ce juge, auquel est annexé le cas échéant le rapport de l'expert, est déposé au greffe et communiqué par le greffier au débiteur et au ministère public. Le greffier informe le comité d'entreprise ou, à défaut, les délégués du personnel que leurs représentants peuvent prendre connaissance du rapport au greffe et les avise en même temps de la date de l'audience [8].

265. – Demande de communication de pièces. – L'ouverture d'une procédure de sauvegarde, de redressement judiciaire ou de liquidation judiciaire à l'égard d'un débiteur qui bénéficie ou a bénéficié d'un mandat *ad hoc* ou d'une procédure de conciliation dans les dix-huit mois qui précèdent doit être examinée en présence du ministère public, à moins qu'il ne s'agisse de patrimoines distincts d'un entrepreneur individuel à responsabilité limitée. Dans ce cas, le tribunal peut, d'office ou à la demande du ministère public, obtenir communication des pièces et actes relatifs au mandat *ad hoc* ou à la conciliation [9].

266 – Formalisme préalable pour les établissements de crédit, les établissements de paiement et entreprises d'investissement. – Une procédure de sauvegarde [10], de redressement ou de liquidation judiciaire ne peut être ouverte à l'égard d'un établissement de crédit, d'un établissement de paiement ou d'une entreprise d'investissement qu'après avis de l'Autorité de contrôle prudentiel [11].

N° 267 réservé.

Section II
Le contenu de la décision

§ 1 : Le sens de la décision

I. Décision de rejet

268. – Décision du tribunal. – Lorsqu'il apparaît que le débiteur ne remplit pas les conditions requises pour l'ouverture d'une procédure collective, le tribunal rejette la demande [12].

6. C. com., art. L. 621-1, al. 3 (sauvegarde) ; art. L. 631-7 (redressement judiciaire) ; art. L. 641-1 (liquidation judiciaire).

7. En application de C. com., art. L. 623-2 : « *Le juge-commissaire peut, nonobstant toute disposition législative ou réglementaire contraire, obtenir communication par les commissaires aux comptes, les experts-comptables, les membres et représentants du personnel, par les administrations et organismes publics, les organismes de prévoyance et de sécurité sociales, les établissements de crédit, les établissements de monnaie électronique, les établissements de paiement ainsi que les services chargés de centraliser les risques bancaires et les incidents de paiement des renseignements de nature à lui donner une exacte information sur la situation économique, financière, sociale et patrimoniale du débiteur* ».

8. C. com., art. R. 621-3.

9. C. com., art. L. 621-1.

10. On peut observer que si l'article L. 613-27 du Code monétaire et financier ne vise pas la procédure de sauvegarde c'est en revanche le cas de l'article R. 613-14 du même code qui fixe les modalités de demande d'avis. Un doute subsiste donc sur l'application à la sauvegarde, et donc à la sauvegarde financière accélérée, de cette exigence d'avis.

11. C. mon. et fin., art. L. 613-27 ; sur les modalités, v. C. mon. et fin., art. R. 613-14.

12. C. com., art. R. 621-5 (sauvegarde) ; C. com., art. R. 631-11, al 1 (redressement judiciaire) ; C. com., art. R. 641-5 (liquidation judiciaire).

En cas de rejet d'une demande d'ouverture de sauvegarde, de redressement ou de liquidation judiciaire, le juge peut se saisir d'office en vue de l'ouverture d'une procédure de redressement judiciaire ou de liquidation judiciaire s'il apparaît que l'entreprise remplit les conditions. Toutefois, ce cas de saisine d'office devrait être remis en cause à la suite de la décision du Conseil constitutionnel ayant déclaré non conforme à la constitution l'article L. 631-5 du Code de commerce prévoyant une saisine d'office du tribunal pour ouvrir la procédure de redressement judiciaire [13].

269. – Considération pour le passé procédural de l'entreprise. – Le tribunal doit vérifier le passé de l'entreprise en vérifiant s'il y a eu des procédures antérieures. En effet, si tel est le cas, les conséquences varient selon la nature de la procédure antérieure.

270. – Fin ou échec de la conciliation précédent l'ouverture d'une procédure de sauvegarde, de redressement judiciaire ou de liquidation judiciaire. – Lorsque le débiteur est engagé dans une procédure de conciliation en cours, il peut demander l'ouverture d'une procédure de sauvegarde financière accélérée [14]. En revanche « *l'ouverture d'une procédure de sauvegarde, de redressement judiciaire ou de liquidation judiciaire met fin de plein droit à la procédure de conciliation* » [15]. En cas d'ouverture d'une procédure de sauvegarde à l'égard d'un débiteur qui « *bénéficie ou a bénéficié d'un mandat ad hoc ou d'une procédure de conciliation dans les dix-huit mois qui précèdent* » [16] celle-ci doit être examinée en présence du ministère public à moins qu'il ne s'agisse de patrimoines distincts d'un entrepreneur individuel à responsabilité. L'hypothèse visée ici d'un débiteur qui serait soumis à une procédure de sauvegarde tout en bénéficiant (« *qui bénéficie* ») d'une conciliation paraît peu compatible avec la règle selon laquelle l'ouverture de la sauvegarde met fin de plein droit à la conciliation et à celle qui précise que « *l'ouverture d'une procédure de sauvegarde, de redressement judiciaire ou de liquidation judiciaire met fin de plein droit à l'accord constaté ou homologué* » [17]. En cas d'échec de la conciliation le tribunal peut se saisir d'office s'il ressort du rapport du conciliateur que le débiteur est en cessation des paiements [18]. À cela il faut ajouter la condition préalable à l'assignation par un créancier d'un exploitant agricole. En effet si le débiteur exerce une activité agricole qui n'est pas constituée sous la forme d'une société commerciale la procédure de redressement ou de liquidation judiciaire ne peut être ouverte si le président du tribunal de grande instance n'a pas été saisi, préalablement à l'assignation, d'une demande tendant à la désignation d'un conciliateur présentée en application de l'article L. 351-2 du Code rural [19].

13. Décision n° 2012-286 QPC du 7 décembre 2012 Actu. 2886, obs. LIENHARD ; *D.* 2013. 338, note VALLENS ; *Rev. sociétés* 2013. 177, obs. HENRY ; *JCP* E 2013. 1048, note FRICERO ; *ibid.* 1216, n° 1, obs. PÉTEL ; *ibid.* 50, note GERBAY ; *Dict. perm. diff. entrep.*, *Bull.* n° 343, obs. ROUSSEL GALLE ; *Gaz. Pal.* 23-27 déc. 2012, p. 14, obs. L. ROBERT ; *LEDEN* janv. 2013, p. 2, obs. MOUIAL-BASSILANA ; *Bull. Joly Entrep. diff.* 2013. 10, note FAVARIO ; *RLDA* févr. 2013. 19, obs. DRUMMEN ; v. égal. B. SAINTOURENS, « La déclaration d'inconstitutionnalité de l'ouverture du redressement judiciaire par saisine d'office du tribunal », *Rev. proc. coll.* 2013, Étude 2.

14. C. com., art. L. 628-1.

15. C. com., art. L.. 611-38-1.

16. C. com., art. L. 621-1, al. 4.

17. C. com., art. L. 611-12.

18. C. com., art. L. 631-4, al. 2, pour le redressement judiciaire ; art. L. 640-4, pour la liquidation judiciaire.

19. C. com., art. L. 631-5, pour le redressement judiciaire ; art. L. 640-5, pour la liquidation judiciaire.

271. – Absence de redressement judiciaire ou de liquidation judiciaire antérieure. – À moins qu'il ne s'agisse de patrimoines distincts d'un EIRL le tribunal ne peut pas ouvrir de procédure, de redressement judiciaire ou de liquidation judiciaire à l'encontre d'un débiteur soumis à une procédure de sauvegarde, de redressement judiciaire ou de liquidation judiciaire tant qu'il n'a pas été mis fin aux opérations du plan ou que la procédure de liquidation n'a pas été clôturée [20].

II. Décision d'ouverture

272. – Jugement d'ouverture. – Si les conditions d'ouverture sont réunies le tribunal rend un jugement d'ouverture de la procédure de sauvegarde, de redressement judiciaire ou de liquidation judiciaire. Cette décision prend effet à compter de sa date [21].

273. – Conversion de procédure. – Lorsqu'une procédure de sauvegarde a été ouverte, s'il apparaît, après l'ouverture de la procédure, « *que le débiteur était déjà en cessation des paiements au moment du prononcé du jugement, le tribunal la constate et en fixe la date [...]* » [22]. Il convertit ensuite la procédure de sauvegarde en une procédure de redressement judiciaire et peut à cette occasion modifier la durée de la période d'observation. Le tribunal est saisi par l'administrateur, le mandataire judiciaire ou le ministère public. Il peut également se saisir d'office. Il se prononce après avoir entendu ou dûment appelé le débiteur [23].

274. – Extension de procédure. – Lorsqu'il ouvre la sauvegarde le tribunal peut décider d'étendre la procédure à une ou plusieurs autres personnes « *en cas de confusion de leur patrimoine avec celui du débiteur ou de fictivité de la personne morale. À cette fin, le tribunal ayant ouvert la procédure initiale reste compétent* » [24].

275. – Annulation du jugement et faculté d'évocation de la cour d'appel. – Si le jugement statuant sur l'ouverture d'une procédure de redressement judiciaire ou de liquidation est annulé par la cour d'appel, cette dernière peut, d'office, ouvrir la procédure de redressement judiciaire ou la liquidation judiciaire [25]. Lorsqu'elle use de sa faculté d'évocation la cour d'appel doit apprécier au jour où elle statue si les conditions d'ouverture sont réunies. Le texte se référant à l'annulation et non à l'infirmation on peut se demander si la cour d'appel peut aussi ouvrir une procédure de redressement judiciaire ou de liquidation judiciaire en cas d'infirmation. Il semble que l'effet dévolutif de l'appel-réformation l'autorise [26].

20. C. com., art. L. 631-2 (redressement judiciaire) ; art. L. 640-2 (liquidation judiciaire).
21. C. com., art. R. 621-4 (sauvegarde) ; R. 631-7 (redressement judiciaire) ; R. 641-1 (liquidation judiciaire).
22. C. com., art. L. 621-12.
23. C. com., art. L. 621-12.
24. C. com., art. L. 621-2.
25. C. com., art. R. 631-6 ; R. 640-2.
26. En ce sens, v. J.-P. Rémery, « L'appel dans la loi de sauvegarde des entreprises », *JCP* E 2008. 1154.

§ 2 : La désignation des organes de la procédure

I. Le juge-commissaire

276. – Le juge-commissaire est un organe fondamental des procédures collectives. C'est le juge du quotidien contrairement au tribunal qui n'interviendra que pour prendre les grandes décisions (décisions d'ouverture de procédures, adoption du plan, etc.). Le juge-commissaire est désigné par le tribunal, en son sein, dans le jugement d'ouverture de la procédure de sauvegarde, de redressement ou de liquidation judiciaire [27]. Le tribunal peut en désigner plusieurs en cas de nécessité [28]. Ne peuvent être désignés comme juge-commissaire les parents ou alliés, jusqu'au quatrième degré inclusivement, du débiteur personne physique ou des dirigeants, s'il s'agit d'une personne morale [29] sauf dans les cas où cela empêche la désignation d'un représentant des salariés. Le juge-commissaire peut être remplacé dans les conditions fixées par la loi [30].

Quant à ses missions le juge-commissaire en exerce plusieurs [31]. Il est d'abord « chargé de veiller au déroulement rapide de la procédure et à la protection des intérêts en présence ». Il a ensuite de nombreuses prérogatives qui le conduisent notamment à décider par voie d'ordonnance (par ex. décision d'admission des créances, désignation d'un technicien, etc.). Pour exercer ces missions, il reçoit des informations de la part des différents intervenants à la procédure (ministère public, mandataire judiciaire, administrateur, etc.) [32].

II. L'administrateur judiciaire

A. Statut de l'administrateur judiciaire

277. – Mandataire inscrit sur une liste nationale. – L'administrateur judiciaire est un mandataire personne physique ou morale chargé par décision de justice d'administrer les biens d'autrui ou d'exercer des fonctions d'assistance ou de surveillance dans la gestion de ces biens [33]. Son statut est réglementé par le livre VIII du Code de commerce. Ainsi nul ne peut être, sauf exception [34], administrateur judiciaire s'il n'est inscrit sur une liste nationale établie par une commission nationale instituée à cet effet. De même aucun parent ou allié, jusqu'au quatrième degré inclusivement, du débiteur personne physique ou des dirigeants, s'il s'agit d'une personne morale ne peut être nommé administrateur judiciaire sauf dans les cas où cela empêche la désignation d'un représentant des salariés [35].

278. – Autres personnes. – Le tribunal peut, après avis du procureur de la République, « *désigner comme administrateur judiciaire une personne physique justifiant d'une expérience ou*

27. C. com., art. L. 621-4, al. 1er.
28. C. com., art. L. 621-4, al. 3.
29. C. com., art. L. 621-5.
30. C. com., art. L. 621-7.
31. C. com., art. L. 621-9.
32. C. com., art. L. 621-8.
33. C. com., art. L. 811-1.
34. C. com., art. L. 811-2.
35. C. com., art. L. 621-4, al. 1er.

d'une qualification particulière au regard de la nature de l'affaire »[36]. Dans ce cas cette personne doit remplir les conditions requises pour pouvoir être inscrit sur la liste nationale sur laquelle sont inscrits les administrateurs judiciaires[37]. S'il fait ce choix, le tribunal doit motiver spécialement sa décision au regard de l'expérience ou de la qualification particulière dont dispose.

B. Désignation de l'administrateur judiciaire

279. – Désignation possible dans toutes les procédures collectives. – L'administrateur judiciaire peut être désigné dans toutes les procédures collectives, c'est-à-dire en sauvegarde, sauvegarde financière accélérée, redressement judiciaire ou liquidation judiciaire. Sauf en cas d'excès de pouvoir du juge, le jugement de nomination, remplacement de l'administrateur n'est susceptible que d'un appel du ministère public[38].

1°/ Désignation dans une procédure de sauvegarde

280. – Désignation obligatoire ou facultative dans la sauvegarde. – La désignation d'un administrateur judiciaire en sauvegarde est en principe obligatoire sauf si le débiteur emploie un nombre de salariés inférieur à vingt et si son chiffre d'affaires hors taxes est inférieur à 3 000 000 d'euros[39]. Dans ce cas s'appliquent « *des dispositions particulières en l'absence d'administrateur judiciaire* »[40].

281. – Désignation facultative. – Si le tribunal n'a pas désigné d'administrateur, parce que les seuils n'étaient pas atteints, une demande de désignation peut lui être présentée jusqu'à l'adoption du plan de sauvegarde ou de redressement à l'initiative du débiteur, du mandataire judiciaire ou du ministère public. Dans la procédure de sauvegarde, le débiteur peut accompagner cette demande d'une proposition de désignation d'un administrateur[41]. C'est aussi le cas pour le ministère public tant en procédure de sauvegarde qu'en procédure de redressement judiciaire. À l'inverse le ministère public peut s'opposer à ce que soit désigné en tant qu'administrateur ou en tant que mandataire judiciaire, un mandataire *ad hoc* ou un conciliateur désigné dans une procédure de mandat *ad hoc* ou de conciliation dont bénéficie ou a bénéficié un débiteur dans les dix-huit mois qui précèdent l'ouverture de la procédure de sauvegarde ou de redressement judiciaire.

282. – Proposition de désignation et opposition. – Dans la sauvegarde uniquement, le débiteur peut proposer la désignation d'un administrateur[42]. Le ministère public peut aussi faire une proposition de désignation mais aussi s'opposer à ce que le mandataire *ad hoc* ou le conciliateur soit désigné en qualité d'administrateur « *lorsque la procédure est ouverte à l'égard d'un débiteur qui bénéficie ou a bénéficié d'un mandat ad hoc ou d'une procédure de conciliation dans les dix-huit mois qui précèdent* »[43].

---

36. C. com., art. L. 811-2, al. 2.
37. Sur ces conditions, v. C. com., art. L. 811-5.
38. V. C. com., art. L. 661-6, I, 1 ; Cass. com., 16 mars 2010, *Bull. civ.* IV, n° 57 ; *D.* 2010. chron. C. cass. 1113, obs. Bélaval ; *ibid.* AJ 825 ; *Rev. sociétés* 2010. 195, obs. Roussel-Galle ; *RTD com.* 2010. 430, obs. Vallens ; *LEDEN* mai 2010, p. 4, obs. Staes ; *Gaz. Pal.* 2-3 juill. 2010, p. 22, obs. Fricero ; *RJDA* 2010, n° 772 ; *Rev. proc. coll.* 2011, n° 26, obs. Cagnoli. Si l'excès de pouvoir est établi il ouvre droit à un recours en annulation du jugement formé par la voie de l'appel.
39. C. com., art. L. 621-4.
40. C. com., chap. 7, titre II, livre VI.
41. C. com., art. L. 621-4, al 5.
42. C. com., art. L. 621-4, al. 5, première phrase.
43. C. com., art. L. 621-4, al. 5, quatrième phrase.

2°/ Désignation dans une procédure de sauvegarde financière accélérée

283. – Désignation obligatoire dans la sauvegarde financière accélérée. – La désignation d'un administrateur judiciaire est obligatoire dans la procédure de sauvegarde financière accélérée.

284. – Proposition de désignation et opposition. – Cette procédure devant être précédée d'une conciliation, le tribunal a la faculté [44] de désigner le conciliateur comme administrateur si ce dernier est inscrit sur la liste nationale des administrateurs [45].

3°/ Désignation dans une procédure de redressement judiciaire

285. – Désignation dans le redressement judiciaire. – Comme en sauvegarde, la désignation d'un administrateur judiciaire en redressement judiciaire est en principe obligatoire sauf si le débiteur emploie un nombre de salariés inférieur à vingt et si son chiffre d'affaires hors taxes est inférieur à 3 000 000 d'euros [46]. Dans ce cas s'appliquent « *des dispositions particulières en l'absence d'administrateur judiciaire* » [47]. De même si les seuils ne sont pas dépassés le tribunal peut décider de nommer un administrateur [48].

286. – Proposition de désignation et opposition. – Il n'y a pas en redressement judiciaire, contrairement à la sauvegarde, de droit donné au débiteur de proposer la désignation d'un administrateur. En revanche, le ministère public peut faire une proposition de désignation mais aussi s'opposer à ce que le mandataire *ad hoc* ou le conciliateur soit désigné en qualité d'administrateur « *lorsque la procédure est ouverte à l'égard d'un débiteur qui bénéficie ou a bénéficié d'un mandat ad hoc ou d'une procédure de conciliation dans les dix-huit mois qui précèdent* » [49].

4°/ Désignation dans une procédure de liquidation judiciaire

287. – Désignation obligatoire ou facultative dans la liquidation judiciaire. – La désignation d'un administrateur judiciaire est obligatoire en liquidation judiciaire dans deux cas :

– d'une part, lorsque le nombre des salariés est supérieur ou égal à vingt ou le chiffre d'affaires est supérieur ou égal à 3 000 000 d'euros ;

– d'autre part « en cas de nécessité » [50].

C. Pouvoirs de l'administrateur judiciaire

288. – Mention des pouvoirs de l'administrateur dans le jugement d'ouverture. – Le jugement d'ouverture de la procédure de sauvegarde et de redressement judiciaire est mentionné

44. C. com., art. L. 628-3.
45. C. com., art. L. 811-2.
46. C. com., art. L. 621-4.
47. C. com., chap. 7, titre II, livre VI.
48. V. *supra*, n° 281.
49. C. com., art. L. 621-4, al. 5, quatrième phrase.
50. C. com., art. L. 641-10, al. 4 ; art. R. 641-19.

avec l'indication des pouvoirs conférés à l'administrateur, lorsqu'il en a été désigné, au registre du commerce et des sociétés s'il s'agit d'un commerçant ou d'une personne morale immatriculée à ce registre [51]. Il en est de même en cas de liquidation judiciaire [52].

289. – Diversité des missions. – Les missions de l'administrateur auront un contenu variable en fonction du type de procédure dans lequel il intervient et de la délimitation de sa mission par le tribunal. Il peut ainsi être amené à assister, à surveiller ou encore à se substituer au débiteur. Il dispose par ailleurs d'un certain nombre de prérogatives ou obligations.

290. – Mission d'assistance ou de surveillance en sauvegarde. – La marge de manœuvre du débiteur sera plus ou moins étendue selon la mission qui aura été confiée à l'administrateur. Dans la procédure de sauvegarde, en principe celle-ci ne devrait être que de surveillance, mais le tribunal [53] peut aussi décider d'attribuer à l'administrateur une mission d'assistance ce qui réduit la liberté du débiteur. En effet tous les actes passés par lui doivent être accomplis avec l'administrateur c'est-à-dire avec une double signature [54]. À défaut l'acte passé sera déclaré inopposable à la procédure. Le tribunal peut aussi opter pour une solution hybride consistant à confier à l'administrateur une mission de surveillance pour la gestion et d'assistance pour l'élaboration du plan de sauvegarde.

291. – Administration du débiteur ou administration de l'entreprise en redressement judiciaire. – S'agissant d'un pouvoir d'assistance, il contraint le débiteur à obtenir la contre-signature de l'administrateur pour tout acte passé avec l'entreprise [55]. Lorsque l'administrateur est chargé d'administrer « *en partie* » l'entreprise, l'administrateur et le débiteur ne peuvent dépasser les limites fixées par la décision d'ouverture de la procédure de redressement judiciaire. Si l'administrateur est chargé d'assurer seul et entièrement la gestion de l'entreprise et que les seuils de désignation obligatoire d'un administrateur sont atteints, le tribunal désigne un ou plusieurs experts chargés d'assister l'administrateur dans sa mission de gestion. Il peut aussi en désigner si le nombre de salariés est inférieur à vingt ou si le chiffre d'affaires hors taxes est inférieur à 3 000 000 d'euros. En tout état de cause le tribunal arrête la rémunération des experts [56]. Lorsque le débiteur fait l'objet d'une interdiction bancaire, l'administrateur peut faire fonctionner, sous sa signature, les comptes bancaires ou postaux dont le débiteur est titulaire. Lorsqu'il est chargé de représenter le débiteur, c'est-à-dire en cas d'administration de l'entreprise, l'administrateur est seul apte à accomplir certains actes comme par exemple demander une autorisation au juge-commissaire d'avoir à passer un acte étranger à la gestion courante de l'entreprise [57].

---

51. C. com., art. R. 621-8.
52. Cass. com., 21 sept. 2010, n° 09-16565, *Société Ph. Delaere, es qual. et Ch. Bidan esqual. c/ Société SaudiArabian Airlines*, *Gaz. Pal.* 2011, obs. D. Voinot.
53. C. com., art. L. 622-1, II.
54. Cass. com., 4 juin 2013, n° 12-17203, à propos de la mission confiée à un administrateur emportant obligation d'assister la société débitrice dans tous les actes de gestion au nombre desquels figure le fonctionnement des comptes bancaires sous la double signature.
55. Exigence de double signature pour le fonctionnement des comptes bancaires, Cass. com., 4 juin 2013, *D. actu* 13 juin 2013, obs. A. Lienhard.
56. C. com., art. L. 631-12, al. 2.
57. C. com., art. L. 631-14, al. 3.

292. – Obligations légales et conventionnelles du débiteur. – Dans la mission que lui a confiée le tribunal, l'administrateur est-il tenu des mêmes obligations légales et conventionnelles que le débiteur ? Sauf s'il exerce une mission de surveillance dans la sauvegarde [58], l'administrateur doit respecter les obligations légales et conventionnelles incombant au débiteur [59] au risque d'engager sa responsabilité pénale [60] ou civile [61]. S'il est chargé d'une mission de surveillance en sauvegarde, il est malgré tout responsable en cas de faute de sa part notamment s'il n'alerte pas le dirigeant en cas de nécessité ou les autorités en cas d'infractions [62]. Au titre de ses obligations légales l'administrateur judiciaire est tenu d'une déclaration de soupçon de blanchiment d'argent dont il aurait à connaître [63].

293. – Modification de la mission [64]. – Le tribunal peut à tout moment modifier la mission de l'administrateur. La demande de modification peut être formulée par l'administrateur, le mandataire judiciaire ou le ministère public.

D. Rémunération de l'administrateur judiciaire

293-1. – Calcul de la rémunération. – Les conditions de rémunération et le remboursement des frais de l'administrateur judiciaire font l'objet d'un cadre légal [65] et réglementaire [66] qui tient compte de l'accomplissement de ces différentes missions. Le Code de commerce précise dans son article L. 663-2 que « cette rémunération est exclusive de toute autre rémunération ou remboursement de frais au titre de la même procédure ou au titre d'une mission subséquente qui n'en serait que le prolongement ». Ce principe étant posé, les modalités de fixation de la rémunération diffèrent selon que le montant est inférieur ou non à 100 000 euros hors taxes. S'il est inférieur, le montant versé est calculé par type de missions (diagnostic de la procédure de sauvegarde ou de redressement judiciaire [67], mission de surveillance, d'assistance ou d'administration de l'entreprise [68], élaboration du bilan économique, social et environnemental, assistance apportée au débiteur pour la préparation d'un plan de sauvegarde ou de redressement [69], mission exercée en présence d'un comité de créancier [70], rémunération due en

58. C. com., art. L. 622-1, III.
59. C. com., art. L. 622-1, III (sauvegarde) ; C. com., art. L. 631-12, al. 2 (redressement judiciaire).
60. Cass. crim., 30 janv. 1996, *Dr. sociétés* 1996, n° 130, obs. Y. Chaput ; *JCP* E 1996, I, 597, note J.-F. Césaro ; Cass. crim., 21 juin 2000, *Act. proc. coll.* 2000, n° 1999, comm. J.-P. Legros ; *Bull. Joly* 2000, p. 1121, note J. Vallansan ; *JCP* E, 2000, 1815, note A. Couret ; *JCP* E 2001, 174, n° 4, obs. M. Cabrillac ; *JCP* G 2001, I, 289, note J.-H. Robert ; *D.* 2000, AJ, p. 352, obs. A. Lienhard ; *Rev. sociétés* 2000, p. 753, note B. Bouloc ; *Dr. et patr.* 1/2001, p. 95, obs. M.-H. Monsèrié-Bon (responsabilité pénale de l'administrateur pour non-convocation dans le délai légal de l'assemblée générale).
61. Cass. com., 2 févr. 1993, *Bull. civ.* IV, n° 39 ; *JCP* G 1993, I, 3704, n° 1, obs. M. Cabrillac ; *D.* 1993, somm. p. 93, obs. A. Honorat.
62. Sous le régime antérieur à la réforme, CA Toulouse, 2e ch., 6 mai 1999, *JCP* E 2000, Pan. 108 (défaut de surveillance d'un concessionnaire ayant écoulé des véhicules grâce à de faux duplicata de cartes grises).
63. C. mon. et fin. art. L. 561-2 et L. 561-3 ; sur les conditions de la déclaration de soupçon à TRACFIN, v. C. mon. et fin., art. R. 561-31.
64. C. com., art L. 622-1, IV (sauvegarde) ; art. L. 631-12, al. 4 (redressement judiciaire).
65. C. com., art. L. 663-2 et L. 663-3.
66. C. com., art. R. 663-3 à R. 663-13.
67. C. com. R. 633-4 du Code de commerce.
68. V. C. com., art. R. 663-5 à R. 663-8.
69. C. com., art. R. 663-9.
70. C. com., art. R. 663-10 : lorsque des comités de créanciers sont réunis l'administrateur perçoit un droit de 150 € par créancier membre d'un comité et, lorsque le plan a été arrêté conformément au projet adopté par les comités, un droit proportionnel fixé à 0,1 % du montant des créances détenues par les membres du comité appelés à se prononcer sur le projet de plan.

cas de plan de cession [71], rémunération due en cas d'augmentation des fonds propres prévue par un plan de sauvegarde ou de redressement [72]) et, en général sur la base d'un barème tenant compte du nombre de salariés et/ou du chiffre d'affaires. S'il est supérieur à 100 000 euros hors taxes, la rémunération est arrêtée en considération des frais engagés et des diligences accomplies par l'administrateur et « sans qu'il puisse être fait référence au tarif prévu ». Dans ce cas, la rémunération de l'administrateur, qui ne peut être inférieure à 100 000 € hors taxes, est fixée par le magistrat de la cour d'appel délégué à cette fin par le premier président, sur proposition du juge-commissaire, au vu d'un état de frais et d'un état descriptif des diligences accomplies. Le magistrat délégué recueille au préalable l'avis du ministère public et demande celui du débiteur. Sa décision peut être frappée de recours devant le premier président de la cour d'appel par l'administrateur, le débiteur ou le ministère public [73]. Le premier président dispose d'un pouvoir souverain pour fixer cette rémunération [74]. La rémunération peut être versée sous forme d'acomptes selon une procédure réglementée. L'administrateur judiciaire a droit au remboursement de ses frais et des taxes et impôts qu'il a versé pour le compte de l'entreprise.

III. Le mandataire judiciaire

A. Statut du mandataire judiciaire

294. – Définition légale. – Un mandataire judiciaire est une personne physique ou morale chargée par décision de justice de représenter les créanciers et de procéder éventuellement à la liquidation d'une entreprise [75]. Il existe une liste nationale des mandataires dressée par une commission nationale [76].

295. – Autres personnes. – Comme pour l'administrateur judiciaire, le tribunal peut désigner comme mandataire judiciaire une personne qui n'est pas inscrite sur cette liste mais qui remplit les conditions pour s'y inscrire et qui justifie d'une expérience ou d'une qualification particulière au regard de la nature de l'affaire. Le tribunal doit motiver spécialement sa décision au regard de cette expérience ou de cette qualification particulière [77].

B. Désignation du mandataire judiciaire

296. – Désignation dans la sauvegarde, dans la sauvegarde financière accélérée et dans le redressement judiciaire. – Il est désigné par le tribunal [78] qui peut en nommer un

71. C. com., art. R. 663-11 : en cas d'arrêté d'un plan de cession au cours d'une procédure de redressement ou de liquidation judiciaire, un droit proportionnel, calculé sur le montant total hors taxe du prix de cession de l'ensemble des actifs compris dans le plan, fixé selon un barème.
72. C. com., art. R. 663-12.
73. C. com., art. R. 663-13.
74. Cass. com., 27 nov. 2012, *Bull. civ.* IV, n° 215 ; *D.* 2012. Actu. 2887 ; *LEDEN* déc. 2012, p. 1, obs. F.-X. Lucas ; *Dict. perm. diff. entrep., Bull.* n° 343, obs. Rémery ; *Gaz. Pal.* 18-19 janv. 2013, p. 23, obs. Bidan ; *Bull. Joly Entrep. diff.* 2013. 102, note Rohart-Messager ; *Rev. proc. coll.* 2013, n° 35, obs. Etienne-Martin.
75. C. com., art. L. 812-1.
76. C. com., art. L. 812-1, al. 1er.
77. C. com., art. L. 812-2, II.
78. C. com., art. L. 621-5.

ou plusieurs à la demande du ministère public. Le ministère public peut aussi faire une proposition de désignation mais aussi s'opposer à ce que le mandataire *ad hoc* ou le conciliateur soit désigné en qualité de mandataire judiciaire « *lorsque la procédure est ouverte à l'égard d'un débiteur qui bénéficie ou a bénéficié d'un mandat ad hoc ou d'une procédure de conciliation dans les dix-huit mois qui précèdent* » [79]. Sauf en cas d'excès de pouvoir du juge, le jugement de nomination, remplacement du mandataire judiciaire n'est susceptible que d'un appel du ministère public [80].

C. Missions du mandataire judiciaire

297. – Missions [81]**. –** Le mandataire judiciaire exerce une mission générale de représentation des créanciers. Il a en effet seul qualité pour agir au nom et dans l'intérêt collectif des créanciers [82]. Il procède à la vérification des créances, il établit une liste des créances qu'il transmet au juge-commissaire. Cette liste sert de base à sa rémunération [83]. Il dispose ensuite de nombreuses prérogatives particulières. Il peut notamment introduire des actions en justice dans l'intérêt des créanciers. Les sommes recouvrées à l'occasion de ces actions entrent dans le patrimoine du débiteur et sont affectées en cas de continuation de l'entreprise selon les modalités prévues pour l'apurement du passif. Le mandataire judiciaire est chargé de consulter les créanciers sur les propositions de règlement de dettes dans le cadre de l'élaboration du projet de plan.

La mandataire judiciaire a aussi une obligation de communiquer au juge-commissaire et au ministère public « *des observations qui lui sont transmises à tout moment de la procédure par les contrôleurs* » [84]. Tout comme l'administrateur judiciaire, il est tenu à une déclaration de soupçon de blanchiment d'argent dont il aurait à connaître [85].

Sur le plan de sa responsabilité il a été jugé avant la réforme de 2005 que « *les mandataires judiciaires à la liquidation des entreprises ne disposent d'aucune prérogative de puissance publique* » [86] ce qui signifie qu'ils ne relèvent pas d'un régime spécifique en matière de diffamation.

D. Rémunération du mandataire judiciaire

297-1. – Calcul de la rémunération. – Les conditions de rémunération et le remboursement des frais du mandataire judiciaire font l'objet d'un cadre légal [87] et réglementaire [88] qui tient compte de l'accomplissement de ces différentes missions. Le Code de commerce précise dans son article L. 663-2 que « cette rémunération est exclusive de toute autre rémunération ou

79. C. com., art. L. 621-4, al. 5, quatrième phrase.
80. V. C. com., art. L. 661-6, I, 1° ; Cass. com., 16 mars 2010, *Bull. civ.* IV, n° 57 ; *D.* 2010. chron. C. cass. 1113, obs. Bélaval ; *ibid.* AJ 825 ; *Rev. sociétés* 2010. 195, obs. Roussel-Galle ; *RTD com.* 2010.430, obs. Vallens ; *LEDEN* mai 2010, p. 4, obs. Staes ; *Gaz. Pal.* 2-3 juill. 2010, p. 22, obs. Fricero ; *RJDA* 2010, n° 772 ; *Rev. proc. coll.* 2011, n° 26, obs. Cagnoli. Si l'excès de pouvoir est établi il ouvre droit à un recours en annulation du jugement formé par la voie de l'appel.
81. Sur l'apport de la réforme de 2005, v. G. Bolard, « Les fonctions des mandataires judiciaires », *Rev. proc. coll.* 2006-2, p. 205.
82. C. com., art. L. 622-20.
83. C. com., art. L. 624-1.
84. C. com., art. L. 622-20, al. 2.
85. C. mon. et fin., art. L. 561-2 et L. 561-3 ; sur les conditions de la déclaration de soupçon à TRACFIN, v. C. mon. et fin., art. R. 561-31.
86. Cass. ch. mixte, 4 nov. 2002, 3 arrêts, *LPA*, 16 sept. 2003, n° 185, p. 6, note G. Gil ; *Rev. proc. coll.* 2004, 54, n° 7, obs. B. Soinne.
87. C. com., art. L. 663-2 et L. 663-3.
88. C. com., art. R. 663-18 à R. 663-31.

remboursement de frais au titre de la même procédure ou au titre d'une mission subséquente qui n'en serait que le prolongement ». Ce principe étant posé les modalités de fixation de la rémunération diffèrent selon que le mandataire judiciaire est ensuite désigné liquidateur [89]. Au titre de sa seule mission de mandataire judiciaire, le montant versé est calculé par type de missions (droit fixe pour l'ensemble de la procédure [90], enregistrement des créances déclarées et non vérifiées ainsi que des créances portées sur la liste des créances [91], vérification des créances autres que salariales [92], établissement des relevés de créances salariales [93], contestation des créances autres que salariales [94], contentieux portant sur une demande en revendication ou en restitution [95], instance introduite ou reprise devant la juridiction prud'homale [96]). La rémunération peut être versée sous forme d'acomptes selon une procédure réglementée. Le mandataire judiciaire a droit au remboursement de ses frais et des taxes et impôts qu'il a versé pour le compte de l'entreprise.

IV. Le commissaire à l'exécution du plan

298. – Désignation. – Lorsque dans le cadre d'une procédure de sauvegarde, de sauvegarde financière accélérée ou de redressement judiciaire le tribunal adopte un plan de sauvegarde ou de redressement, il doit désigner un commissaire à l'exécution du plan. Celui-ci peut être ou bien l'administrateur ou alors le mandataire judiciaire. Le tribunal a aussi la possibilité d'en désigner plusieurs en cas de nécessité [97]. Cependant il lui est fait interdiction de désigner commissaire à l'exécution du plan un parent ou allié, jusqu'au quatrième degré inclusivement, du chef d'entreprise ou des dirigeants, s'il s'agit d'une personne morale.

299. – Mission et rémunération. – Sa mission générale est de veiller à l'exécution du plan. Il est aussi habilité à poursuivre des actions en justice qui avaient été introduites avant le jugement arrêtant le plan et auxquelles l'administrateur ou le mandataire judiciaire sont parties [98]. Il est aussi fondé à engager des actions dans l'intérêt collectif des créanciers [99]. Afin d'accomplir sa mission il peut se faire communiquer tous les documents et informations utiles, afin de vérifier si le plan est respecté. Il n'est en revanche pas « juge » de la gestion du débiteur pendant le déroulement du plan et ne représente pas celui-ci. Il ne peut, par exemple, former **un contredit contre le jugement du tribunal retenant la compétence du tribunal arbitral dans un conflit opposant le débiteur et ses contractants** [100]. Sa rémunération fait l'objet d'un encadrement légal et réglementaire dont les modalités dépendent des missions exercées [101].

89. V. *supra*.
90. C. com., art. R. 633-18.
91. C. com., art. R. 663-22.
92. C. com., art. R. 663-23.
93. C. com., art. R. 663-24.
94. C. com., art. R. 663-25
95. *Ibid.*
96. *Ibid.*
97. C. com., art. L. 626-25.
98. Il peut par exemple poursuivre l'action engagée par le représentant des créanciers contre une banque pour soutien abusif sur le fondement de l'article 1382 du Code civil, Cass. com., 11 mai 2010, n° 09-12906.
99. Et non dans l'intérêt individuel d'une créancier. Le préjudice collectif est caractérisé par une agravation du passif ou une diminution de l'actif.
100. Cass. com., 4 juin 2013, n° 12-16366.
101. V. C. com., art. R. 663-14 à R. 663-17.

V. Le liquidateur

A. Désignation

300. – Ouverture d'une liquidation judiciaire. – Dans le jugement d'ouverture de la liquidation judiciaire, le tribunal doit désigner un liquidateur. Il ne peut nommer à ce poste « *aucun conjoint ou partenaire lié par un pacte civil de solidarité, aucun parent ou allié jusqu'au quatrième degré inclusivement, du débiteur personne physique ou des dirigeants, s'il s'agit d'une personne morale, ne peut être désigné* » liquidateur sauf dans les cas où cette incompatibilité empêche la désignation d'un représentant des salariés [102]. Le ministère public peut faire une proposition de désignation mais aussi s'opposer à ce que le mandataire *ad hoc* ou le conciliateur soit désigné en qualité de liquidateur judiciaire « *lorsque la procédure est ouverte à l'égard d'un débiteur qui bénéficie ou a bénéficié d'un mandat ad hoc ou d'une procédure de conciliation dans les dix-huit mois qui précèdent* » [103].

Le liquidateur désigné peut être un mandataire judiciaire inscrit ou alors une personne « *justifiant d'une expérience ou d'une qualification particulière au regard de la nature de l'affaire* » [104] et qui remplit les conditions pour être inscrit sur la liste nationale des mandataires judiciaires. Le jugement décidant de la nomination ou du remplacement du liquidateur n'est susceptible que d'un appel du ministère public. Toutefois en cas d'excès de pouvoir du juge le recours est ouvert à tout intéressé [105].

301. – Prononcé d'une liquidation judiciaire. – Lorsque la liquidation judiciaire est prononcée au cours de la période d'observation d'une procédure de sauvegarde ou de redressement judiciaire, le tribunal nomme le mandataire judiciaire en qualité de liquidateur. Mais là encore il a la faculté de désigner, par décision motivée, une autre personne aux mêmes conditions que précédemment à la demande de l'administrateur, d'un créancier, du débiteur ou du ministère public [106]. Cette demande peut aussi émaner par l'ordre professionnel ou l'autorité compétente dont le débiteur relève si celui-ci exerce une profession libérale soumise à un statut législatif ou réglementaire ou dont le titre est protégé [107].

B. Missions du liquidateur judiciaire

302. – Missions. – Le liquidateur judiciaire exerce différentes missions en raison de sa position particulière qui fait de lui tant le représentant du débiteur que des créanciers. Il convient toutefois de tenir compte de la désignation éventuelle d'un administrateur en liquidation judiciaire ce qui conduira à une répartition différente des pouvoirs respectifs de ces deux organes [108].

102. C. com., art. L. 641-6.
103. C. com., art. L. 641-1, II.
104. C. com., art. L. 812-2.
105. V. C. com., art. L. 661-6, I, 1 ; Cass. com., 16 mars 2010, *Bull. civ.* IV, n° 57 ; *D.* 2010. chron. C. cass. 1113, obs. Bélaval ; *ibid.* AJ 825 ; *Rev. sociétés* 2010.195, obs. Roussel-Galle ; *RTD com.* 2010.430, obs. Vallens ; *LEDEN* mai 2010, p. 4, obs. Staes ; *Gaz. Pal.* 2-3 juill. 2010, p. 22, obs. Fricero ; *RJDA* 2010, n° 772 ; *Rev. proc. coll.* 2011, n° 26, obs. Cagnoli. Si l'excès de pouvoir est établi il ouvre droit à un recours en annulation du jugement formé par la voie de l'appel.
106. C. com., art. L. 641-1, III, al. 1
107. C. com., art. L. 641-1, III, al. 2.
108. V. C. com., art. L. 641-10.

Par ailleurs, il ne peut agir que dans l'intérêt collectif des créanciers et non dans l'intérêt de certains d'entre eux [109]. Cela explique par exemple qu'il ne puisse exercer l'action paulienne en raison d'une déclaration d'insaisissabilité frauduleuse, puisque seuls les créanciers auxquels cette déclaration serait opposable par application des dispositions de l'article L. 526-1, alinéa 1er du Code de commerce, c'est-à-dire les créanciers titulaires de créances nées à l'occasion de l'activité professionnelle du débiteur et postérieurement à la date de publication de la déclarationont intérêt à voir juger que la déclaration d'insaisissabilité leur est inopposable pour cause de fraude paulienne [110].

1°/ Administration de l'entreprise

303. – En procédure de liquidation judiciaire, lorsque l'activité est poursuivie, l'article L. 641-10 du Code de commerce précise que « *le liquidateur administre l'entreprise* ». Dans le cadre de cette mission il peut prononcer les licenciements en appliquant les règles prévues en matière de redressement judiciaire [111]. À défaut d'administrateur, il a la faculté d'exiger l'exécution des contrats en cours selon les modalités applicables pour les autres procédures collectives [112].

Si des offres ont été émises, le liquidateur prépare un plan de cession. Et lorsqu'un tel plan est arrêté par le tribunal c'est au liquidateur que revient la mission de passer les actes nécessaires à la réalisation du plan, d'en recevoir et d'en distribuer le prix [113]. Dès son entrée en fonction, le liquidateur doit requérir du chef d'entreprise ou faire lui-même « *tous actes nécessaires à la conservation des droits de l'entreprise contre les débiteurs de celle-ci et à la préservation des capacités de production* » [114]. Il peut aussi demander que soient réunies à l'actif les acquisitions faites par le conjoint du débiteur à l'aide des valeurs fournies par le débiteur [115].

2°/ Représentation du débiteur

304. – Saisie collective du patrimoine du débiteur. – La période de liquidation judiciaire présente des risques pour les créanciers qui peuvent être victimes de manœuvres du débiteur. Ce dernier peut par exemple favoriser tel créancier par rapport à tel autre. Cette rupture d'égalité n'est pas admissible, c'est pourquoi la procédure de liquidation judiciaire s'accompagne traditionnellement d'un dessaisissement du débiteur. La liquidation judiciaire opère alors une saisie collective du patrimoine du débiteur. Le débiteur est désormais représenté par le liquidateur et ceci quelle que soit l'issue de la procédure de liquidation judiciaire (cession globale ou partielle, réalisation d'actifs isolés).

305. – Principe du dessaisissement. – À compter de la date du jugement d'ouverture de la liquidation judiciaire et jusqu'à la clôture de cette procédure le débiteur est dessaisi de l'administration et de la disposition de ses biens. Le principe du dessaisissement est ainsi

109. Cass. com., 18 juin 2013, FS-P+B, n° 11-23716, Dalloz actualité 1er juill. 2013, obs. A. Lienhard.
110. Cass. com., 23 avr. 2013, *D.* 2013. Actu. 1127, obs. Lienhard ; *Act. proc. coll.* 2013, n° 126, obs. Fin-Langer.
111. C. com., art. L. 641-10, 2e al. par renvoi à C. com., art. L. 631-17.
112. C. com., art. L. 641-11, II.
113. C. com., art. L. 641-10, al. 4.
114. C. com., art. L. 641-10, al. 6 et par renvoi art. L. 622-4.
115. C. com., art. L. 641-10, al. 6 et par renvoi art. L. 624-6.

énoncé à l'article L. 641-9 du Code de commerce. Il signifie que le débiteur ne peut plus exercer des droits et actions sur son patrimoine. L'exercice de ses droits et actions relève désormais du liquidateur et les créanciers ne peuvent se substituer à lui [116]. Cette règle du dessaisissement est édictée dans l'intérêt des créanciers et donc seul le liquidateur peut s'en prévaloir [117].

3°/ La représentation des créanciers

306. – Missions du mandataire judiciaire. – Le liquidateur exerce la mission confiée au mandataire judiciaire dans les autres procédures collectives. Il peut ainsi « *introduire ou poursuivre les actions qui relèvent de la compétence du mandataire judiciaire* » [118]. En cette qualité il est destinataire des déclarations de créances effectuées par les créanciers [119]. C'est lui qui procède aux opérations de liquidation et à la vérification des créances [120]. Toutefois s'agissant des créances chirographaires il n'est pas tenu de procéder à leur vérification « *s'il apparaît que le produit de la réalisation de l'actif sera entièrement absorbé par les frais de justice et les créances privilégiées à moins que, s'agissant d'une personne morale ou d'un entrepreneur individuel à responsabilité limitée, il n'y ait lieu de mettre à la charge des dirigeants sociaux de droit ou de fait ou de cet entrepreneur tout ou partie du passif [...]* » [121]. Si la liquidation judiciaire est prononcée au cours de la période d'observation d'une procédure de sauvegarde ou de redressement judiciaire, il procède alors aux opérations de liquidation tout en achevant la vérification des créances et en établissant l'ordre des créanciers. Enfin, il poursuit les actions introduites avant le jugement de liquidation, soit par l'administrateur, soit par le mandataire judiciaire [122].

306-1. – Calcul de la rémunération. – Les conditions de rémunération et le remboursement des frais du liquidateur font l'objet d'un cadre légal [123] et réglementaire [124] qui tient compte de l'accomplissement de ces différentes missions. Le Code de commerce précise dans son article L. 663-2 que « cette rémunération est exclusive de toute autre rémunération ou remboursement de frais au titre de la même procédure ou au titre d'une mission subséquente qui n'en serait que le prolongement ». Ce principe étant posé les modalités de fixation de la rémunération diffèrent selon que le montant est inférieur ou non à 75 000 euros hors taxes. S'il est inférieur, le montant versé est calculé par type de missions (droit fixe pour l'ensemble de la procédure [125], devoir d'information exercé dans le cadre d'une procédure secondaire ou principale au sens du règlement (CE) n° 1346/2000 du Conseil du 29 mai 2000 relatif aux procédures

116. Cass. com., 3 avr. 2001, *Act. proc. coll.* 2001-8, n° 105 ; *JCP* E 2001, p. 1473, obs. P. Pétel (impossibilité pour les créanciers d'exercer une action oblique).

117. « *Tel n'est pas le cas lorsque le débiteur ayant formé seul une demande en paiement d'une créance, le liquidateur intervient volontairement pour se substituer à lui* », v. Cass. com., 14 déc. 2010, *D.* 2011, Actu. 69, obs. Lienhard ; *Act. proc. coll.* 2011, n° 41, obs. Cagnoli ; *LEDEN* févr. 2011, p. 5, obs. Camensuli-Feuillard ; *RJDA* 2011, n° 173 (2e esp.) ; *Dr. sociétés* 2011, n° 59, note Legros ; *Rev. proc. coll.* 2011, n° 24, obs. Cagnoli.

118. C. com., art. L. 641-4, al. 1.

119. C. com., art. L. 641-3, al. 4.

120. C. com., art. L. 641-3 et L. 641-5.

121. C. com., art. L. 641-4.

122. C. com., art. L. 641-5.

123. C. com., art. L. 663-2 et L. 663-3.

124. C. com., art. R. 663-18 à R. 663-31.

125. C. com., art. R. 633-18.

d'insolvabilité [126], exécution des obligations en cas de cessation d'activité d'une installation classée [127], administration de l'entreprise [128], cessions d'actifs mobiliers corporels [129], encaissement de créance ou recouvrement de créance [130], réalisation d'actifs immobiliers et mobiliers incorporels [131], répartitions aux créanciers [132]). S'il est supérieur à 75 000 euros hors taxes, la rémunération est arrêtée en considération des frais engagés et des diligences accomplies par le liquidateuret « sans qu'il puisse être fait référence au tarif prévu ». Dans ce cas, la rémunération du liquidateur, qui ne peut être inférieure à 75 000 € hors taxes, est fixée par le magistrat de la cour d'appel délégué à cette fin par le premier président, sur proposition du juge-commissaire, au vu d'un état de frais et d'un état descriptif des diligences accomplies. Le magistrat délégué recueille au préalable l'avis du ministère public et demande celui du débiteur. Sa décision peut être frappée de recours devant le premier président de la cour d'appel par le liquidateur, le débiteur ou le ministère public [133]. Le premier président dispose d'un pouvoir souverain pour fixer cette rémunération [134]. La rémunération peut être versée sous forme d'acomptes selon une procédure réglementée. Le liquidateur a droit au remboursement de ses frais et des taxes et impôts qu'il a versé pour le compte de l'entreprise.

VI. Les contrôleurs [135]

307. – Désignation et statut. – Le contrôleur est la seule fonction qui permette à un créancierde sauvegarde financière accélérée, de redressement judiciaire ou de liquidation judiciaire [136]. Dans ces procédures, en effet, le juge-commissaire désigne un à cinq contrôleurs. S'il en désigne plusieurs l'un d'entre eux sera un créancier chirographaire et l'autre un titulaire de sûreté. L'exercice de cette fonction est réglementé [137]. Lorsque le débiteur exerce une profession libérale l'ordre professionnel dont dépend cette personne est d'office désigné contrôleur, et il peut se faire représenter par un préposé ou un avocat. Ces fonctions sont gratuites et il est tenu d'une obligation de confidentialité. Il est révoqué par le tribunal à la demande du ministère public. Sauf en cas d'excès de pouvoir du juge, le jugement de nomination, remplacement d'un contrôleur n'est susceptible que d'un appel du ministère public [138].

126. *Ibid.*
127. C. com., art. R. 663-27.
128. C. com., art. R. 663-28.
129. C. com., art. R. 663-29.
130. C. com., art. R. 663-29.
131. C. com., art. R. 663-29.
132. C. com., art. R. 663-30
133. C. com., art. R. 663-13.
134. Cass. com., 27 nov. 2012, *Bull. civ.* IV, n° 215 ; *D.* 2012. Actu. 2887 ; *LEDEN* déc. 2012, p. 1, obs. F.-X. Lucas ; *Dict. perm. diff. entrep., Bull.* n° 343, obs. Rémery ; *Gaz. Pal.* 18-19 janv. 2013, p. 23, obs. Bidan ; *Bull. Joly Entrep. diff.* 2013. 102, note Rohart-Messager ; *Rev. proc. coll.* 2013, n° 35, obs. Etienne-Martin.
135. M.-A. Frison-Roche, « Le contrôleur », *LPA*, n° spécial, 14 juin 1995, p. 8 ; Ph. Roussel-Galle, « Les contrôleurs, gardiens de l'intérêt collectif », *Gaz. Pal.* 9-10 sept. 2005, p. 3.
136. On observera toutefois que « *les créanciers qui en font la demande par lettre recommandée avec demande d'avis de réception au mandataire judiciaire sont tenus informés par celui-ci des étapes essentielles de la procédure au fur et à mesure du déroulement de celle-ci* », C. com., art. R. 621-19.
137. Sur les incompatibilités, v. C. com., art. L. 621-10.
138. V. C. com., art. L. 661-6, I, 1 ; Cass. com., 16 mars 2010, *Bull. civ.* IV, n° 57 ; *D.* 2010. chron. C. cass. 1113, obs. Bélaval ; *ibid.* AJ 825 ; *Rev. sociétés* 2010. 195, obs. Roussel-Galle ; *RTD com.* 2010.430, obs. Vallens ; *LEDEN* mai 2010, p. 4, obs. Staes ; *Gaz. Pal.* 2-3 juill. 2010, p. 22, obs. Fricero ; *RJDA* 2010, n° 772 ; *Rev. proc. coll.* 2011, n° 26, obs. Cagnoli. Si l'excès de pouvoir est établi il ouvre droit à un recours en annulation du jugement formé par la voie de l'appel.

308. – Mission. – Les contrôleurs assistent le mandataire dans ses fonctions [139] mais aussi le juge-commissaire dans sa mission de surveillance de l'administration de l'entreprise. Ils peuvent dans l'exercice de leur mission prendre connaissance de tous les documents transmis à l'administrateur et au mandataire judiciaire [140]. Surtout, depuis la loi n° 2005-845 du 26 juillet 2005, en cas de carence du mandataire judiciaire, les contrôleurs peuvent se substituer au mandataire défaillant pour agir dans l'intérêt collectif des créanciers [141].

VII. Les experts

309. – Interventions ponctuelles. – Quelle que soit la procédure, il peut être fait appel ponctuellement à des techniciens experts. Ceux-ci peuvent par exemple intervenir dans la procédure de conciliation, sur désignation du président du tribunal pour établir un rapport sur la situation économique, sociale et financière du débiteur [142]. Des experts peuvent aussi être nommés pour aider le juge-commissaire ou encore l'administrateur à remplir leurs missions. Parmi eux on peut citer les experts en diagnostic d'entreprises qui sont désignés en justice pour établir un rapport sur la situation économique et financière d'une entreprise en difficulté [143]. Il s'agit d'experts judiciaires qui figurent sur la liste nationale des experts judiciaires après avis de la commission nationale chargée d'établir la liste des mandataires professionnels des procédures collectives. La désignation d'un expert est obligatoire pour assister l'administrateur chargé d'assurer seul l'administration de l'entreprise en redressement judiciaire [144].

VIII. Les représentants des salariés [145]

310. – Institutions représentatives du personnel [146]. – Les représentants des salariés ne sont pas des auxiliaires de justice professionnels. Leur nomination est prévue quelle que soit la procédure collective et même s'il existe déjà des organes représentatifs du personnel [147]. Le tribunal invite le comité d'entreprise ou à défaut les délégués du personnel ou à défaut les salariés à désigner au sein de l'entreprise, leur représentant des salariés [148]. Celui-ci peut cumuler cette fonction avec celle de représentant du comité d'entreprise chargé d'exercer certaines voies de recours [149] ou encore de représentant des salariés d'une autre entité même faisant partie d'une même unité économique et sociale [150].

Cette désignation doit intervenir dans les dix jours du prononcé du jugement d'ouverture [151].

---

139. C. com., art. L. 621-10.
140. C. com., art. L. 621-11.
141. C. com., art. L. 622-20 ; art. R. 622-18 ; v. P. Cagnoli, « La qualité pour agir, questions procédurales », *Rev. proc. coll.* 2006-2, p. 209, spéc. p. 210 ; Ph. Roussel-Galle, « Les contrôleurs, gardiens de l'intérêt collectif », *Gaz. Pal.* 9-10 sept. 2005, p. 3.
142. C. com., art. L. 611-6.
143. C. com., art. L. 813-1.
144. Selon des conditions de seuil v. C. com., art. L. 631-12, al. 2.
145. L. Fin-Langer, « Le statut du représentant des salariés », *Rev. proc coll.* n° 3, mai 2013, étude 14.
146. Sur l'ensemble de la question et les apports de la réforme 2005, v. P. Morvan, « Le droit social dans la réforme du droit des entreprises en difficulté », *JCP* E 2005, n° 1511.
147. C. com., art. L. 821-4.
148. C. com., art. R. 621-2.
149. C. com., art. L. 661-10.
150. Cass. soc., 5 déc. 2012, *LEDEN* févr. 2013, p. 7, obs. G. Dedessus-Le-Moustier.
151. C. com., art. R. 621-14.

Le représentant des salariés est essentiellement chargé de la vérification des créances salariales. Indépendamment du représentant des salariés, le comité d'entreprise, ou à défaut les délégués du personnel, disposent de prérogatives dans les différentes procédures. Il est la plupart du temps informé et consulté.

Section III
La publicité de la décision

311. – Non-confidentialité des procédures collectives. – Les procédures collectives ne sont pas confidentielles, c'est là leur principal défaut. En effet l'évocation publique des difficultés de l'entreprise peut ternir son image auprès de sa clientèle. Pour autant les intérêts en présence et surtout les conséquences de l'ouverture d'une telle procédure pour les tiers font qu'il est impératif qu'une certaine publicité soit donnée à la décision d'ouverture. Cette diffusion du jugement d'ouverture se fait d'abord par conciliation puis par publicité du greffe.

312. – Notification et communication du jugement. – Le jugement est d'abord notifié au débiteur. C'est au greffier qu'incombe cette mission qu'il doit réaliser dans les huit jours de la date du jugement [152]. Une copie du jugement est ensuite adressée aux mandataires de justice désignés dans la décision, au procureur de la République ainsi qu'au trésorier-payeur général du département dans lequel le débiteur a son siège et à celui du département où se trouve le principal établissement [153].

313. – Publicité et confidentialité. – La publicité des décisions de justice est une garantie du procès équitable [154]. Si en droit commun les décisions de justice font en principe l'objet de mesures de publicité, le régime applicable dans le droit des procédures collectives subit des aménagements notamment pour conserver une certaine confidentialité sur la situation de l'entreprise et éviter ainsi d'accentuer ses difficultés. Plus précisément, l'ampleur des aménagements dépendra du moment où s'ouvrira la procédure. Ainsi plus les procédures se veulent préventives de la défaillance de l'entreprise plus la confidentialité est de rigueur. On l'observe d'abord lors de désignation d'un mandataire *ad hoc*, la décision de nomination du président du tribunal compétent ne donnant lieu qu'à une mesure de publicité réduite puisqu'elle est notifiée au demandeur par le greffier [155]. La procédure de conciliation ensuite demeure assez confidentielle. La désignation d'un conciliateur est notifiée au requérant et au conciliateur par le greffier qui, par ailleurs, la communique au ministère public [156]. Le caractère secret du mandat *ad hoc* et de la conciliation est conforté par l'obligation de confidentialité à laquelle est tenue toute personne appelée à ces procédures ou qui, par ses fonctions, en a connaissance [157].

---

152. C. com., art. R. 621-6.
153. C. com., art. R. 621-7.
154. N. Fricero, « Les procédures collectives à l'épreuve du procès équitable », *in Mélanges A. Honorat*, éd. Frison-Roche, 2000, p. 16 et s., spéc. n° 13 et s. ; v. aussi, E. Putman, *Contentieux économique*, PUF, 1998, p. 111 et s.
155. C. com., art. R. 611-20.
156. C. com., art. R. 611-25.
157. C. com., art. L. 611-15.

La confidentialité n'est pas absente à l'issue de la procédure de conciliation. Si le débiteur et ses créanciers sont parvenus à un accord, celui-ci est constaté par une ordonnance du président du tribunal qui y fait apposer la formule exécutoire par le greffier. L'accord est déposé au greffe, celui-ci ne pouvant délivrer de copies qu'aux parties et aux personnes pouvant se prévaloir des dispositions de l'accord [158]. Si l'accord est homologué par le tribunal, les personnes appelées à l'audience [159] d'homologation peuvent prendre connaissance de l'accord au greffe. En revanche le jugement ne reprend pas les termes de l'accord. Il mentionne seulement les garanties et privilèges constitués pour en assurer l'exécution. Il précise les montants garantis par le privilège institué par l'article L. 611-11 du Code de commerce [160]. Le jugement statuant sur l'homologation de l'accord est notifié par le greffier au débiteur et aux créanciers signataires de l'accord. Il est communiqué au conciliateur et au ministère public [161].

314. – Mesures de publicités. – Le jugement d'ouverture des procédures de sauvegarde, de sauvegarde financière accélérée [162], de redressement et de liquidation judiciaire fait l'objet de mesures de publicité toutes effectuées d'office par le greffier et destinées à informer les tiers.

Hormis la signification au débiteur, une copie du jugement est adressée immédiatement aux mandataires de justice désignés, au procureur de la République et au trésorier-payeur général du département dans lequel le débiteur a son siège et à celui du département où se trouve le principal établissement.

Ce même jugement est mentionné, avec l'indication des pouvoirs conférés à l'administrateur sur le registre sur lequel est inscrit le débiteur (registre du commerce et de sociétés ou répertoire des métiers) ou sur un registre spécial ouvert auprès du greffe du tribunal de grande instance pour les personnes non assujetties à la formalité de l'immatriculation (les associations, par exemple). La consultation de ces registres est ouverte à toute personne. Enfin, un avis du jugement est inséré à la fois au *Bodacc* et dans un journal d'annonces légales du lieu où le débiteur a le siège de son entreprise ou des établissements secondaires [163].

Section IV
L'autorité de la décision

315. – Autorité des décisions d'ouverture des procédures collectives. – Le jugement d'ouverture est doté de l'autorité absolue de la chose jugée. Il est opposable à tous dès son intervention (même s'il n'a pas encore été publié). La célérité étant l'une des clés de la sauvegarde de l'entreprise, la force exécutoire du jugement déroge aux règles classiques. Le jugement d'ouverture d'une procédure de sauvegarde, redressement ou liquidation (ainsi que les ordonnances rendues en matière de mandat *ad hoc*, conciliation, sauvegarde, redressement ou liquidation judiciaire) est, sauf exceptions [164],

158. C. com., art. R. 611-39.
159. C. com., art. L. 611-9.
160. C. com., art. R. 611-40.
161. C. com., art. R. 611-41.
162. C. com., art. R. 628-4.
163. C. com., art. R. 621-8.
164. V. C. com., art. R. 661-11.

exécutoire de plein droit à titre provisoire sans attendre donc l'accomplissement des formalités de publicité ni l'expiration des délais de voies de recours. Par dérogation aux dispositions de l'article 524 du Code de procédure civile, le premier président de la cour d'appel, statuant en référé, peut arrêter l'exécution provisoire du jugement d'ouverture de la procédure mais seulement « *lorsque les moyens invoqués à l'appui de l'appel paraissent sérieux* »[165]. Dès le prononcé de la décision du premier président arrêtant l'exécution provisoire, le greffier de la cour d'appel en informe le greffier du tribunal. En cas d'appel du ministère public, l'exécution provisoire est arrêtée de plein droit à compter du jour de cet appel à l'égard du jugement d'ouverture de la liquidation judiciaire. Ce n'est pas le cas en revanche du jugement statuant sur l'ouverture de la procédure de sauvegarde ou de redressement judiciaire[166].

Section V
Les voies de recours[167]

316. – Gestion du temps. – Il y a un paradoxe qui caractérise toutes les procédures collectives et qui concerne la gestion du temps. D'un côté l'entreprise doit gagner du temps c'est-à-dire augmenter l'écart entre le moment où elle reçoit une prestation et l'instant où elle sera amenée à payer celle-ci. D'un autre côté la procédure ne saurait s'éterniser au risque sinon de pénaliser l'entreprise et ses créanciers et ceci au détriment de l'efficacité. Afin de résoudre ce paradoxe les règles de la procédure civile ont été aménagées d'abord en accordant un délai plus ou moins long à l'entreprise selon les procédures[168] pour assurer sa sauvegarde, ensuite en apportant des restrictions à l'exercice des voies de recours[169]. La mise en œuvre des voies de recours nécessite de vérifier si la décision critiquée fait l'objet d'un régime spécial de voie de recours en droit des procédures collectives par exemple en supprimant tout recours ou en limitant le nombre de personnes pouvant exercer un recours. Si tel est le cas, les personnes non visées par les textes comme pouvant exercer un recours peuvent toujours introduire un recours-nullité pour cause d'excès de pouvoir du juge. S'il n'y a pas de régime spécial prévu par le droit des procédures collective, c'est alors le droit commun de la procédure civile qui s'applique. En effet, selon l'article R. 662-1 du Code de commerce, « *à moins qu'il n'en soit disposé autrement par le présent livre [...] les règles du code de procédure civile sont applicables dans les matières régies par le livre VI de la partie législative du présent code* ».

317. – Absence de voies de recours. – La restriction aux voies de recours est absolue pour certaines décisions qui ne peuvent faire l'objet d'aucun recours. Il en est ainsi par exemple de la décision du président du tribunal d'ouvrir une procédure de conciliation[170]. Il en est de

165. C. com., art. R. 661-11, al. 3.
166. C. com., art. R. 661-11, al. 4.
167. J.-P. Rémery, « Les voies de recours dans la réforme de la loi de sauvegarde », *JCP* 2009. I. 129.
168. V. notamment la période d'observation dans la sauvegarde et le redressement judiciaire, *infra*, n° 551 et s.
169. C. com., art. L. 661-1 et s.
170. C. com., art. L. 611-6 et L. 661-4.

même des jugements relatifs à la nomination ou au remplacement du juge-commissaire qui ne sont pas susceptibles de recours [171].

318. – Restrictions à l'exercice des voies de recours. – Le livre VI du Code de commerce contient une série de précisions quant à l'exercice des voies de recours ouvertes dans le cadre des procédures collectives [172]. Ces voies de recours sont aménagées tant en ce qui concerne les personnes pouvant les exercer que le délai pour les exercer. Qu'il s'agisse de l'appel ou de la tierce-opposition, ces deux voies de recours sont soumises à un délai spécifique de dix jours dont le point de départ varie selon les hypothèses [173]. On peut aussi observer que le ministère public joue un rôle très important en matière de recours, ceux-ci lui étant ouverts même s'il n'a pas agi comme partie principale :

– Les décisions statuant sur l'ouverture des procédures de sauvegarde ou de redressement judiciaire sont susceptibles d'appel ou de pourvoi en cassation de la part du débiteur du créancier poursuivant, pour le redressement judiciaire seulement, ainsi que du ministère public [174]. Il est à noter que l'appel du ministère public n'est pas suspensif. Il est aussi susceptible de tierce opposition. Le jugement statuant sur la tierce opposition est susceptible d'appel et de pourvoi en cassation de la part du tiers opposant [175].

– Le jugement d'ouverture de la procédure de liquidation judiciaire est susceptible d'appel ou de pourvoi en cassation de la part du débiteur, du créancier poursuivant, du comité d'entreprise ou, à défaut, des délégués du personnel, ou à défaut du représentant des salariés [176] et du ministère public [177]. Il est aussi susceptible de tierce opposition. Le jugement statuant sur la tierce opposition est susceptible d'appel et de pourvoi en cassation de la part du tiers opposant [178].

– Les décisions d'extension de procédures de sauvegarde, de redressement judiciaire ou de liquidation judiciaire ou sur la réunion de patrimoines (cas concernant l'EIRL) sont susceptibles d'appel et de pourvoi en cassation de la part du débiteur visé par l'extension, du mandataire judiciaire ou du liquidateur, de l'administrateur ou du ministère public [179]. Il est aussi susceptible de tierce opposition. Le jugement statuant sur la tierce opposition est susceptible d'appel et de pourvoi en cassation de la part du tiers opposant [180].

– Les jugements de conversion d'une procédure de sauvegarde en redressement judiciaire sont susceptibles d'appel ou de pourvoi en cassation de la part du débiteur, de l'administrateur, du mandataire judiciaire et du ministère public [181].

– Les décisions statuant sur le prononcé de la liquidation judiciaire au cours d'une période d'observation sont susceptibles d'appel et de pourvoi en cassation de la part du débiteur, de

171. C. com., art. L. 661-4.
172. C. com., art. L. 661-1 et s.
173. C. com., art. R. 661-2 et R. 661-3.
174. C. com., art. L. 661-1, I, 1°.
175. C. com., art. L. 661-2.
176. C. com., art. L. 661-1, III.
177. C. com., art. L. 661-1, I, 2°.
178. C. com., art. L. 661-2.
179. C. com., art. L. 661-1, I, 3° ; v. Cass. com., 6 déc. 2011, *D.* 2012. Actu. 6, obs. Lienhard.
180. C. com., art. L. 661-2.
181. C. com., art. L. 661-1, I, 4°.

l'administrateur, du mandataire judiciaire, du comité d'entreprise ou, à défaut, des délégués du personnel ou à défaut du représentant des salariés [182] et du ministère public [183].

– Il est aussi susceptible de tierce opposition. Le jugement statuant sur la tierce opposition est susceptible d'appel et de pourvoi en cassation de la part du tiers opposant [184].

– Les décisions statuant sur l'arrêté du plan de sauvegarde ou du plan de redressement sont susceptibles d'appel et de pourvoi en cassation de la part du débiteur, de l'administrateur, du mandataire judiciaire, du comité d'entreprise ou, à défaut, des délégués du personnel ou à défaut du représentant des salariés [185] et du ministère public, ainsi que de la part du créancier ayant formé une contestation membre d'un comité des créanciers ou de l'assemblée des obligataires, ayant formé une contestation, relative aux dispositions relatives à ces comités ou cette assemblée en application de l'article L. 626-34-1 [186]. Cette disposition a fait l'objet d'une question prioritaire de constitutionnalité dont la Cour de cassation a considéré qu'il n'y avait pas lieu de la renvoyer au Conseil constitutionnel. Pour la Cour, « *la disposition contestée, en ce qu'elle limite le droit de faire appel ou de se pourvoir en cassation à l'encontre d'une décision statuant sur l'arrêté d'un plan de sauvegarde ou de redressement aux personnes qu'elle énumère, ne porte pas atteinte au principe de l'égalité des armes devant la loi ni au droit à un recours juridictionnel effectif, dès lors que la différence de traitement qui en résulte entre les créanciers d'un débiteur en procédure collective, d'un côté, et les organes de cette procédure, de l'autre, est en rapport direct avec l'objet de la loi et ménage des garanties aux créanciers ; qu'en effet la faculté offerte aux créanciers d'un débiteur en procédure collective visés par les articles L. 626-9 et suivants du Code de commerce porte, en application de l'article L. 626-34-1, alinéa 2, du même code, sur la décision du comité ou de l'assemblée dont ils sont membres ; que, par ailleurs, les créanciers, qui ne sont pas partie à la procédure mais représentés collectivement par un mandataire judiciaire, ne peuvent invoquer une différence de traitement, dès lors que la faculté d'exercer les voies de recours en cause est ouverte à ce dernier ; qu'enfin, les créanciers, qui justifient d'un intérêt personnel distinct de l'intérêt collectif des créanciers, peuvent attaquer par la voie de la tierce opposition le jugement arrêtant un plan d'apurement qui leur ferait grief ; qu'ainsi, répondant à un objectif d'intérêt général de sécurité juridique et de célérité des procédures collectives, la question posée ne présente pas un caractère sérieux au regard des exigences qui s'attachent aux dispositions, règles et principes de valeur constitutionnelle invoqués* » [187]. Les décisions arrêtant le plan de sauvegarde ou de redressement sont susceptibles de tierce opposition. Le jugement statuant sur la tierce opposition est susceptible d'appel et de pourvoi en cassation de la part du tiers opposant. Il ne peut être exercé de tierce opposition contre les décisions rejetant l'arrêté du plan de sauvegarde ou de redressement [188].

– Les décisions statuant sur la modification du plan de sauvegarde ou du plan de redressement sont susceptibles d'appel ou de pourvoi en cassation de la part du débiteur, du commissaire à l'exécution du plan, du comité d'entreprise ou, à défaut, des délégués du personnel ou à défaut du représentant des salariés [189] et du ministère public, ainsi que de la part du créancier

182. C. com., art. L. 661-1, III.
183. C. com., art. L. 661-1, I, 5°.
184. C. com., art. L. 661-2.
185. C. com., art. L. 661-1, III.
186. C. com., art. L. 661-I, 6°.
187. Cass. com., 10 juill. 2012, pourvoi n° 12-40050.
188. C. com., art. L. 661-3.
189. C. com., art. L. 661-1, III.

ayant formé une contestation membre d'un comité des créanciers ou de l'assemblée des obligataires, ayant formé une contestation, relative aux dispositions relatives à ces comités ou cette assemblée en application de l'article L. 626-34-1. Les décisions modifiant le plan de sauvegarde ou de redressement sont susceptibles de tierce opposition. Le jugement statuant sur la tierce opposition est susceptible d'appel et de pourvoi en cassation de la part du tiers opposant. En revanche il ne peut être exercé de tierce opposition contre les décisions rejetant la modification du plan de sauvegarde ou de redressement [190].

– Les décisions statuant sur la résolution du plan de sauvegarde ou du plan de redressement sont susceptibles d'appel ou de pourvoi en cassation de la part du débiteur, du commissaire à l'exécution du plan, du comité d'entreprise ou, à défaut des délégués du personnel, ou à défaut du représentant des salariés [191], du créancier poursuivant et du ministère public. »

Les décisions rejetant la résolution de ce plan sont susceptibles de tierce opposition. Le jugement statuant sur la tierce opposition est susceptible d'appel et de pourvoi en cassation de la part du tiers opposant. Il ne peut être exercé de tierce opposition contre les décisions prononçant la résolution de ce plan [192].

– Les jugements ou ordonnances relatifs à la nomination ou au remplacement de l'administrateur, du mandataire judiciaire, du commissaire à l'exécution du plan, du liquidateur, des contrôleurs, du ou des experts ne sont susceptibles que d'un appel de la part du ministère public [193]. Ces jugements ordonnance ou arrêts ne sont susceptibles ni de tierce opposition ni de pourvoi en cassation [194].

– Les jugements statuant sur la durée de la période d'observation, sur la poursuite ou la cessation de l'activité ne sont susceptibles que d'un appel de la part du ministère public [195]. Ces jugements ou arrêts ne sont susceptibles ni de tierce opposition ni de pourvoi en cassation [196].

– Les jugements relatifs à la modification de la mission de l'administrateur ne sont susceptibles que d'un appel de la part du débiteur ou du ministère public [197]. Ces jugements ou arrêts ne sont susceptibles ni de tierce opposition ni de pourvoi en cassation [198].

– Les jugements qui arrêtent ou rejettent le plan de cession de l'entreprise ne sont susceptibles que d'un appel de la part soit du débiteur, soit du ministère public, soit du cessionnaire ou du cocontractant dont le contrat est cédé [199]. Le cessionnaire ne peut interjeter appel du jugement arrêtant le plan de cession que si ce dernier lui impose des charges autres que les engagements qu'il a souscrits au cours de la préparation du plan. Le cocontractant ne peut interjeter appel que de la partie du jugement qui emporte cession du contrat [200]. Les jugements

190. C. com., art. L. 661-3.
191. C. com., art. L. 661-1, III.
192. C. com., art. L. 661-3.
193. C. com., art. L. 661-6, I, 1°. La Cour de cassation a jugé que les dispositions de l'art. L. 661-6, I, 1°, n'ont ni pour objet ni pour effet de fermer le recours de droit commun ouvert contre les ordonnances du juge-commissaire devant le tribunal de la procédure collective par l'art. R. 621-21, Cass. com., QPC, 21 févr. 2012, *Bull. civ.* IV, n° 48 ; *D.* 2012. Actu. 550, obs. Lienhard ; *Gaz. Pal.* 27-28 avr. 2012, p. 26, obs. Rohart-Messager ; Procédures 2012, n° 183, note Rolland ; *Rev. proc. coll.* 2012, n° 61, obs. Cagnoli.
194. C. com., art. L. 661-7.
195. C. com., art. L. 661-6, I., 2°.
196. C. com., art. L. 661-7.
197. C. com., art. L. 661-6, II.
198. C. com., art. L. 661-7.
199. C. com., art. L. 661-6, III.
200. C. com., art. L. 661-6, III.

arrêtant ou rejetant le plan de cession ne sont pas susceptibles de tierce opposition. Le pourvoi en cassation n'est ouvert qu'au ministère public [201].

– Les jugements modifiant le plan de cession ne sont susceptibles que d'un appel de la part du ministère public ou du cessionnaire [202]. Le cessionnaire ne peut interjeter appel du jugement modifiant le plan de cession que si ce dernier lui impose des charges autres que les engagements qu'il a souscrits au cours de la préparation du plan. Les jugements modifiant le plan de cession ne sont pas susceptibles de tierce opposition. Le pourvoi en cassation n'est ouvert qu'au ministère public [203].

– Les jugements statuant sur la résolution du plan de cession ne sont susceptibles que d'un appel de la part du débiteur, de l'administrateur, du liquidateur, du cessionnaire et du ministère public [204]. Les jugements statuant sur la résolution du plan de cession ne sont pas susceptibles de tierce opposition. Le pourvoi en cassation n'est ouvert qu'au ministère public [205].

– Le pourvoi en cassation pour défaut de communication n'est ouvert qu'au ministère public lorsqu'il doit avoir communication des procédures de sauvegarde, de redressement judiciaire ou de liquidation judiciaire et des causes relatives à la responsabilité des dirigeants sociaux [206]. Cette limitation du pourvoi en cassation n'est toutefois pas applicable « *lorsque la loi prévoit que la décision sera rendue après avis du ministère public* » [207].

Les décisions rendues en matière de responsabilité et sanction en application du titre V du Livre VI du Code de commerce sont susceptibles d'appel de la part du ministère public.

319. – Recours contre les ordonnances du juge-commissaire [208]. – Le régime des recours contre les ordonnances du juge-commissaire varie selon l'objet de la décision.

– Les ordonnances relatives aux demandes, contestations et revendications relevant de la compétence du juge-commissaire, ainsi que les réclamations formulées contre les actes de l'administrateur, du mandataire judiciaire et du commissaire à l'exécution du plan [209], de même que les contestations pour la répartition des produits de la vente dans la liquidation judiciaire simplifiée [210], ou encore à la poursuite des contrats en cours, peuvent être contestées devant le tribunal et non devant la cour d'appel [211]. La Cour de cassation [212] a aussi admis qu'un recours de droit commun est ouvert au créancier pour contester une décision du juge-commissaire relative à la désignation ou au remplacement d'un contrôleur alors

201. C. com., art. L. 661-7, al. 2.
202. C. com., art. L. 661-6, IV.
203. C. com., art. L. 661-7, al. 2.
204. C. com., art. L. 661-6, V.
205. C. com., art. L. 661-7, al. 2.
206. C. com., art. L. 661-8.
207. Cass. com., 3 mai 2011, *Bull. civ.* IV, n° 67 ; *D.* 2011. Actu. 1278, obs. Lienhard ; *LEDEN* juin 2011, p. 5, obs. Delattre ; *RJ com.* 2011. 500, note Sortais ; *Bull. Joly Entrep. diff.* 2011. 330, note De Lajarte ; *RJDA* 2011, n° 948 ; *Rev. proc. coll.* 2011, n° 183, obs. Fraimout.
208. B. Rolland, « Voies de recours contre les ordonnances du juge-commissaire : tableau synthétique », *Procédures* 2012, comm. 122.
209. C. com., art. R. 621-21.
210. C. com., art. R. 644-3.
211. C. com., art. R. 621-21.
212. Cass. com., QPC, 21 févr. 2012, *Bull. civ.* IV, n° 48 ; *D.* 2012. Actu. 550, obs. Lienhard ; *Gaz. Pal.* 27-28 avr. 2012, p. 26, obs. Rohart-Messager ; *Procédures* 2012, n° 183, note Rolland ; *Rev. proc. coll.* 2012, n° 61, obs. Cagnoli.

même que le code ne réserve expressément l'appel qu'au ministère public [213] tout en lui refusant le pourvoi en cassation [214].

Le délai pour exercer le recours est de dix jours à compter de la communication ou de la notification de l'ordonnance. Le juge-commissaire étant membre du tribunal il ne peut siéger, à peine de nullité du jugement, « *lorsque le tribunal statue sur un recours formé contre une de ses ordonnances* » [215]. Les jugements peuvent ensuite être contestés devant la cour d'appel conformément au droit commun (C. proc. civ., art. 543) et faire l'objet d'un pourvoi en cassation (C. proc. civ., art. 602). La Cour de cassation a en effet jugé que « *les jugements statuant sur les recours formés contre les ordonnances rendues par le juge-commissaire, qui ne sont pas visés par les dispositions spéciales de la loi du 26 juillet 2005 de sauvegarde des entreprises réglementant les voies de recours, sont susceptibles de recours dans les termes du droit commun* » [216].

– Les ordonnances statuant sur l'admission ou le rejet des créances font l'objet d'un recours devant la cour d'appel dans un délai de dix jours [217] et d'un pourvoi en cassation. Il en est de même a jugé la Cour de cassation, y compris lorsque la juridiction, « *faisant application d'une clause compromissoire, se déclare incompétente* ». Cela signifie que, la décision d'incompétence du juge-commissaire au profit d'une juridiction arbitrale ne doit pas être déférée directement aux arbitres [218]. Les ordonnances relatives à la cession d'actifs en liquidation judiciaire font aussi l'objet d'un recours devant la cour d'appel [219] et d'un pourvoi en cassation.

– Les tiers intéressés peuvent exercer une tierce opposition contre les décisions du juge-commissaire portées sur l'état des créances [220].

– Les décisions ne pouvant faire l'objet d'un recours, soit parce que la loi réserve à certaines personnes désignées la possibilité d'exercer un tel recours, soit parce que le recours est expressément fermé (par ex. mesures d'administration judiciaire) ou limité, il est toujours possible d'invoquer un excès de pouvoir du juge. Il a ainsi été jugé que les « *ordonnances du juge-commissaire rendues en application des articles L. 642-18 et L. 642-19 du Code de commerce ne sont susceptibles que d'un appel et d'un pourvoi en cassation de la part du ministère public ; qu'il n'est dérogé à cette règle qu'en cas d'excès de pouvoir, lequel s'il est établi, ouvre droit à un recours en annulation du jugement formé par la voie de l'appel ; que la voie de la cassation n'est ouverte que lorsque toutes les autres voies sont fermées* » [221]. On peut cependant observer que les cas de recours-nullité devraient être moins nombreux puisque les voies de recours ont été largement libérées par les réformes de 2005 et 2008. C'est vrai notamment s'agissant de la réalisation des actifs un appel étant désormais possible [222].

213. C. com., art. L. 661-6, I, 1°.
214. C. com., art. L. 661-7.
215. C. com., art. R. 621-22.
216. Cass. com., 7 févr. 2012, n° 10-26164 ; *Procédures* 2012, comm. 122, note B. Rolland.
217. C. com., art. L. 624-3 ; art. R. 624-7 à 10 ; art. R. 661-3, al. 1.
218. Cass. com., 22 janvier 2008, n° 06-18703.
219. C. com., art. R. 642-37-1 et R. 642-37-3.
220. C. com., art. R. 624-8, al. 4.
221. Cass. com., QPC, 26 juin 2012, *Bull. civ.* IV, n° 138 ; *D.* 2012. Chron. C. cass. 2012. 2554, obs. Arbellot ; *RJDA* 2013, n° 149.
222. C. com., art. R. 642-37-1 et R. 642-3.

320. – Excès de pouvoir du juge. – L'intérêt de l'entreprise que l'on cherche à sauvegarder a conduit le législateur à apporter certains aménagements procéduraux comme, par exemple, la limitation voire l'interdiction des voies de recours. Lorsque tel est le cas, la jurisprudence admet cependant que l'on puisse exercer une voie de recours nullité, malgré l'interdiction ou la limitation légale. Ces voies de recours nullité peuvent être exercées en tout état de cause (en appel, en cassation) et ne sont recevables que si le juge ayant rendu la décision critiquée a commis un excès de pouvoir [223], une notion perçue de manière restrictive par la Cour de cassation, qui a jugé récemment que, « *ni la méconnaissance du principe de loyauté des débats, ni le grief tiré d'une violation de l'article 6 § 1 de la Convention de sauvegarde des droits de l'homme et des libertés fondamentales ne constituent un excès de pouvoir* » [224]. La violation du contradictoire est en revanche une source d'excès de pouvoir même si la solution n'a pas été posée de manière générale par la Cour de cassation [225]. S'agissant d'un recours nullité le juge doit limiter son appréciation à l'excès de pouvoir du juge. Par exemple, « *il n'entre pas dans les pouvoirs juridictionnels de la cour d'appel, statuant sur un appel-nullité relevé à l'encontre d'un jugement rendu à la suite d'une ordonnance du juge-commissaire prise en application de l'art. L. 642-18 C. com., de se prononcer sur l'éventuelle cession forcée d'un immeuble grevé d'une clause d'inaliénabilité* » [226].

N°s 321 à 334 réservés.

223. Cass., ch. mixte, 28 janv. 2005, *D.* 2005, IR p. 386, obs. V. Avena-Robardet, et 2006, Pan. p. 545, obs P. Julien et N. Fricero ; Cass. 2e civ., 17 nov. 2005, *D.* 2005, AJ, p. 3085, obs. A. Lienhard ; *Act. proc. coll.* 2006, n° 22, obs. P. Cagnoli ; *Procédures* 2006, n° 12, obs. J.-J. Junillon ; Cass. com., 3 mai 2006, *D.* 2006, AJ p. 1369, obs. A. Lienhard.

224. Cass. com., 12 juillet 2011, n° 09-71764, F-P+B.

225. « *Constitue un excès de pouvoir le fait pour un juge, qui se prononce en matière de réalisation de l'actif du débiteur en liquidation judiciaire, de statuer sans que le débiteur ait été entendu ou dûment appelé* », Cass. com., 8 janv. 2013, n° 11-26059, F-P+B, Proc. 2013, comm. 111, obs. B. Rolland ; *D.* 2013, p. 173, note A. Lienhard ; Cass. com., 16 juin 2009, n° 08-13565 : *Juris-Data* n° 2009-048660 ; *Procédures* 2009, comm. 280, obs. B. Rolland ; *D.* 2009, p. 1756, note A. Lienhard ; *Gaz. Pal.* 28 juill. 2009, p. 19, note N. Fricero et 1er-3 nov. 2009, p. 20, note D. Voinot ; *D.* 2009, p. 2521, note J. Théron ; *RLDA* 2009, n° 41, p. 35. – B. Rolland, « Une embellie pour le principe du contradictoire (à propos de Cass. com., 16 juin 2009) », *Rev. proc. coll.* 2010, étude 8.

226. Cass. com., 8 nov. 2011, *Bull. civ.* IV, n° 184 ; *D.* 2011. Actu. 2789 ; *Act. proc. coll.* 2011, n° 308, obs. Cagnoli ; *LEDEN* janv. 2012, p. 5, obs. J.-P. Sénéchal ; *RJDA* 2012, n° 320 ; *Bull. Joly Entrep. diff.* 2012. 168, note Théron.

DEUXIÈME PARTIE
LE DÉROULEMENT DES PROCÉDURES COLLECTIVES

335. – À l'ouverture d'une procédure collective, un régime d'ordre public est appliqué au débiteur. À première vue, ce régime devrait être différent selon le type de procédures collectives (sauvegarde, sauvegarde financière accélérée, redressement judiciaire, liquidation judiciaire) et ceci en raison des objectifs distincts poursuivis par ces procédures. En réalité, l'observation montre que, si le déroulement des procédures collectives présente des particularités propres à chacune d'entre elle, elles ont aussi de nombreux points communs qui se manifestent tant sur le plan patrimonial qu'économique. C'est la raison pour laquelle il est préférable de décrire le déroulement des procédures collectives en ce qu'il se manifeste à l'égard du patrimoine (titre I) et à l'égard de l'activité (titre II) du débiteur.

Titre I
Le patrimoine du débiteur en procédure collective

336. – Pendant le déroulement des procédures collectives, le patrimoine du débiteur est soumis à un régime spécial de protection (Chapitre I) afin de garantir une égalité entre les créanciers ou parfois pour permettre la sauvegarde de l'activité du débiteur.

Le déroulement des procédures collectives se traduit également par la mise en œuvre de règles permettant de déterminer le patrimoine du débiteur (Chapitre II) et ceci afin de préparer le paiement des créanciers.

CHAPITRE I
La protection du patrimoine

337. – Lorsque l'entreprise connaît des difficultés le débiteur peut être conduit à adopter des comportements contraires à l'intérêt de l'entreprise et ceci sous la pression des événements. Il peut ainsi faire la sourde oreille face aux difficultés et ceci au détriment des créanciers. Il peut ensuite céder une partie du patrimoine de l'entreprise afin de préserver sa trésorerie mais, ce faisant, il risque de porter atteinte à la pérennité de l'activité. De même les créanciers, observant les difficultés du débiteur, peuvent être incités à mettre tous les moyens en œuvre pour obtenir le paiement de leur créance et ainsi mettre en péril l'intérêt du débiteur mais aussi de l'entreprise. C'est pourquoi, pendant le déroulement de la procédure collective, la protection du patrimoine du débiteur doit être assurée à l'égard du débiteur lui-même (Section I) mais aussi des créanciers (Section II).

Section I
La protection à l'égard du débiteur

§ 1 : Les mesures conservatoires affectant le débiteur

I. Mesures communes à toutes les procédures collectives

338. – Fonction des mesures conservatoires. – Il s'agit de mesures qui visent à informer l'administrateur et le mandataire judiciaire ou le liquidateur de la situation patrimoniale de l'entreprise. Cela permet aussi d'éviter que le débiteur ne dissipe ses biens.

A. Inventaire [1]

1°/ Objet

339. – Objet. – À l'ouverture de la procédure de sauvegarde, de sauvegarde financière accélérée, de redressement judiciaire ou de liquidation judiciaire il est dressé un inventaire. Celui-ci porte sur « *le patrimoine du débiteur ainsi que les garanties qui le grèvent* » [2]. C'est une opération importante pour les créanciers et notamment pour ceux qui, propriétaires de biens détenus

1. C. com., art. L. 622-6 (sauvegarde) ; art. L. 631-14 (redressement judiciaire) et art. L. 641-1 (liquidation judiciaire).
2. C. com., art. L. 622-6, al. 1.

par le débiteur, souhaitent les revendiquer même si l'absence d'inventaire ne fait pas obstacle à l'exercice des actions en revendication ou en restitution. Dans ce cas, c'est à l'administrateur ou au liquidateur de prouver que le bien en possession du débiteur ne se retrouvait pas en nature au jour de l'ouverture de la procédure empêchant ainsi la revendication du bien [3].

Le débiteur est tenu, à peine de ne pouvoir s'exonérer d'une sanction personnelle [4], de faire mention des biens qu'il détient susceptibles d'être revendiqués par un tiers. Il annexe à l'inventaire ou remet à la personne désignée pour dresser l'inventaire la liste des biens gagés, nantis ou placés sous sujétion douanière ainsi que celle des biens qu'il détient en dépôt, location ou crédit-bail, ou sous réserve de propriété ou, plus généralement, qui sont susceptibles d'être revendiqués par des tiers [5]. S'il n'est pas immatriculé au registre du commerce ou au répertoire des métiers le débiteur doit informer le mandataire judiciaire ou, le liquidateur, de la déclaration d'insaisissabilité à laquelle il a, le cas échéant, procédé [6]. L'inventaire ne peut pas porter atteinte au secret professionnel. Il est déposé au greffe du tribunal et ensuite communiqué à l'administrateur et au mandataire judiciaire ou au liquidateur.

340. – Entrepreneur individuel à responsabilité limitée (EIRL). – Le débiteur entrepreneur individuel à responsabilité limitée doit faire figurer dans l'inventaire « *les biens détenus dans le cadre de l'activité à raison de laquelle la procédure a été ouverte qui sont compris dans un autre de ses patrimoines et dont il est susceptible de demander la reprise[...]* » [7]. L'article L. 624-19 du Code de commerce prévoit en effet que le débiteur EIRL peut, avec l'acquiescement de l'administrateur, qui aura lui-même obtenu l'accord du mandataire judiciaire, reprendre un bien détenu dans le cadre de l'activité à raison de laquelle la procédure a été ouverte, qui est compris dans un autre de ses patrimoines. Cette demande de reprise doit être faite dans un délai de trois mois à compter de la publication du jugement d'ouverture de la procédure au *Bodacc* [8]. À défaut d'accord, la demande est alors portée devant le juge-commissaire.

2°/ Qui réalise l'inventaire ?

341. – Sauvegarde et sauvegarde financière accélérée. – Dans la procédure de sauvegarde, l'inventaire peut être réalisé par le débiteur « *sauf s'il a été procédé, dans le jugement d'ouverture, à la désignation d'un officier public* ou d'un courtier de marchandises assermenté » chargé de le dresser [9], cette désignation par le tribunal intervenant à la demande du débiteur [10]. Lorsqu'il est établi par le débiteur, l'inventaire doit être certifié par un commissaire aux comptes ou attesté par un expert-comptable. L'inventaire est ensuite déposé au greffe du tribunal par le débiteur qui en remet une copie à l'administrateur et au mandataire judiciaire [11]. En cas de carence du débiteur à établir l'inventaire dans un délai de huit jours à compter du jugement d'ouverture,

3. Cass com., 1er déc. 2009 : *Bull. civ.* IV, n° 156 ; *D.* 2010. AJ 12, obs. Lienhard, ; *RTD com.* 2010.424, obs. Martin-Serf ; *JCP E* 2010. 1296, n° 12, obs. Cabrillac ; *LEDEN* janv. 2010, p. 2, obs. Rubellin ; *Gaz. Pal.* 16-17 avr. 2010, p. 42, obs. Pérochon ; *RJDA* 2010, n° 541 ; *RTD civ.* 2010. 361, obs. Crocq.
4. V. par ex. CA Paris, 20 janv. 2011, *RJDA* 2011, n° 447.
5. C. com., art. R. 622-4.
6. Et ceci en application de C. com., art. L. 526-1.
7. *Ibid.*
8. C. com., art. L. 624-9.
9. C. com., art. L. 622-2-1.
10. C. com., art. L. 621-5, al. 6.
11. C. com., art. R. 622-4-1.

ou s'il ne l'achève pas dans un délai fixé par le tribunal, le juge-commissaire soit d'office, soit à la demande de l'administrateur, du mandataire judiciaire, du ministère public, désigne pour la réalisation complète de l'inventaire « *un commissaire-priseur judiciaire, un huissier de justice, un notaire ou un courtier en marchandises assermenté en considération de leurs attributions respectives telles qu'elles résultent des dispositions qui leur sont applicables* » [12].

342. – Redressement judiciaire et liquidation judiciaire. – Dans la procédure de redressement judiciaire [13] ou de liquidation judiciaire [14], l'inventaire est réalisé par un commissaire-priseur judiciaire [15], un huissier, un notaire ou un courtier en marchandise assermenté, désigné par le tribunal. Si le débiteur exerce une profession libérale, l'inventaire doit être dressé en présence d'un représentant de l'ordre professionnel dont il relève. La personne ainsi chargée de dresser l'inventaire doit aussi faire une prisée (exclusivement en redressement judiciaire et en liquidation judiciaire), c'est-à-dire une évaluation du patrimoine du débiteur. Cette prisée ne porte que sur les actifs du débiteur ce qui exclut les biens visés dans l'inventaire dont il n'est pas propriétaire [16].

B. Informations sur l'entreprise

343. – Liste des créanciers et autres informations sur l'entreprise. – À l'ouverture des procédures collectives, le débiteur doit dresser la liste de ses créanciers [17], du montant de ses dettes et des principaux contrats en cours. Il remet cette liste à l'administrateur et au mandataire judiciaire, ou au liquidateur et les informe des instances en cours auxquelles il est partie.

344. – Liste du personnel. – Le débiteur doit aussi communiquer à l'administrateur, ou au mandataire judiciaire ou au liquidateur, la liste du personnel ainsi que tous éléments permettant de déterminer les salaires et indemnités à payer. Il signale aussi tous ses établissements et en facilite l'accès [18]. Tout tiers détenteur est tenu de remettre à l'administrateur ou, à défaut, au mandataire judiciaire, à la demande de celui-ci, les documents et livres comptables [19]. Si les comptes annuels n'ont pas été établis ou mis à sa disposition, l'administrateur, lorsqu'il en a été désigné, dresse à l'aide de tout document ou renseignement disponible un état de la situation [20].

345. – Pouvoir d'information de l'administrateur, du mandataire judiciaire ou du liquidateur. – Afin d'avoir « *une exacte information sur la situation patrimoniale du débiteur* » l'administrateur ou, s'il n'a pas été nommé, le mandataire judiciaire, ou alors le liquidateur « *peut nonobstant toute disposition législative ou réglementaire contraire, obtenir communication*

12. C. com., art. L. 622-2-1, al. 2.
13. C. com., art. L. 631-9.
14. C. com., art. L. 641-1.
15. Sur la responsabilité du commissaire priseur tenu d'une obligation de moyens, CA Toulouse, 4 sept. 2012, *Rev. proc. coll.* 2012, n° 193, obs. Lebel.
16. Cass. civ. 2e, 13 janv. 2012, *Rev. proc. coll.* 2012, n° 25, obs. Lebel ; *RJ com.* sept.-oct. 2012. 49, note Sortais.
17. C. com., art. L. 622-6, al. 2 et 3 ; C. com., art. R. 622-5 (sauvegarde) ; C. com., L. 631-14, al. 1.
18. C. com., art. R. 622-2.
19. C. com., art. L. 622-5.
20. C. com., art. R. 622-3.

(de renseignements) par les administrations et organismes publics, les organismes de prévoyance et de sécurité sociale, les établissements de crédit, les établissements de monnaie électronique, les établissements de paiement ainsi que les services chargés de centraliser les risques bancaires et les incidents de paiement » [21]. Cette information peut être complétée par celle transmise par le juge-commissaire. Ce dernier dispose d'un droit à communication d'informations sur la situation économique, financière, sociale et patrimoniale du débiteur identique à celle prévue dans les autres procédures [22]. Il reçoit les renseignements détenus par le ministère public lui sont communiqués [23].

C. Utilisation des fonds de l'entreprise

346. – Rémunération du débiteur. – Dans la procédure de sauvegarde le débiteur conserve une certaine marge de manœuvre et notamment celle de fixer sa rémunération [24]. Ce n'est en revanche pas le cas en redressement judiciaire, procédure dans laquelle c'est au juge-commissaire qu'il appartient de fixer la rémunération du débiteur [25]. À défaut de rémunération, le débiteur peut obtenir sur l'actif, pour lui et sa famille, des subsides fixés par le juge-commissaire. Dans ce cas, lorsque le débiteur est un entrepreneur individuel à responsabilité limitée, le juge-commissaire tient compte des revenus éventuellement perçus au titre des patrimoines non visés par la procédure. Toujours en redressement judiciaire, à l'instar de la solution appliquée au débiteur personne physique, le dirigeant d'une personne morale en procédure ne peut librement fixer sa rémunération au titre de son mandat social [26]. Cette rémunération est fixée par le juge-commissaire après avis de l'administrateur et du mandataire judiciaire [27].

Dans la procédure de liquidation judiciaire, le débiteur ne dirige plus l'entreprise et ne saurait percevoir une rémunération au titre de l'exploitation de cette activité ce qui ne l'empêche pas d'exercer une activité salariée [28].

347. – Sommes d'argent ne servant pas à la poursuite de l'activité [29]. – Les sommes perçues par l'administrateur ou le mandataire judiciaire ou le liquidateur qui ne sont pas nécessaires à la poursuite d'activité doivent être versées à la Caisse des dépôts et consignations. Des pénalités sont appliquées s'il y a des retards au versement.

D. Protection des droits et biens de l'entreprise

348. – Préservation de l'entreprise [30]. – Des actes conservatoires doivent être passés dès le début de la procédure afin de préserver l'entreprise. Il s'agit d'une part des actes nécessaires à la

21. C. com., art. L. 622-6.
22. C. com., art. L. 623-2.
23. C. com., art. L. 621-8.
24. V. *infra*, n°s 563 et s., à propos des pouvoirs de gestion du débiteur.
25. C. com., art. L. 631-11.
26. C. com., art. L. 631-11.
27. C. com., art. R. 631-15.
28. C. com., art. L. 641-9, III.
29. C. com., art. L. 622-18 (sauvegarde) ; art. L. 631-14 (redressement judiciaire) ; art. L. 641-8 (liquidation judiciaire).
30. C. com., art. L. 622-4, al. 1 (sauvegarde) et L. 631-14 (redressement judiciaire) ; art. L. 641-10 (liquidation judiciaire).

conservation des droits de l'entreprise contre les débiteurs de celle-ci et d'autre part des actes utiles à la préservation des capacités de production de l'entreprise. L'administrateur ou le liquidateur peut inscrire au nom de l'entreprise tous nantissements, hypothèques, gages ou privilèges que le débiteur aurait négligé de prendre ou de renouveler [31].

349. – Cession de biens soumis à dépérissement ou dépréciation. – Le juge-commissaire peut autoriser le liquidateur ou l'administrateur, « *selon le cas, à vendre des meubles garnissant les lieux loués soumis à dépérissement prochain, à dépréciation imminente ou dispendieux à conserver, ou dont la réalisation ne met pas en cause, soit l'existence du fonds, soit le maintien de garanties suffisantes pour le bailleur* » [32].

II. Mesures spécifiques à la liquidation judiciaire

350. – Remise du courrier en procédure de liquidation judiciaire [33]. – Cette obligation de remise du courrier n'existe pas dans la sauvegarde, elle a disparu dans le redressement judiciaire mais elle a été maintenue en procédure de liquidation judiciaire mais uniquement pour un débiteur qui exerce une activité pour laquelle il n'est pas soumis au secret professionnel. Le juge-commissaire peut d'abord ordonner que le liquidateur ou l'administrateur s'il y a lieu soit le destinataire du courrier adressé au débiteur. Ce dernier, préalablement informé, peut assister à l'ouverture du courrier. Cependant, tout courrier personnel, toute convocation devant une juridiction et toute notification de décisions doivent être immédiatement remis ou restitué au débiteur. Le juge-commissaire peut ensuite autoriser l'accès du liquidateur et de l'administrateur, lorsqu'il en a été désigné, au courrier électronique reçu par le débiteur. Dans ce cas le liquidateur peut, sur ordonnance du juge-commissaire, demander au représentant légal de la personne morale ou au débiteur personne physique ou à tout autre salarié du débiteur pouvant recevoir des informations utiles de transférer de façon automatique le courrier électronique de leurs messageries professionnelles vers l'adresse électronique qu'il leur désigne. À cette fin, le liquidateur et, le cas échéant, l'administrateur peuvent également requérir l'assistance de tout salarié du débiteur. L'ordonnance du juge-commissaire désigne les personnes physiques dont le courrier électronique est transféré au liquidateur. Le liquidateur et l'administrateur détruisent sans délai les messages transférés dépourvus de caractère professionnel. Dès la fin de sa mission, l'administrateur a l'obligation de transférer au liquidateur les messages encore en sa possession. À la clôture de la liquidation, le liquidateur détruit les messages transférés qu'il a pu conserver.

351. – Apposition des scellés en liquidation judiciaire [34]. – Le juge-commissaire peut ordonner l'apposition des scellés sur tout ou partie des biens du débiteur en liquidation judiciaire. Cela concerne pour l'essentiel les espèces et les marchandises. Dans ce cas, il est procédé selon les règles prévues pour les scellés après décès. Il est donné avis de l'apposition des scellés au juge-commissaire qui l'a ordonnée. Lorsque le débiteur exerce une profession libérale soumise à un statut législatif ou réglementaire ou dont le titre est protégé, l'apposition des scellés

31. C. com., art. L. 622-4, al. 2.
32. C. com., art. L. 622-16, al. 4.
33. C. com., art. L. 641-15 et art. R. 641-40.
34. C. com., art. R. 641-15 et R. 641-16.

a lieu en présence d'un représentant de l'ordre professionnel ou de l'autorité dont il relève. Les biens, documents et effets dispensés ou extraits de scellés par décision du juge-commissaire sont inventoriés sans délai avec estimation de leur valeur par la personne chargée de réaliser l'inventaire. Leur état est décrit sommairement dans le procès-verbal d'apposition des scellés. Le liquidateur ou l'administrateur, s'il en a été désigné un, requiert la levée des scellés en vue des opérations d'inventaire. D'une manière générale l'efficacité de l'apposition des scellés est contestée, le débiteur pouvant toujours organiser la dissimulation de ses biens meubles avant l'ouverture de la procédure [35].

§ 2 : La limitation des droits du débiteur sur son patrimoine

352. – Droits du débiteur sur son patrimoine. Mesures conservatoires frappant le patrimoine du dirigeant. – Le débiteur en procédure collective subit des contraintes quant à l'exercice de ses droits sur son patrimoine. Ces contraintes sont plus ou moins fortes selon les procédures collectives. Frappé d'un dessaisissement partiel dans les procédures de sauvegarde, sauvegarde financière accélérée et redressement judiciaire, il est soumis à un dessaisissement total en liquidation judiciaire. Lorsque le débiteur est une personne morale, des mesures conservatoires peuvent frapper le patrimoine du dirigeant.

I. Le dessaisissement partiel du débiteur en procédure de sauvegarde, sauvegarde financière accélérée et redressement judiciaire

353. – Les droits du débiteur sur son patrimoine dépendent de la désignation ou non d'un administrateur judiciaire [36].

A. Pouvoirs du débiteur en présence d'un administrateur judiciaire

1°/ Actes que le débiteur peut passer seul

354. – Pouvoir exclusif du débiteur. – La loi réserve un domaine d'intervention exclusif du débiteur. Celui-ci a en effet la possibilité d'exercer sur son patrimoine les actes de disposition et d'administration, ainsi que les droits et actions qui ne sont pas compris dans la mission de l'administrateur [37]. Les droits et actions sont d'abord ceux à caractère personnel c'est-à-dire tous ceux qu'un créancier ne peut exercer par voie oblique en application de l'article 1166 du Code civil (les actions relatives à l'état de la personne du débiteur, la constitution de partie civile).

355. – Actes de gestion courante. – Le débiteur a ensuite la possibilité de passer seul des actes de gestion courante qui sont réputés valables à l'égard des tiers de bonne foi [38]. Ainsi

35. Y. Guyon, *Droit des affaires*, t. 2, *op. cit.*, n° 1200, p. 219.
36. Sur la désignation de l'administrateur judiciaire, v. *supra* n°s 279 et s.
37. C. com., art. L. 622-3, al. 1er (sauvegarde) ; art. L. 631-14 (redressement judiciaire).
38. C. com., art. L. 622-3, al. 2 (sauvegarde) ; art. L. 631-14 (redressement judiciaire).

même si l'administrateur assiste le débiteur, ces actes seront présumés valables. Les tiers sont de bonne foi s'ils ignorent « les restrictions apportées aux pouvoirs du débiteur par le jugement ouvrant la procédure collective, cette absence de connaissance étant présumée » selon la Cour de cassation [39]. Les actes de gestion courante sont ceux qui entrent dans l'activité habituelle de l'entreprise conformément aux usages de la profession. L'appréciation du caractère « courant » de l'acte considéré relève du pouvoir souverain des juges du fond [40]. Ainsi constituent des actes de gestion courante des contrats de vente passés par un agent commercial au nom du débiteur en redressement judiciaire [41], ou encore une commande de marchandises destinées à être vendues en prêt-à-porter, ainsi qu'une cession de créances par bordereau Dailly [42]. De même l'émission d'une lettre de change constitue un acte de gestion courante n'exigeant pas le contreseing de l'administrateur judiciaire et ceci en raison de la nature de l'activité de la société débitrice et du montant des marchés de travaux [43]. Nées régulièrement après l'ouverture de la procédure, les créances résultant des actes de gestion courante effectués par le débiteur sont payées à leur échéance ou, à défaut, par priorité aux créances nées avant l'ouverture de la procédure. Il en va différemment pour les créances correspondant aux actes ne relevant pas de la gestion courante de l'entreprise que le débiteur a passé au mépris de la mission confiée à l'administrateur.

2°/ Actes que le débiteur ne peut passer seul

356. – Intervention de l'administrateur. – Certains actes nécessitent impérativement l'intervention de l'administrateur. C'est notamment le cas de tous les actes qui relèvent du pouvoir exclusif de l'administrateur. Il en est ainsi de la poursuite des contrats en cours [44]. Il en est de même de l'utilisation des comptes bancaires ou postaux du débiteur si celui-ci a fait l'objet des interdictions prévues aux articles L. 131-72 ou L. 163-6 du Code monétaire et financier [45].

357. – Intervention du juge-commissaire. – Certains actes nécessitent d'être autorisés par le juge-commissaire. Il en est ainsi des actes de disposition étrangers à la gestion courante de l'entreprise, du consentement d'une hypothèque, d'un gage ou d'un nantissement ou encore du compromis ou de la transaction [46]. De même, par dérogation à la règle de l'interdiction des paiements [47], le juge-commissaire peut autoriser le débiteur à payer des créances antérieures au jugement, pour retirer le gage, une chose légitimement retenue, ou alors pour obtenir le retour de biens ou de droits transférés à titre de garantie dans un patrimoine fiduciaire lorsque ce retrait est justifié par la poursuite de l'activité. L'autorisation de paiement peut enfin être donnée pour lever l'option d'achat d'un contrat de crédit-bail, lorsque cette levée d'option est justifiée par la poursuite d'activité et que le paiement à intervenir est d'un montant inférieur à la valeur vénale du bien objet du contrat. Afin d'obtenir l'autorisation, le débiteur ou l'administrateur adresse une requête en ce sens au

39. Cass. com., 13 sept. 2011, *RJDA* 2011, n° 938 ; *Bull. Joly Entrep. diff.* 2012. 12, note Delmotte ; *Gaz. Pal.* 20-21 janv. 2012, p. 15, obs. Bidan.
40. Cass. com., 11 juin 1996, *RJDA* 12/96 n° 1533.
41. Cass. com., 13 sept. 2011, *ibid.* CA Versailles, 28 nov 1996, *RJDA* 4/97, n° 555.
42. CA Versailles 13 juin 1996, *RJDA* 12/96, n° 1533.
43. CA Toulouse, 29 juin 2010, *RJDA* 2010, n° 1092.
44. « L'administrateur a *seul* la faculté d'exiger l'exécution des contrats en cours », art. L. 622-13, II, C. com.
45. C. com., art. L. 622-1, V.
46. C. com., art. L. 622-7, II.
47. C. com., art. L. 622-7, I.

juge-commissaire. Le greffier convoque le débiteur, l'administrateur, le mandataire judiciaire et, s'il y a lieu, les créanciers titulaires de sûretés spéciales sur les biens dont la vente est envisagée [48]. La demande d'autorisation au juge-commissaire émane soit du débiteur en sauvegarde si l'administrateur n'a reçu qu'une mission de surveillance [49], soit du débiteur et de l'administrateur si la mission de ce dernier est de surveillance en sauvegarde ou en redressement judiciaire, et enfin de l'administrateur exclusivement si, en redressement judiciaire uniquement, sa mission est de représenter le débiteur [50].

La solution vaut pour tout type de biens. En l'absence d'autorisation, l'acte passé peut être annulé [51] à la demande de tout intéressé ou du ministère public, présentée dans un délai de trois ans à compter de la conclusion de l'acte. Lorsque l'acte est soumis à publicité, le délai court à compter de celle-ci. Des sanctions pénales sont également prévues [52].

B. Pouvoirs du débiteur en l'absence d'administrateur judiciaire

358. – Pouvoirs du débiteur. – En l'absence d'administrateur, la loi attribue au débiteur un certain nombre de pouvoirs dévolus à l'administrateur lorsqu'il est désigné. Surtout le débiteur n'a pas besoin de l'autorisation du juge-commissaire pour exercer de telles missions. Il peut par exemple décider de la poursuite ou non des contrats en cours [53] avec l'avis conforme du mandataire judiciaire. Le cocontractant doit mettre en demeure le débiteur de prendre position sur la suite à donner au contrat. Dans le même temps il informe le mandataire judiciaire en lui adressant copie de cette mise en demeure. Le mandataire judiciaire doit, sans délai, faire part de son avis au débiteur et au cocontractant. À défaut de réponse du mandataire dans le délai de quinze jours à compter de la réception par le débiteur de la mise en demeure, ce dernier peut saisir le juge-commissaire. En l'absence d'administrateur c'est au débiteur d'établir un projet de plan [54] avec l'assistance éventuelle d'un expert nommé par le tribunal et qui transmet au juge-commissaire et au mandataire judiciaire les propositions de règlement du passif [55]. Dans la procédure de redressement judiciaire seulement, le débiteur exerce les prérogatives de l'administrateur en matière de licenciements pour motif économique [56].

II. Le dessaisissement total du débiteur en liquidation judiciaire

359. – Saisie collective du patrimoine du débiteur. – La période de liquidation judiciaire présente des risques pour les créanciers qui peuvent être victimes de manœuvres du débiteur. Ce dernier peut par exemple favoriser tel créancier par rapport à tel autre. Cette rupture d'égalité n'est pas admissible c'est pourquoi la procédure de liquidation judiciaire s'accompagne traditionnellement d'un dessaisissement du débiteur. La liquidation judiciaire opère alors une saisie collective du patrimoine du débiteur. Le débiteur est désormais

48. C. com., art. R. 622-6.
49. C. com., art. L. 622-7, II.
50. C. com., art. L. 621-14, al. 3.
51. C. com., art. L. 622-7, III.
52. C. com., art. L. 654-8.
53. C. com., art. L. 627-2.
54. C. com., art. L. 627-3.
55. C. com., art. L. 627-3.
56. C. com., art. L. 631-21 et art. L. 631-17.

représenté par le liquidateur et ceci quelle que soit l'issue de la procédure de liquidation judiciaire (cession globale ou partielle, réalisation d'actifs isolés).

A. Principe du dessaisissement

360. – Notion de dessaisissement. – À compter de la date du jugement d'ouverture de la liquidation judiciaire et jusqu'à la clôture de cette procédure le débiteur est dessaisi de l'administration et de la disposition de ses biens. Le principe du dessaisissement est ainsi énoncé à l'article L. 641-9 du Code de commerce. Il signifie que le débiteur ne peut plus exercer des droits et actions sur son patrimoine. L'exercice de ses droits et actions relève désormais du liquidateur et les créanciers ne peuvent se substituer à lui [57]. Cette règle du dessaisissement est édictée dans l'intérêt des créanciers et donc, seul le liquidateur peut s'en prévaloir [58].

361. – Domaine du dessaisissement. – Le dessaisissement a un domaine étendu. Il s'applique à toutes sortes d'actes ayant un rapport avec le patrimoine du débiteur, comme par exemple les paiements. Il concerne aussi tous les biens du débiteur qui figurent dans le patrimoine du débiteur au jour du jugement ouvrant la procédure sans que l'on fasse de distinction entre les biens affectés à l'exploitation et les biens personnels, y compris les biens communs. Cela explique que l'ouverture d'une procédure de liquidation judiciaire contre un époux commun en biens soit une source inévitable de conflits entre les créanciers de la procédure et les créanciers du conjoint *in bonis*. Si les premiers s'appuient sur les règles de la liquidation judiciaire pour appréhender les biens propres de l'époux en cessation des paiements et aussi tous les biens de la communauté, les créanciers du conjoint *in bonis* se prévalent du droit des régimes matrimoniaux pour continuer à exercer leurs droits et sûretés sur les biens communs. La jurisprudence ne facilite pas la tâche des créanciers du conjoint *in bonis*. La Cour de cassation juge en effet que le dessaisissement de la personne interdit à ses créanciers d'exercer des poursuites sur les biens communs en dehors des cas où les créanciers du débiteur soumis à liquidation judiciaire peuvent eux-mêmes agir [59].

Le liquidateur a donc un pouvoir étendu d'agir dès lors que son action se rattache au patrimoine du débiteur. C'est ainsi qu'il peut exercer une action en dommages-intérêtsen réparation du préjudice résultant des infractions commises par les dirigeants de la personne morale en liquidation judiciaire [60] ou encore le remboursement de la valeur des parts d'un associé en application de l'article 1860 du Code civil [61]. En revanche il n'a pas qualité pour exercer les actions liées aux fonctions de gérant du débiteur, qui concernent le patrimoine de la personne

---

57. Cass. com., 3 avr. 2001, *Act. proc. coll.*2001-8, n° 105 ; *JCP* E 2001, p. 1473, obs. P. Pétel (impossibilité pour les créanciers d'exercer une action oblique).

58. « *Tel n'est pas le cas lorsque le débiteur ayant formé seul une demande en paiement d'une créance, le liquidateur intervient volontairement pour se substituer à lui* » ; v. Cass. com., 14 déc. 2010, *D.* 2011, Actu. 69, obs. Lienhard ; *Act. proc. coll.* 2011, n° 41, obs. Cagnoli ; *LEDEN* févr. 2011, p. 5, obs. Camensuli-Feuillard ; *RJDA* 2011, n° 173 (2e esp.) ; *Dr. sociétés* 2011, n° 59, note Legros ; *Rev. proc. coll.* 2011, n° 24, obs. Cagnoli.

59. Cass. ass. plén., 23 déc. 1994, *JCP* E 1995, II, 660, note Ph. Pétel ; *JCP* N 1995, II, p. 423, note D. Randoux ; *D.* 1995, p. 145, note F. Derrida. V. égal. Cass. com., 16 nov. 2010, n° 09-68459.

60. Cass. crim., 5 déc. 2012, *D.* 2012. Actu. 2958 ; *Rev. sociétés* 2013. 305, note Bouloc ; *LEDEN* janv. 2013, p. 7, obs. Lasserre Capdeville ; *Dr. sociétés* 2013, n° 36, note R. Salomon ; *Act. proc. coll.* 2013, n° 28, obs. Cerf-Hollender ; *Gaz. Pal.* 1er-4 mai 2013, p. 46, obs. Robaczewski.

61. Cass com., 13 déc. 2011, *D.* 2012. Actu. 148, obs. Lienhard ; *Rev. sociétés* 2012. 376, note Morelli ; *Bull. Joly Entrep. diff.* 2012. 84, note Monsèrié-Bon ; *Bull. Joly* 2012. 316, note F.-X. Lucas ; *Act. proc. coll.* 2012, n° 92, obs. Pagnucco.

morale gérée [62]. Ce domaine étendu a également des répercussions sur les tiers qui doivent s'adresser au liquidateur pour toute question d'ordre patrimonial. Ainsi, une proposition de rectification établie en application de l'article 55 du livre des procédures fiscales doit être adressée au liquidateur [63].

B. Limites au dessaisissement

362. – Bien exclus. – Le principe du dessaisissement est certes étendu mais n'est pas sans limite. Ainsi le débiteur en liquidation conserve ses droits et pouvoirs sur certains biens en particulier ceux qui sont insaisissables. Il s'agit par exemple des traitements et salaires dans certaines limites légales ou encore, en cas de déclaration d'insaisissabilité effectuée par le débiteur personne physique, de « *l'immeuble où est fixée sa résidence principale* [64] *ainsi que sur tout bien foncier bâti ou non bâti* » qu'il n'a pas affecté à son usage professionnel [65]. La déclaration d'insaisissabilité publiée avant l'ouverture de la procédure de liquidation judiciaire est opposable à la procédure collective. Il en résulte que le juge-commissaire ne peut autoriser sans excès de pouvoir le liquidateur à vendre un bien entrant dans l'assiette de la déclaration [66]. De même il a été jugé que le liquidateur ne peut exercer l'action paulienne en raison d'une déclaration d'insaisissabilité frauduleuse [67].

363. – Entrepreneur individuel à responsabilité limitée. – En présence d'un EIRL, le dessaisissement ne concerne que les biens du patrimoine affecté à « *l'activité en difficulté* ». En effet, il résulte de l'article L. 680-1 du Code de commerce que les dispositions relatives à la liquidation judiciaire et donc au dessaisissement du débiteur EIRL sont appliquées « *patrimoine par patrimoine* » [68]. Ainsi, les biens non affectés ou alors ceux affectés à un autre patrimoine que celui affecté à l'activité en difficulté échapperont au dessaisissement [69].

62. Cass. com. 19 juin 2012 : *Bull. civ.* IV, n° 128 ; *D.* 2012. Actu. 1671 ; *Rev. sociétés* 2012. 532, obs. Henry ; *LEDEN* juill. 2012, p. 3, obs. Pelletier ; *Act. proc. coll.* 2012, n° 194, obs. Regnaut-Moutier ; *Dr. sociétés* 2012, n° 171, note Legros ; *Bull. Joly* 2012. 731, note F.-X. Lucas ; *Gaz. Pal.* 12-13 oct. 2012, p. 28, obs. Voinot ; *contra.* F. Pérochon, n°s 1127 et 1128 ; *pro* P.-M. Le Corre, n° 582.13.

63. Cass. com., 21 févr. 2012, *Bull. civ.* IV, n° 40 ; *D.* 2012. Actu. 606 ; *Gaz. Pal.* 27-28 avr. 2012, p. 25, obs. Voinot ; *LEDEN* mai 2012, p. 3, obs. F. Blanc ; *RJDA* 2012, n° 610 ; *Bull. Joly Entrep. diff.* 2012. 234, note Dedeurwaerder.

64. L'exercice d'une activité professionnelle dans la résidence principale ne modifie pas la destination du local qui ne peut donc être saisi ; Rép. min. à QE n° 85332, *JOAN* Q, 20 juin 2006, p. 6639.

65. C. com., art. L. 526-1 ; v. P.-M. le Corre, « Protection de l'entrepreneur individuel et déclaration d'insaisissabilité », *AJDI* 2004, p. 179 ; C. Malecki « La loi pour l'initiative économique et l'insaisissabilité de la résidence principale de l'entrepreneur individuel », *D.* 2003, p. 2220 ; S. Piedelièvre, « L'insaisissabilité de la résidence principale de l'entrepreneur individuel », *JCP* G, 2003, I, 165 ; F. Vauvillé, « La déclaration notariée d'insaisissabilité », *Defrénois* 2003, art. 37813, p. 1197 ; L. Williate-Pelliteri, « L'insaisissabilité de la résidence principale de l'entrepreneur individuel résultat de la loi du 1er août 2003 : la boîte de Pandore du monde des affaires ? », *LPA*, 9 août 2004, p. 3. La réforme des sûretés ne remet pas en cause cette possibilité d'insaisissabilité offerte aux entrepreneurs individuels, en ce sens, Rép. min. à QE n° 93297, *JOAN* Q, 20 juin 2006, p. 6643.

66. Cass. com., 28 juin 2011, n° 10-15482. *Bull. civ.* IV, n° 109 ; *D.* 2011. Actu. 1751, obs. Lienhard ; *D.* 2012. Pan. 2201, obs. Le Corre ; *Rev. sociétés* 2011. 526, obs. Roussel Galle ; *JCP E* 2011. 1551, note Pérochon ; *ibid.* 1596, n° 4, obs. Pétel ; *LEDEN* juill. 2011, p. 1, obs. F.-X. Lucas ; *Dict. perm. diff. entrep., Bull.* n° 328, obs. Rémery ; *Act. proc. coll.* 2011, n° 203, obs. Fin-Langer ; *LPA* 28 sept. 2011, note Teboul ; *Bull. Joly Entrep. diff.* 2011. 242, note Camensuli-Feuillard ; *RD banc. fin.* 2011, n° 171, obs. S. Piedelièvre ; *Gaz. Pal.* 7-8 oct. 2011, p. 11, note Antonini-Cochin ; *RJ com.* 2011. 510, note Sortais ; *LPA* 23 nov. 2011, note Reille ; *Rev. proc. coll.* 2012, n° 111, obs. Lisanti.

67. Cass. com., 23 avr. 2013, *D.* 2013. Actu. 1127, obs. Lienhard ; *Act. proc. coll.* 2013, n° 126, obs. Fin-Langer.

68. C. com., art. L. 680-1 : « *Lorsque les dispositions des titres Ier à VI du présent livre sont appliquées à raison des activités professionnelles exercées par un entrepreneur individuel à responsabilité limitée, elles le sont patrimoine par patrimoine* ».

69. C. com., art. L. 680-2 : « *Les dispositions des titres Ier à VI du présent livre qui intéressent la situation économique ou les biens, droits ou obligations du débiteur entrepreneur individuel à responsabilité limitée doivent, sauf dispositions contraires, être comprises comme visant les éléments du seul patrimoine affecté à l'activité en difficulté ou, si l'activité est exercée sans affectation de patrimoine, du seul patrimoine non affecté* ».

364. – Constitution de partie civile. – Le débiteur conserve la liberté de se constituer partie civile dans le but d'établir la culpabilité de l'auteur d'un crime ou d'un délit dont il serait victime [70]. Il peut ainsi demander une réparation pécuniaire du dommage qu'il a subi du fait de l'infraction dont il a été victime.

365. – Droits propres et droits attachés à la personne du débiteur. – La jurisprudence accorde au débiteur la possibilité d'exercer des droits attachés à sa personne ou alors des droits propres [71].

Les droits propres d'abord sont ceux, comme le précise l'article L. 641-9 du Code de commerce, « qui ne sont pas compris dans la mission du liquidateur ou de l'administrateur lorsqu'il en a été désigné ». D'une manière générale, l'éviction des droits propres du domaine du dessaisissement permet au débiteur de faire usage de ses droits de recours. C'est ainsi que le débiteur en liquidation judiciaire, ayant formé un recours contre la décision qui a rejeté sa demande d'annulation d'une transaction pour défaut de concessions réciproques, invoque un droit propre qu'il peut opposer au liquidateur [72]. Ainsi encore une personne en liquidation judiciaire peut relever seule appel du jugement ayant prononcé son expulsion des lieux où elle loge avec sa famille [73]. Les recours peuvent concerner des décisions prises lors du déroulement de la procédure de liquidation judiciaire. Par exemple, le débiteur dispose du droit propre d'exercer un recours devant la cour d'appel contre la décision statuant sur l'existence et le montant des créances [74], d'exercer une voie de recours contre une décision fixant l'étendue de son dessaisissement [75] ou d'interjeter appel du jugement qui ouvre une procédure collective contre lui [76]. Ces droits étant propres au débiteur, ils ne peuvent donc être exercés par un tiers. Toute action en justice servant les intérêts du débiteur ne relève cependant pas forcément des droits propres de celui-ci. Ainsi pour la Cour de cassation, « *si le débiteur dessaisi de l'administration et de la disposition de ses biens par sa liquidation judiciaire a le droit propre de contester son passif, aucun droit propre ne fait échec à son dessaisissement pour l'exercice des actions tendant au recouvrement de ses créances* » [77].

À côté de ses droits propres, le débiteur dessaisi peut aussi exercer les droits attachés à sa personne qui ne sont pas définis par l'article L. 641-9 du Code de commerce. C'est le cas, par exemple, de la faculté de rachat d'un contrat d'assurance-vie qui ne peut être exercée que par le débiteur [78]. De même le liquidateur ou l'épouse du débiteur en liquidation ne peuvent exercer un recours contre la décision de sanctions administratives prononcées par la commission des opérations de bourses – désormais Autorité des marchés financiers – dans la mesure où « *le*

70. C. com., art. L. 641-9, al. 2.

71. M.-H. Monsèrié-Bon, « Le dessaisissement et l'avènement des droits propres », *in* « La loi du 25 janvier 1985 a 20 ans ! Entre bilan et réforme », *RLDA* mars 2005, suppl., p. 53. Sur la distinction des droits personnels et des droits propres, v. égal. J. Vallansan, « Le dessaisissement le personne physique », *in Mélanges D. Tricot,* Litec-Dalloz, 2011, p. 599.

72. Cass. com., 30 nov. 2010, *D.* 2011, chron. C. cass. 1177, obs. Arbelot ; *Act. proc. coll.*2011, n° 37, obs. Cagnoli ; *LEDEN* févr. 2011, p. 4, obs. M. Sénéchal ; *RJDA* 2011, n° 339 ; *Gaz. Pal.* 1er-2 avr. 2011, p. 29, obs. Voinot.

73. CA Paris, 22 févr. 1995, *RJDA* 1995, n° 899.

74. Cass. com., 11 mai 1993, *RJDA* 1/94, n° 99.

75. Cass. com., 26 mai 1983, *Bull. civ.* IV p. 131, n° 151.

76. Cass. com., 5 nov. 1985, *Bull. civ.* IV, p. 220, n° 262.

77. Cass. com., 18 sept. 2012, *D.* 2012. Actu. 2240, obs. Lienhard ; *LEDEN* oct. 2012, p. 3, obs. Mouial-Bassilana ; *Lettre d'actualité des Procédures collectives civiles et commerciales* n° 16, oct. 2012, alerte 244, note J. Vallansan, *Gaz. Pal.* oct. 2012, obs. D. Voinot.

78. Cass. com., 11 déc. 2012, n°A11-27437. N. Borga, *Act. proc. coll.* n° 3, févr. 2013, repère 30 ; N. Leblond, *Resp. et assur.* n° 3, mars 2013, comm. 102 ; *Gaz. Pal.* 2013, obs. D. Voinot.

caractère personnel attaché à de telles sanctions implique que leur contestation soit réservée à la personne qui en fait l'objet, même si elle se trouve en liquidation judiciaire »[79]. Il a encore été jugé que l'action tendant à être autorisée à disposer d'un bien donné avec clause d'inaliénabilité, qui est subordonnée à des considérations personnelles d'ordre moral et familial, est exclusivement attachée à la personne du donataire et ne peut être exercée par le liquidateur[80].

366. – Activité salariée du débiteur personne physique. – Si le débiteur est une personne physique il peut exercer une activité salariée pendant la procédure de liquidation judiciaire mais pas d'activité professionnelle indépendante[81]. Pour les professions libérales il s'agit donc d'une mesure de suspension temporaire ce qui, sauf sanction, ne les empêche pas de reprendre une activité de ce type après la clôture de la procédure[82]. La Cour de cassation a jugé ne pas avoir lieu à renvoyer une question prioritaire de constitutionnalité concernant l'exercice de la profession par un avocat en liquidation judiciaire. Pour la Cour, l'interdictionédictée par l'article L. 641-9, III, qui empêche seulement l'avocat, pendant le cours de sa liquidation judiciaire, d'exercer sa profession à titre individuel, ne porte pas une atteinte disproportionnée à son droit d'obtenir un emploi, tel qu'il est garanti par l'article 5 du Préambule de la Constitution du 27 octobre 1946, et elle est justifiée par l'intérêt général[83]. Quant au débiteur entrepreneur individuel à responsabilité limitée, il « *peut poursuivre l'exercice d'une ou de plusieurs de ces activités, si celles-ci engagent un patrimoine autre que celui visé par la procédure* »[84].

367. – Débiteur personne morale. – Lorsque la liquidation judiciaire est ouverte ou prononcée à l'égard d'une personne morale les dirigeants demeurent en fonction lors du prononcé du jugement de liquidation judiciaire, sauf disposition contraire des statuts ou décision de l'assemblée générale. La solution revêt une importance particulière s'agissant des sociétés puisque l'article 1844-7 7° du Code civil prévoit la dissolution de ces groupements « *par l'effet d'un jugement ordonnant la liquidation judiciaire* ». Ainsi la possibilité pour les dirigeants sociaux de demeurer en poste permet d'éviter les conséquences de la dissolution de la personne morale[85]. En particulier les dirigeants peuvent exercer des voies de recours. On a pu relever une contradiction entre l'article L. 641-9 II du Code de commerce en ce qu'il conserve en fonction les dirigeants et l'article L. 237-15 du même code

79. Cass. com., 11 juill. 2006, n° 05-13047.

80. Cass. 1re civ., 29 mai 2001, *JCP* E 2001, n° 37, p. 1424, obs. M. Cabrillac ; Cass. com., 9 nov. 2004, *D.* 2004, AJ. 3068, obs. Lienhard. Cette solution paraît peu conforme à l'article 900-1 du Code civil. Cette disposition donne en effet au juge la possibilité d'apprécier l'intérêt actuel qui doit présider au maintien ou non d'une chose hors commerce par le jeu d'une clause d'inaliénabilité. Or parmi les intérêts à prendre en considération il y a « *l'intérêt particulier du bénéficiaire de la libéralité aussi bien que l'intérêt général* » (Ph. Simler, « Les clauses d'inaliénabilité », *D.* 1971, p. 416-3, n° 14). Il semble donc que cette référence à l'intérêt général justifie que les juges puissent apprécier, à la demande d'un liquidateur, si une clause d'inaliénabilité doit être maintenue lorsque le donataire est lui-même soumis à une procédure de liquidation judiciaire.

81. C. com., art. L. 641-9, III.

82. En revanche la décision d'omettre un avocat du tableau ne peut être prise par le Conseil de l'ordre que dans les conditions des articles 104 et 105 du décret n° 91-1197 du 27 novembre 1991, qui ne visent pas la privation temporaire d'exercice de la profession d'avocat prévue par l'article L. 641-9 du Code de commerce.

83. Cass. com., QPC, 31 mai 2012 : *D.* 2012. Actu. 1542, obs. Lienhard ; *Rev. sociétés* 2012. 530, obs. Roussel Galle ; *Dict. perm. diff. entrep., Bull.* n° 338, obs. Rémery ; *LEDEN* juill. 2012, p. 4, obs. Favario ; *Act. proc. coll.* 2012, n° 180, obs. Rétif ; *RJDA* 2012, n° 789 ; *Gaz. Pal.* 3-4 août 2012, p. 26, obs. Voinot ; *Rev. proc. coll.* 2012, n° 157, obs. Lebel ; *Dr. et proc.* 2012, n° 10, suppl., p. 15, obs. Reille ; *LPA* 15 avr. 2013, p. 8, obs. Gerbay.

84. C. com., art. L. 641-9, III.

85. Sur les difficultés posées par cette disposition avant la réforme, v. J. Vallansan, « Liquidation judiciaire d'une société et représentation de la personne morale par ses dirigeants », *Bull. Joly* 2002-11, p. 1154 ; F. Winckel, « Exercice des droits propres de la société dissoute par ses anciens dirigeants », *JCP* E 2004-34, 1550.

qui priverait ceux-ci de leurs pouvoirs [86]. Cette interprétation doit être écartée d'abord parce que l'article L. 237-15 du Code de commerce a un domaine limité aux seules sociétés commerciales, ensuite et surtout parce qu'il n'est pas applicable à une liquidation judiciaire au sens du livre VI du Code de commerce. Les dirigeants ont donc bien le pouvoir de représenter la société mise en liquidation judiciaire. Encore faut-il qu'ils souhaitent accomplir cette mission. Pour parer à toute éventualité, il est prévu [87] qu'en cas de nécessité un mandataire peut être désigné à la place des dirigeants par ordonnance du président du tribunal sur requête de tout intéressé, du liquidateur ou du ministère public. En tout état de cause le siège social est réputé fixé au domicile du représentant légal de l'entreprise ou du mandataire désigné.

368. – Sanctions pour manquement au dessaisissement. – La Cour de cassation a jugé sur le fondement du régime antérieur à la loi de sauvegarde des entreprises que les actes juridiques accomplis par le débiteur en violation du dessaisissement du débiteur ne sont pas frappés de nullité mais simplement d'inopposabilité à la procédure de liquidation judiciaire [88]. Il en résulte que, si un acte est conclu par le débiteur après le prononcé de la liquidation judiciaire, il est alors inopposable à la procédure mais n'en demeure pas moins valable entre les parties. L'inopposabilité n'a d'effet que pendant la durée de la procédure et le cocontractant du débiteur pourra, après la clôture de la liquidation, demander l'exécution du contrat.

III. Les mesures conservatoires à l'égard des biens du dirigeant de droit ou de fait d'une personne morale en procédure collective

368-1. – Variété d'hypothèses. – Lorsque le débiteur est une personne morale, ces contraintes patrimoniales ne sauraient frapper le dirigeant. Toutefois, depuis la loi n° 2012-346 du 12 mars 2012 (loi Petroplus) [89] et son décret d'application [90], des mesures conservatoires peuvent être prises à l'égard des biens du dirigeant de droit ou de fait dans trois hypothèses :

– dans toutes les procédures, si a été introduite contre toute personne (par ex. un dirigeant) une action en extension de procédure pour confusion de patrimoine avec celui du débiteur ou en fictivité de la personne morale, le président du tribunal peut ordonner toute mesure conservatoire utile à l'égard des biens du dirigeant. Le droit d'agir appartient à l'administrateur, au

86. C. com., art. L. 237-15 : « *Les pouvoirs du conseil d'administration, du directoire ou des gérants prennent fin à dater de la décision de justice prise en application de l'article L. 237-14 ou de la dissolution de la société si elle est postérieure* ».

87. C. com., art. L. 641-9 II.

88. Cass. com., 23 mai 1995, *LPA*, 12 juill. 1995, note F. Derrida ; *D.* 1995, p. 413, note F. Derrida ; v. égal. Rép. min. n° 95073, *JOAN Q*, 6 déc. 2011, p. 12854.

89. P. Roussel Galle, « La loi du 12 mars 2012 : halte au pillage des entreprises en difficulté », *JCP E* 2012. Actu. 192 ; P. Roussel Galle, « La loi *Petroplus :* quelques réflexions… avec un peu de recul », *Rev. proc. coll.* 2012. Étude 16, n° 29 ; P.-M. Le Corre, « Pour quelques barils de plus chez la fille, et pour quelques dollars de moins… chez la mère : la loi *Petroplus* du 12 mars 2012 », *Rev. sociétés* 2012. 412 ; M.-P. Dumont-Lefrand et C. Lisanti, « Le législateur des cas particuliers », *Act. proc. coll.* 2012, n° 96 ; G. Teboul, « La nouvelle loi sur les mesures conservatoires en matière de procédures collectives : une loi de circonstance ou une sanction préventive ? », *LPA,* 2 mars 2012, p. 5 ; F. Pérochon, « De la mesure dite conservatoire à l'exécution sommaire anticipée », *Bull. Joly Entrep. diff.* 2012. 73.

90. D. n° 2012-1190 du 25 octobre 2012 ; Ph. Roussel Galle, « Le décret Petroplus est arrivé », *Rev. proc. coll.* 2012, Étude 40.

mandataire judiciaire et au ministère public. Le tribunal peut se saisir d'office selon le texte [91] dont on peut douter de la constitutionnalité. La mesure conservatoire doit être signifiée au défendeur et portée à la connaissance du représentant des salariés [92]. Il est aussi prévu que les modalités de mise en œuvre de ces mesures conservatoires donnent lieu à une information par l'administrateur judiciaire ou, à défaut, le mandataire judiciaire du représentant du comité d'entreprise ou, à défaut, des délégués du personnel [93].

– en redressement judiciaire, l'administrateur ou le mandataire judiciaire peut demander au président du tribunal d'ordonner des mesures conservatoires à l'égard des biens du dirigeant de droit ou de fait à l'encontre duquel l'administrateur ou le mandataire judiciaire a introduit une action en responsabilité fondée sur « *une faute ayant contribué à la cessation des paiements du débiteur* » [94]. La mesure doit être cependant proportionnée au montant de la réparation mise à la charge du dirigeant. À cet effet il est prévu que « *le montant des sommes pour la garantie desquelles la mesure conservatoire est ordonnée ne peut excéder le montant des dommages et intérêts demandés en réparation du préjudice causé par la faute invoquée* » [95].

– en liquidation judiciaire, lorsque le dirigeant est poursuivi en responsabilité pour insuffisance d'actif, le président du tribunal peut ordonner toute mesure conservatoire utile à l'égard des biens des dirigeants ou de leurs représentants [96]. Si la liquidation a été ouverte à la suite d'une conversion d'une procédure de redressement judiciaire, il est précisé à l'article L. 651-4 du Code de commerce que le tribunal pourra maintenir « *la mesure conservatoire ordonnée à l'égard des biens du dirigeant de droit ou de fait en application de l'article L. 631-10-1* ».

368-2. – Mises en œuvre des mesures conservatoires. Cession des biens frappés de mesures conservatoires. – Les mesures conservatoires sont mises en œuvre conformément au Code de procédure civile d'exécution [97] mais à l'initiative de l'administrateur judiciaire, du mandataire judiciaire ou, le cas échéant, du liquidateur [98]. Les professionnels pourraient bien sûr engager leurs responsabilités ès qualités s'ils demandent à tort ce type de mesures [99]. Les biens frappés de mesures conservatoires en application des hypothèsesprécédentes peuvent être cédés par l'administrateur, le mandataire judiciaire ou le liquidateur sur autorisation dujuge-commissaire aux prix et conditions qu'il détermine [100]. La décision du juge-commissaire n'est pas exécutoire de plein droit et si l'exécution provisoire est décidée, elle peut être arrêtée si les « conséquences sont manifestement excessives » [101].

Les sommes issues de la cession des biens frappés de mesures conservatoire sont :

– soit versées en compte de dépôt à la Caisse des dépôts et consignations ;

91. C. com., art. L. 621-2.
92. C. com., art. R. 631-7-1 (redressement judiciaire) ; art. R. 641-1 (liquidation judiciaire).
93. C. com., art. L. 631-10-2 ; le texte n'est prévu que pour la procédure de redressement judiciaire. Toutefois,
94. C. com., art. L. 631-10-1.
95. C. com., art. R. 631-14-1.
96. C. com., art. L. 651-4, deuxième alinéa.
97. C. com., art. R. 662-1-1 C. com.
98. C. com., art. R. 662-1-2, ce qui sous-entend que les conditions du droit commun des mesures conservatoires doivent être réunies, en ce sens : P. Cagnoli, « La loi Pétroplus a son décret d'application ! Phase 1 : l'obtention des mesures conservatoires », *Act. proc. coll.* 2012, n° 272.
99. En ce sens, Ph. Roussel-Galle, « La loi *Petroplus :* quelques réflexions… avec un peu de recul », *Rev. proc. coll.* 2012. Étude 16, n° 29.
100. C. com., art. L. 663-1-1 al. 1.
101. C. com., art. R. 661-1.

– soit affectées sur autorisation du juge-commissaire « au paiement des frais engagés par l'administrateur, le mandataire judiciaire ou le liquidateur pour les besoins de la gestion des affaires du propriétaire de ces biens, y compris pour assurer le respect des obligations sociales et environnementales résultant de la propriété de ces biens, si les fonds disponibles du débiteur n'y suffisent pas » [102].

Lorsqu'il statue sur la demande de cession des biens ou sur l'affectation des sommes issues de la vente, le juge-commissaire doit avoir entendu ou dûment appelé le propriétaire des biens qui font l'objet de la saisie conservatoire du débiteur. La demande est examinée en présence du ministère public [103].

Section II
La protection à l'égard des créanciers

369. – Afin d'éviter qu'une pression financière trop forte ne pèse sur la trésorerie du débiteur à l'ouverture de la procédure mais aussi d'empêcher un phénomène de concurrence entre créanciers plusieurs mesures protectrices à l'égard des créanciers ont été mises en place.

§ 1 : L'interdiction des paiements

I. L'exigibilité des créances

370. – Absence d'exigibilité immédiate des créances à l'ouverture de la procédure de sauvegarde, de sauvegarde financière accélérée et de redressement judiciaire [104]. – Le jugement d'ouverture d'une procédure collective ne rend pas exigible les créances non échues à la date de son prononcé, et les clauses contraires sont réputées non écrites et la solution vaut, en principe, pour la caution [105]. À ce stade de la procédure, l'exigibilité immédiate des créances à terme serait un avantage injustifié pour les créanciers et surtout un obstacle à l'adoption d'un plan de sauvegarde ou de redressement.

371. – Exigibilité immédiate des créances en liquidation judiciaire. – Le jugement qui ouvre ou prononce la liquidation judiciaire rend exigibles les créances non échues. Cette exigibilité est toutefois reportée si le tribunal autorise la poursuite de l'activité. Dans cette

102. C. com., art. L. 663-1-1 al. 2.
103. C. com., art. R. 662-17.
104. C. com., art. L. 622-9 (sauvegarde) ; art. L. 631-14, I (redressement judiciaire).
105. Cass. com., 21 févr. 2012, *Bull. civ.* IV, n° 43 ; *D.* 2012. Actu. 607, obs. Lienhard ; *ibid.* Pan. 2196, obs. F.-X. Lucas ; *Rev. sociétés* 2012. 399, obs. Henry ; *LEDEN* avr. 2012, p. 4, obs. Parachkévova ; *Act. proc. coll.* 2012, n° 85, obs. Cagnoli.

éventualité les créances non échues deviennent exigibles soit à la date du jugement prononçant la cession soit à la date à laquelle le maintien de l'activité prend fin [106].

II. Interdiction des paiements des créances échues ou non échues

372. – Interdiction des paiements à compter de l'ouverture de toutes les procédures collectives. – Même si les créances sont échues en application du droit commun elles ne peuvent être payées à l'ouverture de la procédure de sauvegarde [107], de sauvegarde financière accélérée, de redressement judiciaire et de liquidation judiciaire. En effet le débiteur est tenu de respecter l'interdiction légale de payer ses créanciers à compter de l'ouverture de la procédure [108]. L'article L. 622-7, I du Code de commerce précise à cet égard que « *le jugement ouvrant la procédure emporte, de plein droit, interdiction de payer toute créance née antérieurement au jugement d'ouverture, à l'exception du paiement par compensation de créances connexes. Il emporte également, de plein droit, interdiction de payer toute créance née après le jugement d'ouverture, non mentionnée au I de l'article L. 622-17. Ces interdictions ne sont pas applicables au paiement des créances alimentaires* ». Le domaine de l'interdiction des paiements ne se limite plus depuis la loi du 26 juillet 2005 aux créances antérieures à l'ouverture de la procédure [109]. Il convient d'y ajouter certaines créances postérieures qui ne sont pas utiles à la sauvegarde de l'entreprise. C'est pourquoi on peut désormais distinguer les créances selon qu'elles peuvent bénéficier du privilège de la procédure ou non.

A. Les créances non privilégiées

1°/ Principe de l'interdiction des paiements

373. – Domaine de l'interdiction. – Il existe deux catégories de créances non privilégiées. Il y a d'une part celles qui sont nées antérieurement au jugement d'ouverture de la procédure et d'autre part celles qui sont nées régulièrement et postérieurement à l'ouverture de la procédure mais ni pour les besoins de la procédure ou de la période d'observation ni en contrepartie d'une prestation fournie au débiteur, pour son activité professionnelle, pendant cette période [110]. Toutes ces créances sont frappées d'interdiction de paiement pendant le déroulement de la procédure collective et doivent donc faire l'objet d'une déclaration.

374. – Inopposabilité du droit de rétention en sauvegarde, sauvegarde financière accélérée et redressement judiciaire. – À l'exclusion de la liquidation judiciaire [111], l'interdiction des paiements s'accompagne d'une inopposabilité légale « *du droit de rétention conféré par le 4° de l'article 2286 du Code civil pendant la période d'observation et l'exécution du plan,*

106. C. com., art. L. 643-1.
107. C. com., art. L. 622-7 (sauvegarde et sauvegarde financière accélérée) ; C. com., art. L. 631-14 (redressement judiciaire) ; C. com., art. L. 641-3 (liquidation judiciaire).
108. C. com., art. L. 622-7, I, al. 1er.
109. C. com., art. L. 622-7.
110. V. art. L. 622-17, I.
111. V. art. L. 641-3, al. 1er.

sauf si le bien objet du gage est compris dans une cession d'activité décidée en application de l'article L. 626-1 du Code de commerce »[112].

375. – Interdiction du pacte commissoire. – Le jugement d'ouverture fait aussi obstacle à la conclusion et la réalisation du pacte commissoire[113]. On sait que le droit commun a généralisé la validité de ce type de pacte[114] qui permet au créancier gagiste de s'attribuer le bien gagé sans recourir au juge. Cette règle est donc exclue du domaine des procédures collectives ce qui paraît on ne peut plus logique pour une procédure d'anticipation comme la sauvegarde mais qui l'est sans doute moins dans une procédure liquidative[115].

376. – Sanctions. – L'interdiction doit être impérativement respectée par le débiteur qui, à défaut, est passible d'une peine de deux ans emprisonnement et de 30 000 euros d'amende[116]. Au plan civil tout paiement effectué en violation de l'interdiction est annulé à la demande de tout intéressé ou du ministère public, présentée dans un délai de trois ans à compter de la conclusion de l'acte interdit, de sa publicité si l'acte en cause est soumis à une telle formalité, ou enfin du paiement de la créance[117]. C'est donc en toute logique qu'il a été jugé que le refus de paiement d'un créancier mettant en demeure le débiteur ne saurait constituer une faute imputable à ce dernier pouvant engager sa responsabilité[118].

377. – Modes de paiement. – L'interdiction des paiements s'applique en principe à tous les modes de paiements. On peut toutefois se demander si la solution vaut pour certains modes de paiement tels que le chèque ou le virement. Pour le chèque, il avait été admis sous l'empire du régime antérieur à la loi du 26 juillet 2005 qu'un tel titre de paiement émis avant le jugement d'ouverture pouvait être payé postérieurement à ce jugement car la propriété de la provision avait été transmise dès l'émission et donc avant que le jugement ne produise ses effets[119]. Dans ce cas en effet, la remise à l'encaissement n'est donc que la matérialisation d'un transfert de fonds juridiquement déjà opéré. Encore faut-il, a précisé récemment la jurisprudence, que la provision ait existé au jour du jugement d'ouverture[120]. S'agissant d'un virement la Cour de cassation a admis la possibilité d'annuler cette opération à charge pour le juge de constater que le virement litigieux aurait permis le paiement par le débiteur d'une créance soumise à l'interdiction des

112. C. com., art. L. 622-7, I.
113. C. com., art. L. 622-7, I.
114. C. civ., art. 2348 : « *Il peut être convenu, lors de la constitution du gage ou postérieurement, qu'à défaut d'exécution de l'obligation garantie le créancier deviendra propriétaire du bien gagé. La valeur du bien est déterminée au jour du transfert par un expert désigné à l'amiable ou judiciairement, à défaut de cotation officielle du bien sur un marché organisé au sens du Code monétaire et financier. Toute clause contraire est réputée non écrite. Lorsque cette valeur excède le montant de la dette garantie, la somme égale à la différence est versée au débiteur ou, s'il existe d'autres créanciers gagistes, est consignée* ». Sur le pacte commissoire, v. J.-B. Seube, *Droit des sûretés*, 3e éd., Dalloz, coll. « Cours », 2006, n° 285.
115. V. les critiques de P. Crocq, « Le nantissement de créance », *RLDC* 2006, suppl. n° 29, spéc. p. 16, n° 20.
116. C. com., art. L. 654-8, 1°. Mais ce sont des maxima, le juge ayant le pouvoir de diminuer la peine voir de la supprimer.
117. C. com., art. L. 622-7, III.
118. Cass. com., 8 juin 1993, *JCP*, 3721, n° 4, p. 510.
119. Cass. com., 3 déc. 1991 *RTD com.* 1992, 423, note Teyssié.
120. V. Cass. com., 12 janv. 2010, *Bull. civ.* IV, n° 1 ; *D.* 2010. AJ 264 ; *JCP* E 2010.1296, n° 3, obs. Cabrillac ; *LEDEN* mars 2010, p. 2, obs. Parachkévova ; *Act. proc. coll.* 2010, n° 73, obs. Regnaut-Moutier ; *RD bancaire fin.* 2010, n° 36, obs. Crédot et Samin ; *Gaz. Pal.* 16-17 avr. 2010, p. 36, obs. Bonhomme ; *RLDA* juin 2010.27, obs. Gibirila ; *Banque et Droit* mai-juin 2010.17, obs. Bonneau.

paiements (soitune créance née antérieurement au jugement d'ouverture, soit une créance née après le jugement d'ouverture, non mentionnée au I de l'article L. 622-17, I, du Code de commerce) [121].

2°/ Exceptions à l'interdiction des paiements

378. – Diversité d'exceptions. – Le principe d'interdiction des paiements des créances non privilégiées souffre de plusieurs exceptions. Il en est notamment le cas :

– si la créance est déjà sortie du patrimoine du débiteur. Tel est le cas si la créance a fait l'objet d'une cession [122] avant l'ouverture de la procédure ou encore d'une délégation [123] ;

– s'il s'agit d'une créance alimentaire ;

– le juge-commissaire peut également autoriser le débiteur ou, dans le redressement judiciaire, l'administrateur, s'il est chargé d'une mission de représentation [124], selon le cas, à payer une créance antérieure au jugement, pour retirer une chose remise en gage ou « *légitimement retenue* » ou encore pour obtenir le retour de biens et droits transférés à titre de garantie dans un patrimoine fiduciaire, lorsque ce retrait ou ce retour est justifié pour la poursuite de l'activité [125]. La référence à la « *chose légitimement retenue* » concerne les hypothèses dans lesquelles la loi et la jurisprudence reconnaissent l'existence d'un droit de rétention [126]. C'est le cas par exemple d'un garagiste qui a réparé un camion nécessaire à la poursuite de l'activité et n'ayant pas été payé exerce son droit de rétention sur ce véhicule. Le juge-commissaire pourra permettre de le payer, afin que le camion puisse être de nouveau utilisé par l'entreprise ;

– le juge-commissaire peut aussi autoriser le paiement « *pour lever l'achat d'un contrat de crédit-bail, lorsque cette levée d'option est justifiée par la poursuite de l'activité et que le paiement à intervenir est d'un montant inférieur à la valeur vénale du bien objet du contrat* » [127] ;

– les salariés doivent par ailleurs être payés dans les dix jours du jugement d'ouverture en ce qui concerne les sommes couvertes par le superprivilège ;

– lorsqu'une personne morale est en procédure collective et que son dirigeant fait lui-même l'objet d'une procédure collective et que sa responsabilité est engagée pour insuffisance d'actif alors il ne peut opposer ni l'interdiction des paiements, ni l'arrêt des poursuites, ni l'absence de déclaration de créances pour refuser le paiement des dommages intérêts auxquels il a été condamné. Cela résulte de l'article R. 651-6 du Code de commerce

121. Cass. com., 3 nov. 2010, *Bull. civ.* IV, n° 167 ; *D.* 2010. Actu. 2644, obs. Lienhard ; *RTD com.* 2011. 638, obs. Martin-Serf ; *LEDEN* janv. 2011, p. 2, obs. Parachkévova ; *Gaz. Pal.* 7-8 janv. 2011, p. 35, obs. Roussel Galle ; *Rev. proc. coll.* 2011, n° 76, obs. Dumont-Lefrand ; *LPA* 29 avr. 2011, obs. Zattara-Gros ; *RJDA* 2011, n° 438 ; *LPA* 26 juill. 2011, note Benilsi.

122. Cass. com., 7 déc. 2004, *Act. proc. coll.* 2005-2, n° 17, obs. C. Regnaut-Moutier ; *D.* 2005-1, p. 77, obs. A. Lienhard ; *D.* 2005-3, p. 230, note C. Larroumet ; *JCP* E 2005, 236, note S. Raby ; *JCP* E 2005, 639, n° 4, obs. P. Pétel.

123. Cass. com., 30 mars 2005, *Act. proc. coll.* 2005-8, n° 98, obs. C. Regnaut-Moutier.

124. C. com., art. L. 631-14, al. 3.

125. C. com., art. L. 622-7, II.

126. E. Cadou, « Justice privée et procédures collectives (exception d'inexécution, droit de rétention, compensation) », *RTD com.* 2000, p. 817 ; P. Delebecque, « Force et faiblesse du droit de rétention », *RLDA* 2000, p. 3 ; P.-M. le Corre, « L'invincibilité du droit de rétention dans les procédures de collectives de paiement », *LPA* 2001, n° 24 ; C. Pourquier, « La rétention du gagiste ou la supériorité du fait sur le droit », *RTD com.* 2000, p. 596.

127. C. com., art. L. 622-7 II.

selon lequel : « *Lorsqu'un dirigeant d'une personne morale est déjà soumis à une procédure de sauvegarde, de redressement ou de liquidation judiciaires, le montant du passif mis à sa charge est déterminé après mise en cause du mandataire judiciaire ou du liquidateur désigné dans la procédure à laquelle il est soumis. La décision de condamnation est portée par le greffier sur l'état des créances de la procédure à laquelle le dirigeant est soumis ou transmise au greffier compétent pour y procéder* ». Pour le Conseil d'État, qui a été amené à statuer sur la légalité de ce texte réglementaire, « *une telle action* [en responsabilité pour insuffisance d'actif] *déroge nécessairement à l'interdiction du paiement de toute créance posée par l'article L. 622-7, à l'interdiction des poursuites des créanciers individuels tendant à la condamnation du débiteur au paiement d'une somme d'argent posée par l'article L. 622-21 et à l'obligation de déclaration des créances posée par l'article L. 621-43 ancien* » [128].

379. – Exception de compensation pour créances connexes. – La compensation permet au créancier d'échapper à la loi d'égalité qui sous-tend le droit de la faillite. Elle réalise l'extinction réciproque des créances de deux personnes qui sont mutuellement créancières et débitrices l'une de l'autre. Cette extinction se produit jusqu'à concurrence de la plus faible des deux créances. La compensation légale s'analyse en un double paiement automatique et forcé. Elle se produit de plein droit, sans l'intervention de la volonté, lorsque les créances sont certaines liquides exigibles avant le jugement d'ouverture sans qu'il y ait lieu de s'interroger sur le caractère connexe des créances [129]. En revanche la question a été débattue de savoir si la compensation peut être admise si l'une des créances est née ou n'est liquide ou exigible qu'après le jugement d'ouverture. La Cour de cassation l'avait admis [130] mais seulement pour une compensation entre des dettes connexes. Cette jurisprudence a ensuite été consacrée légalement, l'article L. 622-7, I, précisant que l'interdiction de paiement ne fait pas obstacle au « *paiement par compensation de créances connexes* ». La Cour de cassation a récemment dit n'y avoir lieu à renvoyer au Conseil constitutionnel une question prioritaire de constitutionnalité relative à cette exception [131] et elle a jugé qu'elle n'était pas contraire au droit de l'Union européenne [132].

Ainsi la compensation est toujours possible après le jugement d'ouverture de la procédure, même si l'une des créances est née [133] ou n'est liquide ou exigible qu'après celui-ci, à condition toutefois que les créances soient connexes. Pour la Cour de cassation « *à défaut d'obligations*

128. CE, 20 mai 2011, n° 325102, *D.*, Actu., 6 juin 2011, obs. A. Lienhard.

129. « *La compensation s'opère de plein droit, même en l'absence de lien de connexité, entre les dettes réciproques des parties, dès lors qu'elles sont certaines liquides et exigibles avant le prononcé du jugement d'ouverture de la procédure collective de l'une ou l'autre des parties, peu important le moment où elle est invoquée* » : Cass. com., 27 sept. 2011, *Bull. civ.* IV, n° 138 ; *D.* 2011. Actu. 2466, obs. Lienhard ; *RTD com.* 2012. 614, obs. Martin-Serf ; *LEDEN* nov. 2011, p. 2, obs. Rubellin ; *Gaz. Pal.* 20-21 janv. 2012, p. 32, obs. Roussel Galle.

130. Cass. com., 19 mars 1991, *JCP* E 1991, II, 174, note D. Legeais ; *JCP* G 1991, II, 21726, note J.-F. Montredon ; *D.* 1991, p. 542, note G. Duboc ; *LPA*, 1er janv. 1992, p. 11, note J. M. Calendini ; *RTD com.* 1991, p. 542, note A. Martin-Serf.

131. Cass., QPC, 14 sept. 2010, *JCP* E 2011.1030, n° 3, obs. Pétel ; *LEDEN* oct. 2010, p. 1, obs. F.-X. Lucas ; *Act. proc. coll.* 2010, n° 226, obs. Cagnoli ; *Procédures* 2010, n° 408, obs. Rolland ; *LPA*, 20 déc. 2010, obs. Henry.

132. Et en particulier au règlement 1346/2000 du 29 mai 2000 relatif à l'insolvabilité européenne, ce texte ne s'appliquant pas à une situation purement interne : Cass. com., 21 févr. 2012, *Bull. civ.* IV, n° 44 ; *D.* 2012. Actu. 678, obs. Lienhard ; *LEDEN* avr. 2012, p. 3, obs. Mouial-Bassilana ; *Gaz. Pal.* 27-28 avr. 2012, p. 28, obs. Roussel Galle ; *Rev. proc. coll.* 2012, n° 187, obs. Menjucq.

133. « *Attendu que l'interdiction du paiement des créances nées avant le jugement d'ouverture de la procédure collective ne fait pas obstacle à la compensation d'une telle créance avec une créance connexe du débiteur née postérieurement* ». Cass. com., 21 févr. 2012, *RTD com.* 2012. 613, obs. Martin-Serf.

réciproques[134] *dérivant d'un même contrat, le lien de connexité entre les créances et dettes nées de ventes et achats conclus en exécution d'une convention ayant défini entre eux le cadre du développement de leurs relations d'affaires, ou constituant les éléments d'un ensemble contractuel unique servant de cadre général à ces relations* »[135]. Toutefois pour que l'exception de compensation soit admise encore faut-il que le créancier ait déclaré sa créance au passif de la procédure[136]. Lorsque le débiteur tente d'obtenir la mainlevée d'une saisie, le créancier peut soulever l'exception de compensation devant le juge de l'exécution[137].

380. – Les créanciers titulaires d'un privilège spécial, d'un gage, d'un nantissement ou d'une hypothèque sur un bien du débiteur peuvent à certaines conditions obtenir un paiement lorsque le bien grevé est vendu au cours de la période d'observation[138]. Dans ce cas une quote-part du prix de cession correspondant aux créances garanties par ces sûretés est versée sur un compte à la Caisse des dépôts et consignations. C'est en principe après l'adoption du plan de sauvegarde ou de continuation que ces créanciers seront payés de manière échelonnée. Si aucun plan n'est adopté on applique alors le droit commun. Un paiement provisionnel peut toutefois intervenir pendant la période d'observation[139]. La décision est prise par le juge-commissaire, le paiement provisionnel étant subordonné, sauf pour certains créanciers (Trésor, organismes sociaux ou assimilés), à la présentation par son bénéficiaire d'une garantie émanant d'un établissement de crédit. On tiendra ensuite compte dans le plan de ce paiement provisionnel[140]. Enfin, lorsque le bien est utile à l'entreprise, une substitution de garanties équivalentes peut être proposée aux créanciers. À défaut d'accord, le juge-commissaire peut ordonner cette substitution[141] mais son ordonnance est susceptible d'appel et n'est pas exécutoire par provision[142].

B. Les créances privilégiées

381. – Création d'un privilège de la procédure[143]. – Afin de sauvegarder l'activité du débiteur en lui donnant les moyens financiers de son redressement, il a fallu trouver une solution pour obtenir le soutien de ses partenaires malgré l'ouverture de la procédure collective.

134. Sur l'exigence de réciprocité des obligations : v. Cass. com., 5 févr. 2013, *D.* 2013. Actu. 431 ; *Rev. sociétés* 2013. 181, obs. Roussel Galle ; *JCP E* 2013. 1259, note Lebel ; *Dict. perm. diff. entrep., Bull.* n° 345, obs. Rémery ; *Act. proc. coll.* 2013, n° 47, obs. Cagnoli ; *LEDEN* mars 2013, p. 2, obs. Mouial-Bassilana ; *Gaz. Pal.* 1er-4 mai 2013, p. 5, obs. Reille ; *Bull. Joly Entrep. diff.* 2013. 153, note Saint-Alary-Houin ; *Dr. sociétés* 2013, n° 108, note Legros.

135. Cass. com., 5 avr. 1994, *Bull. civ.* IV, n° 142 ; *JCP* E 1994, I, 397, n° 20, obs. M. Cabrillac et P. Pétel.

136. Cass. com., 3 mai 2011 : *Bull. civ.* IV, n° 66 ; *D.* 2011. Actu. 1215, obs. Lienhard ; *ibid.* Pan. 2076, obs. F.-X. Lucas ; *RTD com.* 2011. 635, obs. Martin-Serf ; *JCP E* 2011. 1656, note Lebel ; *ibid.* 1596, n° 11, obs. Pétel ; *Act. proc. coll.* 2011, n° 160, obs. Coquelet ; *RLDA* juill.-août 2011. 18, obs. Guyader ; *RJDA* 2011, n° 719 ; *Dr. et patr.* sept. 2011. 72, obs. Monsèrié-Bon ; *Bull. Joly Entrep. diff.* 2011. 258, note Brena ; *Rev. proc. coll.* 2012, n° 13, obs. F. Legrand et M.-N. Legrand ; *LPA* 3 janv.2012, obs. Reille ; Cass. com., 19 juin 2012, n° 10-16890, *Bull. civ.* IV, n° 129 ; *D.* 2012. Actu. 1669, obs. Lienhard ; *Rev. sociétés* 2012. 534, obs. Henry ; *LEDEN* sept. 2012, p. 2, obs. Mouial-Bassilana ; *Banque et Droit* sept.-oct. 2012. 60, obs. Jacob ; *RJDA* 2012, n° 1092.

137. Cass. com., 21 févr. 2012, *Act. proc. coll.* 2012, n° 86, obs. Cagnoli ; *RJDA* 2012, n° 515.

138. C. com., art. L. 622-8.

139. Sur les modalités, v. C. com., art. R. 622-7.

140. Cass. com., 20 janv. 1998, *Bull. civ.* IV, n° 27.

141. C. com., art. L. 622-8, al. 3. Sur les modalités, v. C. com., art. R. 622-8.

142. C. com., art. R. 661-1, al. 2.

143. A. Lienhard, « Le nouveau privilège de procédure : entre restauration et éclatement », *Mélanges Simler*, Litec-Dalloz, 2006, p. 475 ; F. Gréau, « Pour un véritable privilège de procédure », *LPA*, 12 juin 2008 ; L.-C. Henry, « La notion de privilège de procédure dans la loi de sauvegarde », *Rev. proc. coll.* 2008. Étude 15.

À cette fin il a été dérogé à la règle *prior tempore, potior jure* [144] par création d'un privilège au bénéfice des créanciers postérieurs à l'ouverture de la procédure dont la créance présente certaines caractéristiques. Avant la réforme de 2005, la Cour de cassation [145] avait refusé la qualification de privilège à ce qui n'était alors qu'une priorité de paiement. La loi n° 2005-845 du 26 juillet 2005 est allée plus loin encore en créant « *un droit que la qualité de la créance donne à un créancier d'être préféré aux autres créanciers, même hypothécaires* » [146].

382. – Privilège applicable dans toutes les procédures collectives. – Le privilège est d'abord applicable en sauvegarde, en sauvegarde financière accélérée et en redressement judiciaire. Il est dans ce cas fondé sur l'article L. 622-17 I et II du Code de commerce qui dispose : « *les créances nées régulièrement après le jugement d'ouverture pour les besoins du déroulement de la procédure ou de la période d'observation, ou en contrepartie d'une prestation fournie au débiteur, pendant cette période, sont payées à leur échéance. Lorsqu'elles ne sont pas payées à l'échéance, ces créances sont payées par privilège avant toutes les autres créances [...]* ». Le privilège est aussi applicable en procédure de liquidation judiciaire selon un régime légèrement différent. C'est ainsi que l'article L. 641-13 du Code de commerce dispose « *I. – Sont payées à leur échéance les créances nées régulièrement après le jugement qui ouvre ou prononce la liquidation judiciaire pour les besoins du déroulement de la procédure ou du maintien provisoire de l'activité autorisé en application de l'article L. 641-10 ou en contrepartie d'une prestation fournie au débiteur pendant ce maintien de l'activité. En cas de prononcé de la liquidation judiciaire, sont également payées à leur échéance, les créances nées régulièrement après le jugement d'ouverture de la procédure de sauvegarde ou de redressement judiciaire mentionnées au I de l'article L. 622-17. II. – Lorsqu'elles ne sont pas payées à l'échéance, ces créances sont payées par privilège avant toutes les autres créances [...]* ». Il résulte de ces textes que, dans toutes les procédures collectives, les créanciers qui relèvent de ces textes seront payés à l'échéance ou, si tel n'est pas le cas, en priorité sur les créanciers antérieurs ou les créanciers postérieurs non privilégiés.

1°/ Critères de qualification

a) La date de naissance de la créance

383. – Une créance postérieure. – Seule une créance née postérieurement à l'ouverture de la procédure peut être payée à l'échéance. Afin de savoir si tel est le cas il convient de rechercher le fait générateur de la créance et de vérifier s'il s'est produit avant ou après le jugement d'ouverture de la procédure. La question peut se poser dans des situations très diverses.

384. – Créances contractuelles. – En matière contractuelle plusieurs situations peuvent se présenter. La première qui est aussi la plus simple est celle de la conclusion du contrat en cours de procédure qui donne lieu évidemment à une créance postérieure. À l'inverse le contrat qui a été exécuté avant le jugement d'ouverture donne lieu à une créance antérieure. La troisième situation est plus complexe et donne lieu à des controverses doctrinales. Il s'agit

---

144. C. civ., art. 2425.

145. Cass. com., 5 févr. 2002, *Bull. civ.* IV, n° 27 ; *Act. proc. coll.* 2002-8, comm. 100, obs. S. Piedelièvre ; *D.* 2002, p. 805, obs. A. Lienhard ; *JCP* E 2002, n° 21, 807, obs. M. Cabrillac et P. Pétel ; *Rev. proc. coll.* 2003, p. 144, n° 1, obs. C. Saint-Alary-Houin.

146. C. civ., art. 2324.

du cas où le contrat a été conclu avant l'ouverture de la procédure dont l'exécution s'est poursuivie après celle-ci. Pour résoudre la difficulté il convient d'abord de tenir compte des règles relatives à la poursuite des contrats en cours. Si le contrat est poursuivi par l'administrateur ou le débiteur cela ne soulève pas de difficultés. S'il est en cours à l'ouverture et qu'il est poursuivi sans manifestation de la part des organes de la procédure alors la jurisprudence décide traditionnellement que la créance née du contrat est postérieure [147]. Il convient ensuite de tenir compte de la nature du contrat. S'il s'agit d'un contrat synallagmatique, un courant doctrinal [148] considère que le fait générateur de la créance naît de la conclusion du contrat alors que selon une autre opinion doctrinale il convient de tenir compte de l'exécution de celui-ci [149]. On oppose à cette dernière opinion la jurisprudence de la Cour de cassation selon laquelle, en matière de saisie-attribution de créances de loyers, celles-ci naîtraient de la conclusion du bail et non en fonction de l'occupation des lieux [150]. Il a toutefois été jugé que, dans une vente, la créance de paiement du prix naît de la livraison du bien et non de la conclusion du contrat [151]. Mais l'indemnisation qu'obtient l'acheteur en raison d'un défaut caché donne lieu à une créance antérieure dont le fait générateur est la conclusion du contrat et non la découverte du vice [152]. De même la créance de l'acquéreur née du défaut de conformité de la chose vendue a son origine au jour de la conclusion de la vente, de sorte que, si celle-ci est intervenue avant le jugement d'ouverture de la procédure collective du vendeur, l'acquéreur a l'obligation de déclarer au passif [153].

En revanche la créance d'indemnité de résiliation d'un contrat poursuivi échappe à cette analyse puisque le privilège ne lui est pas applicable [154]. Pour les contrats à exécution successive le paiement des prestations fournies pour l'avenir correspondra à des créances postérieures. Ainsi lorsqu'une entreprise fournit un bien en continu (eau, gaz, électricité, etc.), les livraisons postérieures à la procédure feront naître des créances postérieures. S'agissant de la créance du prix de vente convenu dans une promesse unilatérale d'achat souscrite par le débiteur mis ultérieurement en redressement judiciaire il a été jugé que cette créance « *naît postérieurement au jugement d'ouverture si son bénéficiaire lève l'option après celui-ci* » [155].

385. – Créances extra-contractuelles. – On trouve dans cette catégorie toutes sortes de créances. Ainsi pour les créances de cotisation sociales dont peut se prévaloir l'Urssaf [156], si la cotisation est exigible au moment ou le salaire est versé, son fait générateur est le travail fourni [157]. Les créances relatives aux indemnités de congés payés et préavis dues à la suite de licenciements ont un fait générateur qui se situe au jour du licenciement [158].

147. Cass. com., 16 déc. 1990, *JCP* E 1992, II 300, note P.-M. le Corre.
148. E. Putman, *La formation des créances*, thèse Aix-Marseille, 1987.
149. P. Ancel, « Force obligatoire et contenu obligationnel », *RTD civ.* 1999, p. 772.
150. Cass. ch. mixte, 22 nov. 2002, *JCP* G 2003, I, 144, § 14, obs. M. Cabrillac ; *JCP* E 2002, 397, note D. Legeais ; *D.* 2003, p. 445, note C. Larroumet ; *RTD civ.* 2003, p. 146, obs. R. Perrot, p. 331, obs. P. Crocq.
151. Cass. com., 3 avr. 2001, *Rev. proc. coll.* 2002-2, p. 101, n° 5, obs. C. Saint-Alary-Houin.
152. Cass com. 8 juin 1999, *JCP* G 2000, I, 233, n° 17, obs. M. Cabrillac.
153. Cass. com., 2 oct. 2012, *Bull. civ.* IV, n° 177 ; *D.* 2012. Actu. 2387, obs. Lienhard ; *LEDEN* nov. 2012, p. 2, obs. Rubellin ; *Bull. Joly Entrep. diff.* 2012. 360, note Reille ; *RJDA* 2013, n° 55 ; *Gaz. Pal.* 18-19 janv. 2013, p. 26, obs. Henry.
154. C. com., art. L. 622-17, III, 3°.
155. Cass. com., 3 mai 2011, F 10-18031, *D.* 2011, Actu., obs. A. Lienhard.
156. D. Ronet-Yague, *Les créances de sécurité sociale et l'entreprise en difficulté*, Thèse, PUAM, 2012, n° 132 s.
157. Cass. com., 20 oct. 1992, *Bull.* IV, n° 318, p. 226.
158. Cass. com., 2 mai 1990, *Bull. civ.* IV, n° 127.

La créance de recours de la caisse primaire d'assurance-maladie contre l'employeur en cas de faute inexcusable de celui-ci a pour fait générateur cette faute et non la demande de fixation d'indemnités complémentaires formée par les ayants droit de la victime [159]. Une créance de responsabilité extra-contractuelle naît au jour du fait dommageable et non au jour de la décision accordant les dommages et intérêts. Si le fait est antérieur à l'ouverture de la procédure la créance est par suite antérieure [160]. En revanche les créances nées d'une sanction pécuniaires à caractère répressif naissent du jour de la sanction [161]. Il en est ainsi par exemple pour les créances environnementales qui naissent du jour où le préfet prend un arrêté enjoignant l'exploitant d'un site à consigner une somme d'argent affectée à la remise en état du lieu pollué [162]. Le fait générateur des créances de dépens de l'article 700 du Code de procédure civile est fixé au jour de la décision de condamnation [163]. Les solutions varient selon les sous-catégories de créances ce qui peut s'expliquer par la différence d'intérêt poursuivi. L'indemnisation d'une victime est d'intérêt privé alors que l'application d'une sanction pécuniaire est d'intérêt public. Une autre analyse peut se prévaloir de la qualification d'obligation légale pour qualifier la créance née de l'activité soumise à cette obligation. C'est ainsi que la Cour de cassation a jugé [164] que la contribution sociale de solidarité et la contribution additionnelle constituent pour les sociétés assujetties une obligation légale, et les créances en résultant, qui sont inhérentes à l'activité de la société, entrent dans les prévisions de l'article L. 622-17 du Code de commerce pour l'activité poursuivie postérieurement à l'ouverture de la procédure collective.

b) La régularité de naissance de la créance

386. – Pouvoirs du débiteur. – L'article L. 622-17 vise des créances nées régulièrement après le jugement d'ouverture. Cette exigence de régularité s'apprécie par rapport aux règles de gestion de l'entreprise au cours de la période d'observation. En d'autres termes, la régularité de la créance dépendra des pouvoirs reconnus au débiteur. L'application de ce critère est donc subordonnée au respect des principes régissant la répartition des pouvoirs de gestion entre les différents organes et le débiteur [165]. En matière de sauvegarde, par exemple, l'opération

159. Civ. 2e, 14 mars 2013 : *D.* 2013. Actu. 767 ; *LEDEN* avr. 2013, p. 3, obs. Mouial-Bassilana ; sur l'obligation pour l'URSSAF de déclarer sa créance en raison du caractère antérieur à la procédure de la faute inexcusable de l'employeur fait générateur de la créance, Cass. com.,18 juin 2013, FS-P+B, n° 12-19709, D. act. 26 juin 2013, obs. A. Lienhard.

160. Cass. com., 18 janv. 2005, n° 03-12873.

161. Cass. com., 14 janv. 2004, n° 01-10607, *Rev. proc. coll.* 2004, p. 243, n° 3, obs. C. Saint-Alary-Houin. Pour une sanction en matière de concurrence, Cass. com., 4 mars 1997, *D.* 1998, p. 264, note C. Souweine ; *JCP* G 1997, I, 1054, n° 1, obs. M. Cabrillac ; *RTD com.* 1998, p. 944, obs. A. Martin-Serf ; Cons. conc. 18 févr. 2004, *D.* 2004, AJ, p. 877 ; *RTD com.* 2004, p. 598, obs. A. Martin-Serf.

162. Cass. com., 17 sept. 2002, *D.* 2002, AJ, p. 2735, obs. A. Lienhard ; *JCP* E 2003, 231, n° 14, obs. M. Cabrillac ; *Rev. proc. coll.* 2003, p. 100, note M.-P. Lavoillote ; *RTD com.* 2003, p. 167, obs. A. Martin-Serf ; *LPA*, 6 août 2003, n° 156, p. 15, note B. Rolland ; *Rev. proc. coll.*2003, p. 147, n° 7, obs. C. Saint-Alary-Houin ; *JCP* E 2003, p. 230, note D. Voinot ; v. égal. D. Voinot, « Le sort des créances dans la procédure collective, l'exemple de la créance environnementale », *RTD com.* 2001, p. 581 ;

163. Cass. 3e civ., 7 oct. 2009, *Bull. civ.* III, n° 219 ; *D.* 2009. AJ 2548, obs. Lienhard ; *RTD com.* 2010.199, obs. Martin-Serf ; *Act. proc. coll.* 2009, n° 287, obs. Vallansan ; *Gaz. Pal.* 8-9 janv. 2010, p. 18, obs. Henry ; Cass. 3e civ., 12 juin 2002, *D.* 2002, AJ, p. 2122, obs. A. Lienhard ; *JCP* E 2003, p. 271, n° 13, obs. M. Cabrillac et P. Pétel ; *RTD com.* 2002, p. 724 ; n° 2, obs. A. Martin-Serf ; Cass. com., 10 déc. 2002, *Rev. proc. coll.* 2003, p. 146, n° 6, obs. C. Saint-Alary-Houin.

164. Cass. com., 15 juin 2011, n° 10-18726.

165. C. Saint-Alary-Houin, « La répartition des pouvoirs au cours de la période d'observation », *Rev. proc. coll.* 1990, p. 1 et s.

ne devrait pas être considérée comme « régulière » s'il n'y a pas de double signature alors que l'administrateur a reçu une mission d'assistance [166].

387. – Créances contractuelles. – Il est nécessaire de tenir compte des règles relatives à la poursuite des contrats en cours et de vérifier que le contrat a été poursuivi avec l'aval de l'administrateur ou alors du débiteur sur avis conforme du mandataire judiciaire. Les contrats qui n'ont fait l'objet d'aucune mise en demeure devraient être exclus du bénéfice de la priorité [167]. En revanche dès lors que le créancier a mis l'administrateur ou le débiteur en demeure les créances devraient bénéficier de la priorité de paiement à l'échéance.

388. – Créances extra-contractuelles. – La créance extra-contractuelle naît régulièrement dès lors que les pouvoirs respectifs du débiteur et des organes de la procédure ont été respectés [168]. Le sort de ces créances nées régulièrement doit ensuite être discuté dans le cadre du critère d'utilité de la créance.

c) L'utilité de la créance

389. – Nouveau critère. – La délimitation de la priorité de paiement à l'échéance par la prise en compte des caractères postérieur et régulier de la créance est apparue insuffisante à la doctrine [169] tout comme à la Cour de cassation [170] et ceci alors même que la proportion du passif de la procédure était déjà globalement très faible. La loi n° 2005-845 du 26 juillet 2005 a donc introduit, en plus des deux critères précédents, le critère d'utilité. Il s'agit désormais d'adopter une démarche téléologique consistant à n'accorder de priorité de paiement à l'échéance qu'aux créances qui se révèlent utiles pour la sauvegarde de l'entreprise. Sont considérées comme telles selon l'article L. 622-17, les créances qui sont nées « *pour les besoins du déroulement de la procédure ou de la période d'observation ou en contrepartie d'une prestation fournie au débiteur, pendant cette période* » [171]. Il n'est pas ici question d'exclure du domaine de ce texte les créances en raison de leur nature mais de conserver celles qui présentent un intérêt dans le cadre du déroulement de l'activité. C'est un rôle que devraient pouvoir remplir des créances contractuelles nées de la poursuite des contrats en cours mais aussi certaines créances nées d'obligations légales, (créance environnementale [172], fiscale [173], etc.).

166. Cass. com., 4 févr. 1992, *JCP* E 1992, I, 192, n° 3, obs. M. Cabrillac et P. Pétel ; *D.* 1993, somm. p. 5, obs. F. Derrida (« *n'entre pas dans les prévisions de l'art. 40 [actuel art. L. 622-17 C. com.], la créance résultant d'un contrat signé après l'ouverture de la procédure collective par le débiteur seul, alors qu'un administrateur avait été désigné avec une mission d'assistance pour tous les actes de disposition et d'administration* »).

167. V. cependant avant la réforme : Cass. com., 16 oct. 1990, *RD bancaire et bourse* 1991, n° 24, p. 73, obs. M.-J. Campana et M. Calendini ; *JCP* E 1991, I, 73, n° 4, obs. M. Cabrillac et P. Pétel ; *RTD com.* 1991, p. 462, obs. A. Martin-Serf ; *JCP* E 1992, II, 300, note P.-M. le Corre.

168. Cass. com., 13 oct. 1998, *JCP* E 1998, 2069, n° 5, obs. M. Cabrillac et P. Pétel ; *JCP* E 1999, n° 1060, note P. Rossi ; *D. aff.* 1998, p. 816, obs. A. Lienhard ; *RTD com.* 1999, p. 979, obs. A. Martin-Serf.

169. V. P. Pétel, « Pour une relecture de l'article L. 621-32 du Code de commerce », *in Mélanges Yves Guyon*, Dalloz, 2003, p. 917.

170. V. *Rapport de la Cour de cassation 2002*, La Documentation française, p. 30.

171. Sur le texte issu de la réforme : P. Pétel, « Les créanciers postérieurs dans la loi de sauvegarde », *Rev. proc. coll.* 2006-2 ; F. Pérochon, « Les créanciers postérieurs et la réforme du 26 juill. 2005 », *Gaz. Pal.* 7-8 sept. 2005, p. 57.

172. CA Grenoble, 31 mai 2012, arrêt numéro 11/02571, *RTD com.* 2013, p. 140, note A. Martin-Serf ; V. ; F. Pérochon, « Les créanciers postérieurs et la réforme du 26 juill. 2005 », *Gaz. Pal.* 2005, 7-8 sept. 2005, spéc. p. 63, n° 36 ; *contra* P.-M. Le Corre, *op. cit.*, 453.21, p. 627.

173. *Contra* B. Lagarde, « Le Trésor public, un créancier comme les autres », *Gaz. Pal.* 9-10 sept., p. 28.

390. – Illustrations. – Ont été considérés comme entrant dans les prévisions de l'article L. 622-17 du Code de commerce et, partant, bénéficiant du privilège des procédures collectives :

– les créances de paiement des cotisations d'assurance-maladie et maternité des avocats lorsque l'exercice de cette activité « *perdure après l'ouverture de la procédure collective* » [174] ;

– la contribution sociale de solidarité et la contribution additionnelle constituent pour les sociétés assujetties une obligation légale prévue par les articles L. 651-1 et L. 245-13 Code de la sécurité sociale et les créances en résultant, qui sont inhérentes à l'activité de la société, entrent dans les prévisions de l'article L. 622-17 du Code de commerce pour l'activité poursuivie postérieurement à l'ouverture de la procédure collective [175] ;

– la créance de dépens et des frais résultant de l'application de l'article 700 du Code de procédure civile mise à la charge du débiteur lorsque la décision est postérieure au jugement d'ouverture de la procédure collective [176] ;

– la créance des loyers du crédit-bail due pour la période de jouissance postérieure au redressement judiciaire [177] ;

– la créance d'indemnités de rupture des contrats de travail liées aux licenciements en liquidation judiciaire [178].

Il a en revanche été jugé que ne sont pas nées pour les besoins du déroulement de la procédure ou en contrepartie d'une prestation :

– lacréance d'indemnités de rupture d'un contrat [179] ;

– la créance de loyer d'habitation d'un débiteur personne physique postérieure au jugement d'ouverture [180] ;

– la créance d'affacturage née du paiement indu entre les mains des sociétés débitrices qui avaient cédé les factures avant l'ouverture de la procédure [181] ;

– la créance de dommages-intérêts au titre du préjudice subi du fait de la mauvaise et tardive exécution des travaux par un débiteur en procédure collective [182].

---

174. Cass. 2e civ., 16 sept. 2010 : « *Le paiement des cotisations d'assurance maladie et maternité des avocats est une obligation légale qui, [...] étant inhérente à l'exercice professionnel, entre dans les prévisions de l'art. L. 622-17 du C. com. lorsque cet exercice perdure après l'ouverture de la procédure collective* ».

175. Cass. com., 15 juin 2011 : *Bull. civ.* IV, n° 99 ; *D.* 2011. Chron. C. cass. 2691, obs. Guillou ; *ibid.* Actu. 1677, obs. Lienhard ; *RTD com.* 2011. 640, obs. Martin-Serf ; *JCP E* 2011. 1596, n° 12, obs. Pétel ; *LEDEN* juill. 2011, p. 4, obs. Mouial-Bassilana ; *Act. proc. coll.* 2011, n° 209, obs. Monsèrié-Bon ; *Gaz. Pal.* 7-8 oct. 2011, p. 23, obs. Henry ; *Bull. Joly Entrep. diff.* 2011. 312, note Benilsi ; *RJDA* 2011, n° 941.

176. Cass. 3e civ., 7 oct. 2009, *Bull. civ.* III, n° 219 ; *D.* 2009. AJ 2548, obs. Lienhard ; *RTD com.* 2010.199, obs. Martin-Serf ; *Act. proc. coll.* 2009, n° 287, obs. Vallansan ; *Gaz. Pal.* 8-9 janv. 2010, p. 18, obs. Henry.

177. Cass. com., 12 janv. 2010, n° 08-21456.

178. Cass. com., 16 juin 2010, n° 08-19351.

179. Cass. com., 5 oct. 2010, *D.* 2010, *D.* 2010. Actu. 2428, obs. Lienhard ; *D.* 2011. Pan. 2081, obs. Le Corre ; *RTD com.* 2011. 173, obs. Martin-Serf ; *Gaz. Pal.* 7-8 janv. 2011, p. 28, obs. Henry ; *Rev. proc. coll.* 2011, n° 7, obs. Roussel Galle ; *Bull. Joly Entrep. diff.* 2011. 25, note Macorig-Venier ; *RJDA* 2011, n° 257.

180. Cass. com., 12 mars 2013, n° 11-24365.

181. Cass. com., 4 juin 2013, n° 12-14561.

182. Cass. com., 18 juin 2013, n° 12-18420.

d) Paiement à l'échéance

391. – Droit de poursuite individuelle. – Les créances sont exigibles à leur échéance normale. Cela signifie que le créancier prioritaire peut poursuivre l'entreprise s'il n'est pas payé à l'échéance. Si le contrat a été conclu par l'administrateur ou avec son assistance, on peut supposer que cet auxiliaire de justice aura pris la précaution de ne pas traiter sans avoir les fonds disponibles. S'il y a un refus de paiement le créancier doit pouvoir exercer son droit de poursuite individuelle et des voies d'exécution [183] en tenant compte de l'interdiction faite à quiconque de saisir les sommes versées à la Caisse des dépôts et consignation [184]. En revanche le créancier peut demander et faire exécuter un titre exécutoire sans tenir compte de l'ordre dans lequel s'exercent les privilèges [185]. Cela relativise ainsi la portée du privilège de la conciliation qui n'empêchera pas le paiement immédiat des créances de l'article L. 622-17, I, C. com.

392. – Conversion pour cessation des paiements. – Si ce non-paiement résulte d'une insuffisance d'actif disponible cela indique que l'entreprise est en cessation des paiements. Il doit dès lors y avoir conversion [186] de la sauvegarde en une procédure de redressement ou de liquidation judiciaire. À défaut, le créancier est recevable à assigner le débiteur en redressement ou en liquidation judiciaire. Si une procédure de liquidation judiciaire est prononcée le créancier pourra se prévaloir de son privilège [187] ainsi que le précise l'article L. 641-13 du Code de commerce : « *En cas de prononcé de la liquidation judiciaire, sont également payées à leur échéance, les créances nées régulièrement après le jugement d'ouverture de la procédure de sauvegarde ou de redressement judiciaire mentionnées au I de l'article L. 622-17* ».

2°/ Privilège de la procédure

393. – Conditions. – Lorsqu'un créancier prioritaire n'est pas payé à l'échéance il bénéficie alors d'un privilège. En effet la créance ayant pour qualité de participer de la sauvegarde ou au redressement de l'entreprise elle donne droit au créancier « *d'être préféré aux autres créanciers, même hypothécaires* » [188]. Pourtant, si le débiteur est en sauvegarde, il convient de suivre le professeur Vallansan pour qui « *dans le cadre de la procédure de sauvegarde, il est difficile d'envisager une situation qui pourrait conduire le créancier à se prévaloir de son privilège* » [189]. Il faut pour cela que le débiteur ne soit pas en cessation des paiements, dispose de fonds permettant le règlement des créanciers et que, pour autant, le débiteur ne les paye pas.

394. – Obligation d'information. – Le créancier ne peut se prévaloir du privilège qu'après avoir informé l'administrateur et, à défaut, le mandataire judiciaire ou, lorsque ces

183. Cass. com., 11 févr. 1997, *Rev. proc. coll.* 1997.312, obs. Canet ; *Rev. proc. coll.*1997, 457, obs. C. Saint-Alary-Houin ; *RD bancaire et fin.* 1997, 78, obs. M.-J. Campana et Ph. Calendini ; *JCP* E 1997, I, 651, n° 1, obs. M. Cabrillac ; Cass. com., 3 juin 1997, *RTD com.* 1998, 210, obs. Martin-Serf.

184. C. com., art. L. 662-1.

185. Cass. com., 7 sept. 2010 : *LEDEN* oct. 2010, p. 2, obs. Mouial-Bassilana ; *RJDA* 2011, n° 60 ; *Bull. Joly entr. diff.* 2011. 23, note Macorig-Venier.

186. C. com., art. L. 622-10.

187. P. Crocq, « Le projet de loi sur la sauvegarde des entreprises et le respect des concepts du droit des sûretés », *Dr. et patr.*, janv. 2005.133, p. 137.

188. C. civ., art. 2324.

189. J. Vallansan, *op. cit.*, p. 94.

organes ont cessé leur fonction, le commissaire à l'exécution du plan ou le liquidateur. Cette obligation d'information doit être exécutée dans un délai d'un an à compter de la fin de la période d'observation [190] dans la sauvegarde et le redressement judiciaire. Dans la procédure de liquidation judiciaire, les créances impayées perdent « *le privilège [...] si elles n'ont pas été portées à la connaissance du mandataire judiciaire, de l'administrateur lorsqu'il en est désigné ou du liquidateur au plus tard, dans le délai de six mois à compter de la publication du jugement ouvrant ou prononçant la liquidation ou, à défaut, dans le délai d'un an à compter de celle du jugement arrêtant le plan de cession* » [191].

395. – Listes des créances privilégiées. – Les créances privilégiées qui ont été portées à la connaissance des organes font l'objet d'une liste déposée au greffe à l'issue d'un délai d'un an qui suit la période d'observation [192] dans la sauvegarde et le redressement judiciaire ou, en cas de liquidation judiciaire, à l'issue du délai de six mois à compter de la publication du jugement ouvrant ou prononçant la liquidation ou, le cas échéant, à l'issue du délai d'un an à compter de celle du jugement arrêtant le plan de cession de l'entreprise [193]. Tout intéressé peut en prendre connaissance et contester cette liste devant le juge-commissaire dans un délai d'un mois à compter de la publication au *Bodacc* indiquant le dépôt [194]. Les créances rejetées par le juge-commissaire sont réputées déclarées bien qu'elles n'aient pas été déclarées dans les deux mois de la publication du jugement d'ouverture de la procédure. Le créancier doit toutefois adresser au mandataire judiciaire ou au liquidateur judiciaire les informations relatives à la créance (montant, sommes à échoir, dates d'échéance, etc.) [195].

396. – Principe du paiement préférentiel. – Les créances bénéficiant du privilège de la procédure l'emportent sur toutes les autres créances mêmes celles assorties de sûreté ou de privilèges sous réserve de plusieurs exceptions :

– en premier lieu seront payées les créances garanties par le superprivilège des salariés ;

– en deuxième lieu interviendra le paiement du privilège des frais de justice ;

– en troisième lieu, seront payées les créances bénéficiant du privilège de la conciliation (privilège de « l'argent frais » [*new money*] de l'article L. 611-11 du Code de commerce) ;

– enfin, en quatrième lieu, l'article L. 641-13 II du Code de commerce dispose que « *lorsqu'elles ne sont pas payées à l'échéance, ces créances sont payées par privilège avant toutes les autres créances* ». Ainsi, contrairement à la sauvegarde et au redressement judiciaire, il n'est plus fait référence en cas de liquidation judiciaire à la primauté des créances postérieures privilégiées sur des créances antérieures assorties de sûreté ou de privilèges. Par conséquent, les créanciers antérieurs ayant des sûretés ou des privilèges seront payés avant les créanciers postérieurs privilégiés.

190. C. com., art. L. 622-17, IV.
191. C. com., art. L. 641-13, IV.
192. C. com., art. R. 622-15.
193. C. com., art. R. 641-39.
194. C. com., art. R. 622-15 et art. R. 641-39.
195. C. com., art. L. 622-25 et art. R. 622-23.

397. – Classement entre créances bénéficiant du privilège de procédure dans la sauvegarde, la sauvegarde financière accélérée et le redressement judiciaire [196]. – Ensuite les créances nées régulièrement après le jugement pour les besoins du déroulement de la procédure ou de la période d'observation ou encore une partie d'une prestation fournie au débiteur pour son activité durant cette période seront payées dans l'ordre suivant :

– les créances salariales non avancées par l'association pour la gestion du régime de garantie des créances des salariés (AGS) ;

– les créances résultant de prêts consentis par des établissements de crédits conclus après le jugement d'ouverture avec l'autorisation du juge-commissaire, ainsi que les créances résultant de la continuation des contrats en cours pour lesquels le cocontractant accepte de recevoir un paiement différé. En revanche sont exclues du privilège les indemnités et pénalités dues en cas de résiliation d'un contrat régulièrement poursuivi ;

– les autres créances postérieures selon leur rang.

398. – Classement entre créances bénéficiant du privilège de procédure dans la liquidation judiciaire. – Le classement interne entre les créances postérieures privilégiées est légèrement différent en cas de liquidation judiciaire. En effet, l'article L. 13 III 3° du Code de commerce dispose toujours que « *les sommes dont le montant a été avancé en application du 3° de l'article L. 143-11-1 du Code du travail* » seront payés par privilège après les créances salariales dont le montant n'a pas été avancé et après les prêts consentis et les créances résultant de la poursuite d'exécution des contrats en cours. Les autres créances sont payées après toutes ces créances.

§ 2 : L'arrêt des poursuites individuelles

399. – Justification. – L'interruption et l'interdiction des poursuites individuelles et des voies d'exécution exercée contre le débiteur est une règle d'ordre public posée par l'article L. 622-21 du Code de commerce. Il signifie que les créanciers ne peuvent poursuivre en justice ou exercer des voies d'exécution contre le débiteur. L'arrêt des poursuites individuelles exprime le caractère collectif de la procédure qui a pour but d'éviter que certains créanciers mieux informés soient seuls payés. Il s'agit d'éviter ainsi le prix de la course. Cette justification explique que cette règle se retrouve dans toutes les procédures collectives, c'est-à-dire dans la sauvegarde, le redressement [197] et la liquidation judiciaire [198] avec parfois des aménagements dans le régime. L'arrêt des poursuites individuelles est aussi une mesure de tranquillité en faveur du débiteur mais également un moyen de protection de l'actif. La règle concerne toutes les instances devant les juridictions civiles, administratives ou arbitrales [199].

---

196. C. com., art. L. 622-17, III.

197. C. com., art. L. 631-14.

198. C. com., art. L. 641-3.

199. Application de la règle à une juridiction arbitrale : Cass. com., 2 juin 2004, *Bull. civ.* IV, n° 112 ; *Act. proc. coll.* 2004, n° 158, obs. J. Vallansan ; *D.* 2004, p. 1732, obs. A. Lienhard ; *JCP* E 2004, n° 26, p. 1053, note N. S. ; *LPA*, 21 juill. 2004, p. 15, note Touchent.

400. – Caractère d'ordre public. – La règle de l'arrêt des poursuites est d'ordre public. La jurisprudence a récemment rappelé que « *le principe de suspension des poursuites individuelles en matière de faillite est à la fois d'ordre public interne et international* » [200]. Elle a également précisé que « *la règle de l'arrêt des poursuites individuelles, consécutive à l'ouverture d'une procédure collective, constitue une fin de non-recevoir pouvant être proposée en tout état de cause et dont le caractère d'ordre public impose au juge de la relever d'office* » [201].

I. Domaine de l'arrêt des poursuites

A. Le domaine quant aux personnes

401. – Les créanciers. Deux catégories de créanciers sont visées. – D'abord cela concerne tous les créanciers dont la créance est née antérieurement à l'ouverture de la procédure de sauvegarde ou de redressement judiciaire et ceci quelle que soit la nature de leur créance. La règle s'applique aussi aux créanciers du conjoint *in bonis* commun en biens [202]. Une exception concerne toutefois les salariés dans la mesure où les instances prud'hommales sont poursuivies [203]. Cela touche ensuite les créanciers dont la créance est née postérieurement au jugement d'ouverture et qui ne remplissent pas les conditions pour bénéficier du privilège de l'article L. 622-27-1 du Code de commerce [204]. Ces créances privilégiées sont celles nées pour les besoins de la procédure, en contrepartie d'une prestation fournie au débiteur.

402. – Les tiers. Les actions dirigées contre les tiers sont en principe ouvertes. On pense en particulier à l'action paulienne [205] ou encore à l'action dirigée contre un indivisaire dont la créance préexiste à l'ouverture de la procédure collective du débiteur [206]. C'est parfois le cas à l'égard des personnes qui garantissent le paiement de la dette du débiteur. Toutefois, pour les personnes physiques coobligées ou ayant consenti une sûreté personnelle ou ayant affecté ou cédé un bien en garantie, un régime spécifique est prévu en cas de procédure de sauvegarde, de sauvegarde financière accélérée et de redressement judiciaire qui diffère de celui applicable en liquidation judiciaire.

---

200. Cass. 1re civ., 6 mai 2009, n° 08-10281, arrêt n° 509 FS-P+B+I, *D.* 2009, AJ 1422, obs. X. Delpech, Pan. 2959, obs. T. Clay, *Gaz. Pal.* 26-28 juill. 2009, p. 9, note F. Mélin, *Act. proc. coll.*2009, n° 12, n° 182, obs. T. Mastrullo ; J.-L. Vallens, « L'arrêt des poursuites individuelles est d'ordre public international », *RTD com.* 2010, p. 208.

201. Cass. com., 12 janv. 2010, n° 08-19645, *D.* 2010. AJ 263, obs. Lienhard ; *LEDEN* mars 2010, p. 6, obs. Staes ; *RJDA* 2010, n° 544.

202. Cass. com., 17 juin 1997, *D. aff.* 1997, p. 901 ; mais pas aux créanciers du coindivisaire, Cass. com., 6 juill. 1999, *Act. proc. coll.* 1999-14, n° 183, obs. J. Vallansan. V. égal. Cass. com., 16 nov. 2011, n° 09-68459.

203. C. com., art. L. 622-21 et L. 625-2.

204. L'article L. 622-1-I exclut en effet de son application « *toute action en justice de la part de tous les créanciers dont la créance n'est pas mentionnée au I de l'article L. 622-17* [...] ».

205. Cass. com., 2 nov. 2005, *Act. proc. coll.* 2005-19, n° 237, obs. J. Vallansan ; *D.* 2006, p. 83, obs. P.-M. le Corre et F.-X. Lucas ; *D.* 2005, p. 2872, obs. A. Lienhard ; Cass. com., 24 janv. 2006, *Act. proc. coll.* 2006-4, n° 36, obs. C. Regnaut-Moutier.

206. Cass. civ. 2e, 16 mai 2013 : *D.* 2013. Actu. 1268 : « *la banque, créancière de l'indivision qui préexistait à l'ouverture de la procédure collective de l'ex-épouse, pouvait poursuivre la saisie et la vente de l'immeuble indivis pour être payée, avant le partage, par prélèvement sur l'actif* ».

403. – Personnes physiques coobligées ou ayant consenti une sûreté personnelle ou ayant affecté ou cédé un bien en garantie. Procédure de sauvegarde, de sauvegarde financière accélérée et de redressement judiciaire. – Dans ces procédures, les personnes physiques coobligées ou ayant consenti une sûreté personnelle ou ayant affecté ou cédé un bien en garantie peuvent se prévaloir de l'arrêt des poursuites et ceci, à compter du jugement d'ouverture et jusqu'au jugement arrêtant le plan ou prononçant la liquidation [207]. Le tribunal peut ensuite accorder à ces garants des délais ou différés de paiement dans la limite de deux ans. Il s'agit là d'une mesure incitative pour les dirigeants de personnes morales qui se sont portés cautions personnelles de leur entreprise afin de les amener à demander l'ouverture d'une procédure de sauvegarde. Toutefois, afin de préserver leurs droits, les créanciers bénéficiaires de ces garanties peuvent pratiquer des mesures conservatoires [208]. Tous les garants personnes physiques sont ainsi concernés, aussi bien les cautions personnes physiques que les coobligés et garants autonomes, ou encore les personnes ayant affecté ou cédé un bien en garantie, c'est-à-dire notamment les cautions réelles et le constituant qui n'est pas le débiteur et qui, dans le mécanisme de la fiducie-sûreté, cède la propriété de son bien dans le but de récupérer ensuite son patrimoine. De même la règle de l'arrêt des poursuites concernerait désormais les personnes physiques ayant donné une promesse de porte-fort, ou encore celles qui auraient souscrit une lettre d'intention [209]. Les seuls garants exclus du principe sont alors les garants personnes morales. Si la protection du garant personne physique est forte, il convient toutefois d'observer que, selon un arrêt de chambre mixte de la Cour de cassation, l'arrêt des poursuites à l'égard des garants du débiteur est une fin de non-recevoir à l'action du créancier qui ne doit pas forcément être soulevée d'office par le juge [210]. Si en période d'observation les garants personnes physiques sont protégés selon un régime identique en procédure de sauvegarde et de redressement judiciaire, il n'en est pas de même dans le cas d'un plan de sauvegarde ou de redressement. Dans un plan de sauvegarde *« à l'exception des personnes morales, les coobligés et les personnes ayant consenti une sûreté personnelle ou ayant affecté ou cédé un bien en garantie peuvent s'en prévaloir »* [211] ce qui n'est pas le cas dans un plan de redressement [212].

404. – Personnes physiques coobligées ou ayant consenti une sûreté personnelle ou ayant affecté ou cédé un bien en garantie. Procédures de liquidation judiciaire. – Dans ces procédures les personnes coobligées ou ayant consenti une sûreté personnelle ou ayant affecté ou cédé un bien en garantie ne peuvent se prévaloir de l'arrêt des poursuites [213].

207. C. com., art. L. 622-28, al. 2 (sauvegarde), (sauvegarde financière accélérée), art. L. 631-14 (redressement judiciaire).

208. Sur les modalités, v. C. com., art R. 622-26 qui renvoie à l'article R. 511-1 et s. du Code des procédures civiles d'exécution ; v. égal. Cass. com., 24 mai 2005, *Act. proc. coll.* 2005-11, n° 132, obs. J. Vallansan ; *D.* 2005, AJ, p. 1632, obs. A. Lienhard ; *D.* 2005, p. 2084, obs. P. Crocq.

209. P.-M. le Corre, *La réforme du droit des entreprises en difficulté, commentaire de l'ordonnance du 18 décembre 2008 et du décret du 12 février 2009*, Dalloz, 2009, p. 129.

210. Cass. ch. mixte, 16 nov. 2007, n° 03-14409, *Rev. proc. coll.*, juill. 2008, p. 51, n° 128, obs. F. Macorig-Vergnier, *JCP* E 2008, 1432, n° 4, obs. M. Cabrillac.

211. C. com., art. L. 626-11.

212. C. com., art. L. 631-20-1, cette distinction entre le plan de sauvegarde et de redressement n'a pas été considérée par la Cour de cassation. Cass. com., 12 avr. 2012, n°s 12-40003, 12-40004 et 12-40005.

213. C. com. ; art. L. 641-3, al. 1er (liquidation judiciaire).

B. Le domaine quant aux poursuites

405. – Les poursuites visées. Actions en justice. – Elles sont de deux types. Il y a d'abord les actions qui tendent au paiement d'une somme d'argent. Le créancier ne peut entamer une nouvelle action en paiement et doit suspendre celle qui est engagée. Il est simplement admis à déclarer sa créance au passif. L'interprétation retenue de cette règle par la jurisprudence antérieurement à la réforme de 2005 est assez large. La Cour de cassation a ainsi étendu de manière sensible la catégorie des obligations de paiement d'une somme d'argent à des hypothèses où rien ne laissait penser qu'il en serait ainsi. L'hypothèse de départ consiste pour un créancier à demander l'exécution en nature d'une obligation de faire. Le raisonnement tenu repose sur l'idée qu'une telle obligation « *se résout en dommages-intérêts en cas d'inexécution par le débiteur* » de sorte que la demande ne tend finalement qu'au paiement d'une somme d'argent pour une cause antérieure à l'ouverture de la procédure collective[214]. Cette solution, qui se fonde sur l'article 1142 du Code civil, doit être comparée et prolongée par celle retenue dans un arrêt du 17 juin 1997 par la chambre commerciale qui reproche à une cour d'appel d'avoir condamné un débiteur en redressement judiciaire à effectuer des travaux. En effet, selon la juridiction régulatrice, « *sous couvert de condamnation de la société et de son liquidateur judiciaire à exécuter une obligation de faire, la demande [...] impliquait (en réalité) des paiements de somme d'argent pour une cause antérieure au jugement d'ouverture. En décider autrement, serait, selon cette même juridiction, contraire aux articles 33 et 47 (arrêt des poursuites individuelles) de la loi du 25 janvier 1985, mais également au principe d'égalité entre les créanciers* »[215]. Dans le même sens, la Cour de cassation a jugé que la fixation de l'astreinte est soumise à l'arrêt des poursuites[216].

Il y a ensuite les actions en résolution pour défaut de paiement d'une somme d'argent. Pour les clauses résolutoires, il est possible de faire jouer cette stipulation malgré l'arrêt des poursuites si celle-ci a été acquise avant le jugement d'ouverture. Dans la plupart des contrats il suffit de réunir les conditions de mise en œuvre de la clause. Pour la clause contenue dans un bail commercial il est nécessaire d'avoir obtenu une décision de justice passée en force de chose jugée avant l'ouverture de la procédure[217].

406. – Poursuites exclues. – Toutes les actions en justice et toutes les procédures d'exécution ne sont pas concernées par le principe et peuvent continuer à être poursuivies. C'est ce que précise l'article L. 622-23 du Code de commerce, entièrement modifié par l'ordonnance du 18 décembre 2008 qui dispose en effet que« *Les actions en justice et les procédures d'exécution autres que celles visées à l'article L. 622-21 sont poursuivies au cours de la période d'observation [...]* ». C'est le cas par exemple des actions ayant pour objet la revendication ou la restitution d'un meuble,

214. En ce sens, Cass. com., 9 juill. 1996 (cassation au visa de l'art. 33 de la loi n° 85-98 du 25 janv. 1985), *Bull. civ.* IV, n° 210 ; *Rev. proc. coll.* 1997, 67, obs. M.-H. Monsèrié ; *JCP* E 1997. I. 623, n° 2, obs. M. Cabrillac.

215. Com. 17 juin 1997, *Quot. jur.* 24 juill. 1997, p. 3, note P. M ; *D.* 1997, p. 311, somm. com., A. Honorat. Pour des critiques de cette solution, v. F. Pollaud-Dulian, « Le principe d'égalité dans les procédures collectives », *JCP* 1998, I. 138, spéc. p. 973-974 ; v. égal. F. Pérochon, R. Bonhomme, n° 176-3, p. 167.

216. Cass. com., 21 janv. 2003, *JCP* E 2003-20, 760, n° 15 ; *D.* 2003, p. 421, obs. A. Lienhard ; *Act. proc. coll.* 2003-5, n° 55, comm. D. Voinot.

217. V. en ce sens : Com. 28 oct. 2008, *Bull. civ.* IV, n° 184 ; *D.* 2008. AJ 2865, obs. Lienhard ; *Loyers et copr.* 2008, n° 280, obs. P.-H. Brault ; *Gaz. Pal.* 21-22 janv. 2009, p. 32, obs. Kendérian ; *ibid.* 6-7 févr. 2009, p. 32, note C.-E. Brault ; *JCP* E 2009. 1382, note Bourgeois.

des actions menées par un créancier d'aliments [218], ou encore des actions pauliennes. C'est aussi le cas des actions visant à obtenir l'exécution d'une obligation de faire comme, par exemple, la réclamation d'un lot [219] ou encore une demande de remplacement d'un matériel défectueux [220].

407. – Les poursuites visées. Procédures d'exécution. – L'article L. 622-21-II du Code de commerce précise que le jugement d'ouverture arrête ou interdit toute procédure d'exécution sur les meubles et les immeubles. Ainsi, aucune procédure d'exécution de cette nature ne peut être entreprise, et celles qui étaient entamées sont arrêtées. La règle permet de souligner la différence entre une procédure collective qui, par essence, n'admet pas les procédures individuelles d'exécution. Cela concerne toutes les procédures d'exécution qu'elles soient civiles ou administratives. Toutes les saisies semblent concernées par ce principe (saisie-vente, saisie-conservatoire…). Cela vise donc l'ensemble des biens du débiteur même les biens communs si les époux sont mariés sous le régime de la communauté. Selon la jurisprudence en effet les créanciers du conjoint *in bonis* peuvent poursuivre celui-ci mais ils ne peuvent saisir les biens communs [221]. Aucune procédure d'exécution ne peut être entreprise et celles qui étaient entamées sont arrêtées.

L'arrêt des procédures d'exécution n'est en revanche pas applicable si elles ont déjà été mises en œuvre avant le jugement d'ouverture. Ainsi en matière de saisie attribution il y a attribution de la créance saisie au créancier saisissant dès signification de l'acte de saisie. Cela signifie que l'ouverture d'une procédure collective postérieurement à cette signification ne remet pas en cause l'attribution. Bien plus, selon la jurisprudence antérieure à la réforme de la loi du 26 juillet 2005, le créancier saisissant peut valablement s'approprier la créance saisie née d'un contrat successif et arrivant à échéance après le jugement d'ouverture [222]. Ainsi, lorsqu'une saisie-attribution est pratiquée avant le jugement d'ouverture, la poursuite d'une instance en contestation de cette mesure est possible, puisque cette dernière a un effet attributif immédiat [223]. En revanche il a été jugé, pour la saisie vente, « *que l'arrêt des voies d'exécution implique la mainlevée d'une procédure de saisie-vente lorsque, à la date du jugement d'ouverture, cette procédure d'exécution n'a pas, par la vente, produit ses effets* » [224].

408. – Procédure de distribution. – Sont également frappées par l'interdiction les procédures de distribution « *n'ayant pas produit un effet attributif avant le jugement d'ouverture* » [225]. Le texte couvre toutes les procédures de distribution qu'elles aient ou non données lieu à une procédure d'exécution, en particulier les séquestres conventionnels [226]. La question pratique importante est de déterminer quand se produit l'effet attributif. La Cour de cassation a jugé

218. C. com., art. L. 622-7 I : « *Le jugement ouvrant la procédure emporte, de plein droit, interdiction de payer toute créance née antérieurement au jugement d'ouverture, à l'exception du paiement par compensation de créances connexes. Il emporte également, de plein droit, interdiction de payer toute créance née après le jugement d'ouverture, non mentionnée au I de l'article L. 622-17. Ces interdictions ne sont pas applicables au paiement des créances alimentaires* ».

219. Cass. com., 28 mars 1995, *JCP* E Pan.711.

220. Cass. com., 28 mars 1995, *JCP* E Pan. 668.

221. Cass. ass. plén., 23 déc. 1994, D. 1995, 145, note F. Derrida ; *JCP* E 1995, II, 660, note Ph. Pétel ; *RJ com.* 1995, 55, note M. Storck.

222. Cass. ch. mixte, 22 nov. 2002, *JCP* G 2003, I, 144, § 14, obs. M. Cabrillac ; *JCP* E 2002, 397, note D. Legeais ; *D.* 2003, p. 445, note C. Larroumet ; *RTD civ.* 2003, p. 146, obs. R. Perrot, p. 331, obs. P. Crocq.

223. Cass. com., 19 juin 2007, *Gaz. proc. coll.* 2007/4, p. 44, note Rohart-Messager.

224. Cass. com., 21 sept. 2010, *Gaz. Pal.* 7-8 janv. 2011, p. 45, obs. Antonini-Cochin ; *RJDA* 2011, n° 258.

225. C. com., art. L. 622-21, II.

226. Cass. com., 8 juin 2010, *Bull. civ.* IV, n° 109 ; *D.* 2010. 1478, obs. A. Lienhard ; *Rev. sociétés* 2010. 411, obs. Roussel Galle ; P.-M. Le Corre, *La réforme du droit des entreprises en difficulté, commentaire de l'ordonnance du 18 décembre 2008 et du décret du 12 février 2009, op. cit.*, p. 125.

à propos d'une saisie vente mise en œuvre par des créanciers (banques) gagistes que la « *procédure de saisie-vente avait produit son effet attributif antérieurement au jugement d'ouverture de sorte que les biens vendus étaient sortis du patrimoine du débiteur à cette date* » [227]. Cette interprétation est conforme à l'article R. 622-29 selon lequel « *conformément au II de l'article L. 622-21, les procédures de distribution du prix de vente d'un immeuble et les procédures de distribution du prix de vente d'un meuble ne faisant pas suite à une procédure d'exécution ayant produit un effet attributif avant le jugement d'ouverture, en cours au jour de ce jugement, sont caduques [...]* ». Elle pourrait être remise en cause, selon Olivier Staes [228], depuis que l'article L. 622-21, II, modifié en 2008, ne vise plus seulement l'interdiction des voies d'exécution sur les meubles et les immeubles mais « *toute procédure de distribution n'ayant pas produit un effet attributif avant le jugement d'ouverture* ». Autrement dit, il conviendrait désormais de déterminer quand se situe l'effet attributif, non plus de la voie d'exécution, mais de la procédure de distribution. L'enjeu est important puisqu'en l'absence d'effet attributif les procédures sont caduques et les fonds doivent être remises au mandataire judiciaire [229].

409. – Fiducie. – Le principe est donc celui de la non-soumission de la fiducie à l'arrêt des poursuites individuelles. Cependant, une exception résulte de l'ordonnance du 18 décembre 2008 en cas de sauvegarde ou de sauvegarde financière accélérée et de redressement judiciaire. Ainsi, dans le cas où les biens transmis dans le patrimoine fiduciaire ont été laissés en usage ou en jouissance au débiteur, le mécanisme de la fiducie-sûreté s'arrête à l'ouverture de la procédure collective [230]. La portée de l'exception a donc été limitée aux biens ou droits faisant l'objet d'une convention de mise à disposition du constituant [231]. De ce fait, le créancier bénéficiaire d'une fiducie-sûreté portant sur des sommes d'argent ou des instruments financiers ne sera pas soumis à la règle de l'arrêt des poursuites [232].

Il convient de préciser que laisser au débiteur l'usage ou la jouissance des biens et droits transmis dans un patrimoine fiduciaire, c'est faciliter la mise en œuvre d'un plan de sauvegarde ou de redressement de l'entreprise. Mais surtout, le but est d'éviter que l'actif du débiteur soit anéanti par la réalisation automatique de la fiducie dès l'ouverture de la procédure collective du constituant/débiteur.

Une exception à l'exception est tout de même à poser. En effet, l'article L. 631-14, alinéa 4 du Code de commerce évoque le cas particulier de l'ouverture d'une procédure de sauvegarde, pendant laquelle des biens ont été transférés dans un patrimoine fiduciaire, avec conclusion d'une convention assurant le maintien de l'usage ou de la jouissance de ces biens au débiteur. Si cette procédure a abouti à l'adoption d'un plan de sauvegarde, qui a été résolu, mais qu'une procédure de redressement

---

227. Cass. com., 27 mars 2012 : *Bull. civ.* IV, n° 69 ; *D.* 2012 Actu. 942, obs. Lienhard ; *JCP* E 2012. 1508, n° 2, obs. Pétel ; *Dict. perm. diff. entrep., Bull.* n° 336, obs. Rémery ; *LEDEN* mai 2012, p. 4, obs. Mouial-Bassilana ; *Act. proc. coll.* 2012, n° 141, obs. Cagnoli ; *RD banc. fin.* 2012, n° 98, obs. S. Piedelièvre ; *RJDA* 2012, n° 696 ; *Bull. Joly Entrep. diff.* 2012. 221, note Camensuli-Feuillard ; *Dr. et proc.* 2012, n° 10, suppl., p. 18, obs. Crocq.

228. O. Staes, « Critère de la caducité des procédures de distribution en cours : effet attributif des voies d'exécution ou de la distribution ? », *Rev. proc. coll.* 2012, Étude 18.

229. C. com., art. R. 622-19, alinéa 1.

230. P.-M. le Corre, *Droit et pratique des procédures collectives, op. cit.*, p. 1483.

231. C. com., art. L. 622-23-1 : « *Lorsque des biens ou droits présents dans un patrimoine fiduciaire font l'objet d'une convention en exécution de laquelle le débiteur constituant en conserve l'usage ou la jouissance, aucune cession ou aucun transfert de ces biens ou droits ne peut intervenir au profit du fiduciaire ou d'un tiers du seul fait de l'ouverture de la procédure, de l'arrêté du plan ou encore d'un défaut de paiement d'une créance née antérieurement au jugement d'ouverture. Cette interdiction est prévue à peine de nullité de la cession ou du transfert* ».

232. A. Lienhard, *Code des procédures collectives commenté, op. cit.*, p. 140.

a ensuite été ouverte, l'article L. 622-23-1 ne joue pas[233]. C'est-à-dire que la neutralisation de la fiducie-sûreté n'est mise en œuvre que dans une seule procédure. Ainsi, la seconde chance du débiteur de redresser son entreprise ne pourra pas se faire sur le compte du bénéficiaire de la fiducie. L'attractivité de la procédure de sauvegarde est donc de nouveau affirmée.

On peut d'ailleurs préciser que l'ordonnance du 18 décembre 2008 a complété l'article L. 622-7 du Code de commerce pour permettre au juge-commissaire d'autoriser le chef d'entreprise à payer des créances antérieures au jugement d'ouverture afin d'obtenir le retour de biens et de droits transférés à titre de garantie dans le patrimoine fiduciaire, lorsque ce retour est justifié par la poursuite de l'activité. Cette seconde mesure complète donc la première qui vise également la préservation de l'actif du débiteur[234].

410. – Les poursuites visées. Procédure de distribution. – Depuis l'ordonnance de 2008, l'arrêt et l'interdiction des poursuites vise désormais « *toute procédure de distribution n'ayant pas produit un effet attributif avant le jugement d'ouverture* »[235]. Le législateur a, semble-t-il, apporté cette précision, pour faire entrer dans le champ de l'arrêt des poursuites toutes les procédures de distribution, et même les séquestres conventionnels, qui ne peuvent désormais résister à l'ouverture de la procédure collective[236].

II. Régime de l'arrêt des poursuites

A. Interruption et interdiction des poursuites

411. – Distinction. – On parle d'arrêt des poursuites ce qui en réalité recouvre deux situations distinctes, l'article L. 622-21 du Code de commerce se référant à l'interruption d'une part, et à l'interdiction d'autre part, de toute action en justice ou procédures d'exécution.

412. – Interruption. – S'agissant tout d'abord d'une action en justice, la poursuite est interrompue au jour du jugement d'ouverture si le créancier a déjà agi avant l'ouverture de la procédure de sauvegarde ou de redressement judiciaire. Les instances en cours sont interrompues jusqu'à ce que le créancier poursuivant ait procédé à la déclaration de sa créance. Qu'est-ce qu'une instance en cours ? Pour la Cour de cassation, « *l'instance en cours interrompue jusqu'à ce que le créancier poursuivant ait procédé à la déclaration de sa créance, est celle qui tend à obtenir, de la juridiction saisie du principal, une décision définitive sur le montant et l'existence de cette créance ; tel n'est pas le cas de l'instance en référé, qui tend à obtenir une condamnation provisionnelle de sorte que la créance faisant l'objet d'une telle instance doit être soumise à la procédure de*

233. C. com., art. L. 631-14, al. 4 : « *Lorsque des biens ou droits présents dans un patrimoine fiduciaire font l'objet d'une convention en exécution de laquelle le débiteur constituant en conserve l'usage ou la jouissance, aucune cession ou aucun transfert de ces biens ou droits ne peut intervenir au profit du fiduciaire ou d'un tiers du seul fait de l'ouverture de la procédure, de l'arrêté du plan ou encore d'un défaut de paiement d'une créance née antérieurement au jugement d'ouverture. Cette interdiction est prévue à peine de nullité de la cession ou du transfert* ».

234. A. Lienhard, *Code des procédures collectives commenté*, *op. cit.*, p. 141.

235. C. com., art. L. 622-21. II.

236. P.-M. le Corre, *La réforme du droit des entreprises en difficulté, commentaire de l'ordonnance du 18 décembre 2008 et du décret du 12 février 2009*, *op. cit.*, p. 125.

vérification des créances et à la décision du juge-commissaire »[237]. Ainsi, en excluant les instances en référé du domaine des instances interrompues, la Cour de cassation délimite un peu plus le champ des instances pouvant encore être individuellement poursuivies par un créancier. Les instances en cours sont des instances déjà entamées avant l'ouverture de la procédure mais non terminées au jour de cette même ouverture. La difficulté est de déterminer si une situation est acquise ou non. Si, par exemple, l'assignation délivrée au débiteur n'a été transmise au greffe que le lendemain de l'ouverture de la procédure, il n'y a pas d'instance en cours[238]. Ainsi le jeu des clauses résolutoires soulève le contentieux le plus fréquent. La clause n'est efficace que si elle est acquise avant le jugement. Il est donc possible d'agir sur le fondement d'une clause résolutoire après l'ouverture de la procédure. Mais dans certains cas, et notamment, lorsque la clause est stipulée dans un bail commercial ou artisanal, elle ne produit effet que (C. com., art. L. 145-41) :

– si le bailleur a adressé au locataire avant le jugement d'ouverture un commandement de payer resté infructueux pendant un mois ;

– si, pendant ce même délai, le locataire n'a pas saisi le tribunal pour obtenir des délais de paiements ;

– ou encore si, ayant réclamé ces délais, ils sont expirés. Ainsi, l'action en justice qui vise à obtenir la consolidation de la clause résolutoire est soumise à l'arrêt des poursuites[239].

Quant aux procédures d'exécution celles-ci sont définitivement arrêtées en cas de sauvegarde et de redressement judiciaire[240]. Les décisions passées en force de chose jugée rendues après reprise d'instance sont à la demande du mandataire judiciaire portées sur l'état des créances par le greffier du tribunal ayant ouvert la procédure[241].

B. Reprise des poursuites

413. – Constatation et fixation du montant des créances. – La reprise des poursuites peut d'abord concerner les créanciers dont l'action a été interrompue suite à l'ouverture de la procédure collective. Lorsque les créances ont été déclarées[242], les instances sont reprises de plein droit, le représentant des créanciers et, le cas échéant, l'administrateur ou le commissaire à l'exécution du plan dûment appelés, mais elles tendent uniquement

237. Cass. com., 6 oct. 2009, n° 08-12416, *D.* 2009, AJ 2485, obs. A. Lienhard. Cette solution était logique selon la doctrine : v. A. Martin-Serf, « Une instance en référé n'est pas une instance en cours interrompue par le jugement d'ouverture », *RTD com.* 2010, p. 198.

238. « *La copie de l'assignation en paiement délivrée à la société PBR antérieurement à l'ouverture de la liquidation judiciaire n'avait été remise au greffe du tribunal de commerce de Caen que le lendemain de cette ouverture, de sorte qu'il n'existait pas d'instance en cours au jour du prononcé de la liquidation judiciaire* », Cass. com., 12 janv. 2010, *Gaz. Pal.* 16-17 avr. 2010, p. 30, obs. Rohart-Messager ; *Rev. proc. coll.* 2011, n° 29, obs. Staes.

239. Cass. com., 12 juin 1990, *Bull. civ.* IV, n° 172 ; *D.* 1990, 450, note F. Derrida ; *JCP* E 1991, I, 46, n° 15, obs. M. Cabrillac.

240. Il en va différemment pour les saisies immobilières en cas de liquidation judiciaire, C. com., art. L. 642-18, al. 2.

241. C. com., art. R. 622-20.

242. Cass., avis, 8 juin 2009, n° 0090002P, en l'absence de déclaration de créance, les conditions de reprise d'instance ne sont pas réunies, même si la créance du créancier forclos n'est pas éteinte ; Cass. com., 10 mars 2009, n° 07-16397, *Gaz. Pal.* 2009, n° 3, p. 27, note Rohart-Messager : « *attendu que par arrêt du 10 juillet 2008 (n° 939 F-D), la chambre commerciale, financière et économique de la Cour de cassation a constaté l'interruption de l'instance et imparti aux parties un délai de 4 mois en vue de la reprise d'instance ; attendu que la Société industrielle de construction n'a accompli aucune diligence en vue de la reprise d'instance puisqu'elle ne justifie pas avoir déclaré sa créance à la liquidation judiciaire, et que le délai imparti par l'arrêt préc. est expiré ; qu'il y a donc lieu de constater la déchéance du pourvoi* ». A. Martin-Serf, « Arrêt des poursuites, devenir de l'instance interrompue en l'absence de déclaration de créance », *RTD com.*, 2010, p. 1999.

à la constatation des créances et à la fixation de leur montant [243]. Plus précisément, l'instance est reprise à l'initiative du créancier demandeur, dès que celui-ci a produit à la juridiction saisie de la demande une copie de la déclaration de sa créance et mit en cause le mandataire judiciaire ainsi que, le cas échéant, l'administrateur lorsqu'il a pour mission d'assister le débiteur ou le commissaire à l'exécution du plan [244]. La Cour de cassation a précisé les modalités de la reprise des poursuites, dans un avis du 8 juin 2009, relatif à la difficulté qui se pose dans le cas où le créancier qui n'a pas déclaré sa créance ne subit plus l'extinction de sa créance, depuis la loi du 26 juillet 2005, mais ne remplit pas non plus les conditions de la reprise de l'instance interrompue par le jugement d'ouverture de la procédure collective [245] de son débiteur. La cour de Versailles avait sollicité un avis de la Cour de cassation sur « *le devenir d'une instance interrompue par application de l'article L. 622-22 du Code de commerce, dans sa rédaction postérieure à la loi du 26 juillet 2005, alors que le créancier n'a pas procédé à la déclaration de sa créance et que le délai de forclusion est échu* ». Pour la Cour de cassation, « *en l'absence de déclaration de créance, les conditions de la reprise d'instance ne sont pas réunies, même si la créance du créancier forclos n'est pas éteinte ; en l'espèce, l'instance demeure interrompue jusqu'à la clôture de la liquidation judiciaire* ». Le créancier doit donc attendre la fin de la procédure collective (sauvegarde, redressement ou liquidation judiciaire) avant de pouvoir envisager une reprise des poursuites à condition, bien sûr, que son action ne soit pas prescrite. En effet, dans la mesure où la créance n'a pas été déclarée, le créancier ne pourra pas profiter de l'effet interruptif jusqu'à la clôture de la procédure de la déclaration de créance [246]. La Cour de cassation a aussi jugé qu'à défaut de reprise d'instance, les jugements, même passés en force de chose jugée, sont caducs à moins qu'ils ne soient expressément ou tacitement confirmés par la partie au profit de laquelle l'interruption est prévue [247]. S'agissant de la poursuite des instances contre les personnes physiques qui se sont portées garantes de l'entreprise, elle s'effectue à l'initiative des créanciers bénéficiaires de garanties sur justification du jugement arrêtant le plan, selon les dispositions applicables à l'opposabilité de ce plan à l'égard des garants [248].

414. – Actions en justice et procédures d'exécution non arrêtées. – Les actions en justice et procédures d'exécution non soumises à l'arrêt des poursuites peuvent être continuées selon des modalités particulières. Elles sont en effet « *poursuivies au cours de la période d'observation à l'encontre du débiteur, après mise en cause du mandataire judiciaire et de l'administrateur lorsqu'il a une mission d'assistance ou après une reprise d'instance à leur initiative* » [249]. Il

243. C. com., art. L. 622-22 ; Cass. com., 26 janv. 2010, *Bull. civ.* IV, n° 20 ; *D.* 2010. AJ 380 ; *Act. proc. coll.* 2010, n° 74, obs. Vallansan ; *RJDA* 2010, n° 650 ; *Gaz. Pal.* 2-3 juill. 2010, p. 29, obs. Rohart-Messager ; *RJ com.* 2010. 488, note Sortais ; *Rev. proc. coll.* 2011, n° 34, obs. Staes : « *Attendu que le jugement qui ouvre la sauvegarde interrompt les instances en cours qui tendent à la condamnation du débiteur au paiement d'une somme d'argent ; que ces instances sont reprises dès que le créancier a produit à la juridiction saisie une copie de la déclaration de sa créance et qu'il a mis en cause le mandataire judiciaire et l'administrateur, lorsque ce dernier a pour mission d'assister le débiteur, mais tendent uniquement à la constatation des créances et à la fixation de leur montant* ».

244. C. com., art. R. 622-20.

245. Procédure de liquidation judiciaire en l'espèce.

246. A. Lienhard, *Code des procédures collectives commenté*, Paris, Dalloz, 8e éd., 2010, p. 140.

247. Cass. com., 26 janv. 2010, *Bull. civ.* IV, n° 20 ; *D.* 2010. AJ 380 ; *Act. proc. coll.* 2010, n° 74, obs. Vallansan ; *RJDA* 2010, n° 650 ; *Gaz. Pal.* 2-3 juill. 2010, p. 29, obs. Rohart-Messager ; *RJ com.* 2010. 488, note Sortais ; *Rev. proc. coll.* 2011, n° 34, obs. Staes.

248. C. com., art. R. 622-26.

249. C. com., art. L. 622-23.

résulte de cette disposition qu'en procédure de sauvegarde la mise en cause de l'administrateur ne sera obligatoire que si ce dernier a reçu une mission d'assistance. En revanche, cette mise en cause sera toujours nécessaire dans le redressement judiciaire [250] et *a fortiori* en liquidation judiciaire. Un régime spécifique est prévu pour les salariés. Ceux-ci n'étant pas tenus d'une obligation de déclaration échappent à l'interruption des instances en cours. Celles-ci sont donc poursuivies « *en présence du mandataire judiciaire et de l'administrateur lorsqu'il a une mission d'assistance ou ceux-ci dûment appelés* » [251].

§ 3 : L'interdiction des inscriptions

415. – Justification. – Afin de ne point trop grever le patrimoine du débiteur a été posée la règle applicable dans toutes les procédures collectives de l'interdiction des inscriptions [252]. Il s'agit de l'interdiction faite aux créanciers de publier des garanties ou des décisions judiciaires translatives ou constitutives du droit et ceci à compter du jugement d'ouverture. L'absence d'inscription a un effet fâcheux pour ces créanciers car il rend leur droit inopposable aux tiers.

416. – Sûretés. – L'interdiction des inscriptions concerne tout d'abord les « *hypothèques, gages, nantissements et privilèges* ». Il s'agit dans tous les cas de garanties qui sont soumises à publicité. Certaines exceptions existent cependant. Ainsi, le Trésor public peut inscrire son privilège au greffe du tribunal de commerce après l'ouverture de la procédure collective. De même, le vendeur de fonds de commerce peut aussi inscrire son privilège dans le délai légal de quinze jours suivant la vente (C. com., art. L. 141-6). Enfin, l'interdiction ne vaut que pour les inscriptions principales. Elle ne concerne donc pas les renouvellements d'inscription [253] et les inscriptions définitives qui font suite à une inscription conservatoire [254]. La prohibition des inscriptions n'empêche pas d'inscrire une sûreté née postérieurement pour les besoins de l'exploitation [255].

417. – Actes et décisions judiciaires translatifs ou constitutifs de droits réels. – Ces actes et décisions ont été réintroduits dans le domaine d'application de l'interdiction des inscriptions par la réforme de 2005 [256]. Cela vise les actes n'ayant pas acquis date certaine et les décisions judiciaires non exécutoires au jour du jugement d'ouverture. On peut citer, à titre d'illustration, les droits réels (autre qu'une hypothèque ou un privilège) sur un immeuble du débiteur non publié avant le jugement d'ouverture de la procédure, les décisions judiciaires, les actes translatifs (donation, échange, apport en société, jugement d'adjudication), les actes

250. C. com., art. L. 631-14, al. 5 : « *pour l'application de l'article L. 622-23, l'administrateur doit également être mis en cause lorsqu'il a une mission de représentation* ».
251. C. com., art. L. 625-3.
252. C. com., art. L. 622-30.
253. Cass. com., 24 avr. 1974, *D.* 1975, 107.
254. Cass. com., 17 nov. 1992, *D.* 1993, 96, note F. Derrida ; *JCP* E 1993, I, 238, § 20, obs. M. Cabrillac.
255. V. C. com., art. L. 622-7, L. 622-8 et L. 626-22.
256. C. Biguenet-Maurel, « La publication des actes translatifs postérieurement au redressement judiciaire », *JCP* E, 2005-41, 1490.

constitutifs (constitution d'usufruit, de servitude) ou encore les actes soumis à publicité (cession de créance, contrat de crédit-bail) peuvent faire l'objet des inscriptions requises après le jugement d'ouverture.

§ 4 : L'arrêt du cours des intérêts

418. – Justification. – L'arrêt du cours des intérêts[257] est une solution traditionnelle du droit des procédures collectives qui vise à faire respecter le principe d'égalité des créanciers mais aussi à permettre à l'entreprise de redémarrer.

419. – Le principe. – Le cours des intérêts légaux et conventionnels des créances antérieures au jugement d'ouverture est arrêté et pas simplement suspendu. Il ne reprendra pas même lorsque le tribunal aura statué sur le sort de l'entreprise et, par exemple, arrêté un plan de sauvegarde, de redressement, de cession ou prononcé la liquidation judiciaire. La règle bénéficie au débiteur mais aussi, dans la seule procédure de sauvegarde et de sauvegarde financière accélérée, aux « *personnes physiques coobligées ou ayant consenti une sûreté personnelle ou ayant affecté ou cédé un bien en garantie* »[258]. Toutefois les bénéficiaires de ces « garanties » peuvent prendre des mesures conservatoires, ceci afin d'éviter que les dirigeants qui se sont portés garants de leurs entreprises (sociétés) n'organisent leur insolvabilité. L'arrêt du cours des intérêts concerne tous les intérêts légaux ou conventionnels, y compris les intérêts et majorations de retard. Ni le Trésor, ni l'Urssaf ni les salariés n'en sont exemptés.

420. – Exceptions. – Des exceptionssont prévues pour les « *intérêts résultant de contrats de prêt conclus pour une durée égale ou supérieure à un an ou de contrats assortis d'un paiement différé d'un an ou plus*[259] ». Elle s'explique du fait qu'il ne faut pas décourager le crédit à risque. Elle a été jugée conforme à la Constitution par la Cour de cassation[260]. C'est lors de la conclusion du contrat qu'il doit être convenu que le prêt ou le paiement différé sera d'au moins un an. Il faut bien sûr qu'il s'agisse d'un prêt et il est indispensable que soit expressément indiquée la durée du prêt. Ainsi une convention de compte-courant ne précisant aucune durée ne saurait être qualifiée de prêt d'une durée supérieure à un an[261]. La loi ne distinguant pas selon le type d'intérêts, peuvent bénéficier des exceptions toute sorte d'intérêts comme par exemple les intérêts moratoires. De même, le texte ne s'oppose pas à la capitalisation des intérêts moratoires[262].

N°s 421 à 434 réservés.

---

257. C. com., art. L. 622-28.

258. C. com., art. L. 631-14, II (redressement judiciaire) ; art. L. 641-3, al. 1er (liquidation judiciaire) ; E. Lacassagne, « Les cautions à l'épreuve de la loi de sauvegarde : cautionnera bien qui préviendra le premier », *LPA*, 17 févr. 2006, n° 35, p. 50 ; C. Léguevaques, « La loi de sauvegarde et les cautions : au bonheur des cautions ? », *Rev. proc. coll.* 2005-4, p. 296 ; O. Salvat, « Le sort des garants dans la loi de sauvegarde », *Rev. proc. coll.*2006-2.

259. C. com., art. L. 622-28.

260. Com., QPC, 20 mars 2012 : *RTD com.* 2012. 850, obs. Martin-Serf ; *RJDA* 2012, n° 697.

261. Cass. com., 23 avr. 2013, *D.* 2013. Actu. 1128.

262. Cass. com., 2 juill. 2013, *Actualité Dictionnaire permanent, Difficultés des entreprises,* 16 juill. 2003, obs. J.-P. Rémery.

CHAPITRE II
La détermination du patrimoine du débiteur

435. – La détermination du patrimoine du débiteur est essentielle au paiement des créanciers mais aussi afin de déterminer si l'entreprise dispose d'une capacité patrimoniale suffisante pour envisager une poursuite d'activité. Cette détermination concerne le passif (Section I) et l'actif (Section II).

Section I
La détermination du passif

§ 1 : Régime applicable aux créances déclarées

I. La déclaration de créance

436. – Obligation de déclarer. – Les créanciers non privilégiés doivent préserver leurs droits dans toutes les procédures collectives en procédant à la déclaration de leurs créances auprès du mandataire judiciaire ou du liquidateur [1]. L'admission de ces créances leur donne le droit de participer aux répartitions et dividendes [2].

A. Domaine de la déclaration

437. – Créanciers soumis à l'obligation de déclarer. – Doivent déclarer les créanciers dont la créance est née antérieurement au jugement d'ouverture de la procédure ainsi que les créanciers postérieurs qui ne bénéficient pas du paiement à l'échéance de l'article L. 622-17 du Code de commerce. L'obligation incombe donc aux créanciers chirographaires, privilégiés et munis de sûretés.

438. – Créanciers non soumis à l'obligation de déclarer. – En plus des créanciers qui bénéficient du privilège des procédures collectives (C. com., art. L. 622-17) d'autres créanciers, par exception, échappent à l'obligation de déclarer. C'est le cas notamment :

– des salariés ;

– des créanciers alimentaires [3] ;

---

1. C. com., art. L. 622-24 ; art. L. 631-14, al. 1er (redressement judiciaire) ; art. L. 641-3, al. 4 (liquidation judiciaire).
2. C. com., art. L. 622-26, al. 1.
3. C. com., art. L. 622-24, al. 5.

– en cas d'ouverture d'une procédure collective à l'égard d'un établissement de crédit ou d'une entreprise d'investissement, « le fonds de garantie et les déposants pour leurs créances entrant pour tout ou partie dans le champ d'intervention du fonds » [4]. En revanche les créances exclues du champ d'intervention doivent être déclarées. Le fonds de garantie doit informer les déposants du montant des créances à déclarer et leur préciser aussi les modalités de déclaration auprès du mandataire judiciaire ;

– en cas d'ouverture d'une procédure collective à l'égard d'un intermédiaire habilité en vue de l'administration ou de la conservation d'instruments financiers, la créance correspondant aux titres financiers qui, faute d'une encaisse suffisante chez le dépositaire central ou chez un autre intermédiaire, n'auront pu être restitués aux titulaires de compte, ceux-ci sont dispensés de la déclaration [5] ;

– des assurés, souscripteurs, adhérents et bénéficiaires de contrats d'assurance, ainsi qu'au fonds de garantie mentionné à l'article L. 423-1 du Code des assurances, en cas d'ouverture d'une procédure de liquidation judiciaire à l'égard d'une entreprise d'assurance [6] ;

– des membres participants, bénéficiaires et ayants droit de règlements ou de contrats ainsi que le fonds paritaire de garantie en cas d'ouverture d'une procédure de sauvegarde ou de redressement ou de liquidation judiciaires d'une institution de prévoyance ou d'une union d'institutions de prévoyance [7] ;

– des membres participants et les bénéficiaires de garanties ainsi que le fonds de garantie en cas d'ouverture d'une procédure de redressement ou de liquidation judiciaire [s] à l'égard d'une mutuelle ou d'une union [8] ;

– des créanciers dont la créance est éteinte [9] ;

– des créanciers ayant déjà déclaré dans une procédure de redressement judiciaire converti ensuite en liquidation judiciaire [10] ;

– du mandant d'une agence immobilière en liquidation judiciaire qui n'a pas à déclarer sa créance de restitution résultant des dispositions de la loi du 2 janvier 1970 au passif de la procédure, « *celle-ci échappant par sa nature aux dispositions de la procédure collective obligeant les créanciers dont la créance est née antérieurement au jugement d'ouverture à déclarer leurs créances au liquidateur* » [11].

4. C. mon. fin., art. L. 613-30. Le mandataire judiciaire établit les relevés de toutes les créances. Ces relevés doivent être mentionnés par le juge-commissaire, déposés au greffe du tribunal de commerce et faire l'objet d'une mesure de publicité. En cas de contestation, le déposant saisit à peine de forclusion le tribunal dans un délai de deux mois à compter de l'accomplissement de la mesure de publicité.

5. C. mon. et fin., art. L. 211-10.

6. C. assur., art. L. 326-4.

7. CSS, art. L. 931-21-1.

8. C. mut., art. L. 212-18.

9. Le paiement effectué avant l'ouverture de la procédure collective en vertu d'une décision statuant sur le fond, exécutoire par provision, ayant éteint la créance de la partie bénéficiaire d'une telle décision, cette partie n'est pas soumise à l'obligation de la déclarer au passif de la procédure collective de l'autre partie : v. Cass. com., 15 févr. 2011 : *Act. proc. coll.* 2011, n° 101, obs. Cagnoli.

10. Cass. com., 10 juill. 2012, *Bull. Joly Entrep. diff.* 2012. 286, note Le Mesle ; même solution pour le créancier ayant déclaré peu important que le jugement d'ouverture ait été par la suite infirmé, le juge-commissaire demeurant régulièrement saisi par cette déclaration, v. Cass. com., 22 janv. 2013, *D.* 2013. Actu. 302, obs. Lienhard ; *Act. proc. coll.* 2013, n° 44, obs. Blanc ; *LEDEN* mars 2013, p. 2, obs. Mouial-Bassilana ; *Gaz. Pal.* 1er-4 mai 2013, p. 29, obs. Le Corre ; *Bull. Joly Entrep. diff.* 2013. 168, note Rolland.

11. Cass. com., 15 févr. 2011, *D.* 2011.988, note D. R. Martin ; *ibid*, Actu. 590, obs. Lienhard ; *JCP* E 2011.1263, n° 8, obs. Pétel ; *Gaz. Pal.* 1er-2 avr. 2011, p. 30, obs. Henry ; *LEDEN* avr. 2011, p. 4, obs. Mouial-Bassilana ; *Act. proc. coll.* 2011, n° 109, obs. Bazin-Beust.

439. – Régime spécial en sauvegarde financière accélérée. – En sauvegarde financière accélérée, il convient de distinguer entre deux catégories de créanciers : ceux qui sont hors procédure et ceux qui sont dans la procédure. La première catégorie correspond aux créanciers qui ne sont ni membres d'un comité des établissements de crédit et qui ne sont ni membres d'une assemblée d'obligataires. Ces créanciers peuvent être qualifiés de « hors procédure » dans la mesure où l'ouverture de la sauvegarde financière accélérée n'a pas d'effet à leur égard [12]. L'autre catégorie concerne les créanciers pour lesquels l'ouverture de la procédure produit des effets juridiques, à savoir les membres des comités des établissements de crédit et les membres des assemblées d'obligataires. Ces créanciers sont en principe soumis au régime de déclaration de créance applicable en sauvegarde [13]. Certains créanciers de cette catégorie bénéficient toutefois d'un régime dérogatoire en matière de déclaration de créance. Il s'agit des créanciers ayant participé à la conciliation et pour lesquels l'ouverture de la procédure de sauvegarde financière accélérée produit des effets c'est-à-dire les créanciers ayant la qualité de membre du comité des établissements de crédit d'une part, et les créanciers obligataires s'il y en a, d'autre part [14]. Pour les créanciers concernés par ce régime spécifique, une liste [15] des créances à la date de l'ouverture de la procédure de sauvegarde financière accélérée est établie par le débiteur et certifiée par le commissaire aux comptes ou, à défaut, l'expert-comptable. Cette liste est ensuite déposée au greffe du tribunal. Le mandataire judiciaire informe par tout moyen chaque créancier concerné des caractéristiques de ses créances figurant sur la liste [16]. Toutefois, par dérogation, ces créances sont réputées déclarées, sous réserve de leur actualisation, si les créanciers n'adressent pas la déclaration de ces créances dans le délai de deux mois à compter de la publication du jugement d'ouverture de la procédure de sauvegarde financière accélérée au *Bodacc*. Ainsi trois situations peuvent se présenter :

– Un créancier a été informé par le mandataire judiciaire « *des caractéristiques* » de sa créance. S'il estime exacte les informations reçues, il n'a pas l'obligation de déclarer, sa créance étant réputée déclarée.

– Un créancier a été informé par le mandataire judiciaire « *des caractéristiques* » de sa créance mais il estime inexacte les informations reçues. Dans ce cas [17], s'il n'a pas encore procédé à une telle déclaration, il doit déclarer auprès du mandataire judiciaire dans le délai de deux mois à compter de la publication du jugement au *Bodacc*. Dans cette hypothèse, la déclaration faite vaut « actualisation des créances réputées déclarées ». Cette situation peut toutefois se révéler problématique si, l'information ayant tardé, le délai de deux mois pour déclarer est finalement dépassé. Il serait ainsi préférable de faire

12. Interprétation *a contrario* de l'article L. 628-1, al. 3 du Code de commerce.
13. C. com., art. L. 628-5, al. 1er.
14. C. com., art. L. 628-1, dernier alinéa.
15. « *Dans les dix jours du jugement d'ouverture, le débiteur dépose au greffe deux exemplaires de la liste des créances prévue par l'article L. 628-5. Le greffier en remet un exemplaire au mandataire judiciaire La liste mentionne, pour chacun des créanciers concernés, leur nom ou dénomination et leur domicile ou siège, le montant de la créance due au jour du jugement d'ouverture avec l'indication des sommes à échoir et de la date de leurs échéances, ainsi que la nature du privilège ou de la sûreté dont la créance est éventuellement assortie. Lorsqu'il s'agit de créances en monnaie étrangère, la conversion en euros a lieu selon le cours du change à la date du jugement d'ouverture* » : art. R. 626-8, C. com.
16. « *Dans les huit jours suivant la remise de la liste par le greffier, le mandataire judiciaire communique à chaque créancier concerné les informations relatives aux créances dont il est titulaire telles qu'elles résultent de la liste et porte à sa connaissance les dispositions de l'article L. 628-5* » et de l'article R. 628-7, C. com. v. art. R. 628-7, al. 1er C. com.
17. C. com., art. R. 628-7, al. 2.

courir le délai à compter de la réception par le créancier de l'information donnée par le mandataire judiciaire concernant sa créance.

– Se pose également le cas du créancier qui n'a pas reçu d'information et pour lequel rien n'est prévu dans les textes. Cela soulève à nouveau la question de la portée juridique de la communication d'information relative à la créance par le mandataire judiciaire. On peut penser là encore que ce créancier devrait pouvoir se prévaloir de cette absence d'information pour que lui soit inopposable le délai de forclusion.

440. – Défaut de déclaration et recours contre le garant. – Le créancier qui bénéficie d'une garantie personnelle par exemple un cautionnement doit-il déclarer à la procédure collective ? Avant 2006, la réponse était positive car l'absence de déclaration emportait extinction de la créance. Cette solution est apparue incompatible avec le règlement communautaire du 29 mai 2000 relatif à l'insolvabilité [18]. Aujourd'hui « *les créanciers* [non déclarants] *ne sont pas admis dans les répartitions et les dividendes [...]* » [19] et leur créance est inopposable à la procédure collective [20]. Il en résulte que le créancier négligent devrait avoir la possibilité de poursuivre le garant [21]. Toutefois s'agissant d'une caution s'est posée la question de savoir si elle peut se prévaloir de l'article 2314 du Code civil (ex-art. 2037, anc. C. civ.) qui prévoit « *la décharge de la caution si la subrogation aux droits et garanties du créancier ne peut plus, par la faute du créancier, s'opérer en faveur de la caution* ». Il avait notamment été précisé pendant les travaux parlementaires que la non-participation du créancier aux répartitions entraînerait en effet un préjudice pour la caution [22]. La Cour de cassation a été amenée à préciser les solutions :

– Dans un premier arrêt [23] elle a admis que le créancier peut poursuivre la caution en affirmant « *que la défaillance du créancier ayant pour effet, non d'éteindre la créance, mais d'exclure son titulaire des répartitions et dividendes, cette sanction ne constitue pas une exception inhérente à la dette, susceptible d'être opposée par la caution, pour se soustraire à son engagement* ».

– Toutefois dans un deuxième arrêt [24] elle a précisé : « *Il résulte de la combinaison de l'art. 2314 C. civ. et de l'art. L. 622-26, al. 1er, C. com., dans sa rédaction antérieure à l'Ord. du 18 déc. 2008, que, lorsque le créancier a omis de déclarer sa créance, peu importants la nature de celle-ci, la caution*

18. L'article 5 de ce texte dispose en effet que « *l'ouverture de la procédure d'insolvabilité n'affecte pas le droit réel d'un créancier ou d'un tiers sur des biens corporels ou incorporels, meubles ou immeubles...et qui se trouvent au moment de l'ouverture de la procédure sur le territoire d'un autre État membre* ».

19. C. com., art. L. 622-26, al. 1.

20. Cass. com., 3 nov. 2010, *D.* 2010, Actu. 2645, obs. Lienhard ; *Rev. sociétés* 2011. 194, obs. Roussel-Galle ; *JCP* E 2011. 1030, n° 10, obs. Cabrillac ; *Gaz. Pal.* 7-8 janv. 2011, p. 18, note le Corre-Broly ; *LEDEN* févr. 2011, p. 1, obs. F.-X. Lucas ; *RJDA* 2011, n° 64.

21. V. Cass. com., 12 juill. 2011, n° 09-71113 : « *[...] il résulte des dispositions de l'article L. 622-26 du Code de commerce, que la défaillance du créancier ayant pour effet, non d'éteindre la créance, mais d'exclure son titulaire des répartitions et dividendes, cette sanction ne constitue par une exception inhérente à la dette susceptible d'être opposée par la caution, pour se soustraire à son engagement* ».

22. Rapport X. de Roux, p. 236.

23. Cass. com., 12 juill. 2011, *Bull. civ.* IV, n° 118 ; *D.* 2011. Actu. 1894, obs. Lienhard ; *RTD civ.* 2011.782, obs. Crocq ; *RTD com.* 2012. 405, obs. Martin-Serf ; *JCP E* 2011. 1628, note Dissaux ; *JCP E* 2012. 1000, n° 7, obs. Pétel ; *LEDEN* sept. 2011, p. 3, obs. Borga ; *Act. proc. coll.* 2011, n° 219, obs. Cagnoli ; *Dict. perm. diff. entrep., Bull.* n° 329, obs. Dizel ; *Bull. Joly* 2011. 816, note J.-J. Barbièri ; *Bull. Joly Entrep. diff.* 2011. 258, note Brena ; *RD banc. fin.* 2011, n° 162, obs. Cerles ; *Gaz. Pal.* 7-8 oct. 2011, p. 15, note Le Corre ; *ibid.* 26-27 oct. 2011, p. 8, obs. Juillet ; *Banque et Droit* sept.-oct.2011. 42, obs. Jacob ; *RLDA* oct. 2011. 25, obs. Vallens ; *LPA* 21 déc. 2011, note S. Piedelièvre ; *RJDA* 2012, n° 184 ; *RJ com.* mai-juin 2012. 45, note Macorig-Venier.

24. Cass. com., 19 févr. 2013, *D.* 2013. Actu. 565, obs. Lienhard, *JCP E* 2013. 1216, n° 7, obs. Pétel ; *Act. proc. coll.* 2013, n° 76, obs. Alleaume ; *LEDEN* avr. 2013, p. 2, obs. Borga ; *Gaz. Pal.* 1er-4 mai2013, p. 36, obs. *Le Corre*-Broly ; *RJDA* 2013, n° 436 ; *Bull. Joly Entrep. diff.* 2013. 151, note Le Mesle.

est déchargée de son obligation si cette dernière avait pu tirer un avantage effectif du droit d'être admise dans les répartitions et dividendes, susceptible de lui être transmis par subrogation ».

Ainsi la caution peut opposer au créancier poursuivant le fait qu'elle a subi un préjudice défini comme la perte d'un « avantage effectif du droit d'être admise dans les répartitions et dividendes, susceptible de lui être transmis par subrogation ». Tel serait le cas, par exemple, si les créanciers chirographaires étant payés de leurs créances à l'issue de la procédure la caution aurait pu être désintéressée.

Quelle que soit l'issue de l'action du créancier contre la caution, celui-ci ne pourra pas poursuivre celle-ci dans tous les cas où la loi l'empêche. C'est ainsi que les garants personnes physiques coobligées ou ayant consenti une sûreté personnelle ou ayant affecté ou cédé un bien en garantie ne pourront être poursuivis pendant la période d'observation en sauvegarde et en redressement judiciaire. De même il ne sera pas possible de poursuivre la caution personne physiquependant l'exécution du plan de sauvegarde [25] ce qui n'est en revanche pas le cas pendant le plan de redressement [26].

En revanche si une procédure est ouverte contre le garant, le créancier doit aussi déclarer à la procédure de celui-ci [27]. Quant au garant il doit aussi déclarer à la procédure ouverte à l'égard du débiteur principal.

441. – Coobligés. – Il est possible qu'un créancier ait plusieurs codébiteurs solidaires (cautions solidaires, signataires d'un effet de commerce, membres d'un groupement responsables solidairement du passif social, etc.). Si l'un d'entre eux fait l'objet d'une procédure collective, le créancier peut poursuivre les autres. Si tous sont soumis à une procédure le créancier peut alors se prévaloir d'un droit de déclaration cumulatif [28]. Cela signifie qu'il peut déclarer pour le tout dans chaque procédure et conserve le droit de maintenir sa déclaration intégrale alors même qu'il a reçu des paiements dans certaines d'entre elles. Il ne peut bien sûr pas recevoir plus que ce qui lui est dû. En revanche il peut obtenir un paiement intégral en « récupérant » une fraction du montant nominal dans chaque procédure. Lorsque le créancier a reçu un acompte, et que par la suite tous les codébiteurs font l'objet d'une procédure collective, le créancier devra alors déduire le paiement partiel. Les coobligés n'ont pas de recours entre eux sauf si la somme totale obtenue par le créancier dépasse le montant de sa créance, en principal et accessoire. Dans ce cas l'excédent est dévolu, suivant l'ordre des engagements, à ceux des coobligés qui auraient les autres pour garants. Ainsi lorsque plusieurs porteurs successifs d'une lettre de change font l'objet d'une sauvegarde on remontera la chaîne des endossements.

442. – Créances concernées. – L'obligation de déclaration vaut pour toutes les créances de sommes d'argent quelle que soit leur nature. La déclaration doit être faite alors même que les créances n'ont pas été établies par un titre. Les créances fiscales et de sécurité sociale qui n'ont pas fait l'objet d'un titre exécutoire au moment de leur déclaration sont admises à titre provisionnel pour leur montant déclaré [29]. Les créances litigieuses doivent être déclarées pour que les instances en cours puissent être reprises. Mais il n'y a pas lieu de déclarer une créance dont le paiement a été

25. C. com., art. L. 622-26, al. 2.
26. C. com., art. L. 631-14, al. 5.
27. Cass. com., 19 janv. 1993, *Bull.* n° 17.
28. C. com., art. L. 622-31 à L. 622-33.
29. C. com., art. L. 622-24, al. 3.

effectué avant le jugement d'ouverture en vertu d'une décision statuant sur le fond et exécutoire par provision, car ce paiement a éteint la créance. En revanche les créances « *dont le montant n'est pas encore définitivement fixé sont déclarées sur la base d'une évaluation* » [30]. Les créances postérieures qui ne bénéficient pas du paiement à l'échéance en application de l'article L. 622-17, alinéa 1 du Code de commerce doivent être déclarées sauf pour les créances alimentaires. Toutefois le point de départ du délai de déclaration est forcément différent. Ainsi le délai court à compter de la date d'exigibilité de la créance [31]. Quant au délai de déclaration par une partie civile des créances nées d'une infraction pénale il court à compter de la date de la décision définitive qui en fixe le montant.

B. Modalités de la déclaration

443. – Personnes pouvant déclarer [32]. – Il s'agit de désigner les personnes qui ont le pouvoir de déclarer la créance au mandataire judiciaire. Il est important au préalable de souligner le fait que la déclaration de créance équivaut à une action en justice [33] avec les conséquences que cette qualification entraîne quant aux conditions requises. Ainsi, cette déclaration peut être réalisée par le créancier ou par tout préposé ou mandataire de son choix [34].

Lorsque le créancier est une personne physique, il peut procéder lui-même à la déclaration de sa créance ; il peut aussi charger un avocat [35] qui dispose en principe du pouvoir d'accomplir tous les actes de procédures (mandat *ad litem*), ou un tiers de le faire ; ce dernier doit alors être muni d'un mandat écrit et spécial avec date certaine [36]. Le créancier personne physique peut aussi déléguer cette tâche à son salarié à l'instar de ce qui était jusqu'alors admis pour les personnes morales [37]. En revanche le conjoint collaborateur ne dispose pas d'un mandat pour effectuer une telle déclaration [38].

Lorsque le créancier est une personne morale, la déclaration peut être faite par les organes habilités par la loi ou par les statuts [39] à la représenter. Il est à cet égard indifférent que la

---

30. C. com., art. L. 622-24, al. 3. Sur l'obligation pour les juges de vérifier « *si la déclaration de créance, même à titre provisionnel* » ne révèle pas la volonté non équivoque de réclamer à titre définitif, v. Cass. com., 30 nov. 2010, *D.* 2011, chron. C. cass. 1178, obs. ARBELOT ; *D.* 2010, Actu. 2904, obs. LIENHARD ; *Rev. sociétés* 2011.195, obs. ROUSSEL-GALLE ; *LEDEN* févr. 2011, p. 2, obs. GORRIAS ; *Act. proc. coll.* 2011, n° 47, obs. PAGNUCCO ; *RJDA* 2011, n° 336 ; *Gaz. Pal.* 1er-2 avr. 2011, p. 33, obs. LE CORRE-BROLY.

31. C. com., art. L. 622-24, al. 4.

32. Sur cette question, v. P. PAILLER, « Actualité de la déclaration de créance par voie de représentant », *Rev. proc. coll.* 2012, Étude 4.

33. La Cour de cassation a jugé que la déclaration des créances dans le cadre d'une procédure collective équivalait à une demande en justice : Cass. com., 15 oct. 1991, *Bull. civ.* IV, n° 297 ; *JCP* E 1992, I, 136, n° 11, obs. M. CABRILLAC ; *Rev. proc. coll.* 1992, p. 165, obs. B. DUREUIL ; *Banque* 1992, p. 646, obs. J.-L. RIVES-LANGE ; même solution pour la demande en relevé de forclusion, Cass. com., 19 déc. 1995, *BRDA* 96-4.

34. C. com., art. L. 622-24, al. 2.

35. Sur le pouvoir de déclarer valablement de l'avocat collaborateur, Cass. com., 25 oct. 2011, *Bull. civ.* IV, n° 172 ; *D.* 2011. Actu. 2653, obs. LIENHARD ; *Rev. sociétés* 2011. 731, obs. ROUSSEL GALLE ; *RTD com.* 2012. 403, obs. MARTIN-SERF ; *LEDEN* déc. 2011, p. 2, obs. F. LEGRAND ; *Gaz. Pal.* 20-21 janv. 2012, p. 33, obs. LE CORRE ; *RJDA* 2012, n° 72. V. aussi notes 29 bis et 29 *ter* ss. anc. art. L. 621-43.

36. C'est le cas d'un avoué : Cass. com., 28 juin 2005, *Act. proc. coll.* 2005-13, n° 152 ; *D.* 2005, p. 1940, obs. A. LIENHARD ; *D.* 2006, p. 84, obs. P.-M. LE CORRE et F.-X. LUCAS ; pour un huissier : Cass. com., 13 nov. 1992, *RTD com.* 2003, p. 563, obs. A. MARTIN-SERF ; *LPA*, 3 avr. 2002, p. 14, note O. TAFANELLI.

37. C. com., art. L. 222-24, al. 2.

38. En ce sens, J. VALLANSAN, *op. cit.*, p. 115.

39. Dispose du pouvoir de déclarer un directeur général délégué d'une SAS chargé par le conseil d'administration l'ayant nommé de procéder aux déclarations de créances : Cass. com., 21 juin 2011, *Bull. civ.* IV, n° 107 ; *D.* 2011. Actu. 1753, obs. LIENHARD ; *RTD com.* 2012. 193, obs. MARTIN-SERF ; *Rev. sociétés* 2012. 169, note GODON ; *JCP E* 2011. 1826, n° 6, obs. DEBOISSY et WICKER ; *LEDEN* sept. 2011, p. 2, obs. BERTHELOT ; *LPA* 22 sept. 2011, obs. GIBIRILA ; *Dr. sociétés* 2011, n° 174, note GALLOIS-COCHET ; *RJDA* 2011, n° 823 ; *Act. proc. coll.* 2011, n° 227, obs. REGNAUT-MOUTIER ; *Gaz. Pal.* 7-8 oct. 2011, p. 30, obs. LE CORRE-BROLY ; *ibid.* 16-17 nov. 2011, p. 24, obs. ZATTARA-GROS ; *Bull. Joly* 2011. 867, note LEGROS et ROUSSEL GALLE ; *RLDA* oct. 2011. 10, obs. LEBEL.

nomination du représentant légal n'ait pas été publiée [40]. Elle peut aussi être effectuée par tout préposé titulaire d'une délégation de pouvoir lui permettant d'accomplir un tel acte, sans que ce pouvoir soit soumis aux règles applicables au mandat de représentation dont un tiers peut être investi [41]. Pour être efficace, la délégation doit avoir été consentie par un représentant légal de la personne morale [42]. À défaut d'être titulaire d'une délégation ou subdélégation répondant à ces critères, le préposé est dépourvu de la capacité d'agir en justice, ce qui constitue une irrégularité de fond entraînant la nullité de la déclaration [43]. Il convient d'ajouter que l'existence de la délégation peut être justifiée jusqu'à ce que le juge-commissaire statue sur l'admission de la créance [44], par la production des documents établissant la délégation, ayant ou non acquis date certaine. Il convient donc de bien distinguer la délégation de pouvoirs, condition de fond d'une déclaration au nom de la personne morale créancière, dont l'existence doit être au plus tard concomitante à la déclaration, et dont la preuve de l'existence pèse sur le créancier [45] et la justification sur le terrain probatoire de cette délégation de pouvoirs, qui peut être fournie plus tard au cours de la procédure et jusqu'à ce que le juge-commissaire statue sur l'admission des créances.

Dans certaines hypothèses particulières [46], une personne peut, sans pouvoir spécial, déclarer pour elle-même sa déclaration étant valable pour d'autres en vertu de la loi. Ainsi, en cas de solidarité active, par exemple dans le cadre d'un pool bancaire, les cocréanciers d'une même dette sont solidaires et chacun peut, en application de l'article 1197 du Code civil, déclarer valablement pour tous [47]. La même solution s'applique en matière d'indivision. En effet, selon la Cour de cassation, *« il résulte des articles 815 et suivants du Code civil que tout indivisaire peut déclarer une créance de l'indivision à la procédure collective du débiteur de l'indivision »* [48].

444. – À qui déclarer ? – La déclaration doit être faite dans les mains du mandataire judiciaire ou du liquidateur et non entre les mains de l'administrateur ou du juge-commissaire. Par suite, la correspondance adressée à l'administrateur, même dans les délais, ne vaut pas déclaration. Cependant, la déclaration est valable si l'administrateur transmet la déclaration au

40. Cass. com., 12 juill. 2004, *Act. proc. coll.* 2004-14, n° 170, obs. C. Regnaut-Moutier ; *JCP* E 2005, 1, n° 9, obs. P. Pétel ; *Bull. Joly* 2005, p. 1477, § 293, note P. le Cannu et J.-M. Bahans.

41. Cass. com., 14 déc. 1993, *RTD com.* 1994. 364, obs. Martin-Serf ; *JCP* E, 1994, II, 573, note M.-J. Campana et J.-M. Calendini ; *JCP* G 1994, I, 351, obs. M. Cabrillac. *Bull. Joly* 1994, § 48, p. 196, note M. Jeantin ; sur la délégation de pouvoir v. N. Ferrier, *La délégation de pouvoirs, technique d'organisation de l'entreprise*, Litec, 2005 ; F. Marmoz, *La délégation de pouvoir*, Litec, 1998.

42. Cass. com., 14 févr. 1995, *JCP* E 1995, I, 487, n° 9, obs. P. Pétel ; *RTD com.* 1995, p. 660, obs. A. Martin-Serf ; *Bull. Joly* 1995, p. 442, note J.-J. Daigre. Cela peut être le conseil d'administration d'une SA : Cass. com., 28 sept. 2004, *Act. proc. coll.* 2004-17, n° 207, obs. J. Vallansan ; *D.* 2004, p. 2653, obs. A. Lienhard ; *Bull. Joly* 2005-1, § 4, p. 39, note P. le Cannu.

43. CPC, art. 117.

44. 30. v. Cass. com., ass. plén., 4 févr. 2011, n° 09-14619 : « *Mais attendu que la déclaration de créance équivaut à une demande en justice ; que la personne qui déclare la créance d'un tiers doit, si elle n'est pas avocat, être munie d'un pouvoir spécial, donné par écrit, avant l'expiration du délai de déclaration de créances ; qu'en cas de contestation il peut en être justifié jusqu'au jour où le juge statue* ».

45. Cass. com., 29 avr. 2002, *D.* 2002-34, p. 2673, note D. Houtcieff ; *D.* 2002, p. 1835, obs. F. B. ; *Bull. Joly* 2002-8/9, p. 894, note P. le Cannu.

46. Sur lesquelles, v. P. Pailler, article précité, spéc. n° 15 et s.

47. Cass. com., 20 mars 2001, n° 98-13961, *Bull. civ.* IV, n° 61 ; *D.* 2001, p. 1245, note A. Lienhard ; *Act. proc. coll.* 2001, comm. 97, note C. Regnaut-Moutier ; *JCP E* 2001, p. 1674, note M. Behar-Touchais ; *RD bancaire et fin.* 2001, comm. 117, note F.-X. Lucas ; *Dr. et patrimoine* nov. 2001, n° 112, note M.-H. Monsèrié-Bon ; *Banque et droit* janv./févr. 2002, p. 39, F. Jacob ; *D.* 2002, p. 1482, note A. Honorat.

48. Cass. com., 11 juin 2003, n° 00-11913, *Bull. civ.* IV, n° 95 ; *Act. proc. coll.* 2003, comm. 171, note J. Vallansan ; *Bull. Joly Sociétés* 2003, § 217, p. 1024, note J.-F. Barbieri ; *JCP E* 2004, 202, n° 9, note P. Pétel ; *Rev. proc. coll.* 2005, p. 51, note M.-P. Dumont ; *RTD com.* 2004, p. 595, note A. Martin-Serf.

représentant dans un temps tel que celui-ci l'a enregistrée dans le délai légal [49]. Le mandataire judiciaire, dans le délai de quinze jours à compter du jugement d'ouverture, avertit les créanciers connus d'avoir à lui déclarer leurs créances dans le délai de deux mois à compter de la publication du jugement au *Bodacc* [50]. Le mandataire judiciaire doit aussi avertir personnellement ou à domicile élu par « *lettre recommandée avec demande d'avis de réception* » les créanciers qui sont titulaires d'une sûreté publiée ou d'un contrat publié (contrat de crédit-bail, contrat de vente avec clause de réserve de propriété, contrat de louage de fonds de commerce, contrat de louage d'aéronef et de navire, contrat relatif à des brevets et marques) [51]. Le courrier d'avertissement doit être non équivoque notamment sur l'identité du créancier tenu de déclarer [52]. La solution est aussi valable pour un privilège dès lors qu'il fait l'objet d'une publication [53]. Elle ne l'est pas en revanche pour l'obligation légale faite à un professionnel libéral de s'affilier à une caisse de retraite, cette obligation n'ayant pas pour effet de lier les parties par un contrat publié [54]. À défaut d'avertissement la forclusion est inopposable aux créanciers devant être avertis personnellement.

445. – Comment déclarer ? – La déclaration de créance équivaut à une demande en justice. Le demandeur devra formuler sa demande par écrit et la signer de sa main. La forme de l'écrit n'est pas précisée par les textes. Il appartient donc au juge, selon la Cour de cassation, d'apprécier « *souverainement si l'écrit envoyé au mandataire judiciaire exprime de façon non équivoque la volonté du créancier de réclamer dans la procédure collective le paiement de sa créance* » [55].

Sauf si elle résulte d'un titre exécutoire la créance déclarée est certifiée sincère par le créancier. Le visa du commissaire aux comptes ou, à défaut, de l'expert-comptable sur la déclaration de créance peut être demandé par le juge-commissaire. Le refus de visa est motivé mais l'absence de certification n'est pas un motif de nullité de la déclaration [56]. Quant au montant de la créance, la déclaration porte le montant de la créance due au jour du jugement d'ouverture avec indication des sommes à échoir et de la date de leurs échéances [57]. Il convient de préciser les éléments de nature à prouver l'existence et le montant de la créance si elle ne résulte pas d'un titre. Une évaluation de la créance doit être faite et portée sur la demande si son montant n'a pas encore été fixé [58]. Le déclarant doit préciser les modalités de calcul des intérêts dont le cours n'est pas arrêté, cette indication valant déclaration pour le montant ultérieurement arrêté [59]. Les déclarations du Trésor et de la sécurité sociale sont « *faites sous réserve des impôts et autres créances non établis à la date de la déclaration* ». Elle précise la nature du privilège ou de la sûreté dont la créance est éventuellement assortie. De même doit figurer l'indication de la juridiction saisie si la créance fait l'objet

---

49. Cass. com., 6 janv. 1998, *RJDA* 98/5, n° 619.
50. C. com., art. R. 622-21.
51. C. com., art. L. 622-24, al. 1er ; art. R. 622-21.
52. Cass. com., 4 juin 2013, *D. actu* 12 juin 2013, obs. A. Lienhard.
53. Cass. com., 4 juill. 2000, *Act. proc. coll.* 2000-14, n° 179 ; *JCP* E 2001-5, 219, n° 11, obs. P. Pétel ; *D.* 2001-7, somm. p. 617, obs. A. Honorat.
54. Cass. com., 31 janv. 2012, *Bull. civ.* IV, n° 20 ; *D.* 2012. Actu. 432, obs. Lienhard ; *RTD com.* 2012.401, obs. Martin-Serf ; *LEDEN* mars 2012, p. 2, obs. Couard ; *RJDA* 2012, n° 420 ; *Gaz. Pal.* 27-28avr. 2012, p. 29, obs. Le Corre ; *Rev. proc. coll.* 2012, n° 159, obs. Lebel.
55. Cass. com., 15 févr. 2011, *D.* 2011, Actu. 673, obs. Lienhard ; *Gaz. Pal.* 1er-2 avr. 2011, p. 32, obs. le Corre-Broly ; *LEDEN* avr. 2011, p. 2, obs. Berthelot.
56. C. com., art. L. 622-25.
57. *Ibid.*
58. C. com., art. L. 622-24, al. 3 ; art. R. 622-23, 1°.
59. C. com., art. R. 622-23, 2°.

d'un litige [60]. Lorsqu'il s'agit de créances en monnaie étrangère, la conversion en euros a lieu selon le cours du change à la date du jugement d'ouverture. À cette déclaration sont joints sous bordereau les documents justificatifs, ceux-ci pouvant être produits en copie. À tout moment, le mandataire judiciaire peut demander la production de documents qui n'auraient pas été joints [61]. Si le juge-commissaire estime que la créance déclarée n'est pas suffisamment justifiée, il ne peut la rejeter sans inviter au préalable le créancier déclarant à produire les documents justificatifs faisant défaut [62].

446. – Déclaration des créances et prononcé d'une liquidation judiciaire. – Lorsque la procédure de liquidation fait suite à une autre procédure collective les créanciers dont la créance figure sur la liste établit par le mandataire judiciaire n'ont pas à procéder à une nouvelle déclaration [63]. Le liquidateur complète cette liste et la dépose au greffe où tout créancier peut en prendre connaissance.

447. – Quand déclarer ? – Le délai de déclaration des créances est en principe de deux mois à compter de la publication du jugement d'ouverture au *Bodacc* [64]. La publication est une condition indispensable à l'ouverture du délai ce qui peut prendre un certain temps ce qui, de fait, allonge le temps laissé au créancier pour déclarer. Ce délai peut être augmenté :

– de deux mois pour les créanciers domiciliés hors de France métropolitaine qui doivent déclarer dans une procédure ouverte en métropole [65] ;

– de deux mois pour les créanciers domiciliés en France métropolitaine qui doivent déclarer dans une procédure ouverte dans un département ou une collectivité d'Outre mer ;

– d'un mois pour les cocontractants dont le contrat était en cours à l'ouverture de la procédure, à compter de la date de la résiliation de plein droit ou de la notification de la décision prononçant la résiliation pour déclarer au passif la créance résultant de cette résiliation ; il en est de même des créanciers d'indemnités et pénalités mentionnées au 2° du III de l'article L. 622-17 du Code de commerce en cas de résiliation d'un contrat régulièrement poursuivi [66] ;

– de quinze jours pour l'AGS lorsqu'elle avance le montant des salaires, à partir du terme des délais de règlement fixés par l'article L. 143-11-7, alinéa 3 du Code du travail [67].

Pour les créanciers titulaires de sûretés publiées ou liées par le débiteur par un contrat publié, le délai de déclaration court à compter de la notification de cet avertissement [68]. Toutefois le créancier averti personnellement peut valablement déclarer sa créance dans le délai de deux mois

60. C. com., art. R. 622-23, 3°.
61. *Ibid.*
62. Cass. com., 5 juin 2012 : *Bull. civ.* IV, n° 114 ; *D.* 2012. Actu. 1541, obs. Lienhard ; *JCP* E 2012. 1508, n° 5, obs. Pétel ; *LEDEN* juill. 2012, p. 5, obs. Staes ; *RJDA* 2012, n° 877 ; *Gaz. Pal.* 12-13 oct. 2012, p. 29, obs. Le Corre.
63. C. com., art. R. 641-29.
64. C. com., art. R. 222-24.
65. *Ibid.*
66. C. com., art. R. 622-21, al. 1er.
67. C. com., art. R. 622-21, dernier al.
68. C. com., art. L. 622-24, al. 1er. ; art. R. 622-21 et R. 622-24.

à compter de la publication du jugement d'ouverture au Bodacc, peu important qu'il ait été averti personnellement avant cette publication par le liquidateur d'avoir à déclarer sa créance [69].

S'agissant des créanciers postérieurs dont la créance n'est pas privilégiée au sens de l'article L. 622-17, I, C. com., le délai pour déclarer court à compter de la date d'exigibilité de la créance. Toutefois un régime spécial de déclaration est prévu pour les contrats à exécution successive faisant naître des créances non privilégiées au sens de l'article L. 622-17, C. com. Si le contrat a été conclu antérieurement à l'ouverture de la procédure la déclaration doit contenir la totalité des sommes échues ou à échoir et être faite, sur la base d'une évaluation dans un délai de deux mois à compter de la publicité du jugement au *Bodacc*. Pour les contrats nés postérieurement à l'ouverture de la procédure collective la déclaration se fait selon les mêmes modalités mais dans un délai de deux mois à compter de la première échéance impayée, qu'elle ait été ou non régularisée [70].

Le délai de déclaration d'une créance d'indemnisation née d'une infraction pénale doit être déclaré par la partie civile dans un délai de deux mois à compter de la publication du jugement d'ouverture au *Bodacc* ou alors à compter de la date de la décision définitive qui en fixe le montant, lorsque cette décision intervient après le jugement d'ouverture [71]. La partie civile n'a pas à déclarer à titre provisionnel dans le délai de deux mois à compter de la publication du jugement au *Bodacc* [72].

La déclaration est faite dans les délais s'il est établi qu'elle a eu lieu avant la date d'expiration du délai ; cette preuve peut résulter d'un courrier recommandé avec ou sans avis de réception ; en cas de déclaration par courrier simple, le cachet du bureau de poste d'émission fait foi. Si le délai expire un samedi, un dimanche ou un jour férié ou chômé (CPC, art. 662, al. 2) la déclaration peut être faite valablement le premier jour ouvrable suivant [73].

448. – Conséquences du défaut de déclaration. – À défaut de déclaration dans les délais la créance n'est pas éteinte mais elle est inopposable à la procédure collective [74]. Concrètement cela signifie que les créanciers ne sont pas admis dans les répartitions et dividendes à moins que le juge-commissaire ne les relève de leur forclusion.

En cas de sauvegarde, sauvegarde financière accélérée et de redressement judiciaire, l'inopposabilité perdure « *pendant l'exécution du plan et après cette exécution lorsque les engagements ont été tenus* ». De même, mais uniquement en présence d'un plan de sauvegarde [75] ou de sauvegarde financière accélérée, l'inopposabilité perdure « *pendant l'exécution du plan elles sont également inopposables aux personnes physiques coobligées ou ayant consenti une sûreté personnelle ou ayant affecté ou cédé un bien en garantie* » [76].

---

69. Cass. com., 30 oct. 2012, *Bull. civ.* IV, n° 196 ; *D.* 2012. Actu. 2593, obs. LIENHARD ; *D.* 2013. Chron. C. cass. 1179, obs. ARBELLOT ; *Rev. sociétés* 2012. 732, obs. ROUSSEL GALLE ; *JCP E* 2012.1757, n° 13, obs. PÉTEL ; *Dict. perm. diff. entrep., Bull.* n° 342, obs. DIZEL ; *Act. proc. coll.* 2012, n° 294, obs. THÉRON ; *Bull. Joly Entrep. diff.* 2013. 22, note MACORIG-VENIER ; *Gaz. Pal.* 18-19 janv. 2013, p. 9, note LE CORRE ; *RJDA* 2013, n° 248 ; v. également Cass. com., 18 juin 2013, n°° 12-20615.

70. C. com., art. R. 622-22.

71. C. com., art. L. 622-24, al. 6.

72. Cass. crim., 4 déc. 2012, *D.* 2013. Actu. 77 ; 2013, n° 345.

73. Cass. com., 17 févr. 1998, *D.* 1998, I. R 78.

74. Cass. com., 3 nov. 2010, *D.* 2010, Actu. 2645, obs. LIENHARD ; *Rev. sociétés* 2011.194, obs. ROUSSEL-GALLE ; *JCP* E 2011.1030, n° 10, obs. CABRILLAC ; *Gaz. Pal.* 7-8 janv. 2011, p. 18, note LE CORRE-BROLY ; *LEDEN* févr. 2011, p. 1, obs. F.-X. LUCAS ; *RJDA* 2011, n° 64.

75. Sur l'exclusion du bénéfice de l'inopposabilité aux « garants » en redressement judiciaire v. C. com., art. L. 631-14, « Les personnes coobligées ou ayant consenti une sûreté personnelle ou ayant affecté ou cédé un bien en garantie ne bénéficient pas de l'inopposabilité prévue au deuxième alinéa de l'article L. 622-26 [...] ».

76. C. com., art. L. 622-26, al. 1.

449. – Action en relevé de forclusion. – Les créanciers ayant omis de déclarer leur créance peuvent être relevés de forclusion s'ils établissent :

– que leur défaillance n'est pas due à leur fait [77] ;

– que leur défaillance est due à une omission volontaire du débiteur lors de l'établissement de la liste des créanciers que doit établir le débiteur et remettre à l'administrateur et au mandataire judiciaire [78]. Pour la Cour de cassation, « *si le caractère volontaire de l'omission d'une créance est démontré, le créancier qui sollicite un relevé de forclusion n'est pas tenu d'établir l'existence d'un lien de causalité entre son omission de la liste et la tardiveté de sa déclaration de créance* » [79].

L'action en relevé de forclusion est portée devant le juge-commissaire. Celui-ci doit statuer sur la demande avant de vérifier l'existence de la créance même si elle est contestée par le débiteur [80].

450. – Action en relevé de forclusion. Délai. – L'action en relevé de forclusion s'exerce en principe dans un délai de six mois [81], délai préfix qui court à compter de la publication du jugement d'ouverture. Toutefois, pour certains créanciers le point de départ du délai est différent. Ainsi pour l'AGS il s'agit de l'expiration du délai pendant lequel les créances résultant du contrat de travail sont garanties par ces institutions. Ensuite pour les créanciers titulaires de sûretés publiées ou liés au débiteur par un contrat publié, il s'agit de la « *réception de l'avis qui leur est donné* » [82].

Par exceptions le délai de six mois pour exercer un relevé de forclusion peut être porté à un an. Cela concerne « *les créanciers placés dans l'impossibilité de connaître l'existence de leur créance avant l'expiration du délai de six mois* » [83].

L'action est de la compétence exclusive du juge-commissaire

450-1. – Action en relevé de forclusion et déclaration de créance du créancier retardataire. – Le créancier qui exerce une action en relevé de forclusion doit bien sûr déclarer sa créance mais dans quel délai ? La Cour de cassation s'est prononcée sur cette question en affirmant que « *si aucun texte n'oblige le créancier défaillant à déclarer sa créance avant de saisir le juge-commissaire de sa demande de relevé de forclusion, il est néanmoins tenu de la*

77. C. com., art. L. 622-26, al. 1er.

78. *Ibid.* v. pour un ex. Cass. com., 16 mars 2010, *RTD com.* 2010. 606, obs. Martin-Serf ; *Gaz. Pal.* 2-3 juill. 2010, p. 34, obs. le Corre-Broly.

79. Cass. com., 10 janv. 2012, *Bull. civ.* IV, n° 4 ; *D.* 2012. Actu. 216, obs. Lienhard ; *RTD com.* 2012. 404, obs. Martin-Serf ; *Rev. sociétés* 2012. 195, obs. Roussel Galle ; *JCP E* 2012. 1123, note Cerati-Gauthier ; *ibid.* 1227, n° 8, obs. Pétel ; *Act. proc. coll.* 2012, n° 24, obs. Fin-Langer ; *LEDEN* mars 2012, p. 2, obs. Rubellin ; *Gaz. Pal.* 27-28 avr. 2012, p. 30, obs. Le Corre ; *Rev. proc. coll.* 2012, n° 75, obs. F. et M.-N. Legrand ; *RJDA* 2012, n° 876 ; Cass. com., 12 juill. 2011, *D.* 2011. Actu. 2031, obs. Lienhard ; *LEDEN* oct. 2011, p. 3, obs. Rubellin ; *RJ com.* janv.-févr. 2012. 70, note Sortais.

80. Cass. com., 12 janv. 2010 : *Bull. civ.* IV, n° 6 ; *D.* 2010. AJ 264 ; *Rev. sociétés* 2010. 196, obs. Roussel-Galle ; *RTD com.*2010. 606, obs. Martin-Serf ; *Act. proc. coll.*2010, n° 69, obs. Staes ; *RJDA* 2010, n° 408 ; *Gaz. Pal.* 16-17 avr. 2010, p. 35, obs. le Corre-Broly ; *RJDA* 2010, n° 702 ; *Defrénois* 2010. 1480, obs. Gibirila.

81. C. com., art. L. 622-26, al. 2. Ce délai est volontairement court dans un souci de célérité.

82. Si le délai légal pour déclarer est de deux mois, il ne leur restera donc que quatre mois pour exercer une action en relevé de forclusion à partir du dépassement du délai.

83. C. com., art. L. 622-26, al. 2. Cette disposition est issue d'un amendement du gouvernement présenté au Sénat. Elle viserait selon le garde des Sceaux : « *principalement les créanciers publics, dont les créances ne sont pas toujours connues, ni dans leur montant, ni même dans leur existence, mais (bénéficierait) également à l'ensemble des créanciers qui seraient dans la même situation, au titre d'indemnités contractuelles, par exemple* », v. Sénat, séance du 30 juin 2005, art. 40.

déclarer dans le délai préfix de cette action, même s'il n'a pas été statué sur sa demande de relevé de forclusion à l'intérieur de ce délai » [84].

II. La vérification et l'admission des créances

451. – Admission et vérification des créances. – Il est nécessaire de faire le tri entre les créances ne méritant pas d'être payées qui viendrait inutilement gonfler le passif du débiteur tout en retenant celles dont le paiement est justifié. Dans ce but a été prévue une procédure de vérification et d'admission des créances.

452. – Qui effectue la vérification ? – Le mandataire judiciaire dans la sauvegarde, la sauvegarde financière accélérée et le redressement judiciaire et le liquidateur dans la liquidation judiciaire établit dans le délai fixé par le tribunal la liste des créances, après avoir sollicité les observations du débiteur [85]. Il doit pour cela procéder à leur vérification.

Dans la sauvegarde, le mandataire judiciaire effectue cette tâche avec le débiteur, les contrôleurs désignés, présents ou dûment appelés [86].

Dans le redressement judiciaire la vérification des créances est faite par le mandataire judiciaire « *en présence du débiteur ou celui-ci appelé, de l'administrateur s'il a pour mission d'assurer l'administration de l'entreprise et, le cas échéant, des contrôleurs [...]* » [87].

Dans la liquidation, c'est au liquidateur qu'il appartient de remettre au juge-commissaire dans les deux mois de son entrée en fonction un état mentionnant l'évaluation des actifs et du passif privilégié et chirographaire [88]. Cet état permet au juge-commissaire après avoir recueilli les observations du liquidateur de décider s'il y a lieu ou non d'engager ou de poursuivre la vérification des créances chirographaires. En effet, il n'est pas procédé à cette vérification « *s'il apparaît que le produit de la réalisation de l'actif sera entièrement absorbé par les frais de justice et les créances privilégiées, à moins que, s'agissant d'une personne morale ou d'un entrepreneur individuel à responsabilité limitée, il n'y ait lieu de mettre à la charge des dirigeants sociaux de droit ou de fait tout ou partie du passif [...]* » [89]. Dans la liquidation judiciaire simplifiée seules les créances susceptibles d'êtres payées et les créances résultant d'un contrat de travail seront vérifiées [90]. Si le liquidateur exerce une action en responsabilité contre les dirigeants il convient d'appliquer la procédure normale de liquidation [91].

453. – Position du mandataire judiciaire ou du liquidateur. – Cette vérification faite, le mandataire judiciaire, ou le liquidateur, propose pour chaque créance l'admission, le rejet ou le renvoi devant la juridiction compétente. La liste des créances est déposée, avec les éventuelles

84. Cass. com., 23 avr. 2013, *D.* 2013. Actu. 1129, obs. Lienhard ; sous le régime antérieur, v. Cass. com., 9 mai 2007, n° 06-10185, *Bull. civ.* IV, n° 120 ; D. 2007. AJ 1424, obs. A. Lienhard, et 2008. Pan. 577, obs. P.-M. Le Corre ; *v. précéd.* Cass. com., 9 mai 2007, n° 05-21357 : *Bull. civ.* IV, n° 125 ; *JCP E* 2007, 2119, n° 8, obs. M. Cabrillac ; *D.* 2007, p. 1424, obs. A. Lienhard ; *D.* 2008, p. 577, obs. P.-M. Le Corre ; *RD bancaire et fin.* 2007, comm. 113, obs. F.-X. Lucas. Arrêt confirmé par Cass. com., 3 nov. 2009, n° 07-13485 : *Gaz. Pal.* 17 avr. 2010, p. 34, note E. Le Corre-Broly.

85. C. com., art. L. 624-1.

86. C. com., art. R. 624-1, al. 1er.

87. C. com., art. R. 631-29.

88. C. com., art. R. 641-27.

89. C. com., art. L. 641-4, al. 2.

90. C. com., art. L. 644-3.

91. Ph. Roussel-Galle, *op. cit.*, n° 445.

observations du débiteur, au greffe pour être remise sans délai au juge-commissaire [92]. La liste est communiquée à l'administrateur s'il en a été désigné et, le cas échéant, au commissaire à l'exécution du plan [93]. Les créanciers dont la créance n'a pas été portée définitivement sur la liste des créances dans le délai fixé par le tribunal pour l'établissement de la liste, peuvent demander un relevé de forclusion selon les modalités prévues par l'article L. 622-26 du Code de commerce. La liste peut être complétée par le greffier à la demande du mandataire judiciaire, ou le cas échéant du liquidateur, ou du créancier intéressé, par l'inscription des créances définitivement fixées à l'issue d'une instance judiciaire ou administrative et de celles admises à la suite d'un relevé de forclusion intervenu après le dépôt de l'état des créances. S'il y a discussion sur tout ou partie d'une créance, le mandataire judiciaire ou le liquidateur doit en aviser le créancier intéressé ou son mandataire en l'invitant à faire connaître ses explications, par lettre recommandée avec demande d'avis de réception. Le créancier qui ne répond pas dans les trente jours de la réception de cette lettre ne peut plus contester ultérieurement la proposition du mandataire judiciaire [94]. Encore faut-il toutefois que la lettre mentionne la proposition du mandataire judiciaire. À défaut, le créancier peut relever appel de l'ordonnance du juge-commissaire rejetant sa créance malgré l'absence de réponse du créancier dans le délai de trente jours à la lettre de contestation du mandataire judiciaire [95].

454. – Décisions du juge-commissaire : admission, rejet, instance en cours, incompétence. – Au vu des propositions du mandataire judiciaire, le juge-commissaire décide de l'admission ou du rejet des créances ou encore constate soit qu'une instance est en cours, soit que la contestation ne relève pas de sa compétence [96]. Le recours contre les décisions du juge-commissaire est ouvert au débiteur au créancier en sauvegarde [97], en cas de redressement judiciaire à l'administrateur lorsqu'il a pour mission d'assurer l'administration [98] et au liquidateur en cas de liquidation judiciaire.

455. – Admission des créances non contestées. – La décision d'admission sans contestation se traduit par une signature du juge-commissaire apposée sur la liste des créances [99]. Elle est notifiée par lettre simple aux créanciers ou à leurs mandataires. La notification précise, d'une part, le montant pour lequel la créance est admise, d'autre part, les sûretés et privilèges dont elle est assortie. Le « *juge qui statue sur l'admission d'une créance au passif doit se prononcer dans les limites du montant indiqué dans la déclaration de cette créance, y compris lorsque, non encore définitivement fixé, il l'a été sur la base d'une évaluation* » [100]. Celle-ci ne peut être augmentée après l'expiration du délai légal de déclaration. Le montant de la créance à admettre doit être celui existant au jour de l'ouverture de la procédure collective [101]. Les décisions d'admission sont

92. C. com., art. R. 624-2.
93. C. com., art. R. 624-2.
94. C. com., art. L. 622-27 ; art. R. 624-1.
95. Cass. com., 27 nov. 2012, *Bull. Joly Entrep. diff.* 2013. 95, note Le Corre-Broly.
96. C. com., art. L. 624-2.
97. C. com., art. L. 624-3.
98. C. com., art. L. 631-18.
99. C. com., art. R. 624-3.
100. Cass. com., 3 nov. 2010, *D.* 2010, Actu. 2701, obs. Lienhard ; *RJDA* 2011, n° 63 ; *Gaz. Pal.* 7-8 janv. 2011, p. 40, obs. le Corre-Broly ; *LPA*, 29 avr. 2011, obs. Zattara-Gros.
101. Com. 8 juin 2010, *D.* 2010, Actu. 1622 ; *JCP* E 2010. 1742, n° 9, obs. Cabrillac ; *Gaz. Pal.* 15-16 oct. 2010, p. 32, obs. le Corre-Broly ; *RJDA* 2010, n° 1174.

portées par le greffier sur la liste des créances dressée par le mandataire judiciaire [102]. Le recours contre la décision statuant sur l'admission d'une créance est formé devant la cour d'appel [103].

455-1. – Autorité de la décision d'admission. – Lorsque la décision d'admission est définitive, elle a autorité de la chose jugée. Cela a pour conséquence que la créance admise comme privilégiée le demeure même si, par suite du report de la date de cessation des paiements, la sûreté s'avère avoir été prise pendant la période suspecte en garantie d'une dette contractée antérieurement [104]. Ainsi que l'a rappelé récemment la Cour de cassation, « *la décision irrévocable d'admission d'une créance au passif ayant autorité de chose jugée quant à la date de naissance de la créance déclarée* [...], *son antériorité par rapport à la date d'ouverture de la procédure collective ne peut plus être contestée* » [105]. L'autorité de chose jugée de la décision d'admission au passif s'étend à la reconnaissance au créancier déclarant de la qualité de titulaire de la créance admise et de ses accessoires [106]. Il résulte en revanche d'un arrêt d'assemblée plénière de la Cour de cassation que l'« *admission ou le rejet d'une créance dans une première procédure collective n'a pas autorité de la chose jugée dans une seconde procédure ouverte à l'encontre du même débiteur* » [107], ce qui ne manque pas de soulever des doutes [108] quant à la portée de l'autorité de la chose jugée des décisions rendues en matière d'admission des créances.

456. – Décision de rejet. – Le juge-commissaire peut rejeter, en tout ou en partie, une créance. Il ne peut le faire qu'après avoir entendu le créancier, le débiteur, le mandataire judiciaire et l'administrateur lorsqu'il en a été désigné [109]. Cette convocation n'a cependant pas lieu d'être lorsque le créancier n'a pas contesté la proposition du mandataire judiciaire dans le délai légal de trente jours [110]. Le débiteur a l'obligation de fournir les éléments permettant de justifier de sa créance, le mandataire judiciaire pouvant lui demander « la production de documents qui n'auraient pas été joints » [111] au cours de la vérification des créances. Si malgré la vérification du mandataire judiciaire, le juge-commissaire estime que la créance déclarée n'est pas assez justifiée, il ne peut la rejeter sans inviter préalablement le créancier déclarant à produire les documents justificatifs manquants [112].

457. – Instance en cours. – Bien que l'ouverture de la procédure collective entraîne l'interruption des poursuites individuelles, le créancier peut cependant poursuivre l'instance, après déclaration de sa créance, afin de faire constater la créance et d'en fixer son montant [113]. Lorsque le juge-commissaire constate que l'instance est en cours, il ne saurait statuer sur l'admission de la créance même à titre provisionnel [114], sans commettre un excès de pouvoir.

---

102. C. com., art. R. 624-8.
103. C. com., art. R. 624-7.
104. V. par ex. Cass. com., 12 nov 1997, *RJDA* 1998/3, n° 313.
105. Cass. com., 3 mai 2011, F 10-18031, *D.* 2011, Actu., obs. A. Lienhard.
106. Cass. com., 28 juin 2011, *D.* 2011. Actu. 1895 ; *RJDA* 2011, n° 947.
107. Cass., ass. plén., 29 mai 2009, n° 08-11422, *D.* 2009. Jur. 1607, obs. S. Beaugendre ; *D.* 2010. Pan. 49, obs. P. Brun et O. Gout, et 1740, obs. H. Groutel ; *RTD civ.* 2009. 550, obs. P.-Y. Gautier.
108. Sur ces doutes, v. J. Théron, « Réflexions sur la nature et l'autorité des décisions rendues en matière d'admission de créances au sein d'une procédure collective », *RTD com.* 2011, p. 365.
109. C. com., art. R. 624-4, al. 1er.
110. Délai de l'article L. 622-27.
111. C. com., art. R. 622-23.
112. Cass. com., 5 juin 2012, *D.* 2012, p. 1541, obs. A. Lienhard ; *JCP E* 2012, 1058, obs. Ph. Pétel.
113. V. *supra*, n° 413.
114. Cass. com., 7 févr. 2012, *Bull. civ.* IV, n° 25 ; *D.* 2012. Actu. 493 ; *Act. proc. coll.* 2012, n° 66, obs. Le Corre.

Dans ce cas, la procédure introduite devant le juge-commissaire prend fin et ne saurait être périmée [115]. La notion d'instance en cours doit être comprise comme celle engagée par le créancier et non par le débiteur [116].

458. – Décision sur la contestation de compétence du juge-commissaire ou sur la contestation des créances. – Le juge-commissaire peut se déclarer incompétent oustatuer sur la contestation des créances dans certaines limites. Sur un plan procédural le juge-commissaire ne peut statuer sur sa compétence ou surune contestation qu'après avoir entendu le créancier, le débiteur, le mandataire judiciaire et l'administrateur lorsqu'il en a été désigné [117], sauf si le créancier n'a pas contesté la proposition du mandataire judiciaire dans le délai légal de trente jours [118]. Sur le fond le juge-commissaire n'est pas apte à trancher les litiges dans deux séries de situations :

– C'est d'abord le cas des litiges qui relèvent de la compétence exclusive d'une autre juridiction. Ainsi la contestation portant sur l'existence d'une créance de l'administration en matière de protection de l'environnement relève de la compétence exclusive du juge administratif. S'estimant incompétent, le juge doit inviter les parties à saisir la juridiction compétente. Dans ce cas, les parties ou le mandataire judiciaire doivent, à peine de forclusion, saisir la juridiction compétente « *dans un délai d'un mois à compter de la notification ou de la réception de l'avis délivré [...]à moins de contredit* » [119].

– C'est ensuite le cas des litiges qui dépassent les limites du pouvoir juridictionnel du juge-commissaire [120]. Par exemple, la contestation qui porte sur l'exécution prétendument défectueuse d'un contrat ne relève pas du pouvoir juridictionnel du juge-commissaire ou de la cour d'appel statuant dans la procédure de vérification des créances [121]. L'hypothèse se présentera dès lors que débiteur arguera de la nullité ou de l'inexécution d'un contrat. Lorsque le juge-commissaire ne dispose pas du pouvoir juridictionnel de trancher une contestation, il doit surseoir à statuer et inviter les parties à saisir la juridiction compétente. Lorsque le litige a été résolu par la juridiction saisie à cet effet, le juge-commissaire doit alors statuer sur l'admission ou le rejet de la créance. Lorsque c'est la cour d'appel qui a sursis à statuer, c'est elle qui devra ensuite décider de l'admission ou du rejet de la créance au vu de la décision définitive rendue par la juridiction compétente [122]. Il est aussi possible que les parties ne saisissent pas le tribunal compétent pour statuer sur la contestation. Dans ce cas il n'y a pas de délai de forclusion comme dans l'hypothèse précédente d'une incompétence du juge-commissaire. Si le juge-commissaire est saisi à nouveau par le créancier pour statuer sur l'admission de sa créance, le juge n'ayant toujours pas le pouvoir juridictionnel de trancher le litige devra surseoir à statuer et inviter les

115. Cass. com., 27 nov. 2001, *RTD com.* 2002. 170, obs. Vallens ; *Rev. proc. coll.* 2003. 112, obs. Gorrias.

116. Cass. com., 27 mai 2008, *Act. proc. coll.* 2008, n° 176, obs. Regnaut-Moutier ; *Gaz. Pal.* 27-29 juill. 2008, p. 41, obs. Rohart-Messager ; *RJDA* 2008, n° 1044.

117. C. com., art. R. 624-4, al. 1er.

118. Délai de l'article L. 622-27.

119. C. com., art. R. 624-5.

120. Sur la question controversée des limites aux pouvoirs du juge-commissaire pour statuer sur la contestation des créances, v. P. Cagnoli, « Réflexions critiques sur les restrictions jurisprudentielles au pouvoir juridictionnel du juge-commissaire en matière de vérification des créances », *Rev. proc. coll.* 2009, étude 23 ; J. Vallansan, « La fin de non-recevoir résultant de l'absence de pouvoir juridictionnel du juge-commissaire en procédure de vérification peut être relevée d'office », *Act. proc. coll.* 2011, comm. 133. – J. Théron, « Éclaircissement quant aux contours du pouvoir juridictionnel du juge-commissaire statuant en matière d'admission de créances », *BJED* 2013, n° 1, p. 30.

121. Cass. com., 18 sept. 2012, *RTD com.* 2013. 153, obs. Vallens ; *Bull. Joly Entrep. diff.* 2013. 30, note Théron.

122. Cass. com., 10 mai 2012, *Act. proc. coll.* 2012, comm. 143, obs. J. Vallansan ; *JCP E* 2012, 1058, obs. Ph. Pétel.

parties à saisir le tribunal compétent [123]. La situation laisse perplexe si aucune des deux parties ne veut saisir la juridiction compétente. Il est vrai qu'il est difficile d'imaginer qu'un créancier saisisse une juridiction pour lui demander de juger que son contrat n'est pas nul.

§ 2 : Les créances salariales

459. – Contraintes réduites pour le salarié. – Le caractère alimentaire du salaire justifie un traitement privilégié des salariés quant au sort de leur rémunération. Ainsi, par rapport à un créancier de droit commun, le salarié est non seulement dispensé de déclaration de sa créance mais il bénéficie en plus d'un paiement prioritaire.

I. La vérification des créances salariales

460. – Modalités de vérification des créances salariales. – La vérification des créances salariales est effectuée par le mandataire judiciaire en sauvegarde et en redressement judiciaire et par le liquidateur en liquidation judiciaire, dans des conditions qui varient selon le type de créances [124]. Ainsi les créances garanties par le superprivilège sont vérifiées dans les dix jours suivant le prononcé du jugement d'ouverture. Les autres créances exigibles au jour du jugement d'ouverture sont vérifiées dans les trois mois suivant le prononcé du jugement. La vérification s'effectue dans des conditions précisées par décret [125]. Les relevés des créances sont soumis pour vérification par le mandataire ou le liquidateur au représentant des salariés [126]. Les relevés de créances sont simplement visés, et non pas admis [127], par le juge-commissaire puis déposés au greffe du tribunal. Ils font aussi l'objet d'une publicité [128] dans un journal habilité à recevoir les annonces légales dans le département du siège de la personne morale ou de l'adresse de l'entreprise et, le cas échéant, dans le département de chacun de ses établissements secondaires [129]. Cette publication intervient au plus tard trois mois après l'expiration de la dernière période de garantie prévue par l'article L. 143-11-1 du Code du travail. Les relevés de forclusion sont vérifiés par le représentant des salariés [130].

461. – État des créances. – L'état des créances désigne la liste des créances et des relevés de créances salariales visés par le juge-commissaire. Il peut être complété par trois sortes de décisions de justice [131] :

– d'une part les décisions rendues par la juridiction compétente, lorsque la matière est de la compétence d'une autre juridiction ;

---

123. Cass. com., 9 avr. 2013, n° 12-15414, sur cet arrêt, v. J. Théron, « Absence de « pouvoir juridictionnel » du juge-commissaire : la forclusion n'est pas encourue par les parties ne saisissant pas la juridiction compétente », *Lettre d'actualité des Procédures collectives et commerciales*, n° 9, mai 2013, repère 114.

124. C. trav., art. L. 3253-19.

125. C. com., art. R. 625-1.

126. C. com., art. L. 625-2. Sur le contenu des relevés, v. C. com., art. R. 625-1.

127. Cass. com., 6 déc. 2011, *D.* 2012. Actu. 87 ; *Bull. Joly Entrep. diff.* 2012. 105, note Donnette : « *Vu les articles L. 625-1 à L. 625-6 du Code de commerce, dans leur rédaction antérieure à l'ordonnance du 18 décembre 2008, ensemble les principes régissant l'excès de pouvoir* ; *Attendu qu'il résulte de ces textes qu'excède son pouvoir, le juge-commissaire qui prononce l'admission d'une créance salariale* ».

128. C. com., art. L. 625-1.

129. C. com., art. R. 625-3.

130. C. com., art. L. 625-2.

131. C. com., art. R. 624-9 et R. 624-11.

– d'autre part les décisions passées en force de chose jugée reconnaissant les droits des créanciers ;

– enfin les décisions rendues par la cour d'appel statuant sur les recours formés contre les décisions du juge-commissaire.

L'état des créances est déposé au greffe où toute personne peut en prendre connaissance. Une publicité est faite au *Bodacc* indiquant le dépôt et le délai pour présenter une réclamation. Tout intéressé peut présenter une réclamation dans le délai d'un mois à compter de la publication [132].

461-1. – Contestation. – Le mandataire judiciaire, ou le liquidateur, informe chaque salarié de la nature et du montant des créances admises ou rejetées et lui indique la date du dépôt au greffe du relevé des créances. Le salarié dont la créance ne figure pas en tout ou en partie sur le relevé peut saisir le conseil de prud'hommes. Cependant il doit le faire, à peine de forclusion, dans le délai de deux mois à compter de la publicité des relevées dans un journal d'annonce légale. Le salarié à l'origine de la contestation doit mettre en cause le débiteur et l'administrateur lorsqu'il a une mission d'assistance dans la sauvegarde. Il en est de même en redressement judiciaire quelle que soit la mission de l'administrateur. Enfin en procédure de liquidation judiciaire, seul le liquidateur devrait être mis en cause. Le salarié peut se faire assister ou représenter devant le conseil de prud'hommes par le représentant des salariés. Si le salarié est forclos il peut demander à être relevé de forclusion dans un délai de deux mois à compter du terme du premier délai de deux mois. Dans la procédure de sauvegarde l'AGS n'est pas appelée à la procédure alors que c'est le cas en redressement judiciaire et en liquidation judiciaire [133]. La raison de cette intervention s'explique par le fait que, dans les procédures de redressement ou de liquidation judiciaire, l'AGS est amenée à régler les créances antérieures qui ne peuvent être payées par l'entreprise en cessation des paiements. Si le salarié est forclos il peut demander à être relevé de forclusion dans un délai de deux mois à compter du terme du premier délai de deux mois pour déclarer [134]. Cette demande peut être implicite [135] si le salarié demande la fixation de sa créance hors délai.

462. – Instances en cours devant les juridictions prud'homales. Sauvegarde et sauvegarde financière accélérée. – Les salariés n'ayant pas à déclarer leurs créances il n'y a donc à leur égard pas de suspension des instances en cours. Celles-ci sont donc poursuivies « *en présence du mandataire judiciaire et l'administrateur judiciaire lorsqu'il a une mission d'assistance ou ceux-ci dûment appelés* » [136] dans la sauvegarde. Le débiteur doit transmettre au mandataire judiciaire et, s'il a été désigné, à l'administrateur, toutes informations utiles. Le mandataire judiciaire ou le liquidateur doit informer dans les dix jours la juridiction saisie et les salariés parties à l'instance de l'ouverture de la procédure. À défaut d'information, la décision rendue par la juridiction saisie est opposable à la procédure [137].

132. C. com., art. R. 624-8.
133. C. com., art. L. 631-18, II (pour le redressement judiciaire) ; art. L. 641-14, al. 2 (pour la liquidation judiciaire).
134. C. com., art. R. 625-3. Le texte se réfère « *au délai prévu au troisième alinéa de l'article L. 622-26* » sans plus de précision.
135. Cass. soc., 26 mars 2003, *Act. proc. coll.* 2003-12, n° 165, obs. P. Cagnoli ; *JCP* E 2003, n° 40, 1396, n° 14, obs. P. Pétel ; *RTD com.* 2003, p. 569, obs. A. Martin-Serf.
136. C. com., art. L. 625-3.
137. Cass. soc., 5 oct. 2004, *Act. proc. coll.* 2004-20, n° 238.

463. – Instances en cours devant les juridictions prud'homales. Redressement judiciaire et liquidation judiciaire. – Les instances en cours sont poursuivies « *en présence du mandataire judiciaire (ou du liquidateur) ou celui-ci dûment appelé* » [138]. Le débiteur doit transmettre au mandataire judiciaire (ou au liquidateur) et, s'il a été désigné, à l'administrateur, toutes informations utiles. Le mandataire judiciaire ou le liquidateur doit informer dans les dix jours la juridiction saisie et les salariés parties à l'instance de l'ouverture de la procédure. À défaut d'information, la décision rendue par la juridiction saisie est opposable à la procédure [139]. La particularité par rapport à la sauvegarde tient ici au fait que dans le redressement [140] comme dans la liquidation judiciaire [141], l'AGS doit être mise en cause [142].

II. Les privilèges et garanties des salariés

464. – Superprivilège et privilèges [143]. – Le paiement des créances salariales est garanti par le superprivilège du Code du travail et par le privilège mobilier (C. civ., art. 2331-4°) et le privilège immobilier (C. civ., art. 2375-2°) du Code civil. Le versement des fonds disponibles s'effectue selon les mêmes modalités que celles applicables en sauvegarde. Si l'entreprise dispose de fonds le salarié doit percevoir de l'administrateur sur ordonnance du juge-commissaire à titre provisionnel une somme égale à un mois de salaire impayé dans la limite du plafond du superprivilège et dans les dix jours de l'ouverture de la procédure une somme correspondant aux créances garanties par le superprivilège [144]. Si l'entreprise ne dispose pas de fonds pour régler ces sommes celles-ci seront prises en charge par l'AGS. L'AGS bénéficie du superprivilège des salariés et ceci par subrogation dès lors qu'elle a payé ces derniers des sommes dues au titre du superprivilège [145]. Les bénéficiaires du superprivilège sont les salariés, les apprentis, les façonniers [146] ; les sommes garanties correspondent à la rémunération des soixante derniers jours de travail ou d'apprentissage (ou quatre-vingt-dix jours pour les marins et les VRP) dans la limite d'un plafond mensuel fixé par décret et qui ne peut être inférieur à deux fois le plafond retenu pour le calcul des cotisations de sécurité sociale [147]. Le superprivilège couvre aussi le paiement des indemnités de congés payés pour trente jours de rémunération [148].

465. – Versement de fonds disponibles. – Lorsque l'entreprise dispose de fonds, le salarié doit percevoir :

– à titre provisionnel une somme égale à un mois de salaire impayé dans la limite du plafond du superprivilège ;

---

138. C. com., art. L. 625-3.
139. Cass. soc., 5 oct. 2004, *Act. proc. coll.* 2004-20, n° 238.
140. C. com., art. L. 631-18, II, dernier al.
141. C. com., art. L. 641-14, al. 3.
142. V. P. Morvan, « Le droit social dans la réforme du droit des entreprises en difficulté », *JCP* E 2005-42, 1511 ; T. Météyé, « L'intervention de l'AGS dans les procédures de sauvegarde », *Gaz. Pal.* 14-18 juill. 2006, p. 3 ; F. Taquet, « Le nouveau champ d'application de l'AGS », *Rev. proc. coll.* 2005-4, p. 295 ; R. Vatinet, « Sur la place faite aux salariés par la loi de sauvegarde des entreprises du 26 juillet 2005 », *JCP* S 2005, 1230.
143. C. com., art. L. 625-7, 1°.
144. C. trav., art. L. 625-8, al. 1er.
145. Cass. com., 6 juill. 1993, *JCP* G 1993, I, 3721, n° 16, obs. M. Cabrillac ; *D.* 1993, p. 530, note M. Ramackers.
146. C. trav., art. L. 3253-5.
147. C. trav., art. L. 3253-2.
148. C. trav., art. L. 3253-4.

– dans les dix jours de l'ouverture de la procédure une somme correspondant aux créances garanties par le superprivilège [149].

Le paiement est autorisé par le juge-commissaire et, en cas de sauvegarde il est réalisé par le débiteur ou par l'administrateur s'il a reçu une mission d'assistance [150].

466. – Absences de fonds disponibles. – Si l'entreprise ne dispose pas de fonds les sommes dues aux salariés à titre provisionnel ou au titre du superprivilège sont payées « *sur les premières rentrées de fonds* » [151]. Si les créances ne peuvent être payées en tout ou partie sur les fonds disponibles le mandataire judiciaire demande, sur présentation des relevés, l'avance des fonds nécessaires à l'AGS. Dans le cas d'une procédure de sauvegarde, le mandataire judiciaire justifie à l'AGS, lors de sa demande, que l'insuffisance des fonds disponibles est caractérisée. L'AGS peut alors contester cette insuffisance devant le juge-commissaire. Dans ce cas, l'avance des fonds est soumise à l'autorisation du juge-commissaire [152]. Une telle perspective peu surprendre dans la mesure où l'entreprise n'est pas en cessation des paiements [153]. Si elle l'est le tribunal doit convertir la sauvegarde en redressement judiciaire qui devrait ouvrir la couverture de l'AGS sur ces sommes [154].

467. – Privilège général sur les meubles et les immeubles [155]. – En cas d'ouverture d'une procédure le paiement des créances salariales est garanti par un privilège général sur les meubles (C. civ., art. 2331-4°) et sur les immeubles (C. civ., art. 2375-2°). Ce privilège couvre les six derniers mois de salaires.

468. – Intervention limitée de l'AGS en sauvegarde. – Les entreprises qui relèvent du droit des procédures collectives doivent assurer leurs salariés « *contre le risque de non-paiement des sommes qui leur sont dues en exécution du contrat de travail, en cas de procédure de sauvegarde, de redressement ou de liquidation judiciaire* » [156]. Cette assurance est gérée par l'AGS [157]. La garantie n'a vocation à intervenir que de manière limitée en procédure de sauvegarde [158]. Elles ne couvrent pas le paiement des créances antérieures pour éviter un usage abusif de la procédure de sauvegarde [159]. En revanche elle prend en charge les primes et indemnités en raison de licenciements économiques notifiés pendant la période d'observation ou dans le mois suivant l'arrêté du plan de sauvegarde [160].

---

149. C. com., art. L. 625-8, al. 1er.
150. C. com., art. L. 625-8, al. 2.
151. C. com., art. L. 625-8, al. 3.
152. C. trav., art. L. 3253-20.
153. La jurisprudence a déjà admis l'application de la garantie même si l'entreprise dispose de fonds suffisants, Cass. soc., 19 avr. 2000, *Act. proc. coll.* 2000-11, n° 135.
154. En ce sens, R. Vatinet, *op. cit.*, n° 11 ; *contra* T. Méteyé, *op. cit.*, p. 4 et s.
155. C. com., art. L. 625-7, 2°.
156. C. trav., art. L. 3253-6.
157. L. n° 73-1194 du 27 déc. 1973.
158. V. P. Morvan, « Le droit social dans la réforme du droit des entreprises en difficulté », *JCP* E 2005-42, 1511 ; T. Méteyé, « L'intervention de l'AGS dans les procédures de sauvegarde », *Gaz. Pal.* 14-18 juill. 2006, p. 3 ; F. Taquet, « Le nouveau champ d'application de l'AGS », *Rev. proc. coll.* 2005-4, p. 295 ; R. Vatinet, « Sur la place faite aux salariés par la loi de sauvegarde des entreprises du 26 juillet 2005 », *JCP* S 2005, 1230.
159. V. F. Taquet, *op. cit.*, p. 295 ; J.-J. Hyest, *Rapport Sénat, op. cit.*, p. 538.
160. C. trav., art. L. 3253-8, 2°.

469. – Intervention étendue de l'AGS en redressement et en liquidation judiciaire. – Contrairement à la sauvegarde, la garantie a vocation à intervenir de manière étendue dans les procédures de redressement ou de liquidation judiciaires [161]. Elles couvrent le paiement des créances salariales antérieures [162], des primes et indemnités en raison de licenciements économiques notifiés pendant la période d'observation ou dans le mois suivant l'arrêté du plan de redressement ou de cession [163]. Dans la liquidation judiciaire, sont couvertes par l'AGS « *dans la limite d'un montant maximal correspondant à un mois et demi de travail, les sommes dues au cours de la période d'observation, des quinze jours suivant le jugement de liquidation ou du mois suivant le jugement de liquidation en ce qui concerne les représentants des salariés [...] et pendant le maintien provisoire de l'activité* » [164]. Pour savoir si une créance relève du maintien provisoire de l'activité il convient de tenir compte de la date du fait générateur de la créance et non de sa date d'exigibilité [165].

470. – Conversion d'une sauvegarde. – L'AGS n'ayant pas vocation à intervenir de manière identique en sauvegarde d'un côté et en redressement ou liquidation judiciaire de l'autre, on s'est demandé si, en cas de conversion de la procédure de sauvegarde, l'AGS a vocation à couvrir des sommes au titre de la période antérieure à la conversation. Il a été proposé de distinguer selon que la conversion conduit l'entreprise en redressement ou en liquidation judiciaire. Dans le premier l'AGS ne garantirait pas les créances nées entre l'ouverture de la procédure de sauvegarde et le jugement de conversion sauf les sommes résultant de la rupture d'un contrat de travail en période d'observation. Dans le second cas on appliquerait les dispositions de l'article L. 3253-8, 3° du Code du travail (prise en charge limitée de créances postérieures et couverture des sommes résultant de la rupture d'un contrat de travail en application de l'article L. 3253-8, 2° du Code du travail) [166].

471. – Subrogation de l'AGS. – L'AGS est subrogée dans les droits des salariés pour lesquels elle a effectué des avances et ceci pour l'ensemble des créances « *lors d'une procédure de sauvegarde* » [167]. Dans les autres procédures, L'AGS est subrogée dans les droits des salariés pour lesquels elle a effectué des avances et ceci pour les créances superprivilégiées ainsi que les créances postérieures de l'article L. 3253-8, 3° du Code du travail [168]. Les autres sommes doivent être déclarées selon un régime spécifique [169].

---

161. V. P. Morvan, « Le droit social dans la réforme du droit des entreprises en difficulté », *JCP* E 2005-42, 1511 ; T. Météyé, « L'intervention de l'AGS dans les procédures de sauvegarde », *Gaz. Pal.* 14-18 juill. 2006, p. 3 ; F. Taquet, « Le nouveau champ d'application de l'AGS », *Rev. proc. coll.* 2005-4, p. 295 ; R. Vatinet, « Sur la place faite aux salariés par la loi de sauvegarde des entreprises du 26 juillet 2005 », *JCP* S 2005, 1230.

162. C. trav., art. L. 3253-6.

163. C. trav., art. L. 3253-8, 2°.

164. C. trav., art. L. 3253-8, 3°.

165. Cass. com., 20 juin 2006, n° 04-48493, « *la cour d'appel qui a constaté que les contrats de travail avaient été rompus pendant le maintien provisoire de l'activité autorisé par le jugement de liquidation judiciaire de l'employeur et a retenu à bon droit la créance au titre de la contrepartie financière à la clause de non-concurrence résultait de la rupture des contrats de travail, a exactement décidé que l'AGS devait en garantir le paiement, peu important que toutes les échéances ne soient pas encore exigibles* », Cpr. la solution antérieure, Cass. soc., 14 déc. 1999, n° 97-43346, *Bull. civ.* V, n° 485.

166. En faveur de cette interprétation, v. T. Météyé, « L'intervention de l'AGS dans les procédures de sauvegarde », *Gaz. Pal.* 14-18 juill. 2006, p. 3 ; *contra*, R. Vatinet, « Sur la place faite aux salariés par la loi de sauvegarde des entreprises du 26 juillet 2005 », *JCP* S 2005, 1230, spéc. n° 11.

167. C. trav., art. L. 3253-16.

168. C. trav., art. L. 3253-16.

169. C. trav., art. R. 622-21.

Section II
La détermination de l'actif

472. – Reconstitution de l'actif et revendication des biens. – La détermination de l'actif n'est pas chose aisée et ce d'autant que certains biens, les meubles, peuvent être dispersés aisément. C'est la raison pour laquelle l'obligation de réaliser un inventaire à l'ouverture de la procédure collective est essentielle à la détermination de l'actif. Pour les immeubles, plus difficiles à dissimuler, il est nécessaire de vérifier si des transactions préalables aux procédures collectives n'ont pas été réalisées dans l'unique but de réduire le patrimoine du débiteur en difficulté. C'est pour éviter ce type d'écueil préjudiciable à la procédure collective, qu'a été instauré un régime spécial de nullités dites « *nullités de la période suspecte* » qui permet de reconstituer le patrimoine du débiteur.

À l'inverse, il est possible qu'en apparence le débiteur soit propriétaire de biens dont il n'est en réalité pas propriétaire. Dans ce cas, il est légitime que les véritables propriétaires se manifestent pour exercer une revendication sur leur bien. Mais, là encore, le droit des procédures collectives connaît un régime spécial de revendication dérogatoire par rapport au droit commun.

§ 1 : Les nullités de la période suspecte [170]

473. – Justification des nullités de la période suspecte. – Dans le but de préserver les droits des créanciers mais aussi de permettre le redressement de l'entreprise [171], le Code de commerce prévoit, dans les procédures de redressement judiciaire ou de liquidation judiciaire uniquement, le droit d'agir en nullité de certains actes ou paiements effectués au cours de la période suspecte. Les actions en nullité permettent de « *reconstituer l'actif du débiteur* » [172] « *dans l'intérêt collectif des créanciers* » [173] en sanctionnant soit la fraude commise, soit la rupture d'égalité entre les créanciers. Ces actions en nullité se rapprochent de l'action paulienne avec toutefois des différences notables. Il n'est déjà pas nécessaire de prouver la fraude, ni d'ailleurs la complicité du tiers, lorsque l'acte est onéreux. Les actions en nullité ont ensuite un domaine plus large puisqu'elles visent aussi les paiements ou encore les partages. De même les créanciers ne peuvent agir individuellement puisque l'action en nullité est une action réservée à certaines personnes. Enfin l'action en nullité anéantit l'opération suspecte ce qui n'est pas le cas de l'action révocatoire qui donne lieu à inopposabilité. Pour autant les nullités de la période suspecte n'excluent pas la possibilité d'exercer l'action paulienne sur le fondement du droit commun.

474. – Détermination de la période suspecte. – Pour être annulé l'acte doit être né en période suspecte [174]. La période suspecte est la période qui s'écoule entre la cessation des paiements et le

170. C. com., art. L. 632-1 à L. 632-4.
171. F. Vinckel, *L'acte suspect ou la théorie des nullités à l'épreuve du droit des procédures collectives*, thèse, Paris, 1999.
172. C. com., art. L. 632-4.
173. Cass. com., 21 sept. 2010 n° 08-21030.
174. Cass. com., 6 juin 2001, *Act. proc. coll.* 2001-15, n° 198 (contrat-cadre passé avant la période suspecte, pas nullité des contrats d'application intervenus en période suspecte).

jugement qui ouvre la procédure. Cette période débute « *la première heure du jour fixé pour la date de cessation des paiements* » [175].

Le tribunal a la possibilité de reporter la date de cessation des paiements à la date où l'entreprise était réellement dans cette situation. La demande de report peut émaner de l'administrateur, du mandataire judiciaire ou du ministère public. Le débiteur doit avoir été entendu ou dûment appelé. Elle ne peut être présentée au tribunal que dans le délai d'un an à compter du jugement d'ouverture [176]. Le report de date peut intervenir en plusieurs fois sous quelques réserves.

Sauf en cas de fraude, la date ne peut être reportée à une date antérieure à la décision définitive ayant homologué un accord amiable à la suite d'une procédure de conciliation [177]. En revanche elle doit pouvoir l'être en cas d'accord simplement constaté si l'entente n'a pas réellement mis fin à la cessation des paiements [178].

Le report ne peut être antérieur de plus de dix-huit mois à la date du jugement constatant la cessation des paiements [179].

Le tribunal peut aussi annuler les actes à titre gratuit dans les six mois qui ont précédé la cessation des paiements ce qui, en cas de période suspecte de dix-huit mois, porte à vingt-quatre mois la période au cours de laquelle les actes à titre gratuit peuvent être frappés de nullité [180].

En cas de résolution d'un plan et ouverture subséquente d'une nouvelle procédure de redressement ou de liquidation judiciaire, la date de fixation de la nouvelle période suspecte est celle du jugement ouvrant la nouvelle procédure [181].

La question se pose se savoir si une période suspecte peut exister alors qu'une procédure de sauvegarde a été convertie en procédure de redressement ou liquidation judiciaire. Sauf le cas où la cessation des paiements existait déjà à l'ouverture de la sauvegarde, il ne devrait pas être possible de remettre en cause les actes passés antérieurement à la date de la décision de conversion sauf à remettre en cause l'esprit du système d'anticipation et faire ainsi peser une grande insécurité juridique [182].

I. Types de nullité

A. Nullités obligatoires

475. – Le Code de commerce envisage un certain nombre de cas de nullité de plein droit ce qui signifie que le juge en présence d'actes visés par l'article L. 632-1 du Code de commerce doit prononcer leur nullité. Son rôle consiste à qualifier l'acte en cause sans considération pour les mobiles des parties ni d'ailleurs sur l'existence d'un préjudice.

175. Cass. com., 11 avr. 2012, *Bull. Joly Entrep. diff.* 2012. 228, note Bonhomme ; *RJDA* 2012, n° 929. Cass. com., 28 sept. 2004, pourvoi n° 03-10332, *D.* 2004, AJ, p. 2716 ; *D.* 2005, Pan. p. 296, obs. P.-M. le Corre ; *RD bancaire et fin.* 2004/6, p. 413, n° 250, obs. F.-X. Lucas.

176. C. com., art. L. 631-8.

177. C. com., art. L. 611-8 II ; art. L. 631-8, al. 2.

178. Cpr. F. Vinckel, « Le nouveau régime de la période suspecte dans la loi n° 2005-845 du 26 juillet 2005 et le décret n° 2005-1677 du 28 décembre 2005 : une réforme en trompe l'œil », *JCP* E 2006-3, 1118, p. 14.

179. C. com., art. L. 631-8, al. 2.

180. C. com., art. L. 632-1, II.

181. Cass. com., 11 juin 2003, pourvoi n° 00-22013.

182. V. F. Vinckel, *op. cit.*, p. 15.

476. – Actes à titre gratuit. – Sont nuls tous les actes à titre gratuit translatifs de propriété mobilière ou immobilière. Cette solution s'explique car la gratuité d'un acte est contraire aux habitudes du commerce. Une difficulté peut naître de la qualification d'acte à titre gratuit. Ainsi une remise de dette effectuée sans contrepartie relève de cette catégorie. Dans le cas inverse l'acte relève des nullités facultatives [183].

477. – Contrats commutatifs, actes déséquilibrés. – Sont frappés de nullité les contrats commutatifs dans lesquels les obligations du débiteur excèdent notablement celles de l'autre partie. Il s'agit donc de contrats déséquilibrés. Il en est ainsi par exemple d'une cession d'actions conclue à un prix excessif en raison de la surévaluation du titre [184] ou encore d'une transaction passée avec un salarié à la suite de son licenciement [185]. C'est en principe aux juges du fond d'apprécier souverainement l'étendue du déséquilibre. Un contrat commutatif déséquilibré portant sur un bien commun est nul dans son intégralité [186].

478. – Paiements avant échéance. – Il est anormal de payer une dette non échue au moment même ou la trésorerie du débiteur ne lui permet plus de faire face à son passif exigible. C'est pourquoi la nullité s'applique à ce type de paiements effectués par le débiteur [187] quel qu'en soit le mode (espèce, cession de créances à titre de paiement [188], compensation, dation, etc.) et que l'échéance soit antérieure ou postérieure au jugement ouvrant la procédure de redressement ou de liquidation judiciaire. La question se pose de savoir si après cette restitution le créancier peut poursuivre en paiement la personne qui s'était porté caution de la créance. La Cour de cassation répond par l'affirmative dans un arrêt du 22 octobre 1996 [189]. Cette solution ne vaut pas pour la dation en paiement en application de l'article 2315 du Code civil, disposition selon laquelle l'acceptation volontaire par le créancier d'un immeuble ou d'un meuble en paiement de la dette principale décharge la caution même si le créancier est par la suite évincé de ses droits dans ces biens [190].

479. – Paiements anormaux à échéance. – Sont aussi frappés de nullités, « *tout paiement pour dettes échues, fait autrement qu'en espèces, effets de commerce, virements, bordereaux de cession visés par la loi n° 81-1 du 2 janvier 1981 facilitant le crédit aux entreprises ou tout autre*

---

183. Cass. com., 2 sept. 2001, *Act. proc. coll.* 2001-18, p. 237, obs. C. Regnaut-Moutier ; *D.* 2001, AJ, p. 3319, obs. A. Lienhard ; *RTD com.* 2002. 164, obs. A. Martin-Serf ; v. B. Feugère, « Le sort d'une remise de dette consentie au cours de la période suspecte d'un créancier », *JCP* E 2002.

184. CA Versailles, 30 sept. 1993, *Dr. sociétés* 1994, n° 29, obs. Y. Chaput.

185. Cass. com., 27 nov. 2001, *Rev. proc. coll.* 2002. 275, obs. Blanc ; *ibid.* 287, obs. Canet.

186. Cass. com., 3 mai 2011, n° 10-17011, *Bull. civ.* IV, n° 64 ; *D.* 2011. Actu. 1343, obs. Lienhard ; *RTD com.* 2012. 619, obs. Martin-Serf ; *JCP E* 2011. 1598, note Legros ; *LEDEN* juin 2011, p. 4, obs. Rubellin ; *RJDA* 2011, n° 722 ; *Bull. Joly Entrep. diff.* 2011. 332, note Sautonie-Laguionie ; *Bull. Joly* 2012. 56, note Le Cannu.

187. Et non par un tiers, Cass. 2e civ., 25 janv. 2000, *Act. proc. coll.* 2000-6, n° 68 et comm. F.-X. Lucas ; *JCP* E 2000-11, p. 440 ; *D.* 2000-8, p. 103, obs. A. Lienhard.

188. Cass. com., 22 janv. 2002, pourvoi n° 99-10895, *Rev. proc. coll.* 2002. 276, obs. Blanc ; mais non à titre de garantie, v. Cass. com., 22 janv. 2002, pourvoi n° 98-21023.

189. Cass. com., 22 oct. 1996, *BRDA* 96-21 : une société avait remboursé par anticipation un prêt que lui avait accordé une banque. Suite à la mise en liquidation judiciaire de la société la banque avait restitué les sommes versées. La cour estime que la banque pouvait valablement, après avoir déclaré sa créance, poursuivre en paiement la personne qui s'était portée caution du remboursement du prêt. Cass. com., 22 oct. 1997, *Rev. sociétés* 1997, p. 596, note P. Didier.

190. V. cependant, Cass. com., 28 nov. 1972, la dation en paiement portant sur une créance admise au passif d'un règlement judiciaire converti en faillite ne peut décharger la caution.

mode de paiement communément admis dans les relations d'affaires ». Dans ce dernier cas, c'est à celui qui a reçu le paiement de prouver que le procédé utilisé était conforme aux usages de la profession. C'est ensuite au juge de définir dans chaque cas d'espèces si le paiement contesté est normal ou communément admis dans les relations d'affaires ce qui peut se faire par référence aux usages [191] d'une profession mais pas nécessairement [192]. La nullité peut notamment frapper une dation en paiement [193] ou encore une cession de créance [194], une remise en compte-courant [195], une délégation de créance [196]. Pour la compensation, si la compensation légale, en période suspecte, ne constitue pas un mode de paiement anormal tombant sous le coup de la nullité de droit, ce n'est en revanche pas le cas lorsque la compensation est provoquée [197].

480. – Dépôt et consignation. – La nullité de plein droit concerne aussi tout dépôt et consignation ordonnés « *judiciairement à titre de garantie ou à titre conservatoire* » [198] et effectué à défaut d'une décision de justice ayant acquis force de chose jugée avant le début de la période suspecte. Il s'agit donc d'empêcher la constitution d'une sûreté en période suspecte.

481. – Constitution de sûretés. – La nullité frappe la constitution de sûretés pour dettes antérieurement contractées. Les sûretés visées par la loi sont l'hypothèque (conventionnelle, judiciaire ainsi que l'hypothèque légale des époux), le nantissement (sûreté sur meubles incorporels [199]) et le gage (sûretés sur meubles corporels) [200]. Le texte ne vise donc pas toutes les sûretés. On pense en particulier à la clause de réserve de propriété, une clause qui relève depuis l'ordonnance n° 2006-346 du 23 mars 2006 du droit des sûretés [201]. Il ne s'applique pas non plus à la cession de créances professionnelles consentie à une banque par une entreprise, alors que celle-ci était en état de cessation des paiements [202]. En effet, la cession Dailly transfère au cessionnaire la propriété de la créance cédée, même lorsqu'elle est constituée en vue de garantir le paiement du solde d'un compte-courant et sans stipulation d'un prix.

Pour les sûretés visées par le texte, il convient d'abord de vérifier que leur date de constitution est intervenue en période suspecte. Ainsi, pour le nantissement, doit être prise en compte la date d'enregistrement de l'acte et sa signification au débiteur [203]. Pour

191. Cass. com., 14 déc. 1993, *JCP* E 1994, II, 546, note Y. Guyon ; *RJ com.* 1994, p. 239, note A. Honorat ; *RTD com.* 1994, p. 373, obs. A. Martin-Serf.

192. Cass. com., 23 janv. 2001, *Act. proc. coll.* 2001-5, n° 66, obs. J. Vallansan ; *JCP G*, 2001, I, 321, n° 5, obs. M. Cabrillac ; *D.* 2001, AJ, p. 701, obs. A. Lienhard ; *D.* 2001, p. 2509, note Bimes-Arbus.

193. Cass. com., 18 févr. 2003, *Act. proc. coll.* 2003-9, n° 118, obs. J.-C. Boulay ; Cass. com., 2 févr. 1999, *Act. proc. coll.* 1999-4, n° 60, obs. J. Vallansan.

194. Cass. com., 30 mars 1993 *JCP* E 1993, II, 453 note Guyon ; Cass. com. 14 déc. 1993, *JCP* E 1994, 546, note Guyon ; Cass. com., 24 sept. 2003, *Act. proc. coll.*2003-19, n° 247 ; pour une cession Dailly, v. Cass. com., 2 nov. 2005, *Act. proc. coll.* 2005-19, n° 244 ; cpr. Cass. com., 28 mai 1996, *D. aff.* 1996, p. 843, pour une cession Dailly à titre de garantie qui n'entre pas dans le domaine d'application de cette nullité.

195. Cass. com., 19 janv. 1999, *Act. proc. coll.*1999-5, n° 70, obs. C. Regnaut-Moutier.

196. Cass. com., 4 oct. 2005, *Act. proc. coll.*2005-19, n° 243, com. H. Lécuyer ; v. S. Albrieux, « Délégation et nullité de la période suspecte », *JCP* E 2006-9, 1347.

197. Cass. com., 13 févr. 2007, n° 05-13526 ; Cass. com., 19 déc. 2000, *D.* 2001. AJ. 306, obs. A. Lienhard, et somm. 3426, obs. A. Honorat ; *RTD com.* 2002. 165, obs. A. Martin-Serf.

198. C. civ., art. 2350.

199. C. civ., art. 2355 à 2366.

200. C. civ., art. 2334 à 2354 ; C. com., art. L. 527-1 à L. 527-11.

201. V. C. civ., art. 2367 à 2372 et art. 2373.

202. Com. 28 mai 1996, *BRDA* 96-14.

203. Cass. com., 28 janv. 1997, *JCP* E II, 935, rapp. J.-P. Rémery ; *JCP* E, I, 651, n° 6, obs. M. Cabrillac ; *D.* 1998, somm. p. 141, obs. N. Jobard-Bachelier.

l'hypothèque judiciaire on doit tenir compte de la date du jugement de condamnation [204]. On peut d'ailleurs se demander quelle sera la solution réservée à l'hypothèque rechargeable introduite par la réforme du droit des sûretés [205]. On peut à cet égard observer que selon l'article 2287 du Code civil « *les dispositions du livre IV du Code civil ne font pas obstacle à l'application des règles prévues en cas d'ouverture d'une procédure collective ou d'une procédure de traitement de surendettement* ». S'agissant plus précisément de l'hypothèque rechargeable, le changement de créances garanties ou de garants en période suspecte pourrait être contesté. Il paraît cependant préférable, pour ne pas priver d'efficacité cette nouvelle institution, d'une part de tenir compte de la date de l'acte constitutif de l'hypothèque en vérifiant que celui-ci n'a pas été passé en période suspecte et d'autre part d'examiner si l'exécution de l'hypothèque au cours de cette même période ne relève pas des nullités facultatives [206]. Toujours concernant les sûretés visées par le texte, il convient ensuite de tenir compte de l'objet auquel s'applique cette sûreté. Si cette dernière a été prise pour garantir des obligations financières au sens de l'article L. 431-7 du Code monétaire et financier, alors la nullité ne peut être prononcée. En effet selon l'article L. 431-7-3 du même code, « *les parties peuvent prévoir des remises en pleine propriété, opposables aux tiers sans formalités, de valeurs, instruments financiers, effets, créances, contrats ou sommes d'argent, ou la constitution de sûretés sur de tels biens ou droits, réalisables, même lorsque l'une des parties fait l'objet d'une des procédures prévues par le livre VI du Code de commerce, ou d'une procédure judiciaire ou amiable équivalente sur le fondement d'un droit étranger, ou d'une procédure civile d'exécution ou de l'exercice d'un droit d'opposition* ». Cette disposition transpose [207] en droit français l'une des obligations prévues par la directive communautaire relative aux contrats de garanties financières [208]. D'ailleurs si l'on tient compte de ce texte le juge doit pouvoir, malgré les dispositions trop générales du Code monétaire et financier, prononcer une nullité facultative pour ces mêmes sûretés. En effet, selon la directive communautaire [209], si le créancier « *[...]devrait être préservé de certaines règles de nullité automatique [...], cela ne porte cependant pas atteinte à la possibilité de remettre en cause conformément au droit national le contrat de garantie financière, la constitution de la garantie initiale ou la constitution d'une garantie financière à titre complémentaire ou de remplacement, par exemple lorsque cela a été fait sciemment en vue de nuire aux autres créanciers (y compris les actions fondées sur la fraude ou des règles similaires en matière de nullité qui peuvent s'appliquer pendant une période déterminée)* ».

482. – Mesures conservatoires. – L'article L. 632-1, 7° du Code de commerce frappe de nullité les mesures conservatoires passées en période suspecte, « *à moins que l'inscription ou l'acte de saisie ne soit antérieur à la date de cessation de paiement* ». La nullité s'applique même

---

204. Cass. com., 25 oct. 1994, *JCP* E 1995, I, 457, n° 9, obs. M. Cabrillac.

205. C. civ., art. 2422 ; sur laquelle, v. Ph. Simler, « La réforme du droit des sûretés, un livre IV nouveau du Code civil », *JCP*, I, 2006, 124.

206. V. *infra*.

207. Ord. n° 2005-171 du 24 févr. 2005, *D.* 2005, lég. p. 630 ; v. P. Crocq, obs. *D.* 2005, somm. comm. p. 2078 ; S. Praicheux, « La transposition en droit français de la directive européenne sur les contrats de garantie financière », *RD bancaire et fin.* 2005, p. 56.

208. Dir. n° 2002/47 CE du Parlement européen et du Conseil du 6 juin 2002 relative aux contrats de garantie financière (*JO L.* 168, 27 juin 2002, p. 43-50), *Act. proc. coll.* 2002/17, n° 206, obs. T. Bonneau ; *Rev. proc. coll.* 2003/4, p. 285, n° 11, obs. B. Soinne.

209. Considérant 16 ; v. aussi art. 8.3 de la directive.

lorsque la mesure conservatoire a été autorisée par le juge à la demande du créancier [210]. La saisie-conservatoire est valable si elle est convertie en saisie-attribution avant le jugement d'ouverture [211]. La déclaration d'insaisissabilité n'a pas été qualifiée de mesure conservatoire par la jurisprudence [212].

483. – Options de souscription ou d'achat d'actions. – Toute autorisation, levée et revente d'options de souscription ou d'achat d'actions en période suspecte emportent nullité de celles-ci. Sont ici visées les options accordées à certains salariés pour acquérir ou revendre des actions de la société qui les emploie à des conditions avantageuses. Cette technique qui vient des États-Unis (les *stock options plan*) a été sous les feux de l'actualité au cours des mois qui ont précédé la réforme de 2005. C'est pourquoi il a été décidé d'introduire ce nouveau cas de nullité [213], l'attribution de titres à des conditions privilégiés dans une période difficile pour l'entreprise apparaissant quelque peu délicate à justifier et ce d'autant que les propriétaires des actions, informés de la situation de l'entreprise, pourraient prendre de vitesse le marché [214].

484. – Fiducie. – Est nul tout transfert de biens ou de droits dans un patrimoine fiduciaire, à moins que ce transfert ne soit intervenu à titre de garantie d'une dette concomitamment contractée [215]. Il en est de même de tout avenant à un contrat de fiducie affectant des droits ou biens déjà transférés dans un patrimoine fiduciaire à la garantie de dettes contractées antérieurement à cet avenant [216].

485. – Entrepreneur individuel à responsabilité limitée. – Un onzième cas de nullité a été ajouté par l'ordonnance n° 2010-152 du 9 décembre 2010 et ceci afin d'éviter les transferts illicites d'un patrimoine à un autre patrimoine d'un entrepreneur individuel à responsabilité limitée. Ainsi, lorsque le débiteur est un entrepreneur individuel à responsabilité limitée, est nulle toute affectation ou modification dans l'affectation d'un bien, sous réserve du versement des revenus qu'il verse dans son patrimoine non affecté, dont il est résulté un appauvrissement du patrimoine visé par la procédure au bénéfice d'un autre patrimoine de cet entrepreneur.

B. Nullités facultatives [217]

486. – Faculté offerte au juge. – À la différence des nullités obligatoires, le juge dispose ici d'un pouvoir d'appréciation. Le tribunal peut annuler les actes visés par l'article L. 632-2 du

210. CA Paris, 11 juin 1999, *Act. proc. coll.* 1999, n° 204.
211. Cass. com., 10 déc. 2002, *Bull. civ.* IV, n° 191.
212. CA Nancy, 23 mars 2011 : *JCP E* 2011. 1368, note Lebel ; *Rev. proc. coll.* 2012, n° 113, obs. Lisanti ; *ibid.* 2013, n° 14, obs. Blanc.
213. J.-P. Arrighi, « Les nouveaux cas de nullités de la période suspecte », *Gaz. Pal.* 10 sept. 2005, n° 253, p. 9 ; F. Vinckel, « Le nouveau régime de la période suspecte dans la loi n° 2005-845 du 26 juillet 2005 et le décret n° 2005-1677 du 28 décembre 2005 : une réforme en trompe l'œil », *JCP* E 2006-3, 1118 ; F. Wicker, « La période suspecte après la loi de sauvegarde des entreprises », *Rev. proc. coll.* 1006-1, p. 12.
214. J. -J. Hyest, rapport préc., p. 351.
215. C. com., art. L. 632-1, 9°.
216. C. com., art. L. 632-1,10°.
217. C. com., art. L. 632-2.

Code de commerce. Autrement dit il a la faculté et non l'obligation de prononcer l'anéantissement rétroactif de l'acte et ceci même s'il constate que les conditions de la nullité sont réunies [218].

487. – Domaine. – Les nullités facultatives concernent des actes qui ne relèvent pas des nullités de plein droit, à savoir les paiements pour dettes échus effectués à compter de la date de cessation des paiements et les actes à titre onéreux passés en période suspecte. Elles concernent aussi « *tout avis à tiers détenteur, toute saisie attribution ou toute opposition* » lorsqu'il a été délivré ou pratiqué par un créancier à compter de la date de cessation des paiements et en connaissance de celle-ci. C'est là une extension du domaine des nullités facultatives introduite par la loi n° 2005-845 du 26 juillet 2005 qui tempère un peu la position favorable dans laquelle la jurisprudence a placé les créanciers bénéficiant d'une saisie-attribution ou d'un avis à tiers détenteur qui peuvent se prévaloir d'une telle mesure lorsqu'elle a été passée avant le jugement d'ouverture à l'égard de toutes les créances successives même pour les sommes échues après ce jugement [219]. S'agissant précisément de l'opposition, celle-ci semble correspondre au cas d'opposition du créancier du vendeur de fonds de commerce au paiement du prix [220].

488. – Conditions. – Si l'acte relève du domaine des nullités facultatives, pour pouvoir être annulé il doit non seulement avoir été accompli en période suspecte mais il doit en plus avoir été réalisé par une personne qui, traitant avec le débiteur, en outre, connaissait l'état de cessation des paiements à la date de naissance de l'acte. L'administrateur, le mandataire judiciaire, le commissaire à l'exécution du plan, le liquidateur ou le ministère public doivent établir que le cocontractant connaissait de façon précise l'état de cessation des paiements. Cette connaissance peut résulter des relations d'affaires habituelles existant entre le débiteur et le créancier. Si ces conditions sont réunies le juge peut ou non décider d'annuler l'acte. Il n'a ni à rechercher ni à tenir compte d'un préjudice [221].

489. – Nullité facultative des actes à titre gratuit [222]. – Les actes à titre gratuit translatifs de propriété mobilière ou immobilière qui ont été passés dans les six mois ayant précédé la cessation des paiements peuvent être annulés [223]. Ils ne sont pas nuls de plein droit, mais le prononcé de leur nullité ne nécessite pas d'établir que la personne ayant traité avec le débiteur avait connaissance de la cessation des paiements.

---

218. Cass. com., 12 janv. 2010, *Bull. civ.* IV, n° 5 ; *D.* 2010. Pan. 1820, obs. F.-X. Lucas ; *ibid.* AJ 204, obs. Lienhard ; *RTD com.* 2010. 426, obs. Martin-Serf ; *JCP* E 2010.1296, n° 7, obs. Cabrillac ; *Act. proc. coll.* 2010, n° 61, obs. Cagnoli ; *RJDA* 2010, n° 270 ; *LEDEN* mars 2010, p. 3, obs. Rubellin ; *Dr. et procéd.* 2010. 129, note Lauvergnat ; *RD bancaire et fin.* 2010, n° 67, obs. S. Piedelièvre ; *Gaz. Pal.* 16-17 avr. 2010, p. 32, obs. Roussel-Galle ; *RTD civ.* 2010. 102, obs. Fages ; *ibid.* 376, obs. Perrot ; *Defrénois* 2010. 1478, obs. Gibirila ; *RJ com.* 2010.301, note Sortais ; *Rev. proc. coll.* 2010, n° 232, obs. Blanc. « *Mais attendu qu'après avoir constaté que les conditions pour prononcer la nullité sont réunies, le juge, saisi d'une action en nullité fondée sur l'article L. 632-2 du Code de commerce dans sa rédaction issue de la loi du 26 juill. 2005 de sauvegarde des entreprises, jouit de la faculté de prononcer ou non cette mesure ; qu'ainsi, la cour d'appel n'a fait qu'user des pouvoirs qu'elle tient de ce texte en estimant, par une décision motivée, que l'action du liquidateur tendant à la nullité des avis* à *tiers* détenteur n'*avait pas lieu d'être accueilli* ».

219. Cass. ch. mixte, 22 nov. 2002, *JCP* E 2003, n° 20, 760, n° 14, obs. M. Cabrillac ; *D.* 2003, p. 445, note Ch. Larroumet ; *D.* 2002, p. 3270, obs. A. Lienhard ; *JCP* E 2003, 397, note D. Legeais ; *LPA*, 13 juin 2003, n° 118, p. 15, note J.-L. Courtier ; *LPA*, 15 juill. 2003, n° 140, p. 15, note M. Keita.

220. J.-P. Arrighi, « Les nouveaux cas de nullités de la période suspecte », *Gaz. Pal.*, 10 sept. 2005, p. 9.

221. Cass. com., 16 févr. 1993, *JCP* E, I, 277, n° 9, obs. M. Cabrillac et P. Pétel ; *JCP* G, 1993, I, 3794, n° 9, obs. M. Cabrillac et P. Pétel ; Cass. com., 8 juill. 2003, *Act. proc. coll.* 2003-14, comm. n° 185, obs. C. Regnaut-Moutier.

222. C. com., art. L. 632-1, II.

223. V. par ex. Cass. com., 1er févr. 2000, *RJDA* 2000/5, n° 570.

490. – Règles spécifiques aux chèques et effets de commerce [224]. – Des règles spéciales sont également prévues pour l'acquittement des effets de commerce. Ainsi les dispositions du Code de commerce relatives aux nullités de droit ou aux nullités facultatives ne portent pas atteinte à la validité du paiement d'une lettre de change, d'un billet à ordre ou d'un chèque. La règle est indispensable pour garantir la sécurité des utilisateurs de ces moyens de paiement. Elle n'est toutefois pas sans limite. Il est en effet possible à l'administrateur ou au mandataire judiciaire d'exercer une action en rapport contre celui qui a tiré profit de la mise en circulation du titre après la cessation des paiements et qui connaissait la situation du tiré ou du souscripteur. L'action sera donc dirigée soit contre le tireur de la lettre de change ou contre le donneur d'ordre en cas de tirage pour compte, soit contre le bénéficiaire d'un chèque, soit enfin contre le premier endosseur d'un billet à ordre, s'il est établi qu'ils avaient connaissance de la cessation des paiements. L'action en rapport peut être exercée à l'encontre du bénéficiaire d'un chèque de banque dès lors que le débiteur a fourni la contrepartie à l'établissement de crédit [225].

II. Régime de l'action en nullité

491. – Qui peut agir en nullité de la période suspecte ? – L'action en nullité est une action attitrée. Elle ne peut donc être introduite que par les personnes désignées par la loi, à savoir l'administrateur, le mandataire judiciaire, le commissaire à l'exécution du plan, le liquidateur ou le ministère public [226]. Pour le commissaire à l'exécution du plan, cela signifie d'abord qu'il peut poursuivre l'action introduite par l'administrateur ou le mandataire judiciaire [227], et ensuite qu'il peut en engager une nouvelle et ceci dans l'intérêt collectif des créanciers [228]. Un contrôleur devrait pouvoir agir en nullité en cas de carence du mandataire judiciaire et dans l'intérêt collectif des créanciers [229]. Cette action n'est toutefois recevable qu'après une mise en demeure adressée au mandataire judiciaire par lettre recommandée avec demande d'avis de réception restée infructueuse pendant deux mois à compter de la réception de celle-ci [230]. En revanche, les créanciers ne sont pas recevables à agir individuellement mais ils doivent pouvoir exercer l'action paulienne [231]. De même les organes les organes habilités à agir en nullité de la période suspecte peuvent, à titre subsidiaire, aux conditions de droit commun de l'article 1167 du Code civil, exercer une action paulienne au nom et dans l'intérêt collectif des créanciers [232]. L'action en nullité exercée à l'encontre de droits immobiliers doit être publiée [233].

224. C. com., art. L. 632-3.

225. Cass. com., 3 juill. 2012, *Bull. civ.* IV, n° 145 ; *D.* 2012. Chron. C. cass. 2552, obs. Guillou ; *ibid.* Actu. 1813, obs. Lienhard ; *JCP E* 2012. 1757, n° 11, obs. Pétel ; *RTD com.* 2012. 595, obs. Legeais ; *ibid.* 2013. 146, obs. Martin-Serf ; *Dict. perm. diff. entrep., Bull.* n° 339, obs. Rémery ; *Act. proc. coll.* 2012, n° 202, obs. *S.* Piedelièvre ; *Bull. Joly Entrep. diff.* 2012. 300, note Bonhomme ; *RJDA* 2012, n° 881 ; *LEDEN* oct. 2012, p. 3, obs. Rubellin ; *Gaz. Pal.* 12-13 oct. 2012, p. 33, obs. Bonhomme ; *RLDA* oct. 2012. 18, obs. Dumont-Lefrand ; *Dr. et proc.* 2012, n° 10, suppl., p. 21, obs. Crocq ; *RD banc. fin.* 2013, n° 1, obs. Crédotet Samin ; *Rev. proc. coll.* 2013, n° 17, obs. Blanc.

226. C. com., art. L. 632-4.

227. À défaut de commissaire à l'exécution du plan, l'action peut être poursuivie par un mandataire.

228. C. com., art. L. 626-25.

229. C. com., art. L. 622-20 ; *contra* F. Vinckel, *op. cit.*, p. 15.

230. C. com., art. R. 622-18.

231. C. Pizzio-Delaporte, « L'action paulienne dans les procédures collectives », *RTD com.* 1995, p. 716.

232. Com. 13 nov. 2001, *Bull. civ.* IV, n° 178 ; *D.* 2001. AJ. 3617, obs. Lienhard.

233. Cass. com., 28 sept. 2004, *Bull. civ.* IV, n° 164 ; Cass. com., 12 avr. 2005, *Act. proc. coll.*2005-10, n° 122, obs. T. Lebars, action en nullité d'une hypothèque.

492. – Limites à l'exercice de l'action en nullité. Autorité de la chose jugée de la décision définitive d'admission d'une créance. – Une limite à l'action en nullité réside dans l'autorité de la chose jugée attachée à l'admission de la créance correspondante du cocontractant du débiteur [234]. Ainsi, lorsqu'un créancier inscrit un nantissement en période suspecte et que sa créance est admise à titre privilégié par une décision irrévocable, l'annulation postérieure du nantissement, sur le fondement des nullités de la période suspecte, ne remet pas en cause l'admission de la créance à titre privilégié.

493. – Prescription de l'action en nullité. – Une deuxième limite pourrait reposer dans la prescription de l'action. Toutefois la Cour de cassation paraît écarter tout délai de prescription en jugeant que « *l'action en nullité prévue à l'article L. 621-107 du Code de commerce dans sa rédaction antérieure à la loi du 26 juillet 2005 de sauvegarde des entreprises et qui tend à la reconstitution de l'actif du débiteur dans l'intérêt collectif des créanciers peut être exercée par ses titulaires, notamment le liquidateur judiciaire, aussi longtemps que ces derniers restent en fonction* » [235]. Cette précision conduit à se demander ce que signifie « *rester en fonction* » pour les personnes titulaires de l'action. La question se pose en particulier pour le ministère public dont la fonction s'exerce non seulement au sein mais aussi au-delà de chaque procédure collective.

§ 2 : Les revendications sur le patrimoine du débiteur

494. – Droit de revendication des propriétaires. – À l'ouverture d'une procédure collective [236] les propriétaires peuvent invoquer leur droit de propriété dans le respect des conventions passées avec le débiteur [237]. La solution vaut tant pour les biens immobiliers que pour les biens mobiliers dès lors qu'il ne s'agit pas de revendiquer une somme d'argent [238]. Toutefois les choses mobilières n'étant en principe soumises à aucune mesure de publicité il est apparu nécessaire de prévoir un régime de revendication encadré à l'égard des propriétaires de ces biens afin d'établir rapidement et clairement la réalité de la situation patrimoniale de l'entreprise.

I. Régime général de revendication des meubles

495. – Fondement juridique de la revendication. – La revendication s'applique à tout propriétaire de meubles qui veut faire reconnaître son droit de propriété, « *quelle que soit la*

234. Cass. com., 12 nov. 1991, *Bull. civ.* IV, n° 342 ; *D.* 1992. somm. 183, obs. Honorat ; Cass. com., 12 nov. 1997, *RJDA* 1998/3, n° 313 : la créance admise comme privilégiée le demeure même si, par suite du report de la date de cessation des paiements, la sûreté s'avère avoir été prise pendant la période suspecte en garantie d'une dette contractée antérieurement.

235. Cass. com., 21 sept. 2010 n° 08-21030 ; v. égal. pour un arrêt écartant la prescription commerciale : Cass. com., 30 mars 2010, n° 08-17556, *D.* 2010, Actu. 1017, obs. A. Lienhard ; *RTD com.* 2010.433, obs. J.-L. Vallens : « *Mais attendu que les actions en nullité des actes visés par les articles L. 621-107 et L. 621-108 du Code de commerce, dans leur rédaction antérieure à la loi du 26 juill. 2005 de sauvegarde des entreprises, ne relèvent pas de la prescription décennale édictée par l'article L. 110-4 du Code de commerce, laquelle est seulement applicable aux obligations nées à l'occasion de leur commerce entre commerçants ou entre non-commerçants ou aux actions qu'il énumère de manière limitative* ».

236. C. com., art. L. 624-9 et s. (sauvegarde et sauvegarde financière accélérée) ; art. L. 631-18 (redressement judiciaire) ; art. L. 641-14 (liquidation judiciaire).

237. V. cependant l'article critique de W. Dross, « La revendication dans les procédures collectives : une imposture ? », *Dr. et patr.* 2011, p. 200. L'auteur analyse l'action en revendication et en restitution non comme une action réelle mais comme une action personnelle en paiement.

238. Cass. com., 4 févr. 2003, *Act. proc. coll.* 2003-10, n° 128, obs. C. Regnaut-Moutier ; *JCP* E, 2003-39, 1363, note D. Robine ; *D.* 2003, p. 1230, obs. A. Lienhard ; *RTD com.* 2003-3, p. 572, obs. A. Martin-Serf.

cause ou le titre juridique fondant sa propriété »[239]. Cela peut concerner notamment le prêt à usage[240], le contrat d'entreprise[241], et d'une manière générale les contrats qui réservent au fournisseur du bien la propriété de celui-ci jusqu'à complet paiement du prix[242]. En effet les clauses de réserve de propriété peuvent être intégrées dans tout type de contrat quelle que soit sa nature juridique[243]. Peuvent aussi être revendiqués « *les biens meubles remis à titre précaire au débiteur* ». *De même peuvent l'être* « *les biens transférés dans un patrimoine fiduciaire dont le débiteur conserve l'usage ou la jouissance en qualité de constituant* »[244].

A. Domaine de la revendication

1°/ Revendication du bien

496. – Biens meubles. – Le régime spécial de revendication prévu par le Code de commerce concerne les biens meubles ainsi que le confirme le titre de la section III du chapitre IV du Titre II du Livre VI du Code de commerce : « Des droits du vendeur de meubles, des revendications et des restitutions ». Les meubles concernés peuvent être de nature corporelle ou incorporelle[245]. La revendication peut porter sur un effet de commerce ou un titre payé si celui-cise trouve « *dans le portefeuille du débiteur* » au jour du jugement d'ouverture[246]. Dans ce cas l'effet ou le titre doivent avoir été remis par le propriétaire pour être recouvrés ou pour être spécialement affectés à des paiements déterminés. En revanche la revendication ne peut en principe concerner une somme d'argent[247]. L'admettre reviendrait en effet à déroger à l'interdiction des paiements des créances antérieures ou des créances postérieures non privilégiées. Ainsi, dès lors que s'ouvre une procédure collective, la restitution de fonds ne peut être demandée par le créancier antérieur que par la voie de la déclaration de créance. Par exception, le propriétaire peut revendiquer la somme d'argent versée après le jugement d'ouverture par le tiers ayant acquis auprès du débiteur le bien revendiqué[248].

497. – Un meuble en nature. – Pour pourvoir être revendiqué, le bien doit se retrouver en nature entre les mains du débiteur[249], c'est-à-dire selon la Cour de cassation, « *dans le patrimoine de la personne morale débitrice, qu'elle le détienne dans ses locaux ou qu'il soit détenu par son*

239. Cass. com., 28 janv. 1997, *Dr. sociétés* 1997, n° 46, obs. Y. Chaput.
240. Cass. req., 16 nov. 1925, *DH* 1925, p. 666.
241. Cass. com., 13 juill. 1955, *Bull. civ.* III, n° 263.
242. C. civ., art. 2367 et art. L. 624-16.
243. V. C. civ., art. 2367 ; Cass. com., 19 nov. 2003, n° 01-01137, *D.* 2004, AJ, p. 3049, obs. A. Lienhard ; *RD bancaire et fin.* 2004, n° 70, obs. D. Legeais ; *Act. proc. coll.*, obs. C. Alleaume ; *JCP* E 2004, p. 801, note A. et F.-X. Lucas ; *LPA*, 19 févr. 2004, note H. Lécuyer, « *l'action en revendication des biens dont la propriété est réservée en application d'une clause contractuelle peut être exercée quelle que soit la nature juridique du contrat dans lequel elle figure* ».
244. C. com., art. L. 624-16, al. 1er.
245. C. com., art. L. 624-15. Cass. com., 21 nov. 1995, *JCP* E 1996, I, 554, obs. M. Cabrillac ; *D.* 1996, 211, note C. Regnaut-Moutier ; *D.* 1996, somm. 214, obs. F. Pérochon (revendication d'un fonds de commerce) ; Cass. com., 22 oct. 1996, *JCP* E 1996, I, 623, n° 6, obs. M. Cabrillac ; *D. aff.* 1996, p. 1324 (brevet d'invention).
246. C. com., art. L. 624-15.
247. Cass. com., 22 mai 2013, n° 11-23961, n° 520 P + B, Dict. perm. Act. 31 mai 2013, note Ph. Roussel Galle ; Cass. com., 4 févr. 2003, *Act. proc. coll.* 2003-10, n° 128, obs. C. Regnaut-Moutier ; *JCP* E 2003-39, 1363, note D. Robine ; *D.* 2003, p. 1230, obs. A. Lienhard ; *RTD com.* 2003-3, p. 572, obs. A. Martin-Serf. V. D.-R. Martin, « De la revendication des sommes d'argent », *D.* 2002, p. 3279 ; cpr. pour le séquestre de somme d'argent : Cass. com., 6 juin 2000, *Act. proc. coll.*200-16, n° 206, obs. C. Regnaut-Moutier.
248. C. com., art. R. 624-16.
249. C. com., art. L. 624-16.

représentant légal dans d'autres lieux »[250]. La condition est expressément exigée pour la revendication des biens meubles remis à titre précaire au débiteur ou ceux transférés dans un patrimoine fiduciaire dont le débiteur conserve l'usage ou la jouissance en qualité de constituant. Elle l'est aussi pour la revendication des biens vendus sous réserve de propriété, pour les biens meubles incorporés dans un autre bien, pour les biens fongibles. En réalité l'exigence s'applique à toute revendication de biens meubles[251]. La condition s'apprécie au jour du jugement d'ouverture. En principe l'inventaire doit permettre de déterminer si le bien se retrouve en nature à l'ouverture de la procédure collective. Encore faut-il que cet inventaire ait été dressé. À défaut, la charge de prouver que les biens revendiqués, restés en la possession du débiteur lors du redressement judiciaire et de l'exécution du plan de continuation, n'existaient plus en nature au jour du prononcé de la liquidation judiciaire, incombe au liquidateur, représentant la société débitrice[252].

498. – Meuble incorporé dans un autre bien. – Afin de faciliter la revendication, l'article L. 624-16, alinéa 2 du Code de commerce admet que la revendication peut s'exercer sur un bien meuble incorporé dans un autre bien mobilier, « *lorsque la séparation de ces biens peut être effectuée sans qu'ils en subissent un dommage* »[253].

499. – Choses fongibles[254]**.** – La revendication en nature peut également s'exercer sur des biens fongibles, lorsque des biens « *de même nature et de même qualité se trouvent entre les mains du débiteur ou de toute personne les détenant pour son compte* »[255]. Le créancier revendiquant doit alors rapporter la preuve que des biens de même espèce et de même qualité que ceux qu'il a vendus au débiteur se trouvent entre les mains de celui-ci. Une fois établi que les biens se trouvent en nature et qu'ils sont interchangeables, il y a lieu d'autoriser leur revendication sans que le vendeur ait à prouver que ces biens sont effectivement ceux qu'il a livrés et dont le débiteur n'a pas réglé le prix[256]. L'interprétation de la notion de « bien fongible » est laissée à l'appréciation souveraine des juges du fond[257].

2°/ Revendication du prix

500. – La revendication du prix. – La revendication emporte de plein droit demande de restitution du bien. Il se peut toutefois que le bien ait été revendu à un tiers. Si tel est le cas le propriétaire ne peut pas revendiquer la chose chez le tiers acquéreur ou le sous-acquéreur qui lui opposera sa possession de bonne foi en application de l'article 2276, alinéa 1 du Code civil. Pour autant, le revendiquant n'est cependant pas démuni. Il peut en effet exercer contre le débiteur une action en revendication sur le prix de revente du bien si celui-ci n'a pas été payé

250. Cass. com., 10 mai 2012, *Bull. civ.* IV, n° 95 ; *D.* 2012. Chron. C. cass. 2553, obs. Guillou ; *ibid.* Actu. 1326, obs. Lienhard ; *RTD com.* 2013. 143, obs. Martin-Serf ; *JCP E* 2012. 1508, n° 6, obs. Pétel ; *LEDEN* juin 2012, p. 2, obs. Borga ; *Bull. Joly Entrep. diff.* 2012. 216.

251. En ce sens, P. Pétel, *op. cit.*, p. 170, n° 342.

252. Cass. com., 1er déc. 2009, *Bull. civ.* IV, n° 156 ; *D.* 2010. AJ 12, obs. Lienhard ; *RTD com.* 2010. 424, obs. Martin-Serf ; *JCP* E 2010. 1296, n° 12, obs. Cabrillac ; *LEDEN* janv. 2010, p. 2, obs. Rubellin ; *Gaz. Pal.* 16-17 avr. 2010, p. 42, obs. Pérochon ; *RJDA* 2010, n° 541.

253. C. com., art. L. 624-16, al. 3 ; v. égal. C. civ., art. 2370.

254. Ph. Pétel, « La revendication des choses fongibles », *Mélanges Tricot*, Dalloz-Litec, 2011, p. 571.

255. C. com., art. L. 624-16, al. 2.

256. V. Cass. com., 5 mars 2002, *Act. proc. coll.* 2002-9, n° 115.

257. Cass. com., 5 mars 2002, *JCP* E 2002, 1380, n° 12, obs. M. Cabrillac.

au débiteur par le sous-acquéreur [258]. Il s'agit d'un mécanisme de subrogation réelle, la créance de prix de revente due à l'acheteur revendeur se substituant au bien vendu [259]. Le droit de revendication du propriétaire du bien (par exemple, le vendeur initial) est ainsi reporté sur la créance du prix de revente dont est titulaire le débiteur à l'égard du sous-acquéreur. La même solution est applicable à l'indemnité d'assurance subrogée au bien.

501. – À quelles conditions s'exerce l'action en revendication du prix ? – Plusieurs conditions doivent être réunies.

En premier lieu, il est nécessaire, conformément au droit commun (C. civ., art. 2276), que la possession soit de bonne foi et que le bien ait existé en nature au jour de l'ouverture de la procédure collective.

En deuxième lieu, le prix ne doit avoir ni été « *payé, ni réglé en valeur, ni compensé entre le débiteur et le tiers acquéreur à la date du jugement ouvrant la procédure* » [260]. Ainsi l'émission d'un chèque donne à son bénéficiaire un droit irrévocable sur la provision si celle-ci existe. Par suite, la revendication de la créance du prix de revente ne peut avoir lieu lorsque le tiers acquéreur a émis un chèque au profit de l'acheteur revendeur et ce, même lorsque l'encaissement du chèque a eu lieu après l'ouverture de la procédure collective. En revanche il a été jugé à propos de la reprise de véhicules au sous-acquéreur par le débiteur puis revendus par le liquidateur, que « *la dation en paiement ne constitue pas un mode de paiement mettant obstacle à la revendication du vendeur* » [261]. Dans ce cas particulier, le liquidateur a donc été condamné à payer au vendeur initial le somme correspondant au prix de vente des véhicules repris au sous-acquéreur. Si l'action en revendication du prix ne peut en principe aboutir si le prix a été payé à l'acquéreur au jour de l'ouverture de la procédure collective, il n'en est en revanche pas de même lorsque le paiement intervient après l'ouverture de la procédure. Dans ce cas en effet, « *les sommes correspondantes payées par le sous-acquéreur postérieurement à l'ouverture de la procédure doivent être versées par le débiteur ou l'administrateur entre les mains du mandataire judiciaire. Celui-ci les remet au créancier revendiquant à concurrence de sa créance* » [262]. Si la somme concernée a été réservée, cela ne soulève pas de difficulté. En revanche si la somme n'a pas été affectée au paiement du revendiquant mais utilisée à d'autres fins, on peut penser que le revendiquant peut toujours faire valoir son droit exclusif sur une certaine somme d'argent émanant du patrimoine du débiteur.

En troisième lieu, si le sous-acquéreur peut opposer au revendiquant le paiement acquis au jour du jugement d'ouverture il ne peut en revanche se prévaloir des exceptions personnelles qu'il aurait pu lui-même opposer au débiteur comme par exemple, la non-conformité des marchandises. En effet pour la Cour de cassation, « *lorsque l'acquéreur d'un bien vendu avec réserve de propriété le revend sans avoir payé l'intégralité du prix, la revente opère, par l'effet de la subrogation réelle, transport*

258. V. C. com., art. L. 624-18 ; F. Pérochon, « La revendication du prix de revente », *D. aff.* 1996, n° 44, p. 1402 ; C. Souweine, « Revendication du prix de revente par le bénéficiaire d'une clause de réserve de propriété : à la recherche d'une cohérence en droit des entreprises en difficulté », *D.* 2011, p. 2617.

259. Si l'acquéreur revendeur cède sa créance du prix de revente avant que le sous-acquéreur ne soit en possession réelle du bien vendu sous réserve de propriété, le vendeur initial ne peut revendiquer le prix de revente au sous-acquéreur en l'absence de subrogation réelle : Cass. com., 14 déc. 2010 : *D.* 2011, Actu. 8, obs. Lienhard ; *RTD civ.* 2011. 155, obs. Crocq ; *JCP* E 2011. 1263, n° 9, obs. Pétel ; *Gaz. Pal.* 1er-2 avr. 2011, p. 35, obs. Pérochon ; *LEDEN* févr. 2011, p. 3, obs. Rubellin ; *Act. proc. coll.* 2011, n° 45, obs. Saintourens ; *RJDA* 2011, n° 338 ; *Dr. et procéd.* mai 2011. chron., n° 9, obs. Reille.

260. C. com., art. L. 624-18.

261. Cass. com., 14 mai 2008, *Gaz. Pal.* 29 juill. 2008, p. 62, obs. F. Pérochon ; *RTD civ.* 2008, p. 520, note P. Crocq.

262. C. com., art. R. 624-16.

dans le patrimoine du vendeur initial du prix ou de la partie du prix impayé par le sous-acquéreur au jour de l'ouverture de la procédure collective du débiteur, sans que le sous-acquéreur puisse opposer au vendeur initial les exceptions qu'il pourrait faire valoir contre son propre vendeur »[263].

Enfin, et en dernier lieu, se pose la question du sort de l'action en revendication du prix lorsque le sous-acquéreur fait l'objet d'une procédure collective. Dans ce cas, il a été jugé que l'action en revendication du prix étant une action personnelle et non une action réelle, la procédure collective du sous-acquéreur, du fait de l'arrêt des poursuites individuelles, empêche par conséquent le paiement du revendiquant[264].

502. – Mobilisation de la créance et revendication du prix. – La revendication reste-t-elle possible en cas de conflit entre le créancier revendiquant et le cessionnaire de créance ou l'affactureur suite à la mobilisation de la créance de prix de revente par le débiteur revendeur ? C'est le cas où, ayant payé le débiteur, le cessionnaire de la créance se trouve subrogé dans le droit au paiement de l'acheteur revendeur sur les sommes dues par le sous-acquéreur. Deux hypothèses sont à distinguer :

– si au jour du jugement d'ouverture, le cessionnaire n'a pas été payé par le sous-acquéreur et le débiteur l'a été par le cessionnaire, la revendication est alors possible. En effet, la revendication s'exerce sur le prix qui se trouve subrogé aux biens revendiqués, de sorte que le droit acquis par le cessionnaire sur la créance ne peut faire échec à la revendication[265]. Cette solution résulte du fait que le cessionnaire de la créance ne peut avoir acquis plus de droits que le cédant (*Nemo plus juris ad allium transfere potest quam ipse habet*) ;

– en revanche si au jour de l'ouverture de la procédure, le prix de revente des biens a été payé par le sous-acquéreur entre les mains du cessionnaire il n'y a pas dans ce cas de revendication possible.

B. Modalités de la revendication

1°/ Action en revendication

503. – Action en revendication. – La revendication est une action en justice qui permet au propriétaire d'un meuble détenu par le débiteur en sauvegarde d'établir son droit de propriété. Cette action ne doit être confondue ni avec la saisie-revendication ni avec l'action en

263. Non-conformité des marchandises : Cass. com., 18 janv. 2011, *D.* 2011, Actu. 368, obs. Lienhard ; *Gaz. Pal.* 1er-2 avr. 2011, p. 36, obs. Pérochon. Inopposabilité de l'exception d'inexécution : Cass. com., 5 juin 2007, *Bull. civ.* IV, n° 152 ; *D.* 2007. AJ 1729, obs. Lienhard ; *Act. proc. coll.* 2007, n° 153, obs. le Corre-Broly ; *Gaz. Pal.* 20-21 juill. 2007, p. 54, obs. Pérochon ; *Rev. proc. coll.* 2007. 224, obs. Monsèrié-Bon ; *JCP* E 2008.1207, n° 11, obs. Cabrillac et Pétel ; *RTD com.* 2008. 622, obs. Martin-Serf.

264. « *Viole les art. L. 622-7, L. 622-21, L. 624-18, L. 631-14 et L. 631-18 C. com. dans leur rédaction issue de la loi du 26 juill. 2005 la cour d'appel qui accueille la demande en paiement du prix impayé formée par le vendeur initial à l'encontre du sous-acquéreur en liquidation judiciaire, alors que l'action tendait au paiement d'une créance antérieure au jugement d'ouverture de la procédure collective de ce dernier* » : Cass. com., 6 oct. 2009, *Bull. civ.* IV, n° 122 ; *D.* 2009. chron. C. cass. 2582, obs. Orsini ; *ibid.* AJ 2482, obs. Lienhard ; *D.* 2010, Pan. 1822, obs. F.-X. Lucas ; *RTD com.* 2010. 201, obs. Martin-Serf ; *Gaz. Pal.* 1er-3 nov. 2009, p. 42, obs. Pérochon ; *JCP* E 2009.2144, note Reifegerste ; *ibid.* 2010. 1011, n° 12, obs. Cabrillac ; *JCP* 2009.566, note Dallemagne ; *Act. proc. coll.* 2009, n° 283, obs. Blanc ; *LEDEN* déc. 2009, p. 4, obs. M. Sénéchal ; *RD bancaire et fin.* 2010, n° 14, obs. Legeais.

265. Com. 20 juin 1989, *D.* 1989.431, note Pérochon ; Cass. com., 26 avr. 2000, *D.* 2000.278, obs. Pisoni ; Cass. com., 27 juin 1989, *Bull. civ.* IV, n° 205 (transposition de cette solution au *factor*).

résolution [266] qui tombent sous le coup de l'arrêt des poursuites individuelles [267], ni encore avec l'action en restitution qui vise à obtenir la rétrocession concrète du bien.

a) Délai

504. – Délai de revendication. Règle générale. – La demande en revendication ne peut être exercée que dans le délai de trois mois suivant la publication du jugement ouvrant la procédure [268] ce qui restreint les droits des propriétaires. Ces restrictions aux conditions d'exercice du droit de propriété ne permettent pas de contester la conformité à la constitution des dispositions issues de l'article L. 624-9 qui, selon la Cour de cassation, « *répondent à un motif d'intérêt général et n'ont ni pour objet, ni pour effet d'entraîner la privation du droit de propriété ou d'en dénaturer la portée* » [269].

Le délai de trois mois est un délai préfix qui n'est susceptible ni d'interruption ni de suspension [270]. Pour que son action puisse aboutir, le revendiquant doit donc impérativement saisir la juridiction compétente dans le délai imparti. Pendant ce délai ni le débiteur ni les organes de la procédure ne peuvent, sans commettre une faute préjudiciable au propriétaire [271], réaliser le bien sauf à affecter la somme au paiement de la créance [272].

505. – Délai de revendication. Contrat en cours. – Les biens faisant l'objet d'un contrat en cours doivent être revendiqués dans le délai de trois mois à compter de la publication du jugement d'ouverture. Toutefois, à la différence de la solution classique qui permet au revendiquant d'obtenir restitution de son bien dès la reconnaissance de son droit, la restitution d'un bien faisant l'objet d'un contrat en cours n'intervient qu'au jour de la résiliation ou du terme du contrat [273]. Si le contrat a fait l'objet d'une publication avant le jugement d'ouverture [274], la restitution peut aussi être demandée au jour de la résiliation ou du terme du contrat. La mise en demeure de poursuivre le contrat en cours ne vaut pas action en revendication [275]. Il est possible dans une même demande de mettre en demeure l'administrateur sur la poursuite du contrat tout en revendiquant le bien, mais les deux demandes doivent être bien précisées et clairement distinctes.

b) Procédure

506. – Revendication et déclaration de créance. – Avant la réforme de 2005, la jurisprudence n'exigeait pas du revendiquant qu'il soit tenu de déclarer pour pouvoir exercer une action

266. En revanche un contrat résolu avant le jugement d'ouverture permet à nouveau d'exercer la revendication, C. com., art. L. 624-12.

267. C. com., art. L. 622-21.

268. C. com., art. L. 624-9, al. 1.

269. Cass., QPC, 15 mars 2011, *D.* 2011, Actu. 815, obs. LIENHARD ; *Dr. et procéd.* mai 2011. chron., n° 14, obs. REILLE ; Cass. com., QPC, 21 juin 2011, *D.* 2011. Actu. 1814, obs. LIENHARD ; *Rev. sociétés* 2011. 527, obs. ROUSSEL GALLE ; *RTD com.* 2011. 643, obs. MARTIN-SERF ; *Banque et Droit* juill.-août 2011. 38, obs. JACOB ; Cass. com., QPC, 13 déc. 2011, *D.* 2012. Actu. 88 ; *RTD com.* 2012. 616, obs. MARTIN-SERF ; *RJDA* 2012, n° 521.

270. Cass. com., 13 févr. 1990, *Bull. civ.* IV, n° 41.

271. Cass. com., 22 nov. 2002, *RTD com.* 2003, p. 570, obs. A. MARTIN-SERF ; *JCP* E 2003, II, 10013, note L. HAENNING.

272. Cass. com., 4 janv. 2000, *Act. proc. coll.* 2000-3, comm. P. CROCQ.

273. C. com., art. L. 624-10-1.

274. C. com., art. R. 624-15.

275. Cass. com., 12 mars 2013, *Act. proc. coll.* 2013, Repère 98, note D. VOINOT : cassation d'un arrêt qui ayant admis la restitution du bien à la suite d'une mise en demeure relative au sort du contrat prévoyant que« *la résiliation entraînerait la restitution immédiate du bien loué* », « *alors que la lettre précitée, qui n'invitait pas son destinataire à se prononcer sur le droit de propriété de la bailleresse sur le bien, ne valait pas demande en revendication, la cour d'appel a violé les textes susvisés* ».

en revendication [276]. Toutefois on peut penser que cette déclaration devrait précéder la revendication si elle s'exerce sur le fondement d'une réserve de propriété dès lors que l'on considère celle-ci comme étant une sûreté réelle et donc un accessoire de la créance.

507. – Demande de revendication. Phase amiable. – Sur le plan procédural, la revendication se déroule en deux phases. Il y a d'abord une phase amiable et obligatoire [277]. La demande en revendication est adressée dans le délai de trois mois par lettre recommandée avec avis de réception :

– à l'administrateur ou, à défaut, au débiteur [278] en sauvegarde, en sauvegarde financière accélérée et en redressement judiciaire. Une copie de cette demande doit par ailleurs être transmise au mandataire judiciaire. L'administrateur avec l'accord du débiteur acquiesce à la revendication. En l'absence d'administrateur le texte accorde au débiteur le droit d'acquiescer à la demande en revendication ou en restitution d'un bien mais il doit préalablement obtenir l'accord du mandataire judiciaire [279] ;

– à l'administrateur ou, à défaut au liquidateur en procédure de liquidation judiciaire. C'est donc l'administrateur ou le liquidateur qui acquiesce à la revendication.

Il a été jugé qu'au cours de cette phase amiable la demande en revendication ne s'analyse pas comme une demande en justice [280]. Il n'est donc pas nécessaire de vérifier si la personne à l'origine de la revendication est habilitée à agir en justice.

508. – Demande de revendication. Phase judiciaire. – Si la demande ne donne lieu à aucun acquiescement dans le délai d'un mois à compter de la réception de la demande ou s'il y a refus dans ce même délai s'ouvre alors une phase judiciaire [281]. Dans ce cas le demandeur doit, sous peine de forclusion, saisir le juge-commissaire dans un délai d'un mois à compter de l'expiration du délai ou, le cas échéant, à compter du refus d'acquiescement [282] pour statuer sur ses droits à compter de l'expiration du délai de réponse. Le juge-commissaire a une compétence générale en matière de revendication qui exclut celle du juge des référés [283]. Il peut notamment trancher un litige concernant une action en paiement exercée par le vendeur contre le sous-acquéreur ou le cessionnaire de créances [284].

---

276. Cass. com., 9 janv. 1996, *D.* 1996, p. 184, note F. Derrida ; *JCP* E 1996, I, 554, n° 19, obs. M. Cabrillac ; *JCP* E 1996, I, 571, n° 4, obs. Ph. Simler et Ph. Delebecque.

277. Cass. com., 2 oct. 2001, *Bull. civ.* IV, n° 155 ; *Act. proc. coll.*2001-19, n° 250, comm. F. Pérochon ; *D.* 2001, AJ, p. 3043, obs. A. Lienhard ; *JCP* E 2002, 173, n° 13, obs. M. Cabrillac et P. Pétel ; même solution pour la revendication du prix, Cass. com. 15 mars 2005, *Act. proc. coll.* 2005, comm. 103, obs. C. Regnaut-Moutier.

278. C. com., art. R. 624-13 (sauvegarde) ; R. 631-31 (redressement judiciaire).

279. C. com., art. L. 624-17.

280. Cass. com., 6 mars 2001, *Bull. civ.* IV, n° 50 ; *D.* 2001, AJ. 1099, obs. Lienhard ; *Act. proc. coll.* 2001, n° 91, obs. Vallansan ; *Procédures* 2001, n° 128, obs. Laporte ; *RTD com.* 2001. 524, obs. J.-L. Vallens ; *JCP* E 2001, n° 38, p. 1472, obs. Cabrillac et Pétel.

281. C. com., art. R. 624-13, al. 2.

282. Cass. com., 2 nov. 2005, *Act. proc. coll.*2005-19, n° 242, obs. J. Vallansan. Il en résulte cette situation curieuse dans laquelle un revendiquant qui se précipite pour revendiquer dans le délai de trois peut être forclos alors même que le délai légal de trois mois n'est pas écoulé.

283. Cass. com., 9 juill. 1991, *RJDA* 1991, n° 746.

284. Cass. com., 12 avr. 2005, com. 103, obs. C. Regnaut-Moutier.

2°/ Action en restitution

509. – Demande de restitution. – Si l'action en revendication emporte de plein droit demande en restitution du bien [285], il n'est parfois pas nécessaire de faire une demande en revendication. Il en est ainsi si le droit de propriété a été reconnu avant l'ouverture de la procédure collective. Dans ce cas, l'action en restitution est suspendue par le jugement d'ouverture et elle peut être reprise après une mise en demeure de l'administrateur judiciaire et du mandataire judiciaire ou alors du liquidateur [286]. Il en est ainsi lorsqu'il y a eu publicité du contrat portant sur le bien du propriétaire [287].

510. – Publicité. – Pour se prévaloir de cette règle le propriétaire doit avoir effectué une véritable publicité [288] permettant d'identifier le contractant [289] et ce avant le jugement d'ouverture de la procédure collective. Pour les contrats qui n'ont pas de régime spécial de publicité, le propriétaire du bien fait publier le contrat au registre du commerce et des sociétés, au répertoire des métier ou alors, pour les personnes non immatriculées, sur un registre tenu par le greffe du tribunal de grande instance [290]. Cela concerne par exemple la publication d'une clause de réserve de propriété. Pour les opérations de crédit-bail la publicité se fait selon les règles prévues aux articles R. 313-4 et suivants du Code monétaire et financier [291].

511. – Procédure. – Sur le plan procédural, la restitution est demandée par simple lettre recommandée avec accusé de réception et adressée à l'administrateur ou, à défaut, au débiteur, une copie de cette demande étant adressée au mandataire judiciaire [292]. À défaut d'accord dans un délai d'un mois ou en cas de contestation de ses droits le propriétaire peut saisir le juge-commissaire pour statuer sur la restitution. En l'absence de demande préalable en restitution, le juge-commissaire peut également être saisi à cette même fin par l'administrateur ou par le débiteur.

C. Les effets de l'action en revendication

512. – Restitution du bien ou paiement du prix. – En principe l'action en revendication aboutit à la restitution du bien revendiqué [293] ou alors au versement du prix du par le sous-acquéreur au débiteur revendeur. Le juge-commissaire peut aussi autoriser le paiement du prix soit immédiatement soit à une date ultérieure avec l'accord du créancier [294].

285. C. com., art. R. 624-13, al. 3.
286. C. com., art. L. 622-21 ; Cass. com., 30 juin 2004, *JCP* E, 2005-31, n° 11, obs. M. Cabrillac.
287. C. com., art. L. 624-10.
288. La connaissance du droit de propriété par les organes de la procédure ne suffit pas : Cass. com., 15 févr. 2005, *Bull. civ.* IV, n° 28 ; *Act. proc. coll.* 2005-5, n° 56, obs. J. Vallansan ; sur les modalités de publicités.
289. Si l'identification est inexacte, la publicité sera inopposable : Cass. com., 11 mai 2010, *Bull. civ.* IV, n° 88 ; *D.* 2010, Actu. 1276, obs. Lienhard ; *Rev. sociétés* 2010.409, obs. Roussel-Galle ; *JCP* E, 2010.1742, n° 12, obs. Cabrillac ; *JCP* 2010.791, note Lasserre-Capdeville ; *LEDEN* juill. 2010, p. 5, obs. Legrand ; *Gaz. Pal.* 2-3 juill. 2010, p. 40, obs. le Corre-Broly ; *Act. proc. coll.* 2010, n° 177, obs. Petit ; *RJDA* 2010, n° 983.
290. C. com., art. R. 624-15 et art. R. 621-8.
291. E. le Corre-Broly, « La publicité du contrat de crédit-bail et sa sanction en cas de procédure collective », *JCP* E 1997, I, 621 ; v. C. mon. fin., art. R. 313-3 à R. 313-11.
292. C. com., art. R. 624-14.
293. Sous réserve des règles relatives aux contrats en cours, v. C. com., art. L. 624-10-1.
294. C. com., art. L. 624-16, al. 4.

513. – Disparition du bien. – Si le bien a disparu pour différentes raisons (revente un tiers inconnu, transformation, etc.), le revendiquant ne peut que faire valoir une créance qui, même si elle est postérieure à l'ouverture de la procédure collective, ne sera probablement pas considérée comme une créance privilégiée au sens de l'article L. 622-17, alinéa 1er du Code de commerce. En revanche si le bien a été vendu par un organe de la procédure, le prix de vente devra être affecté au paiement exclusif du créancier [295].

514. – Valeur du bien restitué. – Lorsque la restitution a lieu elle éteint la créance à concurrence de la valeur des biens restitués. Si cette valeur ne couvre pas la totalité des dettes, le vendeur doit déclarer sa créance résiduelle. Si à l'inverse cette valeur excède le solde du prix resté dû lors de l'exercice de l'action, il doit restituer à l'acheteur la somme reçue en excédent [296]. L'hypothèse peut se présenter en présence d'acomptes versés par l'acquéreur. La solution est aujourd'hui reprise dans le Code civil, l'article 1371, alinéa 3 précisant à propos de la propriété réservée : « *lorsque la valeur du bien repris excède le montant de la dette garantie encore exigible, le créancier doit au débiteur une somme égale à la différence* ».

II. La revendication du vendeur de meubles impayé

515. – Distinction. – En application du droit commun le vendeur dispose de plusieurs possibilités pour se garantir en cas d'impayé. Ainsi, à défaut de paiement, le vendeur de meubles jouit d'un droit de rétention dans la vente au comptant [297] et d'une action en résolution de la vente pour inexécution [298]. En outre l'article 2332, 4° du Code civil lui reconnaît un privilège sur le prix des meubles vendus. Un droit de suite lui est également attribué au cas de revente de la chose vendue lorsque celle-ci n'a pas encore été livrée au sous-acquéreur. Mais l'article L. 624-11 du Code de commerce impose certaines limitations à l'exercice de ces droits ce qui en limite l'efficacité. Il convient de distinguer le cas où le vendeur est encore en possession du bien et le cas où il n'est plus en possession du bien.

A. Vendeur en possession du bien

516. – Droit de rétention du vendeur. – Lorsque le vendeur n'est pas encore dessaisi, il peut exercer un droit de rétention sur les marchandises [299]. Le juge-commissaire peut autoriser le paiement afin de permettre selon les procédures au débiteur, à l'administrateur ou au liquidateur de retirer la chose « *légitimement retenue* » [300].

517. – Marchandises transportées. – Les marchandises expédiées au débiteur et qui n'ont encore été remises ni à lui ni à son commissionnaire peuvent être revendiquées par le créancier [301]. Il s'agit donc des marchandises en cours d'expédition. Toutefois si, avant leur arrivée

295. Cass. com., 22 nov. 2002, *RTD com.* 2003, p. 570, obs. A. Martin-Serf.
296. Cass. com., 5 mars 1996 *RJDA* 12/96, p. 1077.
297. C. civ., art. 1612.
298. C. civ., art. 1184.
299. C. com., art. L. 624-14.
300. C. com., art. L. 622-7, II.
301. C. com., art. L. 624-13.

à destination, les marchandises ont été revendues sans fraude « *sur factures ou titres de transport réguliers* » alors la revendication n'est pas possible. De même encore, l'administrateur (ou le débiteur) peut, en application des dispositions relatives à la poursuite des contrats en cours, faire obstacle à la revendication en exigeant la livraison des marchandises moyennant paiement du prix convenu.

B. Vendeur sans possession du bien

518. – Conséquences. – Lorsque le vendeur s'est dessaisi de la chose au profit du débiteur ou d'un mandataire ou commissionnaire de celui-ci avant l'ouverture de la procédure, le jugement d'ouverture emporte alors des conséquences importantes. En règle générale, le vendeur perd le droit de revendication qui lui serait accordé par le droit civil dans les huit jours de la livraison et il perd également son privilège spécial sur la chose vendue ainsi que son droit de résolution pour défaut de paiement du prix. Il est donc réduit à la situation d'un créancier chirographaire, à moins qu'il n'ait entrepris d'obtenir la résolution de la vente avant le jugement déclaratif ou alors s'il peut se prévaloir d'une clause de réserve de propriété.

1°/ Résolution de la vente

519. – Conditions d'efficacité. – Lorsque la vente a été résolue [302] judiciairement avant le jugement prononçant le redressement judiciaire, la protection du vendeur est alors assurée. Il en est de même lorsque joue une condition résolutoire acquise lorsque le vendeur a manifesté avant le jugement déclaratif sa volonté formelle de se prévaloir de la clause résolutoire [303]. Après le jugement d'ouverture, la revendication est possible lorsque l'action a été intentée avant ce jugement pour une cause autre que le défaut de paiement du prix. C'est là une hypothèse qui échappe à l'arrêt des poursuites individuelles [304].

2°/ Réserve de propriété

520. – Principe. – Si l'article 1583 du Code civil pose le principe du transfert immédiat de propriété par l'accord des parties sur la chose et sur le prix, il ne faut pas perdre de vue que cette disposition est de nature supplétive. Ainsi lorsqu'une marchandise est vendue à crédit il est donc très fréquent que le vendeur stipule une clause de réserve de propriété qui lui permet de conserver la propriété du bien vendu jusqu'à complet paiement du prix. L'article 2367 du Code civil précise dans son premier alinéa que « *la propriété d'un bien peut être retenue en garantie par l'effet d'une clause de réserve de propriété qui suspend l'effet translatif d'un contrat jusqu'à complet paiement de l'obligation qui en constitue la contrepartie* ». Si le vendeur n'est pas payé il peut alors revendiquer le bien sous réserve de respecter les conditions du Code de commerce.

302. C. com., art. L. 624-12.
303. V. Cass. com., 18 juin 1979, *Bull. civ.* IV, n° 203 ; *Rev. Banque* 1979, p. 1370, note L.-M. Martin.
304. V. C. com., art. L. 622-21.

521. – L'exigence d'un écrit. – Les parties doivent avoir stipulé la clause dans un écrit [305] élaboré au plus tard au moment de la livraison. Cette condition n'est cependant pas interprétée strictement par les tribunaux et n'implique pas nécessairement une convention spéciale signée par les deux parties. La clause peut donc être valablement insérée parmi les conditions générales de vente, dans des documents que les contractants sont amenés à échanger dans le cadre de leurs relations d'affaires, à la condition toutefois que l'acceptation de l'acheteur soit établie. Ainsi la clause peut valablement figurer dans un bon de livraison ou sur des factures accompagnant la marchandise vendue. Elle peut même, précise le Code de commerce, figurer « *dans un écrit régissant un ensemble d'opérations commerciales convenues entre les parties* » [306]. La clause de réserve de propriété peut donc être intégrée dans un contrat-cadre régissant un ensemble d'opérations futures [307].

522. – Acceptation de l'acheteur. – La loi exige un écrit convenu entre les parties [308], ce qui suppose une acceptation. Cette acceptation peut figurer sur tout document émanant de l'acheteur ou résulter de la signature par celui-ci d'un document du vendeur comportant la clause. Mais l'acceptation n'est pas nécessairement écrite [309]. Ainsi, lorsque la clause a été stipulée dans un écrit établi par le vendeur et adressé à l'acheteur au moment de la livraison, cette acceptation peut résulter de l'exécution par ce dernier du contrat en connaissance de cause. L'acceptation de la clause par l'acheteur peut aussi être tacite dès lors qu'elle est dénuée de toute équivoque [310]. Elle peut aussi, selon la Cour de cassation,« *être déduite de l'existence de relations d'affaires et de la réception par le débiteur, dans le courant de ces relations, de factures antérieures comportant la clause litigieuse, sans protestation de sa part* » [311]. Les modalités d'acceptation de l'acquéreur sont soumises à l'appréciation souveraine des juges du fond. Ceux-ci doivent rechercher s'il existe un écrit accepté au plus tard au moment de la livraison et préciser les modalités d'acception pour permettre un contrôle de la Cour de cassation.

523. – Contradiction entre les conditions générales d'achat et de vente. – Il arrive parfois qu'une opposition se présente entre les conditions générales de vente prévoyant une clause de réserve et les conditions générales d'achat l'excluant. Ce problème a d'abord suscité une évolution jurisprudentielle assez favorable à l'acheteur, avant que le législateur, motivé par des objectifs de politique de concurrence, ne contre cette évolution. Il l'a fait par la loi n° 96-588 du 1er juillet 1996 en donnant force obligatoire à la clause de réserve de propriété

305. C. com., art. L. 624-16, al. 2 ; v. égal. C. civ., art. 2368.

306. C. com., art. L. 624-16, al. 2.

307. Comme par exemple les conventions fixant les bases de la négociation commerciale, C. com., art. L. 441-7.

308. Si le bien était déjà en possession de l'acheteur à un autre titre, la clause de réserve de propriété affectant ce bien doit, pour être opposable aux tiers, avoir été convenue dans le contrat de vente : Cass. com., 3 juill. 2012, *Bull. civ.* IV, n° 147 ; *D.* 2012. Chron. C. cass. 2553, obs. Guillou ; *ibid.* Actu. 1815, obs. Lienhard ; *RTD civ.* 2012. 557, obs. Crocq ; *RTD com.* 2013. 142, obs. Martin-Serf ; *JCP E* 2012. 1757, n° 16, obs. Pétel ; *Bull. Joly Entrep. diff.* 2012. 291, note Laroche ; *Act. proc. coll.* 2012, n° 212, obs. Petit ; *Gaz. Pal.* 12-13 oct. 2012, p. 31, obs. Pérochon ; *Banque et Droit* sept.-oct. 2012. 58, obs. Netter ; *RJDA* 2012, n° 1096.

309. Cass. com., 17 mars 1998, *JCP* E 1998, n° 20/21, p. 783 ; n° 37, p. 1398, n° 13, obs. P. Pétel.

310. Cass. com., 9 juin 1987, *Bull. civ.* IV, n° 141.

311. Cass. com. 31 janv. 2012, *Bull. civ.* IV, n° 18 ; *D.* 2012. Actu. 432, obs. Lienhard ; *ibid.* Pan. 2200, obs. F.-X. Lucas ; *RTD com.* 2012. 617, obs. Martin-Serf ; *Dict. perm. diff. entrep., Bull.* n° 334, obs. Rémery ; *LEDEN* mars 2012, p. 4, obs. Juillet ; *RJDA* 2012, n° 423 ; *Act. proc. coll.* 2012, n° 75, obs. Thiberge ; *Gaz. Pal.* 27-28 avr. 2012, p. 35, obs. Pérochon ; *Bull. Joly Entrep. diff.* 2012. 158, note Laroche ; *LPA* 15 juin 2012, p. 16, obs. Reille ; *RJ com.* sept.-oct. 2012. 47, note Sortais.

même en cas de désaccord entre les parties du fait de la contradiction entre leurs conditions générales respectives. Cette disposition fort critiquable [312] au regard des principes du droit commun, mais aussi par le déséquilibre qu'elle provoquait au sein des procédures collectives, a finalement été abrogée par l'ordonnance n° 2006-346 du 23 mars 2006 réformant les sûretés [313]. On en revient donc à la solution du droit commun, en particulier à celle qu'avait posé la jurisprudence antérieure, qui avait décidé que la clause par laquelle l'acheteur refuse toute réserve de propriété s'impose au vendeur du seul fait qu'elle a été portée à sa connaissance. Il n'est donc pas nécessaire que le vendeur ait accepté ce refus pour que celui-ci soit efficace. Dorénavant le vendeur, qui a connaissance du refus de l'acheteur de toute réserve de propriété, ne peut invoquer le bénéfice de la clause de réserve de propriété qu'il a de son côté adressé à l'acheteur dans ses propres conditions générales qu'en démontrant que ce dernier a renoncé à ce refus avant la livraison.

524. – La revendication par un tiers. – La propriété réservée est un accessoire de la créance. Tel est le principe posé par l'article 2367 du Code civil, une solution qui avait été retenue préalablement à l'adoption de ce texte par la jurisprudence en droit des procédures collectives ce qui permettrait de la transmettre à un tiers [314]. Mais la réserve de propriété ne peut pas garantir autre chose que la créance du paiement du prix de vente et ne peut être élargie à d'autres dettes comme en droit allemand. Elle est comme le précise le Code civil, « *l'accessoire de la créance dont elle garantit le paiement* ». Avant la réforme de 2005, la Cour de cassation n'avait pas tiré toutes les conséquences du caractère accessoire de la propriété réservée. Elle admettait la transmission de la clause de réserve de propriété alors même que le créancier cédant n'avait pas déclaré sa créance à la procédure collective. Ainsi une créance éteinte ne remettait pas en cause la transmission de la clause [315]. Dans le régime actuel l'absence de déclaration n'entraîne pas l'extinction de la créance mais demeure posée la question de l'efficacité de la clause en cas de carence du propriétaire.

525. – La propriété réservée est une sûreté. – C'est en effet la qualification retenue par la jurisprudence [316] et le Code civil intègre dans son livre IV consacré aux sûretés la propriété réservée [317]. La conséquence de cette qualification devrait être l'inopposabilité de la forclusion aux créanciers titulaires d'une sûreté ayant fait l'objet d'une publication lorsqu'ils n'ont pas été avisés personnellement par le représentant des créanciers de ce qu'ils devaient déclarer leur créance [318].

---

312. V. D. Voinot, « Le refus par l'acheteur de la clause de réserve de propriété en droit procédures collectives », *D.* 1997, p. 312.

313. V. les réactions en faveur de la suppression, P. Crocq, « La réserve de propriété », *JCP* G 2006, suppl. au n° 20, p. 23, n° 18 ; *contra* R. Dammann, « La réforme des sûretés mobilières : une occasion manquée », *D.* 2006, p. 1298, spéc. n° 12.

314. Cass. com., 15 mars 1988, *RTD civ.* 1988, p. 791, obs. M. Bandrac ; v. M. Cabrillac, « Les accessoires de la créance », *Études Weill*, Dalloz-Litec, 1983, p. 107 et s.

315. Cass. com., 9 janv. 1996, *JCP* 1996, 1, 3935, n° 19, obs. M. Cabrillac.

316. V. not. en ce sens, Cass. com., 23 janv. 2001, *JCP* G 2001, I, n° 321, spéc. n° 13, obs. M. Cabrillac ; *D.* 2001, p. 702, obs. A. Lienhard ; *RTD civ.* 2001, p. 399, obs. P. Crocq ; *RTD com.* 2001, p. 518, obs. A. Martin-Serf ; *Act. proc. coll.*, 2001/4, note C. Regnaut-Moutier.

317. C. civ., art. 2367 et s. ; v. D. Robine, « Aperçu de la réforme du droit des sûretés par l'ordonnance n° 2006-346 du 23 mars 2006 », *Bull. Joly sociétés* 2006, n° 7, p. 879, spéc. n° 5.

318. V. C. com., art. L. 622-26.

III. L'action en reprise d'un bien

A. L'action en reprise du conjoint

526. – Droit du conjoint sur ses biens personnels [319]. –Le conjoint du débiteur en sauvegarde est logiquement titulaire d'un droit de reprise sur les biens qui lui sont propres. Pour pouvoir exercer ce droit, il doit établir la consistance de ses biens personnels conformément aux règles des régimes matrimoniaux [320] mais aussi selon les règles propres au droit des procédures collectives.

527. – Délai [321]. – Le régime de la reprise est celui du régime général de revendication des meubles. Il en résulte que le conjoint peut revendiquer un immeuble en respectant les conventions et les règles du droit commun. Il peut ensuite revendiquer des meubles dans un délai de trois mois suivant la publication du jugement d'ouverture de la procédure collective. Un régime différent est là encore prévu pour les biens qui font l'objet d'un contrat en cours à l'ouverture de la procédure. Dans ce cas, le délai court à partir de la résiliation ou du terme du contrat. C'est au conjoint revendiquant de faire la preuve de la propriété soit par tous moyens dans un régime de séparation de biens [322] soit en principe par un écrit préconstitué dans un régime de communauté [323]. La reprise ne remet pas en cause les sûretés et dettes dont sont grevés les biens revendiqués [324].

528. – Réintégration des biens dans la procédure. – Le débiteur et son conjoint peuvent être tentés de financer un bien mobilier ou immobilier personnel au conjoint avec les fonds du débiteur ou de la communauté. Afin de lutter contre cette fraude au droit des créanciers, il était prévu par un article L. 624-6 du Code de commerceque le mandataire judiciaire ou l'administrateur puisse, en prouvant par tous les moyens que les biens acquis par le conjoint du débiteur l'ont été avec des valeurs fournies par celui-ci, demander que les acquisitions ainsi faites soient réunies à l'actif. Ce texte a cependant été abrogé par une décision du Conseil constitutionnel du 20 janvier 2012 [325] en raison de son caractère trop général. À la suite de cette décision, la Cour de cassation a jugé qu'un bien du conjoint financé par le débiteur ne peut être réuni à l'actif en application de l'ancien article L. 621-112 du Code de commerce que proportionnellement au montant des valeurs fournies par le débiteur [326].

319. A. Perrodet, « Le conjoint du débiteur en redressement judiciaire », *RTD com.* 1999-1, p. 1 et s. ; F. Vauvillé, « Droit des procédures collectives et droit patrimonial de la famille », *JCP* N 1993, p. 79.

320. C. com., art. L. 624-5.

321. C. com., art. L. 624-9.

322. V. C. civ., art. 1538.

323. V. C. civ., art. 1402.

324. C. com., art. L. 624-7.

325. Cons. const., 20 janv. 2012, n° 2011-212 QPC, *D.* 2012. Pan. 2199, obs. *F.-X. Lucas* ; *RTD com.* 2012. 198, obs. Martin-Serf ; *Rev. sociétés* 2012. 192, obs. Roussel Galle ; *JCP E* 2012.1194, note Lebel ; *ibid.* 1227, n° 6, obs. Pétel ; *LEDEN* mars 2012, p. 3, obs. Rubellin ; *Bull. Joly Entrep. diff.* 2012. 120, concl. Bonhomme et note Becqué-Ickowicz et S. Cabrillac ; *Act. proc. coll.* 2012, n° 38, obs. V. Legrand ; *Gaz. Pal.* 27-28 avr. 2012, p. 41, obs. Antonini-Cochin ; *RJDA* 2012, n° 516.

326. Cass. com.,11 avr. 2012, *Bull. civ.* IV, n° 81 ; *D.* 2012. Actu. 1122, obs. Lienhard *JCP E* 2012.1508, n° 3, obs. Pétel ; *LEDEN* mai 2012, p. 4, obs. Rubellin ; *RJDA* 2012, n° 605 ; *Act. proc. coll.* 2012, n° 148, obs. Leprovaux ; *Bull. Joly Entrep. diff.* 2012. 250, note Becqué-Ickowicz ; *Dr. et proc.* 2012, n° 10, suppl., p. 16, obs. Reille ; v. aussi, M. Sénéchal, « Portée de l'inconstitutionnalité de l'article L. 624-6 du Code de commerce », *D.* 2012. 373.

529. – Impossibilité de se prévaloir des avantages matrimoniaux [327]. – Le conjoint peut en principe se prévaloir des avantages matrimoniaux qui lui ont été accordés. Cette règle souffre d'une importante exception si, lors de son mariage, dans l'année de celui-ci ou l'année suivante, le conjoint du débiteur était agriculteur ou exerçait une activité commerciale, artisanale ou toute autre activité professionnelle indépendante. Lorsque tel est le cas, le conjoint ne peut pendant la procédure collective exercer aucune action liée aux avantages accordés par l'un des époux à l'autre dans le contrat de mariage ou pendant le mariage. Il en est de même pour les créanciers qui ne peuvent se prévaloir des avantages faits par l'un des époux à l'autre. Cette règle contraignante pour le conjoint est discutable dans la mesure où elle est discriminatoire par rapport à d'autres situations de couple (concubin, Pacs) [328].

530. – Vente des biens communs ou indivis et protection du conjoint. – La vente de bien commun ou de biens indivis affecte les droits du conjoint. C'est pourquoi il est prévu dans toutes les procédures collectives [329] des mesures de protection du conjoint. Avant toute décision autorisant la vente d'un bien de la communauté ou d'un bien indivis le conjoint doit être entendu ou dûment convoqué.

531. – Régime similaire dans toutes les procédures collectives. – Les revendications sur le patrimoine du débiteur sont soumises à un régime identique dans la procédure de sauvegarde, de redressement et de liquidation judiciaire de même que les droits du conjoint. Toutefois en matière de liquidation judiciaire, on doit tirer les conséquences du dessaisissement total du débiteur. Ainsi, c'est le liquidateur qui exerce les fonctions dévolues par ces dispositions au mandataire judiciaire. Lorsqu'il n'a pas été désigné d'administrateur, le liquidateur exerce également les fonctions dévolues à l'administrateur [330].

532. – Absence de demande de restitution du bien en liquidation judiciaire. – Le bien qui ne fait pas l'objet d'une demande en restitution peut être vendu selon les règles de la liquidation judiciaire à l'expiration d'un délai d'un mois après l'envoi d'une mise en demeure au propriétaire. Cette mise en demeure, qui peut être envoyée dès l'ouverture de la procédure, est adressée par le liquidateur au dernier domicile connu du propriétaire par lettre recommandée avec demande d'avis de réception. Lorsque le bien a été vendu, le prix de vente est alors consigné par le liquidateur à la Caisse des dépôts et consignations et, sous déduction des frais, est tenu à la disposition du créancier, qui en est averti par le liquidateur par lettre recommandée avec demande d'avis de réception. Après clôture de la procédure, le montant ainsi consigné est restitué au créancier ou à ses ayants droit par la Caisse des dépôts et consignations sur ordonnance du président [331].

327. C. com., art. L. 624-8.

328. C. Saint-Alary-Houin, « Ne tirez plus sur le conjoint, Pour une abrogation de l'article L. 624-8 du Code de commerce… voire plus », *Bull. Joly Entrep. diff.* 2012. 269.

329. C. com., art. R. 624-12 (sauvegarde), art. R. 631-30 (redressement judiciaire avec une légère différence rédactionnelle mais sans incidence), art. R. 641-30 (liquidation judiciaire).

330. C. com., art. R. 641-31.

331. C. com., art. R. 641-32.

B. Le droit de reprise de l'EIRL

533. – Le droit de reprise de l'EIRL. – La procédure collective frappant l'activité d'un entrepreneur individuel à responsabilité limitée empêche-t-elle ce dernier de récupérer les biens dont il est propriétaire et dont il souhaiterait une affectation différente ? À cette question l'ordonnance n° 2010-1512 du 9 décembre 2010 a répondu en créant un nouvel article L. 624-19 qui offre à l'entrepreneur individuel à responsabilité une action en reprise d'un bien affecté. Ce dernier doit d'abord établir, dans un délai de trois mois à compter de la publication du jugement d'ouverture au *Bodacc*, « *la consistance des biens détenus dans le cadre de l'activité à raison de laquelle la procédure a été ouverte qui sont compris dans un autre de ses patrimoines* » avant de faire une demande de reprise du bien.

534. – Procédure. – Dans la sauvegarde, la sauvegarde financière accélérée et le redressement judiciaire, il convient de distinguer selon qu'un administrateur a été ou non désigné [332]. En présence d'un administrateur, ce dernier, avec l'accord du mandataire judiciaire, peut acquiescer à la demande tendant à la reprise du bien. À défaut d'acquiescement ou en l'absence d'administrateur, la demande est alors portée devant le juge-commissaire.

Dans la liquidation judiciaire, l'acquiescement doit émaner de l'administrateur s'il a été désigné avec l'accord du liquidateur. À défaut d'acquiescement ou en l'absence d'administrateur, la demande est également portée devant le juge-commissaire.

N°s 535 à 549 réservés.

332. C. com., art. L. 624-19.

Titre II
L'activité du débiteur en procédures collectives

550. – En principe toutes les procédures collectives doivent permettre à des degrés divers de maintenir l'activité du débiteur. Cela peut être avec le débiteur comme dans le cas des procédures de sauvegarde, sauvegarde financière accélérée et redressement judiciaire, cela peut être aussi sans le débiteur comme dans la liquidation judiciaire. Dans tous les cas cela suppose que pendant le déroulement de la procédure collective, l'activité du débiteur soit poursuivie. Le régime de poursuite de cette activité est distinct selon les procédures. Dans la sauvegarde et le redressement judiciaire il repose sur une période d'observation (Chapitre I) qui n'a pas d'équivalent dans la liquidation judiciaire, procédure dans laquelle l'activité peut cependant être poursuivie (Chapitre II).

CHAPITRE I
La période d'observation en sauvegarde et en redressement judiciaire

---

551. – Afin de parvenir aux buts fixés par la loi, à savoir « *la poursuite de l'activité économique, le maintien de l'emploi et l'apurement du passif* » tant pour la sauvegarde [1] que pour le redressement [2], ces deux procédures reposent avant tout sur un instrument central qu'est le plan [3], plan de sauvegarde ou plan de redressement. Celui-ci va intervenir à la fin d'une période appelée « période d'observation » au cours de laquelle la gestion de l'activité du débiteur est encadrée (Section I) et où sera élaboré un projet de plan de sauvegarde ou de redressement (Section II).

Section I
La gestion de l'activité en période d'observation

552. – Au cours de la période d'observation l'activité se poursuit au moins partiellement. Le tribunal peut en effet, à tout moment de la période d'observation, ordonner la cessation partielle d'activité [4].

§ 1 : La délimitation de la période d'observation

553. – Période d'observation en sauvegarde et redressement judiciaire. – Dans la procédure de sauvegarde et de redressement judiciaire, la réorganisation de l'entreprise ne pouvant être décidée en un trait de temps, s'ouvre alors une période d'observation qui permet d'avoir

---

1. C. com., art. L. 620-1, al. 1er dispose qu'« *il est institué une procédure de sauvegarde ouverte sur demande d'un débiteur mentionné à l'article L. 620-2 qui, sans être en cessation des paiements, justifie de difficultés qu'il n'est pas en mesure de surmonter. Cette procédure est destinée à faciliter la réorganisation de l'entreprise afin de permettre la poursuite de l'activité économique, le maintien de l'emploi et l'apurement du passif* ».

2. C. com., art L. 631-1, al. 2 : « *La procédure de redressement judiciaire est destinée à permettre la poursuite de l'activité de l'entreprise, le maintien de l'emploi et l'apurement du passif [...]* ».

3. C. com., art. L. 620-1, al. 2 : « *La procédure de sauvegarde donne lieu à un plan arrêté par jugement à l'issue d'une période d'observation et, le cas échéant, à la constitution de deux comités de créanciers, conformément aux dispositions des articles L. 626-29 et L. 626-30* » et art L. 631-1, al. 2 C. com. dispose que « *[...] Elle donne lieu à un plan arrêté par jugement à l'issue d'une période d'observation et, le cas échéant, à la constitution de deux comités de créanciers, conformément aux dispositions des articles L. 626-29 et L. 626-30* ».

4. C. com., art. L. 622-10, al. 1 (sauvegarde) ; art. L. 631-15, II ; art. R. 631-24 et R. 631-25 (redressement judiciaire). Le prononcé de la cessation partielle d'activité se fait à la demande du débiteur dans la procédure de sauvegarde. Dans la procédure de redressement judiciaire le tribunal peut se prononcer d'office ou alors à la demande du débiteur, de l'administrateur, du mandataire judiciaire, d'un contrôleur ou du ministère public. Dans ce cas, avant de statuer, le tribunal doit avoir entendu ou dûment appelés le débiteur, l'administrateur, le mandataire judiciaire, les contrôleurs et les représentants du comité d'entreprise ou à défaut, les délégués du personnel. Il doit aussi avoir recueilli l'avis du ministère public.

une meilleure connaissance de l'entreprise. Au cours de cette période l'activité est en principe poursuivie [5] sauf si, les conditions étant réunies, le tribunal convertit la procédure de sauvegarde ou de redressement judiciaire en une procédure de liquidation judiciaire ce qui met fin à la période d'observation [6].

554. – Durée de la période d'observation. – La période d'observation est en principe d'une durée de six mois [7]. Cette durée peut toutefois faire l'objet d'une prorogation décidée par le tribunal qui statue au vu d'un rapport du juge-commissaire et après avis du ministère public et suite aux observations du débiteur, de l'administrateur, du mandataire judiciaire et des contrôleurs [8]. La période d'observation est alors renouvelée par décision motivée à la demande de l'administrateur, du débiteur ou du ministère public. Elle peut ensuite être exceptionnellement prolongée à la demande du procureur de la République par décision motivée du tribunal pour une durée maximale de six mois [9]. Au total la période d'observation peut donc durer dix-huit mois au cours desquels l'entreprise bénéficiera de la protection judiciaire.

555. – Durée de la période d'observation pour les exploitants agricoles. – Une règle spécifique a été posée pour les exploitants agricoles. Pour ces débiteurs en effet « *le tribunal peut proroger la durée de la période d'observation en fonction de l'année culturale en cours et des usages spécifiques aux productions de l'exploitation* » [10].

556. – Période d'observation à étapes dans le redressement judiciaire. – L'originalité du régime de la période d'observation en redressement judiciaire est de distinguer des étapes dans cette période.

La première étape fait suite à l'ouverture de la procédure de redressement judiciaire. – Le tribunal s'est assuré que l'entreprise satisfait aux conditions d'ouverture et en particulier qu'elle est bien en état de cessation des paiements. C'est la période où la procédure se met en place.

La deuxième étape intervient au plus tard deux mois après le jugement d'ouverture. – L'administrateur, ou à défaut le débiteur, doit alors présenter un rapport sur la situation financière de l'entreprise. Après avoir pris connaissance de ce document le tribunal ordonne la poursuite de la période d'observation « *s'il lui apparaît que l'entreprise dispose à cette fin de capacités de financement suffisantes* » [11]. Si en revanche l'entreprise n'a pas cette capacité, il est admis que son redressement est manifestement impossible ce qui doit conduire le tribunal à ouvrir d'office une procédure de liquidation judiciaire.

557. – Incidence sur la période d'observation de la conversion de la procédure de sauvegarde en une procédure de redressement. – Le tribunal a la possibilité de convertir la procédure de sauvegarde en redressement judiciaire dans plusieurs cas :

5. C. com., art. L. 622-9 (sauvegarde) ; L. 631-14 (redressement judiciaire).
n., art. L. 622-11 (sauvegarde) ; L. 631-15 (redressement judiciaire).
m., art. L. 621-3 (sauvegarde) ; L. 631-7 (redressement judiciaire).
m., art. R. 621-9 (sauvegarde) ; R. 631-7 (redressement judiciaire).
m., art. L. 621-3 (sauvegarde) ; L. 631-7 (redressement judiciaire).
com., art. L. 621-3 (sauvegarde) ; L. 631-7 (redressement judiciaire).
com., art. L. 631-15, I.

– d'abord, si les conditions d'ouverture du redressement judiciaire sont réunies, le tribunal peut d'office ou à la demande du débiteur, de l'administrateur, du mandataire judiciaire, du ministère public ou d'office, convertir la procédure de sauvegarde en procédure de redressement judiciaire [12] ;

– ensuite, si l'adoption d'un plan de sauvegarde est manifestement impossible et si la clôture de la procédure conduit, de manière certaine et à bref délai, à la cessation des paiements, le tribunal peut décider de la conversation à la demande du débiteur [13] ;

– enfin, s'il apparaît, après l'ouverture de la procédure, que le débiteur était déjà en cessation des paiements au moment du prononcé du jugement [14]. Dans cette hypothèse, « *le tribunal constate et fixe la date de la cessation des paiements. À défaut de détermination de cette date, la cessation des paiements est réputée être intervenue à la date du jugement « d'ouverture de la procédure* » conformément à l'article L. 631-8 du Code de commerce.

Dans ces trois cas, *le tribunal peut, si nécessaire, modifier la durée de la période d'observation restant à courir.*

558. – Incidence sur la période d'observation de la conversion de la procédure de sauvegarde ou de redressement judiciaire en liquidation judiciaire. – Si les conditions sont réunies, la procédure de sauvegarde ou de redressement judiciaire peut être convertie en une procédure de liquidation judiciaire. Dans ce cas il est mis fin à la période d'observation [15]. Dans l'hypothèse d'une conversion d'un redressement judiciaire en liquidation judiciaire, les juges n'ont pas à constater la cessation des paiements. Ils doivent en revanche constater le redressement manifestement impossible [16].

559. – Incidence des recours sur la période d'observation. – Il résulte de l'article L. 661-9 du Code de commerce qu'en cas « *d'infirmation du jugement imposant de renvoyer l'affaire devant le tribunal, la cour d'appel peut ouvrir une nouvelle période d'observation. Cette période est d'une durée maximale de trois mois* ». Par ailleurs en cas de conversion d'une procédure de sauvegarde ou de redressement judiciaire en liquidation judiciaire au cours de la période d'observation et lorsque l'exécution provisoire est arrêtée, « *la période d'observation est prolongée jusqu'à l'arrêt de la cour d'appel* ».

560. – Dépassement de la période d'observation. Absence de sanctions. – Il a été jugé que « *la loi du 26 juillet 2005 de sauvegarde des entreprises et son décret d'application ne sanctionnent ni le dépassement des délais de la période d'observation ni sa prolongation exceptionnelle en l'absence de demande du procureur de la République* » [17].

561. – Obligation d'information de l'administrateur sur la situation de trésorerie de l'entreprise [18]. – « *À la fin de chaque période d'observation* », le débiteur en sauvegarde ou

12. C. com., art. L. 622-10, al. 4.
13. C. com., art. L. 622-10, al. 4.
14. C. com., art. L. 621-12.
15. C. com., art. L. 622-11 (sauvegarde) ; art. L. 631-15, II (redressement judiciaire).
16. Cass. com., 23 avr. 2013, n° 12-17189, *D.* 2013, p. 1130, obs. A. Lienhard ; *Gaz. Pal.* 2013, obs. D. Voinot.
17. Cass. com., 10 juin 2008, *Bull. civ.* IV, n° 115 ; *D.* 2008. AJ 1764, obs. Lienhard ; *Act. proc. coll.*2008, n° 202, obs. Delattre ; *JCP* E 2008.2062, n° 3, obs. Cabrillac et Pétel ; *Rev. proc. coll.*2008, n° 119, obs. Lebel ; *RTD com.* 2008. 871, obs. Vallens.
18. C. com., art. R. 622-9 ; art. R. 631-21.

l'administrateur en redressement judiciaire informe l'administrateur, le ministère public, le juge-commissaire, le mandataire judiciaire et les contrôleurs des résultats de l'exploitation, de la situation de trésorerie et de la capacité du débiteur à faire face aux dettes bénéficiant du privilège de la procédure. Cette obligation peut aussi être exécutée à tout moment à la demande du ministère public ou du juge-commissaire.

562. – Fin de la défaillance [19]**.** – Si le débiteur revient à meilleure fortune lui permettant ainsi de désintéresser les créanciers et d'acquitter les frais et les dettes afférents à la procédure alors le tribunal peut mettre fin à la procédure. Il le fait sur demande exclusive du débiteur en statuant dans les mêmes conditions que pour la conversion en liquidation judiciaire.

§ 2 : La répartition des pouvoirs de gestion

I. Les pouvoirs de gestion dans la procédure de sauvegarde

563. – L'entreprise en sauvegarde n'étant pas défaillante il n'y a à ce stade aucune raison d'empêcher le dirigeant de gérer l'entreprise. Le principe a donc été posé selon lequel « *l'administration de l'entreprise est assurée par son dirigeant* » [20].

564. – Maintien en place de l'organe de gestion de l'entreprise. – Le principe, affirmé dans la sauvegarde, de l'administration de l'entreprise par son dirigeant est ambigu. Cette ambiguïté résulte du terme « dirigeant » qui renvoie à l'idée d'organe de gestion. Le principe laisse donc entendre que l'organe de gestion de l'entreprise demeure en place malgré l'ouverture d'une procédure de sauvegarde. Cela est vrai si l'on s'en tient au fait que le tribunal n'a pas le pouvoir de remplacer le dirigeant de l'entreprise en difficulté. C'est en ce sens qu'il faut comprendre les travaux parlementaires qui ont relevé que dans la procédure de sauvegarde d'une personne morale, les « *organes légaux demeureraient donc en fonction en exerçant l'intégralité de leurs prérogatives* » [21]. L'affirmation doit cependant être nuancée du fait que les associés pourront toujours révoquer ces mêmes organes s'ils en ont le pouvoir. En revanche pour une entreprise personne physique la question ne se pose pas puisque la qualité de dirigeant est indissociable de la personne du débiteur lui-même.

565. – Justification du maintien. – Ce maintien en place du dirigeant est justifié sur le plan juridique. Il n'y a en effet aucune raison de permettre au juge de bouleverser la direction d'une entreprise qui n'est pas en cessation des paiements. Il est même opportun que le dirigeant continue de gérer l'entreprise puisqu'il a su anticiper la défaillance en demandant l'ouverture d'une procédure de sauvegarde. Si l'on veut inciter les dirigeants à faire appel à cette procédure il serait en effet fâcheux de les remplacer dès le début de l'instance.

19. C. com., art. L. 631-16 et art. R. 631-25.
20. C. com., art. L. 622-1, I.
21. J.-J. Hyest, *op. cit.*, p. 179.

Cette confiance accordée au dirigeant trouve sa traduction concrète dans certaines solutions favorables à celui-ci. Ainsi les modalités de fixation de la rémunération du dirigeant ne se trouvent pas modifiées par l'ouverture de la procédure [22].

566. – Surveillance ou assistance du débiteur. – Lorsque l'on dit du dirigeant qu'il administre l'entreprise cela a une autre signification que le maintien en place d'un dirigeant. On doit cette fois comprendre que le débiteur ne peut être dessaisi de ses prérogatives de direction de l'entreprise au profit de l'administrateur judiciaire. En d'autres termes cela signifie que l'administrateur, s'il est désigné, ne pourra jamais gérer l'entreprise à la place du débiteur. C'est là une caractéristique fondamentale de la procédure de sauvegarde et c'est aussi une spécificité commune à toutes les procédures d'anticipation des défaillances d'entreprises. La portée de la règle est cependant relative dans la mesure où le débiteur ne dispose pas d'une liberté totale pour administrer son patrimoine. Il lui faut lorsqu'il agit tenir compte des pouvoirs qui ont été attribués aux organes de la procédure (l'administrateur s'il a été nommé et le juge-commissaire). Les prérogatives de ces derniers sont donc autant de limitations apportées à l'administration de l'entreprise par le dirigeant. S'agissant de l'administrateur, celui-ci peut avoir reçu le pouvoir de surveiller ou d'assister le débiteur en sauvegarde. La mission d'assistance emporte des conséquences juridiques à ne pas négliger. C'est le cas pour les tiers qui, en exerçant unevoie de recours à l'encontre du débiteur, devront également la diriger contre l'administrateur chargé dans le jugement d'ouverture de la mission d'assister le débiteur pour tous les actes de gestion [23]. C'est le cas du débiteur qui devra faire contresigner par l'administrateur ses actes ne relevant pas de la gestion courante.

II. Les pouvoirs de gestion dans la procédure de redressement judiciaire

A. Pouvoirs de l'administrateur

567. – Assistance ou administration de l'entreprise. – Comme en procédure de sauvegarde, le redressement judiciaire s'ouvre par une période d'observation qui doit en principe conduire à l'adoption d'un plan de redressement afin de sauvegarder l'entreprise, de maintenir l'emploi et d'apurer le passif. La comparaison comporte des limites en ce qui concerne l'administration de l'entreprise. Ainsi, lorsqu'en procédure de sauvegarde le principe était posé de l'administration de l'entreprise par son dirigeant tel n'est plus le cas en redressement judiciaire. Certes à l'instar de la sauvegarde le tribunal a la possibilité de ne pas désigner un administrateur en dessous de certains seuils. Toutefois eu égard à la situation économique de l'entreprise qui est en cessation des paiements, il est compréhensible que les tribunaux en désignent un malgré tout. En revanche la mission de l'administrateur ne se confond pas toujours avec celle qui est la sienne en procédure de sauvegarde. On sait que dans le cadre de cette procédure le tribunal peut nommer un administrateur et l'investir du seul pouvoir de surveillance du débiteur. En revanche cette prérogative disparaît dans le redressement

22. Dans le redressement judiciaire c'est le juge-commissaire qui fixe la rémunération du débiteur ou du dirigeant d'une personne morale débitrice, C. com., art. L. 631-11.
23. Cass. civ. 1re, 5 juin 2008, *Dr. sociétés* 2008, n° 181, note Legros.

judiciaire. Désormais dans la procédure de redressement judiciaire, l'administrateur peut être désigné soit pour assister le débiteur, soit pour assurer seul, entièrement ou en partie l'administration de l'entreprise [24].

B. Mesures affectant les dirigeants de la personne moraleen redressement judiciaire

568. – Principe de l'incessibilité des parts de dirigeants de société en redressement judiciaire [25]**.** – Alors que dans la sauvegarde les dirigeants de personnes morales échappent aux conséquences de l'ouverture d'une procédure, il n'en est pas de même en présence d'un débiteur en cessation des paiements. Ainsi lorsqu'une procédure de redressement judiciaire est ouverte les dirigeants sociaux ne peuvent céder librement leur participation dans la société. Cette incessibilité s'applique aux dirigeants de droit ou de fait, rémunérés ou non, et concerne les « *parts sociales, titres de capital ou valeurs mobilières donnant accès au capital représentant les droits sociaux des dirigeants dans la société* ». Cette incessibilité peut faire l'objet, à l'initiative de l'administrateur [26], d'une mention sur les registres de la personne morale. Les titres sont virés sur un compte spécial bloqué ouvert par l'administrateur au nom du titulaire. Ce compte est tenu par la société ou alors par un intermédiaire financier. « *Sauf décision contraire du tribunal, il est mis fin à ce compte spécial, à la demande de la personne intéressée la plus diligente après l'adoption du plan de redressement ou après la clôture des opérations* » [27].

569. – Dérogation à l'incessibilité [28]**.** – Il s'agit d'une incessibilité relative et ceci pour plusieurs raisons :

– d'abord le titulaire des participations peut exercer ses droits politiques au sein de la société. À cette fin il peut demander à l'administrateur de lui délivrer un certificat lui permettant de participer aux assemblées de la société [29] ;

– ensuite, la cession des titres demeure possible aux conditions fixées par le tribunal et sur autorisation du juge-commissaire puisqu'aucun mouvement ne peut être effectué sur le compte bloqué sans l'autorisation de cet organe ;

– enfin, la mesure d'incessibilité prend normalement fin après l'adoption du plan ou après la clôture des opérations à moins que le tribunal ne décide dans le cadre d'un plan de redressement de maintenir cette incessibilité [30]. Dans ce cas le tribunal peut décider que les droits de vote seront exercés par un mandataire de justice et il sera mis fin au compte spécial « *après que la décision ordonnant la cession ou levant la mesure d'incessibilité est passée en force de chose jugée* » [31].

---

24. C. com., art. L. 631-12.
25. C. com., art. L. 631-10.
26. Ou du mandataire judiciaire à défaut d'administrateur.
27. C. com., art. R. 631-14.
28. C. com., art. L. L. 631-10.
29. C. com., art. R. 631-10.
30. C. com., art. L. 631-19-1.
31. C. com., art. R. 631-4.

570. – Cession forcée des parts sociales et actions des dirigeants condamnés. – Les dirigeants de société peuvent être contraints de céder leurs parts sociales. Cela peut être d'abord le cas [32] dans la procédure de redressement judiciaire lorsque le tribunal, à la demande du ministère public [33], subordonne l'adoption du plan à cette cession. Cette « expropriation » ne peut concerner undébiteur exerçant une activité professionnelle libérale soumise à un statut législatif ou réglementaire. Le tribunal statue après avoir entendu le débiteur ou dûment appelé les dirigeants et les représentants du comité d'entreprise ou, à défaut, des délégués du personnel. Cela peut être ensuite le cas [34] en redressement ou en liquidation judiciaire s'agissant de dirigeants qui ont été condamnés pour faillite personnelle ou pour une interdiction de gérer. Le tribunal peut enjoindre à ces dirigeants, ou à certains d'entre eux, de céder leurs actions ou parts sociales dans la personne morale ou ordonner leur cession forcée par les soins d'un mandataire de justice, au besoin après expertise. Le produit de la vente est alors affecté au paiement de la part des dettes sociales dans l'hypothèseoù ces dettes ont été mises à la charge des dirigeants.

571. – Location des actions ou parts sociales en redressement judiciaire. – Lorsque la société fait l'objet d'une procédure de redressement judiciaire la location de ces actions ou parts sociales n'est possible qu'aux conditions fixées par le tribunal [35]. À défaut d'indication dans le jugement la location des actions est, si l'on s'en tient au texte, interdite.

§ 3 : La poursuite des contrats en cours

572. – La poursuite des contrats en cours est une pièce maîtresse de la période d'observation. Sans elle, l'activité du débiteur risquerait de s'interrompre du fait de la rupture des contrats provoquée par des cocontractants inquiets de l'avenir de l'entreprise. Cette poursuite des contrats en cours relève d'un régime général ou d'un régime particulier selon le type de relations contractuelles.

I. Régime général

573. – L'option de l'administrateur. – L'ouverture de la procédure de sauvegarde ou de redressement judiciaire n'entraîne pas la rupture automatique des contrats [36]. Le Code de commerce traduit ce principe en précisant que « *nonobstant toute disposition légale ou toute clause contractuelle, aucune indivisibilité, résiliation ou résolution d'un contrat en cours ne peut résulter du seul fait de l'ouverture d'une procédure de sauvegarde* » [37]. Il convient toutefois de

32. C. com., art. L. 631-19-1.
33. La demande du ministère public doit être faite par requête : Cass. com., 22 mai 2013, n° 12-15305, n° 515 P + B, Actualité Dict. permanent, 4 juin 2013, note J.-P. Rémery ; v. C. com., art. R. 631-34-1.
34. C. com., art. L. 653-9.
35. C. com., art. L. 239-1, dernier al.
36. C. Brunetti-Pons, « La spécificité du régime des contrats en cours dans les procédures collectives », *RTD com.* 2000, p. 783 ; Y. Guyon, « Le droit des contrats à l'épreuve du droit des procédures collectives », *in Mélanges Jacques Ghestin*, LGDJ, 2001, p. 405.
37. C. com., art. L. 622-13, I, al. 1er (sauvegarde), L. 631-14 (redressement judiciaire) ; art. L. 641-11-1 (liquidation judiciaire) ; une banque ne peut pas invoquer des difficultés d'organisation pour échapper à la poursuite des contrats en cours, v. Cass. com., 4 juin 2013, *D. actu* 13 juin 2013, obs. A. Lienhard. V. cependant pour la validité d'une clause d'exclusion de garantie en cas d'ouverture d'une procédure collective stipulée dans un contrat d'assurance : Douai, 24 mai 2012, *D.* 2012. Actu. 1952, obs. Dannenberger.

tenir compte de la situation de l'entreprise qui nécessite de maintenir les contrats utiles à l'entreprise en période d'observation tout en arrêtant ceux qui ne le sont plus. La loi accorde à cet effet une option à l'administrateur ou, le cas échéant, au débiteur, qui peut « *exiger l'exécution des contrats en cours en fournissant la prestation promise au cocontractant du débiteur* »[38] ou alors renoncer aux contrats.

A. Exercice de la poursuite

574. – Initiative du contractant. – Dès l'ouverture de la procédure, le contractant peut mettre en demeure l'administrateur de se prononcer sur le sort du contrat. Ainsi informé de l'existence du contrat l'administrateur est ensuite libre d'apprécier s'il est opportun de poursuivre la relation contractuelle au regard des perspectives de redressement de l'entreprise et surtout des moyens dont dispose le débiteur pour faire face à ses obligations. La poursuite du contrat n'est en effet possible qu'à la condition de fournir « *la prestation promise au cocontractant du débiteur* »[39]. L'administrateur dispose en principe d'un délai d'un mois pour exercer son option de poursuivre ou non le contrat en cours, délai que le juge-commissaire peut réduire ou prolonger de deux mois au plus, en fonction des besoins. Si à l'expiration du délai, l'administrateur n'a pas répondu expressément à la mise en demeure, « *le contrat est résilié de plein droit* »[40]. Pour la Cour de cassation, les litiges relatifs à la résiliation de plein droit du contrat relèvent de la compétence exclusivedu juge-commissaire[41].

575. – Inertie de contractant. – Lorsque le contractant ne met pas en demeure l'administrateur de se prononcer sur l'avenir du contrat[42], ce dernier peut saisir le juge-commissaire pour que soit prononcée la résiliation d'un contrat en cours. Cette résiliation ne peut cependant intervenir que « *si elle est nécessaire à la sauvegarde du débiteur et ne porte pas une atteinte excessive aux intérêts du cocontractant* »[43]. Cette possibilité, introduite par l'ordonnance n° 2008-1345 du 18 décembre 2008, permet de passer outre l'inertie du contractant et nuance ainsi la solution jurisprudentielle antérieure selon laquelle si l'administrateur décide de renoncer au contrat sans avoir été mis en demeure cela n'emporte pas résiliation du contrat de plein droit et il n'entre pas dans ses attributions judiciaires de prononcer cette résiliation[44].

38. C. com., art. L. 622-13, al. 1.
39. C. com., art. L. 622-13, II, al. 1er.
40. C. com., art. L. 622-13, III.
41. Cass. com., 19 févr. 2013, *D.* 2013. Actu. 566 ; *JCP E* 2013. 1216, n° 8, obs. PÉTEL ; *ibid.* 1277, note LEGROS ; *Bull. Joly Entrep. diff.* 2013. 138, note MONSÈRIÉ-BON : « *le juge-commissaireétait saisi d'un litige portant sur la résiliation de plein droit d'un contrat en cours prévue par l'article L. 641-11-1, III-1o, du Code de commerce, de sorte qu'il était seul compétent pour en connaître, peu important que le contrat ait été conclu par le délégataire d'un service public et comporte occupation du domaine public* ».
42. Sur la difficulté à mettre en jeu la responsabilité de l'administrateur judiciaire lorsque le contractant n'a pas demandé la résiliation du contrat alors que l'administrateur ne payait plus les loyers : Cass. com., 2 oct. 2012, *Act. proc. coll.* 2012, n° 287, obs. VALLANSAN ; *RJDA* 2013, n° 54 ; *Gaz. Pal.* 18-19 janv. 2013, p. 22, obs. BIDAN.
43. C. com., art. L. 622-13, IV.
44. Cass. com., 19 mai 2004, *Act. proc. coll.* 2004-12, n° 146, obs. C. REGNAUT-MOUTIER ; *D.* 2004, AJ, p. 1668, obs. A. LIENHARD ; *JCP* E 2004, chron. p. 1292, obs. P. PÉTEL ; *Rev. proc. coll.* 2004, p. 227, obs. P. ROUSSEL-GALLE ; *Dr. et patr.* 2004-10, n° 130, p. 117, obs. M.-H. MONSÈRIÉ-BON ; *LPA*, 6 août 2004, n° 157, p. 17, note P.-M. LE CORRE ; Cass. com., 7 déc. 2004, *Act. proc. coll.* 2005-4, n° 38 ; *Rev. proc. coll.* 2005-1, p. 41, n° 2, obs. P. ROUSSEL-GALLE ; pour la liquidation judiciaire, Cass. com., 5 juill. 2005, *Act. proc. coll.* 2005-17, n° 214 ; *D.* 2005, p. 2147, obs. A. LIENHARD ; *D.* 2006, p. 80, obs. P.-M. LE CORRE et F.-X. LUCAS.

B. Domaine de la poursuite

576. – Un contrat. – Tout d'abord, même si cela peut paraître évident, il convient de préciser que la poursuite des contrats en cours ne peut concerner que des contrats. C'est ainsi que ne sont pas visés par la règle les statuts légaux obligatoires tels que l'adhésion à un régime d'assurance-maladie [45].

577. – Contrats en cours d'exécution. – Pour qu'un contrat soit poursuivi il doit s'agir d'un contrat en cours à la date d'ouverture de la procédure collective. Sur ce point, il convient de préciser que par contrat en cours il faut entendre à la fois un contrat en cours d'existence et un contrat en cours d'exécution.

Tout d'abord, un contrat en cours d'existence est un contrat qui a déjà été conclu lors de l'ouverture de la procédure collective.

Ensuite, un contrat en cours d'exécution est un contrat qui au jour du jugement d'ouverture de la procédure collective n'a pas épuisé ses effets fondamentaux ou dont la prestation principale et caractéristique n'a pas encore été fournie. Il peut être aussi bien un contrat à exécution successive qu'un contrat à exécution instantanée [46] mais dont l'exécution n'a pas encore eu lieu. Dans ce cas, le contrat doit contenir une modalité retardant son exécution (terme, condition, etc.). La jurisprudence s'attache aux effets essentiels du contrat, et donc plus spécialement à l'effet essentiel que le cocontractant doit procurer au débiteur. Ainsi, une vente ayant transféré la propriété à l'acheteur débiteur n'est plus un contrat en cours même si la délivrance et le paiement n'ont pas encore eu lieu [47]. Il a ensuite été jugé que le contrat de vente d'un immeuble dont l'une des clauses subordonne le transfert de propriété au paiement intégral du prix est un contrat de vente à terme n'incluant pas un prêt et qu'un tel contrat est en cours lors de l'ouverture de la procédure collective de l'acheteur si une partie du prix reste à payer [48]. En revanche une vente avec réserve de propriété a été qualifiée de contrat en cours [49].

578. – Nature du contrat. – En principe tous les contrats en cours d'exécution quelle qu'en soit la nature relèvent *a priori* du régime des contrats en cours, avec pour certains des particularités, pour autant bien sûr qu'il y ait un contrat. C'est ainsi que pour la Cour de cassation,« *le contrat d'apport, fût-il lié au contrat de société, constitue un contrat en cours dont l'administrateur peut exiger la continuation ou la résiliation* » [50]. De même peuvent être qualifiés

---

45. Cass. soc., 13 mars 1997, n° 95-18358, *Bull. civ.* IV, n° 109.

46. Cass. com., 16 févr. 1988, *Bull. civ.* IV, n° 72 : « [...] *l'application des dispositions de l'article 38 de la loi du 13 juillet 1967, n'est pas limitée aux contrats à exécution successive* [...] ».

47. Cass. com., 9 avr. 1991, *Bull. civ.* IV, n° 127 ; *RJDA* 1991, n° 640 ; *JCP* N 1992, prat. 2263, obs. M. Cabrillac et P. Pétel ; *RTD com.* 1991, p. 660, obs. Y. Chaput ; *LPA*, 8 avr. 1992, p. 13, note F. Derrida.

48. Cass. com., 1er févr. 2000, *Rev. proc. coll.* 2000, p. 100, obs. A. Laude ; *D.* 2000, AJ, p. 144, obs. A. Lienhard. ; sur cette proposition doctrinale, v. M.-H. Monsèrié, *Les contrats dans le redressement et la liquidation judiciaires des entreprises*, préf. C. Saint-Alary-Houin, Litec, 1994, spéc. p. 164.

49. Cass. com., 3 avr. 2001, *Act. proc. coll.* 2001-9, n° 110, obs. J. Vallansan ; *JCP* E 2001, 1472, n° 13, obs. M. Cabrillac et P. Pétel ; *D.* 2001, p. 1621, obs. V. Avena-Robardet ; *Rev. proc. coll.*2002, p. 101, n° 5, obs. C. Saint-Alary-Houin ; Cass. com., 5 mai 2004, *JCP* E 2004, 1292, n° 13, obs. M. Cabrillac.

50. Cass. com., 19 févr. 2013, *D.* 2013. Actu. 566 ; *JCP E* 2013. 1216, n° 8, obs. Pétel ; *ibid.* 1277, note Legros ; *Bull. Joly Entrep. diff.* 2013. 138, note Monsèrié-Bon.

de contrat en cours, un contrat administratif commepar exemple un marché public [51] ou un contrat de concession de délégation de service public [52]. Cela peut aussi concerner un contrat organisation comme un contrat d'association [53], ou encore des contrats conclus *intuitu personae*. Pour ces derniers la Cour de cassation a en effet jugé dans un arrêt de principe que « *l'administrateur d'un redressement judiciaire à la faculté d'exiger l'exécution des contrats en cours lors du prononcé de ce redressement sans qu'il puisse être fait de distinction selon que les contrats ont été ou non conclus en considération de la personne* » [54]. Le domaine de cette solution est vital pour l'entreprise puisqu'il couvre précise la juridiction régulatrice « *les conventions de compte-courant, d'ouverture de crédit, de découvert et d'autorisation d'escompte* ». Ainsi sont couvertes par cette solution toutes les conventions passées entre les banques et leurs clients [55]. En période de sauvegarde, sauf si l'état de l'entreprise se dégrade, les banques ne peuvent pas invoquer « *la situation irrémédiablement compromise* » pour résilier unilatéralement le contrat [56]. Sont aussi concernés les contrats d'assurance car les assureurs n'ont plus la possibilité comme avant la réforme de résilier discrétionnairement le contrat dans un délai de trois mois à compter du jugement d'ouverture. La règle qui résultait de l'alinéa 1 de l'article L. 113-6 du Code des assurances a en effet été abrogée par loi n° 2005-845 du 26 juillet 2005.

C. Sort du contrat

1°/ Continuation

579. – Sort des engagements antérieurs. – Si le contrat est continué, son exécution doit en principe se poursuivre normalement sans tenir compte du passé. Ainsi le cocontractant « *doit remplir ses obligations malgré le défaut d'exécution par le débiteur d'engagements antérieurs au jugement d'ouverture* » [57]. C'est dire que le contractant ne peut se prévaloir du droit commun des obligations en mettant en œuvre l'exception d'inexécution. Et s'il veut préserver ses chances d'être admis « *aux répartitions et dividendes* » en raison des prestations fournies avant l'ouverture de la procédure de sauvegarde, il doit déclarer au passif la créance correspondant à l'inexécution antérieure [58].

580. – Prestations postérieures au jugement d'ouverture. – En revanche pour les prestations effectuées après l'ouverture de la procédure, le contrat doit s'appliquer normalement c'est-à-dire selon les termes de la convention. L'administrateur doit ainsi fournir la prestation promise au

51. Direction générale des finances publiques : Instruction n° 12-005-M0 du 26 janv. 2012 – Marchés publics et procédures collectives ; v. égal. Rép. min. n° 18705 : *JO Sénat Q*, 12 avr. 2012, p. 927.
52. Cass. com., 18 juin 2013, FS-P+B, n° 12-14836, *D. actualité*, 26 juin 2013, obs. A. Lienhard.
53. Cass. com., 19 mai 2004, *Dr. sociétés* 2005, comm. 4, obs. F.-X. Lucas.
54. Cass. com., 8 déc. 1987, *D.* 1988, 52, 2e esp., note F. Derrida ; *Banque* 1988, 96, obs. J.-L. Rives-Lange ; *JCP* G 1988, II, 20297, note M. Jeantin ; *RTD civ.* 1988, 347, n° 7, obs. J. Mestre ; *RTD com.* 1988, p. 97, obs. M. Cabrillac et B. Teyssier ; *RJ com.* 1989, p. 394, n° 1264, note Calendini ; *Rev. proc. coll.* 1988, n° 1, p. 61, obs. J. Mestre et Ph. Delebecque ; *RD bancaire et fin.*, 1988, p. 69, obs. F. Dekeuwer-Defossez ; *LPA*, 6 janv. 1988, p. 9, note F. Derrida.
55. En ce sens, M.-H. Monsèrié, *op. cit.*, p. 176.
56. C. mon. et fin., art. L. 313-13.
57. C. com., art. L. 622-13, I, al. 2.
58. C. com., art. L. 622-13, I, qui précise que « *le défaut d'exécution de ces engagements n'ouvre droit au profit des créanciers qu'à déclaration au passif* ».

cocontractant du débiteur [59]. À défaut de paiement le créancier pourra se prévaloir du privilège de la procédure en application de l'article L. 622-17, II du Code de commerce. Pour les comptes bancaires, il est nécessaire d'établir un solde provisoire à la date du jugement, et, en cas de solde négatif, celui-ci donnera lieu à déclaration de créance à la procédure de sauvegarde. Les remises postérieures relèveront du privilège de la procédure et ne modifieront pas ce solde provisoire [60].

581. – Prestations portant sur le paiement d'une somme d'argent [61]. – Un régime dérogatoire au droit commun est prévu pour ce type de prestations. Dans ce cas le paiement doit se faire au comptant, sauf si le contractant accorde un délai de paiement. L'administrateur a par conséquent l'obligation de vérifier qu'il dispose bien des moyens financiers pour payer le prestataire. Il engage sa responsabilité si l'entreprise ne peut finalement pas faire face à ses engagements [62]. Si tel est le cas l'administrateur doit mettre fin au contrat. Le contrat est même résilié de plein droit à défaut de paiement et d'accord du cocontractant pour poursuivre les relations contractuelles [63]. Dans une telle situation le parquet, l'administrateur, le mandataire judiciaire ou un contrôleur peut saisir le tribunal pour mettre un terme à la période d'observation.

582. – Fin du contrat. – Si le contrat n'est pas exécuté conformément aux prévisions des parties alors il prend fin dans les conditions du droit commun (clause résolutoire, résiliation, etc.). Toutefois si l'inexécution est imputable au débiteur, le contrat est résilié de plein droit à défaut d'accord avec le cocontractant pour poursuivre des relations contractuelles [64]. Dans ce cas, le ministère public, l'administrateur, le mandataire judiciaire ou un contrôleur peut saisir le tribunal pour que soit mis fin à la période d'observation. Par ailleurs tout intéressé peut demander au juge-commissaire de constater la résiliation de plein droit du contrat [65]. Les indemnités et pénalités nées de la résiliation d'un contrat régulièrement poursuivi ne bénéficient pas du privilège de la procédure [66]. Les sommes correspondantes doivent donc être déclarées dans un délai d'un mois à compter de la date de résiliation de plein droit ou de la notification de la décision prononçant la résiliation. À défaut d'inexécution le contrat prend fin conformément au droit commun (terme, résiliation unilatérale, etc.).

2°/ Résiliation

583. – Résiliation de plein droit. – Si l'administrateur renonce à la continuation du contrat suite à une mise en demeure, celui-ci est résilié de plein droit [67]. La renonciation peut être exprimée ou implicite ce qui correspond au cas où l'administrateur ne répond pas à une mise en demeure [68]. La preuve de la résiliation résulte de la lettre de refus

59. C. com., art. L. 622-13, I.
60. Cass. com., 8 déc. 1987, *D.* 1988, 52, 2ᵉ esp., note F. Derrida ; *Banque* 1988, 96, obs. J.-L. Rives-Lange ; *JCP* G 1988, II, 20297, note M. Jeantin ; *RTD civ.* 1988, 347, n° 7, obs. J. Mestre ; *RTD com.* 1988, p. 97, obs. M. Cabrillac et B. Teyssier ; *Rev. jurisp. com.* 1989, p. 394, n° 1264, note Calendini ; *Rev. proc. coll.* 1988, n° 1, p. 61, obs. J. Mestre et Ph. Delebecque ; *RD bancaire et fin.* 1988, p. 69, obs. F. Dekeuwer-Defossez ; *LPA*, 6 janv. 1988, p. 9, note F. Derrida.
61. C. com., art. L. 622-13, II.
62. Cass. com., 6 juill. 1999, *Act. proc. coll.* 1999-14, n° 182.
63. C. com., art. L. 622-13, III, 2°.
64. C. com., art. L. 622-13, al. 3.
65. C. com., art. R. 622-13.
66. V. art. L. 622-17, III, 3°.
67. C. com., art. L. 622-13, III, 1°.
68. Cass. com., 18 mars 2003, *JCP* E 1396, n° 12, obs. M. Cabrillac.

de l'administrateur, sa date étant fixée au jour de la réception du document épistolaire par le contractant [69]. À défaut de refus exprimé, elle résulte, à la demande de tout intéressé, d'une ordonnance du juge-commissaire constatant la résiliation et fixant la date de celle-ci. [70]. Si les relations contractuelles se poursuivent malgré la résiliation de plein droit, il s'agit alors d'un nouveau contrat soumis aux mêmes conditions que la précédente convention [71].

584. – Résiliation judiciaire. – Lorsque l'administrateur prend l'initiative de la résiliation, celle-ci est prononcée par le juge-commissaire « *si elle est nécessaire à la sauvegarde du débiteur et ne porte pas une atteinte excessive aux intérêts du cocontractant* » [72]. La demande de résiliation est formée par requête adressée ou déposée au greffe. Le greffier convoque alors le débiteur et le cocontractant par lettre recommandée avec demande d'avis de réception qui avise l'administrateur de la date d'audience [73].

585. – Résiliation unilatérale. – Pour les contrats « *à exécution ou à paiement échelonné dans le temps* » qui ont été poursuivis, l'administrateur peut y mettre fin lorsqu'il constate « *qu'il ne disposera pas des fonds nécessaires pour remplir les obligations du terme suivant* » [74].

586. – Dommages-intérêts. – L'inexécution peut donner lieu à des dommages-intérêts dont le montant doit être déclaré [75]. Les cocontractants bénéficient pour cela d'un délai d'un mois à compter de la date de résiliation de plein droit ou de la notification de la décision prononçant la résiliation pour déclarer au passif la créance résultant de cette résiliation [76]. Le montant des dommages-intérêts est en principe égal à celui du préjudice que cause au cocontractant l'inexécution et que détermine le juge ou alors une clause pénale [77] sous réserve de correction du montant des dommages et intérêts par le juge [78]. On peut toutefois se demander si une telle clause mérite cette qualification dans la mesure où l'aspect coercitif nécessaire à la qualification d'une telle stipulation est absent dès l'ouverture de la procédure puisque le contractant ne peut nullement imposer par sa clause l'exécution du contrat. En principe le cocontractant doit restituer au débiteur les acomptes qu'il avait pu recevoir en vue de l'exécution du contrat résilié. Toutefois, lorsque le cocontractant réclame des dommages-intérêts et à la condition qu'il ait déclaré la créance correspondante, l'article L. 622-13, V du Code de commerce lui permet de différer de plein droit cette restitution « *jusqu'à ce qu'il ait été statué sur les dommages-intérêts* » ce qui lui permet de bénéficier de la compensation entre les acomptes et les dommages et intérêts puisqu'il s'agit là de deux créances connexes.

69. Cass. com., 18 mars 2003, *op. cit.*
70. C. com., art. R. 622-13.
71. Cass. com., 11 avr. 2012, *Bull. civ.* IV, n° 80 ; *D.* 2012. Actu. 1123 ; *Act. proc. coll.* 2012, n° 129, obs. CAGNOLI ; *Bull. Joly Entrep. diff.* 2012. 212, note MONSÈRIÉ-BON ; *Rev. proc. coll.* 2012, n° 127, obs. PÉROCHON ; *Dr. et patr.* sept. 2012. 99, obs. MONSÈRIÉ-BON ; *RJDA* 2012, n° 983.
72. C. com., art. L. 622-13, IV.
73. C. com., art. R. 622-13.
74. C. com., art. L. 622-13, II.
75. C. com., art. L. 622-3, V.
76. C. com., art. R. 622-21.
77. Cass. com., 10 déc. 1991, *JCP* E 1992, I, 138, n° 24, obs. P. PÉTEL.
78. C. civ., art. 1152.

II. Régimes spécifiques

587. – Contrats de travail. – Ces contrats sont exclus expressément du domaine d'application de l'article L. 622-13 du Code de commerce. Ainsi, au cours de la période d'observation, aucune faculté d'option ne peut être exercée pour les contrats de travail. Ils sont exécutés normalement et s'il est procédé à des licenciements, ceux-ci interviendront dans les conditions du droit commun s'il s'agit d'une procédure de sauvegarde [79] ou alors selon un régime propre au redressement judiciaire [80]. Ainsi, au cours de la période d'observation d'une procédure de redressement, les textes disposent que lorsque les licenciements pour motif économique présentent un caractère urgent, inévitable et indispensable, l'administrateur peut être autorisé par le juge-commissaire à y procéder [81]. Les textes précisent ensuite la procédure à suivre pour réaliser ce licenciement. Ce régime spécifique au contrat de travail retirant tout droit d'option pour le débiteur s'explique par le fait que les salariés ne sont pas des cocontractants ordinaires. En effet, ces derniers doivent être considérés comme des créanciers privilégiés étant directement touchés économiquement en cas de procédure collective du débiteur. Il paraît donc logique qu'ils se voient appliquer un régime différent et cela dans le sens d'une protection accrue. De plus, le maintien des contrats de travail en cours constitue indirectement un avantage pour le débiteur, puisqu'il permet d'éviter une dégradation de la capacité de production de ce dernier pendant la période d'observations, ce qui peut lui être favorable notamment dans le cadre du sauvetage de l'entreprise.

588. – Contrat de fiducie. – Échappe aussi au régime général de poursuite des contrats en cours le contrat de fiducie [82]. Toutefois la loi distingue selon que la fiducie est, ou non, assortie d'une convention laissant les actifs fiduciaires à la disposition du débiteur. Lorsque les actifs fiduciaires n'ont pas été laissés à la disposition du débiteur, la fiducie peut produire son plein effet de garantie. Mais lorsque les actifs fiduciaires ont été laissés par contrat à la disposition du débiteur, la fiducie sera affectée par la procédure collective c'est-à-dire qu'il appartient à l'administrateur d'imposer la continuation du contrat de mise à disposition des actifs fiduciaires, sous réserve d'en respecter les clauses, conformément aux dispositions générales relatives aux contrats en cours. En sauvegarde et redressement les dispositions concernant la fiducie sont donc celles du nouvel article L. 622-13, sauf un cas supplémentaire de résiliation de plein droit lorsque la prestation du débiteur porte sur le paiement d'une somme d'argent, au jour où le cocontractant est informé de la décision de ne pas poursuivre le contrat. L'ordonnance de 2008 crée un nouvel article L. 622-23-1 du Code de commerce qui dispose que « *lorsque des biens ou droits présents dans un patrimoine fiduciaire font l'objet d'une convention en exécution de laquelle le débiteur constituant en conserve l'usage ou la jouissance, aucune cession ou aucun transfert de ces biens ou droits ne peut intervenir au profit du fiduciaire ou d'un tiers du seul fait de l'ouverture de la procédure, de l'arrêté du plan ou encore d'un défaut de paiement d'une créance antérieure au jugement d'ouverture. Cette interdiction est prévue à peine de nullité de la cession ou du transfert* ».

79. P. Morvan, « Le droit social dans la réforme du droit des entreprises en difficulté », *JCP* E 2005-42, 1511 ; R. Vatinet, « Sur la place faite aux salariés par la loi de sauvegarde des entreprises du 26 juillet 2005 », *JCP* S 2005, 1230.
80. C. com., art. L. 631-17.
81. Cass. soc., 3 mai 2001.
82. C. com., art. L. 622-13, IV.

Par cet article, il semble que l'ordonnance entend paralyser la réalisation de la fiducie, en cas de sauvegarde comme en cas de redressement judiciaire, pendant la période d'observation et tant que le plan est correctement exécuté. Et ce d'autant plus que le nouvel article L. 622-13, VI affirme que si les règles de la continuation des contrats en cours ne s'appliquent pas au contrat de fiducie, elles s'appliquent, en revanche, à « *la convention en exécution de laquelle le débiteur conserve l'usage ou la jouissance des biens ou droits transférés dans un patrimoine fiduciaire* ».

589. – Bail d'immeuble [83]. Régime particulier pour les baux d'immeubles « utilisés pour l'activité de l'entreprise ». – En principe, le bail d'immeuble est soumis au régime général des contrats en courstel qu'il a été décrit précédemment. Pourtant, en matière de procédure collective, des particularités se rencontrent en ce qui concerne le contrat de bail d'immeubles« *utilisés pour l'activité de l'entreprise* ». Ces spécificités sont prévues à l'article L. 622-14 du Code de commerce [84].

589-1. – Notion de bail d'immeuble. – Que faut-il comprendre par « bail d'immeuble » ? Seuls relèvent du régime spécifique les baux d'immeubles utilisés pour l'activité de l'entreprise du preneur. Si les immeubles destinés au logement du débiteur ne sont pas concernés [85], en revanche le sont les baux commerciaux, les baux ruraux et les baux professionnels. Il pourra s'agir de locaux abritant le siège de l'entreprise, d'entrepôts, de magasins ou de tous autres immeubles comme des terrains. Le domaine d'application de la poursuite des contrats doit être compris largement pour permettre à l'entreprise de conserver les locaux utilisés dans le cadre de son activité, qui vont être un élément déterminant pour poursuivre celle-ci. On peut cependant observer que la non-exploitation pendant la période d'observation du bien objet du bail ne constitue pas une cause de résiliation du contrat et ce « nonobstant toute clause contraire » [86].

589-2. – Bail d'immeuble en cours. Clause résolutoire. – Pour que le régime particulier s'applique, il est nécessaire que le contrat de bail soit en cours ce qui, pour ce type de contrat, soulève la question des effets de la clause résolutoire. Il est posé par la jurisprudence, en matière de bail avec clause résolutoire, que le bailleur qui n'aura pas mis en œuvre la clause résolutoire avant l'ouverture de la procédure devra se soumettre à la continuation du contrat [87]. Pour que la clause produise pleinement ses effets malgré l'ouverture de la procédure collective il est nécessaire que la résiliation ait été constatée avant le jugement d'ouverture par une décision passée en force de chose jugée [88]. Il ne faut pas non plus que ses effets aient été suspendus par décision de justice. De même, et contrairement au droit commun de

83. V. F. Macorig-Vernier, M.-H. Monsérié-Bon, « Bail commercial et procédures collectives – Questions d'actualités », *Dr. et patr.* juin 2012. 81 ; P.-M. Le Corre, « Questions-réponses sur la résiliation du bail commercial », *Gaz. Pal.* 18-19 janv. 2013, p. 43.
84. C. com., art. L. 622-14 : « *Sans préjudice de l'application du I et du II de l'article L. 622-13, la résiliation du bail des immeubles donnés à bail au débiteur et utilisés pour l'activité de l'entreprise intervient dans les conditions suivantes* ».
85. Cass. com., 9 mai 1995, *Bull. civ.* IV, n° 136.
86. C. com., art. L. 622-14, al. 5.
87. Cass. 1re civ. 17 févr. 1993, *Bull. civ.* I, n° 75, p. 49.
88. Cass. 3e civ., 17 mai 2011, n° 10-15957 ; Cass. com., 24 oct. 1995, *Bull. civ.* IV, n° 254.

la rupture du bail commercial [89], la jurisprudence n'admet pas la rupture lorsqu'est expiré le délai d'un mois qui fait suite, comme le prévoit l'article L. 145-41 [90] du Code de commerce, au commandement de payer adressé au locataire. En revanche, dans l'hypothèse où la clause résolutoire a produit son effet avant l'ouverture de la procédure de sauvegarde ou de redressement judiciaire, l'administrateur ou le débiteur ne peuvent invoquer la continuation des contrats pour s'opposer à une expulsion en cours.

589-3. – Bail d'immeuble. Régime de poursuite des contrats en cours. Option de l'administrateur judiciaire entre la poursuite ou la résiliation du bail. – L'article L. 622-14 indique d'abordles dispositions de l'article L. 622-13 (régime général des contrats en cours) applicables aux baux des immeubles utilisés pour l'activité de l'entreprise en sauvegarde ou en redressement judiciaire. Ces dispositions sont celles relatives aux conditions de poursuite des contrats en cours (I et II de l'article L. 622-13). C'est ainsi que l'administrateur a seul la faculté d'exiger la poursuite des contrats en fournissant la prestation promise, c'est-à-dire dans le cas du contrat de bail en payant les loyers. En outre, l'administrateur doit s'assurer, au moment où il exige la poursuite du contrat, qu'il disposera des fonds nécessaires à cet effet.

Ensuite, un régime spécifique est prévu par l'article L. 622-14 à propos de la résiliation du contrat de bail. Il est à noter que le bailleur a perdu, par l'effet de la réforme, la faculté de mettre en demeure l'administrateur de se prononcer sur le maintien du bail en cours. La conséquence immédiate est qu'il ne peut plus profiter de la résiliation de plein droit en l'absence de réponse dans le délai d'un mois.

Désormais, en cas de soumission du preneur à une procédure de sauvegarde ou de redressement judiciaire, le contrat de bail est poursuivi de plein droit, et l'administrateur peut, à tout moment, décider, sans la pression du bailleur, soit de continuer le bail en vertu de l'article L. 622-13, II, soit de le résilier en vertu de l'article L. 622-14-1° [91] ; la résiliation intervient alors au moment où le bailleur en est informé. Il convient d'ajouter qu'en l'absence d'administrateur judiciaire, le débiteur peut provoquer la résiliation de plein droit du bail après avis conforme du mandataire judiciaire. L'article L. 627-2, dans sa nouvelle rédaction, dispose que « *le débiteur après avis conforme du mandataire exerce la faculté ouverte à l'administrateur de poursuivre des contrats en cours et de demander la résiliation du bail en application des articles L. 622-13 et L. 622-14* ». En cas de désaccord, le juge-commissaire peut être saisi par tout intéressé.

589-4. – Bail d'immeuble. Résiliation du bail en cas d'inexécution postérieure à l'ouverture de la procédure collective. Délai de répit du preneur. – Le bailleurn'est,

89. Selon l'article L. 145-41 al. 1er du Code de commerce : « *Toute clause insérée dans le bail prévoyant la résiliation de plein droit ne produit effet qu'un mois après un commandement demeuré infructueux. Le commandement doit, à peine de nullité, mentionner ce délai* ».

90. CA Paris, 15 janv. 2013, *RJDA* 2013, n° 347 ; Cass. 3e civ., 16 janv. 2002, n° 00-16026, *AJDI* 2002, p. 208, obs. M.-P. Dumont-Lefrand.

91. C. com., art. L. 622-14-1° : « *Au jour où le bailleur est informé de la décision de l'administrateur de ne pas continuer le bail. Dans ce cas, l'inexécution peut donner lieu à des dommages et intérêts au profit du cocontractant, dont le montant doit être déclaré au passif. Le cocontractant peut néanmoins différer la restitution des sommes versées en excédent par le débiteur en exécution du contrat jusqu'à ce qu'il ait été statué sur les dommages et intérêts* ».

selon les dispositions de l'article L. 622-14-2° [92], autorisé à agir en résiliation que dans le cas de non-paiement des loyers ou charges postérieurs, et ce après un délai de trois mois à compter du jugement d'ouverture [93]. Il est ajouté que dans ce cas, l'inexécution peut donner lieu à des dommages et intérêts qui doivent être déclarés au passif. Ce délai de répit de trois mois impose donc au bailleur de maintenir le bail alors que les loyers ne sont pas payés, et déroge au droit commun de l'article L. 622-13 du Code de commerce qui prévoit, en cas d'inexécution du contrat, une résiliation immédiate de plein droit. On peut en outre observer que le bailleur pouvant se prévaloir d'un non-paiement de loyer ou charge d'une durée de trois mois doit, s'il veut obtenir la résiliation du bail, se conformer au droit commun de la rupture du bail commercial (C. com., art. L. 145-41), à savoir délivrance d'un commandement de payer et éventuelle demande de délai de paiement de la part du débiteur [94].

589-5. – Bail d'immeuble. Privilège du bailleur d'immeuble. – S'il est soumis à un régime de poursuite du contrat en cours assez défavorable en raison de la nécessité de sauvegarder l'emplacement où est exploitée l'entreprise, le bailleur peut cependant se prévaloir du privilège du bailleur d'immeuble pour le paiement de sa créance. Ce privilège couvre [95] :

– les deux dernières années de loyers avant le jugement d'ouverture de la procédure. Malgré le mot « loyers » visé par le texte, la jurisprudence a étendu le privilège à l'indemnité d'occupation [96] ;

– si le bail est résilié, l'année courante, pour tout ce qui concerne l'exécution du bail et pour les dommages et intérêts qui pourront lui être alloués par les tribunaux. En revanche si le bail n'est pas résilié, le bailleur ne peut exiger le paiement des loyers à échoir lorsque les sûretés qui lui ont été données lors du contrat sont maintenues ou lorsque celles qui ont été fournies depuis le jugement d'ouverture sont jugées suffisantes.

On peut observer que le privilège du bailleur lui donne un avantage non négligeable dans la mesure où il l'emporte sur la réserve de propriété. C'est en particulier le cas s'il ignorait que les meubles garnissant les lieux appartenaient à un tiers [97]. L'article L. 622-16 prévoit cependant que « *le juge-commissaire peut autoriser le débiteur ou l'administrateur, selon le cas, à vendre des meubles garnissant les lieux loués soumis à dépérissement prochain, à dépréciation imminente ou dispendieux à conserver, ou dont la réalisation ne met pas en cause, soit l'existence du fonds, soit le maintien de garanties suffisantes pour le bailleur* ».

92. C. com., art. L. 622-14-2° : « *Lorsque le bailleur demande la résiliation ou fait constater la résiliation du bail pour défaut de paiement des loyers et charges afférents à une occupation postérieure au jugement d'ouverture, le bailleur ne pouvant agir qu'au terme d'un délai de trois mois à compter dudit jugement* ».

93. Le délai de trois mois court à compter du jugement d'ouverture de la procédure principale et non de celui de la procédure subséquente : Cass. com., 19 févr.2013, n° 12-13662.

94. Cass. com., 6 déc. 2011, n° 10-25689, *Act. proc. coll.* 2012, comm. 10, obs. J. Vallansan.

95. C. com., art. L. 622-16

96. Cass. com., 25 oct. 2011, n° 10-25257, F-S P+B, D. 2011, p. 2653, note A. Lienhard, *LEDEN* déc. 2011, p. 5, note G. Berthelot, *LEDB* nov. 2011, p. 2, note M. Mignot, *JCP* 2012, 117, n° 13, obs. Ph. Pétel, *RD bancaire et fin.* 2012, comm. 17, note D. Legeais, *Loyers et copr.* 212, comm. 16, note Ph.-H. Brault, *Gaz. Pal.* 20-21 janv. 2012, p. 21, note F. Kendérian, *BJE* 2012, n° 2, p. 92, note F. Macorig-Venier.

97. Cass. com., 16 nov. 2010, n° 09-70765, JCP E 2011, 1251, n° 22, obs. Ph. Delebecque ; Cass. 3e civ., 24 juin 2009, n° 08-14357, *Bull. civ.* III, n° 154, *JCP G* 2009, 492, n° 21, obs. Ph. Delebecque, D. 2009, p. 1888, note S. Prigent, *D.* 2010, p. 1173, obs. N. Damas.

589-6. – Bail d'immeuble. Cession du bail. – L'article L. 622-25 du Code de commerce prévoit qu'en cas de « *cession du bail, toute clause imposant au cédant des dispositions solidaires avec le cessionnaire est réputée non écrite* ». En revanche le cessionnaire peut être valablement tenu, par une stipulation contractuelle [98], de garantir le paiement des sommes dues à la date de la cession.

Section II
La préparation d'un plan de sauvegarde ou de redressement

590. – Les procédures de sauvegarde et de redressement, dans leur mécanisme, vont toutes deux faire appel à la notion de plan [99]. Le plan de sauvegarde ou de redressement, qui contient des mesures devant permettre la résolution des difficultés de l'entreprise, va devoir être préparé, élaboré, adopté et aura des effets divers selon l'exécution ou l'inexécution de celui-ci. L'administrateur, ou le débiteur si ce dernier n'a pas été nommé, est l'animateur principal de cette préparation. Il doit en effet rédiger deux documents, l'un traitant du passé – c'est le bilan économique, social et environnemental – et l'autre de l'avenir de l'entreprise – c'est le projet de plan. Ces documents donnent lieu à une information et à une consultation obligatoire du débiteur, du comité d'entreprise – ou des délégués du personnel – du ou des contrôleurs ainsi que du mandataire judiciaire [100]. Il est aussi adressé à l'inspection du travail et communiqué au ministère public.

§ 1 : L'élaboration du bilan économique, social et environnemental

591. – Pluralité de bilans. – En réalité, il n'y a pas un mais plusieurs bilans. Il convient en effet de distinguer le bilan économique et social d'une part et le bilan environnemental d'autre part.

I. Le bilan économique et social

592. – Mission de l'administrateur. – L'administrateur doit tout d'abord, avec le concours du débiteur et l'assistance éventuelle d'un ou plusieurs experts, réaliser un bilan économique et social de l'entreprise [101]. Il s'agit là d'une mission exclusive de l'administrateur puisque, en l'absence de désignation de cet organe, le débiteur n'est pas tenu d'établir un tel bilan [102]. Une rémunération spécifique de l'administrateur est d'ailleurs prévue pour la réalisation de ce bilan.

98. Sur la validité d'une clause de garantie solidaire en paiement des sommes dues : Cass. com., 27 sept. 2011, n° 10-23539, *LEDEN* oct. 2011, p. 4, obs. P. Rubellin, *D.* 2011, p. 2399, obs. A. Lienhard, *Administrer*, nov. 2011, p. 28, obs. D. Lipman et W. Boccara, *Loyers et copr.* 2011, comm. 298, note Ph.-H. Brault, *Gaz. Pal.* 21 janv. 2012, n° 21, note F. Kendérian.

99. M. Behar-Touchais, « Les plans de sauvegarde et de continuation », *Rev. proc. coll.* 2005-4, p. 363 ; G. Blanc, « Le plan de sauvegarde », *Rev. proc. coll.* 2006-2, p. 182.

100. C. com., art. L. 626-8.

101. C. com., art. L. 623-1, al. 1 ; Ph. Peyramaure, « Le bilan économique et social dans la loi du 25 janvier 1985 », *JCP* E 1986, 15167.

102. C. com., art. L. 627-3 : « *[...] Il n'est pas dressé de bilan économique, social et environnemental* ».

593. – Objet du bilan. – Le bilan économique et social doit préciser « *l'origine, l'importance et la nature des difficultés de l'entreprise* » [103]. Ce bilan n'est pas qu'une simple analyse comptable. Il s'agit en réalité d'un « *examen de la situation économique et sociale de l'entreprise qui doit fournir des éléments sur tous les aspects de sa marche antérieure* » [104] mais aussi à venir [105].

594. – Droit à l'information de l'administrateur. – Afin de mener à bien sa tâche l'administrateur est en droit d'obtenir certaines informations [106]. Il reçoit d'abord de la part du juge-commissaire tous renseignements et documents utiles à l'accomplissement de sa mission et de celle des experts. Le juge-commissaire dispose à cet effet, et malgré des dispositions législatives ou réglementaires contraires, du pouvoir d'obtenir des renseignements auprès des commissaires aux comptes, des experts-comptables, des membres et représentants du personnel, des administrations et organismes publics, des organismes de prévoyance et de sécurité sociale, des établissements de crédit, des établissements de paiement ainsi que des services chargés de centraliser les risques bancaires et les incidents de paiement. Les informations transmises doivent lui permettre d'avoir une information exacte « *sur la situation économique, financière et patrimoniale du débiteur* » [107].

Il en reçoit ensuite du tribunal ayant homologué un accord de conciliation [108] ou, si c'est un agriculteur, un règlement amiable [109]. Il s'agit alors d'informations sur la situation de l'entreprise qui ont été recueillies par le tribunal au cours de ces procédures (rapport d'expertise [110], compte rendu du conciliateur [111]).

Il peut enfin consulter le mandataire judiciaire et entendre « *toute personne susceptible de l'informer sur la situation et les perspectives de redressement de l'entreprise, les modalités de règlement du passif et conditions sociales de la poursuite de l'activité* » [112].

595. – Obligation d'information de l'administrateur. – Il y a un véritable devoir de loyauté qui pèse sur les organes de la procédure et notamment sur l'administrateur au titre de l'élaboration du bilan économique et social. Ce devoir de loyauté est illustré par l'obligation d'information qui pèse sur l'administrateur à ce stade la procédure. Ce dernier est en effet tenu d'informer plusieurs personnes. C'est d'abord le cas du débiteur auquel il doit indiquer la situation et les perspectives de redressement de l'entreprise, les modalités de règlement du passif et les conditions sociales de la poursuite de l'activité. À son tour le débiteur livre à l'administrateur ses observations. L'administrateur informe ensuite de l'avancement de ses travaux le mandataire judiciaire, le comité d'entreprise ou les délégués du personnel.

596. – Obligation de consultation de l'administrateur. – L'administrateur doit consulter le mandataire judiciaire afin de compléter son information sur la situation de l'entreprise. Il doit aussi consulter l'ordre professionnel ou l'autorité compétente dont

103. C. com., art. L. 623-1, al. 1.
104. Rapp. G. Gouzes, Doc. AN, n° 1872, p. 53.
105. Ph. Peyramaure, *op. cit.*, 15617.
106. C. com., art. L. 623-3.
107. C. com., art. L. 623-2.
108. C. com., art. L. 611-8.
109. C. rur. et pêche mar., art. L. 351-6.
110. C. com., art. L. 611-6 ou C. rur. et pêche mar., art. L. 351-3.
111. C. rur. et pêche mar., art. L. 351-6.
112. C. com., art. L. 623-3, al. 3.

relève le débiteur lorsque celui-ci exerce une profession libérale soumise à un statut législatif ou réglementaire ou dont le titre est protégé [113].

II. Le bilan environnemental

597. – Une création récente. – L'apparition du bilan environnemental est récente dans le droit économique des entreprises en difficulté. Elle s'est faite à un moment où les difficultés environnementales empoisonnaient certaines procédures collectives ce qui avait ému l'opinion publique [114]. Il suffit à cet égard de se remémorer l'affaire *Metaleurop* ou encore le cas de la mine d'or de Salsigne. De telles circonstances ont donc conduit le pouvoir normatif à introduire le bilan environnemental [115].

598. – Entreprises concernées. – Le Code de commerce [116] précise que le bilan économique et social est complété par un bilan environnemental « *dans le cas où l'entreprise exploite une ou des installations classée au sens du titre Ier du livre V du Code de l'environnement [...]* ». Le champ d'application de ce bilan est donc très vaste. En effet, le Code de l'environnement qualifie d'installations classées les « *usines, dépôts, chantiers et d'une manière générale, les installations exploitées ou détenus par toute personne physique ou morale, publique ou privée, qui peuvent présenter des dangers ou des inconvénients soit pour la commodité du voisinage, soit pour la santé, la sécurité, la salubrité publiques, soit pour l'agriculture, soit pour la protection de la nature et de l'environnement, soit pour la conservation des sites et des monuments ainsi que des éléments du patrimoine archéologique* » [117]. En d'autres termes la plupart des entreprises relèvent du droit des installations classées et ce d'autant que le Code de commerce ne distingue pas, pour l'application du bilan environnemental, entre les installations soumises à déclaration ou à autorisation et les autres.

599. – Objet du bilan. – Le bilan porte sur « *l'identification et la description du ou des sites où sont exploitées la ou les installations classées et de leur environnement, l'existence de pollutions potentielles, les mesures d'urgence de mise en sécurité déjà prises, prévues ou à prendre et les mesures réalisées afin de surveiller l'impact de l'exploitation sur l'environnement* ».

600. – Modalités de réalisation. – Le bilan environnemental est réalisé par le débiteur ou par un technicien à la demande de l'administrateur [118]. La désignation d'un technicien relève de la compétence du juge-commissaire qui doit apprécier s'il « *estime nécessaire une telle intervention* » [119]. Sur le plan formel le bilan environnemental doit être établi selon les rubriques fixées par un arrêté ministériel.

113. C. com., art. L. 623-3, al. 4.

114. B. Soinne, « Opinion publique et procédures collectives : l'affaire *Metaleurop* », *Act. proc. coll.* 2003, n° 8. V. aussi « Droit des entreprises en difficulté et protection de l'environnement », *Rev. proc. coll.* n° 2, juin 2004, p. 141 et s.

115. L. n° 2003-699 du 30 juillet 2003 relative à la prévention des risques technologiques et naturels et à la réparation des dommages, *JO* du 31 juill. 2003. Sur le bilan environnemental voir B. Rolland, « Les nouvelles incidences du droit de l'environnement sur le droit commercial (après la loi n° 2003-699 du 30 juill. 2003) », *JCP* E 2004, 333 ; D. Voinot, « Le bilan environnemental dans les procédures collectives », *Dr. env.* déc. 2004, n° 127, p. 280 et s.

116. C. com., art. L. 623-1, al. 3.

117. C. env., art. L. 511-1.

118. C. com., art. R. 623-2.

119. *Ibid.*

601. – Superposition de bilans environnementaux. – En plus de ce bilan les entreprises qui relèvent du droit des installations classées doivent réaliser d'autres bilans environnementaux [120]. Elles doivent ainsi présenter au préfet un bilan de fonctionnement dont la fréquence et le contenu sont fixés par voie réglementaire [121]. De même dans les sociétés anonymes dont les titres sont côtés le conseil d'administration ou le directoire doit apporter des précisions relatives à l'environnement dans son rapport annuel destiné à l'assemblée des actionnaires [122]. Bien plus, le contenu de ce rapport est même renforcé en présence d'une société classée Seveso [123]. On voit ainsi se multiplier des bilans environnementaux que doivent désormais réaliser les entreprises. Il n'est pas certain que la réalisation de plusieurs bilans environnementaux par une même entreprise soit très bien comprise par les entrepreneurs.

602. – Information environnementale en l'absence de bilan. – Si l'entreprise ne relève pas du bilan environnemental prévu par le Code de commerce il est malgré cela recommandé à l'administrateur de faire état, dans le bilan économique et social, des difficultés environnementales [124]. La réalisation du bilan économique, social et environnemental doit au final permettre à l'administrateur de proposer au tribunal un plan de sauvegarde [125].

§ 2 : L'élaboration d'un projet de plan de sauvegarde et de redressement judiciaire

603. – Similitude de régime en sauvegarde et en redressement judiciaire. – Le plan doit permettre au débiteur d'assurer le redressement de son entreprise en conservant la propriété de ses biens et en poursuivant son activité. Le plan est arrêté par le tribunal au vu des propositions du débiteur, du rapport de l'administrateur judiciaire et de l'avis des créanciers recueilli par le mandataire judiciaire sur les délais et remises de dettes et conversion de titres proposés. Il comporte un volet financier (remises de dettes et délais de paiement portant sur l'intégralité [126] du passif vérifié et admis), un volet économique (mesures de restructuration de l'entreprise), un volet social (licenciement, reclassement des salariés). Le régime du projet de plan est très similaire en sauvegarde et en redressement judiciaire, le texte renvoyant très largement à la sauvegarde pour tout ce qui concerne le redressement.

604. – Condition d'ouverture de la sauvegarde financière accélérée. – En précisant que « *la procédure de sauvegarde accélérée est ouverte sur demande d'un débiteur, engagé dans une*

120. M. Prieur, *Droit de l'environnement*, Dalloz, 5e éd., 2003, n° 117.

121. D. n° 77-1133 du 21 sept. 1977, art. 17-2 ; arr. 17 juill. 2000 ; ce dernier texte fixe une fréquence de dix ans et prévoit notamment « une évaluation des principaux effets actuels sur les intérêts » à l'article L. 511-1 du Code de l'environnement.

122. C. com., art. L. 225-102-1 ; D. n° 2002-221 du 20 févr. 2002 ; Ch.-H. Pardieu, P. Savin, « L'évolution réglementaire des actionnaires dans le domaine de l'environnement et son impact sur le gouvernement d'entreprise », *BDEO*, n° 4, 2001, p. 2 ; C. Malecki, « Informations sociales et environnementales : de nouvelles responsabilités pour les sociétés cotées ? », *D.* 2003, p. 818 ; A. Lienhard, « Sociétés cotées : informations sociale et environnementale », *D.* 2002, p. 874.

123. C. com., art. L. 225-102-2 ; B. Rolland, *op. cit.*, p. 367.

124. B. Sapin, « Le rôle des mandataires de justice en présence d'une atteinte portée à l'environnement », *Rev. proc. coll.* 2004, n° 2, p. 150 ; D. Voinot, « Le bilan environnemental dans la procédure collective », *Dr. env.* déc. 2004, p. 280.

125. C. com., art. L. 623-1, al. 3.

126. L'administrateur doit élaborer un projet de plan portant sur la totalité du passif admis, CA Versailles, 28 févr. 2013, *D.* 2013. Actu. 638 ; *LEDEN* avr. 2013, p. 5, obs. F.-X. Lucas ; *Bull. Joly* 2013. 345, note Laroche.

procédure de conciliation en cours [...] qui justifie avoir élaboré un projet de plan », l'article L. 628-1 du Code de commerce fait du projet de plan une condition de cette procédure ce qui confirme l'article R. 628-2, 5° du Code de commerce en précisant que le débiteur doit joindre à la demande d'ouverture de la procédure « *le projet de plan* ». Le tribunal doit ensuite statuer sur la demande d'ouverture « *après rapport du conciliateur sur le déroulement de la conciliation et sur les perspectives d'adoption du projet de plan pour les créanciers concernés* » [127].

I. Objet du projet de plan

605. – Avenir de l'entreprise. – Il s'agit de scruter l'avenir de l'entreprise [128] c'est-à-dire en déterminant les perspectives de redressement, en définissant les modalités de règlement du passif ainsi que les garanties éventuelles apportées par le chef d'entreprise, et en exposant et justifiant le niveau et les perspectives d'emploi ainsi que les conditions sociales envisagées pour la poursuite d'activité. Sur ce dernier point, lorsque le projet prévoit des licenciements pour motifs économiques, « *il rappelle les mesures déjà intervenues et définit les actions à entreprendre en vue de faciliter le reclassement et l'indemnisation des salariés dont l'emploi est menacé* » [129]. Il doit aussi recenser, annexer et analyser les offres d'acquisition portant sur une ou plusieurs activités, présentées par des tiers [130] et indiquer « *la ou les activités dont sont proposés l'arrêt ou l'adjonction* » [131]. Le projet de plan peut aussi prévoir plusieurs mesures de réorganisation de l'entreprise comme des modifications de capital [132].

606. – Mesures à l'égard des dirigeants dans le redressement judiciaire. – Contrairement à la sauvegarde où cette possibilité a été supprimée, il est possible en redressement judiciaire uniquement de subordonner l'adoption d'un plan à l'application de mesures aux dirigeants. Ces mesures peuvent résider dans l'éviction d'un ou plusieurs dirigeants [133], la cession forcée ou l'incessibilité des titres détenus par les dirigeants. Toutefois elles ne s'appliquent pas lorsque le débiteur exerce une profession libérale réglementée.

II. Modalités d'élaboration du projet

A. Auteur du projet de plan

607. – Mission de l'administrateur ou du débiteur. – Le bilan économique, social et environnemental doit permettre à l'administrateur, ou au débiteur, d'élaborer un projet de

127. C. com., art. L. 628-2.
128. C. com., art. L. 626-2 qui reprend le contenu de l'ancien art. L. 621-54.
129. C. com., art. L. 626-2, al. 4 ; pour les mesures de licenciement économique dans le redressement judiciaire, v. art. L. 626-2, al. 5.
130. C. com., art. L. 626-2, al. 5.
131. *Ibid.*
132. C. com., art. L. 626-3 ; un régime spécifique est prévu en l'absence d'administrateur, v. C. com., art. L. 627-3, al. 3. C'est alors le juge-commissaire qui fixe le montant de l'augmentation de capital proposée par l'assemblée pour reconstituer les capitaux propres. V. A. Cerati-Gauthier, « L'associé dans la loi de sauvegarde des entreprises », *Rev. sociétés* 2006-2, p. 340.
133. C. com., art. L. 631-19-1.

plan [134]. Plus précisément, dans la sauvegarde c'est le débiteur qui élabore le projet, avec le concours de l'administrateur, alors que dans le redressement judiciaire c'est l'administrateur, avec le concours du débiteur qui élabore le projet de plan [135]. S'il n'y a pas d'administrateur, le débiteur établit alors le projet et peut, à cette fin, se faire assister d'un expert nommé par le tribunal [136]. On observera que dans la procédure de sauvegarde financière accélérée le débiteur doit justifier « *avoir élaboré un projet de plan* » [137].

B. Modalités de consultation des créanciers

608. – Un aspect essentiel du projet réside dans les modalités de règlement des dettes. Celles-ci doivent être précisées dans le projet de plan après une consultation des créanciers soumise à des conditions différentes selon qu'elle intervient hors comités de créancier ou dans le cadre d'un comité de créanciers. Cependant, et dans tous les cas, cette consultation ne concerne que les créanciers ayant régulièrement déclaré leurs créances. En effet, à défaut de déclaration, les créances deviennent inopposables à la procédure. Auparavant, c'est-à-dire avant la réforme de la loi du 26 juillet 2005, cette consultation s'adressait aux seuls créanciers antérieurs (seuls créanciers soumis au plan). Aujourd'hui, on y ajoute les titulaires de toutes les créances postérieures régulières qui ne sont pas nées pour les besoins de la procédure au sens large. Elles devront être déclarées. Cependant, ceci pourra poser problème lorsque ces créances seront nées après consultation des créanciers. Par ailleurs la consultation des créanciers n'est pas toujours obligatoire. L'article L. 626-5, alinéa 4 du Code de commerce précise en effet que « *le mandataire judiciaire n'est pas tenu de consulter les créanciers pour lesquels le projet de plan ne modifie pas les modalités de paiement ou prévoit un paiement intégral en numéraire dès l'arrêté du plan ou dès l'admission de leurs créances* » [138].

1°/ Consultation hors comités de créanciers

609. – Élaboration du projet de plan en l'absence de comités de créanciers. – Les propositions pour le règlement des dettes sont adressées par l'administrateur [139], au fur et à mesure de leur élaboration et sous la surveillance du juge-commissaire, au mandataire judiciaire, aux contrôleurs ainsi qu'au comité d'entreprise ou, à défaut aux délégués du personnel [140]. Ces propositions sont ensuite communiquées « *par lettre recommandée avec demande d'avis de réception, par le mandataire judiciaire, à chaque créancier consulté ayant déclaré sa créance* » [141]. Les modalités de consultation diffèrent ensuite selon que les mesures envisagées

134. C. com., art. L. 626-2.
135. C. com., art. L. 631-19, I.
136. C. com., art. L. 627-3.
137. C. com., art. L. 628-1, al. 2.
138. Précision introduite par L. n° 2010-1249, 22 oct. 2010 et qui complète la position antérieure de la jurisprudence : Cass. com., 25 mars 1997, *Bull. civ.* IV, n° 82 : le tribunal ayant disposé du choix de la solution sans être lié par le projet de l'administrateur et du débiteur, c'est aux juges qu'il appartient d'apprécier la fiabilité et les possibilités de bonne fin de la proposition et de prolonger, s'ils l'estiment nécessaire, la période d'observation pour que la consultation des créanciers puisse avoir lieu.
139. C. com., art. L. 626-5, al. 1. En l'absence d'administrateur le débiteur communique alors au mandataire et au juge-commissaire les propositions de règlement du passif, C. com., art. L. 627-3, al. 2.
140. C. com., art. L. 626-5, al. 1.
141. C. com., art. R. 626-7.

sont des délais de paiement ou des remises de dettes d'un côté ou des conversions en titre donnant ou pouvant donner accès au capital de l'autre.

a) Délais de paiement et remises de dettes

610. – Option du mandataire judiciaire. – Le mandataire judiciaire doit recueillir individuellement ou collectivement l'accord de chaque créancier qui a déclaré sa créance [142], sur les propositions de délais et remises [143]. La lettre adressée aux créanciers auxquels sont proposés des délais et remises précise la forme choisie pour la consultation [144].

611. – Consultation individuelle. – En cas de consultation individuelle, la lettre doit reproduire les dispositions de l'article L. 626-5 relatives à ce mode de consultation [145]. Les créanciers qui sont consultés individuellement par écrit ont ensuite trente jours à compter de la réception de la lettre pour se prononcer. Le défaut de réponse dans ce délai vaut acceptation [146].

612. – Consultations individuelles des créanciers publics pour les délais de paiement. – Les créanciers publics [147] tels que le Trésor public ou encore les organismes de sécurité sociale ont, dans la sauvegarde et le redressement judiciaire, la possibilité d'accorder des délais de paiement et des remises de dettes. Ces créanciers sont consultés individuellement « *lorsque la proposition qui leur est soumise porte exclusivement sur des délais de paiement* » [148]. Un régime spécial est prévu pour les remises de dettes.

613. – Régime spécial pour les remises de dettes accordées par les créanciers publics. – L'article L. 626-6 du Code de commerce précise que les créanciers publics « *peuvent accepter de remettre tout ou partie de ses dettes au débiteur dans des conditions similaires à celle que lui octroierait dans des conditions normales de marché, un opérateur économique privé placé dans la même situation* ». Les remises accordées au débiteur peuvent porter sur l'ensemble des impôts directs. Mais, s'agissant des impôts indirects, les remises sont limitées aux seuls intérêts de retard, majorations, pénalités ou amendes [149]. L'URSSAF et le Trésor public ne peuvent se voir imposer des remises de dettes malgré le non-respect du délai légal de trente jours pour répondre à la lettre du mandataire judiciaire contenant les propositions de délai de paiement ou de remises de dettes formulées par l'administrateur judiciaire [150].

---

142. C. com., art. L. 626-5, al. 2. Sauf pour l'AGS qui peut proposer sans avoir déclaré pour les sommes qu'elle a avancées.
143. C. com., art. L. 626-5, al. 2. Sur les déductions fiscales liées à l'abandon de créances, v. CGI, art. 39-1-8° ; B. LAGARDE, « La discrimination de la déductibilité fiscale des abandons de créances », *LPA* 2006-35, p. 28.
144. C. com., art. R. 625-7, al. 1 « Sont joints à cette lettre : 1° Un état de la situation active et passive avec ventilation du passif privilégié et du passif chirographaire ; 2° L'ensemble des propositions relatives au règlement des dettes et l'indication des garanties offertes ; 3° L'avis du mandataire judiciaire ainsi que des contrôleurs s'il en a été nommé ».
145. C. com., art. R. 625-7, al. 2.
146. C. com., art. L. 626-5, al. 2.
147. Qui sont en réalité les administrations financières (Trésor public par ex.) ou sociales (Urssaf par ex.).
148. C. com., art. L. 626-5, al. 2.
149. Sur les modalités, v. C. com., art. D. 626-9 à D. 626-15.
150. C. com., art. L. 626-5 al. 2 ; Pour une application de ce texte à l'URSSAF, v. Cass. com. 26 mars 2013, *D.* 2013. Actu. 904 ; *Act. proc. coll.* 2013, n° 109, obs. VALLANSAN ; *LEDEN* mai 2013, p. 5, obs. FAVARIO.

614. – Consultation collective. – Lorsque le mandataire judiciaire décide de recueillir collectivement l'accord des créanciers ceux-ci sont convoqués à une réunion tenue sous sa présidence, aux lieux, jour et heure fixés dans la lettre contenant la proposition qui leur est faite. Un avis de convocation peut en outre être inséré dans un journal d'annonces légales du lieu du siège de la personne morale ou de l'adresse de l'entreprise ou de l'activité du débiteur personne physique. Les créanciers peuvent se faire représenter par une personne munie d'un pouvoir spécial. Lors de la réunion, le mandataire judiciaire doit dresser un rapport sur l'état de la procédure ainsi que sur les conditions de la poursuite de l'activité du débiteur depuis son ouverture. L'accord de chaque créancier présent ou représenté doit alors être recueilli par écrit [151].

b) Conversion de titres

615. – La loi n° 2010-1249 du 22 octobre 2010 ayant introduit la possibilité de convertir en capital des titres détenus par des créanciers, elle a par conséquent posé des modalités de consultation propres à ces mesures de règlement du passif. Dans ce cas en effet le mandataire judiciaire n'a pas d'option [152]. Il doit recueillir, individuellement et par écrit, l'accord de chaque créancier qui a déclaré sa créance. La lettre adressée aux créanciers doit préciser les modalités de consultation et être accompagnée d'un document établi par l'administrateur ou, s'il n'en a pas été nommé, par le débiteur, exposant l'origine, l'importance et la nature des difficultés de l'entreprise, d'un compte de résultat prévisionnel, d'une liste des créanciers destinataires d'une proposition de conversion [153].

2°/ Consultation des comités de créanciers

616. – Comités obligatoires et comités facultatifs. – La loi n° 2005-845 du 26 juillet 2005 a introduit une nouveauté concernant les modalités de consultation des créanciers en créant les comités de créanciers. Ces comités de créanciers constituent la grande innovation de la réforme pour ce qui concerne la participation des créanciers à la procédure [154]. Comme aux États-Unis, d'où l'institution est originaire [155], la constitution des comités de créanciers devient une exigence légale [156].

Ceux-ci sont ainsi obligatoires dans les entreprises dont le nombre de salariés est supérieur à cent cinquante ou qui réalisent un chiffre d'affaires au cours du dernier exercice comptable dépassant vingt millions d'euros [157]. Pour les entreprises qui n'atteignent pas ces différents seuils, l'autorisation de réunir les comités peut être demandée au juge-commissaire par le débiteur ou

151. C. com., art. R. 626-8.

152. C. com., art. L. 626-5, al. 3.

153. C. com., art. R. 626-7, III.

154. R. Dammann, « Les comités des créanciers dans la loi de sauvegarde », *RLDA* 2006, p. 3-82 ; G. Bremond, E. Scholastique, « Réflexions sur la composition des comités de créanciers dans les procédures de sauvegarde et de redressement judiciaires », *JCP* E 2006-10, 1405.

155. V. cependant les propos de Jérôme Chartier, rapporteur du projet de loi de sauvegarde des entreprises à l'Assemblée nationale, « *le projet de loi propose de revenir sur la suppression opérée par loi du 25 janvier 1985 [...], des assemblées de créanciers (prévues par la loi n° 67-563 du 12 juillet 1967 [...] qui votaient alors un concordat* » : J. Chartier, Rapport législatif n° 2099, adresse : http://www.assemblee-nationale.fr/12/rapports/r2099.asp.

156. C. com., art. L. 626-29.

157. C. com., art. R. 626-52.

l'administrateur [158]. La décision appartient au juge-commissaire il s'agit d'une mesure d'administration judiciaire qui ne pourra dont être contestée qu'en cas d'excès de pouvoir [159]. Si le juge-commissaire donne suite à la demande, si aucun administrateur judiciaire n'a été nommé par le tribunal, le juge-commissaire en désignera un avec une mission exclusivement limitée aux dispositions touchant aux comités de créanciers [160].

En tout état de cause seules les entreprises dont les comptes ont été certifiés par un commissaire au compte ou établis par un expert-comptable peuvent être dotées de comités de créanciers [161].

617. – Types de comité. – La loi distingue deux comités [162] :

– Le premier rassemble l'ensemble des établissements de crédits et assimilés. Depuis 2008, tous les titulaires d'une créance antérieure acquise auprès d'un établissement de crédit ou d'un fournisseur de biens ou de services en sont également membres.

– Le second accueille les principaux fournisseurs de biens ou de services du débiteur c'est-à-dire ceux dont la créance représente plus de 3 % du total des créances des fournisseurs. En deçà du seuil, le fournisseur ne fera pas partie du comité. Il sera consulté individuellement. Toutefois, une exception est faite si l'administrateur décide de l'intégrer dans le comité. Il faudra, alors, que le créancier accepte expressément. Sont également exclus du comité fournisseur les titulaires d'une créance acquise auprès d'un fournisseur de biens ou de services qui relève du comité des établissements de crédit et assimilés. Comme l'exprime le professeur Françoise Pérochon « le comité des principaux fournisseurs n'est composé que des "créanciers primaires" c'est-à-dire dont la créance n'a pas circulé » [163].

Sont aussi exclus les collectivités territoriales et leurs établissements publics. De mêmes sont écartés du comité, les créanciers bénéficiaires d'une fiducie constituée à titre de garantie par le débiteur.

La composition du comité peut évoluer. Cela résulte de l'article L. 626-30-1 [164] du Code de commercequi prévoit que l'obligation, ou la faculté, d'appartenir à un comité de créanciers constitue « un accessoire de la créance qui se transmet de plein droit à ses titulaires successifs nonobstant toute clause contraire ». La cession de créance emporte donc celle de la qualité du cédant de membre d'un comité au cessionnaire car elle constitue l'accessoire de la créance cédée. La cession de créance doit être portée à la connaissance de l'administrateur judiciaire [165]. Le cédant à intérêt à procéder à cette formalité ou à s'assurer qu'elle a été réalisée. Ajoutons, également, que les textes n'exigent pas que l'acquisition soit antérieure au jugement d'ouverture. Seule la créance transmise doit l'être.

C'est l'administrateur judiciaire qui est en charge de procéder à la constitution des comités et cela au regard des créances nées antérieurement au jugement d'ouverture de la procédure

158. C. com., art. L. 626-29, al. 2.

159. Pour une critique de l'absence de recours, v. F. Pérochon, « Libres propos sur la conciliation, la sauvegarde et les comités de créanciers », *Dict. permanent, Bull.* 291, mars 2008, p. 4436.

160. C. com., art. R. 626-53.

161. C. com., art. L. 626-29, al. 1.

162. C. com., art. L. 626-30.

163. F. Pérochon, *op. cit.*, p. 349.

164. C. com., art. L. 626-30-1, al. 1 : « *l'obligation ou, le cas échéant, la faculté de faire partie d'un comité constitue un accessoire de la créance née antérieurement au jugement d'ouverture de la procédure et se transmet de plein droit à ses titulaires successifs nonobstant toute clause contraire* ».

165. C. com., art. R. 626-57-1.

collective. La contestation des décisions de l'administrateur judiciaire devrait être portée devant le juge-commissaire en application de l'article R. 621-21 du Code de commerce.

618. – Fonctionnement du comité. – S'agissant du fonctionnement des comités, il faut savoir que le débiteur, avec le concours de l'administrateur, doit leur présenter des propositions de délais de paiement ou de remise de dettes destinées à l'élaboration du projet de plan. Les propositions peuvent être d'une autre nature, comme par exemple, de nouveaux apports ou une durée du plan beaucoup plus longue que celle légalement prévue (10 ou 15 ans) en l'absence de comité de créanciers. Il peut s'agir de propositions établissant « *un traitement différencié entre les créanciers si les différences de situation le justifient* » [166]. Tout créancier membre d'un comité pourra soumettre des propositions à l'administrateur et au débiteur qui décideront ou non de les présenter [167]. L'ensemble des propositions fera l'objet, dans chaque comité, d'une discussion avec le débiteur et l'administrateur et pourra être modifié. Un vote sera ensuite organisé dans un délai de vingt à trente jours après la transmission [168] mais il n'y a pas de délai à respecter pour la transmission si ce n'est celui de six mois à compter du jugement d'ouverturelaissé au comité de créancier pour se prononcer sur le projet de plan [169].

S'agissant des conditions de vote, une majorité des deux tiers du montant des créances détenues par les membres des comités ayant exprimé un vote est exigée. Selon le professeur Corinne Saint-Alary-Houin, cela aboutit à dire que « *le principe de l'égalité des créanciers est clairement abandonné* » [170], mais elle conclutque « *ces dispositions très libérales donnent une grande efficacité au plan qui sera plus aisément construit si certains créanciers essentiels sont mieux traités que d'autres* » [171]. Elles présentent cependant des dangers redoutables pour les créanciers minoritaires qui peuvent se voir imposer des abandons de créances ou des délais de remboursement plus longs que dans le cadre d'une consultation individuelle. Par exemple en 2011, le Tribunal de commerce d'Agen a arrêté un plan de redressement prévoyant un abandon de 90 % de leur créance aux membres du comité des principaux fournisseurs et le règlement de 10 % sur 7 années [172]. La conformitéde ce régime aux droits fondamentaux mériterait d'être appréciée. À tout le moins, elle devrait être soumise à un bilan coût-avantage pour essayer de déterminer si cette solution serait plus intéressante pour le créancier qu'une liquidation immédiate [173].

619. – Assemblée des obligataires. –Lorsque les sociétésémettent des obligations pour les besoins de leur financement, les obligataires doivent être consultés [174]. Ces obligataires seront alors réunis en assemblée générale pour délibérer sur le projet de plan, adopté par les comités

166. C. com., art. L. 626-30-2.
167. C. com., art. R. 626-57-2.
168. C. com., art. L. 626-30-2, al. 3 : « *après discussion avec le débiteur et l'administrateur, les comités se prononcent sur ce projet, le cas échéant modifié, dans un délai de vingt à trente jours suivant la transmission des propositions du débiteur. À la demande du débiteur ou de l'administrateur, le juge-commissaire peut augmenter ou réduire ce délai, qui ne peut toutefois être inférieur à quinze jours* ».
169. C. com., art. L. 626-34 du C. com.
170. C. Saint-Alary-Houin, « La composition et le fonctionnement des comités de créanciers seraient améliorés par l'avant-projet d'ordonnance », *RTD com.* 2008, p. 853.
171. *Ibid.*
172. TC D'Agen, 21 juill. 2011, inédit.
173. V. sur ce point le droit américain, M. Tanger, *La faillite en droit fédéral des États-Unis*, Economica, 2002, p. 95.
174. C. com., art. L. 626-32 : « *lorsqu'il existe des obligataires, une assemblée générale constituée de l'ensemble des créanciers titulaires d'obligations émises en France ou à l'étranger est convoquée dans des conditions définies par décret en Conseil d'État, afin de délibérer sur le projet de plan adopté par les comités de créanciers* ». Sur les conditions de convocation des assemblées d'obligataires, v. C. com., art. R. 626-60 à R. 626-63. ; B. Grelon, « La consultation des créanciers obligataires dans le cadre d'une procédure d'insolvabilité », *Rev. sociétés* 2008. 25.

de créanciers. La délibération a pour but de discuter et de voter les délais de paiements ou les abandons de créances relatifs à leurs droits. Le projet de plan peut prévoir un traitement différenciéentre les créanciers obligataires si les différences de situation le justifient [175], mais la loi n° 2012-387 du 22 mars 2012 a précisé que le projet de plan « doit prendre en compte les accords de subordination entre créanciers conclusavant l'ouverture de la procédure ».

L'ensemble des obligataires peut participer au vote même ceux détenant des titres super-subordonnés [176], c'est-à-dire à durée indéterminée et permettant à leur titulaire de percevoir un intérêt en cas de versement de dividendes ou de rachat d'actions. La Cour de cassation a ainsi jugé [177] que l'administrateur judiciaire ne peut priver certains des obligataires de leurs droits de vote en décidant que seule une partie du nominal de leurs titres leur confère un droit de vote. Elle a considéré toutefois qu'une irrégularité affectant les modalités de vote des porteurs de titres-subordonnés lors de l'assemblée unique des obligataires ne permet pas de prononcer la nullité si elle n'a eu aucune influence sur le résultat du vote. La même majorité des deux tiers du montant des créances obligataires détenues par les porteurs ayant exprimé leur vote est nécessaire. Les règles de fonctionnement sont équivalentes à celles des comités, à tel point que des auteurs, tel que le professeur Michel Le Corre [178], l'assimilent au « *troisième comité des créanciers* ».

Depuis l'ordonnance du 18 décembre 2008, lorsque le débiteur est une société par actions dont tous les actionnaires ne supportent les pertes qu'à concurrence de leurs apports, on a vu la possibilité, pour les comités, d'envisager des conversions de créances en capital [179]. De telles conversions pourraient être votées par les comités et s'imposer aux minoritaires. Cette innovation est également applicable aux obligataires [180]. Et, avec la loi du 22 octobre 2010 [181], une consultation individuelle des créanciers est prévue sur ce point des conversions [182]. Cependant, ici, le défaut de réponse dans le même délai vaudra cette fois refus,

175. Sur cette différenciation, v. B. Grelon, « La consultation des créanciers obligataires dans le cadre d'une procédure d'insolvabilité », *op. cit.* 48.

176. Cass. com., 21 févr. 2012 (affaire Technicolor) : *Bull. civ.* IV, n° 45 ; *D.* 2012. Actu. 606, obs. A. Lienhard ; *Rev. sociétés* 2012. 450, note B. Grelon ; *JCP E* 2012. 1227, n° 3, obs. Ph. Pétel ; *ibid.* 1228, note T. Bonneau ; *BRDA* 2012, n° 6, p. 31 ; *Gaz. Pal.* 27-28 avr. 2012, p. 23, obs. Ch. Lebel ; *RJDA* 2012, n° 520 ; *Bull. Joly* 2012. 426, note N. Borga ; *Dr. sociétés* 2012, n° 108, note B. Legros ; *Rev. proc. coll.* 2012, n° 82, obs. P. Fraimout ; *Dr. et patr.* sept. 2012. 101, obs. C. Saint-Alary-Houin. « *Comme tous les autres créanciers obligataires, les porteurs des titres super-subordonnés pouvaient se voir imposer un abandon partiel ou total de leurs créances et une conversion de leurs créances en titres donnant ou pouvant donner accès au capital ; que l'arrêt retient encore que ces mesures ne pouvaient être imposées que par la majorité qualifiée des membres de l'assemblée générale des obligataires, ce qui impliquait, en l'état du droit actuel, que les porteurs de titres super-subordonnés fussent membres de cette assemblée et que les modifications à leurs droits fissent partie du projet de plan soumis à l'approbation de cette assemblée ; que de ces constatations et appréciations, la cour d'appel a exactement déduit que les porteurs de titres super-subordonnés ne pouvaient pas être exclus de l'assemblée générale des obligataires* ».

177. Cass. com., 21 févr. 2012, précit. note précédente ; v. égal. Cass. com., 10 juill. 2012, *D.* 2012. Actu. 1953 ; *Rev. sociétés* 2012. 536, obs. C. Henry ; *JCP E* 2012. 1571, note Moulin ; *ibid.* 1757, n° 6, obs. Ph. Pétel ; *LEDEN* sept. 2012, p. 5, obs. N. Borga ; *Bull. Joly Entrep. diff.* 2012. 278, note Ph. Roussel Galle ; *Gaz. Pal.* 12-13 oct. 2012, p. 26, obs. C. Lebel ; *Dr. sociétés* 2012, n° 215, note J.-P. Legros.

178. P.-M. le Corre, « Porteurs de titres super-subordonnés et élaboration des plans de sauvegarde ou de redressement avec comité », *D.* 2010, p. 839.

179. C. com., art. L. 626-30-2, al. 2 : « *Le projet de plan proposé aux comités n'est soumis ni aux dispositions de l'article L. 626-12 ni à celles de l'article L. 626-18, à l'exception de son dernier alinéa. Il peut notamment prévoir des délais de paiement, des remises et, lorsque le débiteur est une société par actions dont tous les actionnaires ne supportent les pertes qu'à concurrence de leurs apports, des conversions de créances en titres donnant ou pouvant donner accès au capital. Il peut établir un traitement différencié entre les créanciers si les différences de situation le justifient. Il prend en compte les accords de subordination entre créanciers conclus avant l'ouverture de la procédure* ».

180. Ph. Roussel-Galle, « le dirigeant de société et le "nouveau" droit des entreprises en difficulté issu de la réforme du 18 déc. 2008 », *Rev. sociétés* 2009, p. 249.

181. L. n° 2010-1249 du 22 oct. 2010 de régulation bancaire et financière, *JORF* n° 0247 du 23 oct. 2010, p. 18984.

182. A. Lienhard, « Plans de continuation : modifications législatives », *D.* 2010.

étant de surcroît précisé que le mandataire judiciaire devra recueillir individuellement et par écrit l'accord de chaque créancier concerné. En outre, le tribunal devra homologuer ces accords de conversion, l'article L. 626-18 prenant soin d'ajouter « *sauf s'ils portent atteinte aux droits des autres créanciers* ». Le professeur Philippe Roussel-Galle souligne que « *ces précautions sont bienvenues ; la conversion des créances en capital est une opération grave, et il serait curieux et sans doute peu respectueux des droits des créanciers et plus généralement du droit des sociétés, de leur imposer de devenir actionnaire sans obtenir un accord express de leur part* » [183].

620. – Sauvegarde financière accélérée. – La procédure de sauvegarde financière accélérée ne s'adresse pas à tous les créanciers. Pour retenir les créances qui seront affectées par cette procédure, le législateur a décidé que la procédure de sauvegarde financière accélérée n'aura d'effet qu'à l'égard des créanciers membres du comité des établissements de crédit ou des obligataires [184]. Certains ont estimé qu'il aurait été souhaitable que les créances détenues par les administrations fiscales et sociales définies à l'article L. 626-6 soient également concernées [185]. En définitive, la procédure n'affectera que les droits des créanciers financiers et seul le comité des établissements de crédit sera réuni et votera le plan et l'assemblée générale des obligataires sera, elle aussi, constituée s'il y a lieu [186]. La sauvegarde financière accélérée a vocation à être très rapide. Tout d'abord, en vertu de l'article L. 628-4 du Code de commerce, le délai entre la transmission des propositions du débiteur aux créanciers réunis en comités et le vote peut être réduit à huit jours, alors qu'en procédure de sauvegarde, il ne peut être inférieur à quinze jours [187]. Ensuite, en vertu de l'article L. 628-6, alinéa 1er du Code de commerce, le tribunal doit adopter le plan dans les conditions prévues par l'article L. 626-31 dudit code, c'est-à-dire dans les conditions prévues pour l'adoption d'un plan après vote des comités de créanciers, dans un délai d'un mois à compter du jugement d'ouverture, délai qui peut être prolongé d'un mois au plus.

La durée de la procédure est très encadrée car à défaut d'adoption du plan dans le délai imparti, le tribunal met fin à la procédure, ce qui souligne encore le caractère dérogatoire de cette procédure. Cette durée qui peut paraître trop brève à certains [188] permet de rassurer les partenaires de l'entreprise sur sa capacité à mener à bien sa restructuration financière rapidement [189]. La rapidité de la procédure diminue le traumatisme économique et s'explique car il s'agit ici d'une restructuration financière sans que les intérêts financiers viennent en opposition avec les intérêts des salariés [190]. Pour certains, le délai d'un mois est trop court, ils suggèrent donc de l'allonger à deux mois renouvelables [191].

183. Ph. Roussel-Galle, « Une nouvelle "réforme" du droit des entreprises en difficulté et une procédure de plus ! », *JCP* n° 44, 2010, p. 1072.
184. C. com., art. L. 628-1, al. 3.
185. T. Monteran, « Rapide aperçu de la sauvegarde financière accélérée 2010 : agression sauvage des principes d'égalité des créanciers et d'unité du patrimoine », *Gaz. Pal.* 2010, n° 289, p. 9.
186. Ph. Roussel-Galle, « Premières vues sur la Sauvegarde Financières Accélérée et sur les modifications apportées au droit des entreprises en difficulté par la loi du 22 octobre 2010 », *JCP* E2010, n° 44, act. 591.
187. C. com., art. L. 626-30-2.
188. T. Monteran, « Rapide aperçu de la sauvegarde financière accélérée 2010 : agression sauvage des principes d'égalité des créanciers et d'unité du patrimoine », *Gaz. Pal.* 2010, n° 289, p. 9.
189. R. Dammann, G. Podeur, « Sauvegarde financière : le "*prepack*" à la française », *D.* 2010, p. 2504.
190. T. Monteran, *op. cit.*, *loc. cit.*
191. *Ibid.*

621. – Issue de la consultation des comités de créanciers. – La consultation des comités de créanciers peut d'abord aboutir à l'arrêté du plan par le tribunal. Cela passe par une appréciation« que les intérêts de tous les créanciers sont suffisamment protégés » [192] et, s'il y a lieu, que l'approbation des obligataires a été obtenue. Après avoir fait cette vérification, le tribunal arrête le plan conformément au projet adopté, ce qui rend applicables à tous leurs membres les propositions acceptées par chacun des comités.

La consultation des comités de créanciers peut aussi aboutir à un échec dans trois cas :

– lorsque l'un ou l'autre des comités et, le cas échéant, l'assemblée des obligataires ne se sont pas prononcés sur un projet de plan dans un délai de six mois à compter du jugement d'ouverture de la procédure ;

– lorsque l'un d'eux a refusé les propositions faites par le débiteur ;

– lorsque le tribunal n'a pas arrêté le plan ;

Dans ces hypothèses la procédure est reprise pour préparer un plan dans les conditions de droit commun c'est-à-dire hors comité.

622. – Voies de recours. – L'appel et le pourvoi en cassation sont recevables contre « *les décisions statuant sur l'arrêté du plan de sauvegarde ou du plan de redressement de la part du débiteur, de l'administrateur, du mandataire judiciaire, du comité d'entreprise ou, à défaut, des délégués du personnel et du ministère public, ainsi que de la part du créancier ayant formé une contestation en application de l'article L. 626-34-1* » [193]. Le particularisme des voies de recours tient ici dans le préalable de la contestation imposée au créancier qui, à peine d'irrecevabilité de l'appel, doit être portée devant le tribunal au moment où celui-ci doit statuer sur l'arrêté du plan. Cette contestation doit être formée dans un délai de dix jours à partir du vote du comité dont est membre le créancier à l'initiative de celle-ci [194]. Une fois cette condition préalable remplie, et si le créancier n'est pas satisfait de l'issue de l'audience, il sera possible d'interjeter appel dans un délai de 10 jours à compter de la date de notification de la décision frappée d'appel. La tierce opposition est ouverte aux tiers conformément à l'article L. 661-3, alinéa 1er du Code de commerce. Le jugement statuant sur tierce opposition est susceptible d'appel et de pourvoi en cassation. Comme pour l'appel, la tierce opposition doit être formée dans un délai de dix jours dont le point de départ est fixé à la publication au *BODACC* du jugement arrêtant le plan de sauvegarde ou de redressement judiciaire. À défaut, la tierce opposition est nulle.

Nos 623 à 634 réservés

192. C. com., art. L. 626-30.
193. C. com., art. L. 661-1, 6°.
194. C. com., art. R. 626-23.

CHAPITRE II
La poursuite de l'activité en liquidation judiciaire

635. – Une procédure de liquidation judiciaire a principalement pour objectif de réaliser l'actif afin d'apurer le passif. C'est la raison pour laquelle la poursuite d'activité paraît inconciliable avec ce genre de procédure. Cela paraît d'autant plus logique qu'à compter de l'ouverture de la procédure, le débiteur est frappé de dessaisissement et que s'agissant des sociétés dotées de la personnalité morale, celles-ci sont dissoutes de plein droit conformément à l'article 1844-7, 7° du Code civil, la personnalité étant seulement maintenue pour les besoins de la liquidation [1]. Pourtant, la poursuite d'activité est possible même pendant le déroulement de la liquidation judiciaire si la cession de l'entreprise dans sa globalité est envisageable. « *La liquidation judiciaire doit être ouverte à l'égard du débiteur qui est manifestement dans l'impossibilité d'assurer la continuation de son entreprise. La cession est donc par nature l'issue de cette procédure, qu'elle porte sur l'entreprise elle-même ou des branches d'activité, ou encore, lorsque l'activité a cessé, sur des biens isolés* ». Par cette précision, l'exposé des motifs du projet de loi de sauvegarde des entreprises confirme que le déclenchement d'une procédure de liquidation judiciaire peut aboutir à la poursuite de l'activité selon des modalités adaptées (Section I) et ceci en vue de la préparation de la cession de l'entreprise (Section II).

Section I
Les modalités de poursuite de l'activité

§ 1 : L'autorisation de poursuivre l'activité

636. – Autorisation du tribunal. – C'est au tribunal ayant ouvert la procédure de liquidation judiciaire qu'il appartient d'« autoriser » la poursuite de l'activité de l'entreprise [2].

637. – Motifs justifiant la poursuite. – La poursuite d'activité ne peut être autorisée que « *si la cession totale ou partielle de l'entreprise est envisageable* » [3] ou alors « *si l'intérêt public ou celui des créanciers l'exige* » [4]. Le rapport du juge enquêteur [5] établi avant l'ouverture de la procédure

1. La solution est différente pour les autres groupements notamment pour les associations Cass. com., 8 juill. 2003, *Bull. civ.* IV, n° 126 ; *D.* 2003, AJ. 2173. *Act. proc. coll.* 2003, n° 201, obs. Legros ; *Dr. sociétés* 2003, n° 187, note F.-X. Lucas ; *Rev. sociétés* 2003. 887, note le Cannu ; *JCP* E 2004, n° 5, p. 175, obs. M. Cabrillac ; *Bull. Joly* 2004.103, note Neau-Leduc.
2. C. com., art. L. 641-10 et L. 642-2, I.
3. C. com., art. L. 641-10.
4. *Ibid.*
5. C. com., art. L. 621-1 et R. 621-3.

de liquidation judiciaire devrait permettre de vérifier si la situation de l'entreprise nécessite qu'une telle poursuite d'activité soit autorisée.

638. – Durée de la poursuite d'activité. – La période de poursuite d'activité ne peut excéder trois mois. Elle peut cependant, à la demande du ministère public, être prolongée de trois mois [6]. Lorsque l'entreprise est une exploitation agricole un régime spécial est alors applicable. Le délai est fixé par le tribunal en fonction de l'année culturale en cours et des usages spécifiques aux productions concernées. La poursuite de l'activité s'achève soit à l'expiration du délai fixé ou alors à compter de l'arrêté d'un plan de cession. Le tribunal peut aussi décider de mettre fin à tout moment au maintien de l'activité si celui-ci n'est plus justifié [7].

§ 2 : La gestion de l'activité en liquidation judiciaire

I. Éviction du débiteur

639. – Débiteur personne physique. – Il convient de rappeler qu'en raison du dessaisissement qui le frappe le débiteur ne peut plus exercer de droit et actions sur ces biens. Le débiteur ne peut donc poursuivre l'exercice de l'activité à raison de laquelle il est en liquidation judiciaire. Toutefois, s'il est une personne physique, se pose la question fondamentale de savoir s'il peut, pendant le déroulement de la procédure de liquidation judiciaire, exercer une autre activité. Pour des raisons tenant à la liberté du travail, il n'était pas possible de lui interdire l'exercice de toute activité. Le législateur a donc prévu que le débiteur personne physique peut, pendant la liquidation judiciaire, exercer une activité mais uniquement comme salarié [8]. Une solution aménagée est par ailleurs prévue pour l'entrepreneur individuel à responsabilité limitée qui peut exercer une ou plusieurs activités indépendantes, commerciales, artisanales ou agricoles, et si ces « *activités engagent un patrimoine autre que celui visé par la procédure* » [9]. En revanche après clôture de la procédure le débiteur retrouve une entière liberté d'exercer une activité professionnelle, indépendante ou salariée, sous réserve de sanctions éventuelles qui pourraient le frapper [10].

640. – Dirigeants de débiteur personne morale. – Pour les dirigeants d'une personne morale, l'article L. 641-9, II, du Code de commerce prévoit leur maintien « *en fonction lors du prononcé du jugement de liquidation judiciaire [...] sauf disposition contraire des statuts ou décision de l'assemblée générale* ». Toutefois, « *en cas de nécessité, un mandataire peut être désigné en leur lieu et place par ordonnance du président du tribunal sur requête de tout intéressé, du liquidateur ou du ministère public* ». En réalité, le dirigeant ne peut pas exercer les droits et actions sur le patrimoine de la personne morale à l'instar de la solution qui s'applique au débiteur personne physique. Il n'est donc là que pour exercer les droits propres du débiteur dessaisi. En revanche, le dirigeant peut exercer librement ses droits et actions sur son propre patrimoine dès lors

6. C. com., art. R. 641-18.
7. C. com., art. L. 641-10, dernier al.
8. C. com., art. L. 641-9, III.
9. *Ibid.*
10. V. *infra*.

qu'il n'est pas à titre personnel l'objet d'une procédure de liquidation judiciaire. Il convient aussi de préciser le sort de la personne morale à l'ouverture de la procédure collective.

II. L'intervention du liquidateur

A. Administration de l'entreprise

641. – Lorsque l'activité est poursuivie l'article L. 641-10 du Code de commerce précise que « *le liquidateur administre l'entreprise* ». Dans le cadre de cette mission il peut prononcer les licenciements en appliquant les règles prévues en matière de redressement judiciaire [11]. À défaut d'administrateur, il a la faculté d'exiger l'exécution des contrats en cours selon les modalités applicables pour les autres procédures collectives [12].

Si des offres ont été émises, le liquidateur prépare un plan de cession. Et lorsqu'un tel plan est arrêté par le tribunal c'est au liquidateur que revient la mission de passer les actes nécessaires à la réalisation du plan, d'en recevoir et d'en distribuer le prix [13]. Dès son entrée en fonction, le liquidateur doit requérir du chef d'entreprise ou faire lui-même « *tous actes nécessaires à la conservation des droits de l'entreprise contre les débiteurs de celle-ci et à la préservation des capacités de production* » [14]. Il peut aussi demander que soient réunies à l'actif les acquisitions faites par le conjoint du débiteur à l'aide des valeurs fournies par le débiteur [15].

642. – En procédure de liquidation judiciaire. – Si en principe, le liquidateur est l'unique organe de la procédure de liquidation judiciaire, il peut aussi y avoir désignation d'un administrateur par le tribunal lorsque l'activité est poursuivie.

B. Représentation des créanciers

643. – Missions du mandataire judiciaire. – Le liquidateur exerce la mission confiée au mandataire judiciaire dans les autres procédures collectives. Il peut ainsi « introduire ou poursuivre les actions qui relèvent de la compétence du mandataire judiciaire » [16]. En cette qualité il est destinataire des déclarations de créances effectuées par les créanciers [17]. C'est lui qui procède aux opérations de liquidation et à la vérification des créances. Toutefois s'agissant des créances chirographaires il n'est pas tenu de procéder à leur vérification « *s'il apparaît que le produit de la réalisation de l'actif sera entièrement absorbé par les frais de justice et les créances privilégiées à moins que, s'agissant d'une personne morale ou d'un entrepreneur individuel à responsabilité limitée, il n'y ait lieu de mettre à la charge des dirigeants sociaux de droit ou de fait ou de cet entrepreneur tout ou partie du passif [...]* » [18]. Si la liquidation judiciaire est prononcée au cours de la période d'observation d'une procédure de sauvegarde ou de redressement judiciaire, il procède alors aux opérations de liquidation

11. C. com., art. L. 641-10, al. 2 et par renvoi à C. com., art. L. 631-17.
12. C. com., art. L. 641-11, II.
13. C. com., art. L. 641-10, al. 4.
14. C. com., art. L. 641-10, al. 6 et par renvoi C. com., art. L. 622-4.
15. C. com., art. L. 641-10, al. 6 et par renvoi art. L. 624-6.
16. C. com., art. L. 641-4, al. 1.
17. C. com., art. L. 641-3, al. 4.
18. C. com., art. L. 641-4.

tout en achevant la vérification des créances et en établissant l'ordre des créanciers. Enfin, il poursuit les actions introduites avant le jugement de liquidation, soit par l'administrateur, soit par le mandataire judiciaire [19].

644. – Compromis et transaction. – Le liquidateur peut compromettre ou transiger sur les contestations, quelle que soit leur nature, qui intéressent collectivement les créanciers [20]. Il n'est toutefois pas libre de le faire puisqu'il a besoin d'une autorisation du juge-commissaire et parfois d'une homologation du tribunal. Il doit adresser une requête pour provoquer une audience à laquelle seront convoqués le débiteur et le liquidateur. Si l'objet du compromis ou de la transaction est d'une valeur indéterminée ou excède la compétence en dernier ressort du tribunal, une homologation de ce dernier est nécessaire ce qui suppose de convoquer le débiteur dans les mêmes conditions [21].

III. L'intervention de l'administrateur

645. – Administration possible par un administrateur. – À certaines conditions l'administration de l'entreprise peut être exercée par un administrateur. Cette désignation est obligatoire lorsque le nombre de salariés est supérieur ou égal à vingt ou que le chiffre d'affaires de l'entreprise dépasse ou est égal à 3 000 000 d'euros [22]. Le tribunal doit aussi nommer un administrateur « *en cas de nécessité* » précise l'article L. 641-10, alinéa 5 du Code de commerce. Lorsqu'une telle désignation intervient l'administrateur a en principe des pouvoirs identiques à ceux du liquidateur pour administrer l'entreprise [23]. C'est lui qui décide alors de la poursuite des contrats en cours [24]. Ce n'est toutefois pas lui qui exerce les droits et actions sur le patrimoine du débiteur puisqu'il n'en est pas le représentant. C'est pourquoi s'il « *ne dispose pas des sommes nécessaires à la poursuite de l'activité, il peut, sur autorisation du juge-commissaire, se les faire remettre par le liquidateur* » [25].

§ 3 : La poursuite des contrats en cours

646. – La poursuite des contrats en cours est également prévue en procédure de liquidation judiciaire. Le Code de commerce ne se contente pas d'un simple renvoi aux dispositions de la sauvegarde comme c'est souvent le cas. Une évolution en la matière fut opérée par l'ordonnance du 18 décembre 2008 [26] qui apporte un certain nombre de clarifications et d'innovations à travers le travail de réécriture qu'elle a opéré. Celle-ci a en effet clarifié la situation de ce qu'il advenait des contrats en cours, dans le cadre de la liquidation judiciaire et cela en créant l'article L. 641-11-1 du Code de commerce [27] qui finalement reprend les dispositions de l'article L. 622-13 du même code tout en prenant en compte, les spécifiés de cette procédure.

19. C. com., art. L. 641-5.
20. C. com., art. L. 642-24.
21. C. com., art. R. 642-41.
22. C. com., art. L. 641-10, al. 5 ; art. R. 641-19.
23. C. com., art. L. 641-10, al. 5.
24. C. com., art. L. 641-11-1 et L. 641-12.
25. C. com., art. L. 641-10, al. 6.
26. Ord. n° 2008-1345 du 18 déc. 2008 portant réforme du droit des entreprises en difficulté.
27. C. com., art. L. 641-11 1° : « *Nonobstant toute disposition légale ou toute clause contractuelle, aucune indivisibilité, résiliation ou résolution d'un contrat en cours ne peut résulter du seul fait de l'ouverture ou du prononcé d'une liquidation judiciaire. Le cocontractant doit remplir ses obligations malgré le défaut d'exécution par le débiteur d'engagements antérieurs au jugement d'ouverture. Le défaut d'exécution de ces engagements n'ouvre droit au profit des créanciers qu'à déclaration au passif...* ».

La question de la continuité des contrats en cours en phase liquidative a suscité de nombreux débats. Tout le problème était de savoir si le régime des contrats en cours était dépendant de la condition suivante : la poursuite d'activité en cas de liquidation judiciaire.

Sous l'empire des lois du 25 janvier 1985 et du 10 juin 1994 était posée l'idée selon laquelle la liquidation judiciaire, même sans poursuite d'activité, n'entraîne pas résiliation de plein droit. De la sorte, toute clause de résiliation pour survenance d'une liquidation doit être réputée non écrite.

Cependant, le doute fut semé dans le cadre de la loi de sauvegarde des entreprises qui considérait que le contrat ne peut être poursuivi en l'absence du maintien provisoire de l'activité. Lors des travaux préparatoires de la loi de sauvegarde des entreprises, le rapporteur au Sénat M. Xavier de Roux a écrit que « *la poursuite forcée des contrats serait en effet peu justifiée quand l'activité n'est pas suivie et quand le débiteur ne paye plus ses échéances* ». Ainsi, rien ne semblait s'opposer à la validité de la clause de résiliation de plein droit dans le cas où l'activité économique de l'entreprise n'était pas maintenue. Avec la loi de sauvegarde des entreprises, il est clairement posé que seuls les contrats nécessaires à la poursuite de l'activité devront être continués.

C'est l'ordonnance du 18 décembre 2008 qui a mis fin à toute hésitation ; en effet, cette dernière ne prend pas en compte le critère de la poursuite provisoire de l'activité. Le texte a donc vocation à s'appliquer à toutes les liquidations judiciaires qu'elles soient ou non assorties d'une poursuite d'activité. Cette absence de distinction a été justifiée dans le cadre du rapport qui fut remis au président de la République sur l'ordonnance de 2008 [28] à savoir « *l'expérience démontre l'utilité de continuer des contrats utiles à la conservation des actifs, indépendamment de toute poursuite d'activité* ». C'est dans cette optique que l'article L. 641-11-1 du Code de commerce pose explicitement que la clause de résiliation de plein droit pour survenance de la liquidation judiciaire est réputée non écrite.

Cette situation assurant la primauté du régime de poursuite des contrats en cours régit *a priori* tous les contrats dès l'ouverture de la procédure. Toutefois certains contrats sont soumis à des régimes particuliers.

I. Le régime général de la poursuite des contrats en cours

647. – L'exercice de l'option. – Le régime de la poursuite des contrats en cours repose sur ce que l'on appelle l'exercice d'un droit d'option. Au préalable, il faut noter que l'exercice de cette option peut être exercé de manière spontanée par les personnes qui en sont titulaires mais aussi en réponse à une mise en demeure faite par le cocontractant.

C'est l'ordonnance du 18 décembre 2008 qui apporte la réponse à l'article L. 641-11-1 du Code de commerce en prévoyant la concentration entre les mains du liquidateur judiciaire du pouvoir d'exercer l'option quant à la continuation du contrat en cours.

Cette solution s'explique fort logiquement par le fait que l'ouverture du jugement de liquidation judiciaire emporte de plein droit le dessaisissement pour le débiteur de l'administration et de la disposition de ses biens. Les pouvoirs étant donc en principe exercés par le liquidateur. On ne voit pas donc pourquoi ce dernier verrait sa compétence écartée dans le cadre des contrats en cours.

---

28. Rapport au président de la République sur l'ordonnance n° 2008-1345 du 18 déc. 2008, *JO*, 19 déc. 2008, titre I, chap. IV-1, article 104.

Il convient ensuite de voir quelles sont les différentes possibilités qui s'offrent au décideur lorsque ce dernier exerce son droit d'option.

Lorsque le contrat est poursuivi, chaque partie est tenue d'exécuter les obligations mises à sa charge par le contrat. Ainsi, tout manquement par l'une des parties au contrat peut entraîner la rupture de ce dernier et cela même si initialement la poursuite en avait été exigée.

En conséquence, l'administrateur ou le liquidateur judiciaire doivent fournir la prestation promise au cocontractant.

Dans le cas où la prestation porte sur le paiement d'une somme d'argent, *qu'en est-il* ? Le Code de commerce maintient la règle du paiement comptant lorsque la prestation du débiteur porte sur le paiement d'une somme d'argent. Cette obligation de payer au comptant la contre partie du contrat continué demeure finalement applicable en matière de sauvegarde [29], de redressement et de liquidation judiciaire [30], ces derniers ne pouvant obtenir de délai de paiement que lorsque le cocontractant créancier y consent.

Dans le cas où le contrat n'est pas poursuivi, il convient d'opérer une distinction entre les cas de résiliation commune à toutes les procédures collectives et celles novatrices issues directement de l'ordonnance du 18 décembre 2008 qui prennent en compte les spécificités de chaque procédure collective.

En effet, l'ordonnance du 18 décembre 2008 reprend deux hypothèses de résiliation de plein droit du contrat en cours non poursuivi communes à toutes les procédures collectives. La première concerne l'absence de réponse après une mise en demeure adressée à l'administrateur ou au liquidateur restée infructueuse plus d'un mois. Quant à la seconde, elle vise l'hypothèse du défaut de paiement au comptant par le débiteur de la contrepartie du contrat continué dans les termes prévus, et cela, sans l'accord du cocontractant.

Cependant, l'ordonnance du 18 décembre 2008 innove en ce qu'elle offre dans le cadre de la procédure de sauvegarde et de redressement judiciaire la possibilité pour l'administrateur de demander au juge-commissaire de prononcer la résiliation d'un contrat en cours. Cette résiliation est subordonnée à deux conditions cumulatives : la résiliation doit être nécessaire à la sauvegarde ou au redressement du débiteur et elle ne doit pas porter une atteinte excessive aux intérêts du cocontractant [31]. Par ce texte, on permet à l'administrateur de prendre spontanément l'initiative de renoncer à la poursuite du contrat. Et cela notamment dans le but de permettre à l'entreprise débitrice de ne pas rester prisonnière d'un contrat qui n'aurait aucune utilité à sa survie. Cependant, dans l'idée de maintenir une sécurité juridique à l'égard du cocontractant créancier, on comprend qu'il revient au juge-commissaire de prononcer la résiliation, ce dernier devant au préalable apprécier que les conditions soient remplies.

En matière de liquidation judiciaire, l'ordonnance de 2008 en créant l'article L. 641-11-1 du Code de commerce a dans le même sens prévu un cas particulier de résiliation à l'initiative du liquidateur judiciaire. Cette disposition nouvelle permet au liquidateur d'obtenir une résiliation judiciaire du contrat, cependant, dans le cadre de la liquidation judiciaire, elle ajoute

29. C. com., art. L. 622-13-2° : « *Lorsque la prestation porte sur le paiement d'une somme d'argent, celui-ci doit se faire au comptant, sauf pour l'administrateur à obtenir l'acceptation, par le cocontractant du débiteur, de délais de paiement* ».

30. C. com., art. L. 641-11-1 2° : « *Lorsque la prestation porte sur le paiement d'une somme d'argent, celui-ci doit se faire au comptant, sauf pour le liquidateur à obtenir l'acceptation, par le cocontractant du débiteur, de délais de paiement* ».

31. C. com., art. L. 622-13-4° : « *À la demande de l'administrateur, la résiliation est prononcée par le juge-commissaire si elle est nécessaire à la sauvegarde du débiteur et ne porte pas une atteinte excessive aux intérêts du cocontractant* ».

une condition supplémentaire qui est que la prestation du débiteur ne porte pas sur le paiement d'une somme d'argent[32]. Ici, la résiliation doit être nécessaire aux opérations de liquidation.

Dans tous les cas, la résiliation qu'elle soit de plein droit ou judiciaire entraîne pour le cocontractant le versement de dommages et intérêts[33].

Globalement, l'ensemble de ces dispositions ont vocation à s'appliquer à l'ensemble des contrats, le Code de commerce s'exprimant en termes généraux. Cependant, ce même code prévoit des spécificités eu égard la nature de certains contrats, ce qui a pour conséquence que corrélativement, se développe un régime spécial de la poursuite des contrats en cours.

II. Les régimes spéciaux

A. Le bail d'immeuble

648. – L'ordonnance du 18 décembre 2008 améliore la rédaction de l'article L. 641-12 du Code de commerce, qui est le texte relatif au sort du bail dans la procédure de liquidation judiciaire de l'entreprise locataire. Dans son nouvel article L. 641-11-1, elle institue des règles de poursuite des contrats en cours uniformes et adaptées à la spécificité de la liquidation judiciaire. L'article L. 641-12[34] du Code de commerce renvoie expressément au I et II de l'article L. 641-11-1, comme en période d'observation. Le I affirme que le contrat ne peut prendre fin par l'effet du jugement d'ouverture et que le bailleur doit exécuter ses obligations malgré le non-paiement de loyers antérieurs. Quant au II, il précise que le liquidateur est titulaire du droit d'option et qu'il doit s'assurer qu'il dispose des fonds nécessaires, à charge pour lui de mettre fin au contrat, s'il ne peut payer le loyer suivant. En liquidation c'est donc le liquidateur qui a la maîtrise complète du sort du bail, qu'il peut décider de ne pas continuer sans avoir reçu de mise en demeure, car l'ordonnance déclare, au même titre qu'en sauvegarde et en redressement, inapplicable au bail le mécanisme de la mise en demeure d'opter en phase liquidative. La résiliation du bail des immeubles affectés à l'activité de l'entreprise en liquidation judiciaire intervient sur le seul fondement de l'article L. 641-12, dont la rédaction a été améliorée par l'ordonnance. Le texte énonce trois cas de résiliation. Le premier cas prévoit que la résiliation intervient « *au jour où le bailleur est informé de la décision du liquidateur de ne pas continuer le bail* ». Les deuxième et troisième cas sont relatifs à la faculté de résiliation du contrat par le bailleur « *le bailleur peut demander la résiliation du bail pour des causes antérieures*

32. C. com., art. L. 641-11-1 4° : « *À la demande du liquidateur, lorsque la prestation du débiteur ne porte pas sur le paiement d'une somme d'argent, la résiliation est prononcée par le juge-commissaire si elle est nécessaire aux opérations de liquidation et ne porte pas une atteinte excessive aux intérêts du cocontractant* ».

33. C. com., art. L. 622-13-5° : « *Si l'administrateur n'use pas de la faculté de poursuivre le contrat ou y met fin dans les conditions du II ou encore si la résiliation est prononcée en application du IV, l'inexécution peut donner lieu à des dommages et intérêts au profit du cocontractant, dont le montant doit être déclaré au passif* ».

34. C. com., art. L. 641-12 : « *Sans préjudice de l'application du I et du II de l'article L. 641-11-1, la résiliation du bail des immeubles utilisés pour l'activité de l'entreprise intervient dans les conditions suivantes : 1° Au jour où le bailleur est informé de la décision du liquidateur de ne pas continuer le bail, 2° Lorsque le bailleur demande la résiliation judiciaire ou fait constater la résiliation de plein droit du bail pour des causes antérieures au jugement de liquidation judiciaire ou, lorsque ce dernier a été prononcé après une procédure de sauvegarde ou de redressement judiciaire, au jugement d'ouverture de la procédure qui l'a précédée. Il doit, s'il ne l'a déjà fait, introduire sa demande dans les trois mois de la publication du jugement de liquidation judiciaire. 3° Le bailleur peut également demander la résiliation judiciaire ou faire constater la résiliation de plein droit du bail pour défaut de paiement des loyers et charges afférents à une occupation postérieure au jugement de liquidation judiciaire, dans les conditions prévues aux troisième à cinquième alinéas de l'article L. 622-14. Le liquidateur peut céder le bail dans les conditions prévues au contrat conclu avec le bailleur avec tous les droits et obligations qui s'y rattachent. En ce cas, toute clause imposant au cédant des dispositions solidaires avec le cessionnaire est réputée non écrite. Le privilège du bailleur est déterminé conformément aux trois premiers alinéas de l'article L. 622-16* ».

au jugement d'ouverture de la procédure, autres qu'un défaut de paiement de somme d'argent, à condition d'introduire sa demande, s'il ne l'a déjà fait, dans les trois mois de la publication de ce jugement. Il peut également demander la résiliation pour défaut de paiement des loyers et charges afférents à une occupation postérieure au jugement de liquidation, dans les mêmes conditions que pendant la période d'observation ». Il n'existe aucune autre possibilité pour le bailleur d'obtenir la résiliation du bail en liquidation judiciaire. La poursuite du contrat en cours concernant les procédures de liquidation judiciaire prononcée immédiatement ou sur conversion, la jurisprudence en a tiré les conséquences quant au point de départ du délai de trois mois qui se situe à la date du jugement d'ouverture ou du jugement de sauvegarde ou de redressement en cas de conversion en procédure de liquidation judiciaire [35]. On a aussi pu se demander qu'elle était l'influence de la vente du fonds de commerce sur la poursuite du bail en cours. La Cour de cassation a pu préciser les effets du jugement ordonnant la cession du fonds qui n'a pas eu d'effet translatif de propriété. Dans ce cas, la décision juridictionnelle ne peut avoir eu pour effet de priver les bailleurs de leur droit de poursuivre la résiliation du bail pour défaut de paiement des loyers échus après l'ouverture de la procédure [36]. Enfin, la cession du bail se fait aux conditions prévues par le contrat à la date du jugement d'ouverture, à l'exception de la clause imposant au cédant des obligations solidaires avec le cessionnaire [37].

B. Les contrats exclus du régime de droit commun

649. – En phase liquidative l'article L. 641-11-1, VI du Code de commerce prévoit que les nouvelles dispositions relatives à la poursuite des contrats en cours sont inapplicables tant au contrat de fiducie qu'à la convention de mise à disposition. Le nouvel article L. 641-12-1 prévoit la résiliation de plein du contrat de fiducie et le retour des biens et droits ou sûretés dans le patrimoine du débiteur lorsque le débiteur mis en liquidation judiciaire est constituant et seul bénéficiaire du contrat de fiducie. Cela permet au créancier de récupérer ses biens ou ses droits dès l'ouverture de la procédure. Par conséquent, il peut être désintéressé à hauteur de leur valeur, échappant ainsi à la discipline collective, ce qui renforce assurément l'efficacité de la fiducie en liquidation judiciaire. Les textes protègent le créancier bénéficiant de cette garantie contre les effets indésirables d'un plan de cession ; les actifs fiduciaires en sont exclus puisqu'ils n'appartiennent plus au débiteur et l'article L. 642-7 [38] prend soin d'extraire du domaine des contrats cessibles au repreneur l'éventuelle convention mettant ces actifs à la disposition du débiteur.

35. Cass. com., 19 févr. 2013, *D.* 2013. Actu. 566, obs. Lienhard ; *JCP* E 2013. 1216, n° 9, obs. Pétel ; *ibid.* 1276, note Cerati-Gauthier ; *Dict. perm. diff. entrep.*, *Bull.* n° 346, obs. Roussel Galle ; *Act. proc. coll.* 2013, n° 64, obs. Vallansan ; *LEDEN* avr. 2013, p. 3, obs. Borga ; *Gaz. Pal.* 1er-4 mai 2013, p. 19, obs. Kendérian ; *Bull. Joly Entrep. diff.* 2013. 147, note Le Mesle ; *RLDA* mai 2013. 23, obs. Rohart-Messager.

36. Cass. com., 21 févr. 2012, *Bull. civ.* IV, n° 42 ; *D.* 2012. Actu. 607, obs. Lienhard ; *JCP* E 2012. 1227, n° 10, obs. Pétel ; *ibid.* 1252, note Brault ; *LEDEN* avr. 2012, p. 4, obs. Dumont-Lefrand ; *Act. proc. coll.* 2012, n° 99, obs. Vallansan ; *Gaz. Pal.* 27-28 avr. 2012, p. 20, obs. Kendérian ; *Bull. Joly Entrep. diff.* 2012. 155, note Benilsi ; *Rev. proc. coll.* 2012, n° 131, obs. Roussel Galle.

37. Cass. com., 27 sept. 2011, *Bull. civ.* IV, n° 141 ; *D.* 2011. Actu. 2399, obs. Lienhard ; *JCP* E 2011. 1795, note P.-H. Brault ; *LEDEN* oct. 2011, p. 4, obs. Rubellin ; *Bull. Joly Entrep. diff.* 2012. 14, note Camensuli-Feuillard ; *Gaz. Pal.* 20-21 janv. 2012, p. 19, obs. Kendérian ; *RJDA* 2012, n° 186.

38. C. com., art. L. 642-7, 5° : « *La convention en exécution de laquelle le débiteur constituant conserve l'usage ou la jouissance de biens ou droits transférés à titre de garantie dans un patrimoine fiduciaire ne peut être cédée au cessionnaire, sauf accord des bénéficiaires du contrat de fiducie* ».

Section II
La préparation d'un plan de cession

650. – Objet de la cession. – La cession de l'entreprise correspond à différentes situations mais concerne tous les débiteurs entrant dans le champ d'application des procédures collectives [39].

Si la cession est totale cela comporte tous les biens et droits nécessaire à l'activité de l'entreprise. C'est dire que le passif du débiteur n'entre pas dans le périmètre de la cession et que certains biens qui ne sont d'aucune utilité pour l'exercice de l'activité échappent à la cession. Cela ne remet pas en cause le caractère total de la cession.

Si la cession est partielle cela porte « *sur un ensemble d'éléments d'exploitation qui forment une ou plusieurs branches complètes et autonomes d'activités* ». Cela traduit le caractère global de la cession qui dans ce cas-là porte sur un ensemble d'éléments mais non sur des biens isolés [40].

§ 1 : La présentation des offres de reprise

651. – Encadrement juridique des offres [41]. – Les offres de reprise d'une entreprise en difficulté sont soumises à un régime assez strict qui s'est renforcé au fil du temps afin d'éviter les abus trop nombreux qui ont terni l'image des plans de cession. L'encadrement juridique des offres porte successivement sur l'auteur, le contenu et la publicité de celles-ci.

I. Auteur de l'offre [42]

652. – Incapacités. – Toute personne peut faire une offre sous réserve de ne pas être frappée d'incapacité. Outre les incapacités classiques qui frappent par exemple les juges, il est prévu des incapacités propres au droit des procédures collectives dont l'objet est pour l'essentiel d'éviter que le débiteur ne se rétablisse à la tête de son entreprise en ayant recours au procédé de l'interposition de personnes.

653. – Incapacité tenant à la qualité de la personne. – Ainsi, ni le débiteur, ni les dirigeants de droit ou de fait de la personne morale en liquidation judiciaire, ni les parents ou alliés jusqu'au deuxième degré inclusivement de ces dirigeants ou du débiteur personne physique, ni les personnes ayant ou ayant eu la qualité de contrôleur au cours de la procédure ne sont admis, directement ou par personne interposée, à présenter une offre. Ainsi, toute personne qui a eu en charge l'administration de l'entreprise ne peut valablement présenter une offre. C'est le cas par exemple d'une personne désignée antérieurement administrateur provisoire de l'entreprise en difficulté [43]. S'agissant du débiteur, le législateur a tiré les conséquences de l'entreprise individuelle à responsabilité en interdisant au débiteur d'émettre une offre « *au titre de l'un quelconque de ses patrimoines* » [44].

---

39. Si le débiteur est officier public ou ministériel, le liquidateur peut exercer le droit du débiteur de présenter son successeur au ministre de la justice : C. com., art. L. 642-1, al. 4.
40. C. com., art. L. 642-1, al. 2.
41. C. Berger, *L'offre de reprise d'une entreprise en procédure collective*, PUAM, 2001.
42. C. com., art. L. 642-3.
43. Cass. com., 13 nov. 2002, *D.* 2003, p. 269, note F. Derrida ; *Act. proc. coll.* 2002-20, n° 268 ; *Bull. Joly* 2003, p. 396, note F.-X. Lucas ; *JCP* E, 2003, p. 760, n° 6, obs. Ph. Pétel ; *Dr. et patr.* 2003-113, p. 96, obs. M. H. Monsèrié-Bon ; Cass. com., 4 oct. 2005, *D.* 2005, p. 2679 ; *D.* 2006, p. 81, somm. comm. PM. le Corre et F.-X. Lucas.
44. C. com., art. L. 642-3, al. 1er.

654. – Durée de l'incapacité. – Ces mêmes personnes ont en outre l'interdiction d'acquérir dans les cinq années suivant la cession tout ou partie des biens compris dans cette cession, directement ou indirectement, ainsi que d'acquérir des parts ou titres de capital de toute société ayant dans son patrimoine, directement ou indirectement, tout ou partie de ces biens, ainsi que des valeurs mobilières donnant accès, dans le même délai, au capital de cette société.

655. – Dérogations. – Une première dérogation concerne la cession d'une exploitation agricole. Le tribunal peut ainsi autoriser la cession aux personnes visées par l'interdiction, à l'exception des contrôleurs et du débiteur au titre de l'un quelconque de ses patrimoines. Une deuxième dérogation concerne la cession de toute entreprise. Le tribunal peut autoriser par un jugement spécial motivé la cession aux personnes visées par l'interdiction, à l'exception des contrôleurs et du débiteur au titre de l'un quelconque de ses patrimoines, à la requête du ministère public, après avoir demandé l'avis des contrôleurs.

656. – Sanctions pour violation de l'interdiction. – L'acte peut être frappé de nullité à la demande de tout intéressé ou du ministère public dans un délai de trois ans à compter de la conclusion de l'acte. Lorsque l'acte est soumis à publicité, le délai court à compter cette publicité.

II. Moment de présentation d'une offre

657. – Plan. – La préparation d'un plan de cession est en principe la suite logique de la poursuite de l'activité de l'entreprise en liquidation judiciaire. Toutefois, s'agissant des offres de reprise, celles-ci peuvent intervenir dans le cadre d'une procédure de redressement judiciaire tout en appliquant dans ce cas le régime de la liquidation judiciaire.

658. – Redressement judiciaire. – Dans le redressement judiciaire il peut s'agir d'une cession totale ou partielle. Ici encore le régime applicable est celui de la liquidation judiciaire sous trois réserves.

En matière de redressement judiciaire dès l'ouverture de la procédure les tiers peuvent soumettre à l'administrateur des offres de cession totale ou partielle tendant au maintien de l'activité de l'entreprise [45]. S'agissant du délai pour émettre de telles offres, c'est l'administrateur, s'il a été désigné, qui « *fixe le délai dans lequel les offres peuvent lui être soumises* » [46]. Il doit ensuite porter ce délai à la connaissance du mandataire judiciaire et des contrôleurs. Les offres communiquées doivent l'être dans les délais et sauf accord entre l'administrateur, le mandataire judiciaire, le débiteur, le représentant des salariés et les contrôleurs, « *le délai entre la réception d'une offre par l'administrateur et l'audience au cours de laquelle le tribunal examine cette offre est de quinze jours au moins* » [47]. C'est à la demande de l'administrateur que le tribunal peut ordonner la cession totale ou partielle de l'entreprise si le débiteur est dans l'impossibilité d'en assurer lui-même le redressement [48]. Cela laisse entendre qu'il s'agit bien d'une décision imposée au débiteur par le tribunal de la procédure qui doit bien sûr motiver sa décision.

45. C. com., art. L. 631-13.
46. C. com., art. R. 631-39, al. 1.
47. C. com., art. R. 631-39, al. 3.
48. C. com., art. L. 631-22.

Le mandataire judiciaire exerce la mission du liquidateur.

L'administrateur reste en fonction pour passer tous les actes nécessaires à la réalisation de la cession.

Lorsque la cession totale ou partielle est prononcée, la procédure de redressement judiciaire est ensuite poursuivie. Si l'adoption d'un plan de continuation n'est pas envisageable le tribunal ouvre alors une procédure de liquidation judiciaire. Cela ne remet pas en cause le plan de cession mais les biens non compris dans ce plan feront alors l'objet d'une cession d'actif isolé.

659. – Liquidation judiciaire. – Dans le cadre d'une procédure de liquidation judiciaire, si la cession totale ou partielle de l'entreprise est envisageable, le tribunal autorise la poursuite de l'activité et fixe le délai dans lequel les offres de reprise doivent parvenir au liquidateur ou à l'administrateur s'il a été désigné [49]. Un nouveau délai peut être fixé par le tribunal lorsque celui-ci décide de renvoyer l'affaire à une audience ultérieure [50]. Il peut aussi s'en tenir aux offres qui ont été faites dans le cadre d'une procédure de redressement judiciaire et donc ne pas décider d'un délai pour émettre des offres [51]. Ensuite le tribunal retient celle « *qui permet dans les meilleures conditions d'assurer le plus durablement l'emploi attaché à l'ensemble cédé, les paiements des créanciers et qui présente les meilleures garanties d'exécution* » [52].

§ 2 : Le contenu des offres

660. – Une offre de reprise externe d'entreprise en difficulté. – L'offre doit être écrite, elle peut être faite sous condition [53]. Il s'agit d'une offre de reprise externe de l'entreprise en difficulté et non d'une reprise interne c'est-à-dire pour une société d'une cession de contrôle. C'est en effet par le biais d'un plan de redressement ou de sauvegarde qu'il est possible de modifier la structure du capital d'une entreprise défaillante. La cession d'entreprise suppose quant à elle la cession des biens et des droits de l'entreprise. Il s'agit donc d'un transfert d'actifs. En revanche cela n'est pas une fusion entre deux sociétés ni d'ailleurs un apport partiel d'actif. S'agissant de son contenu elle doit comporter des indications obligatoires qui peuvent être complétées par des mentions facultatives.

661. – Mentions obligatoires. – L'offre doit impérativement indiquer :

– la désignation précise des biens, des droits et des contrats inclus dans l'offre. Il s'agit là d'une précision nouvelle qui permet de délimiter le périmètre du « fonds d'entreprise » [54] ;

– les prévisions d'activité et de financement ;

– le prix offert, les modalités de règlement, la qualité des apporteurs de capitaux et, le cas échéant, de leurs garants. Si l'offre propose un recours à l'emprunt, elle doit en préciser les conditions, en particulier de durée ;

– la date de réalisation de la cession ;

– le niveau et les perspectives d'emploi justifiés par l'activité considérée ;

49. C. com., art. L. 642-2.
50. C. com., art. R. 642-1.
51. C. com., art. L. 642-2, al. 2.
52. C. com., art. L. 642-5, al. 1.
53. Cass. com., 25 mai 1993, *D.* 1994, somm. p. 4, obs. F. Derrida ; *Bull. civ.* IV, n° 206 ; Cass. com., 14 mai 1996, *RJDA* 1996, n° 1263.
54. J. Vallansan, *op. cit.*, p. 298.

– les garanties souscrites en vue d'assurer l'exécution de l'offre ;

– les prévisions de cession d'actifs au cours des deux années suivant la cession ;

– la durée de chacun des engagements pris par l'auteur de l'offre ;

– une mention supplémentaire est prévue lorsque le débiteur – personne physique ou morale – exerce une profession libérale soumise à un statut législatif ou réglementaire ou dont le titre est protégé. Le candidat cessionnaire doit indiquer expressément sa qualification professionnelle ;

– l'auteur de l'offre doit enfin attester qu'il ne tombe pas sous le coup d'une incapacité à émettre une offre [55].

662. – Mentions facultatives. – Parmi les mentions facultatives il est par exemple possible d'introduire une clause de substitution dont la loi consacre la validité. La solution avait été admise par la jurisprudence mais elle n'exonère pas le cessionnaire de ses obligations [56].

663. – Modification de l'offre. – Le contenu de l'offre ne peut être modifié à moins que cela ne soit « *dans un sens plus favorable* » aux objectifs du plan de cession. La modification peut être apportée jusqu'à deux jours ouvrés au moins avant la date fixée pour l'audience d'examen des offres par le tribunal [57]. En cas de renvoi de l'affaire le tribunal peut fixer un nouveau délai pour présenter des offres ou les améliorer. L'offre lie son auteur jusqu'à la décision du tribunal arrêtant le plan. En cas d'appel de la décision arrêtant le plan, seul le cessionnaire reste lié par son offre [58].

§ 3 : Publicité des offres

664. – Volonté de transparence. – Le manque de transparence qui a souvent été discuté [59] dans cette matière est aujourd'hui atténué par l'élargissement du régime publicitaire des offres [60]. Le liquidateur ou l'administrateur a l'obligation de procéder à la publicité des offres. Il doit tout d'abord déposer les offres au greffe du tribunal où tout intéressé peut en prendre connaissance [61]. Il doit ensuite indiquer le contenu des offres au débiteur au représentant des salariés et aux contrôleurs. Il doit enfin le notifier, le cas échéant, à l'ordre professionnel ou à l'autorité compétente dont le débiteur relève. On peut observer qu'une publicité identique doit être effectuée dès lors qu'il y a modification de l'offre [62].

N°s 665 à 679 réservés.

55. C. com., art. R. 642-1.
56. Cass. com., 8 déc. 1998, *JCP* 2000, II, 10234, note Brocard-Jeulan.
57. C. com., art. R. 642-1.
58. C. com., art. L. 642-2 V.
59. Y. Guyon, « La transparence dans les procédures collectives », *LPA*, 21 avr. 1999 ; B. Sapin, « Secret et transparence dans le redressement judiciaire », *Rev. proc. coll.* 2001, n° 35.
60. C. com., art. L. 642-2, IV.
61. C. com., art. L. 642-2 IV.
62. C. com., art. R. 642-1.

TROISIÈME PARTIE
LE DÉNOUEMENT DES PROCÉDURES COLLECTIVES

680. – Entreprise. – Il est rare qu'une entreprise défaillante sorte indemne d'une procédure de traitement. Ce constat résulte des statistiques dans la mesure où, d'une part, l'on dénombre une grande majorité de liquidations judiciaires et, d'autre part, les procédures liquidatives se soldent de manière exceptionnelle par une extinction du passif. Surtout les procédures de redressement et de liquidation judiciaires ont un point commun fondamental qu'elles ne partagent pas avec les procédures d'anticipation : elles peuvent donner lieu à une cession judiciaire partielle ou totale de l'entreprise qui peut être imposée au débiteur. On retrouve ici la différence de nature entre la sauvegarde, procédure d'anticipation, et le redressement ou la liquidation judiciaire, procédures de traitement de la défaillance. L'entreprise peut donc être sauvegardée et son activité poursuivie mais pas nécessairement avec le débiteur.

681. – Entrepreneur. – Pour l'entrepreneur l'application d'une procédure de traitement à l'entreprise défaillante n'est donc pas sans incidence. Outre le fait que cette défaillance représente, quoi qu'on en dise, une forme d'échec pour l'entrepreneur, la procédure peut avoir des conséquences fâcheuses soit parce qu'il se trouve exproprié en raison de la cession judiciaire de l'entreprise, soit parce qu'il s'expose à des responsabilités et sanctions du fait de son comportement en tant que chef d'entreprise.

Titre I
Le sort de l'entreprise

682. – Issues diversifiées. – L'ouverture d'une procédure de redressement ou de liquidation judiciaire ne signifie pas nécessairement la fin de l'activité de l'entreprise. C'est d'abord dans le cadre d'un redressement judiciaire que le tribunal pourra décider de la continuation de celle-ci en adoptant un plan de redressement. Ensuite, lors de la mise en œuvre d'une procédure de liquidation judiciaire ou de redressement judiciaire, l'entreprise peut faire l'objet d'une cession globale. En revanche la disparition de l'entreprise ne peut avoir lieu qu'au terme d'une procédure de liquidation judiciaire sans cession.

683. – Matière d'ordre public. – Quel que soit son sort, le régime auquel elle est soumise l'entreprise défaillante est un régime d'ordre public. C'est d'ailleurs pourquoi la Cour de cassation décide en se fondant sur les « *principes gouvernant le redressement ou la liquidation judiciaire des entreprises en difficulté* » qu'à « *compter du jugement d'ouverture de la procédure collective, le patrimoine du débiteur ne peut être cédé ou transmis que selon les règles d'ordre public applicables au redressement ou à la liquidation judiciaires des entreprises en difficulté* » [1].

1. Cass. com., 12 juill. 2005, n° D-02-19860 et n° I-03-14809, *Gaz. Pal.* 4-5 nov. 2005, p. 28-29, obs. D. Voinot.

CHAPITRE I
La préservation de l'entreprise

684. – Plan. – La préservation de l'entreprise peut se faire par le biais soit d'un plan de sauvegarde ou de redressement (Section I) soit d'un plan de cession (Section II). Ces deux modes de sauvegarde de l'entreprise ont en principe le même objet à savoir le maintien de l'activité économique de l'entreprise. Ce qui les distingue alors c'est le rôle qu'y joue le débiteur. Dans le premier cas l'activité est poursuivie avec le débiteur alors que dans le deuxième cette activité perdure sans le débiteur.

Section I
L'adoption d'un plan de sauvegarde et de redressement

685. – Plan de redressement et cession totale ou partielle de l'entreprise. – À la différence du plan de continuation qui existait avant la réforme de la loi du 26 juillet 2005, le plan de redressement peut être précédé d'une cession totale ou partielle décidée par le tribunal [1]. Cet événement n'interrompt pas le processus d'adoption du plan de redressement qui, dès lors, change de nature. Celui-ci n'est plus un plan de redressement de l'entreprise, il devient un simple plan d'apurement du passif. Il s'agit alors d'un redressement du patrimoine du débiteur et non de l'entreprise. Le régime d'adoption et d'exécution du plan de redressement de l'entreprise ne présente en principe guère de particularités par rapport à celui applicable à l'égard d'un plan de sauvegarde [2].

686. – Arrêté du plan. Procédure de sauvegarde et de redressement judiciaire. – La préparation de l'avenir peut se solder par une impasse. Cela signifie, en fait, qu'aucun projet de plan ne sera présenté au tribunal ce qui, en droit, se traduira par une convocation du débiteur pour permettre au tribunal de clore la procédure [3]. Mais à l'inverse la préparation de l'avenir peut être porteuse d'espoir que concrétise le dépôt au greffe du bilan économique et social et du projet de plan [4]. C'est après avoir examiné ces documents et après avis du ministère public que le tribunal peut statuer sur le projet de plan. La présence du juge-commissaire parmi les membres du tribunal statuant sur le plan n'est pas de nature à faire naître un doute raisonnable sur l'impartialité de la juridiction et, donc, n'est pas contraire à l'article 6-1 de la Convention européenne des droits de l'homme [5]. Le tribunal doit faire respecter le principe du contradictoire en entendant (ou en appelant) « *le débiteur, l'administrateur, le mandataire judiciaire, les contrôleurs ainsi que les représentants du comité d'entreprise ou, à défaut, des délégués du personnel* » [6]. Les

1. C. com., art. L. 631-22.
2. C. com., art. L. 631-19.
3. C. com., art. R. 626-18.
4. Sur la préparation du projet de plan de sauvegarde, v. *supra*, n°s 603 et s.
5. Cass. com., 19 févr. 2013, *Procédures* 2013, n° 157, note ROLLAND ; *Gaz. Pal.* 1er-4 mai 2013, p. 17, obs. FRICERO.
6. C. com., art. L. 626-9. Sur les modalités de convocation, v. art. R. 626-17.

débats auront lieu en présence du ministère public lorsque la procédure est ouverte au bénéfice d'un débiteur qui emploie au moins vingt salariés et qui justifie d'un chiffre d'affaires hors taxes supérieur à trois millions d'euros [7]. En l'absence d'administrateur, le débiteur doit simplement déposer le projet de plan au greffe et le tribunal statue au vu du rapport du juge-commissaire [8]. Lorsqu'il y a des comités de créanciers, le projet de plan doit avoir été adopté par chacun des comités de créanciers et, le cas échéant, par l'assemblé des obligataires [9]. Le tribunal doit s'assurer que les intérêts de tous les créanciers sont suffisamment protégés et, s'il y a lieu, que les mesures de réorganisation ont été approuvées par les assemblées compétentes. Le plan est alors adopté par le tribunal qui doit statuer avant l'expiration de la période d'observation [10] pour une durée qui ne peut excéder dix ans – ou quinze ans si le débiteur est un agriculteur [11]. C'est alors que commence la phase d'exécution du plan. S'agissant des voies de recours, les décisions statuant sur l'arrêté du plan de sauvegarde ou du plan de redressement sont susceptibles d'appel ou de pourvoi en cassation de la part du débiteur, de l'administrateur, du mandataire judiciaire, du comité d'entreprise ou, à défaut, des délégués du personnel et du ministère public [12]. La possibilité de recours des créanciers est plus réduite puisque l'article L. 661-1 ne la prévoit que de la part du créancier ayant formé une contestation à l'encontre de la décision du comité de créanciers ou de l'assemblée des obligataires dont il est membre. En outre il a été jugé « *qu'à supposer qu'il invoque (le créancier) un droit propre et non une atteinte portée à l'intérêt collectif des créanciers dont le mandataire judiciaire a seul la charge, il ne peut prétendre avoir été partie ou représenté par celui-ci audit jugement et n'est donc pas plus recevable à en relever appel-nullité* » [13].

687. – Arrêté du plan. Procédure de sauvegarde financière accélérée. – Il y a peu de particularisme quant à l'adoption du plan. Toutefois, étant donné que la sauvegarde financière accélérée est une procédure rapide, on ne s'étonnera pas que « *le tribunal arrête le plan (...) dans le délai d'un mois à compter du jugement d'ouverture* » [14], délai susceptible d'être prolongé d'un mois.

§ 1 : L'exécution du plan

688. – Distinction. – Le contenu du plan tel qu'il est arrêté par le tribunal n'est pas intangible, il est en effet possible à certaines conditions de le modifier. Son exécution intéresse différentes personnes.

I. Le contenu du plan

689. – Triple approche. – Le plan a pour objectif concret de réorganiser l'entreprise et de permettre ainsi sa continuation. Cette réorganisation est d'abord économique, ce sont alors les structures de l'entreprise que sont concernées. Le plan concerne ensuite le sort des salariés dans

7. C. com., art. R. 626-19 qui renvoie aux seuils de l'article R. 626-11 du même texte.
8. C. com., art. L. 627-4.
9. C. com., art. L. 626-31.
10. C. com., art. R. 626-18, al. 1er.
11. C. com., art. L. 626-12.
12. C. com., art. L. 661-1.
13. Cass. com., 2 oct. 2012, *Bull. Joly Entrep. diff.* 2013. 34, note De Lajarte-Moukoko ; *Gaz. Pal.* 18-19 janv. 2013, p. 28, obs. Lebel.
14. C. com., art. L. 628-6.

le cadre d'un volet social. Enfin le réaménagement de l'entreprise comporte un volet financier dont l'objet principal est le rééchelonnement des dettes du débiteur ce qui doit lui permettre de faire face à une conjoncture délicate.

A. Volet économique

690. – Modification du périmètre d'activité de l'entreprise. – Le plan de sauvegarde peut prévoir des modifications du périmètre d'activité de l'entreprise. Cette possibilité de modification est étroitement liée à l'objectif de réorganisation de l'entreprise posé par la définition de la procédure de sauvegarde prévue à l'article L. 620-1 du Code de commerce [15]. Dans cette perspective il s'agit de céder, d'arrêter certaines activités ou alors d'en adjoindre d'autres. Et si l'entreprise est un groupement, le plan doit mentionner les modifications des statuts nécessaires à sa réorganisation [16]. Ainsi, et à titre d'illustration, les changements peuvent concerner l'objet social ou encore la forme du groupement.

691. – Modification du capital social [17]. – La restructuration du capital peut s'avérer nécessaire mais le tribunal ne peut en décider à la place des assemblées compétentes selon la forme de société [18]. Le tribunal doit toutefois s'assurer de l'approbation des assemblées [19]. L'adoption du plan peut aussi être subordonnée à la reconstitution du capital si, du fait des pertes constatées dans les documents comptables, les capitaux propres sont inférieurs à la moitié du capital social. La reconstitution s'effectue dans ce cas à concurrence du montant proposé par l'administrateur et qui ne peut être inférieur à la moitié du capital social. L'assemblée peut aussi décider la réalisation d'un « coup d'accordéon », l'augmentation de capital s'effectuant alors en faveur d'une ou plusieurs personnes qui s'engagent à exécuter le plan. On peut observer que la loi évince les clauses d'agrément qui sont réputées non écrites. La solution doit être transposée aux procédures légales d'agrément (par exemple SARL). Le capital social est aussi concerné par l'obligation faite aux associés d'avoir à libérer leurs apports dans le délai fixé par le tribunal. Si cette libération est immédiate, les associés bénéficient alors de la compensation à concurrence du montant de leurs créances admises et dans la limite de la réduction dont elles sont l'objet dans le plan sous forme de remises ou de délais [20].

692. – Mesures d'inaliénabilité. – Le tribunal peut aussi subordonner l'aliénation de certains biens à son autorisation pour une durée qu'il fixe et qui ne peut excéder celle du plan [21]. L'inaliénabilité fait l'objet d'une publicité à la diligence du commissaire à l'exécution du plan [22]. Lorsqu'un acte est passé en violation de l'inaliénabilité, outre des sanctions pénales [23],

15. X. de Roux, rapport AN, n° 2095, *op. cit.*, p. 289.
16. C. com., art. L. 626-15.
17. C. com., art. L. 626-3 ; un régime spécifique est prévu en l'absence d'administrateur, v. C. com., art. L. 627-3, al. 3. C'est alors le juge-commissaire qui fixe le montant de l'augmentation de capital proposée par l'assemblée pour reconstituer les capitaux propres.
18. Cass. com., 15 janv. 1991, *Bull. civ.* IV, n° 27 ; *Rev. sociétés* 1991, p. 383, note Y. Guyon ; *Bull. Joly* 1991, p. 425, note P. Le Cannu ; *RJ com.* 1991, p. 385, note P. Merle.
19. C. com., art. L. 626-18, al. 2.
20. C. com., art. L. 626-17, F. Pujol, « La libération du capital social dans les procédures collectives », *Dr. et patr.* 2003-6, p. 36.
21. C. com., art. L. 626-14.
22. Sur les modalités de publicité, v. D. n° 2005-1677 du 28 déc. 2005, art. 141.
23. C. com., art. L. 654-8, 2°.

la nullité de l'opération est prononcée à la demande de tout intéressé ou du ministère public. La demande doit être présentée dans un délai de trois ans à compter de la conclusion de l'acte ou, le cas échéant, de la publicité de l'acte [24]. La question reste cependant posée de savoir si un bien frappé d'inaliénabilité est aussi insaisissable [25]. La demande de levée de l'inaliénabilité est présentée par le débiteur au tribunal et celui-ci statue au vu du rapport du commissaire à l'exécution du plan « *après avoir recueilli l'avis du ministère public* » [26]. La décision est susceptible des recours prévus à l'encontre des décisions modifiant le plan [27]. Cette inaliénabilité, restrictive de liberté et d'une opportunité économique douteuse, devrait être utilisée avec une extrême prudence par les tribunaux [28].

693. – Cession d'entreprise et contenu du plan. – Dans la sauvegarde le plan peut prévoir la cession « *d'une ou plusieurs activités* » [29] alors que dans le redressement le tribunal peut ordonner la cession partielle ou cession totale de l'entreprise [30]. La différence entre les deux procédures se situe dans le fait que la cession partielle fait partie intégrante du plan alors que la cession est indépendante du plan de redressement. Se pose alors la question de savoir si la cession rend inutile voire impossible l'adoption d'un plan de redressement.

En réalité, à la différence du régime en vigueur avant la réforme opérée par la loi n° 2005-845 du 26 juillet 2005, lorsque la cession partielle ou totale de l'entreprise est prononcée en cours de procédure de redressement judiciaire le tribunal doit ensuite statuer sur le sort du débiteur. Dès lors celui-ci peut, selon les circonstances, être soumis à un plan de redressement ou alors se voir appliquer une procédure de liquidation judiciaire. Cette solution résulte de l'article L. 631-22, alinéa 3 du Code de commerce selon lequel : « *Lorsque la cession totale ou partielle a été ordonnée en application du premier alinéa, la procédure est poursuivie dans les limites prévues par l'article L. 621-3. Si l'arrêté d'un plan de redressement ne peut être obtenu, le tribunal prononce la liquidation judiciaire et met fin à la période d'observation ainsi qu'à la mission de l'administrateur, sous réserve des dispositions de l'article L. 641-10. Les biens non compris dans le plan de cession sont alors cédés dans les conditions de la section II du chapitre II du livre IV* ».

694. – Cession partielle et contenu du plan de redressement. – La cession partielle concerne une ou plusieurs branches autonomes d'activité susceptibles d'une exploitation commune. Il y a cession partielle lorsque le débiteur conserve une activité postérieure à cette cession. Dans ce cas, la procédure de redressement judiciaire est poursuivie dans la limite de la période d'observation afin d'aboutir soit à l'adoption d'un plan de redressement de l'entreprise ayant pour périmètre l'activité restante soit au prononcé d'une liquidation judiciaire si le redressement est manifestement impossible [31]. Selon M. Jérôme Deharveng

24. C. com., art. L. 626-14.
25. J. Vallansan, *op. cit.*, p. 204 ; Y. Guyon, *op. cit.*, n° 1270.
26. C. com., art. L. 626-14, al. 2.
27. C. com., art. R. 626-31.
28. En ce sens, Y. Guyon, *op. cit.*, n° 1370.
29. C. com., art. L. 626-1.
30. C. com., art. L. 631-22 C. com ; J. Deharveng, « Le plan de cession dans la nouvelle architecture des procédures collectives, Un événement et non plus une issue du cours de la procédure », *D.* 2006, p. 1047 ; Ph. Froehlich, « L'ambivalence du plan de cession totale dans la loi de sauvegarde des entreprises », *D.* 2005, p. 2878 ; L.-C. Henry, « Le plan de cession et la loi de sauvegarde des entreprises », *Gaz. Pal.* 7 sept. 2005, p. 39 ; F. Pérochon, « Cession d'entreprise, redressement et liquidation, Cour de cassation, séminaire sur les six premiers mois d'application de la loi n° 2005-845 du 26 juillet 2005 de sauvegarde des entreprises », 23 juin 2006, n° 2, disponible sur http://www.courdecassation.fr.
31. C. com., art. L. 631-22.

« si le prix de cession est élevé, le transfert de l'essentiel des charges d'exploitation au repreneur permettant une activité bénéficiaire, un plan de redressement devient possible, même en cas de cession totale de son entreprise » [32].

695. – Cession totale et contenu du plan de redressement. – Il y a cession totale lorsque le débiteur n'exerce plus d'activité économique [33]. Dans ce cas, la procédure peut d'abord aboutir au prononcé d'une liquidation judiciaire du débiteur si celui-ci n'a plus d'actifs. Mais la procédure peut aussi s'achever par l'adoption d'un plan d'apurement du passif du débiteur sous réserve que ce dernier puisse encore se prévaloir d'actifs exclus du périmètre de la cession. C'est là une issue dont le caractère marginal a été contesté par le professeur Françoise Pérochon [34].

L'hypothèse du plan de redressement postérieur à une cession totale devrait permettre au débiteur de bénéficier d'un rééchelonnement de sa dette ce qui lui permettra peut-être de protéger son habitation principale qui a en principe été exclue du plan de cession. Encore faut-il, pour qu'un plan de redressement soit arrêté, que celui soit envisageable. À défaut une procédure de liquidation judiciaire doit être ouverte et les biens seront cédés conformément aux dispositions en vigueur dans cette procédure [35].

696. – Un plan d'apurement du passif sans cession préalable. – On peut se demander s'il est possible d'adopter un plan de redressement du débiteur sans cession d'activité et même sans continuation d'activité tout court. Une telle solution était jusqu'alors condamnée par la Cour de cassation qui s'appuyait sur l'exigence de sérieux du plan [36] mais elle doit être revue à la lumière des nouvelles règles. Dès lors qu'il n'y a plus d'activité économique, il convient de chercher la solution la plus efficiente pour atteindre l'objectif majeur de règlement des créanciers. Entre la liquidation et le plan d'apurement du passif le juge doit donc se livrer à un calcul d'efficacité en déterminant si la liquidation des actifs du débiteur sera plus optimale que l'adoption d'un plan d'apurement du passif [37].

B. Volet social

697. – Plan de sauvegarde. Licenciements. – Le projet de plan « *expose et justifie le niveau et les perspectives d'emploi ainsi que les conditions sociales envisagées pour la poursuite d'activité. Lorsque le projet prévoit des licenciements pour motif économique, il rappelle les mesures déjà intervenues et définit les actions à entreprendre en vue de faciliter le reclassement et l'indemnisation des salariés dont l'emploi est menacé […]* » [38]. Le plan de sauvegarde doit donc, en cas de licenciement, prévoir un plan de sauvegarde de l'emploi qui, depuis l'entrée en vigueur de la loi n° 2013-504 du 14 juin 2013, doit faire l'objet d'une validation ou homologation

32. J. Deharveng, *op. cit.*, p. 1050.
33. En ce sens, F. Pérochon, « Cession d'entreprise, redressement et liquidation », *op. cit.*, n° 3.
34. F. Pérochon, « Cession d'entreprise, redressement et liquidation », *ibid.* ; *Contra* J. Deharveng, *op. cit.*, p. 1050 ; Ph. Froehlich, *op. cit.*, p. 2881 ; M.-L. Coquelet, *op. cit.*, n° 409.
35. C. com., art. L. 642-21.
36. Cass. com., 17 févr. 1998, *Bull. civ.* IV, n° 82 ; *JCP* E 1998, 1357, obs. M. Cabrillac et Ph. Pétel ; Cass. com. 12 nov. 1997, *Bull. civ.* IV, n° 289, *JCP* E 1998, 1357, obs. crit. M. Cabrillac et Ph. Pétel ; C. Saint-Alary-Houin, « Plans des champs et plans des villes », *in Mélanges en l'honneur de Elie Alfandari*, Dalloz, 2000, p. 181 ; F. Pérochon, « Cession d'entreprise, redressement et liquidation », *op. cit.*, p. 1.
37. V. C. Saint-Alary-Houin, *op. cit.*, p. 189.
38. C. com., art. L. 626-2.

par l'autorité administrative compétente selon des règles qui diffèrent par rapport au droit commun du licenciement. C'est ainsi que les délais pour obtenir l'autorisation varient selon le nombre de salariés concernés :

– en cas de licenciement d'au moins dix salariés dans une entreprise d'au moins cinquante salariés prévu dans le plan de sauvegarde, l'autorité doit notifier à l'employeur la décision motivée de validation ou d'homologation dans un délai de huit jours à compter de la dernière réunion du comité d'entreprise ;

– si les seuils précédents ne sont pas atteints, la décision de validation doit être notifiée dans un délai de quinze jours à compter de la réception de l'accord collectif et la décision d'homologation dans un délai de vingt et un jours à compter de la réception du document complet élaboré par l'employeur [39]. Les licenciements ne peuvent intervenir en l'absence de notification de la décision de validation ou d'homologation de l'autorité administrative.

Lorsque l'autorité administrative rend une décision de refus de validation ou d'homologation, l'employeur consulte le comité d'entreprise dans un délai de trois jours. Selon le cas, le document modifié et l'avis du comité d'entreprise, ou un avenant à l'accord collectif, sont transmis à l'autorité administrative, qui se prononce dans un délai de trois jours.

L'AGS a vocation à intervenir pour les licenciements prononcés pendant la période d'observation « *dans le mois suivant le jugement qui arrête le plan de sauvegarde* » [40].

698. – Plan de redressement. Régime spécial pour les licenciements économiques. – Si le projet de plan envisage des licenciements économiques ceux-ci ne peuvent figurer dans le plan qu'après respect d'une procédure spécifique, le plan devant impérativement préciser les licenciements qui doivent intervenir dans le délai d'un mois après le jugement.

Dans un premier temps, l'administrateur doit mettre en œuvre le « plan de licenciement » conformément à l'article L. 1253-8 du Code du travail, c'est-à-dire un plan de sauvegarde de l'emploi au sens des articles L. 1233-24-1 ou L. 1233-24-4 du Code du travail. À cet effet, il réunit et consulte le comité d'entreprise ou, à défaut, les délégués du personnel dans des conditions qui varient selon le nombre de salariés de l'entreprise et le nombre de salariés licenciés [41].

Il doit ensuite, dans un deuxième temps et dans un délai d'un mois à compter du jugement arrêtant le plan, faire valider (si le contenu du plan résulte d'un accord collectif)ou homologuer (si le contenu de l'accord a été défini par lui) le plan de sauvegarde de l'emploi, par l'autorité administrative compétente c'est-à-dire le directeur départemental du travail et de l'emploi.

L'autorité administrative doit répondre dans des délais qui varient selon le nombre de salariés concernés :

– En cas de licenciement d'au moins dix salariés dans une entreprise d'au moins cinquante salariés, l'autorité doit notifier à l'employeur la décision motivée de validation ou d'homologation dans un délai de huit jours à compter de la dernière réunion du comité d'entreprise.

– Si les seuils précédents ne sont pas atteints, la décision de validation doit être notifiée dans un délai de quinze jours à compter de la réception de l'accord collectif et la décision

39. C. trav., art. L. 1233-57-4.

40. C. trav., art. L. 3253-8, 2° b). V. égal. T. Météyé, « L'intervention de l'AGS dans les procédures de sauvegarde », *Gaz. Pal.* 14-18 juill. 2006, p. 3.

41. La consultation doit respecter les conditions prévues par les articles L. 2323-15, L. 2233-8, L. 2233-29, L. 2233-30, L. 2233-31, L. 2233-33, L. 2233-48, L. 2233-49, L. 2233-61, L. 2233-62.

d'homologation dans un délai de vingt et un jours à compter de la réception du document complet élaboré par l'employeur [42].

– En l'absence de notification de la décision dans les délais légaux, le silence gardé par l'autorité administrative vaut décision d'acceptation de validation ou d'homologation [43]. Dans ce cas, l'employeur transmet une copie de la demande de validation ou d'homologation, accompagnée de son accusé de réception par l'administration, au comité d'entreprise et, si elle porte sur un accord collectif, aux organisations syndicales représentatives signataires.

En cas de décision défavorable de validation ou d'homologation, l'employeur, l'administrateur ou le liquidateur consulte le comité d'entreprise dans un délai de trois jours. Selon le cas, le document modifié et l'avis du comité d'entreprise ou un avenant à l'accord collectif sont transmis à l'autorité administrative, qui se prononce dans un délai de trois jours.

Dans un troisième temps et toujours dans le délai d'un mois à compter du jugement arrêtant le plan, les licenciements interviennent sur simple notification de l'administrateur, sous réserve des droits de préavis prévus par la loi, les conventions ou accords collectifs du travail. Lorsque le licenciement concerne un salarié bénéficiant d'une protection particulière en matière de licenciement, ce délai d'un mois après le jugement est celui dans lequel l'intention de rompre doit être manifestée.

699. – Plan de redressement. Remplacement des dirigeants. – Un régime particulier est réservé aux personnes morales. Il n'est pas ici question de remettre en cause la personnalité de l'entreprise mais de viser ces dirigeants « *lorsque le redressement de l'entreprise le requiert* » [44]. Les mesures adoptées ne sont peut-être pas des sanctions [45] mais c'est au moins un désaveu puisque la survie de l'entreprise en dépend et que la demande est formulée par le ministère public. Si une telle demande lui est faite le tribunal peut subordonner l'adoption du plan au remplacement d'un ou plusieurs dirigeants de l'entreprise. S'il ne peut prendre d'initiative en ce sens le tribunal n'est toutefois pas tenu de suivre la requête motivée [46] du parquet. D'abord il ne peut statuer que sur le rapport du juge-commissaire et après avoir entendu ou dûment appelé, le débiteur, les dirigeants [47], l'administrateur s'il y en a un, le mandataire judiciaire ainsi que les représentant du comité d'entreprise ou, à défaut, les délégués du personnel [48]. Ensuite il ne peut statuer qu'au vu d'une délibération des organes sociaux compétents convoqués par l'administrateur ou le mandataire judiciaire portant sur la demande de remplacement. Enfin le tribunal ne peut prendre une telle mesure à l'égard d'un dirigeant « *lorsque le débiteur exerce une activité professionnelle libérale soumise à un statut législatif ou réglementaire* » [49].

700. – Plan de redressement. Mesures relatives aux participations des dirigeants. – Le tribunal peut, uniquement dans le cadre du redressement judiciaire, prendre plusieurs mesures touchant le capital social. Il peut d'abord prononcer l'incessibilité des titres de capital détenus

42. C. trav., art. L. 1233-57-4.
43. C. trav., art. L. 1233-57-4.
44. C. com., art. L. 631-19-1.
45. CA Colmar, 12 sept. 1990, *RJ com.* 1990, n° 1302, p. 400, note J.-L. Vallens.
46. Sur l'obligation de motivation de la requête, v. C. com., art. R. 631-64-1.
47. C. com., art. L. 626-4, al. 3.
48. C. com., art. R. 631-64-1.
49. C. com., art. L. 631-19-1, al. 4.

par les dirigeants de droit ou de fait [50] et décider que le droit de vote sera exercé pour une durée qu'il fixe par un mandataire de justice désigné à cet effet, ce dernier pouvant être l'administrateur judiciaire [51]. Une telle mesure a été jugée conforme aux droits fondamentaux compte tenu de son objectif d'intérêt général (la sauvegarde de l'entreprise) [52]. Il est cependant permis de se demander si l'entreprise tire réellement des avantages de l'inaliénabilité qui frappe les actions de ses dirigeants. Autrement dit on ne voit pas en quoi une telle mesure facilite ou garantit la poursuite de l'exploitation. Il est donc indispensable de vérifier si le tribunal a bien expliqué en quoi une telle mesure d'incessibilité des titres est nécessaire à la « *survie de l'entreprise* » [53]. On peut aussi, et plus généralement, s'interroger sur l'efficacité de la mesure qui frappe le dirigeant [54]. Le texte en cause ne se référant qu'à la seule « incessibilité » des titres, c'est admettre que les actions peuvent, malgré la mesure prononcée, faire l'objet d'une saisie [55]. Mais à l'inverse de l'incessibilité le tribunal peut ensuite décider de prononcer la cession forcée des titres de capital détenus par les dirigeants de droit ou de fait. Les conditions d'adoption de ces mesures sont identiques à celles du remplacement des dirigeants [56] ce qui signifie qu'un dirigeant majoritaire ne pourra pas se faire exproprier.

C. Volet financier

701. – Si le débiteur retrouve la plénitude de ses pouvoirs à compter de l'adoption du plan il doit cependant s'engager à respecter diverses obligations en particulier financières. La principale d'entre elles résultant du paiement du passif intégré dans le plan c'est-à-dire « du passif soumis à déclaration » [57].

702. – Créanciers acceptant des concessions. – Le tribunal fixe les modalités de règlement des dettes en reprenant, ou en réduisant, les délais et remise acceptés par les créanciers [58] étant entendu qu'une réduction de créance « *n'est définitivement acquise qu'après versement, au terme fixé, de la dernière échéance prévue par le plan* » [59]. La même solution s'applique aux créanciers qui n'ont pas répondu dans le délai légal de trente jours à compter de la lettre du mandataire judiciaire contenant les propositions de l'administrateur judiciairedans le cadre de l'élaboration du projet de plan. L'URSSAF et le Trésor public ne peuvent toutefois se voir imposer des remises de dettes malgré le non-respect de ce délai [60]. Les créanciers ayant accepté des abandons de créances à caractère commercial dans le cadre d'un plan de sauvegarde ou de redressement peuvent les inscrire comme charges déductibles [61].

50. C. com., art. L. 631-19-1, al. 2.
51. C. com. R. 626-6.
52. Cass. com., 12 juill. 2005, *Act. proc. coll.* 2005, n° 193, obs. C. Regnaut-Moutier ; *D.* 2005, p. 2071, obs. A. Lienhard ; *Gaz. Pal.* 4-5 nov. 2005, p. 28, note D. Voinot.
53. CA Paris, 9 févr. 2001, *Act. proc. coll.* 2001, n° 144 (obligation pour le juge de motiver sa décision).
54. Pour une critique v. Y. Guyon, « L'inaliénabilité en droit commercial », *in Mélanges A. Sayag*, 1997, Litec, p. 278.
55. Cass. com., 2 mai 1985, *Rev. sociétés* 1986, p. 81, note B. Bouloc.
56. C. com., art. L. 631-19-1, al. 2.
57. C. com., art. L. 626-10 ; le plan doit porter sur l'intégralité du passif admis : Versailles, 28 févr. 2013, *D.* 2013. Actu. 638 ; *LEDEN* avr. 2013, p. 5, obs. F.-X. Lucas ; *Bull. Joly* 2013. 345, note Laroche.
58. V. C. com., art. L. 626-18, al. 1er.
59. C. com., art. L. 626-19, al. 2.
60. C. com., art. L. 626-5 al. 2 ; pour une application de ce texte à l'URSSAF, v. Cass. com., 26 mars 2013, *D.* 2013. Actu. 904 ; *Act. proc. coll.* 2013, n° 109, obs. Vallansan ; *LEDEN* mai 2013, p. 5, obs. Favario.
61. CGI, art. 39-1.

703. – Homologation des accords de conversion. – Sauf s'ils portent atteinte aux intérêts des autres créanciers, le tribunal homologue les accords de conversion en titres acceptés par les créanciers.

704. – Créanciers refusant des concessions. – Les créanciers qui n'ont accepté ni délais, ni remises peuvent se voir imposer des « *délais uniformes de paiement* » [62]. Toutefois cela ne concerne ni les délais de paiement stipulés par les parties avant l'ouverture de la procédure et qui sont supérieurs à la durée du plan [63], ni les créances dont le principal reste « *à échoir en totalité au premier jour du premier paiement prévu par le plan* » [64]. Les délais de paiements imposés sont uniformes quelles que soient les créances soient chirographaires ou privilégiées [65]. C'est ainsi qu'une créance privilégiée née pendant la conciliation sera traitée sur un même plan qu'une créance chirographaire.

705. – Modalités de paiement. – Les modalités de paiements des dividendes sont fixées par le tribunal. Ils sont versés par le commissaire à l'exécution du plan [66], selon les échéances prévues par le plan. On peut relever que les paiements prévus par le plan sont portables et non quérables [67]. Depuis la loi n° 2010-1249 du 22 octobre 2010 le commissaire à l'exécution du plan peut être autorisé par le tribunal à régler les créanciers par l'intermédiaire d'un établissement de crédit spécialement organisé pour effectuer des paiements de masse en numéraire ou en valeurs mobilières [68].

706. – Cession partielle d'actifs. – En cas de cession partielle d'actifs, le prix est en principe versé au débiteur sauf si le bien vendu était grevé d'une sûreté réelle [69].

707. – Ordre de paiement. – Les créanciers ayant accepté des remises et des délais de paiements sont payés conformément aux modalités fixées par le plan. Les créanciers s'étant vu imposer des délais de paiement sont payés selon des modalités précisées par la loi [70]. Ainsi, le premier paiement – dont le montant est librement déterminé – ne peut intervenir au-delà d'un délai d'un an à compter du jour du jugement arrêtant le plan. Ensuite, le montant de chacune des annuités prévues par le plan à compter de la troisième année ne peut, sauf pour une exploitation agricole, être inférieur à 5 % de chacune des créances admises.

Un régime particulier est prévu pour les créances dont le principal reste à échoir en totalité au jour du premier paiement prévu par le plan [71]. Leur paiement « *commence à la date de l'annuité prévue par le plan qui suit l'échéance stipulée par les parties avant l'ouverture de la procédure. À cette date, le principal est payé à concurrence du montant qui aurait été perçu par le créancier s'il avait été soumis depuis le début du plan aux délais uniformes de paiement imposés par le*

62. C. com., art. L. 626-18, al. 4.
63. C. com., art. L. 626-18, al. 3.
64. C. com., art. L. 626-18, al. 5.
65. CA Pau, 24 févr. 1988, *RJ com.* 1988, p. 314, obs. B. Lyonnet ; *JCP* E 1988, II, 15 335, obs. M. Cabrillac et M. Vivant.
66. C. com., art. L. 626-21, al. 5.
67. C. com., art. L. 626-21, al. 4.
68. C. com., art. L. 626-21, al. 5.
69. C. com., art. L. 626-23.
70. C. com., art. L. 626-18, al. 4.
71. C. com., art. L. 626-18, al. 5.

tribunal aux autres créanciers. Le montant versé au titre des annuités suivantes est déterminé conformément aux délais uniformes de paiement imposés aux autres créanciers. Si aucun créancier n'a été soumis à des délais uniformes de paiement, le montant versé au titre des annuités suivantes correspond à des fractions annuelles égales du montant du principal restant dû ».

708. – Créancier échappant aux remises et délais de paiement. – Certains créanciers échappent à toutes remise ou délais. Il s'agit des créances salariales bénéficiant du superprivilège, des créances résultant d'un contrat de travail non avancées par l'AGS, et, dans la limite de 5 % du passif, des créances dont le montant ne dépassent pas 300 euros et à certaines conditions [72].

709. – Paiement plus rapide. – Si le plan le prévoit, les créanciers peuvent obtenir un paiement plus rapide s'ils acceptent une réduction proportionnelle du montant de leur créance. La réduction de créance n'est toutefois définitivement acquise qu'après versement, au terme fixé, de la dernière échéance prévue par le plan pour son paiement [73].

710. – Modalités de paiement et admission des créances. – Les modalités de paiement doivent être combinées avec les règles d'admission des créances déclarées [74]. En principe une créance ne saurait être payée tant qu'elle n'a pas été vérifiée et admise au passif. En revanche, l'admission de la créance n'est pas une condition pour permettre l'inscription de cette créance au plan. Il en résulte que, même si une créance est contestée, elle peut être inscrite dans le plan [75].

Cependant le principe selon lequel seules les créances admises peuvent être payées souffre de deux exceptions :

– d'une part, « *lorsque le mandataire judiciaire a proposé l'admission d'une créance et que le juge-commissaire n'a été saisi d'aucune contestation sur tout ou partie de cette créance, les versements y afférents sont effectués à titre provisionnel dès que la décision arrêtant le plan est devenue définitive, à condition que cette décision le prévoie* » [76] ; Il y a donc là un paiement immédiat ;

– d'autre part, la juridiction saisie d'un litige relatif à une créance peut décider que le créancier participera à titre provisionnel, en tout ou en partie, aux répartitions faites avant l'admission définitive [77].

711. – Cas particulier du crédit-bailleur. – Le crédit-bailleur bénéficie d'un régime favorable [78] lorsque le contrat s'achève pendant l'exécution du plan. En effet et de deux choses l'une, ou bien le crédit-preneur lève l'option et il doit rembourser toutes les sommes dues, ou bien il veut continuer à bénéficier des délais qui lui ont été accordés et auquel cas il doit restituer le bien. Il ne peut lever l'option d'achat si, sous déduction des remises acceptées, l'intégralité des sommes dues en vertu du contrat n'a pas été réglée.

72. C. com., art. L. 626-20 ; C. com., art. R. 626-34.
73. C. com., art. L. 626-19.
74. C. com., art. L. 626-21.
75. Cass. com., 6 janv. 1998, *JCP* E 1998, n° 17, p. 654, n° 5, obs. P. Pétel.
76. C. com., art. L. 626-21, al. 2.
77. C. com., art. L. 626-21, al. 3.
78. C. com., art. L. 626-18, al. 7.

712. – Vente d'un bien grevé de sûretés. – Les créanciers bénéficiant d'un privilège spécial, d'un gage, d'un nantissement ou d'une hypothèque sur un bien du débiteur peuvent se faire payer sur le prix de vente de ce bien selon leur rang. La question de savoir si la vente du bien doit avoir été prévue au plan ou non est débattue [79] mais le texte ne fait pas de distinction. Quant aux modalités, elles passent par le versement d'une quote-part du prix de vente à la Caisse des dépôts et consignations. Ensuite les créanciers sont payés selon une procédure définie par l'article R. 626-36 du Code de commerce mais après le superprivilège des salaires, les frais de justice postérieurs à l'ouverture de la procédure collective, les créances bénéficiant du privilège de la conciliation et, pour le reste, en tenant compte du type de biens grevés (meubles ou immeubles). Les dividendes qui devaient leur être versés selon le plan seront réduits en tenant compte des paiements anticipés. Lorsque le bien est utile à la poursuite de l'exploitation il peut y avoir une substitution de garantie équivalente. À défaut d'accord du créancier le tribunal peut l'ordonner [80].

II. Durée et évolution du plan

713. – Durée du plan. La durée du plan est en principe fixée par le tribunal et ne peut excéder dix ans [81]. Cette limite temporelle connaître plusieurs exceptions :

– il en est ainsi lorsque le débiteur est un agriculteur, la durée du plan peut être portée au maximum à quinze ans [82] ;

– si l'accord passé entre le débiteur et le créancier avant l'ouverture de la procédure collective prévoyait un délai de paiement supérieur à a durée du plan, « le tribunal ordonne le maintien de ces délais » [83]. Le tribunal n'est donc pas tenu de retenir ce délai [84] ;

– il est aussi possible que, pendant la procédure, créanciers et débiteur s'accordent sur des délais de paiement dépassant le délai de dix ans. La solution est certaine lorsqu'il existe des comités de créanciers [85]. Elle peut être discutée en l'absence de comités de créanciers [86]. Il n'y a aucune interdiction dans les textes. puisque seule est encadrée la durée des délais de paiements imposés par le tribunal. La liberté contractuelle devrait donc prévaloir sous réserve d'abus.

---

79. Pour : F. Pérochon, *op. cit.*, n° 981 ; Y. Guyon, *Droit des affaires*, Economica, 2003, n° 1270 ; *contra* : F. Derrida, P. Godé, J.-P. Sortais, *Redressement et liquidation judiciaire des entreprises*, Dalloz, 3e éd., n° 553 ; Y. Chaput, *Droit des entreprises en difficulté et faillite personnelle*, PUF, 1996, n° 420 ; obs. Soinne, *Rev. proc. coll.* 1993-4, p. 490 ; obs. J. Vallansan, *op. cit.*, p. 210 ; P-M. le Corre, *Droit et pratique des procédures collectives*, 2003/2004, n° 53.31.

80. C. com., art. L. 626-22 ; C. com., art. R. 626-35.

81. C. com., art. L. 626-12.

82. Même article. v. pour un plan de treize ans à une SAS à objet agricole : T. com. Bordeaux, 10 mars 2010 : *D.* 2010. Actu. 1343, obs. Bourgeois.

83. C. com., art. L. 626-18, al. 3.

84. En ce sens, v. CA Versailles, 28 févr. 2013, *D.* 2013. Actu. 638 ; *LEDEN* avr. 2013, p. 5, obs. F.-X. Lucas ; *Bull. Joly* 2013. 345, note Laroche.

85. V. C. com., art. L. 626-30-2, « *Le projet de plan proposé aux comités n'est soumis ni aux dispositions de l'article L. 626-12 (durée du plan) ni à celles de l'article L. 626-18 (délais de paiement), à l'exception de son dernier alinéa* ».

86. Sur cette discussion, v. Ch. Delattre, « Les délais de paiement dans la loi de sauvegarde : délais voulus et/ou imposés ? », in J. Attard, M. Dupuis, M. Laugier, V. Sagaert, D. Voinot, *Un recouvrement de créances sans frontières ?*, Larcier, 2013, spéc. 211 et la jurisprudence citée favorable à la liberté contractuelle. V. en particulier, CA Chambéry, 6 juill. 2012, *Act. proc. coll.* 2012, n° 191, obs. Vallansan. P.-M. Le Corre, « Les délais de remboursement d'un plan supérieurs à dix ans », *Gaz. Pal.* 3-4 août 2012, p. 5 ; F. Pérochon, *Entreprises en difficulté*, LGDJ, 2012, 9e éd., n° 955.

713-1. – Modification du plan. – Une modification substantielle dans les objectifs et les moyens du plan peut intervenir à la demande du débiteur [87]. Cette modification peut notamment porter sur des remises de dettes ou délais de paiement accordés par des créanciers publics [88]. Elle n'est pas décidée par les parties car le plan n'est pas un simple contrat [89]. C'est au tribunal au vu du rapport établi par le commissaire à l'exécution du plan et après avis du ministère public que revient la mission de décider de la modification [90]. Au préalable doivent être entendus ou dûment appelés le débiteur, le commissaire à l'exécution du plan, les contrôleurs, les représentants du comité d'entreprise ou, à défaut, les délégués du personnel et plus généralement toute personne intéressée [91]. Les comités de créanciers sont soumis aux mêmes règles que celles applicable lors de l'élaboration du plan [92]. Ils doivent donc approuver à la majorité de leurs membres, représentant au moins les deux tiers du montant des créances détenues par les membres ayant exprimé un vote [93]. Par ailleurs il est prévu que, dans ce cas, le commissaire à l'exécution du plan exerce les pouvoirs dévolus à l'administrateur judiciaire [94].

III. Personnes intéressées par le plan

714. – Personnes chargées de l'exécution du plan. – Le plan doit être exécuté par les personnes qui y sont mentionnées (débiteur, associés, repreneur interne). Ces personnes ne peuvent se voir imposer des charges supplémentaires [95] par rapport aux engagements figurant dans le plan sauf modification du capital décidée par une assemblée [96] et mandat donné à l'administrateur de convoquer l'assemblée compétente pour mettre en œuvre les modifications prévues par le plan [97]. Le tribunal peut charger l'administrateur d'effectuer les actes nécessaires à la mise en œuvre du plan qu'il détermine [98]. Pour le reste le débiteur retrouve la plénitude de ses pouvoirs [99]. En particulier l'arrêt du plan par le tribunal entraîne la levée de plein droit de toute interdiction faite au débiteur d'émettre des chèques [100]. Le mandataire judiciaire demeure en fonction mais seulement pour vérifier et établir définitivement l'état des créances [101]. Enfin l'administrateur et le mandataire judiciaire peuvent être désignés commissaire à l'exécution du plan [102]. Lorsque la mission de l'administrateur et du mandataire judiciaire est achevée, il est mis fin à la procédure [103]

87. C. com., art. L. 626-26. Pour les modalités, v. art. R. 626-45 et R. 626-46.
88. La loi n° 2008-776 du 4 août 2008 a modifié l'article L. 626-26 du code en précisant que « *l'article L. 626-6 est applicable* ».
89. V. C. Berger, *L'offre de reprise d'une entreprise en procédure collective*, PUAM, 2001.
90. C. com., art. L. 626-26, al. 3.
91. *Ibid.*
92. C. com., art. L. 626-31, al. 2.
93. C. com., art. L. 626-30-2, al. 4.
94. C. com., art. L. 626-31, al. 2.
95. C. com., art. L. 626-10.
96. C. com., art. L. 626-3 et L. 626-7.
97. C. com., art. L. 626-16.
98. C. com., art. L. 626-24, al. 1.
99. Cass. com., 21 févr. 2006, *Gaz. Pal.* 30 avr.-4 mai 2006, p. 32, obs. D. Voinot : « *après l'arrêté du plan de continuation et sauf disposition contraire de celui-ci, le débiteur redevenu maître de ses biens, peut disposer de ceux-ci ainsi que de leur prix, sans avoir à solliciter l'autorisation du tribunal ou du juge-commissaire, ses créanciers étant réglés selon les modalités du plan* ».
100. C. com., art. L. 626-13, art. R. 626-24.
101. C. com., art. L. 626-24, al. 2.
102. C. com., art. L. 626-25.
103. C. com., art. L. 626-6, al. 3.

par ordonnance de clôture rendue par le président du tribunal [104] après approbation par le juge-commissaire [105] du compte rendu de fin de mission de l'administrateur et du mandataire judiciaire.

715. – **Personnes pouvant se prévaloir du plan. Coobligés et garants personnes physiques.** – Le jugement qui arrête le plan est opposable à tous [106]. Certains tiers peuvent même se prévaloir directement des dispositions du plan. Tel est le cas, par exemple, des héritiers [107]. On sait par ailleurs que, dans la sauvegarde uniquement, lorsqu'il s'agit de personnes physiques, les coobligés et les personnes ayant consenti une sûreté personnelle ou ayant affecté ou cédé un bien en garantie peuvent se prévaloir des dispositions du plan [108]. Cette mesure est faite pour inciter le chef d'entreprise qui s'est porté garant des dettes de son entreprise de déclencher la sauvegarde malgré son engagement personnel. La solution est en revanche inversée dans le cadre d'une procédure de redressement judiciaire. L'entreprise étant dès l'ouverture en cessation de paiement il n'y a aucune raison de conserver des mesures incitatives pour permettre au dirigeant d'anticiper la défaillance. C'est pourquoi les coobligés et les personnes ayant consenti une sûreté personnelle ou ayant affecté ou cédé un bien en garantie ne peuvent se prévaloir des dispositions du plan [109]. La règle vaut pour les personnes morales comme pour les personnes physiques et s'applique sans distinction aux cautions solidaires comme aux cautions simples contrairement au régime antérieur à la réforme de 2005 dans lequel seule la caution solidaire était visée [110]. Toutefois, il convient de tenir compte de la situation personnelle de la caution qui peut, le cas échéant, être soumise à une procédure collective ou à une procédure de surendettement des particuliers. Par ailleurs, admettre que les personnes physiques coobligées ou ayant consenti « une sûreté personnelle ou ayant affecté ou cédé un bien en garantie » peuvent se prévaloir des dispositions du plan de sauvegarde n'empêche pas les créanciers bénéficiant des garanties de poursuivre les garants même pendant l'exécution du plan de sauvegarde. Il en est ainsi lorsque, pendant la période d'observation, ces créanciers ont obtenu des mesures conservatoires sur le patrimoine du débiteur [111] et doivent, pendant le déroulement du plan de sauvegarde, respecter les délais prévus par le Code des procédures civiles d'exécution par exemple pour obtenir un titre exécutoire [112]. Ils peuvent donc saisir la juridiction compétente qui devra surseoir à statuer jusqu'à ce que la créance garantie devienne exigible au terme du plan [113].

104. C. com., art. R. 626-42.
105. C. com., art. R. 626-39.
106. C. com., art. L. 626-11, al. 1er.
107. Cass. com., 4 janv. 2000, *Act. proc. coll.* 2000-2, n° 21, obs. C. Regnaut-Moutier ; *JCP* E, 2000-17, p. 700, obs. P. Pétel.
108. C. com., art. L. 626-11, al. 2.
109. C. com., art. L. 631-20.
110. V. J. Vallansan, *op. cit.*, p. 254 ; C. Léguevaques, « La loi de sauvegarde et les cautions : au bonheur des cautions ? », *Rev. proc. coll.* 2005-12, p. 296 ; O. Salvat, « La situation des garants », *Rev. proc. coll.* 2006-2, p. 147.
111. C. com., art. L. 622-28, al. 3, « *Les créanciers bénéficiaires de ces garanties peuvent prendre des mesures conservatoires* ».
112. Délai d'exécution de trois mois de la mesure conservatoire à peine de caducité (C. proc. civ. exéc., art. R. 511-6), délai d'un mois d'obtention d'un titre exécutoire (C. proc. civ. exéc., art. R. 511-7) ; et pour l'application de ces textes en droit des procédures collectives, v. C. com., art. R. 622-26.
113. Cass. com., 10 janv. 2012, *Bull. civ.* IV, n° 5 ; *D.* 2012. Chron. C. cass. 1220, obs. Guillou ; *ibid.* Actu. 215, obs. Lienhard ; *JCP E* 2012. 1227, n° 4, obs. Pétel ; *Gaz. Pal.* 28-29 mars 2012, p. 20, obs. Dumont-Lefrand ; *Rev. proc. coll.* 2012, n° 54, obs. Patureau et Pérot-Reboul ; *Banque et Droit* mars-avr. 2012. 40, obs. Jacob ; *Act. proc. coll.* 2012, n° 46, obs. Cagnoli ; *Gaz. Pal.* 27-28 avr. 2012, p. 40, obs. Le Corre-Broly ; *Bull. Joly Entrep. diff.* 2012. 144, note Borga ; *Rev. proc. coll.* 2012, n° 77, obs. Fraimout ; *RJ com.* mai-juin 2012. 43, note Macorig-Venier ; *RJDA* 2012, n° 879. « *Attendu qu'en application du troisième de ces textes les instances engagées par le créancier contre les coobligés et les personnes physiques ayant consenti un cautionnement ou une garantie autonome à une société bénéficiant d'un plan de sauvegarde, qui peuvent se prévaloir des dispositions de ce plan en application du premier de ces textes, suspendues en application du deuxième, sont poursuivies à l'initiative des créanciers bénéficiaires de garanties selon les dispositions applicables à l'opposabilité de ce plan à l'égard des garants* ».

716. – Commissaire à l'exécution du plan. Désignation et remplacement. – L'exécution du plan de sauvegarde se fait sous le contrôle du commissaire à l'exécution du plan, le tribunal ayant la possibilité d'en désigner plusieurs [114]. Il nomme en cette qualité, et pour la durée du plan, l'administrateur judiciaire ou le mandataire judiciaire. Dans ce cas l'administrateur demeure chargé, le cas échéant [115], de mettre en œuvre les dispositions du plan.

Le tribunal est aussi compétent pour remplacer le commissaire à l'exécution du plan, soit d'office, soit à la demande du ministère public [116]. Le président du tribunal peut aussi ordonner le remplacement lorsque la demande émane du commissaire à l'exécution du plan.

717. – Commissaire à l'exécution du plan. Missions. – Au-delà d'une mission générale de contrôle de l'exécution du plan, le commissaire peut conduire des actions en justice. Il peut d'abord poursuivre celles qui ont été introduites avant le jugement ayant arrêté le plan et auxquelles l'administrateur ou le mandataire judiciaire sont parties, même comme défendeur [117]. Ainsi une action en paiement d'une créance bénéficiant du privilège de la procédure doit être dirigée contre le commissaire à l'exécution du plan [118]. Si le commissaire à l'exécution du plan n'est plus en fonction, ces actions sont alors poursuivies par un « *mandataire de justice désigné spécialement à cet effet par le tribunal* » [119], *un mandataire ad hoc. Il peut ensuite engager de nouvelles actions « dans l'intérêt collectif des créanciers »* [120] ce qui est une consécration de la jurisprudence antérieure [121] à la réforme de 2005. Ce pouvoir est toutefois limité puisque le commissaire à l'exécution du plan ne peut pas engager des actions visant à la protection des intérêts du débiteur comme par exemple le fait d'interjeter appel à l'encontre d'une décision statuant sur une demande de résiliation d'un bail commercial concédé au débiteur en vue du recouvrement d'une créance postérieure à son redressement judiciaire [122]. Dans le cadre de sa mission, le commissaire à l'exécution du plan peut percevoir des sommes qui doivent alors être immédiatement déposées à la Caisse des dépôts et consignations [123]. En cas de retard le commissaire à l'exécution du plan devra sur les sommes manquantes des intérêts moratoires au taux légal majoré de cinq points.

718. – Fin d'exécution du plan. – La fin d'exécution du plan est constatée par le tribunal à la requête du commissaire à l'exécution du plan, du débiteur ou de tout intéressé s'il apparaît que les engagements du plan ont été tenus [124]. Les créanciers n'ayant pas déclaré leur créance à la procédure collective ne peuvent les opposer au débiteur [125].

---

114. C. com., art. L. 626-25.
115. C. com., art. L. 626-24.
116. C. com., art. L. 626-25, al. 6 ; v. égal art. R. 626-44.
117. C. com., art. L. 626-25, al. 1er.
118. Cass. soc. 20 janv. 1993, *Bull. civ.* n° 16, *D.* 1994, somm. p. 40, obs. F. Derrida ; *Rev. proc. coll.* 1993, p. 318, n° 1, obs. E. Kerckhove et p. 406, n° 9, obs. C. Saint-Alary-Houin.
119. C. com., art. L. 626-25, al. 1.
120. C. com., art. L. 626-25, al. 3.
121. Cass. com., 12 juill. 1994, *D.* 1995, somm. p. 1, obs. F. Derrida ; *JCP* G, 1995, I, 3815, n° 17, obs. M. Cabrillac.
122. Cass. com., 27 mars 2012, *Bull. civ.* IV, n° 70 ; *D.* 2012. Actu. 942, obs. Lienhard ; *Act. proc. coll.* 2012, n° 121, obs. Fin-Langer ; *Gaz. Pal.* 3-4 août 2012, p. 24, obs. Lebel ; *RJDA* 2012, n° 880.
123. C. com., art. L. 626-25, al. 5.
124. C. com., art. L. 626-28, art. R. 626-50 et R. 626-51.
125. C. com., art. L. 622-26, al. 2 : « *Les créances non déclarées régulièrement dans ces délais sont inopposables au débiteur pendant l'exécution du plan et après cette exécution lorsque les engagements énoncés dans le plan ou décidés par le tribunal ont été tenus* ».

§ 2 : L'inexécution du plan de sauvegarde

719. – Plan. – L'inexécution du plan de sauvegarde peut résulter de causes différentes. Selon que le débiteur est ou n'est pas en cessation des paiements, les conséquences de l'inexécution seront elles aussi distinctes.

I. Les causes d'inexécution du plan

720. – Défaut de paiement des dividendes et non-respect des engagements du plan. – Si ce défaut d'exécution du plan correspond à un non-respect par le débiteur de ses engagements dans les délais fixés par le plan, et en l'absence de cessation des paiements, le tribunal peut, après avis du ministère public [126], décider de la résolution ce qui met fin aux opérations et emporte déchéance de tout délai accordé [127]. Cette sanction est cependant facultative. Toutefois, lorsque le tribunal décide de ne pas prononcer celle-ci, et que l'inexécution résulte du non-paiement des dividendes par le débiteur, alors le commissaire à l'exécution du plan et lui seul [128] doit procéder à au recouvrement des dividendes [129] ce qui est une mesure d'exécution forcée [130]. Si au contraire le tribunal opte pour la résolution du plan, sans pour autant que cela plonge le débiteur dans un état de cessation des paiements, il n'y aura pas de nouvelle procédure collective. On peut toutefois penser qu'il s'agit là d'une hypothèse d'école. Autrement dit, la résolution débouchera probablement sur une cessation des paiements ce qui par voie de conséquence entraînera l'ouverture d'une procédure de redressement ou de liquidation judiciaire [131].

721. – L'inexécution en cessation des paiements. – En revanche le tribunal a l'obligation de prononcer la résolution du plan si le débiteur est en cessation des paiements au cours de l'exécution du plan [132]. Il en décide ainsi, après avis du ministère public et, dans le cas de résolution d'un plan de sauvegarde, il ouvre soit une procédure de redressement judiciaire, soit, si le redressement est manifestement impossible, une procédure de liquidation judiciaire. En cas de résolution d'un plan de redressement, le tribunal ouvre une procédure de liquidation judiciaire [133]. L'ouverture d'une procédure de redressement ou de liquidation judiciaire suppose que l'état de cessation des paiements soit constaté par le tribunal [134].

---

126. Avis qui s'impose aussi devant la cour d'appel : v. Cass. com., 3 mai 2011, n° 10-14558, *D.* 2011, Actu., 6 juin 2011, obs. A. Lienhard.
127. C. com., art. L. 626-27, al. 3.
128. Un créancier n'a pas qualité pour agir en recouvrement des dividendes, Cass. com., 10 juill. 2012, *Bull. Joly Entrep. diff.* 2012. 276, note Le Mesle ; *Gaz. Pal.* 12-13 oct. 2012, p. 27, obs. Lebel.
129. C. com., art. L. 626-27, al. 1.
130. F. Winckel, « L'exécution forcée du plan de sauvegarde », *Rev. proc. coll.* 2009/3, Étude 13.
131. J.-J. Hyest, *op. cit.*, p. 285.
132. C. com., art. L. 626-27, al. 2. V. avant la réforme, Cass. com., 10 juill. 2005, *Act. proc. coll.* 2005-10, n° 123, obs. C. Regnaut-Moutier.
133. C. com., art. L. 631-20-1.
134. Cass. com., 16 déc. 2008, *Bull. civ.* IV, n° 211 ; *D.* 2009. AJ 94, obs. Lienhard ; *Gaz. Pal.* 26-28 avr. 2009, p. 26, obs. *Voinot* ; *RJ com.* 2009. 234, note Sortais ; *Dr. et patr.* sept. 2009. 113, obs. Monsèrié-Bon.

II. Modalités de résolution du plan

722. – Obligation d'information. – Dans tous les cas de défaut d'exécution du plan, le commissaire à l'exécution du plan doit en rendre compte [135] au président du tribunal et au ministère public. Il doit aussi en informer le comité d'entreprise ou, à défaut, les délégués du personnel.

723. – Procédure. – Dans toutes les hypothèses de résolution du plan, le tribunal se saisit d'office ou alors est saisi par voie de requête [136] par un créancier, le commissaire à l'exécution du plan ou le ministère public [137]. Le tribunal prononce la résolution après avis du ministère public [138]. Le prononcé de la résolution du plan met fin aux opérations et à la procédure lorsque celle-ci est toujours en cours [139].

Lorsque le tribunal décide la résolution du plan pour cause de cessation des paiements, il ouvre dans le même jugement une procédure, selon le cas, de redressement judiciaire ou de liquidation judiciaire du débiteur [140].

724. – Suites pour les créanciers. – La résolution du plan fait recouvrer aux créanciers l'intégralité de créances et sûretés déduction faite des sommes perçues, et emporte déchéance de tout délai de paiement accordé [141]. Si la résolution du plan a pour suite l'ouverture d'une nouvelle procédure collective les créancierssoumis au plan n'ont pas à déclarer leurs créances et sûretés. La déclaration dans la première procédure est suffisante même si les créances déclarées n'ont pas été admises au passif au jour de la résolution du plan [142]. Elles sont alors soumises à la procédure de vérification et d'admission de la nouvelle procédure [143]. Pour les créances inscrites dans le plan et déjà admises, elles sontadmises de plein droit dans la nouvelle procédure déduction faite des sommes déjà perçues [144]. Les créanciers antérieurs qui n'ont pas déclaré peuvent à nouveau le faire car leur créance n'est pas éteinte. De même doivent déclarer les créanciers dont la créance est née durant l'exécution du plan [145].

---

135. C. com., art. L. 626-25, al. 4 ; sur les modalités, v. art. R. 626-47.

136. C. com., art. R. 626-48.

137. C. com., art. L. 626-27, II.

138. Sur cette exigence, v. Cass. com., 11 déc. 2012, *D.* 2013. Actu. 8, obs. Lienhard ; *Rev. sociétés* 2013. 180, obs. Roussel Galle ; *LEDEN* janv. 2013, p. 3, obs. Delattre ; *Bull. Joly Entrep. diff.* 2013. 98, note Le Mesle ; *Gaz. Pal.* 1er-4 mai 2013, p. 21, obs. Lebel. ; Cass. com., 3 mai 2011, *Bull. civ.* IV, n° 67 ; *D.* 2011. Actu. 1278, obs. Lienhard ; *LEDEN* juin 2011, p. 5, obs. Delattre ; *RJ com.* 2011.500, note Sortais ; *Bull. Joly Entrep. diff.* 2011. 330, note De Lajarte ; *RJDA* 2011, n° 948 ; *Rev. proc. coll.* 2011, n° 183, obs. Fraimout ; satisfait à cette exigence la « *mention manuscrite, datée, signée et apposée sur la chemise du dossier* », Cass. com., 30 nov. 2010, *Gaz. Pal.* 7-8 janv. 2011, p. 30, obs. Lebel.

139. C. com., art. L. 626-27, I, al. 2.

140. C. com., art. R. 626-8, al. 2.

141. C. com., art. L. 262-27, I, al. 2, sous réserve des dispositions de C. com., art. L. 626-19, al. 2.

142. Cass., avis, 17 sept. 2012, *Bull. civ.*, n° 8 ; *D.* 2012. 2355, concl. Le Mesle ; *ibid.* 2360, note Le Corre ; *D.* 2013. Chron. C. cass. 1178, obs. Arbellot ; *Rev. sociétés* 2012. 731, obs. Henry ; *RTD com.* 2012. 846, obs. Martin-Serf ; *JCP E* 2012. 1757, n° 14, obs. Pétel ; *LEDEN* oct. 2012, p. 4, obs. Borga ; *RLDA* nov. 2012. 19, obs. Vallens ; *Bull. Joly Entrep. diff.* 2013. 24, obs. Le Corre-Broly ; *RJDA* 2013, n° 346 ; *Rev. proc. coll.* 2013, n° 50, obs. Staes.

143. *Ibid.*

144. C. com., art. L. 626-27, III.

145. Cass. com., 3 avr. 1990, *D.* 1990, p. 385, note M. Jeantin ; *JCP* E 1990, II, 15 829, obs. M. Cabrillac.

Section II
L'adoption d'un plan de cession [146]

725. – Régime juridique de la liquidation. – Le régime juridique de la cession d'entreprise se situe dans la partie du Code de commerce consacrée à la liquidation judiciaire. Il a donc été déplacé par rapport au régime antérieur dans lequel l'adoption d'un plan de cession de l'entreprise était, au terme d'une procédure de redressement judiciaire, l'une des solutions possibles à côté du plan de continuation ou du prononcé d'une liquidation judiciaire. Ce nouvel emplacement n'empêche pas la réalisation d'une cession partielle d'activité au cours d'une procédure de sauvegarde ou de redressement judiciaire ou encore une cession totale de l'entreprise dans le cadre d'une procédure de redressement judiciaire [147]. En revanche, si la cession concerne une entreprise en sauvegarde, en redressement et, *a fortiori*, en liquidation judiciaire, ce sont les règles de la liquidation judiciaire qui ont désormais vocation à s'appliquer à cette cession d'entreprise [148]. Il en résulte un régime unitaire pour toute cession d'entreprise ce qui, par suite, soulève la question de la nature juridique de l'opération.

726. – Nature juridique de la cession. – La question de la nature juridique de l'opération se pose dès lors que la cession de l'entreprise relève, au regard du régime juridique qui lui est applicable, de la seule liquidation judiciaire. Doit-on considérer la cession comme un instrument de liquidation ou peut-on encore parler d'un outil de redressement de l'entreprise [149] ? Replacée dans un contexte historique cette question conduit à rappeler brièvement quelles ont été les évolutions de la cession d'entreprise au fil des réformes législatives récentes. Avec la loi n° 67-563 du 13 juillet 1967, il n'y a pas de cession d'entreprise autonome mais une cession globale soumise au droit commun dont les conséquences seront parfois fâcheuses pour les créanciers victimes de repreneurs indélicats. Avec la loi n° 85-98 du 25 janvier 1985, le plan de cession devient une institution autonome, une technique de redressement qui relève d'un régime spécial : elle est une opération aléatoire qui donne lieu au versement d'un prix forfaitaire et qui échappe au droit commun de la vente [150]. C'est une

146. Sur le plan de cession issu de la réforme, v. M.-L. Coquelet, « Le plan de cession a-t-il changé ? », *Rev. proc. coll.* 2006-2, p. 188 ; A. Couret, « Le plan de cession, mesure de redressement ou de liquidation ? », *RLDA*, mars 2005, suppl. p. 42 ; J. Deharveng, « Le plan de cession dans la nouvelle architecture des procédures collectives, Un événement et non plus une issue du cours de la procédure », *D.* 2006, p. 1047 ; Ph. Froehlich, « L'ambivalence du plan de cession totale dans la loi de sauvegarde des entreprises », *D.* 2005, p. 2878 ; A. Géniteau, La cession d'entreprise dans la loi de sauvegarde des entreprises, *RLDA*, déc. 2005, p. 23 ; L.-C. Henry, « Le plan de cession et la loi de sauvegarde des entreprises », *Gaz. Pal.* 7 sept. 2005, p. 39 ; F. Pérochon, « Cession d'entreprise, redressement et liquidation », *op. cit.* ; F. Vauvillé, « La cession d'actifs après la réforme du 26 juillet 2005 », *Dr. et patr.*, mars 2006, p. 80.

147. C. com., art. L. 626-1 (pour la cession partielle en sauvegarde) ; art. L. 631-22 (pour la cession partielle ou totale en redressement judiciaire).

148. Pour la sauvegarde, C. com., art. L. 626-1 : « *les cessions faites en application du présent article sont soumises aux dispositions de la section 1 du chapitre II du titre IV et à l'article L. 642-22* ». Pour le redressement judiciaire, C. com., art. L. 631-22, al. 1er : « *les dispositions de la section 1 du chapitre II du titre IV, à l'exception du I de l'article L. 642-2, et l'article L. 642-22 sont applicables à cette cession* ».

149. M.-L. Coquelet, « Le plan de cession a-t-il changé ? », *Rev. proc. coll.* 2006-2, p. 188 ; A. Couret, « Le plan de cession, mesure de redressement ou de liquidation ? », *RLDA*, mars 2005, suppl., p. 42 ; Ph. Froehlich, « L'ambivalence du plan de cession totale dans la loi de sauvegarde des entreprises », *D.* 2005, p. 2878 ; Ph. Pétel, « La réforme des plans de redressement », *LPA*, 10 juin 2004, p. 34, spéc. 38 et s. ; C. Saint-Alary-Houin, « Le projet de loi sur la sauvegarde des entreprises : continuité, rupture ou retour en arrière ? », *Dr. et patr.* 2005, n° 133, p. 24 ; B. Soinne, « La réforme des procédures collectives : la confusion des objectifs et des procédures », *Rev. proc. coll.* 2004, p. 1 et 81.

150. C. Saint-Alary-Houin, « Variations sur le plan de cession d'une entreprise en difficulté », *in Le droit de l'entreprise dans ses relations externes à la fin du XXe siècle, Mélanges en l'honneur de C. Champaud*, Dalloz, 1997, p. 539.

cession judiciaire qui n'est ni une vente volontaire [151] ni une cession forcée [152], ni encore une vente aux enchères. La sécurité attendue par cette nouvelle formule n'étant toutefois pas complète, on a souhaité « moraliser » les plans de cession ce qui a été en partie réalisé par la loi n° 94-475 du 10 juin 1994 [153] qui introduit des garanties quant aux modalités d'exécution le plan de cession devant être mis en œuvre à peine de résolution [154]. La loi n° 2005-845 du 26 juillet 2005 jette le trouble sur cet ordonnancement en réintégrant la cession dans la liquidation. Certains arguments permettent de relativiser la portée du changement comme, par exemple, un régime juridique comparable entre la cession d'aujourd'hui et celle d'avant la réforme. Il en résulte que le plan de cession demeure une opération aléatoire et forfaitaire qui échappe au droit commun et notamment à la garantie des vices cachés et d'éviction [155]. En réalité ce qui a changé ce n'est pas tant la nature du plan de cession que la nature juridique de la liquidation judiciaire. La procédure liquidative peut en effet conduire soit à la disparition de l'entreprise, soit à la sauvegarde de l'entreprise au sens où l'on préserve l'activité d'une entreprise sans le débiteur. Ainsi, la liquidation judiciaire rénovée ne fait que consacrer un peu plus la distinction entre l'homme et l'entreprise.

727. – Avantages fiscaux. – La reprise [156] d'une entreprise en difficulté peut donner lieu à des avantages fiscaux. Cela concerne les sociétés créées pour reprendre une entreprise en difficultés, qui bénéficient alors d'une exonération de l'impôt sur les sociétés à l'exclusion des plus-values constatées lors de la réévaluation des éléments d'actif immobilisé, jusqu'au terme du vingt-troisième mois suivant celui de leur création [157]. L'exonération n'est cependant pas accessible à tous les secteurs d'activité et demeure plafonnée selon les cas [158]. Ce régime d'aides fiscales à la reprise a été déclaré conforme aux règles communautaires prévues en matière d'aides d'État à finalité régionale, ainsi qu'au règlement sur les aides prévues en faveur des PME. On peut observer que ce dispositif impose le maintien des emplois créés pour une durée minimale de cinq ans [159].

728. – Finalités de la cession d'entreprise. – Les buts de la cession de l'entreprise sont précisés par l'article L. 642-1, al. 1 du Code de commerce. Il s'agit :

– d'assurer le maintien d'activités susceptibles d'exploitation autonome ;

– d'assurer le maintien des emplois ;

– d'apurer le passif.

On peut y voir une hiérarchie, il est préférable d'appliquer ici un principe d'efficacité économique ce qui suppose d'évaluer ce qui doit être privilégié (par exemple le meilleur prix

151. V. J.-P. Garçon, « Pactes de préférence et procédure collective », *JCP* E, 1999-13, p. 561.
152. J. Vallansan, *op. cit.*, p. 294.
153. Ph. Pétel, « La moralisation des plans de redressements », *inLes réformes du nouveau droit de l'entreprise, op. cit.*, p. 91.
154. C. com., ancien art. L. 622-91. V. égal. Cass. com., 9 juin 1998, *RTD com.* 1998, p. 933, obs. C. Saint-Alary-Houin, où la juridiction régulatrice généralise la résolution du plan en cas d'inexécution en se fondant sur les principes généraux du droit.
155. Cass. com., 22 oct. 1996, *D.* 1997, somm. 5, obs. F. Derrida ; Cass. com., 17 mars 1998. 676, obs. C. Saint-Alary-Houin (le cédant n'est pas tenu d'une obligation de non-concurrence).
156. Les aides sont aussi accordées en cas de plan de sauvegarde (reprise interne) de cession en redressement en liquidation et même en cas de reprise hors procédure.
157. CGI, art. 44 *septies.*
158. CGI, art. 44 *septies.*
159. Communiqué de la Commission européenne, n° IP/05/648, 1er juin 2005.

ou un nombre de licenciements limités) pour maximiser la valeur de l'entreprise. Des études empiriques ont montré que les tribunaux ont tendance à retenir les propositions de reprise qui offrent plus de perspectives de maintien de l'emploi plutôt que celles pour lesquelles le prix de rachat de l'entreprise est élevé et donc permet un désintéressement supérieur des créanciers. Un tel choix ne doit cependant pas être interprétée de manière catégorique car si l'on applique un critère d'optimisation économique des licenciements massifs peuvent grever la valeur de l'entreprise bien plus que ne permettrait d'apprécier cette même valeur le versement d'un prix plus élevé [160]. Il peut être fait appel à des experts pour se livrer, selon l'expression du professeur Yves Guyon, à « *une appréciation d'opportunité économique globale* » [161].

729. – Objet de la cession. Cession partielle ou totale. – La cession peut être totale ou partielle. Lorsqu'elle est totale elle porte sur la totalité des actifs affectés à l'exercice de l'activité. Si elle est partielle elle doit porter sur un ensemble d'éléments d'exploitation qui forment une ou plusieurs branches autonomes et complètes d'activités [162]. À la différence de la sauvegarde, dans le redressement judiciaire la cession partielle peut être imposée au débiteur. Celle-ci est en effet ordonnée par le tribunal « *si le débiteur est dans l'impossibilité d'en assurer lui-même le redressement* » [163]. Lorsque la cession partielle est prononcée au cours d'une liquidation judiciaire, les actifs restants seront liquidés au profit des créanciers. Si en revanche la cession partielle intervient au cours d'une sauvegarde ou d'un redressement, le sort des actifs restant dépendra de la situation du débiteur à l'issue de la cession partielle. Lorsque l'entreprise cédée est une société, la cession ne s'effectue pas par le jeu d'un transfert des parts sociales ou actions, procédé qui relève d'une reprise interne soit dans un plan de sauvegarde soit dans un plan de redressement. S'agissant de la cession, cette opération correspond à un transfert d'actifs et doit porter sur une entreprise [164] dont la détermination est parfois délicate [165]. Mais si l'ensemble des biens cédés constitue une entreprise susceptible d'être cédée globalement, seul le tribunal est compétent pour autoriser la cession et non le juge-commissaire [166]. Pour les professions libérales ou réglementées l'objet de la cession n'est depuis l'ordonnance n° 2008-1345 du 18 décembre 2008, plus limitée par la loi aux seuls « *éléments corporels* ». Un aménagement est apporté pour les officiers publics ou ministériels du fait que l'on se situe dans une procédure de liquidation judiciaire avec dessaisissement. Le liquidateur peut ainsi exercer le droit du débiteur de présenter son successeur au ministre de la Justice [167].

730. – Entreprises soumises à un régime spécial. Cas des entreprises agricoles. – Certaines entreprises relèvent d'un régime spécial (banques, assurances, etc.). C'est en particulier le cas des entreprises agricoles qui comprennent généralement un bail rural. La décision de reprise associe de manière étroite le bailleur. Ainsi l'article L. 642-1, alinéa 3 du Code de commerce prévoit que le tribunal peut « *soit autoriser le bailleur, son conjoint ou l'un de ses descendants à reprendre le fonds pour l'exploiter, soit attribuer le bail rural à un autre preneur proposé par le bailleur ou, à défaut,*

160. R. Blazy, *op. cit.*, p. 154 et p. 169.
161. Y. Guyon, *op. cit.*, n° 1280, p. 314.
162. C. com., art. L. 642-1, al. 2.
163. V. art. L. 631-22.
164. V. J. Vallansan, *La cession d'entreprise*, thèse Caen, 1986, n° 40 et n°s 122 et s. ; N. Donio-Journo, *Le redressement et la liquidation judiciaires des personnes morales civiles*, thèse Paris II, 2002, p. 117 et s.
165. V. Cass. com., 14 mars 2000, *Act. proc. coll.* 2000-9, n° 109, obs. J. Vallansan, à propos de la cession d'un immeuble indissociable de la reprise d'une clinique exploitée sous forme de société commerciale.
166. CA Poitiers, 17 mai 2011, *LEDEN* sept. 2011, p. 1, obs. F.-X. Lucas ; *Bull. Joly Entrep. diff.* 2011. 244, note C. Vincent.
167. C. com., art. L. 642-1, al. 4.

à tout repreneur [...] ». Le cas échéant, le tribunal peut choisir entre le bailleur et un repreneur sous réserve dans ce dernier cas de retenir le repreneur proposé par le bailleur [168].

§ 1 : Les modalités d'adoption du plan de cession

731. – Renvoi. – Dès le déclenchement de la procédure de redressement ou de liquidation judiciaire la préparation de l'avenir de l'entreprise peut se concrétiser par des offres de reprises [169]. Il reste ensuite au tribunal à prendre une décision, les voies de recours étant limitées.

I. La décision du tribunal

732. – Caractère sérieux de l'offre. – Au vu des offres qui lui ont été soumises le liquidateur ou l'administrateur doit donner au tribunal [170], d'une part, tous les éléments permettant de vérifier le caractère sérieux des offres et la qualité de tiers de l'auteur de l'offre, d'autre part, tous éléments permettant d'apprécier les conditions d'apurement du passif, notamment au regard du prix offert, des actifs résiduels à recouvrer ou à réaliser, des dettes de la période de poursuite d'activité et, le cas échéant, des autres dettes restant à la charge du débiteur.

733. – Sélection de l'offre par le tribunal. – Le tribunal retient l'offre qui permet dans les meilleures conditions d'assurer le plus durablement l'emploi attaché à l'ensemble cédé, le paiement des créanciers et qui présente les meilleures garanties d'exécution [171]. Cette précision légale confirme que l'objectif de la liquidation ne consiste pas seulement à payer les créanciers, mais aussi à sauvegarder l'entreprise et l'emploi.

734. – Auditions. – La conciliation sera souvent difficile et exigera des sacrifices de la part de tous les intéressés c'est-à-dire un paiement partiel ou différé et des licenciements. Le tribunal procédera à des auditions. Cela concernera généralement les personnes qui ont déposé les offres sans pour autant que cette formalité soit obligatoire. En revanche le tribunal doit entendre obligatoirement le débiteur, le liquidateur, l'administrateur, les représentants du personnel et les contrôleurs. Le tribunal doit ensuite recueillir l'avis du ministère public et celui-ci doit être présent à l'audience si le débiteur emploie un nombre de salariés supérieur à vingt ou si son chiffre d'affaires hors taxes est supérieur à trois millions d'euros [172]. En outre si le plan prévoit des licenciements pour motif économique, il ne peut être arrêté par le tribunal qu'après consultation des représentants du personnel et information de l'autorité administrative compétente [173].

735. – Modification du plan. – Une fois le choix effectué, le tribunal arrête un ou plusieurs plans de cession [174]. Ce plan n'est pas intangible puisque le tribunal peut décider d'une modification substantielle dans les objectifs et les moyens du plan [175]. Tous les éléments du

168. Cass. com., 30 nov. 1993, *Bull. civ.* IV, n° 443 ; *JCP* 1994, II, 22248, note P. OURLIAC ; *Defrénois* 1994, p. 1239, note J. P. SÉNÉCHAL ; *Rev. proc. coll.* 1994, p. 229, obs. B. SOINNE.
169. Sur cette préparation et sur les offres, v. *supra*, n°s 651 et s.
170. C. com., art. L. 642-4.
171. C. com., art. L. 642-5, al. 1.
172. C. com., art. L. 642-5, al. 2.
173. C. com., art. L. 642-5, al. 5.
174. C. com., art. L. 642-5, al. 1.
175. C. com., art. L. 642-6.

plan à l'exception du prix sont susceptibles d'être modifiés, y compris les contrats cédés [176] sous réserve qu'une situation économique imprévue l'impose. La demande doit émaner du cessionnaire par déclaration au greffe [177]. Le tribunal statue après avoir recueilli l'avis du ministère public et après avoir entendu ou dûment appelé le liquidateur, l'administrateur judiciaire s'il y a lieu, les contrôleurs, les représentants du personnel et toute personne intéressée.

736. – Publicité. – Le jugement arrêtant ou modifiant le plan de cession [178] est communiqué par le greffier à l'administrateur, au liquidateur, au procureur de la République, au trésorier-payeur général du département du siège du débiteur [179]. Il est mentionné au RCS ou au répertoire des métiers ou sur un registre ouvert auprès du tribunal de grande instance. Un avis du jugement est ensuite adressé par le greffier pour insertion au *Bodacc*, cet avis est également publié dans un journal d'annonces légales du lieu où le débiteur a son siège ou son adresse professionnelle, et, le cas échéant, ses établissements secondaires [180]. Il est signifié par le greffier dans les huit jours de la date du jugement aux personnes qui ont qualité pour interjeter appel hormis le procureur de la République, le cocontractant ou le bailleur [181]. Toute cession de l'entreprise doit en outre être précédée [182] d'une publicité faite par les mandataires de justice au moyen d'un service informatique par internet mais aussi par voie de presse. L'étendue de cette publicité est définie par le juge-commissaire qui doit déterminer s'il y a lieu d'effectuer une publicité par voie de presse pour les actifs de faible valeur [183].

II. Les voies de recours

737. – Appel. – En ce qui concerne les voies de recours, le jugement arrêtant ou rejetant le plan de cession peut faire l'objet d'un appel mais dans des conditions strictement déterminées.

Cette limitation s'explique par le fait que tant que la cour d'appel ne se sera pas prononcée, la cession ne peut pas devenir effective ce qui risque de compromettre le redressement de l'entreprise. L'appel peut être interjeté [184] :

– par le débiteur et le ministère public en cas de rejet ou d'admission du plan. L'appel du ministère public est suspensif ;

– par le cessionnaire en cas de rejet total ou en cas d'admission de la cession si le jugement lui impose des charges ou des engagements qu'il n'a pas souscrits au cours de la préparation du plan ;

– par le cocontractant pour la partie du jugement qui emporte cession de son contrat. S'il peut faire appel de la partie du jugement arrêtant le plan de cession de l'entreprise qui emporte cession du contrat, le cocontractant ne peut exercer un pourvoi en cassation qui est réservé au ministère public, sauf en cas d'excès de pouvoir du juge [185].

---

176. Cass. com., 3 mai 2006, 04-15760, *Gaz. Pal.* 18 juill. 2006, p. 26, obs. D. Voinot.
177. D. n° 2005-1677 du 28 déc. 2005, art. 258.
178. C. com., art. R. 642-5.
179. C. com., art. R. 642-5 par renvoi à l'article R. 621-7.
180. C. com., art. R. 642-4.
181. *Ibid.*
182. C. com., art. L. 642-22.
183. C. com., art. R. 642-40.
184. C. com., art. L. 661-6.
185. Cass com. 15 déc. 2009, *Bull. civ.* IV, n° 168 ; *D.* 2010, chron. C. cass. 1111, obs. Bélaval ; *ibid.* AJ 11, obs. Lienhard (1re esp.) ; *LEDEN* févr. 2010, p. 6, obs. Staes ; *Procédures* 2010, n° 42, obs. Rolland ; *RJDA* 2010, n° 272 ; *Rev. proc. coll.* 2010, n° 77, obs. Fraimout.

L'appel d'un jugement modifiant le plan est possible de la part du ministère public, du cessionnaire en cas d'augmentation de ses charges.

L'appel d'un jugement statuant sur la résolution du plan de cession est possible de la part du débiteur, de l'administrateur, du liquidateur, du cessionnaire et du ministère public.

Le délai d'appel est de dix jours à compter du prononcé du jugement.

Le candidat repreneur évincé ne dispose pas du droit d'appel sauf en cas d'excès de pouvoir du juge [186].

738. – Autres voies de recours. – La tierce opposition est fermée mais pas le pourvoi en cassation qui n'est cependant ouvert qu'au ministère public [187] sauf excès de pouvoir du tribunal [188].

§ 2 : Les effets de la cession

739. – Jugement de cession et actes de cession. – Le jugement arrêtant le plan de cession n'emporte pas transfert de propriété des biens et des droits cédés. Ce transfert n'intervient qu'à la date de passation des actes [189] et il y a autant d'actes qu'il y a d'éléments à céder. S'agissant de parts de société dont la cession est soumise à une procédure d'agrément, celle-ci doit être en principe respectée [190]. Ces actes sont passés par le liquidateur ou l'administrateur s'il y a lieu [191]. Les actes nécessaires à la mise en oeuvre du plan de cession ne peuvent modifier le de ce dernier. Ainsi est sans effet une condition suspensive introduite dans un acte subséquent non prévue par le plan [192]. S'agissant des archives de l'entreprise, le liquidateur doit informer de leur vente ou destruction l'autorité administrative compétente pour la conservation des archives afin de permettre à celle-ci d'exercer son droit de préemption [193]. Le mandataire doit dresser le bilan de sa mission en rédigeant un rapport faisant état de l'accomplissement des actes de cession ainsi qu'en établissant un compte rendu de fin de mission [194]. Ces documents sont déposés au greffe du tribunal. Les effets la cession doivent être analysés en distinguant selon que la cession est précédée ou non d'une location-gérance.

186. La violation des articles L. 661-6 C. com., 31 et 546 C. pr. civ., fût-elle établie, ne constitue pas un excès de pouvoir : Cass. com., 18 janv. 2011, *D.* 2011, Actu. 370, obs. Lienhard ; *Gaz. Pal.* 1er-2 avr. 2011, p. 28, obs. Voinot.

187. C. com., art. L. 661-7. Il résulte de la combinaison des art. L. 661-6, II, et L. 661-7, al. 2, que les arrêts rendus sur appel des jugements arrêtant, rejetant ou modifiant le plan de cession ne sont pas susceptibles de pourvoi en cassation de la part du cessionnaire ; il s'ensuit que ce dernier ne peut pas davantage former un pourvoi contre l'arrêt ayant rejeté une demande de modification du plan : Cass. com., 6 juill. 2010 : *Rev. proc. coll.* 2010, n° 242, obs. Fraimout.

188. Il résulte de l'art. L. 661-7, al. 2, que le pourvoi n'est ouvert qu'au ministère public à l'encontre des arrêts qui arrêtent ou rejettent le plan de cession. Il n'est dérogé à cette règle, comme à toute autre règle interdisant ou différant un recours, qu'en cas d'excès de pouvoir Cass. com., 15 déc. 2009, *Bull. civ.* IV, n° 169 ; *D.* 2010. AJ 11, obs. Lienhard (2e esp.) ; *Procédures* 2010, n° 42, obs. Rolland ; *RJDA* 2010, n° 272 ; *Rev. proc. coll.* 2010, n° 96, obs. Cagnoli ; *RJ com.* 2010. 191, note Boillot.

189. Cass. com., 26 janv. 1993, *D.* 1993. 205, note F. Derrida.

190. Pour le respect d'une clause d'agrément stipulée dans les statuts d'une société anonyme, v. Cass. com., 31 janv. 1995, *JCP* E 1995, II, 678, note Y. Guyon ; *JCP* 1995, I, 455, n° 4, obs. M. Cabrillac et Ph. Pétel ; *LPA*, 26 avr. 1995, p. 23, note B. Soinne ; *LPA*, 2 août 1995, p. 24, note J.-L. Courtier ; *D.* 1995, p. 426, note G. Parléani.

191. C. com., art. L. 642-8, al. 1.

192. Cass. civ. 3e, 7 déc. 2011, *D.* 2012. Actu. 88 ; *Gaz. Pal.* 27-28 avr. 2012, p. 25, obs. Voinot ; *RJDA* 2012, n° 567.

193. C. com., art. L. 642-23.

194. D. n° 2005-1677 du 28 déc. 2005, art. 256 et 262.

I. Cession sans location-gérance

A. Effets à l'égard du cessionnaire

740. – Gestion de l'entreprise. – En principe le cessionnaire ne peut gérer l'entreprise tant que les opérations du plan n'ont pas été réalisées. Toutefois, par exception et à certaines conditions, le cessionnaire peut se voir confier sous sa responsabilité la gestion de l'entreprise même si les actes de cession ne sont pas encore passés. Le tribunal en décide sur demande du cessionnaire et sur justification de la consignation du prix de cession ou d'une garantie équivalente [195]. Le cessionnaire est évidemment responsable de la gestion si celle-ci lui est confiée alors que tous les actes n'ont pas été réalisés. Par ailleurs, qu'il gère ou non, il est responsable en cas d'inexécution des actes de cession ordonnés et cette responsabilité a un fondement quasi contractuel selon la jurisprudence [196]. Enfin les dettes nées au cours de cette période ne devraient pas bénéficier du privilège de la procédure [197] mais elles doivent être payées à l'échéance.

741. – Clause de substitution. – Le tribunal peut aussi autoriser les clauses de substitution de cessionnaire [198]. Il peut ainsi examiner les mobiles de l'opération ou encore la qualité du substituant. Par exemple dans un groupe de sociétés la mère peut se substituer une filiale. De même dans l'hypothèse d'une création d'une société pour reprendre une entreprise en difficulté, il est possible de substituer au fondateur agissant au nom et pour le compte de la société en formation le groupement définitivement créé. Toutefois l'auteur de l'offre retenue par le tribunal reste garant solidairement des engagements qu'il a souscrits. Il s'agit d'une consécration des solutions posées par la jurisprudence antérieure à la réforme [199]. La loi ajoute cependant que toute substitution non autorisée peut être annulée à la demande de tout intéressé ou du ministère public présentée dans un délai de trois ans à compter de la substitution ou de sa publicité [200]. Si aucune clause de substitution n'est stipulée dans le plan une substitution demeure possible en cours d'exécution du plan sous réserve de respecter les conditions de modification du plan.

742. – Inaliénabilités. – Le tribunal peut prévoir dans le jugement arrêtant le plan de cession que tout ou partie des biens cédés ne pourra être aliéné pour une durée qu'il fixe, sans son autorisation [201]. L'inaliénabilité fait l'objet d'une publicité dans laquelle est mentionnée la durée de l'inaliénabilité [202]. La violation de cette inaliénabilité est sanctionnée par une nullité sur demande de tout intéressé ou du ministère public présentée dans un délai de trois ans à compter de la conclusion de l'acte ou alors de la publicité de l'acte, le cas échéant [203]. Le tribunal peut être saisi d'une demande d'autorisation d'aliéner un bien rendu inaliénable. Dans le tribunal statue, à peine de nullité, après avoir recueilli l'avis du ministère public.

195. C. com., art. L. 642-8.
196. Cass. com., 26 oct. 1999, *D.* 2000, AJ. 383, note A. Pélissier ; *Act. proc. coll.* 1999-19, n° 254, comm. B. Saintourens.
197. Cass. com., 31 mars 1998, *RTD com.* 1998, obs. A. Martin-Serf.
198. C. com., art. L. 642-9.
199. Cass. com. 8 déc. 1998, *D. aff.* 1999.80, obs. X.-D. ; *JCP* E 1999, 809, n° 3, obs. M. Cabrillac et P. Pétel ; *Rev. proc. coll.* 2001, p. 71, obs. B. Soinne.
200. C. com., art. L. 642-9, al. 4.
201. C. com., art. L. 642-10, al. 1.
202. C. com., art. R. 642-12.
203. C. com., art. L. 642-10, al. 4.

Une autre inaliénabilité est prévue par la loi afin de garantir le paiement du prix de cession qui servira à payer les créanciers. Ainsi, tant que le paiement complet du prix n'est pas intervenu, le cessionnaire ne peut, à l'exception des stocks, ni aliéner, ni louer, ni affecter à titre de sûreté ni donner en location-gérance les biens corporels ou incorporels qu'il a acquis [204]. La violation de cette interdiction est sanctionnée par une nullité sur demande de tout intéressé ou du ministère public présentée dans un délai de trois ans à compter de la conclusion de l'acte ou alors, le cas échéant, de la publicité de l'acte. Par dérogation à cette interdiction, le tribunal dispose d'une marge de manœuvre pour autoriser l'une des opérations prohibées en tenant compte des garanties offertes par le cessionnaire et au vu du rapport du liquidateur, ce dernier devant préalablement consulter les représentants du personnel.

743. – Cession de fonds de commerce. – Lorsque la cession comprend un fonds de commerce la loi précise qu'aucune surenchère n'est admise [205]. La réalisation des publicités prévues aux articles L. 141-5 du Code de commerce pour une cession de fonds de commerce est exigée pour une cession isolée [206] mais inutile pour une cession globale [207]. Dès l'instant où le prix de cession est payé, le cessionnaire peut saisir le juge-commissaire pour faire prononcer la radiation des inscriptions grevant le fonds. Dans ce cas, et contrairement à la réalisation d'un fonds de commerce isolée, il n'a pas à justifier de la purge des inscriptions [208].

744. – Droits de préemption. – Les droits de préemption cohabitent difficilement avec une liquidation judiciaire. Or comme il y a de nombreux droits de préemption, le législateur a préféré introduire une clause générale empêchant l'exercice de droits de préemption. C'est l'objet de l'article L. 642-5, alinéa 4 du Code de commerce qui précise que « *les droits de préemption institués par le Code rural et de la pêche maritime ou le Code de l'urbanisme ne peuvent s'exercer sur un bien compris dans ce plan* » [209].

745. – Transfert des sûretés au cessionnaire. – La cession d'entreprise est une transmission à titre particulier ce qui exclut les dettes du débiteur du périmètre du plan. Par dérogation à cette règle il y a transfert au cessionnaire de la charge des sûretés immobilières et mobilières spéciales garantissant le remboursement d'un crédit consenti à l'entreprise pour lui permettre le financement d'un bien sur lequel portent ces sûretés [210]. Pour le cessionnaire, sauf accord différent avec les créanciers titulaires des sûretés, cela signifie qu'il est tenu d'acquitter entre les mains du créancier les échéances convenues avec lui et qui restent dues à compter du transfert

204. C. com., art. L. 642-9.

205. C. com., art. L. 642-8, al. 2.

206. Cass. com., 10 janv. 2006, *Act. proc. coll.* 2006-3, obs. J. Vallansan ; *D.* 2006, p. 368, obs. A. Lienhard ; *JCP* E 2006-14/15, n° 4, obs. M. Cabrillac.

207. Rép. min. n° 11026 à M. P. Marini, *JO* Sénat Q, 3 déc. 1998, p. 3879.

208. C. com., art. R. 642-10.

209. Pour une application de cette solution à la SAFER, v. Cass. 3e civ., 19 mai 2010, n° 09-14167, « *Attendu qu'il résulte des articles L. 143-4, 7° du Code rural, 165-IV de la loi du 26 juillet 2005 et L. 642-5 du Code de commerce qu'une SAFER ne peut se prévaloir d'un droit de préemption sur les biens compris dans le plan de cession totale ou partielle d'une entreprise ordonnée par le tribunal, que celle-ci soit en redressement ou en liquidation judiciaire ; que la SAFER, candidat repreneur évincé n'ayant aucune prétention à soutenir au sens des articles 4 et 31 du Code de procédure civile ne pouvait relever appel de la décision du tribunal ; qu'en application de l'article L. 661-7 du Code de commerce applicable en l'espèce, le pourvoi en cassation n'est pas ouvert à cette société* ».

210. C. com., art. L. 642-12, al. 4 ; P.-M. Le Corre, « Effets de la transmission de la charge de sûreté en plan de cession », *LPA*, 14 sept. 1994, n° spécial, p. 93 et 7 oct. 1994, p. 4.

de la propriété ou, en cas de location-gérance, de la jouissance du bien sur lequel porte la garantie. Le tribunal doit vérifier que les conditions du transfert sont remplies et constater dans le jugement arrêtant le plan les sûretés dont la charge est transmise [211]. La caution n'est pas libérée par ce transfert de sûretés. Elle doit donc garantir le paiement du prêt par le cessionnaire conformément aux stipulations du contrat initial [212].

746. – Inexécution des engagements par le cessionnaire [213]**.** – Le cessionnaire doit rendre compte au liquidateur de la bonne exécution du plan. Ce dernier doit signaler toute inexécution du plan dans un rapport déposé au greffe et adressé au juge-commissaire et au procureur de la République [214]. Encore faut-il que l'inexécution qui lui est reprochée corresponde à un engagement de sa part [215]. Si le cessionnaire ne respecte pas ses engagements le tribunal peut, après avoir recueilli l'avis du ministère public, soit d'office soit à la demande du ministère public, du liquidateur, d'un créancier ou de tout intéressé prononcer la résolution du plan sans préjudice de dommages et intérêts ou alors prononcer la résolution ou la résiliation des actes passés en exécution du plan résolu. Il ne s'agit pas vraiment d'une résolution au sens du droit commun puisque le prix payé par le cessionnaire reste acquis [216]. Les dommages et intérêts seront distribués aux créanciers ce qui nécessitera probablement la réouverture de la procédure de liquidation judiciaire [217]. Par ailleurs la résolution ne concerne que le plan et non les actes de cession. Ceux-ci seront résolus ou résiliés sur décision du tribunal [218].

B. Effets à l'égard des contractants

747. – Cession forcée des contrats. – Le plan de cession emporte cession de certains contrats inclus dans le plan [219]. L'entreprise étant un nœud de contrats, la cession n'aurait en effet guère d'intérêt si elle n'était pas accompagnée de son tissu contractuel. Il convient de rappeler qu'en droit commun la cession de contrat a pour objet le remplacement d'une partie par un tiers au cours de l'exécution du contrat. À la différence de la cession de créance ou de la délégation, il n'est pas seulement question de transmettre à ce tiers un droit ou une obligation, mais de lui donner la qualité de partie. La particularité de la cession dans le cadre d'un plan de cession est qu'il s'agit d'une cession forcée.

211. C. com., art. R. 642-19.

212. Cass. com., 13 avr. 1999, *Act. proc. coll.* 1999-10, n° 141, obs. J. Vallansan ; *JCP* E 1999, n° 17, p. 738 ; *D. aff.* 1999, p. 801, obs. A. L.

213. C. com., art. L. 642-11, al. 1 et 2.

214. C. com., art. R. 642-18.

215. V. Cass. soc., 17 mai 2011 : *Bull. civ.* V, n° 110 ; *D.* 2011. Actu. 1493 ; *Act. proc. coll.* 2011, n° 188, obs. Fin-Langer ; *Bull. Joly* 2011. 826, note Morelli : la clause obligeant le cessionnaire à exploiter l'activité durant au moins deux ans avec les salariés attachés à l'entité cédée, à peine de dommages-intérêts, n'a pas pour effet de priver l'employeur du pouvoir de prononcer des licenciements pour motif disciplinaire.

216. Sur la critique du terme résolution dans le régime antérieur, v. J.-B. Seube, « Réflexions sur les effets de la résolution des plans de redressement dans les procédures collectives », *JCP* E 1999, I, p. 164.

217. En ce sens, J. Vallansan, *op. cit.*, p. 311.

218. C. com., art. L. 642-11, al. 3.

219. C. com., art. L. 642-7. V. L. Aynès, *La cession de contrat*, Economica, 1983 ; E. Chivka, *Droit privé et procédures collectives*, préf. T. Bonneau, Defrénois, 2003, p. 48 et s. M.-H. Monsèrié-Bon, *Les contrats dans le redressement et la liquidation judiciaires des entreprises*, préf. C. Saint-Alary-Houin, Litec, 1994 ; M. Calendini, « La détermination des contrats cédés en application de l'article 86 », *RJ com.* n° spéc., nov. 1992, p. 110 ; D. Fabiani, « Les conditions de la cession des contrats dans la loi du 25 janv. 1985 », *RJ com.* 1987, p. 41 ; B. Thuillier, « Cession judiciaire des contrats et loi de sauvegarde des entreprises : moins de pouvoirs pour le juge », *D.* 2006, p. 130.

1°/ Le domaine d'application de la cession forcée

748. – L'article L. 642-7, alinéa 1 du Code de commerce précise que « *le tribunal détermine les contrats de crédit-bail, de location ou de fournitures de biens ou services qui sont nécessaires au maintien de l'activité au vu des observations du cocontractant du débiteur transmises au liquidateur ou à l'administrateur s'il a été désigné* ». La formule retenue est assez large notamment en ce qui concerne les fournitures de biens ou services. Il eut été préférable de se contenter de préciser que peuvent être cédés les contrats nécessaires au maintien de l'activité. Quoi qu'il en soit l'expression est suffisamment ouverte pour pouvoir s'appliquer à de nombreux contrats d'affaires [220] comme les contrats de concession [221], de licence d'exploitation de brevets [222], le bail commercial [223], etc. La question est débattue pour d'autres contrats comme par exemple le contrat de franchise [224] ; la réponse devrait dépendre du degré d'*intuitus personae* [225]. Échappe en revanche à la cession les contrats réels dont la formation n'a lieu que par remise de la chose [226], mais aussi la cession de certains contrats organisation comme par exemple le groupement d'intérêt économique [227]. Une exclusion est prévue par l'article L. 642-7, alinéa 5 du Code de commerce qui vise le contrat de fiducie. Plus précisément, « *la convention en exécution de laquelle le débiteur constituant conserve l'usage ou la jouissance de biens ou droits transférés à titre de garantie dans un patrimoine fiduciaire ne peut être cédée au cessionnaire, sauf accord des bénéficiaires du contrat de fiducie* ».

2°/ Le régime juridique de la cession forcée

749. – Cession judiciaire. – Il s'agit d'une cession judiciaire. C'est en effet au tribunal de déterminer les contrats qui doivent être cédés [228]. Il n'a pas besoin de l'accord du contractant cédé et la solution vaut même en présence d'une clause d'agrément [229]. Le contractant est seulement convoqué à l'audience [230]. S'il peut faire appel de la partie du jugement arrêtant le plan de cession de l'entreprise qui emporte cession du contrat, il ne peut exercer un pourvoi en cassation qui est réservé au ministère public, sauf en cas d'excès de pouvoir du juge [231].

Pour décider de la cession, le tribunal doit tenir compte des précisions apportées dans l'offre [232] du repreneur. Le tribunal ne peut imposer au repreneur la cession d'un des contrats

220. V. E. le Corre-Broly, *Le crédit-bail et la procédure collective*, thèse Lille, 1997.
221. CA Douai, 8 mars 1990, *JCP* E 1990, II, 15 829, n° 9, obs. Ph. Pétel.
222. CA Colmar, 13 juin 1990, *D.* 1991, p. 37, note D. Fabiani.
223. Cass. com., 17 déc. 1996, *D.* 1997, p. 387, note M.-H. Monsèrié-Bon.
224. CA Versailles, 13 mai 1993, *Rev. proc. coll.* 1995, p. 172, n° 45, obs. B. Soinne ; pour la solution inverse, v. CA Paris, 13 déc. 1992, *RJ com.* 1993, p. 151, note A. Martin-Serf ; *JCP* E 1993, I, 275, obs. Ph. Pétel. Sur cette question, v. P.-M. le Corre, *op. cit.*, n° 542.56.
225. V. pour le cautionnement, Cass. com., 10 juill. 2001, *D.* 2001, AJ, 2595, obs. A. Lienhard.
226. Pour un prêt, Cass. com., 13 avr. 1999, *D.* 2000, *Cah. dr. aff.* 257, note P. Lipinski.
227. CA Lyon, 13 mars 1992, *Bull. Joly* 1992, p. 1306, note P. le Cannu.
228. C. com., art. L. 642-7.
229. Cass. com., 6 déc. 1994, *JCP* E 1995, I, 455, n° 5, obs. Ph. Pétel ; *Bull. Joly* 1995, p. 342, note A. Couret.
230. C. com., art. R. 642-7.
231. Cass. com., 15 déc. 2009, *Bull. civ.* IV, n° 168 ; *D.* 2010, chron. C. cass. 1111, obs. Bélaval ; *ibid.* AJ 11, obs. Lienhard (1re esp.) ; *LEDEN* févr. 2010, p. 6, obs. Staes ; *Procédures* 2010, n° 42, obs. Rolland ; *RJDA* 2010, n° 272 ; *Rev. proc. coll.* 2010, n° 77, obs. Fraimout.
232. V. C. com., art. L. 642-2 et les obs. de B. Thullier, « Cession judiciaire des contrats et loi de sauvegarde des entreprises, moins de pouvoirs pour le juge », *D.* 2006, p. 130.

dont l'exécution aggraverait les engagements qu'il a souscrits au cours de la préparation de son offre qui ne mentionnait pas la reprise de ce contrat [233].

Le tribunal doit aussi prendre en considération la nécessité de transférer le contrat pour assurer le maintien de l'activité. La cession forcée étant par nature dérogatoire au droit commun le juge doit écarter de la cession les contrats qui ne sont pas utiles.

750. – Cession légale de certains contrats. – Certains contrats font l'objet d'une cession sans intervention du juge par le seul effet de la loi. Ainsi dans le but de protéger les salariés, la cession des contrats de travail est imposée au repreneur en application de l'article L. 1234-7 (ex. L. 122-12) du Code du travail. Mais des licenciements peuvent intervenir avant la cession de l'entreprise. De même font l'objet d'une cession automatique les contrats d'assurance [234] ou encore les contrats d'édition [235].

751. – Effets de la cession. – La cession se produit par l'effet du jugement même lorsque la cession est précédée d'une période de location-gérance [236]. Les contrats cédés sont ensuite « *exécutés aux conditions en vigueur au jour de l'ouverture de la procédure, nonobstant toute clause contraire* » [237] sauf à être exclu du plan à la suite d'une modification de celui-ci [238]. Cette règle vise à éviter que la cession ne soit préjudiciable au cocontractant confronté à un partenaire qui lui est étranger. C'est pourquoi le repreneur ne peut se substituer un tiers dans l'exécution du contrat sans l'accord du cocontractant [239]. La solution est conforme au droit commun comme l'est celle qui permet à chaque partie de demander la résiliation d'un contrat à durée indéterminée. Le cessionnaire n'est pas tenu de payer les prestations antérieures au jugement emportant cession sauf s'il y a consenti [240]. En revanche la caution est tenue des dettes antérieures à la cession mais pas des dettes postérieures [241].

752. – Régime spécial du crédit-bail. – Un régime spécial est prévu lors de la cession d'un contrat de crédit-bail. En présence d'un tel contrat le cessionnaire « *ne peut lever l'option d'achat qu'en cas de paiement des sommes restant dues dans la limite de la valeur du bien fixée d'un commun accord entre les parties ou, à défaut, par le tribunal à la date de la cession* » [242]. La solution est très favorable au crédit-bailleur qui échappe ainsi à la discipline collective [243]. Le cessionnaire est par ailleurs tenu de verser les sommes dues par lui en application du contrat

---

233. Cass. com., 15 déc. 2009, *Bull. civ.* IV, n° 169 ; *D.* 2010. AJ 11, obs. LIENHARD (2e esp.) ; *Procédures* 2010, n° 42, obs. ROLLAND ; *RJDA* 2010, n° 272 ; *Rev. proc. coll.* 2010, n° 96, obs. CAGNOLI ; *RJ com.* 2010. 191, note BOILLOT ; *Rev. proc. coll.* 2010, n° 60, obs. ROUSSEL-GALLE et PÉROCHON.

234. C. assur., art. L. 121-10 et L. 122-12. V. Cass. 2e civ., 13 juill. 2005, *Act. proc. coll.* 2005-17, n° 218, comm. M. H. MONSÈRIÉ-BON.

235. C. propr. intell., art. L. 132-15.

236. C. com., art. L. 642-7, al. 2.

237. C. com., art. L. 642-7, al. 3.

238. V. à propos de l'éviction d'un contrat de crédit-bail, Cass. com., 3 mai 2006, n° P04-15760, *Gaz. Pal.* 18 juill. 2006, p. 26, obs. D. VOINOT.

239. CA Montpellier, 7 mai 1991, *JCP* G 1991, II, 21717, note J.-H. ROBERT ; *D.* 1991, p. 557, note F. DERRIDA.

240. Cass. com., 14 avr. 1992, *JCP* E 1993, II, 391, note L. LÉVY ; *JCP* 1993 I, 236, obs. Ph. PÉTEL ; *RTD com.* 1993.183, obs. A. MARTIN-SERF.

241. Cass. com., 21 nov. 1995, *JCP* 1996.II.22635, note Ch. JAMIN et M. BILLIAU.

242. C. com., art. L. 642-7, al. 4.

243. E.-M. BEY, « Le crédit-bail dans la réforme des procédures collectives opérée par la loi du 1994 », *RJDA* 8-9/1994, p. 707.

cédé [244]. Il en est de même de la caution qui garantit le paiement des loyers lorsque le contrat a été cédé, dans le cadre de la liquidation judiciaire du locataire, à un repreneur qui s'est engagé à payer l'arriéré de loyers échus, « *dès lors que la cession judiciaire du contrat n'entraîne pas novation et que la créance de la société de crédit-bail a été admise au passif du locataire* » [245].

C. Effets à l'égard des créanciers

753. – Créanciers titulaires de sûretés. Affection du prix de cession. – Il s'agit de concilier le versement d'un prix forfaitaire de cession avec le droit de préférence d'un créancier sur un bien isolé. Afin de résoudre cette difficulté, il est prévu que le tribunal affecte une quote-part du prix à chacun des biens cédés grevés d'un privilège spécial, d'un gage, d'un nantissement ou d'une hypothèque et ceci dans la perspective de répartition du prix et pour l'exercice du droit de préférence [246]. La quote-part du prix est consignée à la Caisse des dépôts et consignations. Dès lors les inscriptions ne nécessitent plus d'être renouvelées [247].

754. – Créanciers titulaires de sûretés. Effets du versement du prix de cession. – Le paiement du prix de cession a plusieurs conséquences.

La première est d'empêcher les créanciers inscrits sur les biens transmis l'exercice de leurs droits à l'encontre du cessionnaire. Il convient toutefois de réserver le cas du créancier rétenteur [248] qui peut conserver le bien tant qu'il n'a pas été intégralement payé. La solution, issue de la jurisprudence [249], est désormais fondée sur l'article L. 642-12 du Code de commerce dont l'alinéa 4 dispose : « *Les dispositions du présent article n'affectent pas le droit de rétention acquis par un créancier sur des biens compris dans la cession* » [250].

Le paiement du prix de cession emporte une deuxième conséquence qui est la purge des inscriptions grevant les biens compris dans la cession. Il n'y a donc pas de risque de surenchère en cas de vente d'un fonds de commerce si le prix de cession de l'entreprise semble insuffisant aux créanciers.

755. – Créanciers titulaires de sûretés. Exercice du droit de suite. – Les créanciers bénéficiant d'un droit de suite peuvent l'exercer en cas d'aliénation du bien cédé par le cessionnaire. Le cessionnaire doit informer préalablement le liquidateur de tout projet d'aliénation d'un bien

244. Cass. com., 23 nov. 2004, *Act. proc. coll.* 2005-1, n° 12, obs. J. Vallansan ; *D.* 2005, p. 294, obs. P.-M. le Corre ; *D.* 2005-7, p. 510, note E. le Corre-Broly ; *RTD com.* 2005.598, obs. C. Saint-Alary-Houin.

245. Cass. com. 30 mars 2010, *RJDA* 2010, n° 1003.

246. C. com., art. L. 642-12.

247. Cass. com., 1er févr. 2000, *Bull. civ.* IV, n° 25 ; *D.* 2000, somm. p. 331, obs. A. Honorat ; *D.* 2000, somm. p. 396, obs. S. Piedelièvre ; *JCP* G 2000, II, 10288, note J.-P. Rémery ; *JCP* G 2000, I, 259, n° 15, obs. Ph. Delebecque ; *Act. proc. coll.* 2000, comm. 50, obs. J. Vallansan ; *Rev. proc. coll.* 2001, p. 89, obs. B. Soinne.

248. Ce qui suppose d'être titulaire d'un droit de rétention ce qui n'est pas le cas du nantissement sur matériel et outillage, Cass. com., 4 janv. 2005, *D.* 2005, p. 970, note A. Aynès ; *JCP* E 2005, 639, n° 8, obs. M. Cabrillac ; *JCP* E2005, p. 915, n° 20, obs. Ph. Delebecque ; *D.* 2005, p. 430, obs. A. Lienhard ; *Gaz. Pal.* 30 avr. 2005, p. 31, obs. D. Voinot.

249. Cass. com., 20 mai 1997, n° 95-12925, *Bull. civ.* IV, n° 151 ; *LPA*, 28 juill. 1997, p. 24, note Crédot ; *JCP* E 1998, p. 1083, chron. Campana et Calendini ; P.-M. le Corre, « Le gage avec droit de rétention face au plan de cession », *LPA*, 22 oct. 1997, p. 5.

250. Sur les controverses à propos du droit de rétention avant l'adoption de ce texte v. A. Aynès, Le droit de rétention. Unité ou pluralité, Economica, coll. « Recherches juridiques », 2005, préf. Ch. Larroumet, nos 374 et s., spéc. 377 ; P.-M. le Corre, « Droit et pratique des procédures collectives », Dalloz Action, 2006/2007, n° 542.43 et n° 583.73 ; F. Pérochon, « Cession d'entreprise, redressement et liquidation », op. cit., n° 7.

cédé. Il doit aussi en informer le tribunal si l'aliénation n'était pas envisagée lors du dépôt de son offre [251]. Le liquidateur avertit sans délai le juge-commissaire et les créanciers bénéficiant d'un droit de suite s'il y en a [252].

756. – Paiements des créanciers titulaires de sûretés transférés au cessionnaire. – On sait qu'il y a transfert au cessionnaire de la charge des sûretés immobilières et mobilières spéciales garantissant le remboursement d'un crédit consenti à l'entreprise pour lui permettre le financement d'un bien sur lequel portent ces sûretés [253]. Sauf accord différent, le créancier concerné reçoit donc du cessionnaire les échéances convenues avec lui et qui restent dues à compter du transfert de la propriété ou, en cas de location-gérance, de la jouissance du bien sur lequel porte la garantie. Le créancier ne sera donc pas payé sur une quote-part du prix fixée par le tribunal.

757. – Règles générales de répartition du prix. – Le prix de cession de l'entreprise fait l'objet d'une répartition par le liquidateur selon les règles d'apurement du passif applicables dans la procédure de liquidation judiciaire [254], c'est-à-dire en tenant compte du rang de chaque créancier.

D. Effets à l'égard des salariés

758. – Licenciements économiques. – Les licenciements économiques relèvent d'un régime spécifique modifié par la loi n° 2013-504 du 14 juin 2013 sur la sécurisation de l'emploi [255]. Le plan précise notamment les licenciements qui doivent intervenir dans le délai d'un mois après le jugement. Dans un premier temps, l'administrateur ou le liquidateur doit mettre en œuvre le « plan de licenciement » conformément à l'article L. 1253-8 du Code du travail, c'est-à-dire un plan de sauvegarde de l'emploi au sens des articles L. 1233-24-1 ou L. 1233-24-4 du Code du travail. À cet effet, il réunit et consulte le comité d'entreprise ou, à défaut, les délégués du personnel dans des conditions qui varient selon le nombre de salariés de l'entreprise et le nombre de salariés licenciés [256].

Il doit ensuite, dans un deuxième temps et dans un délai d'un mois à compter du jugement arrêtant le plan, faire valider (si le contenu du plan résulte d'un accord collectif) ou homologuer (si le contenu de l'accord a été défini par lui) le plan de sauvegarde de l'emploi, par l'autorité administrative compétente c'est-à-dire le directeur départemental du travail et de l'emploi. L'autorité administrative doit répondre dans des délais qui varient selon le nombre de salariés concernés :

– En cas de licenciement d'au moins dix salariés dans une entreprise d'au moins cinquante salariés, l'autorité doit notifier à l'employeur la décision motivée de validation ou d'homologation dans un délai de quatre jours à compter de la dernière réunion du comité d'entreprise.

– Si les seuils précédents ne sont pas atteints, la décision de validation doit être notifiée dans un délai de quinze jours à compter de la réception de l'accord collectif et la décision d'homologation dans un délai de vingt et un jours à compter de la réception du document complet élaboré par l'employeur [257].

251. C. com., art. L. 642-12, al. 3.
252. C. com., art. R. 642-20.
253. C. com., art. L. 642-12, al. 4 ; P.-M. LE CORRE, « Effets de la transmission de la charge de sûreté en plan de cession », *LPA*, 14 sept. 1994, n° spécial, p. 93 et 7 oct. 1994, p. 4.
254. C. com., art. R. 642-10. V. *infra*, n°s 812 et s.
255. C. com., art. L. 642-5, al. 5.
256. La consultation doit respecter les conditions prévues par les articles L. 2323-15, L. 2233-31, L. 2233-33, L. 2233-48, L. 2233-49, L. 2233-61, L. 2233-62, L. 1233-57-5 et L. 1233-57-6.
257. C. trav., art. L. 1233-57-4.

– En l'absence de notification de la décision dans les délais légaux, le silence gardé par l'autorité administrative vaut décision d'acceptation de validation ou d'homologation [258]. Dans ce cas, l'employeur transmet une copie de la demande de validation ou d'homologation, accompagnée de son accusé de réception par l'administration, au comité d'entreprise et, si elle porte sur un accord collectif, aux organisations syndicales représentatives signataires.

En cas de décision défavorable de validation ou d'homologation, l'employeur, l'administrateur ou le liquidateur consulte le comité d'entreprise dans un délai de trois jours. Selon le cas, le document modifié et l'avis du comité d'entreprise ou un avenant à l'accord collectif sont transmis à l'autorité administrative, qui se prononce dans un délai de trois jours.

Dans un troisième temps et toujours dans le délai d'un mois à compter du jugement arrêtant le plan, les licenciements interviennent sur simple notification de l'administrateur ou du liquidateur, sous réserve des droits de préavis prévus par la loi, les conventions ou accords collectifs du travail. Lorsque le licenciement concerne un salarié bénéficiant d'une protection particulière en matière de licenciement, ce délai d'un mois après le jugement est celui dans lequel l'intention de rompre doit être manifestée.

Ce régime dérogatoire doit être strictement respecté [259] et ce dans les limites fixées par le plan (nombre de licenciements). À défaut, le droit commun du licenciement a vocation à s'appliquer.

759. – Inapplication de l'article L. 1224-1 du Code du travail. – Si le transfert d'entreprise emporte transfert des contrats de travail en application de l'article L. 1224-1 du Code du travail, le plan de cession échappe à ce texte pour les licenciements économiques autorisés par le tribunal et respectant les modalités de licenciement prévues par le Code de commerce [260].

II. La cession précédée d'une location-gérance

760. – Préalable à la cession. – Dans le jugement qui arrête le plan de cession, le tribunal peut autoriser la conclusion d'un contrat de location-gérance au profit de la personne qui a présenté l'offre d'acquisition permettant dans les meilleures conditions d'assurer le plus durablement l'emploi et le paiement des créanciers. En d'autres termes, la location-gérance est le préalable de la cession [261].

761. – Autorisation du tribunal. – L'autorisation du tribunal peut être donnée même en présence de clause contraire, notamment du bail de l'immeuble dans lequel est exploitée l'entreprise. Elle peut aussi être accordée même si le propriétaire du fonds ne remplit pas les conditions habituelles pour conclure un contrat de location-gérance [262]. Avant de prendre sa décision le tribunal doit avoir recueilli l'avis du ministère public et entendu ou dûment

258. C. trav., art. L. 1233-57-4

259. V. R. Vatinet, « Sur la place faite aux salariés par la loi de sauvegarde des entreprises du 26 juillet 2005 », *JCP* S, 1230, spéc. n° 9.

260. V. P. Bailly, « Les licenciements et les procédures collectives », *Gaz. Pal.* 7-8 nov. 2008, p. 3 ; Cass. soc., 31 oct. 2006, n° 05-40502.

261. C. com., art. L. 642-13.

262. L'article L. 642-14 du Code de commerce déclare inapplicables les articles L. 144-3, L. 144-4 et L. 144-7 du Code du travail.

appelé le liquidateur, l'administrateur s'il y a lieu, les contrôleurs, les représentants du personnel et toute personne intéressée.

762. – Modalités de la location-gérance. – La durée de la location-gérance est fixée par le plan mais elle ne peut pas excéder deux ans puisque l'entreprise doit être effectivement cédée dans les deux ans du jugement qui arrête le plan [263].

763. – Manquements du locataire gérant. – Le liquidateur peut se faire communiquer par le locataire-gérant tous les documents et informations utiles à sa mission [264]. Il doit informer le tribunal de toute atteinte aux éléments pris en location-gérance et de tout défaut d'exécution par le locataire gérant de ses obligations [265]. Le tribunal peut d'office ou à la demande du liquidateur ou du ministère public ordonner la résiliation du contrat de location-gérance et la résolution du plan dans plusieurs hypothèses :

– si le locataire-gérant a porté atteinte aux éléments pris en location-gérance ou n'a pas exécuté ses obligations ;

– si le locataire-gérant n'acquiert pas l'entreprise dans les conditions et délais fixés par le plan.

764. – Modification des conditions la cession. – Dans l'hypothèse où le locataire-gérant ne peut acquérir l'entreprise dans les conditions prévues il peut échapper aux sanctions s'il peut justifier qu'il ne peut acquérir pour une cause qu'il ne lui est pas imputable [266]. Dans ce cas, il peut demander au tribunal de modifier les conditions sauf en ce qui concerne le montant du prix de cession et le délai maximal de deux ans prévu pour une location-gérance précédant une cession. Le tribunal doit statuer avant l'expiration du contrat de location-gérance. Il doit préalablement avoir recueilli l'avis du ministère public et avoir entendu ou dûment appelé le liquidateur et le cas échéant l'administrateur, les contrôleurs, les représentants du comité d'entreprise ou, à défaut, les délégués du personnel et toute personne intéressée.

N°s 765 à 779 réservés.

263. C. com., art. L. 642-15.
264. C. com., art. L. 642-16.
265. C. com., art. R. 642-21.
266. C. com., art. L. 642-17.

CHAPITRE II
La disparition de l'entreprise

780. – Distinction. – La disparition de l'entreprise signifie la fin de l'activité économique. Cela correspond à l'hypothèse où l'activité ne peut ni être poursuivie par le débiteur (plan de sauvegarde ou de redressement) ni être cédée à un tiers repreneur. Dans ce cas, la procédure collective consiste à réaliser l'actif pour apurer le passif. Il s'agit donc d'une procédure liquidative. Ainsi, parmi les procédures collectives, seule la procédure de liquidation judiciaire peut conduire à cette disparition [1]. Cela se fait en deux temps : la réalisation de l'actif (Section I) sera suivie de l'apurement du passif (Section II).

Section I
La réalisation des actifs isolés

781. – Modes de réalisation. – La réalisation des actifs isolés du débiteur correspond à la vente de ses biens meubles et immeubles. La réalisation d'un bien, qu'il soit meuble ou immeuble, peut se faire de deux manières différentes : soit par la vente de gré à gré soit par l'adjudication. La vente de gré à gré est considérée comme parfaite dès l'ordonnance du juge-commissaire à la condition suspensive que la décision acquière force de chose jugée [2], c'est-à-dire que toutes les voies de recours aient été épuisées [3]. Néanmoins cette vente n'est réalisée que par l'accomplissement d'actes postérieurs à la décision du juge-commissaire qui autorise une telle vente. En d'autres termes l'effet translatif de la vente se fera par l'acte de cession mais les parties seront définitivement liées dès l'ordonnance du juge-commissaire. Cette technique a été très critiquée en doctrine. En effet, dire que les parties sont définitivement liées signifie qu'elles seront obligées de conclure la vente. Autrement dit, même si le passif est comblé et que cette vente ne revêt plus aucune utilité pour la procédure, elle devra néanmoins être conclue et exécutée. Cette solution peut donc s'avérer très sévère pour le débiteur qui verra un de ses biens vendus sans que cela ne soit nécessaire.

Quant à l'adjudication, elle peut être judiciaire ou amiable. Il s'agit tout simplement d'une vente aux enchères publiques. Cette procédure est très lourde, ce qui est dû à un formalisme

---

1. Il convient de mettre à part le cas où la liquidation judiciaire conduit à la cession de l'entreprise à un tiers repreneur. Dans ce cas l'activité économique perdure au-delà de la procédure de liquidation judiciaire mais sans le débiteur.

2. Cass. com., 7 sept. 2010, n° 09-66284, FS-P+B.

3. G. Berthelot, *Rev. proc. coll.* n° 6, nov. 2010, comm. 249 : « une fois autorisée par le juge-commissaire, la vente de gré à gré est parfaite dès le prononcé de l'ordonnance ».

très strict. Néanmoins elle offre une certaine sécurité juridique en ce que le risque de prix anormalement bas et le risque de fraude sont plus facilement écartés comparé à la procédure de vente de gré à gré.

Le débiteur doit être propriétaire de ces biens. Ainsi un bien transféré à l'occasion d'une fiducie-sûreté n'entre pas dans cette catégorie puisque l'on considère que le transfert de propriété a lieu dès la conclusion du contrat. Cependant, un bien qui serait en sa possession mais dont il ne serait pas propriétaire pourra rentrer dans l'actif de la procédure collective si le véritable propriétaire ne se manifeste pas dans les temps.

782. – Biens exclus. – Une exception au principe selon lequel tous les biens meubles et immeubles font parties de la procédure collective existe : le liquidateur ne peut en principe pas saisir un bien du débiteur qui serait insaisissable. On pense bien évidemment à la déclaration d'insaisissabilité [4] que le débiteur a pu effectuer. Ainsi sur la base de l'article L. 526-1 du Code de commerce [5], le débiteur peut priver tout ou partie de ses créanciers d'un de ses biens immobiliers. Néanmoins, il convient de préciser que cette déclaration « *n'a d'effet qu'à l'égard des créanciers dont les droits naissent, postérieurement à la publication, à l'occasion de l'activité professionnelle du déclarant* ». Ainsi les créanciers non professionnels et les créanciers antérieurs à cette déclaration seront en droit de saisir le bien. La question s'est posée de savoir si le liquidateur peut procéder à la réalisation du bien déclaré insaisissable si certains créanciers peuvent en bénéficier [6]. Le liquidateur a-t-il un intérêt à agir dans cette hypothèse ? La réponse est négative dans la mesure où leliquidateur représente l'intérêt collectif des créanciers. Or cet intérêt ne se confond pas avec l'addition des intérêts individuels de ceux-ci [7]. La Cour de cassation affirme que le liquidateur ne peut agir que dans l'intérêt collectif des créanciers et non dans l'intérêt de certains d'entre eux [8]. Cela explique qu'il ne puisse exercer l'action paulienne en raison d'une déclaration d'insaisissabilité frauduleuse, puisque seuls les créanciers auxquels cette déclaration serait opposable par application des dispositions de l'article L. 526-1, alinéa 1er du Code de commerce, c'est-à-dire les créanciers titulaires de créances nées à l'occasion de l'activité professionnelle du débiteur et postérieurement à la date de publication de la déclaration ont intérêt à voir juger que la déclaration d'insaisissabilité leur est inopposable pour cause de fraude paulienne [9]. De même le liquidateur ne peut réaliser un immeuble, objet d'une déclaration d'insaisissabilité, que si elle est opposable à tous [10].

4. Bien que le législateur ait voulu protéger le débiteur, ce principe méconnaît ouvertement celui de l'article 2285 du Code civil selon lequel « *les biens du débiteur sont le gage commun de ses créanciers* ».

5. Aux termes de cet article « *par dérogation aux articles 2284 et 2285 du Code civil, une personne physique immatriculée à un registre de publicité légale à caractère professionnel ou exerçant une activité professionnelle agricole ou indépendante peut déclarer insaisissables ses droits sur l'immeuble où est fixée sa résidence principale ainsi que sur tout bien foncier bâti ou non bâti qu'elle n'a pas affecté à son usage professionnel. Cette déclaration, publiée au bureau des hypothèques ou, dans les départements du Bas-Rhin, du Haut-Rhin et de la Moselle, au livre foncier, n'a d'effet qu'à l'égard des créanciers dont les droits naissent, postérieurement à la publication, à l'occasion de l'activité professionnelle du déclarant. Lorsque le bien foncier n'est pas utilisé en totalité pour un usage professionnel, la partie non affectée à un usage professionnel ne peut faire l'objet de la déclaration que si elle est désignée dans un état descriptif de division. La domiciliation du déclarant dans son local d'habitation en application de l'article L. 123-10 ne fait pas obstacle à ce que ce local fasse l'objet de la déclaration, sans qu'un état descriptif de division soit nécessaire* ».

6. P. Delmotte, « Les vertiges de l'insaisissabilité : de quelques problématiques nées des effets de la déclaration d'insaisissabilité en matière de procédures collectives », *JCP* E 2009, 1506.

7. P. Martin, « Déclaration d'insaisissabilité et liquidation judiciaire », *Procédures* n° 1, janv. 2010, Étude 1 ; *contra* C. Lisanti, « Biens ayant fait l'objet d'une déclaration d'insaisissabilité », *Rev. proc. coll.* n° 3, mai 2010, comm. 140.

8. Cass. com., 13 mars 2012, n° 11-15438, n° 305 P+B

9. Cass. com., 23 avr. 2013, *D.* 2013. Actu. 1127, obs. Lienhard ; *Act. proc. coll.* 2013, n° 126, obs. Fin-Langer.

10. Cass. com., 18 juin 2013, FS-P+B, n° 11-23716, Dalloz actualité 1er juill. 2013, obs. A. Lienhard.

783. – Qualité du cessionnaire. – Dans ce cas le cessionnaire doit respecter les mêmes règles de compatibilité que le titulaire d'une offre dans le cadre d'un plan de cession de l'entreprise [11]. Une dérogation est cependant prévue lorsque la cession concerne « *un actif immobilier est nécessaire aux besoins de la vie courante* » et qu'il est « *de faible valeur* ». Dans ce cas le juge-commissaire peut, par ordonnance spécialement motivée, autoriser les personnes touchées par l'incompatibilité à s'en porter acquéreur, à l'exception des contrôleurs [12].

La seule différence réside dans le fait que le juge-commissaire exerce alors la mission qui était celle du tribunal.

784. – Mission du juge-commissaire. – Le juge-commissaire se situe au cœur du dispositif légal. Quelle que soit la nature des biens cédés c'est lui qui ordonne la cession judiciaire ou alors qui autorise la vente de gré à gré ou par adjudication amiable devant notaire. Il en résulte que le liquidateur ne peut, à peine de nullité absolue de la vente, réaliser l'actif sans décision du juge-commissaire [13]. Le juge-commissaire est tenu de respecter les formes prescrites par les textes, la violation de ces dispositions d'ordre public pouvant être invoquée par tout intéressé pour obtenir la nullité de l'opération [14]. En tout état de cause, il ne peut pas se prononcer, sauf à commettre un excès de pouvoir, sans que le débiteur ait été entendu ou dûment [15].

785. – Publicité. – Toute cession d'actifs doit être précédée [16] d'une publicité faite par les mandataires de justice au moyen d'un service informatique par internet mais aussi par voie de presse. L'étendue de cette publicité est définie par le juge-commissaire qui doit déterminer s'il y a lieu d'effectuer une publicité par voie de presse pour les actifs de faible valeur [17].

786. – Nature des biens cédés. – La cession des actifs de l'entreprise relève ensuite de règles différentes selon la nature mobilière ou immobilière des biens cédés.

§ 1 : La cession des immeubles

787. – Règles de l'adjudication immobilière. – Les ventes d'immeubles ont lieu suivant les formes prescrites en matière d'adjudication immobilière c'est-à-dire « *conformément aux articles 2204 à 2212 du Code civil, à l'exception des articles 2206 et 2211, sous réserve que ces dispositions ne soient pas contraires aux dispositions* » [18] du Code de commerce.

11. C. com., art. L. 642-20 par renvoi à art. L. 642-3.
12. Le juge doit statuer après avoir recueilli l'avis du ministère public, C. com., art. L. 642-20, al. 2.
13. Cass. com., 27 oct. 1998, *Act. proc. coll.* 1998-12, n° 164 ; *D. aff.* 1998, p. 1861, obs. A. L. ; *JCP* E 1999, p. 814, n° 10, obs. P. Pétel.
14. CA Paris 11 janv. 2005, *RD bancaire et fin.* 2005, n° 54, obs. F.-X. Lucas (nullité d'une cession d'actifs autorisée en violation du principe du contradictoire).
15. Cass. com. 8 janv. 2013, *D.* 2013. Actu. 173, obs. Lienhard ; *LEDEN* mars 2013, p. 4, obs. Staes ; *Procédures* 2013, n° 111, obs. Rolland ; *Rev. proc. coll.* 2013, n° 41, obs. *Cagnoli* ; *Gaz. Pal.* 1er-4 mai 2013, p. 24, obs. Théron ; *Bull. Joly Entrep. diff.* 2013. 166, note Sortais.
16. C. com., art. L. 642-22.
17. C. com., art. R. 642-40.
18. C. com., art. L. 642-18, al. 1.

788. – Rôle du juge-commissaire. – L'adjudication judiciaire est une vente aux enchères qui s'effectue devant de juge de l'exécution du tribunal de grande instance du ressort de l'immeuble [19]. Le juge-commissaire fixe les conditions de mise à prix du bien, les modalités de sa visite ainsi que les modalités de la publicité [20]. Notons que l'adjudication judiciaire emporte purge des hypothèques et des privilèges inscrits sur l'immeuble [21].

789. – Saisie immobilière en cours. – Lorsqu'une procédure de saisie immobilière a été suspendue du fait de l'ouverture d'une procédure de sauvegarde, de redressement judiciaire ou de liquidation judiciaire, « *le liquidateur peut être subrogé dans les droits du créancier saisissant pour les actes que celui-ci a effectués, lesquels sont réputés accomplis pour le compte du liquidateur qui procède à la vente des immeubles* ». Dans cette hypothèse la saisie immobilière « *peut alors reprendre son cours au stade où le jugement d'ouverture l'avait suspendue* » [22]. Pour la Cour de cassation, « quel que soit le régime applicable à la procédure de saisie immobilière en cours, lorsqu'un jugement de liquidation judiciaire suspend le cours d'une procédure engagée antérieurement, cette procédure peut être reprise par le liquidateur ou par le créancier poursuivant, sur autorisation du juge commissaire, dans l'état où elle se trouvait au jour du jugement d'ouverture de la procédure collective, de sorte que les actes et formalités antérieurement effectués bénéficient au liquidateur judiciaire comme au créancier poursuivant dispensés de les accomplir, la vente forcée du bien étant, alors, ordonnée par le juge commissaire qui en fixe la mise à prix et les conditions essentielles » [23].

790. – Biens insaisissables. Entrepreneur individuel à responsabilité limitée. – Certains immeubles ont pu faire l'objet d'une déclaration d'insaisissabilité de la part d'un entrepreneur individuel en application de l'article L. 526-1 du Code de commerce ou alors ils ont pu être affectés à un patrimoine différent de l'entrepreneur individuel à responsabilité limitée.

I. Le mode de cession

791. – Choix du juge-commissaire. – La procédure d'adjudication judiciaire est très lourde en formalités. C'est pour cette raison que le juge-commissaire peut décider de l'écarter au profit d'une adjudication amiable qui se fera devant notaire [24] à condition que la consistance des biens, leur emplacement ou les offres reçues soient de nature à permettre une cession amiable dans de meilleures conditions. Le juge-commissaire ordonne la cession judiciaire ou alors autorise une cession amiable.

19. F. Pérochon, R. Bonhomme, *Entreprises en difficulté, Instruments de crédit et de paiement*, LGDJ, 8e éd., 2009.
20. C. com., art. L. 642-18, al. 1.
21. C. com., art. L. 642-18, al. 4.
22. C. com., art. L. 642-18.
23. Civ. 2e, 7 juin 2012, *Bull. civ.* II, n° 104 ; *D.* 2012. Actu. 1542 ; *LEDEN* juill. 2012, p. 2, obs. Camensuli-Feuillard ; *Act. proc. coll.* 2012, n° 186, obs. Hoonakker ; *RD banc. fin.* 2012, n° 162, obs. S. Piedelièvre ; *Dr. et proc.* 2012, n° 10, suppl., p. 20, obs. Reille.
24. C. com., art. L. 642-18, al. 3.

A. La cession judiciaire

792. – Nature judiciaire. – La cession d'immeuble est une vente judiciaire et, à ce titre, soumise aux restrictions du droit commun [25]. Ainsi l'adjudicataire ne bénéficie ni de la garantie des vices cachés [26], ni de l'action en rescision pour lésion [27]. Toutefois le liquidateur chargé de procéder à la vente doit obtenir les certificats de conformité nécessaires [28].

793. – Formes. – La vente des immeubles se fait suivant les formes prescrites en matière de saisie immobilière. Par dérogation à ces règles c'est au juge-commissaire, à peine de nullité de la saisie [29], de fixer la mise à prix, les conditions essentielles de la vente [30]. Il doit préalablement recueillir les observations des contrôleurs, et entendre ou appeler le débiteur et le liquidateur. Lorsque la vente est poursuivie par un créancier qui a retrouvé le droit d'exercer des poursuites individuelles [31], la mise à prix est déterminée par le juge-commissaire en accord avec le créancier poursuivant [32]. Dans tous les cas le juge-commissaire peut préciser qu'à défaut d'enchères atteignant cette mise à prix la vente pourra se faire sur une mise à prix inférieure qu'il fixe. Si la modalité retenue est celle de l'adjudication, l'ordonnance du juge-commissaire est substituée, dans la procédure de saisie, au commandement. Elle doit donc être notifiée au débiteur et aux créanciers inscrits ainsi qu'aux créanciers bénéficiant d'un privilège général immobilier à la diligence du greffier [33].

794. – Immeubles des époux. – Il a été jugé que l'accord du conjoint n'est pas nécessaire pour la vente d'un logement familial [34] ou d'un bien commun [35] prononcée ou autorisée au cours d'une procédure de liquidation judiciaire. Il convient cependant de tenir compte de l'article 2195 du Code civil tel qu'il est issu de la réforme relative à la saisie immobilière. Cet article précise désormais que la saisie immobilière d'un immeuble commun doit être « *poursuivie contre les deux époux* ». Toute la question est aujourd'hui de savoir ce que signifie cette formule [36].

B. La cession amiable

795. – Vente de gré à gré ou adjudication amiable. – Le juge-commissaire peut opter librement [37] pour la cession amiable « *si la consistance des biens, leur emplacement ou les offres reçues sont de nature à permettre une cession amiable dans de meilleures conditions* » [38]. Dans ce

25. V. P. Puig, *Contrats spéciaux*, Dalloz, coll. « Hypercours », 2005, n° 96.
26. C. civ., art. 1649.
27. C. civ., art. 1684 ; Cass. com., 16 juin 2004, *Act. proc. coll.* 2004, comm. 177 ; *JCP* G 2004, II, 10173 ; *JCP* E 2004, 1772, note M. A. Rakitivahini ; *JCP* N 2004, 1475, note J.-P. Garçon ; *JCP* E 2005, 31, n° 6, obs. M. Cabrillac.
28. Cass. com., 9 janv. 2001, *Act. proc. coll.* 2001-3, n° 40.
29. Cass. com., 19 mars 1991, *JCP* E, 1991, I, 73, obs. M. Cabrillac ; *D.* 1991, p. 360, note A. Honorat.
30. C. com., art. L. 642-18, al. 1. V. aussi C. com., art. R. 642-22.
31. V. C. com., art. L. 643-2.
32. C. com., art. R. 642-22.
33. C. com., art. R. 642-23.
34. Cass. 1re civ., 21 mai 1997, *D. aff.* 1997, p. 905.
35. Cass. com., 4 oct. 2005, *Act. proc. coll.* 2005-18, n° 230, obs. C. Regnaut-Moutier ; *D.* 2005, p. 2592, obs. A. Lienhard ; *D.* 2006, p. 86, obs. P.-M. le Corre et F.-X. Lucas.
36. V. A. Leborgne, *op. cit.*, p. 4.
37. CA Paris, 27 févr. 1990, *Gaz. Pal.* 1991, 1, p. 314, note J.-P. Marchi ; *RTD com.* 1990, p. 479, obs. J.-Ph. Hael.
38. C. com., art. L. 642-18, al. 3.

cas soit il ordonne « *la vente par adjudication amiable sur la mise à prix qu'il fixe* » ou alors en accord avec le créancier poursuivant, soit il autorise « *la vente de gré à gré* »[39]. La vente amiable sur autorisation judiciaire est assimilée à une vente volontaire par l'article 2202 du Code civil. Il en résulte que les dispositions du droit commun de la vente lui sont applicables.

796. – Adjudication amiable. Information et convocation des créanciers. – L'ordonnance du juge-commissaire doit désigner le notaire qui procédera à l'adjudication. Les conditions sont celles de la saisie immobilière de droit commun[40] et des règles propres à la liquidation judiciaire[41]. Le notaire doit[42] adresser une lettre aux créanciers inscrits par laquelle il les informe d'avoir à prendre communication du cahier des charges déposé en son étude deux mois au moins avant la date fixée pour l'adjudication et d'y faire inscrire leurs dires et observations un mois au moins avant cette date. Dans cette même le notaire convoque les créanciers à la vente. Si un créancier formule un dire, il saisit le tribunal de grande instance dans les huit jours à peine de déchéance, par assignation du liquidateur à comparaître à la première audience éventuelle utile. Il en informe immédiatement le notaire qui invite les autres personnes sommées à contester le dire. Le jugement est communiqué par le liquidateur au notaire qui modifie s'il y a lieu le cahier des charges. Le liquidateur, le débiteur et les créanciers inscrits sont convoqués à la vente par le notaire au moins un mois à l'avance.

797. – Adjudication amiable. Enchères[43]. – Les enchères peuvent être faites avec ou sans ministère d'avocat. Si aucune d'elles n'atteint le montant de la mise à prix, le notaire constate l'offre la plus élevée et peut adjuger le bien à titre provisoire pour le montant de cette offre. Le juge-commissaire qui a fixé la mise à prix, saisi à la requête du notaire ou de tout intéressé, peut soit déclarer l'adjudication définitive et la vente réalisée, soit ordonner qu'une nouvelle vente ait lieu suivant l'une des formes prescrites par l'article L. 642-18 du Code de commerce. Si la nouvelle vente est une vente aux enchères, il fixe le délai de la nouvelle vente sans que ce délai puisse être inférieur à quinze jours, la mise à prix ainsi que les modalités de publicité.

798. – Adjudication amiable. Surenchère. – En cas d'adjudication amiable il peut toujours être fait surenchère[44]. Ainsi dans les quinze jours qui suivent l'adjudication, toute personne peut faire surenchère du dixième par déclaration au greffe du juge de l'exécution du tribunal de grande instance dans le ressort duquel réside le notaire qui a procédé à la vente[45]. Le surenchérisseur dénonce cette déclaration par acte d'huissier de justice à la personne ou au domicile de l'adjudicataire et en informe le notaire. Le tribunal, par le jugement qui valide la surenchère, renvoie la nouvelle adjudication devant le même notaire qui procède selon le cahier des charges précédemment dressé. Lorsqu'une seconde adjudication a lieu après surenchère, aucune autre surenchère des mêmes biens ne peut avoir lieu.

39. C. com., art. R. 642-22.
40. C. com., art. R. 642-30 et R. 642-35.
41. C. com., art. R. 642-22.
42. C. com., art. R. 642-31.
43. C. com., art. R. 642-32.
44. C. com., art. L. 642-18, al. 3.
45. C. com., art. R. 642-33.

799. – Adjudication amiable. Folle enchère [46]**.** – Dans l'hypothèse où une folle enchère est nécessaire la procédure est poursuivie devant le juge de l'exécution du tribunal de grande instance dans le ressort duquel réside le notaire qui a procédé à la vente. Dans ce cas une copie authentique du procès-verbal d'adjudication est déposée au greffe du tribunal de grande instance.

800. – Vente de gré à gré. – La vente de gré à gré est autorisée par le juge-commissaire. Cette autorisation fixe le prix de chaque immeuble et les conditions essentielles de la vente [47]. L'autorisation du juge-commissaire de vendre un immeuble de gré à gré aux conditions d'une offre déterminée ne vaut qu'au profit de l'auteur de celle-ci [48]. Il en résulte que la vente ne peut être conclue qu'avec l'auteur de l'offre. L'ordonnance est notifiée à la diligence du greffier par lettre recommandée avec avis de réception au débiteur et aux créanciers inscrits à domicile élu dont les noms sont indiqués dans l'ordonnance ainsi qu'aux créanciers bénéficiant du privilège général immobilier. Le liquidateur, qui ne peut se porter acquéreur, passe les actes nécessaires à la réalisation de la vente. En revanche la vente est parfaite entre les parties dès l'ordonnance du juge-commissaire « *sous la condition suspensive que la décision acquière force de chose jugée* » [49]. Quant à l'auteur d'une offre d'acquisition de gré à gré d'un bien immobilier dont l'offre a été rejetée, celui-ci n'est pas recevable à interjeter appel-nullité du jugement ayant statué sur le recours formé contre l'ordonnance du juge-commissaire rejetant son offre et ordonnant la vente par adjudication judiciaire de ce bien [50]. L'excès de pouvoir dans la décision du juge-commissaire autorisant la cession de gré à gré du droit au bail de la société en liquidation judiciaire à une date à laquelle la résiliation du bail était acquise par le jeu de la clause résolutoire [51].

II. Les effets de la cession

801. – Purge des inscriptions. – Lorsque la cession a lieu par voie d'adjudications (judiciaires ou amiables), le « *paiement du prix au liquidateur et les frais de la vente emportent purge des hypothèques et de tout privilège du chef du débiteur* » [52]. On peut relever que l'adjudicataire ne peut avant d'avoir payé le prix et les frais de vente accomplir un acte de disposition sur le bien à l'exception de la constitution d'une hypothèque accessoire à un contrat de prêt destiné à l'acquisition de ce bien.

Pour la cession de gré à gré le cessionnaire doit s'entendre à l'amiable avec les créanciers inscrits ou respecter la procédure de droit commun. Il est donc important de noter qu'en cas de vente de gré à gré et contrairement aux procédures d'adjudications précédemment envisagées, cette vente n'emporte aucunement la purge des hypothèques et privilèges inscrits sur l'immeuble. Cependant cette purge reste possible à condition de respecter la procédure prévue

46. C. com., art. R. 642-34.
47. C. com., art. R. 642-36.
48. Cass. com., 3 mai 2006, n° 04-20397 (cession d'actifs immobiliers à une autre personne que celui qui avait fait initialement une offre sans y avoir donné suite).
49. Cass. com., 4 oct. 2005, *Bull. civ.* IV, n° 191 ; *D.* 2005. AJ 2593, obs. A. Lienhard.
50. En sens, v. Cass. com. 14 déc. 2010, *D.* 2011, Actu. 69, obs. Lienhard ; *JCP* E 2011.1263, n° 2, obs. Pétel ; *LEDEN* févr. 2011, p. 3, obs. Staes ; *Act. proc. coll.* 2011, n° 29, obs. Rolland ; *Dict. perm. diff. entr.*, *Bull.* n° 322, obs. Roussel-Galle ; *RJDA* 2011, n° 340 ; *Rev. proc. coll.* 2011, n° 27, obs. Cagnoli ; *LPA*, 29 avr. 2011, obs. Nabet.
51. Cass. com., 1er févr. 2011, *D.* 2011, Actu. 514, obs. Lienhard ; *LEDEN* mars 2011, p. 5, obs. Staes ; *Gaz. Pal.* 1er-2 avr. 2011, p. 25, obs. Kendérian ; *Rev. proc. coll.* 2011, n° 28, obs. Cagnoli.
52. C. com., art. L. 642-18, al. 4.

aux articles 2475 et suivants du Code civil. Bien que n'étant pas obligatoire, il est fortement conseillé au nouveau propriétaire d'effectuer la purge de l'immeuble. En effet, seule cette procédure le protégera du droit de suite des créanciers inscrits sur l'immeuble. Pour ce faire, il doit informer les créanciers en cause de la vente en leur demandant d'accepter d'être payé sur le prix convenu lors de la vente. S'ils refusent d'accepter ce prix, ils devront faire une surenchère. Notons qu'en cas d'accord de leur part, leurs sûretés seront éteintes et leurs inscriptions effacées. Bien que très attrayante, car moins lourde sur le plan procédural, les ventes de gré à gré peuvent appeler à la méfiance et à une plus grande vigilance du juge-commissaire. En effet, dans cette procédure, plus qu'ailleurs, il existe un risque important de prix abusivement bas ou de fraude.

802. – Procédure d'ordre. Rôles respectifs du liquidateur et du juge de l'exécution. – Contrairement au droit commun c'est un mandataire de justice, le liquidateur, qui répartit le produit des ventes et qui règle l'ordre entre les créanciers. Si ces opérations donnent lieu à contestations celles-ci sont portées devant le juge de l'exécution.

803. – Délai de grâce accordé aux agriculteurs. – Une mesure d'équité est prévue en faveur des agriculteurs personnes physiques en liquidation judiciaire. Le tribunal peut, en tenant compte la situation personnelle et familiale du débiteur, lui accorder des délais de grâce dont il détermine la durée pour quitter sa maison d'habitation principale [53]. Ces délais peuvent figurer dans le jugement prononçant la liquidation judiciaire ou alors dans une décision ultérieure. Cette décision fixe l'indemnité d'occupation due par le débiteur [54].

§ 2 : La cession des meubles

I. Conditions de la cession

804. – Liquidation judiciaire simplifiée obligatoire. Choix du liquidateur. – En 2005 le législateur a créé la procédure de liquidation judiciaire simplifiée. Celle-ci se veut plus rapide que la liquidation judiciaire « classique » puisqu'elle doit être clôturée au plus tard un an après son ouverture [55]. Pour être mise en œuvre l'entreprise doit être de petite taille c'est-à-dire ne pas employer plus d'un salarié et ne pas avoir un chiffre d'affaires hors taxe supérieur à 300 000 euros et ne pas posséder de bien immobilier [56]. Si ces conditions sont remplies, l'ouverture d'une telle procédure est obligatoire [57]. Néanmoins, par jugement, cette procédure peut exceptionnellement être écartée [58]. Dans l'hypothèse où la liquidation judiciaire simplifiée est obligatoire c'est au liquidateur de procéder à la vente des biens mobiliers de gré à gré ou aux enchères publiques et ceci, dans les trois mois suivant le jugement de

53. C. com., art. L. 642-18, al. 5.
54. C. com., art. R. 642-37.
55. C. com., art. L. 644-5.
56. C. com., art. L. 641-2.
57. Cette obligation résulte de l'ord. du 18 déc. 2008. Auparavant l'ouverture d'une procédure de LJS dépendait de l'appréciation souveraine des juges du fond.
58. C. com., art. L. 644-6.

liquidation judiciaire [59]. Le liquidateur est donc libre de choisir le mode de cession du bien. Toutefois, si à l'issue de la période de trois mois subsistent certains biens alors il est procédé à leur vente aux enchères publiques [60].

805. – Liquidation judiciaire simplifiée facultative [61]. Pouvoir du tribunal ou du président du tribunal. – Dans certains cas la liquidation judiciaire simplifiée peut être mise en œuvre de façon facultative. Lorsque l'entreprise ne dispose d'aucun bien immobilier, qu'elle emploie au maximum cinq salariés et que son chiffre d'affaires hors taxe ne dépasse pas les 750 000 euros. En cas de liquidation judiciaire simplifiée facultative le choix d'une vente de gré à gré est fait soit par le tribunal, si la liquidation judiciaire a été prononcée en période d'observation d'une procédure de sauvegarde ou de redressement judiciaire, soit par le président du tribunal dans les autres cas d'ouverture de cette procédure. Comme précédemment, les biens doivent être vendus dans un délai de trois mois. Si ce délai expire et qu'un bien subsiste il sera vendu aux enchères publiques.

806. – Liquidation judiciaire classique. Autorisation du juge-commissaire [62]. – Dans la procédure de liquidation judiciaire non simplifiée, le juge-commissaire peut soit autoriser la vente de gré à gré soit ordonner la vente aux enchères publiques.

Pour la vente amiable, l'autorisation préalable du juge-commissaire est obligatoire à peine de nullité absolue [63]. Le juge-commissaire peut demander que le projet de vente amiable lui soit soumis afin de vérifier si les conditions qu'il a fixées ont été respectées.

La vente aux enchères publiquesest réalisée par des commissaires-priseurs judiciaires, notaires ou huissiers [64]. Toutefois les ventes publiques aux enchères de marchandises en gros sont réalisées par des courtiers de marchandises assermentés [65]. À défaut, de courtiers de commerce, les ventes sont réalisées par des commissaires priseurs judiciaire, des notaires ou des huissiers [66].

807. – Fonds de commerce. – En cas de vente d'un fonds de commerce les modalités de radiation des inscriptions sont fixées par le décret [67]. Le cessionnaire peut saisir à cette fin le juge-commissaire. Il joint à sa demande un état des inscriptions, la justification de l'accomplissement des formalités de purge ou alors un accord des créanciers pour l'en dispenser, et la justification du paiement des frais préalables de vente. Le greffier informe les créanciers qui n'ont pas donné mainlevée de leurs inscriptions qu'ils disposent d'un délai de trente jours à compter de l'envoi de la lettre pour contester la demande de radiation pour tout motif tiré du non-paiement du prix. À ces modalités s'ajoute la réalisation des publicités prévues à l'article L. 141-5 du Code de commerce pour une cession de fonds de commerce [68].

59. C. com., art. L. 644-2, al. 1.
60. C. com., art. L. 644-2, al. 2.
61. C. com., art. L. 644-2, al. 3,.
62. C. com., art. L. 642-19.
63. Cass. com., 27 oct. 1998, *JCP* E 1999, 2064, n° 6, obs. Ph. Pétel.
64. C. com., art. L. 322-2.
65. C. com., art. L. 322-4.
66. C. com., art. L. 322-7.
67. C. com., art. R. 642-38.
68. Cass. com., 10 janv. 2006, *Act. proc. coll.* 2006-3, obs. J. Vallansan ; *D.* 2006, p. 368, obs. A. Lienhard ; *JCP* E 2006-14/15, n° 4, obs. M. Cabrillac.

II. Les effets de la cession

808. – Conclusion et effets du contrat de vente. – L'autorisation de l'opération par le juge-commissaire rend la vente parfaite entre les parties [69] « *sous la condition suspensive que la décision acquière force de chose jugée* ». Mais « *la vente n'est réalisée que par l'accomplissement d'actes postérieurs à la décision du juge-commissaire* » [70].

809. – Cession de biens. Gage et droit de rétention. – En principe le créancier rétenteur [71] peut conserver le bien tant qu'il n'a pas été intégralement payé. La solution est fondée sur l'article L. 641-3 du Code de commerce dont l'alinéa 2 [72] dispose : « *le juge-commissaire peut autoriser le liquidateur ou l'administrateur lorsqu'il en a été désigné à payer des créances antérieures au jugement, pour retirer le gage ou la chose légitimement retenue [...]* ». À défaut de retrait du gage ou de la chose retenue le liquidateur doit, dans les six mois [73] du jugement de liquidation judiciaire, demander au juge-commissaire l'autorisation de procéder à la réalisation du bien [74]. Cette autorisation devra être notifiée aux créanciers quinze jours avant la vente de celui-ci. Comme le précise le Code de commerce, le droit du créancier sur le bien est automatiquement transféré sur le prix de telle sorte qu'il sera désintéressé avant les autres créanciers.

810. – Attribution judiciaire du gage. – Contrairement au créancier rétenteur [75], le créancier gagiste peut demander l'attribution judiciaire du gage même s'il n'est pas encore admis [76]. Il doit en faire la demande au juge-commissaire avant la réalisation du bien. Si finalement sa créance est rejetée en tout ou en partie, il restitue au liquidateur le bien ou sa valeur, sous réserve du montant admis de sa créance. Commettent un excès de pouvoir le juge-commissaire et le tribunal refusant de reconnaître au créancier rétenteur le bénéfice des prérogatives attachées à son droit de rétention, lequel constitue un droit réel opposable à la procédure collective [77].

811. – Report du droit de rétention sur le prix de vente. – En cas de cession de « vente » [78] du bien retenu par le liquidateur, le créancier rétenteur bénéficie de plein droit d'un report de son droit de rétention sur le prix. Enfin l'inscription éventuellement prise pour la conservation du gage est radiée à la diligence du liquidateur.

---

69. J. Théron, *L'intervention du juge dans les transmissions de biens*, thèse Toulouse, 2005, p. 244 et s.

70. Cass. com., 7 sept. 2010, *D.* 2010, Actu. 2060, obs. Lienhard ; *RTD com.* 2010. 796, obs. Vallen s ; *JCP* E 2010.1910, note Brignon ; *ibid.* 2011.1030, n° 5, obs. Cabrillac ; *Act. proc. coll.* 2010, n° 252, obs. Jazottes ; *LEDEN* oct. 2010, p. 5, obs. M. Sénéchal ; *LPA*, 20 déc. 2010, obs. Roussel-Galle ; *Rev. proc. coll.* 2010, n° 249, obs. Berthelot ; *RJDA* 2011, n° 68 ; *Bull. Joly entr. diff.* 2011.18, note Théron.

71. Ce qui suppose d'être titulaire d'un droit de rétention ce qui n'est pas le cas du nantissement sur matériel et outillage, Cass. com., 4 janv. 2005, *D.* 2005, p. 970, note A. Aynès ; *JCP* E 2005, 639, n° 8, obs. M. Cabrillac ; *JCP* E 2005, p. 915, n° 20, obs. Ph. Delebecque ; *D.* 2005, p. 430, obs. A. Lienhard ; *Gaz. Pal.* 30 avr. 2005, p. 31, obs. D. Voinot.

72. Auquel renvoie l'article L. 642-20, al. 2.

73. Le dépassement du délai permet au créancier de demander au tribunal l'autorisation de réaliser la chose, CA Limoges, 23 févr. 1993, *JCP* E, 1993, I, 275, n° 7, obs. M. Cabrillac.

74. L'autorisation est notifiée au créancier quinze jours avant la réalisation, v. C. com., art. L. 642-20, al. 3.

75. Cass. com., 9 juin 1998, *D.* 1999, somm. 300, obs. S. Piedelièvre.

76. C. com., art. L. 642-20, al. 4.

77. Appel nullité recevable exercé par le créancier gagiste, Cass. com. 22 mai 2012, *Bull. civ.* IV, n° 108 ; *D.* 2012. Actu. 1398, obs. Lienhard ; *LEDEN* juill. 2012, p. 2, obs. Laroche ; *Gaz. Pal.* 3-4 août 2012, p. 28, obs. Théron ; *RJDA* 2013, n° 352.

78. C. com., art. L. 642-20, al. 5.

Section II
L'apurement du passif

812. – Quand la réalisation de l'actif a été effectuée, on entame la procédure de répartition. Certains principes de base doivent être rappelés. Tout d'abord, le principe fondamental est celui de l'égalité des traitements. En effet, en principe, un créancier ne doit pas être privilégié au détriment d'un autre dont le rang est égal au sien. Cependant, ce principe souffre d'une exception : un créancier peut être payé avant les autres en mettant en œuvre un paiement provisionnel [79]. Néanmoins son octroi n'est pas automatique. En effet, ce paiement peut être rejeté lorsqu'il existe des doutes sur l'existence ou la validité de l'inscription d'une sûreté [80]. Notons que l'octroi injustifié d'un paiement provisionnel donnera lieu à une procédure de remboursement.

Ensuite, le prix de vente d'un bien grevé d'une sûreté revient en priorité au bénéficiaire de la sûreté.

Enfin, lorsque l'on parle des privilèges généraux on parle de ceux qui grèvent toute une catégorie de bien et non pas un bien particulier. Il est évident que cette catégorie de créances privilégiées est problématique pour le liquidateur lors de l'établissement du classement des créanciers à payer. En matière mobilière le principe est que les privilèges spéciaux sont prioritaires sur les privilèges généraux. En matière immobilière la solution est inversée. En effet les privilèges généraux priment sur les privilèges spéciaux. Notons que les frais de justice et le privilège général des salaires [81] ainsi que le superprivilège des salaires, le privilège de la conciliation et le privilège des créances postérieures sont considérées comme des privilèges généraux. Un privilège spécial sera, par exemple, une sûreté attachée à un bien.

Dans cette procédure de répartition un classement des différentes créances à payer est effectué. Classement souvent rendu difficile par le nombre de privilèges qui peut exister au sein de ces créances. Créances privilégiées qui peuvent être de toutes sortes, notamment salariales.

813. – Distinction. – Lorsque tous les actifs ont été réalisés, soit par voie de cession globale soit par cession d'actifs isolés, il convient alors de procéder à l'apurement du passif c'est-à-dire de payer les créanciers selon des modalités d'ordre public qui sont mises en œuvre par le liquidateur. Si au terme de la liquidation judiciaire certains créanciers demeurent impayés, ce qui est la plupart du temps le cas, se pose alors la question de savoir s'ils peuvent agir en paiement contre le débiteur après clôture de la liquidation.

§ 1 : Le paiement des créanciers avant la clôture de liquidation

I. Les conditions du paiement

814. – Déchéance du terme. – Pour que le paiement puisse s'effectuer il est nécessaire que les créances soient exigibles. C'est la raison pour laquelle, à compter de l'ouverture de la

79. F. Macorig-Venier, « Exception à l'interdiction des paiements : conditions de la mise en œuvre du paiement provisionnel prévu à l'article L. 643-1 du Code de commerce », *Rev. proc. coll.* n° 5, sept. 2009, comm. 110.
80. CA Pau, 2e ch., sect. 1, 12 juin 2008.
81. C. civ., art. 2375 et art. 2331.

procédure de liquidation judiciaire [82], il y a déchéance du terme. Toutefois cette règle est soumise à deux tempéraments :

– d'abord la déchéance ne joue pas lorsque le tribunal autorise la poursuite de l'activité lorsque la cession totale ou partielle de l'entreprise est envisageable ou en raison de l'intérêt public. Dans ce cas les créances non échues seront exigibles à la date du jugement statuant sur la cession ou, à défaut, à la date à laquelle le maintien de l'activité prend fin ;

– ensuite la déchéance est inopposable à la caution sauf clause contraire [83].

815. – Interruption et interdiction des poursuites individuelles. – À compter du jugement de liquidation, afin de respecter le principe d'égalité entre les créanciers, le paiement des créanciers est interdit [84] et il sera effectué par le liquidateur sur le prix de cession de l'entreprise ou alors sur le produit de la réalisation des actifs isolés. En principe les créanciers ne peuvent exercer leur droit de poursuite individuelle et subissent les mêmes contraintes que dans la sauvegarde ou le redressement judiciaire [85]. L'initiative de la liquidation des biens ne peut venir que du liquidateur. Toutefois certains créanciers conservent un droit de poursuite individuelle :

– les créanciers dont la créance bénéficie d'une priorité de paiement à l'échéance conformément à l'article L. 643-13, alinéa 1er du Code de commerce. À défaut de paiement à l'échéance ces créanciers bénéficient d'un privilège qui leur donne un droit de préférence mais pas une priorité absolue sur tous les créanciers ;

– le créancier rétenteur qui peut obtenir le paiement intégral en cas de retrait du bien ou encore le créancier gagiste qui peut demander l'attribution judiciaire du gage conformément à l'article L. 643-20 du Code de commerce. Pour ce dernier il ne lui est cependant pas possible de se prévaloir d'un pacte commissoire [86] ;

– les créanciers titulaires d'un privilège spécial, d'un gage, d'un nantissement ou d'une hypothèque et le Trésor public pour ses créances privilégiées dans des conditions de délai qui varient selon qu'un plan de cession est envisagé ou non [87] :

• en dehors de toute cession d'entreprise, lorsque le liquidateur n'a pas entrepris la liquidation des biens grevés dans un délai de trois mois à compter du jugement d'ouverture ou de conversion en liquidation judiciaire, alors ces créanciers peuvent agir. Ils peuvent donc saisir les biens grevés même si leur créance n'a pas encore été admise pourvu qu'elle ait été déclarée ;

• si une cession de l'entreprise est envisagée par le tribunal mais qu'aucune offre de reprise incluant ces biens n'a été faite dans le délai fixé par le tribunal alors ces créanciers peuvent aussi exercer leur droit de poursuite individuelle ;

82. C. com., art. L. 643-1. La solution est différente en sauvegarde et en redressement judiciaire, v. art. L. 622-29.

83. Cass. com., 8 oct. 1994, *Bull. civ.* IV, n° 96 ; *JCP* E 1994, I, 94 et *JCP* G, 1994, I, 3799, n° 6, obs. M. Cabrillac ; *D.* 1994, p. 557, note E. Bazin ; *RTD com.* 1995, p. 204, obs. A. Martin-Serf ; *Quot. Jur.* 21 avr. 1994, p. 4, obs. P.-M.

84. C. com., art. L. 641-3 par renvoi à l'art. L. 622-7.

85. C. com., art. L. 641-3l par renvoi à l'art. L. 622-21.

86. C. com., art. L. 641-3.

87. C. com., art. L. 643-2.

– les créanciers hypothécaires qui sont dispensés, lors de la reprise des poursuites individuelles, des actes et formalités effectués avant le jugement d'ouverture [88]. En cas de vente d'immeuble, les modalités sont celles applicables à la cession d'immeuble d'un débiteur en liquidation judiciaire [89].

816. – Déclaration de créances. – Les créanciers antérieurs ne peuvent obtenir de règlement de leurs créances s'ils n'ont pas déclaré celles-ci dans des conditions identiques à la procédure de sauvegarde et de redressement judiciaire. Ceux qui ont déclaré doivent en outre avoir été admis à concourir [90]. Toutefois, lorsque le produit de la réalisation de l'actif sera entièrement absorbé par les créanciers bénéficiant d'une priorité de paiement, alors il n'est pas procédé à la vérification des créances chirographaires [91].

817. – Paiement à l'échéance. – Certaines créances sont payées à l'échéance. Il s'agit d'une part, des « *créances nées régulièrement après le jugement qui ouvre ou prononce la liquidation judiciaire pour les besoins du déroulement de la procédure ou du maintien provisoire de l'activité autorisé en application de l'article L. 641-10 ou en contrepartie d'une prestation fournie au débiteur pendant ce maintien de l'activité* » [92] et d'autre part « *en cas de prononcé de la liquidation judiciaire [...] les créances nées régulièrement après le jugement d'ouverture de la procédure de sauvegarde ou de redressement judiciaire mentionnées au I de l'article L. 622-17* » [93]. Il s'agit là des créances bénéficiant du privilège de la procédure collective [94]. Dans le cadre de liquidation judiciaire, la qualification de créances privilégiées soulève des questions lorsqu'il n'y a pas plus d'activité. Cette situation n'empêche pas de considérer certaines créances comme étant nécessaires aux besoins du déroulement de la procédure et, par conséquent, comme devant être payées à l'échéance. C'est par exemple le cas des créances indemnitaires nées de licenciement prononcé par le liquidateur conformément à ses obligations dans le cadre de la liquidation judiciaire [95]. Il est toutefois nécessaire d'examiner si la créance est bien née régulièrement et qu'elle est née soit antérieurement, ce qui nécessite de ne pas confondre date de naissance et date d'exigibilité de la créance [96], soit postérieurement mais pas pour les besoins du déroulement de la procédure ou du maintien provisoire de l'activité autorisés ou en contrepartie d'une prestation fournie au débiteur pendant ce maintien d'activité.

818. – Paiement provisionnel. – En principe les créanciers sont payés en fonction de leur classement sur le produit de la liquidation de l'actif. Cependant, et par exception, un paiement à titre provisionnel d'une quote-part d'une créance antérieure définitivement admise peut être

88. C. com., art. L. 643-2, al. 3.
89. C. com., art. L. 642-18, al. 1, 3.
90. C. com., art. L. 641-3, al. 4 : « *Les créanciers déclarent leurs créances au liquidateur selon les modalités prévues aux articles L. 622-24 à L. 622-27 et L. 622-31 à L. 622-33 du Code de commerce* ».
91. C. com., art. L. 641-4, al. 2.
92. C. com., art. L. 641-13, I, al. 1er.
93. C. com., art. L. 641-13, I, al. 2.
94. Sur ce privilège, v. *supra*, n° 381 et s.
95. Cass. soc., 16 juin 2010, *Bull. civ.* V, n° 140 ; *D.* 2010. Actu. 1550, obs. Lienhard ; *D.* 2011. Pan. 2080, obs. Le Corre ; *RTD com.* 2011. 173, obs. Martin-Serf ; *Gaz. Pal.* 15-16 oct. 2010, p. 27, obs. Henry ; *Rev. proc. coll.* 2010, n° 245, obs. Berthelot ; *ibid.* 2012, n° 47, obs. Saint-Alary-Houin.
96. La date d'exigibilité de la commission d'agence ne se confond pas avec la date du fait générateur de la créance ; en conséquence, la créance d'honoraires de résultat ne naît pas à la date du paiement, mais à celle de l'exécution de la prestation caractéristique, Cass. com., 27 sept. 2011, *Bull. civ.* IV, n° 142 ; *D.* 2011. Actu. 2398, obs. Lienhard ; *Rev. sociétés* 2011. 730, obs. Roussel Galle ; *Act. proc. coll.* 2011, n° 264, obs. Cagnoli ; *LEDEN* oct. 2011, p. 2, obs. Rubellin ; *RJDA* 2012, n° 71 ; *Bull. Joly Entrep. diff.* 2012. 17, note Le Corre-Broly ; *Gaz. Pal.* 20-21 janv. 2012, p. 18, obs. Henry.

ordonné par le juge-commissaire qui en décide d'office ou à la demande du liquidateur ou d'un créancier [97]. Toutefois le créancier peut se voir réclamer une garantie pour assurer, le cas échéant, le remboursement du trop-perçu qu'il doit restituer à première demande du liquidateur [98]. Certains créanciers tout en bénéficiant de la même prérogative échappent à l'exigence de fourniture d'une garantie (administrations financières, organismes de sécurité sociale, etc.) [99]. Si toutefois des sommes ont été indûment versées, elles doivent être restituées au liquidateur sur présentation de l'ordonnance du juge-commissaire [100].

II. Les règles de répartition

819. – Classement des créanciers. – C'est au liquidateur qu'il appartient de répartir le produit de réalisation des actifs. Il doit respecter pour cela les priorités accordées à certains créanciers.

820. – Exceptions. – Le produit des actions engagées dans l'intérêt collectif des créanciers est en principe réparti au marc le franc c'est-à-dire proportionnellement au montant de la créance respective de chaque créancier. Les sommes qui sont versées par l'entrepreneur reconnu responsable de l'insuffisance d'actif [101] seront répartis entre tous les créanciers au marc le franc.

821. – Répartition du prix en cas de vente d'un immeuble. – Quelle que soit la forme de la vente (adjudication, vente de gré à gré), le prix est réparti suivant une procédure d'ordre spécifique à la procédure collective [102]. Son trait le plus original par rapport au droit commun est le rôle qu'y joue le liquidateur auquel a été confiée la tâche d'établir le classement. Ce dernier dresse un état des collocations au vu des inscriptions, des créances admises et de la liste des créances mentionnées à l'article L. 641-13, C. com. [103] qui,

---

97. C. com., art. L. 643-3, al. 1.

98. C. com., art. R. 643-2.

99. C. com., art. L. 643-3, al. 3.

100. P. Huille, « Les répartitions provisionnelles », *Gaz. Pal.* 2001, doc. p. 298.

101. V. art. L. 651-2, al. 4.

102. C. com., art. R. 643-4 et s.

103. Aux termes de cet article « *I.-S ont payées à leur échéance les créances nées régulièrement après le jugement qui ouvre ou prononce la liquidation judiciaire pour les besoins du déroulement de la procédure ou du maintien provisoire de l'activité autorisé en application de l'article L. 641-10 ou en contrepartie d'une prestation fournie au débiteur pendant ce maintien de l'activité.*

En cas de prononcé de la liquidation judiciaire, sont également payées à leur échéance, les créances nées régulièrement après le jugement d'ouverture de la procédure de sauvegarde ou de redressement judiciaire mentionnées au I de l'article L. 622-17.

II. – Lorsqu'elles ne sont pas payées à l'échéance, ces créances sont payées par privilège avant toutes les autres créances à l'exception de celles qui sont garanties par le privilège établi aux articles L. 143-10, L. 143-11, L. 742-6 et L. 751-15 du code du travail, des frais de justice nés régulièrement après le jugement d'ouverture pour les besoins du déroulement de la procédure, de celles qui sont garanties par le privilège établi par l'article L. 611-11 du présent code et de celles qui sont garanties par des sûretés immobilières ou par des sûretés mobilières spéciales assorties d'un droit de rétention ou constituées en application du chapitre V du titre II du livre V.

III. – Leur paiement se fait dans l'ordre suivant :

1° Les créances de salaires dont le montant n'a pas été avancé en application des articles L. 143-11-1 à L. 143-11-3 du code du travail ;

2° Les prêts consentis ainsi que les créances résultant de la poursuite d'exécution des contrats en cours conformément aux dispositions de l'article L. 622-13 du présent code et dont le cocontractant accepte de recevoir un paiement différé ; ces prêts et délais de paiement sont autorisés par le juge-commissaire dans la limite nécessaire à la poursuite de l'activité et font l'objet d'une publicité. En cas de résiliation d'un contrat régulièrement poursuivi, les indemnités et pénalités sont exclues du bénéfice du présent article ;

3° Les sommes dont le montant a été avancé en application du 3° de l'article L. 143-11-1 du code du travail ;

4° Les autres créances, selon leur rang.

IV. – Les créances impayées perdent le privilège que leur confère le II du présent article si elles n'ont pas été portées à la connaissance du mandataire judiciaire, de l'administrateur lorsqu'il en est désigné ou du liquidateur au plus tard, dans le délai de six mois à compter de la publication du jugement ouvrant ou prononçant la liquidation ou, à défaut, dans le délai d'un an à compter de celle du jugement arrêtant le plan de cession. »

déposé au greffe du tribunal de la procédure, est l'objet de plusieurs mesures de publicité (*Bodacc, Journal d'annonces légales*) [104]. Après avoir procédé à différents contrôles (absence de contentieux prud'homaux, vérification du renouvellement des inscriptions et des nantissements, etc.) le liquidateur effectue les répartitions [105] en déduisant les sommes déjà versées aux créanciers hypothécaires [106] et en respectant le classement suivant :

– Les créances salariales superprivilégiées

– Les frais de justice postérieurs

– Les créances bénéficiant du privilège de la conciliation

– Les créances garanties par des sûretés immobilières spéciales

– Les créances bénéficiant du privilège des articles L. 622-17 ou L. 641-13 selon l'ordre prévu par ces textes

– Les créances garanties par les privilèges du Trésor de premier rang c'est-à-dire les créances fiscales

– Les créances antérieures et postérieures chirographaires

Notons que si le désintéressement de tous ces créanciers est intervenu et que le prix de vente de l'immeuble n'est pas épuisé [107], il deviendra un actif mobilier à répartir dans le cadre du classement sur les meubles.

822. – Répartition du prix en cas de vente d'un meuble. – Concernant le classement sur les meubles, comme précédemment, les frais de justice et les créances garanties par le privilège de la conciliation sont prioritaires. Ensuite le créancier qui sera payé sera celui détenteur d'un droit de rétention sur un bien qu'il a en sa possession. Puis le superprivilège des salaires sera payé. Viendront ensuite les créanciers antérieurs garantis par des sûretés mobilières spéciales assorties d'un droit de rétention. Puis les créances garanties par les privilèges du Trésor de premier rang.

En toute fin viendront les créances antérieures et postérieures non privilégiées :

– Les créances salariales superprivilégiées

– Les frais de justice postérieurs

– Les créances bénéficiant du privilège de la conciliation

– Les créances antérieures garanties par des sûretés mobilières spéciales assorties d'un droit de rétention

– Les créances garanties par des sûretés mobilières spéciales assorties d'un droit de rétention et les créanciers titulaires d'un nantissement de l'outillage et du matériel d'équipement

– Les créances bénéficiant du privilège des articles L. 622-17 ou L. 641-13 selon l'ordre prévu par ces textes

– Les créances garanties par les privilèges du Trésor de premier rang c'est-à-dire les créances fiscales

---

104. C. com., art. R. 643-6.

105. C. com., art. R. 643-10.

106. C. com., art. L. 643-4 ; v. M. Senechal, « La réalisation des droits du créancier hypothécaire dans les procédures de liquidation judiciaire », *D.* 2004, p. 2845.

107. Hypothèse très rare.

– Les créances bénéficiant d'un privilège général mobilier en tenant compte de leur classement soit dans le Code civil (art. 2331) soit dans des lois particulières

– Les créances antérieures et postérieures chirographaires

Notons que certaines créances ne seront pas payées par la procédure collective puisqu'elles n'entreront pas dans le passif de celle-ci eu égard à leur caractère particulier.

§ 2 : Le paiement des créanciers après la clôture de liquidation

823. – Principe d'interdiction des poursuites. – Après clôture de liquidation, les créanciers qui n'ont pas été payés ne peuvent en principe exercer de poursuite à l'encontre du débiteur [108]. La mise en œuvre de cette règle suppose que soit prononcée la clôture de liquidation, elle a un domaine limité et souffre par ailleurs d'exceptions.

I. La clôture de liquidation

824. – Délais. Différence entre liquidation judiciaire simplifiée et liquidation judiciaire normale. – Dans le cadre d'une liquidation judiciaire soumise au régime général, le tribunal doit, dans le jugement qui ouvre ou prononce la liquidation judiciaire, fixer le délai « *au terme duquel la clôture devra être examinée* ». Si la clôture ne peut être prononcée dans le délai fixé alors le tribunal peut proroger le terme par une décision motivée [109]. Dans le cadre d'une liquidation judiciaire simplifiée, le tribunal doit prononcer la clôture de la procédure dans le délai d'un an à compter de la décision ayant ordonné ou décidé l'application de la procédure simplifiée [110]. Dans ce cas, la clôture est prononcée, le débiteur entendu ou dûment appelé. Toutefois, par un jugement spécialement motivé, le tribunal peut proroger la procédure pour une durée qui ne peut excéder trois mois.

825. – Causes. – La clôture de liquidation est prononcée par le tribunal après avoir entendu ou dûment appelé le débiteur dans trois cas [111] :

– lorsqu'il n'existe plus de passif exigible ou que le liquidateur dispose de sommes suffisantes pour désintéresser les créanciers. Toutefois lorsqu'un créancier accorde un délai de paiement il est possible de clôturer la procédure et, dans ce cas, la dette ne disparaît pas du fait de la clôture [112] ;

– lorsque la poursuite des opérations de liquidation judiciaire est rendue impossible en raison de l'insuffisance d'actif. Selon l'article R. 643-16 du Code de commerce, « *l'insuffisance d'actif est caractérisée lorsque le produit de la réalisation des actifs du débiteur et des actions et procédures engagées dans l'intérêt de l'entreprise ou des créanciers ne permet plus de désintéresser, même partiellement, les créanciers* ». La présence d'un actif réalisable empêche le prononcé de

---

108. C. com., art. L. 643-11.

109. C. com., art. L. 643-9, al. 1er La Cour de cassation juge que « *le jugement d'examen du délai de prorogation de la clôture de la procédure de liquidation judiciaire (est) une mesure d'administration judiciaire non susceptible de recours, fût-ce pour excès de pouvoir du juge* », v. Cass. com., 9 juill. 2013, n° 12-13193. Sur la condamnation de la France pour la durée excessive d'une procédure de liquidation judiciaire, v. CEDH, 22 sept. 2011, req n° 60983/09, Tetu c. France, *Rev. soc.* 2011, 728, note Ph. Roussel-Galle ; *Gaz. Pal.* 21 janv. 2012, p. 6, note J.-F. Renucci ; *Rev. proc. coll.* 2012, étude 3, B. Saintourens et Ph. Duprat.

110. C. com., art. L. 644-5.

111. C. com., art. L. 643-9.

112. Cass. com., 4 oct. 2005, *D.* 2005, p. 2806, obs. A. Lienhard ; *D.* 2006, p. 82, obs. P.-M. le Corre et F.-X. Lucas.

la clôture [113]. La question se pose en particulier lorsque les biens en cause sont difficilement réalisables. On pense par exemple à un site d'exploitation industrielle contaminé. Dans ce cas le liquidateur peut abandonner le bien à l'État [114] ;

– lorsque, en cas de plan de cession, le tribunal constate le respect de ses obligations par le cessionnaire.

826. – Modalités. – Le tribunal est saisi à tout moment par le liquidateur, le débiteur ou le ministère public. Il peut se saisir d'office. Il peut également être saisi par un créancier à l'expiration d'un délai de deux ans à compter du jugement de liquidation judiciaire [115]. Cette clôture n'est pas forcément définitive. En effet la procédure peut être reprise si, en cas d'insuffisance d'actif, il apparaît que des actifs n'ont pas été réalisés ou que des actions dans l'intérêt des créanciers n'ont pas été engagées pendant le cours de la procédure. Le tribunal se saisit d'office ou alors est saisi par le liquidateur, le ministère public ou par tout créancier intéressé. Si les actifs du débiteur consistent en une somme d'argent, la procédure simplifiée est de droit applicable [116].

827. – Conséquences. – La clôture de la procédure entraîne la fin des fonctions de tous ses organes : juge-commissaire, liquidateur. Ce dernier doit cependant procéder à la reddition des comptes. Il est responsable des documents qui lui ont été remis au cours de la procédure pendant cinq ans à compter de cette reddition [117]. Par ailleurs, autre conséquence de la clôture de liquidation, le débiteur n'est plus dessaisi, il peut donc contracter et agir sans restriction. Il peut notamment poursuivre le paiement de ses créances [118]. Il peut à nouveau émettre des chèques, la clôture de la procédure entraînant une suspension des effets de l'interdiction d'émettre des chèques [119]. Toutefois s'il s'agit d'un entrepreneur individuel à responsabilité limitée, la suspension de l'interdiction d'émettre des chèques est « *limitée aux comptes afférents au patrimoine visé par la procédure* ». Par ailleurs si les créanciers recouvrent leur droit de poursuite individuelle, la mesure d'interdiction reprend effet, à compter de la délivrance du titre exécutoire nécessaire à cette reprise [120].

828. – Réouverture de la procédure. – La procédure peut être à nouveau ouverte après clôture pour insuffisance d'actifs soit s'il apparaît que les actifs n'ont pas été réalisés soit parce que des actions dans l'intérêt des créanciers n'ont pas été engagées pendant le cours de la procédure [121]. La chambre criminelle de la Cour de cassation considère qu'il se « *déduit de l'article*

---

113. La clôture pour insuffisance d'actif de la liquidation judiciaire ne peut être prononcée lorsqu'il subsiste des actifs réalisables du débiteur susceptibles de désintéresser, même partiellement, les créanciers : Cass. com., 22 janv. 2008, *Bull. civ.* IV, n° 11 ; *D.* 2008, AJ. 348, obs. LIENHARD ; *JCP* E 2008.1432, n° 7, obs. CABRILLAC ; *Act. proc. coll.* 2008, n° 69, obs. F.-X. LUCAS ; *Gaz. Pal.* 27-29 avr. 2008, p. 23, obs. VOINOT ; *Bull. Joly* 2008.421, note RABREAU ; *LPA*, 2 juin 2008, note SORTAIS ; *Defrénois* 2008.1241, obs. GIBIRILA ; *RJ com.* 2008.383, obs. SORTAIS ; *Rev. proc. coll.* 2009, n° 51, obs. DUMONT-LEFRAND ; *JCP* N 2009. 1278, obs. VAUVILLÉ.

114. V. les propositions de B. ROLLAND, « Les obligations environnementales et la clôture de la liquidation de la société », *Dr. env.* déc. 2004, p. 275, spéc. p. 277.

115. V. la condamnation antérieure à la réforme prononcée contre la France par la Cour européenne des droits de l'homme, CEDH, 17 janv. 2002, *D.* 2002, AJ. 807.

116. C. com., art. L. 643-13.

117. C. com., art. L. 643-10.

118. Cass. com., 17 oct. 2000, *Act. proc. coll.* 2000-18, n° 232, comm. T. BONNEAU ; *JCP* E, 2001-4, p. 176, n° 8, obs. P. PÉTEL.

119. C. com., art. L. 643-12, al. 1er.

120. C. com., art. L. 643-12, al. 2.

121. C. com., art. L. 643-13, al. 1.

[du Code de commerce] *L. 643-13 qu'une liquidation judiciaire, clôturée pour insuffisance d'actif, peut être reprise afin de poursuivre une procédure déjà engagée dans l'intérêt de l'entreprise, en vue de l'allocation de dommages-intérêts* » [122]. De même nécessite une reprise de la procédure une action en responsabilité civile contre le liquidateur, initiée, après clôture de la liquidation judiciaire pour insuffisance d'actif, par l'ancien dirigeant désigné mandataire *ad hoc* à cet effet [123].

Le tribunal peut se saisir d'office, ou peut être saisi par le liquidateur, le ministère public ou par tout créancier intéressé. Pour éviter les demandes intempestives il est prévu que le créancier demandeur consigne au greffe du tribunal les fonds nécessaires aux frais des opérations. Ces fonds lui seront ensuite remboursés par priorité sur les sommes recouvrées à la suite de la reprise de la procédure. Le tribunal statue sur la reprise après avoir entendu ou dûment appelé le débiteur [124]. Les dispositions relatives à la réouverture de la procédure sont d'application immédiate.

II. Domaine de l'interdiction des poursuites

829. – Actions interdites. – Le principe de l'interdiction des poursuites après la clôture de la liquidation a un domaine limité. Il ne s'applique en effet qu'aux actions qui ont été arrêtées pendant la procédure à laquelle le tribunal vient de mettre un terme. Cela concerne :

– les créanciers antérieurs qui veulent obtenir le paiement d'une somme d'argent ou alors la résolution d'un contrat pour défaut de paiement d'une somme d'argent ;

– les actions de toute nature dont voudraient se prévaloir des créanciers qui n'ont pas déclaré leur créance à la procédure. En effet ces créanciers du fait de leur négligence n'ont pas pu poursuivre le débiteur durant le déroulement de la procédure [125].

830. – Actions autorisées. – Sont en revanche autorisées :

– les actions qui ne tendent pas au paiement d'une somme d'argent ou à la résolution du contrat pour non-paiement d'une somme d'argent. Tel est le cas par exemple d'une action paulienne [126] ;

– les actions quelle que soit leur nature dont voudraient se prévaloir les créanciers titulaires d'une créance privilégiée née au cours de la période d'observation ou alors de la poursuite d'activité ou alors celles visant au paiement d'une créance déclarée dans une procédure de sauvegarde ou de redressement judiciaire avant l'ouverture de la liquidation judiciaire ;

– le droit des créanciers de poursuivre les tiers garants comme par exemple les cautions.

122. Cass. crim., 27 janv. 2010, *Bull. crim.* n° 15 ; *D.* 2010. AJ 706 ; *Rev. sociétés* 2010.193, obs. Roussel-Galle ; *Dr. sociétés* 2010, n° 102, note R. Salomon ; *RJDA* 2010, n° 869 ; *Rev. proc. coll.* 2010, n° 180, obs. Berthelot.

123. Cass com., 10 mai 2012, *Bull. civ.* IV, n° 94 ; *D.* 2012. Actu. 1325, obs. Lienhard ; *JCP* E 2012. 1479, note Lebel ; *LEDEN* juin 2012, p. 3, obs. Mouial-Bassilana ; *Act. proc. coll.* 2012, n° 153, obs. Vallansan ; *Gaz. Pal.* 3-4 août 2012, p. 29, obs. Rohart-Messager ; *Bull. Joly* 2012. 641, note Staes ; *RJDA* 2013, n° 350.

124. C. com., art. R. 643-24.

125. En ce sens J. Vallansan, *op. cit.*, p. 339.

126. Cass. com., 2 nov. 2005, *Act. proc. coll.* 2005-19, n° 237, obs. J. Vallansan ; *D.* 2005, p. 2872, obs. A. Lienhard ; *D.* 2006, p. 83, obs. P.-M. le Corre et F.-X. Lucas.

III. Le droit d'agir des créanciers postérieurement à la clôture de liquidation

A. Conditions de fond

831. – Exceptions légales. – Le principe selon lequel le créancier ne peut plus agir contre le débiteur après la clôture de la procédure connaît plusieurs séries d'exceptions [127].

832. – Reprise des poursuites pour le recouvrement de certaines créances. – Une première série d'exceptions concerne certaines créances. C'est le cas de la créance née d'une condamnation pénale du débiteur ou encore de la créance née de droits attachés à la personne du débiteur.

833. – Reprise des poursuites pour la caution ou le coobligé. – Une deuxième série d'exceptions concerne certains garants du débiteur. Plus précisément, la caution ou le coobligé qui a payé un créancier peut poursuivre le débiteur. Il a été jugé que cette solution ne porte pas atteinte à l'égalité entre débiteurs cautionné et débiteurs non cautionnés qui sont dans une situation distincte [128].

834. – Reprise des poursuites pour tous les créanciers. – Une troisième série d'exceptions vaut pour tous les créanciers. Il en est ainsi dans plusieurs cas :

– lorsque la faillite personnelle du débiteur a été prononcée ;

– lorsque le débiteur a été reconnu coupable de banqueroute ;

– lorsque, le débiteur, au titre de l'un quelconque de ses patrimoines s'il est un entrepreneur individuel à responsabilité limitée, ou la personne morale dont il a été le dirigeant a été soumis à une procédure de liquidation judiciaire antérieure clôturée pour insuffisance d'actif moins de cinq ans avant l'ouverture de la procédure à laquelle il est soumis ;

– lorsque la procédure de liquidation ouverte l'a été en tant que procédure territoriale au sens du paragraphe 2 de l'article 3 du règlement (CE) n° 1346/2000 du Conseil du 29 mai 2000 relatif aux procédures d'insolvabilité.

835. – Reprise des actions individuelles en cas de fraude du débiteur. – Si le débiteur a commis une fraude à l'égard d'un ou plusieurs créanciers le tribunal doit autoriser la reprise des actions individuelles. Le tribunal peut statuer lors de la clôture après avoir entendu ou dûment appelé le débiteur, le liquidateur et les contrôleurs. Il peut aussi statuer postérieurement à la clôture à la demande de tout intéressé et dans les mêmes conditions [129].

836. – Reprise des actions individuelles en cas de fraude du débiteur entrepreneur individuel à responsabilité limitée. – La reprise des actions individuelles en cas de fraude d'un débiteur vaut aussi pour l'entrepreneur individuel à responsabilité limitée et s'exerce dans des conditions identiques aux autres débiteurs avec cette particularité que, dans ce cas, le tribunal « *autorise les actions individuelle de tout créancier sur les biens compris dans le patrimoine non affecté de cet entrepreneur* ».

---

127. V. C. com., art. L. 643-11.
128. Cass. com., QPC, 21 juin 2011 : *D.* 2011. Actu. 1815, obs. Lienhard ; *RTD com.* 2012. 196, obs. Martin-Serf.
129. C. com., art. L. 643-11, IV.

B. Conditions procédurales

837. – Titre exécutoire ou vérification des conditions requises par le tribunal. – Les créanciers dont les créances ont été admises et qui recouvrent leur droit de poursuite individuelle doivent saisir le tribunal soit pour obtenir un titre exécutoire, soit, s'ils ont déjà un tel titre, pour faire constater qu'ils remplissent les conditions (créances admises et cas de reprise de poursuite individuelle) [130].

838. – Créances non vérifiées. – Les créanciers dont la créance n'a pas été vérifiée et qui recouvrent l'exercice individuel de leurs actions « *peuvent le mettre en œuvre dans les conditions du droit commun* » [131].

§ 3 : Le licenciement des salariés

839. – Procédure spécifique au redressement et à la liquidation judiciaires. – La situation économique de l'entreprise nécessite d'agir avec célérité, un tel constat étant valable à l'égard des réductions de personnel. C'est dans ce but qu'une procédure spécifique de licenciement économique a été prévue dans le cadre de la procédure de redressement et de liquidation judiciaires. Cette procédure a été réformée par la loi n° 2013-504 du 14 juin 2013 relative à la sécurisation de l'emploi qui impose de faire valider ou homologuer un plan de sauvegarde de l'emploi par l'autorité administrative compétente.

I. Licenciements économiques avec poursuite d'activité

840. – Régime dérogatoire en redressement et liquidation judiciaires. – Au cours de la période d'observation en procédure de redressement judiciaire ou pendant la poursuite d'activité en liquidation judiciaire, les licenciements économiques sont soumis à un régime dérogatoire s'ils présentent « *un caractère urgent, inévitable et indispensable* » [132].

841. – Mise en œuvre d'un plan de licenciement. – L'administrateur (ou le débiteur s'il n'y a pas d'administrateur) ou le liquidateur doit d'abord mettre en œuvre le « plan de licenciement » conformément à l'article 1253-8 du Code du travail, c'est-à-dire un plan de sauvegarde de l'emploi au sens des articles L. 1233-24-1 ou L. 1233-24-4 du Code du travail. À cet effet, l'employeur, l'administrateur ou le liquidateur, selon le cas, réunit et consulte le comité d'entreprise ou, à défaut, les délégués du personnel dans des conditions qui varient selon le nombre de salariés de l'entreprise et le nombre de salariés licenciés [133]. Il doit ensuite le faire valider, si le contenu du plan résulte d'un accord collectif, ou homologuer, si le contenu de l'accord a été

---

130. C. com., art. L. 643-11, V, al. 1er ; C. com., art. R. 643-20.
131. C. com., art. L. 643-11, V, al. 2.
132. C. com., art. L. 631-17, al. 1er (redressement judiciaire) ; art. L. 641-10, al. 3 et 5 (liquidation judiciaire avec renvoi à l'article L. 631-17 C. com.).
133. La consultation doit respecter les conditions prévues par les articles L. 2323-15, L. 2233-8, L. 2233-29, L. 2233-30, L. 2233-31, L. 2233-33, L. 2233-48, L. 2233-49, L. 2233-61, L. 2233-62, L. 2233-57-5, L. 2233-57-6.

défini par lui, par l'autorité administrative compétente, c'est-à-dire le directeur départemental du travail et de l'emploi. dans des délais qui varient selon le nombre de salariés concernés :

– en cas de licenciement d'au moins dix salariés dans une entreprise d'au moins cinquante salariés, l'autorité doit notifier à l'employeur la décision motivée de validation ou d'homologation dans un délai de huit jours à compter de la dernière réunion du comité d'entrepriseen cas de redressement judiciaire et de quatre jours en cas de liquidation judiciaire ;

– si les seuils précédents ne sont pas atteints, la décision de validation doit être notifiée dans un délai de quinze jours à compter de la réception de l'accord collectif et la décision d'homologation dans un délai de vingt et un jours à compter de la réception du document complet élaboré par l'employeur [134] ;

– enfin l'absence de notification de la décision dans les délais légaux, le silence gardé par l'autorité administrative vaut décision d'acceptation de validation ou d'homologation. Dans ce cas, l'employeur transmet une copie de la demande de validation ou d'homologation, accompagnée de son accusé de réception par l'administration, au comité d'entreprise et, si elle porte sur un accord collectif, aux organisations syndicales représentatives signataires.

En cas de décision défavorable de validation ou d'homologation, l'employeur, l'administrateur ou le liquidateur consulte le comité d'entreprise dans un délai de trois jours. Selon le cas, le document modifié et l'avis du comité d'entreprise ou un avenant à l'accord collectif sont transmis à l'autorité administrative, qui se prononce dans un délai de trois jours.

842. – Autorisation du juge-commissaire [135]. – L'administrateur (ou le débiteur s'il n'y a pas d'administrateur) ou le liquidateur doit ensuite adresser au juge-commissaire une demande de licenciement économique. Il joint, à l'appui de la demande qu'il adresse au juge-commissaire, l'avis recueilli et les justifications de ses diligences en vue de faciliter l'indemnisation et le reclassement des salariés ainsi que la décision de validation ou d'homologation du plan de sauvegarde de l'emploi par l'autorité administrative [136]. En cas de licenciements intervenus en l'absence de toute décision relative à la validation ou à l'homologation ou en cas d'annulation d'une décision ayant procédé à la validation ou à l'homologation, le juge octroie au salarié une indemnité à la charge de l'employeur qui ne peut être inférieure aux salaires des six derniers mois. Si les conditions sont réunies, le juge-commissaire rend une ordonnance dans laquelle il indique « *le nombre des salariés dont le licenciement est autorisé ainsi que les activités et catégories professionnelles concernées* » [137]. Il n'a pas à établir une liste nominative [138]. Cette ordonnance est notifiée au comité d'entreprise ou à défaut aux délégués du personnel ou, le cas échéant, au représentant des salariés. Elle est transmise au ministère public, à l'administrateur et au mandataire judiciaire.

843. – Procédure de licenciement. – Dès lors que l'autorisation est obtenue, l'administrateur (ou le débiteur) ou le liquidateur procède aux licenciements. La lettre de licenciement doit faire expressément référence à l'ordonnance du juge-commissaire autorisant le licenciement.

134. C. trav., art. L. 1233-57-4.
135. C. com., art. L. 631-17, al. 2.
136. C. com., art. L. 631-17, al. 2.
137. C. com., art. R. 631-26.
138. Cass. soc., 5 oct. 2004, *Act. proc. coll.* 2004-18, n° 220, comm. C. Masquefa-Neau-Leduc.

844. – Recours. – L'ordonnance du juge-commissaire autorisant les licenciements peut être contestée par voie d'appel.

II. Licenciements économiques sans poursuite d'activité

845. – Licenciement économique sans poursuite d'activité. – Lorsque la liquidation judiciaire est prononcée sans poursuite d'activité ou alors au terme de la poursuite de l'activité s'il n'y a pas de cession, le liquidateur procède aux licenciements selon les règles du Code du travail [139]. Il n'y a pas ici d'autorisation du tribunal [140]. En revanche, il convient de consulter les représentants du personnel et de faire valider ou homologuer un plan de sauvegarde de l'emploi dans les mêmes conditions notamment de délais qu'en cas de liquidation judiciaire avec poursuite d'activité [141].

La rupture du contrat de travail doit intervenir dans le délai de quinze jours suivant le jugement de liquidation judiciaire, délai pendant lequel l'AGS garantit le paiement des salaires [142]. Ce délai est difficile à respecter pour les liquidateurs qui pourtant engagent leur responsabilité à l'égard du salarié qui ne bénéficierait plus de la garantie. C'est la raison pour laquelle sa conformité à la Constitution a été contestée en raison de la discrimination qui frappe les liquidateurs soumis à un délai différent du droit commun. La chambre sociale de la Cour de cassation a refusé de renvoyer en jugeant qu'il n'y a pas méconnaissance du principe d'égalité des citoyens devant la loi [143].

N°s 846 à 859 réservés.

139. C. com., art. L. 641-4, al. 6 renvoyant à C. trav., art. L. 1233-58 C. travail.

140. J. Vallansan, P. Cagnoli, L. Fin-Langer, *op. cit.* p. 360 qui justifient l'absence d'intervention judiciaire par le fait que « *le jugement de liquidation entraînant la cessation définitive et totale de l'activité constitue un motif économique incontestable et suffisant* ». V. cependant sur l'immixtion du juge social, F. Pérochon, *op. cit.*, n° 1108.

141. V. *supra*, n° 841.

142. C. trav., art. L. 143-11-1, 2° et 3°.

143. Cass. soc., QPC, 6 oct. 2011, *Bull. civ.* V, n° 229 ; *D.* 2011. Actu. 2467 ; *JCP E* 2012. 1000, n° 11, obs. Pétel ; *LEDEN* nov. 2011, p. 6, obs. G. Dedessus-Le Moustier ; *Act. proc. coll.* 2011, n° 294, obs. Fin-Langer ; *Gaz. Pal.* 20-21 janv. 2012, p. 39, obs. Gailhbaud ; *Bull. Joly Entrep. diff.* 2012. 102, note Donnette.

Titre II
Le sort de l'entrepreneur

860. – Nouvelle dichotomie. – Le sort de l'entrepreneur – débiteur personne physique ou dirigeant d'une personne morale – dépend de son comportement. Il sera responsable ou se verra infliger des sanctions s'il a commis des fautes alors qu'il échappera à cette issue fâcheuse s'il a été malheureux en affaires. Cette approche nuancée à l'égard de l'entrepreneur remonte à la loi n° 67-563 du 13 juillet 1967 qui a institué un régime de sanctions plus favorable au bénéfice des entrepreneurs de bonne foi. Avant ce texte le débiteur frappé de faillite se voyait infliger de sévères sanctions sans que l'on tienne compte de son comportement. Les réformes successives iront dans le même sens. Désormais, seul l'entrepreneur imprudent, négligent, ou coupable s'expose à des sanctions. Surtout le législateur de 2005 a opéré une distinction entre les responsabilités et les sanctions. Le titre V du livre VI du Code de commerce est désormais intitulé : « Des responsabilités et des sanctions » [1].

1. Sur les responsabilités et sanctions suite à la réforme de 2005 : P. le Cannu, « La responsabilité civile des dirigeants de personne morale après la loi de sauvegarde des entreprises du 26 juillet 2005 », *Rev. sociétés* 2005, p. 743 ; D. Gibirila, « Les responsabilités et les sanctions du dirigeant dans la loi de sauvegarde des entreprises », *Defrénois* 2006, art. 38412 ; J.-P. Legros, « La loi du 26 juillet 2005 de sauvegarde des entreprises. Le sort des membres et dirigeants des personnes morales », Dr. *sociétés*, janv. 2006, p. 10 ; C. Mascala, « L'amélioration de la situation du chef d'entreprise, », *Rev. proc. coll.* 2005-12, p. 371 ; Th. Montéran, « Les sanctions pécuniaires et personnelles dans la loi du 26 juillet 2005 », *Gaz. Pal.* 9-10 sept. 2005, p. 37 ; C. Regnaut-Moutier, « Les dirigeants de société », *Rev. proc. coll.* 2006-2, p. 159 ; Ph. Roussel-Galle, « Responsabilités et sanctions des débiteurs après la loi de sauvegarde des entreprises du 26 juillet 2005 », *JCP* E 2005, n° 42, 1512 ; G. Taboul, « Les responsabilités et sanctions », *LPA*, 1-2 nov. 2005, n° 217-218, p. 7.

CHAPITRE I
Les responsabilités

861. – Régime spécial de responsabilité civile de l'entrepreneur. – Le droit des procédures collectives connaît un régime de responsabilité civile applicable aux dirigeants de personnes morales de droit privé ainsi qu'aux personnes physiques représentants permanents de ces dirigeants personnes morales récemment étendu aux entrepreneurs individuels à responsabilité limitée [1]. Ce régime spécial a été sensiblement modifié par la loi n° 2005-845 du 26 juillet 2005 de sauvegarde des entreprises mais aussi par l'ordonnance n° 2008-1345 du 18 décembre 2008 portant réforme du droit des entreprises en difficulté et enfin par l'ordonnance n° 2010-1512 du 9 décembre 2010 portant adaptation du droit des entreprises en difficulté et des procédures de traitement des situations de surendettement à l'entrepreneur individuel à responsabilité limitée. La situation particulière dans laquelle se trouve l'entreprise en difficulté justifie l'existence d'un régime aménagé par rapport au droit commun de la responsabilité civile.

861-1. – Limitation de la responsabilité des créanciers fournisseurs de crédit. – Le titre V du livre VI du Code de commerce intitulé « des responsabilités et ses sanctions » débute par un article L. 650-1, disposition isolée qui prévoit un régime spécial de responsabilité à l'égard des créanciers ayant consenti des concours au débiteur [2]. La généralité des termes employés (« créanciers », « concours consentis ») a conduit la jurisprudence à ne pas limiter l'application de ce régime aux seuls établissements de crédit [3]. L'objectif du texte, qui dans le contexte de crise actuel est encore plus justifié, est de permettre le financement du débiteur par des tiers sans que ceux-ci ne craignent en retour le reproche d'un soutien abusif, une notion qui a suscité un contentieux très abondant avant l'adoption de la loi de sauvegarde des entreprises [4].

L'article L. 650-1 pose dans un premier temps une limitation de responsabilité qui joue « *lorsqu'une procédure de sauvegarde, de redressement judiciaire ou de liquidation judiciaire est ouverte* ». Dans ce cas « *les créanciers ne peuvent être tenus pour responsables des préjudices subis du fait des concours consentis* ».

Puis, dans un deuxième temps, cette même disposition prévoit les conditions de la responsabilité en cas « *de fraude, d'immixtion caractérisée dans la gestion du débiteur ou si les garanties*

1. C. com., art. L. 651-1.

2. Sur lequel, v. R. Routier, « L'article L. 650-1 du Code de commerce : un article "détonnant" pour le débiteur et "détonant" pour le contribuable ? », *D.* 2006. Chron. 2916 ; P. Hoang, « L'octroi abusif de crédit s'invite à la table de l'exclusion de responsabilité de l'article L. 650-1 du Code de commerce », *D.* 2012. Chron. 2034.

3. Cass. com., 16 oct. 2012, *Bull. civ.* IV, n° 186 ; *D.* 2012. Actu. 2513, obs. Lienhard ; *Rev. sociétés* 2012. 730, obs. Roussel Galle ; *JCP* E 2012. 1735, note Legeais ; *ibid.* 1757, n° 18, obs. Pétel ; *Bull. Joly Entrep. diff.* 2012. 379, note Le Mesle ; *LEDEN* déc. 2012, p. 4, obs. Borga ; *Act. proc. coll.* 2012, n° 293, obs. Regnaut-Moutier ; *Gaz. Pal.* 18-19 janv. 2013, p. 34, obs. Routier ; *RJDA* 2013, n° 143 (1re esp.) ; *RLDA* janv. 2013. 19, obs. Demeyere ; *Banque et Droit* janv.-févr. 2013. 22, obs. Bonneau.

4. Sur la relance du contentieux sur le soutien abusif en raison de l'interprétation (v. note suivante) retenue par la Cour de cassation de l'article L. 651-1, v. P. Hoang, « L'octroi abusif de crédit s'invite à la table de l'exclusion de responsabilité de l'article L. 650-1 du Code de commerce », *D.* 2012. Chron. 2034.

prises en contrepartie de ces concours sont disproportionnées à ceux-ci ». La Cour de cassation ne s'est toutefois pas contentée d'une interprétation littérale des conditions à réunir pour engager la responsabilité du créancier ayant consenti des concours. Dans un arrêt remarqué, elle a renforcé les conditions de cette responsabilité en précisant : « *Lorsqu'une procédure de sauvegarde, de redressement judiciaire ou de liquidation judiciaire est ouverte, les créanciers ne peuvent être tenus pour responsables des préjudices subis du fait des concours consentis, sauf les cas de fraude, d'immixtion caractérisée dans la gestion du débiteur ou de disproportion des garanties prises, que si les concours consentis sont en eux-mêmes fautifs* » [5]. Comme l'a précisé le professeur Hoang, « *en exigeant la démonstration du caractère fautif du concours financier, outre la preuve d'un des trois cas visés à l'article L. 650-1, la cour régulatrice alourdit la charge du demandeur* » [6]. Elle confirme aussi que cet article s'inscrit bien dans un régime de responsabilité civile fondée sur la faute même si ce régime présente des spécificités puisque la faute à prouver ne peut se situer que dans l'une des trois catégories de comportements rendant « recevable » la responsabilité du créancier (fraude, immixtion, garantie disproportionnée).

861-2. – Exceptions à la limitation de la responsabilité des créanciers fournisseurs de crédit. – S'agissant des exceptions apportées à la limitation de responsabilité du créancier, la Cour de cassation exerce un contrôle de l'interprétation des juges du fond.

Ainsi, s'agissant de la fraude, elle a cassé un arrêt qui avait retenu « *que la situation de la société était irrémédiablement compromise lors de l'octroi, le 14 novembre 2006, de l'autorisation de découvert d'un montant de 158 000 euros pour une durée d'un mois, que cette autorisation ne pouvait avoir aucun retentissement favorable sur l'activité et la pérennité de la société et n'a eu pour effet que de retarder sa déclaration de cessation des paiements ; que l'arrêt retient encore que cette autorisation de découvert revêtait, compte tenu de ces circonstances, un caractère frauduleux dans la mesure où elle a constitué la contrepartie de l'obtention de l'engagement des cautions et que la banque, en agissant dans le seul but d'obtenir une sûreté personnelle, a rompu l'égalité entre les créanciers de la société à son profit* » [7].

S'agissant de l'immixtion, il pourrait en être fait le reproche à un créancier qui a mis en place un plan de redressement privé ou alors pour certaines pratiques en matières de LBO [8].

Quant aux garanties disproportionnées prises en contrepartie des concours consentis, il a été jugée que l'appréciation de la disproportion des garanties se situe au moment de l'octroi du crédit par la banque et des garanties [9]. L'article L. 651-1 *in fine* précise enfin que « *pour le cas où la responsabilité d'un créancier est reconnue, les garanties prises en contrepartie de ses concours peuvent être annulées ou réduites par le juge* ».

5. C. com., art. L. 661-2.
6. Article précité.
7. Cass. com., 27 mars 2012, *D.* 2012. Pan. 2204, obs. Le Corre ; *JCP* E 2012. 1274, note Legeais (2e esp.) ; *JCP* 2012. 636, note Boucard ; *LEDEN* mai 2012, p. 5, obs. Favario ; *Banque et Droit* mai-juin 2012. 22, obs. Bonneau ; *ibid.* 44, obs. Rontchevsky ; *RD banc. fin.* 2012, n° 114, obs. Crédot et Samin ; *Gaz. Pal.* 3-4 août 2012, p. 16, obs. Routier ; *RLDA* juill.-août 2012. 21, obs. Robine ; *Dr. et proc.* 2012, n° 10, suppl., p. 22, obs. Reille ; *Rev. proc. coll.* 2012, n° 216, obs. Martin-Serf.
8. D. Caramalli, « Quelques réflexions sur la responsabilité du banquier pour soutien abusif dans un contexte de LBOs en difficulté », *JCP* E 2009. 1363, nos 12 s. ; v. égal. A. Lienhard, *Code des procédures collectives* 2013, commentaire sous article L. 651-1.
9. CA Poitiers, 11 janv. 2011, *Rev. proc. coll.* 2012, n° 109, obs. Martin-Serf.

Section I
L'action en responsabilité pour insuffisance d'actif

§ 1 : Domaine de la responsabilité pour insuffisance d'actif

862. – Action en responsabilité pour insuffisance visant un dirigeant, une personne physique représentant permanent d'une personne morale ou un entrepreneur individuel à responsabilité limitée. – La responsabilité civile fondée sur l'obligation aux dettes sociales (C. com., anc. art. L. 652-1) ayant disparu avec la réforme de l'ordonnance du 18 décembre 2008, il y a désormais une seule action en responsabilité civile spécifique au droit des procédures collectives pouvant être dirigés contre un dirigeant de droit ou de fait, contre une personne physique représentant permanent d'une personne morale ou contre un EIRL. Il s'agit de l'action en responsabilité pour insuffisance d'actif[10] qui ne peut être introduite qu'en cas de liquidation judiciaire, soit ouverte initialement soit par conversion d'une autre procédure collective, et uniquement par les personnes désignées par la loi.

863. – Action en responsabilité pour insuffisance d'actif visant un groupe de sociétés. – Il existe une autre action en responsabilité pour insuffisance d'actif qui concerne les groupes de société. Plus précisément la loi n° 2010-788 du 12 juillet 2010 portant engagement national pour l'environnement insère dans le Code de l'environnement une nouvelle action en responsabilité dirigée contre une société mère ayant commis une faute caractérisée à l'origine de l'insuffisance d'actif. Selon l'article L. 512-17 du Code de l'environnement, « *lorsque l'exploitant est une société filiale au sens de l'article L. 233-1 du Code de commerce et qu'une procédure de liquidation judiciaire a été ouverte ou prononcée à son encontre, le liquidateur, le ministère public ou le représentant de l'État dans le département peut saisir le tribunal ayant ouvert ou prononcé la liquidation judiciaire pour faire établir l'existence d'une faute caractérisée commise par la société mère qui a contribué à une insuffisance d'actif de la filiale et pour lui demander, lorsqu'une telle faute est établie, de mettre à la charge de la société mère tout ou partie du financement des mesures de remise en état du ou des sites en fin d'activité* ».

864. – Fondement. – « *La responsabilité pour insuffisance d'actif* » correspond en réalité à « *une action en responsabilité pour faute de gestion* » ayant contribué à l'insuffisance d'actif. Son fondement principal repose dans l'article L. 651-2 du Code de commerce dont l'alinéa 1 dispose : « *lorsque la liquidation judiciaire d'une personne morale fait apparaître une insuffisance d'actif, le tribunal peut, en cas de faute de gestion ayant contribué à cette insuffisance d'actif, décider que le montant de cette insuffisance d'actif sera supporté, en tout ou en partie, par tous les dirigeants de droit ou de fait ou par certains d'entre eux ayant contribué à la faute de gestion. En cas de pluralité de dirigeants, le tribunal peut, par décision motivée, les déclarer solidairement responsables* ». La Cour de cassation a refusé de renvoyer un question prioritaire de constitutionnalité à propos de la constitutionnalité de ce texte[11].

---

10. C. com., art. L. 651-2 et s.
11. Com. 10 juill. 2012, *Dr. sociétés* 2013, n° 32, note Legros.

§ 2 : Les conditions de la responsabilité pour insuffisance d'actif

865. – Triptyque. – Les conditions de la responsabilité sont celles du droit commun adaptées au marché des entreprises en difficulté. Il convient de prouver une faute de gestion, un préjudice caractérisé par l'insuffisance d'actif et enfin un lien de causalité entre les deux premiers éléments.

I. La faute de gestion [12]

866. – Preuve d'une faute. – La responsabilité du dirigeant, dont la société est en liquidation judiciaire, ne peut être engagée que si la preuve d'une faute de gestion est rapportée [13]. Cette exigence, qui rappelle celle du droit commun, a été adoptée afin de tempérer le système en vigueur sous l'empire de la loi n° 67-563 du 13 juillet 1967, relative au règlement judiciaire et à la liquidation des biens. Son article 99 posait, en effet, une présomption de faute et de causalité, ce qui ne manquait pas de porter atteinte à l'esprit d'initiative et d'entreprise. Aujourd'hui, la présomption de faute ayant été abandonnée, c'est donc au demandeur qu'il appartient de prouver la faute.

867. – Auteur de la faute. – L'auteur de la faute peut être un dirigeant de droit ou de fait ou un entrepreneur individuel à responsabilité limitée. En effet selon l'alinéa 2 de l'article L. 651-2 du Code de commerce, « *lorsque la liquidation judiciaire a été ouverte ou prononcée à raison de l'activité d'un entrepreneur individuel à responsabilité limitée à laquelle un patrimoine est affecté, le tribunal peut, dans les mêmes conditions, condamner cet entrepreneur à payer tout ou partie de l'insuffisance d'actif* ». L'auteur de la faute peut aussi être un ancien dirigeant dont la faute de gestion a contribué à l'insuffisance d'actif [14].

868. – Variété des fautes. – La faute de gestion est une faute qualifiée qui n'est toutefois pas très différente de la faute de droit commun si ce n'est qu'elle intervient dans le contexte particulier de la gestion d'une entreprise [15]. La faute de gestion peut d'abord être une faute d'abstention. On peut citer, à titre d'illustration, l'absence de comptabilité régulière dans l'année précédant l'ouverture de la liquidation judiciaire [16]. Dans le même sens on devrait aujourd'hui considérer comme fautif le dirigeant qui n'a pas su anticiper les difficultés en utilisant les procédures d'anticipation offertes par les textes [17]. La faute de gestion peut aussi être une faute par action. Par exemple la poursuite d'une activité déficitaire suffit à caractériser la faute de

12. D. Demeyère, « Les fautes de gestion dans la responsabilité pour insuffisance d'actif des dirigeants sociaux », *Gaz. Pal.* 5-6 avr. 2013, p. 13 ; T. Favario, « La faute de gestion au sens de l'article L. 651-2 du code de commerce », *Rev. proc. coll.* 2011, Étude 15.

13. Cass. com., 8 oct. 2003, n° 00-17105, *RJDA* 2004, n° 203, cassation d'un arrêt qui condamne un dirigeant à combler le passif social, sans caractériser une faute de gestion et ne retenant que la situation déficitaire de la société.

14. CA Caen, 14 févr. 2008, n° 06-01882, *Bull. Joly sociétés*, 2008, n° 7, p. 611, note D. Voinot.

15. V. notre analyse transposable en matière sportive : D. Voinot, « La faute en matière sportive », *RLDC* 2005, n° 15, p. 13.

16. Cass. com., 22 juin 2010, *Dr. sociétés* 2010, n° 12, note J.-P. Legros.

17. « *Attendu que pour autant que (le débiteur), gérant de ladite société, n'a jamais cru devoir procéder à la moindre déclaration d'état de cessation des paiements, ni même prendre l'initiative de solliciter une mesure de conciliation ou de sauvegarde* », CA Douai, 29 nov. 2012, *Bull. Joly Entrep. diff.* 2013. 74, note Rubellin ; *Rev. proc. coll.* 2013, n° 28, obs. Delattre ; T. com. Valenciennes, 9 juill. 2012 : *LEDEN* sept. 2012, p. 1, obs. F.-X. Lucas.

gestion [18]. De même, commet une faute de gestion le dirigeant qui a eu recours à des moyens de financement inadaptés au regard de l'activité de la société [19].

869. – Moment de la faute. – La responsabilité pour insuffisance d'actif ne peut être engagée que « *lorsque la liquidation judiciaire d'une personne morale fait apparaître une insuffisance d'actif* » [20]. Il est donc possible de tenir compte non seulement des fautes antérieures aux différentes procédures collectives [21] mais aussi postérieures. L'hypothèse d'une faute antérieure consistera généralement à poursuivre l'exploitation déficitaire, à avoir un comportement inactif au regard d'une situation délicate pour l'entreprise, ou à commettre des négligences coupables comme la tenue incomplète ou irrégulière d'une comptabilité. Le plus souvent, la faute sera commise dans la période faisant suite au dépôt de bilan c'est-à-dire peu avant l'ouverture d'une procédure [22]. Dans l'hypothèse d'une faute antérieure, les fautes seront commises pendant le déroulement de la procédure de sauvegarde ou de redressement judiciaire, c'est-à-dire pendant la période d'observation ou la phase d'exécution du plan. Cette possibilité de prendre en considération des fautes du dirigeant à la suite d'une résolution du plan avait déjà été admise par la jurisprudence antérieurement à la réforme. Il avait en effet été jugé que lorsque la résolution du plan de continuation est prononcée et qu'une nouvelle procédure est ouverte, les juges peuvent retenir des fautes postérieures à la décision ayant, dans un premier temps, arrêté le plan [23]. Il convient toutefois de réserver le cas de la résolution d'un plan qui n'entraînerait pas l'ouverture d'une nouvelle procédure collective. Cette circonstance traduit l'absence d'insuffisance d'actif ce qui rend sans intérêt la question de savoir si les actions en responsabilité propres aux procédures collectives sont applicables.

II. Le préjudice

870. – L'insuffisance d'actif. – Le préjudice est matérialisé par l'insuffisance d'actif. Celui-ci doit être constaté par le juge et prouvé par le demandeur à l'action [24]. Il est apprécié souverainement par les juges du fond mais ceux-ci ne peuvent se contenter de caractériser une faute de gestion. Ils doivent rechercher si cette faute a contribué à l'insuffisance d'actif de la société [25]. Le moment de l'évaluation se situe au jour où le tribunal statue relativement à la condamnation du dirigeant [26]. Pour qu'il y ait insuffisance d'actif il est, en principe, indifférent que l'état des créances ait fait l'objet d'une vérification. Cependant, en cas de liquidation judiciaire, si l'insuffisance d'actif est incertaine, la vérification des créances chirographaires doit s'opérer. Cette

18. Cass. com., 8 déc. 1998, n° 96-16339.
19. Cass. com., 8 juin 1999, n° 96-10684 ; pour d'autres illustrations, v. D. Voinot, « La responsabilité des dirigeants de société en difficulté », *Droit de la responsabilité civile*, D. Mazeaud, Ph. Pierre (dir.), Étude 486, Lamy.
20. C. com., art. L. 651-2.
21. Cass. com., 19 mars 1996, *JCP* G 1996, I, n° 3960, spéc. n° 17, obs. Ph. Pétel, à propos d'investissements inadaptés et excessifs au regard des conditions prévisibles de financement d'un parc d'attraction ou en cours d'activité.
22. M. Bourrié-Quenillet, « La faute de gestion du dirigeant de société en cas d'insuffisance d'actif : pratique judiciaire », *JCP G* 1998, I, n° 112.
23. Cass. com., 11 mars 1997, *Bull. civ.* IV, n° 71 et n° 72.
24. L'insuffisance d'actif doit exister à la date de cessation des fonctions du dirigeant : Cass. com., 22 juin 2010, *Rev. sociétés* 2011, p. 40, note J.-P. Legros ; *Gaz. Pal.* 15 et 16 oct. 2010, p. 38, note T. Montéran.
25. Cass. com., 25 févr. 2004, n° 01-11862.
26. Cass. com., 7 juin 2005, n° 04-13262, « *qu'ayant exactement énoncé que les dispositions de l'article L. 624-3 du Code de commerce n'imposent nullement que le passif soit entièrement chiffré, ni que l'actif soit entièrement chiffré et réalisé, mais seulement que l'insuffisance d'actif soit certaine, son existence et son montant devant être appréciés par le juge au jour où il statue* ».

solution résulte de l'article L. 641-4 alinéa 2 du Code de commerce, selon lequel « *Il n'est pas procédé à la vérification des créances chirographaires s'il apparaît que le produit de la réalisation de l'actif sera entièrement absorbé par les frais de justice et les créances privilégiées, à moins que, s'agissant d'une personne morale ou d'un entrepreneur individuel à responsabilité limitée il n'y ait lieu de mettre à la charge des dirigeants sociaux de droit ou de fait ou de cet entrepreneur tout ou partie du passif conformément aux articles L. 651-2* ». Il est en effet indispensable que l'insuffisance d'actif soit certaine pour qu'il y ait condamnation [27]. Il n'est en revanche pas nécessaire que le passif soit entièrement chiffré ni que l'actif soit entièrement réalisé [28].

871. – Évaluation de l'insuffisance d'actif. – L'existence de l'insuffisance d'actif étant démontrée, il appartient au juge de fixer le montant de la condamnation. C'est à ce moment que l'évaluation de l'insuffisance d'actif joue un rôle très important dans la mesure où le juge ne peut pas prononcer une condamnation supérieure au montant de l'insuffisance d'actif [29]. Il ne saurait en tout cas mettre la totalité du passif social à la charge du dirigeant fautif [30], le passif social n'étant pas identique à l'insuffisance d'actif [31]. Quelle que soit l'étendue du préjudice subi du fait de la ou des fautes de gestion du dirigeant celui-ci n'est pas toujours intégralement réparé, puisque le tribunal peut « *en cas de faute de gestion ayant contribué à cette insuffisance d'actif, décider que les dettes de la personne morale seront supportées, en tout ou en partie* » par les dirigeants [32]. Enfin si une action en responsabilité pour insuffisance d'actif est ouverte à l'encontre d'un dirigeant déjà lui-même en procédure collective alors le montant du passif ne peut être déterminé qu'après mise en cause du liquidateur désigné dans la procédure à laquelle il est soumis. La décision de condamnation est alors portée par le greffier sur l'état des créances de la procédure à laquelle le dirigeant est soumis ou alors transmise au greffier compétent pour y procéder.

III. Le lien de causalité

872. – Équivalence des conditions. – La faute « doit avoir contribué à l'insuffisance d'actif » précise l'article L. 651-2 du Code de commerce. On applique ici la théorie de l'équivalence des conditions selon laquelle on doit, pour apprécier la responsabilité, prendre en considération tous les faits qui ont de près ou de loin pu conduire au dommage [33]. Le lien de causalité est d'autant plus important qu'il peut très bien y avoir eu comportement fautif du dirigeant, sans pour autant que celui-ci soit à l'origine de l'insuffisance d'actif. Dans cette hypothèse, il manquerait un élément de nature à engager la responsabilité du dirigeant social dans le cadre des procédures collectives. C'est au demandeur de rapporter la preuve que « *la faute de gestion* [a bien] *contribué à cette insuffisance d'actif* ». Il est aisé

27. Cass. com., 3 déc. 2003, n° 01-02046, *RJDA* 2004, n° 458.
28. Cass. com., 7 juin 2005, n° 04-13262.
29. Cass. com., 17 juill. 2001, *RJDA* 2001, n° 1239.
30. T. com Paris, 15 mai 1990, *Bull. Joly* 1990, p. 947.
31. En ce sens, Ph. le Tourneau, *Droit de la responsabilité et des contrats*, Dalloz, 2006/2007, n° 5017.
32. C. com., art. L. 651-2.
33. Sur la présentation de cette théorie et sur une critique, v. Ph. Brun, *Responsabilité civile extra-contractuelle*, Litec, 2005, n° 280-281.

de retenir la moindre faute du dirigeant pour décider d'une condamnation [34] mais ce n'est pas systématique [35]. La Cour de cassation ne se contente d'ailleurs pas du simple constat d'une faute. Elle exige en effet que soit démontré en quoi une telle faute a contribué à l'insuffisance d'actif [36].

§ 3 : La mise en œuvre de l'action en responsabilité pour insuffisance d'actif

I. Introduction de l'instance

873. – Qualité pour agir. – Contrairement au droit commun de la responsabilité civile, l'action en responsabilité pour insuffisance d'actif n'est ouverte qu'à certaines personnes désignées par l'article L. 651-3 Code de commerce.

Elle peut d'abord être introduite par le mandataire judiciaire, le liquidateur ou le ministère public. On observe que le tribunal a perdu la faculté de se saisir d'office.

Elle peut ensuite être introduite par « *la majorité des créanciers nommés contrôleurs* » en cas de carence du mandataire. En d'autres termes, lorsque le mandataire judiciaire n'a pas engagé d'action en responsabilité pour insuffisance d'actif, les contrôleurs peuvent agir à sa place. Ils ne le peuvent toutefois que si deux d'entre eux ont mis en demeure le mandataire judiciaire d'engager l'action en responsabilité et que si cette mise en demeure adressée par lettre recommandée avec avis de réception est restée sans suite pendant deux mois à compter de la réception de la mise en demeure [37]. Si le contrôleur s'abstient de mettre en demeure le mandataire judiciaire dans les formes prévues à l'article R. 651-4 du Code de commerce, son action est irrecevable [38].

874. – Saisine du tribunal et convocation du dirigeant. – La forme de saisine du tribunal s'effectue de manière différente selon que l'action est introduite par le liquidateur – ou les contrôleurs – ou par le ministère public [39]. S'agissant du liquidateur ou des contrôleurs, le tribunal est saisi par voie d'assignation. Quant au ministère public, il présente au tribunal une requête indiquant les faits de nature à motiver cette demande. Le président du tribunal, par les soins du greffier, fait alors convoquer le débiteur par acte d'huissier de justice à comparaître dans le délai qu'il fixe en joignant à cette convocation la requête du ministère public [40]. Il est important d'observer que, dans tous les cas, le ou les dirigeants mis en cause doivent être convoqués.

875. – Dirigeant en procédure collective. – Il résulte de l'article R. 651-6 du Code de commerce qu'un dirigeant d'une personne morale en procédure collective, lui-même mis en

34. V. J.-M. Deleneuville, « L'action en comblement de l'insuffisance d'actif social de l'article L. 624-3 du Code de commerce », *op. cit.*, p. 76.
35. Cass. com., 29 oct. 2002, *RJDA* 2003, n° 173.
36. Cass. com., 16 avr. 1996, n° 94-13526, *Rev. sociétés* 1997, p. 611, note Henry.
37. C. com., art. L. 651-3 et art. R. 651-4.
38. CA Amiens, 4 mars 2009, n° 07/04059, note Soinne B., *Rev. proc. coll.* 2009, comm. 76.
39. C. com., art. R. 651-2.
40. C. com., art. R. 631-4.

procédure collective, peut être poursuivie en responsabilité pour insuffisance d'actif. Dans ce cas, « *le montant du passif mis à sa charge est déterminé après mise en cause du mandataire judiciaire ou du liquidateur désigné dans la procédure à laquelle il est soumis. La décision de condamnation est portée par le greffier sur l'état des créances de la procédure à laquelle le dirigeant est soumis ou transmise au greffier compétent pour y procéder* ». Pour le Conseil d'État, qui a été amené à statuer sur la légalité de ce texte réglementaire, « *une telle action* [en responsabilité pour insuffisance d'actif] *déroge nécessairement à l'interdiction du paiement de toute créance posée par l'article L. 622-7, à l'interdiction des poursuites des créanciers individuels tendant à la condamnation du débiteur au paiement d'une somme d'argent posée par l'article L. 622-21 et à l'obligation de déclaration des créances posée par l'article L. 621-43 ancien* » [41]. Il en résulte que l'action en responsabilité pour insuffisance d'actif peut être engagée postérieurement au délai légal pour déclarer les créances.

876. – Décès du dirigeant en cours d'instance. – Si le dirigeant ou l'entrepreneur individuel à responsabilité limitée mis en cause décède en cours d'instance, l'action doit pouvoir être poursuivie. La solution déjà posée dans le régime antérieur à la réforme de 2005 est justifiée dans la mesure où il s'agit d'actions en responsabilité et non de sanctions. En d'autres termes, ce sont des actions patrimoniales qui sont transmissibles par succession [42].

877. – Prescription. – L'action en responsabilité pour insuffisance d'actif se prescrit par trois ans à compter du jugement qui prononce la liquidation judiciaire ou la résolution du plan [43]. Cette prescription confirme que l'action en responsabilité pour insuffisance d'actif est indépendante des autres actions en responsabilité et notamment celle introduite sur le fondement du droit des sociétés. En effet, un dirigeant ayant commis une faute de gestion hors procédure collective et qui échappe à l'action en responsabilité civile parce que le délai de prescription du droit des sociétés est écoulé pourra à nouveau faire l'objet d'une action en responsabilité civile pour insuffisance d'actif pendant trois ans à compter du jugement qui prononce la liquidation judiciaire. L'hypothèse n'est pas d'école car elle peut concerner un dirigeant retiré dont la faute de gestion a contribué à l'insuffisance d'actif [44].

878. – Tribunal compétent. – La compétence du tribunal appartient à la juridiction qui a ouvert ou prononcé la liquidation judiciaire de la personne morale [45].

La solution est traditionnelle, la règle en matière de procédure collective étant que la juridiction ayant ouvert la procédure connaît, en principe, de tout ce qui touche au redressement ou à la liquidation judiciaires du débiteur [46]. Cette prorogation de compétence a pour conséquence

41. CE 20 mai 2011, n° 325102, *Dalloz Actualité*, 6 juin 2011, obs. A. Lienhard.

42. V. Cass. com., 21 juin 2005, n° 04-13850, *Bull. civ.* IV, n° 136 : « *en cas de poursuite d'un dirigeant* [...], *le décès de ce dernier en cours d'instance n'entraîne pas l'extinction de l'action qui doit être poursuivie, à son égard, les héritiers étant appelés en la cause* » ; sous le régime de L. n° 563 du 13 juill. 1967, v. Cass. com., 6 févr. 1979, n° 77-13965, *Bull. civ.* IV, n° 51.

43. C. com., art. L. 651-2, al. 2.

44. En ce sens, v. CA Caen, 14 févr. 2008, n° RG 06/01882, *Maître P. ès qualités c/ L*, *Bull. Joly sociétés* 2008, p. 611, note D. Voinot.

45. C. com., art. R. 651-1.

46. Cass. com., 5 mai 2004, n° 01-02041, *Bull. civ.* IV, n° 82, note C. Mascala, *RTD com.* 2004, p. 601, note J.-L. Vallens, « Action en comblement du passif à l'encontre d'un dirigeant étranger », *D.* 2004, p. 1796 : « *la part du passif social mise à la charge du dirigeant* [...] *relève de la compétence du tribunal qui a ouvert la procédure collective, même à l'égard du dirigeant de nationalité étrangère et dont le domicile est à l'étranger* ».

qu'un tribunal de commerce ayant ouvert ou prononcé une liquidation judiciaire peut être amené à juger de la responsabilité civile d'une personne qui, en principe, ne relève pas de la compétence des juridictions consulaires.

II. Déroulement de l'instance

879. – Inventaire du patrimoine personnel et rapport du juge. – Une fois saisi, le tribunal peut d'office ou à la demande du liquidateur (ou des contrôleurs) ou du ministère public, charger le juge-commissaire ou, à défaut, un membre de la juridiction qu'il désigne de dresser l'inventaire du patrimoine personnel du dirigeant poursuivi. À cette fin, la personne chargée de cette mission peut obtenir communication de tout document ou information sur la situation patrimoniale des dirigeants, personnes physiques ou morales, ainsi que des personnes physiques représentants permanents des dirigeants personnes morales ou encore sur les revenus et le patrimoine non affectés de l'entrepreneur individuel à responsabilité limitée, de la part des administrations et organismes publics, des organismes de prévoyance et de sécurité sociales, des établissements de paiement et des établissements de crédit [47]. Afin d'éviter qu'ils organisent leur insolvabilité, cette mesure s'applique également aux personnes membres ou associés de la personne morale en procédure de sauvegarde, de redressement ou de liquidation judiciaires lorsqu'elles sont responsables indéfiniment et solidairement [48]. Sont ici visés les associés de sociétés en nom collectif, les commandités des sociétés en commandite, les associés des sociétés civiles professionnelles, les membres des groupements d'intérêt économique. Afin de réaliser cette mission le juge commissaire ou le juge est désigné peut se faire assister de toute personne de son choix. Il rédige un rapport qui déposé au greffe et communiqué par le greffier au ministère public. L'information du ou des dirigeants mis en cause est réalisée par les soins du greffe qui les informe, au moins un mois avant l'audience, de la possibilité qui leur est offert de prendre connaissance du rapport. « *Le tribunal statue sur le rapport du juge désigné après avoir entendu ou dûment appelé les contrôleurs* » [49].

880. – Mesures conservatoires. – Le président du tribunal peut d'office ou à la demande du mandataire judiciaire, du liquidateur ou du ministère public ou de la majorité des créanciers nommés contrôleurs ordonner toute mesure conservatoire utile à l'égard des biens des dirigeants ou de leurs représentants personnes physiques lorsqu'ils sont des personnes morales, ou de l'entrepreneur individuel à responsabilité limitée y compris dans son patrimoine non affecté [50]. Cette mesure s'applique ici encore aux personnes membres ou associés de la personne morale en procédure de sauvegarde, de redressement ou de liquidation judiciaire, lorsqu'elles sont responsables indéfiniment et solidairement de ses dettes. Il est important de préciser que l'adoption de mesures conservatoires n'est pas subordonnée aux conditions du droit des procédures civiles d'exécution (art. L. 511-1 C. proc. ex.) à savoir que le créancier dispose d'une créance paraissant fondée dans son principe et justifie de circonstances susceptibles d'en

47. C. com., art. L. 651-4, al. 1er.
48. *Ibid.*
49. C. com., art. R. 651-5 ; C. Delattre, « Les actes préparatoires à une action en responsabilité pour insuffisance d'actif », *Rev. proc. coll.* 2010, p. 14-16.
50. C. com., art. L. 651-4, al. 2.

menacer le recouvrement[51]. En outre en donnant cette prérogative au président du tribunal, l'article L. 651-4, alinéa 2 ne viole pas « *les dispositions de l'article 1er du protocole additionnel à la Convention de sauvegarde des droits de l'homme et des libertés fondamentales* » relatives au droit au respect de ses biens[52].

III. Fin de l'instance

881. – Jugement de condamnation et publicité de la décision. – Le jugement de condamnation est prononcé par le tribunal de la liquidation judiciaire. Le juge-commissaire ne peut ni siéger dans la formation de jugement, ni participer au délibéré[53] pour garantir le principe d'impartialité. Contrairement au système antérieur qui prévoyait plusieurs mesures de publicité, le droit en vigueur exclut toute formalité de ce type. Il est simplement prévu que le greffier communique le jugement au procureur de la République[54]. Ce changement profond de régime peut s'expliquer par la volonté du pouvoir normatif de faire de la responsabilité pour insuffisance d'actif une action en indemnisation et non une sanction frappant le dirigeant.

882. – Voies de recours et exécution provisoire du jugement. – Il est prévu que les décisions relatives à la responsabilité pour insuffisance d'actif ou à l'obligation aux dettes sociales « *sont susceptibles d'appel de la part du ministère public, même s'il n'a pas agi comme partie principale* »[55]. L'appel est par ailleurs ouvert au dirigeant ou à l'entrepreneur individuel condamné conformément au droit commun (CPC, art. 543).

Les tiers peuvent former tierce opposition par déclaration au greffe dans un délai de dix jours à compter du prononcé de la décision[56]. Si en principe le jugement rendu en matière de liquidation judiciaire est exécutoire de plein droit à titre provisoire tel n'est pas le cas pour la décision rendue à la suite d'une action en responsabilité pour insuffisance d'actif[57]. Le Code de commerce précise aussi que « *l'appel du ministère public est suspensif* »[58].

883. – Destination des sommes versées par le dirigeant au titre de la condamnation. – Des précisions utiles, quant à la destination des sommes versées au titre du comblement de l'insuffisance d'actif, sont apportées par l'article L. 651-2 du Code de commerce, qui dispose que « *les sommes versées par les dirigeants en application de l'alinéa 1er entrent dans le patrimoine du débiteur* ». Ce texte pose une règle générale, à savoir que l'argent versé par le dirigeant entre dans le patrimoine de la personne morale en difficultés. À première vue, la démarche peut paraître surprenante dans la mesure où l'argent profite au débiteur. En réalité, l'action en responsabilité pour insuffisance d'actif intervenant dans la seule hypothèse d'une liquidation

51. Cass. com., 31 mai 2011, *Bull. civ.* IV, n° 89 ; *D.* 2011. Chron. C. cass. 2692, obs. Guillou ; *ibid.* Actu. 1613, obs. Lienhard ; *Rev. sociétés* 2011. 522, obs. Roussel Galle ; *JCP* E 2011. 1737, note Legros ; *Dict. perm. diff. entrep.*, *Bull.* n° 327, obs. Rémery ; *LEDEN* juill. 2011, p. 6, obs. Rubellin ; *Act. proc. coll.* 2011, n° 194, obs. Delattre ; *Bull. Joly Entrep. diff.* 2011. 271, note Favario ; *RJDA* 2011, n° 953 ; *Rev. proc. coll.* 2011, n° 201, obs. Martin-Serf.
52. Arrêt précité note précédente.
53. C. com., art. L. 651-3.
54. C. com., art. R. 651-3.
55. C. com., art. L. 661-11.
56. C. com., art. R. 661-2.
57. C. com., art. R. 661-1.
58. C. com., art. R. 661-11.

judiciaire, les sommes recouvrées seront réparties entre les créanciers. L'article L. 651-2 précise d'ailleurs que « *les dirigeants ou l'entrepreneur individuel à responsabilité limitée ne peuvent pas participer aux répartitions à concurrence des sommes au versement desquelles ils ont été condamnés* ». Cette solution radicale est discutable dans la mesure où elle confond la qualité de créancier et de dirigeant. Il eût été plus juste de « *déclasser* » le dirigeant-créancier dans l'ordre des répartitions[59].

884. – Affectation des sommes versées par le dirigeant au titre de la condamnation. – Les sommes versées par le dirigeant sont réparties entre tous les créanciers au marc le franc, c'est-à-dire proportionnellement au montant de leur créance. Dans cette hypothèse, les créanciers chirographaires ont la possibilité d'être payés de leur créance. En revanche, il ne semble pas que les créanciers puissent se prévaloir de préférence légales ou conventionnelles sauf pour les « *dépens et frais irrépétibles auxquels a été condamné le dirigeant ou l'entrepreneur individuel à responsabilité limitée* » qui sont payés par priorité sur les sommes versées pour combler le passif[60] (C. com., art. L. 651-3).

885. – Sort du dirigeant. – Le dirigeant ou l'entrepreneur individuel à responsabilité limitée condamné peut poursuivre une activité professionnelle et surtout continuer à diriger l'entreprise. C'est là une différence notable avec les dirigeants qui ont fait l'objet de sanctions personnelles, telle la faillite personnelle. Par ailleurs, le sort du dirigeant est lié à son attitude une fois la condamnation prononcée. En effet, si celui-ci s'exécute, il n'y a pas de difficultés. Les choses sont différentes lorsqu'il est récalcitrant à l'exécution de la décision de justice. Dans cette hypothèse, l'article L. 653-6 du Code de commerce prévoit une sanction en disposant que « *le tribunal peut prononcer la faillite personnelle du dirigeant de la personne morale qui n'a pas acquitté les dettes de celle-ci mise à sa charge. Le tribunal peut prononcer la faillite personnelle du dirigeant de la personne morale ou de l'entrepreneur individuel à responsabilité limitée qui n'ont pas acquitté les dettes mises à leur charge* ». La sanction n'est pas automatique, ce qui signifie que le juge a seulement la faculté de prononcer cette sanction.

Section II
Les autres actions en responsabilité

§ 1 : Principe du non-cumul des responsabilités

886. – Principe du non-cumul et régime antérieur à la loi n° 2005-845 du 26 juillet 2005. – La présence d'actions en responsabilité propres à la procédure collective empêche-t-elle tout recours au droit commun ou encore au régime de responsabilité propre au droit des sociétés ? À cette question la Cour de cassation avait répondu avant la réforme de 2005 par

---

59. Sur les critiques de ce texte introduit par l'ord. du 18 déc. 2008, P.-M. LE CORRE, *Droit et pratique des procédures collectives*, *op. cit.*, 922.61 ; F. PÉROCHON et R. BONHOMME, *Entreprises en difficulté et instruments de crédit et de paiement*, *op. cit.*, n° 574 ; Ph. ROUSSEL-GALLE, « Le dirigeant de société et le "nouveau" droit des entreprises en difficulté issu de la réforme du 18 décembre 2008 », *Rev. sociétés* 2009, p. 249-272.
60. C. com., art. L. 651-3.

l'affirmation d'un principe de non-cumul [61] entre les actions propres au droit des procédures collectives et les actions en responsabilité fondées sur d'autres textes. Il avait donc été jugé que lorsque le redressement ou la liquidation judiciaires d'une personne morale fait apparaître une insuffisance d'actif, l'action en responsabilité exercée sur le fondement des anciens articles L. 624-3 à L. 624-6 du Code de commerce ne se cumulent ni avec les dispositions du droit des sociétés [62], ni avec celles des articles 1382 et 1383 du Code civil [63]. Il convient d'ajouter que les règles du droit des sociétés et du droit commun n'avaient pas vocation à s'appliquer à titre subsidiaire. Cela signifiait que le non-cumul jouait même lorsque le dirigeant n'avait pas été poursuivi en paiement de l'insuffisance d'actif sur le fondement du droit des procédures collectives [64].

§ 2 : Exceptions au non-cumul des responsabilités

887. – Exceptions au non-cumul. – Plusieurs exceptions à la règle du non-cumul peuvent permettre d'engager une action en responsabilité civile.

Une première exception réside dans le fait que le dirigeant d'une personne morale ou la personne physique représentant permanent d'une personne morale (mais pas l'EIRL) n'étant pas soumis à l'arrêt des poursuites, il peut être mis en cause pendant le déroulement de la procédure par d'autres personnes que le liquidateur ou le ministère public. Dans ce cas l'action sera exercée sur le fondement la responsabilité civile de droit commun ou sur celui du droit des sociétés en vue d'obtenir la réparation d'un préjudice personnel distinct du préjudice collectif des créanciers. La Cour de cassation a ainsi jugé recevable l'action en responsabilité personnelle « *engagée par un créancier à l'encontre du dirigeant d'une société mise en procédure collective, pour des faits antérieurs au jugement d'ouverture, est subordonnée à l'allégation d'un préjudice personnel distinct de celui des autres créanciers résultant d'une faute du dirigeant séparable de ses fonctions* » [65]. On peut aussi imaginer que, l'action en responsabilité pour insuffisance d'actif ne pouvant être introduite que pendant la procédure de liquidation judiciaire, le mandataire judiciaire ou, en fonction des pouvoirs qu'il a reçus, l'administrateur, aie la possibilité d'introduire une action en responsabilité sur le fondement du droit commun ou du droit des sociétés pendant le déroulement des procédures de sauvegarde ou de redressement judiciaire.

---

61. Sur ce thème, voir A. MARTIN-SERF, « La responsabilité civile des dirigeants sociaux : un nuancier de plus en plus subtil », *in Mélanges J.-P. SORTAIS*, Bruylant, Bruxelles, 2002, spéc. p. 392 ; J.-P. SORTAIS, « Les contours de l'action en comblement de l'insuffisance d'actif », *in Mélanges en l'honneur de Pierre Bézard, Le juge et le droit de l'économie*, Montchrestien, 2002, p. 321 ; F. DESCORPS DECLÈRE, « Pour une réhabilitation de la responsabilité civile des dirigeants sociaux », *RTD com.* 2003, spéc. p. 38 ; M. -Ch. PINIOT, « Responsabilité civile des dirigeants sociaux, non-cumul des actions du droit des sociétés et du droit des procédures collectives », *RJDA* 1995, n° 7, p. 639.

62. Cass. com., 28 févr. 1995, n° 92-17329, *Bull. civ.* IV, n° 60, *D.* 1995, jur., p. 390, note F. DERRIDA, *Rev. sociétés* 1995, p. 555, note F. DERRIDA, *RTD com.* 1995, p. 663, obs. J.-P. HAEHL, *LPA*, 11 août 1995, n° 96, p. 37, note J.-L. COURTIER, *Quot. jur.* 21 mars 1995, n° 23, p. 7, note P. M. ; Cass. com., 26 mai 1999, n° 96-16126, *Lamyline* ; Cass. com., 3 oct. 2000, n° 96-15514, *Bull. Joly* 2001, p. 24, note P. LE CANNU, *LPA*, 30 mai 2001, n° 107, p. 21, note D. GIBIRILA ; Cass. com., 19 févr. 2002, n° 98-21624, *Dr. sociétés* 2002, n° 117, note D. Vidal.

63. Cass. com., 20 juin 1995, n° 92-16647, *Bull. civ.* IV, n° 186, *D.* 1995, jur., p. 448, *Bull. Joly* 1995, p. 988, note B. SAINTOURENS, *Rev. sociétés* 1995, p. 766 ; CA Versailles, 8 avr. 1999, *D. aff.* 1999, p. 996, obs. A. L. ; Cass. com., 26 mai 1999, n° 96-16126.

64. Cass. com., 11 avr. 1995, n° 92-17013, *Bull. Joly* 1995, p. 684, note J.-J. DAIGRE.

65. Cass. com., 7 mars 2006, *D.* 2006, AJ p. 857, obs. A. LIENHARD ; *JCP* E 2006, 2035, n° 2, obs. J.-J. CAUSSAIN, F. DEBOISSY et G. WICKER ; Cass. com., 9 mars 2010, n° 08-21547, *Bull. civ.* IV, n° 48, *D.* 2010, p. 2803, obs. J.-C. HALLOUIN ; *D.* 2010, p. 761, obs. A. LIENHARD ; *Rev. sociétés* 2010, p. 230, note LE NABASQUE.

Une deuxième exception repose sur une solution jurisprudentielle rendue sous le régime antérieur à la loi du 26 juillet 2005, à savoir que si aucune insuffisance d'actif n'est alléguée, les règles du droit des sociétés ont vocation à s'appliquer [66].

Une troisième exception apparaît lorsqu'un dirigeant a indemnisé une victime à la suite d'une condamnation pénale, cela ne devrait pas empêcher l'exercice d'une action en responsabilité fondée sur le droit des procédures collectives à l'encontre de ce même dirigeant [67]. Toutefois le même dommage ne peut donner lieu à une double indemnisation.

Enfin, et en dernier lieu, la Cour de cassation décide, à propos de l'action en responsabilité fiscale, que celle-ci peut s'exercer même en cas de procédure collective de la personne morale [68]. L'action en responsabilité fiscale n'est écartée que si le dirigeant de la personne morale est déjà tenu de la totalité de la dette fiscale restant due au comptable poursuivant [69].

N°s 888 à 899 réservés.

66. Cass. com., 28 mars 2000, n° 97-11533, *Bull. civ.* IV, n° 70, *RJDA* 2000, n° 789, *JCP* E 2000, p. 1566, obs. Ph. Pétel, *Rev. proc. coll.* 2000, p. 135, obs. A. Martin-Serf, *Act. proc. coll.* 2000, n° 113, *RD bancaire et fin.* 2000, p. 73, obs. F.-X. Lucas, *Bull. Joly* 2000, p. 606, note J.-J. Daigre, *RTD com.* 2001, p. 452, obs. C. Champaud et D. Danet ; Cass. com., 28 mai 2002, n° 98-20333, *RJDA* 2002, n° 1176.

67. Cass. com., 29 févr. 2000, n° 96-15827 pour un prêt consenti à un ami constitutif d'un abus de biens sociaux et dans le même temps constitutif d'une faute de gestion.

68. LPF, art. L. 267 qui prévoit qu'une action en responsabilité peut être exercée à l'encontre du dirigeant d'une société, d'une personne morale ou de tout autre groupement, lorsque ce dirigeant est responsable des manœuvres frauduleuses ou de l'inobservation grave et répétée des obligations fiscales qui ont rendu impossible le recouvrement des impositions et des pénalités dues par la société et s'il n'est pas déjà tenu au paiement des dettes sociales en application d'une autre disposition ; Cass. com., 30 mai 2000, n° 98-10926, *Cah. dr. aff.* 2000, n° 26, jur., p. 302 ; Cass. com., 19 janv. 2010, n° 09-13422.

69. Cass. com., 9 déc. 1997, n° 96-12292, *Bull. civ.* IV, n° 331.

CHAPITRE II
Les sanctions

900. – Distinction. – Il y a de bons mais aussi de mauvais dirigeants. Ces derniers doivent être mis à l'écart et, le cas échéant, lourdement réprimés lorsque leur comportement est antisocial. Les sanctions ont cette fonction mais elles ont aussi vocation à prévenir de telles attitudes. Ces dernières causant un préjudice tant à l'économie qu'à la société la loi distingue deux catégories de sanctions :

– les sanctions économiques qui visent à écarter du marché les entrepreneurs qui ont agi d'une manière incompatible avec les relations d'affaires. Leur éviction a pour but d'assurer un meilleur fonctionnement du marché en rétablissant la confiance chez les opérateurs économiques ;

– les sanctions pénales [1].

901. – Évolution législative. – La réforme des sanctions doit être replacée dans un contexte normatif caractérisant le droit économique en général et qui, pour les interdictions professionnelles en particulier, s'est traduit par une réforme d'ampleur [2]. Ainsi, la loi n° 2005-845 du 26 juillet 2005 a été précédée de peu par l'ordonnance n° 2005-428 du 6 mai 2005 relative aux incapacités en matière commerciale et à la publicité du régime matrimonial des commerçants, un texte qui, d'une part, a introduit dans le livre Ier du Code de commerce un chapitre VIII intitulé « Des incapacités d'exercer une profession commerciale ou industrielle » [3] et, d'autre part, a abrogé différents textes dont la célèbre loi n° 47-1635 du 30 août 1947 relative à l'assainissement des professions commerciales et industrielles et le décret du 8 août 1935 portant application aux gérants et administrateurs de sociétés de la législation de la faillite et la banqueroute et instituant l'interdiction et la déchéance du droit de gérer et d'administrer une société.

Section I
Les sanctions personnelles

902. – Mesures d'intérêt public. – Le tribunal de la procédure peut prononcer des sanctions personnelles à l'encontre du dirigeant. Ces sanctions n'ont pas en principe [4] un caractère

1. En ce sens, C. Robaczewski, « La non-réforme des sanctions pénales dans la loi de sauvegarde des entreprises », *Gaz. proc. coll.*, 9-10 sept. 2005, p. 48.
2. V. en particulier, Ph. Schultz, « La faillite personnelle après la loi du 26 juillet 2005 sur la sauvegarde de l'entreprise (commentaire des articles L. 653-1 et s. du Code de commerce) », *Rev. proc. coll.* 2005-12, p. 299 et s.
3. C. com., art. L. 128-1 à L. 128-6.
4. Elles en ont un lorsqu'elles sont prononcées par une juridiction répressive comme peine complémentaire d'une sanction pénale, V. pour la banqueroute, C. com., art. L. 654-6.

pénal [5]. Elles sont qualifiées de mesures d'intérêt public par la jurisprudence [6]. Une amnistie ne leur est donc applicable que sur disposition expresse de la loi [7].

903. – Variétés des sanctions. – Sauf exception, le tribunal de la procédure peut choisir entre deux sanctions. il peut, d'une part, prononcer la faillite personnelle [8] qui emporte « *interdiction de diriger, gérer, administrer ou contrôler, directement ou indirectement, toute entreprise commerciale ou artisanale, toute exploitation agricole ou toute entreprise ayant toute autre activité indépendante et toute personne morale* » [9]. Il peut d'autre part prononcer une « *interdiction de diriger, gérer, administrer ou contrôler, directement ou indirectement, soit toute entreprise commerciale ou artisanale, toute exploitation agricole et toute personne morale, soit une ou plusieurs de celles-ci* » [10]. Enfin, et en tout état de cause, le tribunal a la faculté de compléter la faillite personnelle, et uniquement elle, d'une incapacité à exercer une fonction publique élective [11]. Si tel est le cas, l'incapacité est prononcée pour une durée égale à celle de la faillite personnelle, dans la limite de cinq ans. L'incapacité prend effet à compter de la date de notification adressée à l'intéressé par le ministère public dès que la décision est devenue définitive. La faillite personnelle peut aussi donner lieu à des interdictions et déchéances qui sont la conséquence du prononcé de la faillite personnelle.

904. – Redressement ou liquidation judiciaire. – Les sanctions économiques s'appliquent à des personnes qui ont été mises en redressement ou en liquidation judiciaire. Cela ne touche donc pas celles qui ont utilisé les procédures d'anticipation en particulier la sauvegarde. Cette exclusion est justifiée car il ne saurait être question de mettre en cause un dirigeant qui, au contraire, a su faire preuve d'anticipation pour sauvegarder l'entreprise [12]. En revanche le dirigeant qui a trop attendu et qui, finalement, après une sauvegarde, se retrouve en redressement ou en liquidation judiciaire peut être sanctionné.

905. – Domaine d'application. – Les personnes visées sont des personnes physiques, exerçant une activité commerciale ou artisanale, agriculteurs, personnes exerçant une activité professionnelle indépendante y compris une profession libérale soumise à un statut législatif ou réglementaire ou dont le titre est protégé [13]. Il n'est toutefois pas certain que beaucoup de professions libérales [14] soient concernées par ce texte dans la mesure où il n'est pas applicable aux personnes physiques exerçant une activité professionnelle indépendante qui sont soumises

5. Cass. com., 8 févr. 1988, *D.* 1989, somm. p. 2, obs. F. Derrida ; *JCP* E 1989, II, 15 478, n° 20, obs. M. Cabrillac (inapplication des règles du droit pénal d'application de la loi dans le temps).

6. Cass. crim., 4 janv. 1990, *Bull. crim.*, n° 2.

7. Par ex. L. n° 2002-0162, 6 août 2002, art. 11, amnistie des sanctions disciplinaires ou professionnelles ; en revanche L. n° 95-884, 3 août 1995, art. 18 : « *l'amnistie n'entraîne pas la remise : De la faillite personnelle ou des autres sanctions prévues aux articles L. 653-1 à L. 653-9 du Code de commerce* ».

8. P. Schultz, « La faillite personnelle après la loi du 26 juillet 2005 », *Rev. proc. coll.* 2005-4, p. 299 ; J.-L. Vallens, « Les sanctions dans la réforme du 26 juillet 2005 », suppl. *Rev. Lamy dr. aff.* 2005, n° 88, n° 5566.

9. C. com., art. L. 653-2.

10. C. com., art. L. 653-8.

11. C. com., art. L. 653-10.

12. J.-J. Hyest, rapport Sénat, *op. cit.*, n° 335, p. 461.

13. C. com., art. L. 653-1, I, al. 1, 1°.

14. L'exception touche aussi les dirigeants des sociétés civiles professionnelles et des sociétés d'exercice libéral dont la profession relève de sanctions disciplinaires.

à ce titre à des règles disciplinaires [15], une règle spécifique difficile à justifier [16]. Sont aussi concernés les dirigeants de droit ou de fait de personnes morales [17] ou encore les représentants permanents de personnes morales, dirigeants de droit ou de fait de personnes morales [18]. Les personnes morales concernées sont en réalité uniquement celles qui relèvent du droit privé qui seules peuvent faire l'objet d'une procédure de redressement ou de liquidation judiciaires [19]. Le domaine d'application quant aux personnes est bien sûr très large en raison de la référence « *auxpersonnes exerçant une activité professionnelle indépendante* ». Mais l'étendue du domaine d'application des interdictions n'emporte pas un régime identique pour toutes les personnes visées. Ainsi le régime des sanctions applicables varie selon ces personnes.

§ 1 : Conditions d'application des sanctions personnelles

906. – Sanction facultative. – Le tribunal à la faculté et non l'obligation de prononcer une faillite personnelle ou alors une interdiction de diriger une entreprise. Il le fait dans des conditions légales différentes selon les personnes.

907. – Faits concernant les seules personnes physiques exerçant une activité professionnelle dans un cadre autre que celui d'une personne morale. – Son ici concernées les personnes physiques exerçant une activité commerciale ou artisanale, les agriculteurs, les personnes qui exercent une activité professionnelle indépendante y compris une profession libérale soumise à un statut législatif ou réglementaire ou dont le titre est protégé [20] mais qui ne sont pas soumises à des règles disciplinaires.

Ces personnes peuvent être sanctionnées pour faillite personnelle [21] si elles ont poursuivi abusivement une exploitation déficitaire qui ne pouvait conduire qu'à la cessation des paiements ou alors si elles ont détourné ou dissimulé tout ou partie de son actif ou frauduleusement augmenté son passif.

908. – Faits concernant les entrepreneurs individuels à responsabilité limitée. – En plus des faits pouvant conduire tout entrepreneur individuel personne physique à une condamnation pour faillite personnelle, l'entrepreneur individuel à responsabilité limitée peut être sanctionné sur le fondement de comportements incompatibles avec le régime patrimonial de l'EIRL [22]. Il en est ainsi s'il a « *disposé des biens du patrimoine visé par la procédure comme s'ils étaient compris dans un autre de ses patrimoines* ». Il en est de même si « *sous le couvert de l'activité visée par la procédure masquant ses agissements, avoir fait des actes de commerce dans un intérêt autre que celui de cette activité* ». Enfin, « *avoir fait des biens ou du crédit de l'entreprise visée par*

15. C. com., art. L. 653-1, I, al. 2.
16. Pour des critiques, v. avant la réforme, F. Pérochon, « Le privilège des notables indélicats : un nouveau privilège ? », *D. aff.* 2005, p. 1146 ; après la réforme, Ph. Schultz, « La faillite personnelle après la loi du 26 juillet 2005 sur la sauvegarde de l'entreprise », *op. cit.*, spéc. n° 8.
17. C. com., art. L. 653-1, I, al. 1, 2°.
18. C. com., art. L. 653-1, I, al. 1, 3°.
19. C. com., art. L. 631-2 et art. L. 640-2.
20. C. com., art. L. 653-1, I, al. 1, 1°.
21. C. com., art. L. 653-3, I.
22. C. com., art. L. 653-3, II.

la procédure un usage contraire à l'intérêt de celle-ci à des fins personnelles ou pour favoriser une personne morale ou entreprise dans laquelle il était intéressé directement ou indirectement ». L'EIRL [23] peut en outre être condamné à la faillite personnelle s'il n'a pas payé les dettes de la personne morale mises à sa charge par le tribunal au titre d'une condamnation sur le fondement de la responsabilité pour insuffisance d'actif.

909. – Faits concernant les seuls dirigeants de droit ou de fait [24]. – Les dirigeants de droit ou de fait qui ont commis certains faits graves peuvent eux aussi faire l'objet d'une condamnation à la faillite personnelle. Peuvent ainsi lui être reprochés selon l'article L. 653-4 du Code de commerce :

– le fait d'avoir disposé des biens de la personne morale comme des siens propres ;

– sous le couvert de la personne morale masquant ses agissements, avoir fait des actes de commerce dans un intérêt personnel ;

– avoir fait des biens ou du crédit de la personne morale un usage contraire à l'intérêt de celle-ci à des fins personnelles ou pour favoriser une autre personne morale ou entreprise dans laquelle il était intéressé directement ou indirectement ;

– avoir poursuivi abusivement, dans un intérêt personnel, une exploitation déficitaire qui ne pouvait conduire qu'à la cessation des paiements de la personne morale ;

– avoir détourné ou dissimulé tout ou partie de l'actif ou frauduleusement augmenté le passif de la personne morale.

Le dirigeant [25] de la personne morale peut en outre être condamné à la même sanction s'il n'a pas payé les dettes de la personne morale mises à sa charge par le tribunal au titre d'une condamnation sur le fondement de la responsabilité pour insuffisance d'actif [26].

910. – Faits communs à toutes les personnes entrant dans le domaine d'application des sanctions économiques. – Les personnes visées sont des personnes physiques exerçant une activité commerciale ou artisanale, les agriculteurs, les personnes exerçant une activité professionnelle indépendante y compris une profession libérale soumise à un statut législatif ou réglementaire ou dont le titre est protégé [27] mais qui ne sont pas soumises à des règles disciplinaires [28]. Sont aussi concernés les dirigeants de droit ou de fait de personnes morales [29] ou encore les représentants permanents de personnes morales, dirigeants de droit ou de fait de personnes morales [30] sauf celle exerçant une activité professionnelle et soumise à ce titre à des règles disciplinaires. Toutes ces personnes peuvent être condamnées à la faillite personnelle ou à l'interdiction de gérer pour [31] :

23. C. com., art. L. 653-6 sans qu'il soit précisé qu'il s'agit d'un dirigeant de droit ou de fait.

24. C. com., art. L. 653-4 et L. 652-1. Sur la notion de dirigeant de fait, v. G. Notté, « La notion de dirigeant de fait au regard du droit des procédures collectives », *JCP* CI, 1980, II, 8560 ; D. Tricot, « Les critères de la gestion de fait », *Dr. et patr.* 1996, n° 34, p. 24 ; D. Voinot, « Les dirigeants responsables », *inDroit de la responsabilité civile*, D. Mazeaud, Ph. Pierre (dir.), Étude 480, Lamy, 2006.

25. C. com., art. L. 653-6 sans qu'il soit précisé qu'il s'agit d'un dirigeant de droit ou de fait.

26. C. com., art. L. 653-6.

27. C. com., art. L. 653-1, I, al. 1, 1°.

28. C. com., art. L. 653-1, I, al. 2.

29. C. com., art. L. 653-1, I, al. 1, 2°.

30. C. com., art. L. 653-1, I, al. 1, 3°.

31. C. com., art. L. 653-5.

– avoir exercé une activité commerciale, artisanale ou agricole ou une fonction de direction ou d'administration d'une personne morale contrairement à une interdiction prévue par la loi. L'application de cette disposition doit se faire en tenant compte des nouvelles règles d'incapacité d'exercer une profession commerciale ou industrielle en application de l'ordonnance n° 2005-428 du 6 mai 2005[32]. Ainsi, il convient de vérifier qu'une personne qui avait été condamnée avant l'entrée en vigueur de ce texte a bien demandé à être relevée de sa condamnation dans le délai de trois mois suivant la publication de l'ordonnance[33]. À défaut elle est frappée d'une incapacité d'exercice ce qui la fait entrer dans le domaine d'application de ce cas de faillite personnelle ou interdiction de gérer ;

– avoir fait des achats en vue d'une revente au-dessous du cours ou employé des moyens ruineux pour se procurer des fonds dans l'intention d'éviter ou de retarder l'ouverture de la procédure de redressement judiciaire ou de liquidation judiciaire ;

– avoir souscrit, pour le compte d'autrui, sans contrepartie, des engagements jugés trop importants au moment de leur conclusion, eu égard à la situation de l'entreprise ou de la personne morale ;

– avoir payé ou fait payer, après cessation des paiements et en connaissance de cause de celle-ci, un créancier au préjudice des autres créanciers ;

– avoir fait obstacle au bon déroulement de la procédure en s'abstenant volontairement de coopérer avec les organes de la procédure. Ce cas ajouté par la loi n° 2005-845 du 26 juillet 2005 est une référence au devoir de collaboration qui est de plus en plus présent en droit commercial. Il permet par exemple de sanctionner le dirigeant qui ne transmet pas des documents comptables aux organes de la procédure. Si le défaut de collaboration a été constaté dans le cadre d'une procédure de sauvegarde convertie ensuite en redressement ou en liquidation, ce manquement peut alors donner lieu à sanction. Cette même analyse doit aussi être appliquée à la procédure de conciliation[34] ;

– avoir fait disparaître des documents comptables, ne pas avoir tenu de comptabilité lorsque les textes applicables en font l'obligation, ou avoir tenu une comptabilité fictive, manifestement incomplète ou irrégulière au regard des dispositions applicables.

Pour la seule interdiction de gérer et non la faillite personnelle, ces mêmes personnes peuvent être condamnées si :

– elles n'ont pas remis, de mauvaise foi, au représentant des créanciers la liste de ses créanciers, du montant de ses dettes et des principaux contrats en cours ainsi que tous les renseignements qu'ils doivent fournir en application de l'article L. 622-6 du Code de commerce[35]. C'est un cas particulier de violation du devoir de coopération de bonne foi du débiteur ;

32. V. art. 2, Ord. n° 2005-428 du 6 mai 2005 : « *Les personnes exerçant une profession ou activité mentionnée à l'article L. 128-1 du Code de commerce qui, antérieurement à l'entrée en vigueur de la présente ordonnance, ont été condamnées pour des faits énoncés par les articles L. 128-1 et L. 128-3 du même code dans leur rédaction issue de la présente ordonnance sont frappées, à compter de la date de publication de cette dernière, d'une incapacité d'exercer. Toutefois, ces personnes peuvent, dans un délai de trois mois suivant la date de publication de l'ordonnance, demander à la juridiction qui les a condamnées ou, en cas de pluralité de condamnation, à la dernière juridiction qui a statué, soit de les relever de l'incapacité dont elles sont frappées, soit d'en déterminer la durée. Les personnes qui font usage de ce droit peuvent exercer leur profession ou activité jusqu'à ce qu'il ait été statué sur leur demande. Si la juridiction qui a statué n'existe plus ou s'il s'agit d'une juridiction étrangère, la chambre de l'instruction de la cour d'appel dans le ressort de laquelle le requérant a sa résidence est compétente. Il en est de même si l'incapacité résulte d'une décision disciplinaire* ».

33. C'est-à-dire avant le 9 août 2005.

34. V. en ce sens la proposition de Ph. Schultz, *op. cit.*, p. 303.

35. C. com., art. L. 653-8, al. 2.

– si elles ont omis de demander l'ouverture d'une procédure de redressement ou de liquidation judiciaire dans le délai de quarante-cinq jours sans avoir, par ailleurs, demandé l'ouverture d'une procédure de conciliation [36]. Ce cas, qui était avant la réforme sanctionné par la faillite personnelle, a fait l'objet de critiques. Le professeur Françoise Pérochon a ainsi fait observer que le retard est « *dû plus souvent à un excès d'optimisme qu'à une volonté de fraude* » [37]. On reproche aussi à ce même cas d'interdiction d'être applicable aux dirigeants de fait alors que ceux-ci ne peuvent légalement déclarer la cessation des paiements [38]. Avant la réforme la Cour de cassation s'était prononcée au contraire pour l'application de la sanction à un dirigeant de fait [39]. Au-delà du cas de retard dans la déclaration dont l'opportunité du maintien peut en effet être discuté, c'est surtout le fait de s'être conduit comme un dirigeant sans avoir accompli les diligences nécessaires pour agir en cette qualité qui justifie un régime particulier. Cela n'est d'ailleurs pas seulement vrai pour le dirigeant de fait [40].

§ 2 : Modalités d'application des sanctions personnelles

911. – Tribunal compétent. – Le tribunal compétent est celui qui a ouvert la procédure. Le juge-commissaire ne peut ni siéger dans la formation de jugement, ni participer au délibéré [41]. Le tribunal correctionnel est aussi compétent pour prononcer une faillite personnelle ou une interdiction de gérer et ceci à titre de peine complémentaire d'une condamnation pour banqueroute [42]. Il perd cependant toute compétence si une juridiction civile ou commerciale a déjà prononcé une telle sanction par une décision définitive. Cette règle justifiée par un souci de simplification et de respect du principe constitutionnel de proportionnalité devrait en réalité se révéler d'une mise en œuvre délicate et elle va bien au-delà des exigences du principe de proportionnalité [43].

912. – Saisine et décision du tribunal. – Le tribunal peut être saisi par le mandataire judiciaire, le liquidateur ou le ministère public [44]. La demande peut aussi être introduite par « *la majorité des créanciers nommés contrôleurs* » en cas de carence du mandataire. En d'autres termes lorsque le mandataire judiciaire n'a pas engagé d'action permettant le prononcé de sanctions économiques, les contrôleurs peuvent agir à sa place. Ils ne le peuvent toutefois que si deux d'entre eux ont mis en demeure le mandataire judiciaire d'engager l'action en responsabilité et que cette mise en demeure adressée par lettre recommandée avec avis de réception est restée sans suite pendant deux mois à compter de la réception de la mise en demeure [45].

---

36. C. com., art. L. 653-8, al. 3.
37. F. Pérochon, « Le privilège des notables indélicats : un nouveau privilège ? », *D. aff.* 2005, p. 1146.
38. V. Cunha, « Au-delà du réel : la sanction du dirigeant de fait dans le droit des procédures collectives », *Rev. proc. coll.* 2006-1, p. 24.
39. Cass. com., 6 janv. 1998, *Bull. civ.* IV, n° 102, p. 158 et s., note A. Lienhard.
40. V. pour le commerçant de fait, C. com., art. L. 123-8.
41. En écartant le juge-commissaire le législateur tient compte des doutes qui avaient été émis sur la compatibilité aux droits fondamentaux d'une telle participation, v. en ce sens, N. Fricero, « Les procédures collectives à l'épreuve du procès équitable », *in Mélanges A. Honorat*, éd. Frison-Roche, 2000, spéc. p. 21-22.
42. C. com., art. L. 654-6.
43. V. la critique et les propositions de C. Robaczewski, « La non-réforme des sanctions pénales dans la loi de sauvegarde des entreprises », *Gaz. Pal.* 9-10 sept. 2005, spéc. p. 50, n° 11.
44. C. com., art. L. 653-7, al. 1er.
45. C. com., art. L. 653-7, al. 2 ; D. n° 2005-1677, 28 déc. 2005, art. 324.

Le jugement qui prononce la faillite personnelle ou l'interdiction de gérer n'est pas exécutoire par provision contrairement à la règle qui prévaut en droit des procédures collectives mais le tribunal peut ordonner l'exécution provisoire de sa décision [46].

913. – Prescription. – Les actions en faillite personnelle ou interdiction de gérer se prescrivent par trois ans à compter du jugement qui prononce l'ouverture d'une procédure de redressement ou de liquidation judiciaires [47]. Toutefois pour les actions introduites avant cette date la prescription applicable est celle du droit commun puisqu'elles ne font l'objet d'aucune disposition transitoire [48].

914. – Durée de la sanction. Application de la loi dans le temps. – La sanction est à durée limitée, celle-ci étant fixée par le tribunal qui ne peut retenir une durée supérieure à quinze ans [49]. Il est même prévu que « *dans toutes les dispositions prévoyant une incapacité, une interdiction ou une déchéance résultant d'une faillite personnelle ou d'une interdiction de gérer, ces mesures doivent être comprises comme ayant une durée maximale de quinze ans à compter du jour où la décision les ayant prononcées est devenue définitive* ». La Cour de cassation a eu l'occasion d'interpréter cette disposition en jugeant que « *la faillite personnelle doit être comprise comme ayant une durée maximale de quinze ans à compter du jour de la décision exécutoire qui la prononce* » [50] ce qui favorise le dirigeant [51]. Une autre disposition transitoire prévoit que « *les mesures de faillite personnelle et d'interdiction de gérer ainsi que les déchéances et interdictions qui en ont résulté prennent fin à la date de publication de la présente loi lorsque, à cette date, elles ont été prononcées plus de quinze années auparavant par une décision devenue définitive* » [52].

915. – Durée de la sanction prononcée par une juridiction répressive. – Lorsque la sanction est prononcée par une juridiction répressive la durée de celle-ci doit être limitée à cinq ans si elle est temporaire. Cela résulte de l'article 131-27 du Code pénal qui prévoit que « *lorsqu'elle est encourue à titre de peine complémentaire pour un crime ou un délit, l'interdiction d'exercer une fonction publique ou d'exercer une activité professionnelle ou sociale est soit définitive, soit temporaire ; dans ce dernier cas elle ne peut excéder une durée de cinq ans* ». Si elle est définitive elle peut être d'une durée supérieure à quinze ans [53]. Cette différence de traitement entre les sanctions économiques et les sanctions pénales ne manque pas de surprendre [54].

---

46. C. com., art. L. 653-11.
47. C. com., art. L. 653-1, II.
48. V. art. 191 L. n° 2005-845 du 26 juill. 2005 qui ne s'applique pas à l'article L. 653-1.
49. C. com., art. L. 653-11.
50. Cass. com., 23 mai 2006, n° 05-11989, *D.* 2006, AJ, obs. A. Lienhard.
51. Au cas particulier le gérant de fait d'une société ayant été condamné à trente ans de faillite personnelle par un jugement assorti de l'exécution provisoire c'est à compter de cette décision qu'a commencé à courir le délai de quinze ans et non au jour du prononcé de l'arrêt de la Cour de cassation.
52. Cass. com., 29 nov. 2005, *D.* 2005, p. 3085, obs. A. Lienhard ; *Act. proc. coll.* 2005-20, n° 260, obs. C. Regnaut-Moutier : « *mais attendu que l'article 190, 2, de la loi n° 2005-845 du 26 juill. 2005 de sauvegarde des entreprises dispose que les mesures de faillite personnelle et d'interdiction de gérer ainsi que les déchéances et interdictions qui en ont résulté prennent fin à la date de publication de la loi, soit le 27 juillet 2005, lorsque, à cette date, elles ont été prononcées plus de quinze années auparavant par une décision devenue définitive ; que la faillite personnelle de M. X... ayant ainsi pris fin, le pourvoi est devenu sans objet* ».
53. Elle peut être sans limitation de durée, Cass. crim., 25 févr. 2004, *Bull. crim.* 2004, n° 52.
54. V. J.-H. Robert, obs. sous Cass crim., 8 janv. 2003, *Dr. pén.* 2003, comm. n° 47.

916. – Droit de vote des dirigeants de personnes morales et cession forcée des titres [55]. – Le droit de vote des dirigeants frappés de la faillite personnelle ou de l'interdiction est exercé dans les assemblées des personnes morales soumises à une procédure de sauvegarde, de redressement judiciaire ou de liquidation judiciaire par un mandataire désigné par le tribunal à cet effet, à la requête de l'administrateur, du liquidateur ou du commissaire à l'exécution du plan. Le tribunal peut aussi enjoindre à ces dirigeants ou à certains d'entre eux de céder leurs actions ou parts sociales dans la personne morale ou ordonner leur cession forcée par les soins d'un mandataire de justice, au besoin après expertise. Le produit de la vente est affecté au paiement de la part des dettes sociales dans le cas où ces dettes ont été mises à la charge des dirigeants.

917. – Cessation de plein droit des sanctions. – Les déchéances, les interdictions et l'incapacité d'exercer une fonction publique élective cessent de plein droit au terme fixé, sans qu'il y ait lieu au prononcé d'un jugement [56]. Par ailleurs le jugement de clôture pour extinction du passif, y compris après exécution d'une condamnation prononcée à son encontre au titre de la responsabilité pour insuffisance d'actif, rétablit le débiteur personne physique ou les dirigeants de la personne morale dans tous leurs droits. Il les dispense ou relève de toutes les déchéances, interdictions et incapacité d'exercer une fonction publique élective [57].

918. – Relèvement et réhabilitation. – La personne sanctionnée par une faillite personnelle peut demander au tribunal de le relever, en tout ou partie, des déchéances et interdictions et de l'incapacité d'exercer une fonction publique élective s'il a apporté une contribution suffisante au paiement du passif [58]. Lorsqu'il est sanctionné par une interdiction de gérer il peut être relevé de cette interdiction s'il présente toutes garanties démontrant sa capacité à diriger ou contrôler une entreprise [59]. Tel peut être le cas s'il peut justifier d'une formation en ce sens [60]. Lorsqu'il y a relèvement total des déchéances et interdictions et de l'incapacité, la décision du tribunal emporte réhabilitation [61].

Section II
Les sanctions pénales

919. – Plan. – En édictant des sanctions pénales qui frappent principalement les dirigeants de l'entreprise en difficulté mais aussi les tiers en rapport avec le débiteur, le législateur a surtout voulu prévenir les comportements à risques face à une entreprise en état de faiblesse économique. Les sanctions sont évidemment plus fréquentes lorsque l'entreprise est défaillante c'est-à-dire en procédure de redressement ou liquidation judiciaire. Cela n'exclut cependant pas

55. C. com., art. L. 653-9.
56. C. com., art. L. 653-11, al. 1.
57. C. com., art. L. 653-11, al. 2.
58. C. com., art. L. 653-11, al. 3.
59. C. com., art. L. 653-11, al. 4.
60. X. DE ROUX, rapport AN, *op. cit.*, p. 458.
61. C. com., art. L. 653-11, al. 5.

la possibilité de sanctions en présence d'une sauvegarde. Il en résulte de multiples infractions qui reposent toutefois sur un socle commun de règles procédurales [62].

§ 1 : Diversité des infractions

920. – Infractions distinctes selon les personnes. – Le droit des procédures collectives connaît deux catégories d'infractions pénales selon les personnes qui sont susceptibles de les commettre. Dans un premier groupe on trouve les sanctions qui punissent les infractions commises par les dirigeants de l'entreprise. Dans un second groupe on rencontre des sanctions applicables à des tiers par rapport à l'entreprise.

I. Les infractions commises par les dirigeants de l'entreprise

A. La banqueroute

921. – Domaine d'application quant aux personnes. – Les personnes pouvant être frappées de banqueroute sont celles qui entrent dans le champ d'application du droit des procédures collectives. Ainsi peut être déclaré banqueroutiers selon l'article L. 654-1 du Code de commerce :

– toute personne exerçant une activité commerciale ou artisanale, tout agriculteur ce qui inclut les personnes physiques mais aussi les personnes morales ;

– toute personne physique exerçant une activité professionnelle indépendante, y compris une profession libérale soumise à un statut législatif ou réglementaire ou dont le titre est protégé. Il n'y a pas ici comme en matière de sanctions économiques d'exclusion des professions soumises à des sanctions disciplinaires ;

– toute personne qui a, directement ou indirectement, en droit ou en fait, dirigé ou liquidé une personne morale de droit privé ;

– toute personne physique représentant permanent de personnes morales dirigeants des personnes morales de droit privé.

922. – Faits constitutifs de banqueroute. – Jadis il y avait plusieurs types de banqueroutes qualifiées de simples ou frauduleuses. Cela n'est plus le cas dans le régime en vigueur qui ne connaît qu'une seule banqueroute. Celle-ci est cependant obligatoire dès lors que le dirigeant a commis l'un des faits énumérés dans l'article L. 654-2 du Code de commerce :

– avoir, dans l'intention d'éviter ou de retarder l'ouverture de la procédure de redressement judiciaire ou de liquidation judiciaire, soit fait des achats en vue d'une revente au-dessous du cours, soit employé des moyens ruineux pour se procurer des fonds. L'emploi de moyens

62. Sur les sanctions pénales après la réforme, v. D. Gibirila, « Les responsabilités et les sanctions du dirigeant dans la loi de sauvegarde des entreprises », *Defrénois*, 2006-12, art. 38412 ; C. Robaczewski, « La non-réforme des sanctions pénales dans la loi de sauvegarde des entreprises », *Gaz. Pal.* 9-10 sept. 2005, p. 48 ; J.-H. Robert, « Banqueroute et autres infractions : commentaire des dispositions pénales de la loi n° 2005-845 du 26 juillet 2005 », *Dr. pén.* 2005-11, p. 13.

ruineux peut être intervenu avant ou après la cessation des paiements [63]. Il s'agit par exemple d'une répétition d'emprunts à taux élevé [64] ;

– avoir détourné ou dissimulé tout ou partie de l'actif du débiteur [65]. Le dirigeant ne peut invoquer l'intérêt du groupe pour justifier le détournement d'actif [66] ;

– avoir frauduleusement augmenté le passif du débiteur ;

– avoir tenu une comptabilité fictive ou fait disparaître des documents comptables de l'entreprise ou de la personne morale ou s'être abstenu de tenir toute comptabilité lorsque les textes applicables en font obligation ;

– avoir tenu une comptabilité manifestement incomplète ou irrégulière au regard des dispositions légales.

923. – Procédure de redressement ou de liquidation judiciaire. – L'infraction de banqueroute ne peut être poursuivie par le tribunal correctionnel que dans la mesure où a été ouverte préalablement soit une procédure de redressement judiciaire soit une procédure de liquidation judiciaire [67]. Se trouve ainsi exclue la sauvegarde ce qui se justifie par le souci d'inciter les chefs d'entreprises à anticiper sans crainte. En revanche si de tels faits sont constatés alors que le débiteur bénéficie d'une sauvegarde il n'en résulte pas forcément une conversion de cette procédure en redressement ou en liquidation judiciaire [68]. Cela est d'autant plus vrai si les faits ont été commis par le dirigeant d'une personne morale. Quant à l'ouverture d'une procédure de redressement ou de liquidation judiciaire elle constitue une condition de mise en œuvre de la banqueroute. Il n'est donc pas suffisant de caractériser une cessation des paiements mais il semble que cet élément soit nécessaire pour caractériser l'infraction [69]. Toutefois en raison de l'autonomie du droit pénal la juridiction répressive peut, en considération des faits, retenir une date de cessation des paiements différente de celle fixée par la juridiction économique (tribunal de grande instance ou tribunal de commerce) [70] même si cette date dépasse la limite de dix-huit mois [71] qui permet de fixer les frontières de la période suspecte [72].

924. – Sanctions de la banqueroute. – L'infraction de banqueroute donne lieu à des peines principales et peut donner lieu à des peines complémentaires. S'agissant des peines

63. Cass. crim., 21 sept. 1994, *JCP* 1994, II, 690, note A. Dekeuwer : « *le délit de banqueroute est constitué, que les faits soient antérieurs ou postérieurs à la date de cessation des paiements, dès lors que, procédant d'une même intention et tendant au même but, ils ont pour objet ou pour effet soit d'éviter ou de retarder la constatation de cet état, soit d'affecter la consistance de l'actif disponible dans des conditions de nature à placer l'intéressé dans l'impossibilité de faire face au passif exigible* » ; Cass. crim., 18 juin 1998, *JCP* E 1999, p. 174, obs. J.-H. Robert ; *Rev. sociétés* 1998, p. 817, note B. Bouloc.

64. Cass. crim., 12 mars 1998, *Bull. crim.* n° 100.

65. Par ex. Cass. crim., 20 oct. 2004, *Bull. crim.* n° 249 ; *D.* 2005, p. 2081, obs. P. Crocq (vente de biens sous réserve de propriété à une valeur moindre).

66. Cass. crim., 20 juill. 1993, *RJDA* 1993, n° 968.

67. C. com., art. L. 654-2, al. 1.

68. *Contra* Ph. Roussel-Galle, « Responsabilités et sanctions des débiteurs après la loi de sauvegarde des entreprises du 26 juill. 2005 », *JCP* E, 2005, n° 42, 1512, spéc. p. 11 ; D. Gibirila, « Les responsabilités et les sanctions du dirigeant dans la loi de sauvegarde des entreprises », *Répertoire Defrénois* 2006-12, art. 38412, spéc. p. 1021.

69. Sur la question de savoir si l'ouverture d'une procédure de redressement ou de liquidation judiciaire est une condition de fond ou de forme et les conséquences qui s'en infèrent, v. C. Robaczewski, *op. cit.*, spéc. n° 16.

70. Cass. com., 18 nov. 1991, *Gaz. Pal.* 12 août 1992, note J.-P. Marchi ; *JCP* E 1992, I, 195, n° 17, obs. M. Cabrillac.

71. C. com., art. L. 631-8.

72. Cass. com., 20 oct. 1992, *JCP* G 1992, IV, n° 3094 ; *Bull. Joly* 1993, I, 298, n° 20, obs. M. Cabrillac ; *LPA*, 26 janv. 1994, p. 20, note R. Bernardini et A. Honorat ; A. Dekeuwer, « Cessation des paiements, détournement d'actif et pouvoirs du juge pénal en matière de banqueroute », *JCP* E 1995, I, 420.

principales la banqueroute est punie au maximum de cinq ans d'emprisonnement et de 75 000 euros d'amende[73]. Ce sont des maxima le juge ayant la possibilité de retenir l'une des deux peines seulement et d'en faire varier le quantum. Les peines sont accrues lorsque l'auteur ou le complice de banqueroute est un dirigeant d'une entreprise prestataire de services d'investissement. Dans cette hypothèse les peines sont portées à sept ans d'emprisonnement et 100 000 euros d'amende[74]. Quant aux peines complémentaires, le tribunal a la faculté d'en prononcer à l'égard des personnes physiques qui se sont rendues coupables ou complices de banqueroutes. Ces peines complémentaires sont selon l'article L. 654-5 du Code de commerce :

– l'interdiction des droits civiques, civils et de famille[75] ;

– les interdictions d'exercice qui peuvent être prononcées cumulativement. Il s'agit de l'interdiction, pour une durée de cinq ans au plus, soit d'exercer une fonction publique ou d'exercer l'activité professionnelle ou sociale dans l'exercice ou à l'occasion de l'exercice de laquelle l'infraction a été commise, soit d'exercer une profession commerciale ou industrielle, de diriger, d'administrer, de gérer ou de contrôler à un titre quelconque, directement ou indirectement, pour son propre compte ou pour le compte d'autrui, une entreprise commerciale ou industrielle ou une société commerciale ;

– l'exclusion des marchés publics pour une durée de cinq ans au plus ;

– l'interdiction, pour une durée de cinq ans au plus, d'émettre des chèques autres que ceux qui permettent le retrait de fonds par le tireur auprès du tiré ou ceux qui sont certifiés.

– l'affichage ou la diffusion de la décision prononcée dans les conditions prévues par l'article 131-35 du Code pénal.

Les peines complémentaires peuvent aussi consister en une faillite personnelle ou une interdiction de gérer. Mais celle-ci ne peut être prononcée qu'à l'encontre du dirigeant de l'entreprise[76] et non de son complice[77]. La juridiction répressive ne peut prononcer une telle mesure si elle l'a déjà été par une décision définitive prise par une juridiction civile ou commerciale. En revanche si l'instance est en cours, la règle « *le pénal tient le civil en l'état* » doit être respectée[78]. En tant que peine complémentaire la faillite personnelle et l'interdiction de gérer sont des sanctions pénales, d'où l'application d'un régime distinct par rapport au prononcé d'une peine identique en tant que sanction civile. Ainsi la durée maximale de quinze ans au plan civil n'existe pas au plan pénal. Il en résulte une situation curieuse puisque, d'un côté, une juridiction répressive peut prononcer une peine définitive alors que, d'un autre côté, si la peine retenue est temporaire elle ne peut dépasser cinq ans conformément à l'article 131-27 du Code pénal. Dans tous les cas la personne condamnée peut demander à être relevée de cette condamnation[79]. Les règles définies pour les sanctions

73. C. com., art. L. 654-3.

74. C. com., art. L. 654-4.

75. Suivant les modalités de l'article 131-26 du Code pénal.

76. Au sens de C. com., art. L. 654-1.

77. Cass. crim., 30 juin 2004, *JCP* E, 2004-50, p. 1978, note J.-H. Robert ; *Dr. sociétés* 2005, n° 18, obs. R. Salomon.

78. C. Robaczewski, « La non-réforme des sanctions pénales dans la loi de sauvegarde des entreprises », *Gaz. Pal.* 9-10 sept. 2005, p. 48 ; cpr. J.-H. Robert, « Banqueroute et autres infractions : commentaire des dispositions pénales de la loi n° 2005-845 du 26 juillet 2005 », *Dr. pén.* 2005, étude 15, n° 6.

79. C. proc. pén., art. 702-1.

personnelles à l'article L. 653-11 du Code de commerce s'imposent au juge pénal [80]. Une telle dysharmonie aurait mérité un peu plus d'attention de la part du pouvoir normatif.

925. – Responsabilité pénale des personnes morales. – Les personnes morales déclarées responsables pénalement pour les faits de banqueroute ou complicité de banqueroute encourent les peines prévues par les articles 131-8 et 131-9 du Code pénal [81].

B. Les autres infractions [82]

926. – Paiements et actes interdits pendant la période d'observation ou l'exécution d'un plan. – Le dirigeant de l'entreprise [83] encourt un emprisonnement de deux ans et une amende de 30 000 euros s'il n'a pas respecté l'interdiction des paiements ou s'il a passé un acte en violation de l'article L. 622-7 du Code de commerce [84]. Le dirigeant de l'entreprise est passible des mêmes peines s'il a effectué un paiement en violation des modalités de règlement du passif prévues au plan de sauvegarde ou au plan de redressement, s'il a fait un acte de disposition sans l'autorisation du tribunal [85] ou encore s'il a procédé à la cession d'un bien rendu inaliénable, dans le cadre d'un plan de cession [86]. On peut observer que ces infractions peuvent avoir été commises en procédure de sauvegarde. Par ailleurs même s'il y a relaxe la juridiction saisie statue d'office, sur la réintégration dans le patrimoine du débiteur de tous les biens, droits ou actions qui ont été frauduleusement soustraits [87]. Elle statue aussi sur les dommages et intérêts qui seraient demandés.

927. – Organisation d'insolvabilité [88]. – Les dirigeants ou les représentants permanents de personnes morales [89], mais aussi [90] toute personne exerçant une activité commerciale, artisanale, agricole ou toute autre activité indépendante, sous le nom d'autrui ou sous un nom supposé, sont passibles des peines [91] principale et complémentaires [92] prévues en cas de banqueroute ou complicité de banqueroute [93] s'ils ont, de mauvaise foi, en vue de soustraire tout ou partie de leur patrimoine aux poursuites de la personne morale qui a fait l'objet d'un jugement d'ouverture de sauvegarde, de redressement judiciaire ou de liquidation judiciaire ou à celles des associés ou des créanciers de la personne morale, détourné ou dissimulé ou tenté de détourner ou de dissimuler, tout ou partie de leurs biens, faire frauduleusement reconnaître débiteurs de sommes qu'ils ne devaient pas. La même infraction s'applique

80. Cass. crim., 8 janv. 2003, *Act. proc. coll.* 2003-7, n° 94, obs. A. Cerf ; *Dr. pén.* 2003, n° 47, obs. J.-H. Robert ; *JCP* E, 2003-24, 904, note J.-H. Robert.
81. C. com., art. L. 654-7.
82. C. com., art. L. 654-8, 1° et 2°. Le texte précise que « *l'interdiction mentionnée au 2° de l'article 131-39 du Code pénal porte sur l'activité dans l'exercice ou à l'occasion de l'exercice de laquelle l'infraction a été commise* ».
83. Au sens de l'article L. 654-1.
84. V. art. L. 622-7, al. 1 et 2.
85. V. art. L. 626-14.
86. V. art. L. 642-10.
87. C. com., art. L. 654-11.
88. C. com., art. L. 654-14.
89. Personnes désignées au 2° et 3° de l'art. L. 654-1.
90. C. com., art. L. 654-9, 3°.
91. C. com., art. L. 654-3 à L. 654-5.
92. À l'exclusion de la faillite personnelle et l'interdiction de gérer.
93. C. com., art. L. 654-3.

à l'entrepreneur individuel à responsabilité limitée qui a utilisé sa séparation de patrimoine pour organiser son insolvabilité [94].

928. – Non-respect de la condamnation pour faillite personnelle ou interdiction de gérer [95]. – Une personne qui a été condamnée à la faillite personnelle ou à l'interdiction de gérer peut être sanctionnée pénalement si elle exerce malgré tout une activité professionnelle. Dans ce cas elle est passible d'un emprisonnement de deux ans et d'une amende de 375 000 euros.

II. Les infractions commises par les tiers

A. Infractions commises par des organes de la procédure [96]

929. – Distinction et peines. – Les infractions commises par les organes de la procédure sont de deux ordres : il s'agit d'une part d'actions répréhensibles contraires à l'intérêt du débiteur et des créanciers et, d'autre part, du délit d'acquisition interdite. Pour ces deux catégories d'infraction s'appliquent les peines prévues par l'article 314-2 du Code pénal (sept ans d'emprisonnement et 750 000 euros d'amende).

930. – Délit de malversation [97]. – Même si le texte n'utilise plus le terme malversation il vise pourtant le délit de malversation. Les organes visés sont l'administrateur, le mandataire judiciaire, le liquidateur ou encore le commissaire à l'exécution du plan. Ils sont passibles des peines prévues par l'article 314-2 du Code pénal s'ils ont soit portés volontairement atteinte aux intérêts des créanciers ou du débiteur soit en utilisant à leur profit des sommes perçues dans l'accomplissement de sa mission, soit se sont fait attribuer des avantages qu'ils savaient n'être pas dus, soit fait, dans leur intérêt, des pouvoirs dont ils disposaient, un usage qu'ils savaient contraire aux intérêts des créanciers ou du débiteur [98].

931. – Délit d'acquisition de biens. – Selon l'article L. 654-12 du Code de commerce, « *est puni des mêmes peines le fait, pour tout administrateur, mandataire judiciaire, liquidateur, commissaire à l'exécution du plan ou toute autre personne, à l'exception des représentants des salariés, de se rendre acquéreur pour son compte, directement ou indirectement, de biens du débiteur ou de les utiliser à son profit, ayant participé à un titre quelconque à la procédure* ». On observe que l'incrimination ne se limite pas aux seuls organes de la procédure au sens strict de l'expression. Elle s'applique aussi aux contrôleurs, aux juges du tribunal de la procédure [99]. En revanche elle ne s'applique pas à un expert-comptable [100]. Lorsque les éléments de l'infraction sont réunis le tribunal inflige non

94. C. com., art. L. 654-14, al. 2.
95. C. com., art. L. 654-15.
96. C. com., art. L. 654-12.
97. C. com., art. L. 654-12, 1°.
98. V. par ex. Cass. crim., 9 févr. 2005, *Gaz. Pal.* 6 juill. 2005, n° 53, obs. C. Robaczewski.
99. Pour la condamnation d'un juge consulaire ayant acquis indirectement les actifs d'une entreprise soumise à une procédure, cass. crim. 30 juin 1999, *Act. proc. coll.* 1999-15, n° 208, obs. J. Vallansan ; *D. aff.* 1999, p. 1290, obs. A. Lienhard ; *Rev. sociétés* 2000, p. 552, note B. Bouloc.
100. Cass. crim., 15 déc. 2004, *Act. proc. coll.* 2005-5, n° 62, comm. B. Saintourens ; *Bull. Joly* 2005, § 128, p. 567, note J.-F. Barbiéri ; *Gaz. Pal.* 29 avr. 2005, n° 119, p. 54, obs. C. Robaczewski.

seulement des sanctions pénales mais aussi civiles. La juridiction saisie prononce en effet la nullité de l'acquisition et statue sur les dommages et intérêts qui seraient demandés.

B. Infractions commises par des tiers dans le cadre des relations avec le débiteur

932. – Paiements et actes interdits pendant la période d'observation ou l'exécution d'un plan [101]**.** – Est passible d'un emprisonnement de deux ans et d'une amende de 30 000 euros toute personne qui s'est fait consentir des paiements en violation de l'interdiction des paiements ou s'il a passé un acte en violation de l'article L. 622-7 du Code de commerce [102]. Encourt les mêmes peines toute personne qui a reçu un paiement effectué en violation des modalités de règlement du passif prévues au plan de sauvegarde ou au plan de redressement, si elle a passé un acte de disposition avec le débiteur sans que ce dernier n'ait obtenu l'autorisation du tribunal [103]. Même s'il y a relaxe la juridiction saisie statue d'office sur la réintégration dans le patrimoine du débiteur de tous les biens, droits ou actions qui ont été frauduleusement soustraits [104]. Elle statue aussi sur les dommages et intérêts qui seraient demandés.

933. – Délit de soustraction, recel et dissimulation de bien dans l'intérêt des dirigeants de l'entreprise. – Est puni des peines prévues par les articles L. 654-3 à L. 654-5 le fait « *dans l'intérêt des personnes mentionnées à l'article L. 654-1, de soustraire, receler ou dissimuler tout ou partie des biens, meubles ou immeubles de celles-ci, le tout sans préjudice de l'application de l'article 121-7 du Code pénal* ». Par ailleurs même s'il y a relaxe la juridiction saisie statue d'office sur la réintégration dans le patrimoine du débiteur de tous les biens, droits ou actions qui ont été frauduleusement soustraits [105]. Elle statue aussi sur les dommages et intérêts qui seraient demandés.

934. – Déclaration de créances frauduleuse. – Est puni des peines prévues par les articles L. 654-3 à L. 654-5 le fait, pour toute personne, de déclarer frauduleusement dans la procédure de sauvegarde, de redressement judiciaire ou de liquidation judiciaire, soit en son nom, soit par interposition de personne, des créances supposées [106]. Par ailleurs même s'il y a relaxe la juridiction saisie statue d'office sur la réintégration dans le patrimoine du débiteur de tous les biens, droits ou actions qui ont été frauduleusement soustraits [107]. Elle statue aussi sur les dommages et intérêts qui seraient demandés.

935. – Délit de détournement, de divertissement ou recel commis par des alliés du débiteur. – Le fait, pour le conjoint, les descendants ou les ascendants ou les collatéraux ou les alliés des personnes mentionnées à l'article L. 654-1, de détourner, divertir ou receler des effets dépendant de l'actif du débiteur soumis à une procédure de redressement judiciaire de liquidation judiciaire, est puni des peines prévues par l'article 314-1 du Code pénal [108]. Par ailleurs même s'il y a relaxe la juridiction saisie statue d'office sur la réintégration dans

101. C. com., art. L. 654-8, 3°.
102. V. C. com., art. L. 622-7, al. 1 et 2.
103. V. C. com., art. L. 626-14 et art. L. 642-10.
104. C. com., art. L. 654-11.
105. C. com., art. L. 654-11.
106. C. com., art. L. 654-9, 2°.
107. C. com., art. L. 654-11.
108. C. com., art. L. 654-10.

le patrimoine du débiteur de tous les biens, droits ou actions qui ont été frauduleusement soustraits [109]. Elle statue aussi sur les dommages et intérêts qui seraient demandés.

936. – Convention passée entre un créancier et le débiteur. – Le fait, pour le créancier, après le jugement ouvrant la procédure de sauvegarde, de redressement judiciaire ou de liquidation judiciaire, de passer une convention comportant un avantage particulier à la charge du débiteur est puni des peines prévues par l'article 314-1 du Code pénal [110]. La juridiction saisie prononce la nullité de cette convention.

§ 2 : Règles de procédures

937. – Prescription. – Pour les infractions spécifiques du droit des procédures collectives, la prescription de l'action publique ne court que du jour du jugement ouvrant la procédure de sauvegarde, de redressement judiciaire ou de liquidation judiciaire lorsque les faits incriminés sont apparus avant cette date [111].

938. – Saisine de la juridiction répressive. – La juridiction répressive est saisie soit sur la poursuite du ministère public, soit sur constitution de partie civile des personnes désignées par l'article L. 654-17 du Code de commerce. Sont ainsi visés par ce texte l'administrateur, le mandataire judiciaire, le représentant des salariés, le commissaire à l'exécution du plan, du liquidateur ou de la majorité des contrôleurs en cas de carence du mandataire. Dans cette dernière hypothèse la saisine ne peut se faire qu'après une mise en demeure délivrée par au moins deux créanciers contrôleurs [112] restée sans suite dans un délai de deux mois à compter de la réception de la mise en demeure. Les créanciers peuvent toutefois se constituer partie civile s'ils invoquent un préjudice particulier distinct du montant de leur créance [113]. La juridiction française est compétente pour connaître de l'infraction de banqueroute d'une société étrangère dès lors que la liquidation judiciaire de cette société, qui avait un établissement en France, avait été prononcée [114].

939. – Autres mesures procédurales. – Le ministère public peut requérir de l'administrateur ou du liquidateur la remise de tous les actes et documents détenus par ces derniers [115]. Les frais de la poursuite intentée par l'administrateur, le mandataire judiciaire, le représentant des salariés, le commissaire à l'exécution du plan ou le liquidateur sont supportés par le Trésor public, en cas de relaxe [116]. En cas de condamnation, le Trésor public ne peut exercer son recours contre le débiteur qu'après la clôture des opérations de liquidation judiciaire. Les jugements et arrêts de condamnation sont publiés aux frais du condamné [117].

---

109. C. com., art. L. 654-11.
110. C. com., art. L. 654-13.
111. C. com., art. L. 654-16.
112. D. n° 2005-1677 du 28 déc. 2005, art. 327.
113. Cass. crim., 11 oct. 1993, *Rev. sociétés* 1994, p. 303, note B. Bouloc ; *JCP* E, I, 257, n° 19, obs. P. Pétel ; *Rev. proc. coll.* 1994, p. 282, obs. J. Devèze et C. Mascala.
114. Cass. crim., 4 avr. 2012, *Dr. sociétés* 2012, n° 131, note R. Salomon ; *Gaz. Pal.* 18-19 janv. 2013, p. 41, obs. Robaczewski.
115. C. com., art. L. 654-18.
116. C. com., art. L. 654-19.
117. C. com., art. L. 654-20.

TRAVAUX DIRIGÉS

SÉANCE N° 1
Procédures collectives et droits fondamentaux

Dissertation juridique : L'influence des droits fondamentaux sur le droit des procédures collectives.

« [...] Il est des droits venus d'ailleurs qui portent à notre droit un intérêt possessif. À la vérité, les droits venus d'ailleurs sont des droits venus de nulle part, des droits qui n'ont ni histoire, ni territoire : ils ont surgi d'abstractions » (J. CARBONNIER, *Droit et passion du droit sous la Vᵉ République*, Flammarion, 2006, p. 47-48). Ces droits, évoqués par le Doyen Carbonnier, les droits fondamentaux, sont omniprésents dans le débat juridique. Exercent-ils une influence sur le droit des procédures collectives ? Bien qu'il ait pu apparaître réfractaire aux intrusions extérieures en raison de son caractère d'ordre public, le droit des procédures collectives est aujourd'hui de plus en plus soumis à l'influence des droits fondamentaux.

Divers facteurs expliquent cette évolution. L'un d'eux est l'effet direct vertical des textes fondamentaux. On pense bien sûr à la Convention européenne de sauvegarde des droits de l'homme et des libertés fondamentales (CEDH – v. sous l'angle de personnes physiques relevant des procédures collectives, B. SAINTOURENS, « Les droits fondamentaux au regard de la Convention EDH », *Rev. proc. coll.* 2013, dossier 2) ou encore à la Charte européenne des droits fondamentaux. Un autre facteur est lié à l'avènement du contrôle *a posteriori* de constitutionnalité des lois avec le droit donné au justiciable à l'occasion d'une instance en cours devant une juridiction de poser une question prioritaire de constitutionnalité lui permettant de soutenir qu'une disposition législative porte atteinte aux droits et liberté que la constitution garantit (art. 61-1 de la Constitution ; v. Ph. ROUSSEL-GALLE, « QPC et droit des procédures collectives », *LPA* 29 sept. 2011, p. 66).

Une lecture même rapide de ces différents textes et leur interprétation qui en est faite par les autorités chargées de les appliquer fait aisément apparaître le lien entre droits fondamentaux et droit des procédures collectives (v. égal. J.-L. VALLENS, « Droits de l'homme et droit des entreprises en difficulté », in Ph. ROUSSEL GALLE (sous la dir.), *Entreprises en difficulté*, p. 909 et s.). Le droit au juge, le droit de propriété, la liberté du travail, la liberté d'entreprise, l'égalité des citoyens devant la loi, etc., sont autant de droits, principes ou libertés qui sont susceptibles d'être affectés par le droit des procédures collectives en raison de la situation économique du débiteur qui appelle des solutions particulières généralement restrictives de droits subjectifs.

Il y a donc une confrontation entre le droit des procédures collectives et les droits fondamentaux. Cette rencontre n'est pas seulement inévitable en raison de l'importance qu'occupent ces droits dans notre société, elle est aussi nécessaire pour éviter qu'au nom de considérations économiques le droit positif s'écarte de qui est juste. Ce croisement des différents droits permet aujourd'hui d'observer une influence non négligeable des droits fondamentaux sur le droit des procédures collectives, qu'elle s'exerce sur son élaboration par le législateur (I) ou sur son application par le juge (II).

I. L'influence des droits fondamentaux sur l'élaboration du droit des procédures collectives

Cette influence peut s'exercer *a priori*, c'est-à-dire, au moment de l'élaboration de la loi ou *a posteriori* lorsque la loi promulguée voit sa conformité aux droits fondamentaux contestée.

A. Influence *a priori* sur le travail législatif

En raison de la hiérarchie normative, l'autorité législative doit lors de l'élaboration des lois se conformer aux droits fondamentaux mais elle dispose d'une latitude lui permettant de restreindre ses droits au nom de l'intérêt général.

1. Obligation du législateur de se conformer aux droits fondamentaux dans l'élaboration de la loi

L'influence des droits fondamentaux sur le législateur des procédures collectives résulte tout simplement du fait que les lois non conformes aux droits fondamentaux se verront « sanctionnées » par les autorités en charge de faire respecter ses droits. Conscient de cette exigence, le législateur en tire désormais les conséquences au moment des réformes soit pour modifier les textes critiqués, soit pour anticiper une éventuelle non-conformité des lois nouvelles aux droits fondamentaux. On peut citer, à titre d'illustration, la publicité des débats qui était écartée par principe avant la loi du 26 juillet 2005 et qui, désormais, est « de droit »après l'ouverture de la procédure « si le débiteur, le mandataire judiciaire, l'administrateur, le liquidateur, le représentant des salariés ou le ministère public en font la demande » (C. com., art. L. 662-3 al. 1er). Selon le rapporteur du projet de loi à l'Assemblée nationale, le législateur« tente de trouver ainsi un nouvel équilibre entre les principes du procès équitable et les nécessités économiques » (X. De Roux, Rapport AN sur le projet de loi de sauvegarde des entreprises, n° 2095, p. 99). Une autre illustration réside dans les mécanismes introduits par la loi de sauvegarde des entreprises permettant d'accélérer le déroulement de la procédure (procédure de liquidation judiciaire simplifiée (C. com. art. L. 644-1 et s.), obligation faite au tribunal de fixer dans le jugement de liquidation judiciaire un délai au terme duquel la clôture devra être examinée (C. com., art. L. 643-9, al. 1er), droit du créancier de saisir le tribunal aux fins du prononcé de cette clôture à l'expiration d'un délai de deux ans à compter du jugement de liquidation judiciaire (C. com., art. L. 643-9, al. 3).

2. Marge de manœuvre du législateur fondée sur l'intérêt général

Le législateur est certes contraint par les droits fondamentaux, mais il dispose cependant d'une marge de manœuvre pour limiter ceux-ci compte tenu de l'objectif d'intérêt général du droit des procédures collectives. Cette latitude est admise par les textes fondamentaux ou par les autorités chargées de contrôler la conformité des normes aux droits fondamentaux. C'est ainsi que, selon l'article 1 du protocole n° 1 de la CEDH, si « nul en peut être privé de sa propriété [...] », les États peuvent mettre en vigueur « les lois qu'ils jugent nécessaires pour réglementer l'usage des biens conformément à l'intérêt général [...] ». De même le Conseil constitutionnel a jugé à propos de l'article L. 650-1 du Code de commerce qui limite la responsabilité des créanciers fournisseurs de concours au débiteur que cette limitation est justifiée par un

« objectif d'intérêt général » (D. n° 2005-522, 22 juillet 2005, *LPA*, 4 août 2005, n° 154, p. 14, note J. Schoetel). De même encore la Cour de cassation a pu justifier le non-lieu à renvoyer une question prioritaire de constitutionnalité au Conseil constitutionnel pour des considérations d'intérêt général. C'est ainsi qu'elle a jugé « que les restrictions aux conditions d'exercice du droit de propriété qui peuvent résulter de ce texte (C. com., art. L. 624-9 délai de trois mois pour agir en revendication) répondent à un motif d'intérêt général et n'ont ni pour objet, ni pour effet d'entraîner la privation du droit de propriété ou d'en dénaturer la portée » (Cass., QPC, 15 mars 2011, *D.* 2011, Actu. 815, obs. Lienhard ; *Dr et procéd.* mai 2011. chron., n° 14, obs. Reille).

B. Influence a *posteriori* sur le travail législatif

Le travail législatif peut se trouver influencé par les droits fondamentaux même lorsque le législateur a terminé son œuvre. C'est particulièrement vrai depuis l'avènement de la question prioritaire de constitutionnalité qui peut conduire à l'abrogation des lois non conformes même si toutes les questions posées ne sont pas examinées par le Conseil constitutionnel.

1. L'abrogation des textes du droit des procédures collectives suite à une question prioritaire de constitutionnalité

Lorsqu'une question prioritaire de constitutionnalité amène le Conseil constitutionnel à déclarer non conforme le texte déféré, cela entraîne son abrogation. Le droit des procédures collectives offre des exemples intéressants de cette influence des droits fondamentaux sur le travail législatif.

La première illustration concerne la saisine d'office du tribunal pour ouvrir une procédure. Cette saisine d'office dans les procédures collectives s'explique par le fait, qu'à l'origine, il n'existait pas de ministère public auprès des tribunaux de commerce. Pour cette raison, lorsque l'intérêt général l'exigeait, on admettait que le tribunal pouvait se saisir d'office d'une procédure de faillite. Dans le régime actuel le ministère public peut être à l'initiative de la saisine du tribunal mais la saisine d'office a pourtant été maintenue par la loi du 26 juillet 2005 en redressement comme en liquidation judiciaire. Toutefois saisi d'une question prioritaire de constitutionnalité, le Conseil constitutionnel a déclaré inconstitutionnel l'article L. 631-5 du Code de commerce donnant au tribunal le pouvoir de se saisir d'office du tribunal afin d'ouvrir une procédure de redressement judiciaire (décision n° 2012-286 QPC du 7 décembre 2012 Actu. 2886, obs. Lienhard ; *D.* 2013. 338, note Vallens ; *Rev. sociétés* 2013. 177, obs. Henry ; *JCP E* 2013. 1048, note Fricero ; *ibid.* 1216, n° 1, obs. Pétel ; *ibid.* 50, note Gerbay ; *Dict. perm. diff. entrep., Bull.* n° 343, obs. Roussel Galle ; *Gaz. Pal.* 23-27 déc. 2012, p. 14, obs. L. Robert ; *LEDEN* janv. 2013, p. 2, obs. Mouial-Bassilana ; *Bull. Joly Entrep. diff.* 2013. 10, note Favario ; *RLDA* févr. 2013. 19, obs. Drummen). Si ce cas de saisine pouvait se justifier pour des raisons d'intérêt général, la loi ne contient toutefois pas de garanties propres à assurer le respect du principe d'impartialité. Le législateur n'étant pas intervenu sur cette question, il est probable que la plupart des cas de saisine d'office du tribunal encourt le même risque d'abrogation (v. en ce sens : B. Saintourens, « La déclaration d'inconstitutionnalité de l'ouverture du redressement judiciaire par saisine d'office du tribunal », *Rev. proc. coll.* 2013, Étude 2, spéc. 16).

Un autre exemple d'abrogation concerne le conjoint *in bonis*. En cas de difficulté, le débiteur et son conjoint peuvent être tentés de financer un bien mobilier ou immobilier personnel au conjoint avec les fonds du débiteur ou de la communauté. Afin de lutter contre cette fraude au droit des créanciers, il était prévu par un article L. 624-6 du Code de commerce que le mandataire judiciaire ou l'administrateur puisse, en prouvant par tous les moyens que les biens acquis par le conjoint du débiteur l'ont été avec des valeurs fournies par celui-ci, demander que les acquisitions ainsi faites soient réunies à l'actif (action en rapport) [1]. Ici encore, le texte a finalement été abrogé par une décision du Conseil constitutionnel du 20 janvier 2012 (Cons. const.,20 janv. 2012, n° 2011-212 QPC : *D.* 2012. Pan. 2199, obs. F.-X. Lucas ; *RTD com.* 2012.198, obs. Martin-Serf ; *Rev. sociétés* 2012. 192, obs. Roussel Galle ; *JCP E* 2012. 1194, note Lebel ; *ibid.* 1227, n° 6, obs. Pétel ; *LEDEN* mars 2012, p. 3, obs. Rubellin ; *Bull. Joly Entrep. diff.* 2012. 120, concl. Bonhommeet note Becqué-Ickowicz et S. Cabrillac ; *Act. proc. coll.* 2012, n° 38, obs. V. Legrand ; *Gaz. Pal.* 27-28 avr. 2012, p. 41, obs. Antonini-Cochin ; *RJDA* 2012, n° 516)en raison de son caractère trop général. À la suite de cette décision, la Cour de cassation a jugé qu'un bien du conjoint financé par le débiteur ne peut être réuni à l'actif en application de l'ancien article L. 621-112 du Code de commerce que proportionnellement au montant des valeurs fournies par le débiteur (Cass. com., 11 avr. 2012, *Bull. civ.* IV, n° 81 ; *D.* 2012. Actu. 1122, obs. Lienhard ; *JCP* E 2012. 1508, n° 3, obs. Pétel ; *LEDEN* mai 2012, p. 4, obs. Rubellin ; *RJDA* 2012, n° 605 ; *Act. proc. coll.* 2012, n° 148, obs. Leprovaux ; *Bull. Joly Entrep. diff.* 2012. 250, note Becqué-Ickowicz ; *Dr et proc.* 2012, n° 10, suppl., p. 16, obs. Reille).

2. Les limites à l'influence des questions prioritaires de constitutionnalité sur le droit des procédures collectives

Les questions prioritaires de constitutionnalité sont soumises à un filtrage de la Cour de cassation ou du Conseil d'État (sur cette question, v. E. Cartier (sous la dir.), *La QPC, le procès et ses juges*, Dalloz, 2013), ce qui n'est pas sans limiter l'influence de cette technique sur le droit des procédures collectives. Ainsi dans cette matière, la Cour de cassation a rendu plusieurs décisions de non-lieu à renvoyer au Conseil constitutionnel.

C'est ainsi que la Cour de cassation n'a pas renvoyé au Conseil constitutionnel une question prioritaire de constitutionnalité relative à l'extension de la procédure de redressement judiciaire (Cass., QPC, 19 oct. 2010, *D.* 2010, Actu. 2511, obs. Lienhard ; *Rev. sociétés* 2011. 190, obs. Roussel-Galle ; *LPA,* 20 déc. 2010, obs. Henry ; *Bull. Joly entr. diff.* 2011.8, note Bonhomme) [2]. La juridiction régulatrice a aussi jugé ne pas avoir lieu à renvoyer une question prioritaire de constitutionnalité concernant l'exercice de la profession par un avocat en liquidation judiciaire. Pour la Cour, l'interdiction édictée par l'article L. 641-9, III, qui empêche seulement l'avocat, pendant le cours de sa liquidation judiciaire, d'exercer sa profession à titre individuel, ne porte pas une atteinte disproportionnée à son droit d'obtenir un emploi, tel qu'il est garanti par l'article 5 du Préambule de la Constitution du 27 octobre 1946, et elle est justifiée par l'intérêt général (Cass. com., QPC, 31 mai 2012 : *D.* 2012. Actu. 1542,

1. C. com., art. L. 624-6.
2. En revanche la décision d'omettre un avocat du tableau ne peut être prise par le Conseil de l'ordre que dans les conditions des articles 104 et 105 du décret n° 91-1197 du 27 novembre 1991, qui ne visent pas la privation temporaire d'exercice de la profession d'avocat prévue par l'article L. 641-9 du Code de commerce.

obs. Lienhard ; *Rev. sociétés* 2012. 530, obs. Roussel Galle ; *Dict. perm. diff. entrep., Bull.* n° 338, obs. Rémery ; *LEDEN* juill. 2012, p. 4, obs. Favario ; *Act. proc. coll.* 2012, n° 180, obs. Rétif ; *RJDA* 2012, n° 789 ; *Gaz. Pal.* 3-4 août 2012, p. 26, obs. Voinot ; *Rev. proc. coll.* 2012, n° 157, obs. Lebel ; *Dr et proc.* 2012, n° 10, suppl., p. 15, obs. Reille ; *LPA* 15 avr. 2013, p. 8, obs. Gerbay). Le non-renvoi a également concerné une QPCsur l'interdiction faite aux coobligés, cautions et garants de se prévaloir des dispositions du plan de redressement arrêté à l'égard du débiteur principal alors que cela leur est permis dans le cadre d'un plan de sauvegarde. Cette différence de traitement entre plan de sauvegarde et de redressement n'a pas été considérée par la Cour de cassation comme portant atteinte au droit à un procès équitable (Cass. com., QPC, Com., 12 avril 2012, n°s 12-40003, 12-40004 et 12-40005).

II. L'influence des droits fondamentaux sur l'application du droit des procédures collectives

Les procédures collectives intéressent directement le juge, lequel en assure la mise en œuvre. Contraint par l'ordre public qui caractérise la matière, le juge doit tenir compte des droits fondamentaux dans l'application du droit (A). C'est aussi le juge lui-même en tant qu'autorité qui a été récemment mis en cause au regard des droits fondamentaux (B).

A. L'application des droits fondamentaux par le juge des procédures collectives

L'intervention du juge concerne les droits substantiels mais aussi processuels.

1. Les droits substantiels

Parmi les droits substantiels souvent invoqués figure le droit de propriété. Les atteintes invoquées à ce droit ont connu des fortunes diverses devant les juridictions. Si, comme on l'a vu précédemment, le Conseil constitutionnel a jugé inconstitutionnelle l'action en rapport contre le conjoint *in bonis* en raison d'une atteinte disproportionnée au droit de propriété(Cons. const., 20 janv. 2012, n° 2011-212 QPC, décision précitée *supra*), la Cour de cassation a parfois tracé les limites au droit des procédures collectives par rapport au droit de propriété. C'est ainsi qu'elle a jugé que le dessaisissement de plein droit de l'administration et de la disposition de ses biens du débiteur « n'entraîne pas la disparition de son droit de propriété sur l'immeuble indivis litigieux de sorte que le liquidateur n'a pas qualité pour poursuivre l'expulsion de ce dernier avant la réalisation définitive de la cession de cet immeuble » (Cass. com., 25 oct. 2011, *Gaz. Pal.* 5 janv. 2012, p. 20 ; *D.* 2011. 2724, obs. A. Lienhard). À l'inverse on trouve plusieurs arrêts de la Cour de cassation n'ayant pas donné lieu à renvoi au Conseil constitutionnel à propos d'atteinte suspectée au droit de propriété. Il en est ainsi par exemple des dispositions relatives au *dessaisissement* du débiteur en liquidation judiciaire (C. com., art. L. 642-9) qui n'entraînent pas une privation de propriété. (Cass. com., QPC, 18 déc. 2012, *D.* 2013. Actu. 77). De même, les restrictions pour revendiquer un droit de propriété à l'ouverture d'une procédure collective (C. com., art. L. 624-9) ont été jugées comme répondant à un motif d'intérêt général et n'ayant ni pour objet, ni pour effet d'entraîner la privation du droit de propriété ou d'en dénaturer la portée (Cass. com., QPC, 15 mars 2011 : *Bull. civ.* IV, n° 44 ; *D.* 2011. Chron. C. cass. 2689, obs. ARBELLOT ; *ibid.* Actu. 815, obs. LIENHARD ; *Rev. sociétés* 2011. 387, obs. ROUSSEL GALLE ; *RTD com.* 2011. 642, obs. MARTIN-SERF ; *Dr et proc.* mai 2011. Chron. 14, obs. REILLE ; *Bull. Joly Entrep. diff.* 2011. 194, note LAROCHE ; *RJDA* 2011, n° 645 ; *Banque et Droit* juill.-août 2011. 38, obs. JACOB).

Parmi les autres droits substantiels susceptibles d'être invoqués, on peut citer à titre d'exemple la liberté du travail. Il est vrai qu'en procédure de liquidation judiciaire, le dessaisissement total du débiteur l'empêchant d'exercer une activité relevant du droit des procédures collectives, on a pu considérer qu'il s'agissait là d'une atteinte disproportionnée à cette liberté. Toutefois, à propos d'un avocat en liquidation judiciaire, la Cour de cassation a justifié le non-renvoi d'une QPC en jugeant quel'interdiction édictée par l'article L. 641-9 (III), qui empêche seulement l'avocat, pendant le cours de sa liquidation judiciaire, d'exercer sa profession à titre individuel, ne porte pas une atteinte disproportionnée à son droit d'obtenir un emploi, tel qu'il est garanti par l'article 5 du Préambule de la Constitution du 27 octobre 1946, et elle est justifiée par l'intérêt général (Cass. com., QPC, 31 mai 2012, *D.* 2012. Actu. 1542, obs. LIENHARD ; *Rev. sociétés* 2012. 530, obs. ROUSSEL GALLE ; *Dict. perm. diff. entrep.*, *Bull.* n° 338, obs. RÉMERY ; *LEDEN* juill. 2012, p. 4, obs. FAVARIO ; *Act. proc. coll.* 2012, n° 180, obs. RÉTIF ; *RJDA* 2012, n° 789 ; *Gaz. Pal.* 3-4 août 2012, p. 26, obs. VOINOT ; *Rev. proc. coll.* 2012, n° 157, obs. LEBEL ; *Dr et proc.*2012, n° 10, suppl., p. 15, obs. REILLE).

2. Les droits processuels

Le droit d'accès au juge est un droit fondamental qui doit être respecté aussi dans le cadre des procédures collectives(N. FRICERO, « Les procédures collectives à l'épreuve du procès équitable », *in Mélanges Honorat, Procédures collectives et droit des affaires*, éd. Frison-Roche, 2000, p. 17 not. p. 19). Pour autant, les objectifs économiques de sauvegarde de l'entreprise conduisent à apporter des restrictions à cet accès notamment par la limitation des voies de recours. Si ces restrictions peuvent être justifiées pour des raisons tenant à l'intérêt général, elles font cependant l'objet de contestation au regard des droits fondamentaux.

À titre d'illustration, on peut évoquer la rapidité avec laquelle le juge rendra une décision. C'est ainsi que viole la CEDH le fait qu'une procédure de liquidation judiciaire ait duré vingt ans (CEDH, 22 sept. 2011, n° 60983/09, *Rev. proc. coll.* 2012, étude 3, B. SAINTOURENS et Ph. DUPRAT).

S'agissant des voies de recours et en particulier de la tierce opposition, la Cour de cassation a par exemple jugé, dans l'affaire Eurotunnel, au visa de l'article 6 § 1 de la Convention européenne de sauvegarde des droits de l'homme et des libertés fondamentales, que « les créanciers domiciliés dans un État membre autre que celui de la juridiction qui a ouvert une procédure principale d'insolvabilité ne peuvent être privés de la possibilité effective de contester la compétence assumée par cette juridiction » (Cass. com., 30 juin 2009, n° 08-11 902, *Rev. proc. coll.* 2009, étude 16, M. MENJUCQ ; *JCP* E 2009, 1974, note B. ROLLAND).

B. L'application des droits fondamentaux au juge des procédures collectives

L'application des droits fondamentaux au juge des procédures collectives est une question qui s'est surtout posée à propos de l'impartialité du juge.

Deux décisions du Conseil constitutionnel permettent d'illustrer cette problématique.

C'est d'abord le cas de la décision, déjà évoquée (décision n° 2012-286 QPC du 7 décembre 2012 ; v. égal. M.-A. Frison-Roche, « Principe d'impartialité et droit d'auto-saisine de celui qui juge », *D.* 2013, p. 28) relative à la saisine d'office du juge pour ouvrir une procédure de redressement judiciaire. Le Conseil constitutionnel y affirme que « le principe d'impartialité est indissociable de l'exercice de fonctions juridictionnelles ». Il délimite ensuite la portée du principe dans l'hypothèse d'une saisine d'office. C'est ainsi « qu'en principe une juridiction ne saurait disposer de la faculté d'introduire spontanément une instance au terme de laquelle elle prononce une décision revêtue de l'autorité de chose jugée ». Toutefois le Conseil précise que, « si la Constitution ne confère pas à cette interdiction un caractère général et absolu, la saisine d'office d'une juridiction ne peut trouver de justification, lorsque la procédure n'a pas pour objet le prononcé de sanctions ayant le caractère d'une punition, qu'à la condition qu'elle soit fondée sur un motif d'intérêt général et que soient instituées par la loi des garanties propres à assurer le respect du principe d'impartialité ».

L'impartialité du juge a été aussi invoquée à propos des tribunaux de commerce. Le Conseil constitutionnel (Cons. const., déc. n° 2012-241 QPC, 4 mai 2012, *EURL David Ramirez*) a toutefois conforté cette juridiction en jugeant conformes à la Constitution et en particulier aux principes d'impartialité et d'indépendance les dispositions qui régissent ces tribunaux (J.-L. Vallens, « Constitutionnalité des tribunaux de commerce », *RTDcom.* 2012, p. 621 ; J. Vallansan, « La pérennité constitutionnelle des tribunaux consulaires », *JCP* E 2012, n° 1365, p. 32, not. p. 34 ; sur la formation des juges consulaires, V. C. Bléry et L. Raschel, « Tribunaux de commerce : le changement, c'est pas pour maintenant ! », *JCP* E 2012, n° 595, p. 987).

SÉANCE N° 2
Domaine des procédures collectives
Procédures collectives et procédure de surendettement

Cas pratique : Entrepreneur individuel à responsabilité limitée – Procédure collective et procédure de surendettement des particuliers – Conjoint collaborateur

Monsieur Dupont est entrepreneur individuel à responsabilité limitée depuis le 1er avril 2012 et exerce une activité commerciale de négoce. Pour financer son commerce, M. Dupont a emprunté solidairement avec son épouse – conjoint collaborateur – une somme lui ayant permis de s'approvisionner en marchandises et fournitures diverses. M. Dupont n'étant pas très économe il a rapidement dispersé son argent multipliant, avec son épouse, les achats futiles. C'est ainsi que, très vite, les résultats de l'activité se révélant décevant, M. Dupont a été confronté à un problème de liquidités. Ces difficultés ont été telles qu'il a finalement déposé le bilan, le tribunal de commerce ayant ouvert une procédure de redressement judiciaire. M. Dupont n'a pas hésité à saisir la justice car il sait que la loi moderne protège le débiteur et lui permet même, à certaines conditions, d'obtenir un effacement de ses dettes. Lui et son épouse ont d'ailleurs bénéficié, il y a quelques mois, d'un plan conventionnel de redressement, leur permettant finalement de revenir à meilleure fortune. Il espère aujourd'hui que le même processus conduira aux mêmes effets et n'hésitera pas à saisir à nouveau la commission de surendettement si cela est nécessaire. Son épouse, d'une nature moins optimiste et un peu fatiguée par ces péripéties judiciaires, s'inquiète de son propre sort. En effet on lui a conseillé d'opter pour le statut de conjoint collaborateur afin d'échapper aux procédures collectives du livre VI du Code de commerce pour bénéficier ainsi de la procédure de surendettement. Elle a donc saisi la commission de surendettement du département qui a déclaré recevable sa requête. Toutefois certains créanciers ont fait appel de la décision de recevabilité en opposant le fait que la créance de prêt aux époux Dupont a été admise au passif de la procédure collective de Monsieur. Ainsi Mme Dupont se demande si les conseils qui lui ont été donnés ont été pertinents. Afin de clarifier sa situation et celle de son mari, elle a décidé de vérifier ces informations auprès d'un avocat.

Quelles réponses peut-on faire à Mme Dupont ?

Corrigé

Ce cas permet d'évoquer le domaine d'application des procédures collectives quant aux personnes auxquelles elles s'appliquent. Il permet ainsi de tracer la frontière entre les procédures collectives et le surendettement des particuliers.

I. La situation de M. Dupont

Du fait qu'il exerce une activité commerciale M. Dupont a pu demander l'ouverture d'une procédure de redressement judiciaire s'il était en état de cessation des paiements.

Le choix du régime patrimonial de l'entrepreneur individuel à responsabilité limitée a évidemment des conséquences pour lui.

Sont patrimoine affecté étant distinct de celui qui ne l'est pas, il en résulte que, en principe, les créanciers dont la créance est née de l'activité commerciale de M. Dupont ne pourront être payés sur le patrimoine non affecté.

Il convient cependant de réserver le cas ou la procédure de redressement judiciaire serait étendue du patrimoine affecté au patrimoine non affecté de M. Dupont.

Cette extension est susceptible d'intervenir dans trois cas (C. com., art. L. 621-2, al. 3) :

– en cas de confusion de patrimoine, c'est-à-dire lorsque le patrimoine de l'EIRL visé par la procédure collective se confond avec un ou plusieurs autres patrimoines de l'EIRL ;

– lorsque le débiteur a commis « *un manquement grave* » aux règles d'affection de ses biens et droits à ces différents patrimoines [1] ou alors aux règles de comptabilité, de fiscalité mais aussi à l'obligation d'avoir un ou plusieurs comptes bancaires « *exclusivement dédiés à l'activité à laquelle le patrimoine a été affecté* » [2] ;

– en cas de fraude « *à l'égard d'un créancier titulaire d'un droit de gage général sur le patrimoine visé par la procédure* ».

Dans le cas particulier de M. Dupont, il est possible que l'on se situe dans l'un des deux premiers cas, car M. Dupont semble avoir utilisé les fonds de l'emprunt affecté à l'achat de marchandises et fournitures à des achats futiles réalisés avec son épouse. L'extension de procédure sera décidée par le tribunal à la demande de l'administrateur, du mandataire judiciaire, du ministère public ou d'office (C. com., art. L. 621-2, al. 2).

Toutefois M. Dupont souhaite ensuite cumuler une procédure de redressement judiciaire et une procédure de surendettement des particuliers. Cette possibilité lui est ouverte mais à plusieurs conditions :

– d'abord le surendettement des particuliers ne peut concerner que son activité non affectée. En effet, comme le précise l'article L. 333-7, alinéa 2 du Code de la consommation, la procédure de surendettement s'applique « *à raison d'une situation de surendettement résultant uniquement de dettes non professionnelles. En ce cas, celles de ces dispositions qui intéressent les biens, droits et obligations du débiteur doivent être comprises, sauf dispositions contraires, comme visant les seuls éléments du patrimoine non affecté. Celles qui intéressent les droits et obligations des créanciers du débiteur s'appliquent dans les limites du seul patrimoine non affecté* » ;

– ensuite, il lui faut réunir les conditions de fond du surendettement (C. consom., art. L. 330-1) ;

– enfin, il devra indiquer lors du dépôt du dossier qu'une procédure de redressement judiciaire est ouverte à son bénéfice et auprès de quelle juridiction (C. consom., art. L. 333-7, al. 3).

II. La situation de Mme Dupont

En tant que conjoint collaborateur Mme Dupont devrait « échapper » aux procédures collectives. On peut toutefois se demander si elle pourra bénéficier d'une procédure de surendettement.

1. C. com., art. L. 526-6, al. 2.
2. C. com., art. L. 526-13.

Peut-elle échapper aux procédures collectives ?

En principe oui car elle n'est que le mandataire de son conjoint et n'exerce donc pas d'activité commerciale à titre personnel. Ainsi que le précise l'article L. 121-6 du Code de commerce, « *le conjoint collaborateur, lorsqu'il est mentionné au registre du commerce et des sociétés, au répertoire des métiers ou au registre des entreprises tenu par les chambres de métiers d'Alsace et de Moselle est réputé avoir reçu du chef d'entreprise le mandat d'accomplir au nom de ce dernier les actes d'administration concernant les besoins de l'entreprise* » et l'article L. 121-7 du même code précise ensuite : « *Dans les rapports avec les tiers, les actes de gestion et d'administration accomplis pour les besoins de l'entreprise par le conjoint collaborateur sont réputés l'être pour le compte du chef d'entreprise et n'entraînent à la charge du conjoint collaborateur aucune obligation personnelle* ».

Toutefois, et par exception, elle pourrait être englobée dans une procédure collective en cas d'extension de la procédure collective de son époux à sa personne en raison d'une confusion de patrimoine entre les époux (C. com., art. L. 621-2, al. 2).

Peut-elle bénéficier de la procédure de surendettement des particuliers ?

L'article L. 330-1 du Code de la consommation dispose que : « *la situation de surendettement des personnes physiques est caractérisée par l'impossibilité manifeste pour le débiteur de bonne foi de faire face à l'ensemble de ses dettes non professionnelles exigibles et à échoir. L'impossibilité manifeste pour une personne physique de bonne foi de faire face à l'engagement qu'elle a donné de cautionner ou d'acquitter solidairement la dette d'un entrepreneur individuel ou d'une société caractérise également une situation de surendettement. Le seul fait d'être propriétaire de sa résidence principale ne peut être tenu comme empêchant que la situation de surendettement soit caractérisée* ».

Pour qu'une procédure de surendettement soit ouverte, il est donc nécessaire que :

– le débiteur soit une personne physique ;

– il soit, pour des dettes non professionnelles, en situation de surendettement, c'est-à-dire qu'il ne peut plus faire face à l'ensemble de ses dettes non professionnelles exigible et à échoir ; étant précisé que caractérise également une situation de surendettement l'impossibilité manifeste de faire face à un engagement de caution ou d'acquittement solidaire de la dette d'un entrepreneur individuel ou d'une société ;

– il soit de bonne foi.

Dans le cas de Mme Dupont, c'est surtout la deuxième condition qui mérite d'être discutée.

On peut se demander si la dette relative à l'emprunt déjà incluse dans le passif du redressement judiciaire de M. Dupont peut également être incluse dans une procédure de surendettement au bénéfice de l'épouse coemprunteuse.

Les textes ne se prononcent pas réellement sur la question, seul l'article L. 333-3 du Code de la consommation précise que : « *les dispositions du présent titre ne s'appliquent pas lorsque le débiteur relève des procédures instituées par le livre VI du Code de commerce [...]* ».

Or, le débiteur, en l'occurrence l'épouse de l'EIRL ne peut en raison de son statut de conjoint collaborateur prétendre à l'application d'une procédure collective. La procédure de surendettement devrait donc lui être ouverte. Toutefois, la jurisprudence tient compte de la situation du conjoint qui en l'espèce est en procédure de redressement judiciaire. La Cour de cassation juge en effet que la demande du conjoint du commerçant doit être jugée irrecevable si les dettes qu'il déclare se trouvent déjà incorporées dans la procédure collective ouverte au nom de son époux commerçant[3]. Cette solution a été réaffirmée récemment dans un arrêt de la Cour de cassation qui a jugé « *que ne peut prétendre au bénéfice de la procédure de surendettement des particuliers le débiteur dont le passif est inclus dans la procédure collective de son conjoint* »[4] ce qui laisse peu d'espoir à Mme Dupont ni du côté de la procédure collective, ni du côté de la procédure de surendettement.

3. Cass. 1re civ., 11 oct. 2000, *Bull. civ.* I, n° 242.
4. Cass. 2e civ., 6 janv. 2011, n° 09-72485.

SÉANCE N° 3
Accord amiable entre créanciers et débiteur – Procédure de conciliation

Cas pratique : Validité d'un plan d'apurement du passif hors procédure – Privilège de la conciliation –Plan de sauvegarde.

Monsieur Durand est dirigeant d'une société anonyme ARKANE, société mère d'un groupe de 85 sociétés.

Le groupe ayant accumulé un endettement très important, Monsieur Durand a d'abord consulté un ami, conseiller en gestion de patrimoine. Après analyse de la situation, son ami lui a proposé d'élaborer un plan de rééchelonnement de dettes et s'est proposé de renégocier celles-ci auprès de chaque créancier selon un programme comportant deux phases. Une première étape a visé les créanciers de la société mère et une deuxième étape a concerné les créanciers des filiales. Ce « plan » n'a toutefois pas donné les résultats escomptés. Il a même accru sensiblement le passif de la société ARKANE en raison du coût de l'intervention du conseil en gestion de patrimoine et des concessions disproportionnées accordées à certains créanciers.

Monsieur Durand s'est ensuite tourné vers la justice en saisissant le tribunal de commerce afin de conclure un accord de conciliation avec ses principaux créanciers. Il a pu ainsi obtenir un moratoire de dettes de la part de ses fournisseurs. Surtout, son banquier lui a apporté les fonds nécessaires lui permettant de sortir de la cessation des paiements. L'accord de conciliation homologué par le tribunal n'a cependant pas permis de résoudre durablement les difficultés du groupe. C'est la raison pour laquelle M. Durand a demandé et obtenu l'ouverture d'une procédure de sauvegarde. Au cours de la sauvegarde, un projet de plan a été négocié selon des conditions contestées par le mandataire judiciaire. Ainsi, parmi les mesures discutées, il a été prévu que tous les créanciers seraient traités à égalité sauf le banquier prêteur pendant la conciliation qui sera réglé prioritairement sur la vente d'éléments d'actifs en raison de son privilège d'argent frais. Le désaccord porte sur le sort réservé au banquier prêteur dans le cadre de l'accord de conciliation dont le traitement privilégié dans le projet de plan de sauvegarde est contesté par le mandataire judiciaire.

Qu'en pensez-vous ?

Corrigé :

Ce cas pratique met en lumière la possibilité et les risques pour le débiteur en difficulté de négocier à l'amiable des accords avec ses créanciers. Deux solutions s'offrent au débiteur : soit il conclut des accords amiables hors procédure judiciaire, soit il fait le choix d'inscrire la négociation dans un cadre judiciaire afin de sécuriser un accord éventuel.

Si la première solution présente des risques non négligeables, la deuxième solution peut révéler certaines incertitudes notamment quant à la portée d'un accord de conciliation.

I. Les risques liés au plan conventionnel de rééchelonnement de dettes hors procédure

Si le débiteur est libre de négocier un accord de rééchelonnement de dettes avec ses créanciers, cette opération présente des risques. Aux cas particuliers les risques pèsent sur le conseiller en gestion de patrimoine qui intervient comme intermédiaire dans l'opération mais aussi sur le débiteur en raison de portée incertaine de l'accord.

A. Les risques pour le conseil en gestion de patrimoine

Selon l'énoncé, le conseil en gestion de patrimoine a proposé au débiteur « d'élaborer un plan de rééchelonnement de dettes et s'est proposé de renégocier celles-ci auprès de chaque créancier selon un programme ». L'intervention de l'ami s'analyse ainsi en une activité d'intermédiaire chargée de négocier un plan de désendettement. Or cette activité est réglementée par le Code de consommation. Il est en effet en principe interdit à tout intermédiaire de percevoir une somme d'argent à l'occasion d'une mission consistant notamment à « *examiner la situation d'un débiteur en vue de l'établissement d'un plan de remboursement* » et à « *rechercher pour le compte d'un débiteur l'obtention de délais de paiement ou d'une remise de dette* » (C. consom., art. L. 321-1). La violation de cette interdiction peut conduire à des sanctions pénales (un d'emprisonnement et/ou 30 000 euros d'amende –C. consom., art. L. 322-1) et entraîne la nullité de la convention (C. consom., art. L. 321-1). Il existe cependant des dérogations à cette interdiction. C'est ainsi que peuvent exercer ces missions les « *membres des professions juridiques et judiciaires réglementées* » (C. consom., art. L. 322-2, 1°), les conciliateurs (C. consom., art. L. 322-2, 2°), les administrateurs judiciaires, mandataires liquidateurs et experts en diagnostic d'entreprise, dans le cadre de la mission qui leur est confiée par une décision de justice (C. consom., art. L. 322-2, 4°). Le conseil en gestion de patrimoine n'entrant pas dans cette liste, il s'expose donc à des poursuites.

B. Les risques pour le débiteur

L'élaboration d'un plan de rééchelonnement n'est pas non plus sans danger pour le débiteur. On peut observer que celui-ci a accru son passif, ce qui peut laisser entendre qu'il est en cessation des paiements et qu'il a utilisé des moyens ruineux pour se maintenir à flot. Or, en cas d'ouverture d'une procédure de redressement ou de liquidation judiciaire, il pourrait de ce fait être poursuivi et condamné pour faillite personnelle ou pour banqueroute pour avoir « *employé des moyens ruineux pour se procurer des fonds* » (C. com., art. L. 653-5, 2° ; L. 654-2, 1°).

Par ailleurs, les accords amiables passés selon les règles du droit commun pourraient être remis en cause sur le fondement des nullités de la période suspecte. Il pourrait en être ainsi dans le cadre de la procédure de redressement ou de liquidation judiciaire si l'accord a été passé en période suspecte c'est-à-dire entre la date de cessation des paiements et l'ouverture de la procédure collective et si cet accord entre dans l'un des cas de nullités de cette période. On peut ici constater que l'accord conduisant à des « concessions importantes de la part du débiteur », il pourrait être qualifié de « contrat commutatif dans lequel les obligations du débiteur excèdent notablement celles de l'autre partie » ce qui est un cas de nullité de plein droitprévu par l'article L. 632-1, 2° du Code de commerce. En définitive, le débiteur va s'orienter vers une procédure de conciliation aboutissant à un accord homologué ce qui, en cas de redressement ou de liquidation judiciaire subséquente, fera échapper cet accord à la période suspecte, celle-ci ne pouvant remonter au-delà de l'homologation de l'accord sauf cas de fraude (C. com., art. L. 631-8, al. 2).

II. Les incertitudes liées au privilège de la conciliation

La question du désaccord relatif au contenu du projet de plan renvoie en réalité à celle de la portée d'un accord de conciliation homologué. En l'espèce il convenait en effet de se demander d'une part si le banquier pouvait se prévaloir d'un privilège de la conciliation et, d'autre part, quel était l'effet de ce privilège pendant la procédure de sauvegarde.

A. La qualification de privilège de la conciliation

Si la procédure de conciliation aboutit à un accord homologué, cela emporte des effets distincts d'un simple accord constaté par le juge. En cas d'homologation, certains créanciers parties à l'accord peuvent en effet, dans la procédure collective subséquente, se prévaloir du privilège de la conciliation. Ce privilège fut l'une des grandes innovations de la réforme issue de la loi n° 2005-845 du 26 juillet 2005. La qualification de privilège est essentielle puisque, différente d'une simple priorité de paiement, le privilège survit à l'accord. Autrement dit, si après l'homologation de l'accord une procédure collective est ouverte, les créanciers privilégiés dans la conciliation le demeurent dans les procédures subséquentes.

Il convient à cet égard de préciser les conditions permettant de bénéficier du privilège de la conciliation. Deux catégories de créanciers sont concernées (C. com., art. L. 611-11, al. 1.) :

– d'une part ceux qui dans un accord homologué ont consenti « *un nouvel apport de trésorerie au débiteur en vue d'assurer la poursuite d'activité de l'entreprise et sa* pérennité » [1]. Il s'agit dans ce cas d'un apport d'argent frais (on parle de privilège de « *new money* » ou de « *fresh money* »), les sommes devant être versées après l'homologation ;

– d'autre part « les personnes qui fournissent dans l'accord homologué, un nouveau bien ou service en vue d'assurer la poursuite d'activité de l'entreprise et sa pérennité » [2]. Dans cette hypothèse le paiement par privilège s'applique au prix de ce bien ou de ce service. C'est le cas par exemple d'un nouveau cautionnement donné par un banquier. En revanche le privilège ne s'applique ni aux apports consentis par les actionnaires et associés du débiteur dans le cadre d'une augmentation de capital ni aux concours consentis par les créanciers signataires de l'accord antérieurement à la procédure de conciliation (C. com., art. L. 611-11, al. 2 et 3. ; CA Montpellier, 2 févr. 2010 : BICC 2010, n° 1380 ; JCP E 2010. 1875, note Lebel).

En l'espèce, on doit admettre que le banquier apporteur d'argent frais bénéficie sans doute du privilège de la conciliation. Encore faut-il cependant vérifier quelle est la destination de la somme ainsi prêtée. En effet, selon la pratique (v. la position de Me Hélène Bourbouloux in F. Pérochon, « Prévention : Suivi et résolution des accords amiables. Rémunération dans les missions amiables », *Bulletin Joly Entreprises en Difficulté*, 1er novembre 2012 n° 6, p. 409), la qualification d'apport d'argent frais pourrait être remise en cause si l'argent emprunté sert à rembourser des dettes antérieures du même créancier. Une telle novation devrait être exclue du bénéfice du privilège.

1. *Ibid.*
2. C. com., art. L. 611-11, al. 1.

B. La portée du privilège de conciliation

Accueilli favorablement par la doctrine, le privilège de la conciliation soulève cependant des interrogations pratiques non négligeables notamment quant à ses effets. La créance est certes privilégiée mais elle est néanmoins une créance née antérieurement à l'ouverture de la procédure collective subséquente. Il en résulte que le créancier titulaire du privilège de la conciliation se voit appliquer le régime des créances antérieur. C'est ainsi qu'il doit déclarer sa créance et son privilège à la procédure. C'est la raison pour laquelle, au cas d'espèce, le banquier prêteur ne peut voir sa créance intégrée au plan que s'il a déclaré sa créance dans le délai légal.

Si c'est chose faite, se pose alors la question de savoir quand interviendra le paiement. En principe pas pendant la période d'observation dans la mesure où, étant créancier antérieur à l'ouverture de la procédure collective, l'interdiction des paiements lui est opposable (T. com. La Roche-sur-Yon, 17 oct. 2012, *LEDEN* oct. 2012, p. 1, obs. F.-X. Lucas). Doit-il alors être payé dans le cadre du plan ou hors plan ?La doctrine est divisée sur la lecture de la loi (*pro* : I. Fernandez Torres, M.-H. Monsérié-Bon, « Le financement des entreprises en difficulté : le privilège de la fesh money, Regards croisés : France/Espagne », *Rev. proc. coll.* 2012, Et. 28, spéc. n° 32 ; F.-X. Lucas, « Argent frais : paiement hors plan ou selon le plan ? », *op. cit.* ; *contra* : F. Pérochon, « Argent frais : paiement hors plan ou selon le plan ? », *op. cit.* qui s'appuie sur l'article L. 611-11 selon lequel ces créances « *sont payées, pour le montant de cet apport, par privilège avant toutes les autres créances* ». Le texte ne précise toutefois pas que les créances sont payées à l'échéance. On peut aussi, avec moins de conviction peut-être, lui opposer sa généralité par rapport à ceux plus spéciaux relatifs aux régimes applicables aux créanciers antérieurs. ; v. égal. Ph. Roussel-Galle, « L'apparition des créanciers atypiques », *BJE* 1er septembre 2012, n° 5, p. 325, spéc. n° 5.) ce qui rend incertaine l'efficacité du privilège de la conciliation (D. Voinot, « L'efficacité incertaine du privilège de la conciliation », *Banque* avr. 2012, p. 32). La pratique développe des formules hybrides avec un paiement prioritaire dans le plan par exemple par affectation préférentielle du produit d'une cession d'actifs. C'est le cas en l'espèce.

SÉANCE N° 4
Les conditions d'ouverture de la procédure collective

Cas pratique : la compétence du tribunal

Vous venez d'être nommé, très récemment, assistant de justice au Parquet général près la cour d'appel de Douai. On vous a transmis un dossier sur lequel vous devez vous prononcer en proposant des réponses aux questions posées par le procureur de la République de Lille qui doit conclure dans cette affaire.

La Société des tuyauteries réunies (STR) a été créée en février 1977. Son capital social est de 4,5 millions d'euros. Son activité intéresse la chaudronnerie-tuyauterie et toutes applications industrielles y afférentes. Son chiffre d'affaires s'élevait pour l'exercice clos au 31 décembre 2012 à 146 millions d'euros, avec un résultat négatif de 0,10 million d'euros, et un effectif de 253 salariés. Son passif serait de l'ordre de 49 millions d'euros, dont 10 millions à titre privilégié, tandis que l'actif, consistant principalement dans les titres de participation, est estimé à 60 millions. Cette société a déposé le bilan le 4 janvier 2013 à la suite duquel le tribunal de commerce de Lille a ouvert à son encontre une procédure de redressement judiciaire.

La STR est l'une des sociétés filiales du groupe Sito, dirigée par Nicolas Beughes, dont la société mère vient d'être mise en redressement judiciaire, sur déclaration de cessation des paiements, par le tribunal de commerce de Créteil, compétent en raison du siège social dudit groupe, situé à Bry sur Marne. Cette dernière détient seule ou par personnes interposées la quasi-totalité des actions de la STR. De son côté, la STR contrôle en quasi-totalité six autres sociétés, dont une société civile immobilière, et une société en sommeil, ces deux dernières structures étant représentées par les dirigeants de la STR. On peut d'ailleurs noter que la SCI détient plusieurs créances à l'encontre de la STR. Plusieurs de ces sociétés ont été également mises tout dernièrement en redressement judiciaire par les juridictions consulaires de leurs sièges, c'est-à-dire les tribunaux de commerce de Compiègne et d'Aubenas. La multiplicité des intérêts en cause et les liens qui unissent ces différentes structures incitent à donner plus de cohérence à toutes ces procédures. Le procureur de la République vous demande quelles solutions sont à envisager pour assurer plus de cohérence sur le plan procédural et quelles seraient les conséquences de ces solutions pour les sociétés concernées.

Corrigé

Même si les faits sont en apparence complexes, le cas touche en réalité à la question générale de la compétence du tribunal de la procédure collective. La particularité du cas tient au fait que l'on est présence d'un groupe de sociétés. Le droit français ne reconnaissant pas la personnalité juridique des groupes il convient donc de raisonner personne par personne et donc procédure par procédure. Toutefois, le droit des procédures collectives présente des règles particulières qui permettent à certaines conditions de traiter ensemble plusieurs sociétés d'un même groupe.

Deux options s'offrent ici au ministère public. Il peut d'abord demander une extension de procédure sur le fondement de la confusion des patrimoines ou du caractère fictif d'une personne morale. Il peut ensuite demander le renvoi de la procédure d'une juridiction à une autre si les intérêts en présence le justifient.

I. L'extension de la procédure pour cause de confusion de patrimoine ou de fictivité de la personne morale

L'énoncé fait penser à une possible extension de la procédure aux autres sociétés du groupe sur le fondement de la confusion de patrimoine ou alors de la fictivité de la personne morale.

Cette extension résulte de l'article L. 621-2, alinéa 2 du Code de commerce : « *À la demande de l'administrateur, du mandataire judiciaire, du ministère public ou d'office, la procédure ouverte peut être étendue à une ou plusieurs autres personnes en cas de confusion de leur patrimoine avec celui du débiteur ou de fictivité de la personne morale. À cette fin, le tribunal ayant ouvert la procédure initiale reste compétent* ».

Il faut ensuite préciser que la seule présence d'un groupe de société ne saurait justifier une extension de procédure. Il faut en effet réunir les critères bien connus que sont la confusion des patrimoines ou alors la fictivité de la personne morale.

Les faits sont beaucoup trop imprécis pour répondre de manière catégorique qu'il est possible d'étendre la procédure sur ce fondement.

Tout au plus peut-on discuter du cas de la société civile immobilière. Il convient à cet égard de rappeler que le « tandem » société d'exploitation/société civile immobilière n'emporte pas de plein droit extension de la procédure si la société d'exploitation fait l'objet d'une « faillite ». Il convient encore de trouver suffisamment d'indices de nature à démontrer la confusion de patrimoine ou le caractère fictif de la personne morale. En l'espèce la présence de dirigeants communs entre la STR et la SCI ne saurait justifier à elle seule l'extension de la procédure. Il faudrait pouvoir ajouter à cet indice d'autres éléments comme par exemple l'existence d'un flux financier anormal, au détriment des créanciers de la société en procédure collective ou encore comme cela a été jugé récemment une « *situation de dépendance économique et juridique totale et anormale* » d'une société par rapport à une autre [1].

En résumé, on peut au mieux espérer une procédure unique s'agissant de la STR et de la SCI, mais il y a peu de chance que l'extension puisse se produire en ce qui concerne les autres sociétés.

Il convient également préciser, et c'est important, que la demande d'extension n'est recevable que si elle intervient avant la date d'arrêté du plan de redressement ce qui semble être le cas en l'espèce [2]. On peut aussi ajouter que la procédure ouverte à l'encontre de la STR, par exemple, peut être étendue à des personnes qui sont déjà soumises à une procédure collective [3].

II. Le renvoi de procédure collective en raison des intérêts en présence

Si aucune confusion de patrimoine ou fictivité de personne n'est prouvée, il est alors impossible de réunir au sein d'une procédure unique toutes les sociétés du groupe.

1. Cass. com., 26 mai 2010, *Rev. sociétés* 2011.119, note MORELLI.
2. Cass. com., 22 oct. 1996, *Bull. civ.* IV, n° 256.
3. Cass. com., 4 janv. 2000, *D. aff.* 2000, p. 73.

Sur le plan procédural il est cependant peu cohérent de traiter à des endroits différe procédures concernant des sociétés liées par des intérêts communs. On peut donc avoir recours à l'article L. 662-2 du Code de commerce qui prévoit que « *Lorsque les intérêts en présence le justifient, la cour d'appel peut décider de renvoyer l'affaire devant une autre juridiction de même nature, compétente dans le ressort de la cour, pour connaître du mandat ad hoc, de la procédure de conciliation ou des procédures de sauvegarde, de redressement judiciaire ou de liquidation judiciaire, dans des conditions fixées par décret. La Cour de cassation, saisie dans les mêmes conditions, peut renvoyer l'affaire devant une juridiction du ressort d'une autre cour d'appel* ».

Ce texte apporte une dérogation aux règles de compétence territoriale. On peut dessaisir un tribunal parfaitement compétent pour juger d'une affaire au profit d'un autre tribunal. C'est donc une prorogation de compétence qui se fonde sur les intérêts en présence, formule bien vague mais qui convient très bien à cette affaire.

En l'espèce, il est possible d'envisager un renvoi de la procédure ouverte par le tribunal de Lille au tribunal qui a ouvert une procédure à l'encontre de la société mère. On fera de même pour toutes les autres sociétés du groupe.

Le renvoi peut être décidé d'office par le président du tribunal qui transmet par ordonnance motivée le dossier au premier président de la cour d'appel ou de la Cour de cassation. Le renvoi peut aussi être demandé par le ministère public par requête motivée soit au premier président de la cour d'appel soit à celui de la Cour de cassation [4]. Il peut aussi l'être par le premier président d'une cour d'appel qui transmet le dossier par ordonnance motivée au premier président de la Cour de cassation. Dans notre cas, la demande émanant du ministère public sera adressée au premier président de la Cour de cassation puisque les différentes sociétés ne relèvent pas du ressort d'une même cour d'appel. Le premier président désigne alors la juridiction qui sera saisie de l'affaire.

Les décisions prises en application du renvoi sont des mesures d'administration judiciaire non susceptible de recours [5] sauf en cas d'excès de pouvoir juge.

Le renvoi n'a pas d'effet autre que de dessaisir le tribunal initialement compétent au profit d'un autre avec un changement d'organes de la procédure le cas échéant. En revanche les décisions prises dans les différentes procédures avant regroupement des instances au sein d'un même tribunal ne seront par remises en cause puisqu'il n'y a pas de procédure unique pour l'ensemble du groupe mais différentes procédures pour chaque société.

4. Sur les modalités, v. C. com., art. R. 662-7.
5. Cass. com., 17 févr. 1998, *D.* 1998, 274, note Perdriau et Derrida ; *JCP* E 1999.421, obs. D. Voinot.

SÉANCE N° 5
La situation des créanciers dans les procédures collectives

Cas pratique : privilège de la procédure ; contrats en cours

M. Sartorius a été désigné liquidateur judiciaire dans plusieurs procédures pour lesquelles il connaît des difficultés juridiques. Débordé par tant d'activité, il a décidé de s'attacher vos services. Toutefois, il souhaite évaluer vos qualités et vous demande de lui préparer plusieurs dossiers en lui faisant des propositions de réponses.

1. Le premier dossier concerne un agent immobilier, M. Duranton, qui après avoir vendu un fonds de commerce pour le compte de M. Distrait, a séquestré entre ses mains le prix de vente d'un fonds de commerce. Son activité n'ayant pas résisté à la crise immobilière une procédure de liquidation judiciaire a été ouverte à l'égard de M. Duranton, le jugement le 30 juin 2012 ayant été publié au *Bodacc*. Le 1er décembre 2012, M. Distrait a assigné en paiement de la somme correspondant au prix du fonds M. Satorius ès qualités de liquidateur judiciaire ainsi que la fédération des agents immobiliers, garante de M. Duranton. Quelle position doit adopter M. Sartorius ?

2. Un autre dossier concerne un créancier hypothécaire, M. Sébille, qui a appris fortuitement par un ami que M. Konkurs, son débiteur, a été mis en liquidation judiciaire il y a maintenant trois mois. M. Sébille s'est d'ailleurs rendu compte qu'il n'est pas le seul dans l'ignorance de l'existence de cette procédure collective. Tel est aussi le cas de plusieurs créanciers privilégiés et notamment le trésor public mais aussi d'un syndic de copropriété. Renseignements pris, il semble que ce même débiteur ait passé de nouveaux contrats avec un concurrent de M. Sébille, conventions dont les prestations ont permis la poursuite de l'activité du débiteur. C'est donc logiquement que ces mêmes prestations ont été réglées à l'échéance par le liquidateur, M. Sartorius. M. Sébille se demande s'il n'y a pas abus de la part du liquidateur à privilégier ainsi ce contractant « récent ». Il s'interroge sur la probabilité que lui-même ainsi que les autres créanciers soient un jour payés et a adressé un courrier recommandé avec avis de réception au liquidateur. Que doit-on penser de ce dossier ?

3. Un autre dossier concerne la banque CLOC à propos d'un investissement catastrophique dans la SA Starone qui a connu un sort fâcheux puisqu'elle a été mise en liquidation judiciaire. Plusieurs banques participaient à l'opération de financement et, à cette fin, s'étaient constituées en société en participation avec pour gérant la banque CLOC. Face à la défaillance de la SA Starone, la banque CLOC a bien déclaré dans les délais la créance de tous les associés à la procédure collective de la société anonyme. Aujourd'hui se pose toutefois la question de la validité de cette déclaration de créance dans la mesure où la banque CLOC a procédé à une déclaration collective.

Corrigé

Les créanciers sont soumis à une discipline propre aux procédures collectives. Cela se traduit par des procédures à respecter afin de conserver le droit au paiement de leurs créances. Ce cas permet de revenir sur les droits des créanciers dans les procédures collectives en considération des circonstances propres à chaque cas.

L'énoncé distingue trois dossiers, chacun d'eux permettant d'évoquer différents problèmes de droit auxquels peuvent se trouver confrontés les créanciers.

1. Dans le premier dossier sur l'assignation en paiement du liquidateur de l'agent immobilier, La créance en paiement du solde du prix de vente d'un fonds de commerce et séquestré par M. Duranton est née antérieurement à l'ouverture de la procédure de liquidation judiciaire de ce dernier. Il devrait s'en déduire logiquement qu'une déclaration de créance est un préalable indispensable pour permettre au créancier de conserver l'espoir d'un paiement. Or, en réalité, telle n'est pas la solution du cas.

L'agent immobilier a l'obligation, en application de la loi du 2 janvier 1970, de garantir le paiement des sommes dues à ces clients en raison des opérations réalisées en leur et pour leur compte par l'agent. Cette garantie légale donne ainsi au client une créance de restitution de la somme issue de la transaction réalisée. Or, selon une jurisprudence récente, cette somme échappe à la loi du concours, elle est ainsi une créance hors procédure. Plus précisément, la Cour de cassation a jugé « *que le mandant d'une agence immobilière en liquidation judiciaire n'a pas à déclarer sa créance de restitution résultant des dispositions de la loi du 2 janvier 1970 au passif de la procédure, celle-ci échappant par sa nature aux dispositions de la procédure collective obligeant les créanciers dont la créance est née antérieurement au jugement d'ouverture à déclarer leurs créances au liquidateur* » [1]. Cette solution va plus loin encore que celle de l'assemblée plénière de la Cour de cassation qui avait jugé « *qu'en raison de son autonomie, la garantie financière exigée des personnes exerçant des activités relatives à certaines opérations portant sur les immeubles et les fonds de commerce et affectée au remboursement des fonds, effets ou valeurs qu'elles ont reçus n'est pas éteinte lorsqu'en cas de redressement ou de liquidation judiciaire de l'agent immobilier, le client ne déclare pas au passif sa créance de restitution de la somme versée* » [2]. Il est vrai que depuis la loi du 26 juillet 2005 de sauvegarde des entreprises, l'absence de déclaration de la créance n'ayant plus d'effet extinctif, la solution retenue en 1999 s'en trouvait dès lors remise en cause. En rendant cette décision en 2011, la Cour de cassation fait de la créance de restitution du client de l'agent immobilier une créance hors procédure que le créancier n'a donc pas à déclarer. Par conséquent, M. Sartorius devra payer M. Distrait.

2. Le deuxième dossier est plus classique. Il concerne d'abord les droits du créancier hypothécaire dans la liquidation judiciaire et ensuite le privilège des créanciers postérieurs.

S'agissant du créancier hypothécaire, il convient de rappeler que le créancier dont la créance est née antérieurement à l'ouverture de la procédure collective (ce qui semble résulter des faits s'agissant de M. Sébille) doit déclarer sa créance dans un délai de deux mois à compter de la publication du jugement d'ouverture de la procédure au *Bodacc*. Ici le délai est passé. Il semble donc que la créance soit inopposable au débiteur. Toutefois, s'agissant d'un créancier titulaire d'une sûreté publiée, celui doit avoir été avisé personnellement par le liquidateur judiciaire de son obligation de déclarer sa créance [3]. Tel ne semble pas être le cas

1. Cass. com., 15 févr. 2011, F-P+B, n° 10-10056.

2. Cass. ass. plén., 4 juin 1999, *Bull. AP* n° 4 ; *D.* 2000. Somm. 140, obs. Capoulade ; *D. aff.* 1999.1082, obs. A. L. ; *RTD civ.* 1999.665, obs. Crocq.

3. C. com., art. L. 641-3, al. 3 renvoyant à C. com., art. L. 622-24.

ici puisque M. Sébille a été informé par un ami. Dès lors il faut admettre que la forclusion ne lui est pas opposable. Il peut donc se prévaloir de sa créance.

La deuxième question est très classique, elle touche aux créanciers bénéficiant du privilège de la procédure collective. En cas de procédure collective les créanciers dont la créance est née régulièrement et postérieurement à l'ouverture de la procédure collective peuvent bénéficier d'un droit au paiement à l'échéance ou à défaut d'un privilège de paiement prioritaire [4]. Il faut pour cela, outre la condition de régularité et de postériorité, que ces créances soient nées soit pour les besoins du déroulement de la procédure, soit pour le maintien provisoire de l'activité, soit en contrepartie d'une prestation fournie au débiteur pendant ce maintien d'activité, soit en cas de prononcé de la liquidation judiciaire, qu'elles soient nées régulièrement après le jugement d'ouverture de la procédure de sauvegarde ou de redressement judiciaire. La formulation de l'énoncé ne laisse guère de doute. Le contractant nouveau bénéficie du privilège (même s'il est chirographaire) et peut se faire payer à l'échéance. Si tel n'est pas le cas il se fera payer selon l'ordre prévu par l'article L. 641-13, III du Code de commerce. Or, dans ce classement spécifique à la liquidation judiciaire, il apparaît que les créances antérieures ou postérieures garanties notamment par des sûretés immobilières sont payées prioritairement sur les créances bénéficiant du privilège de la procédure collective. Ainsi, M. Sébille étant créancier hypothécaire, il bénéficiera de cet avantage.

3. Le troisième dossier concerne un problème classique de déclaration de créances en présence d'une société en participation entre banques (ou *pool* bancaire), le mandataire ayant déclaré pour les membres du groupement. La question du délai étant évacuée par l'énoncé se pose celle du pouvoir du mandataire de déclarer pour les autres membres du groupement. Sur ce plan, la jurisprudence a connu une évolution en deux temps.

Dans un premier temps, la Cour de cassation réunie en assemblée plénière avait eu l'occasion de juger que « *la déclaration de créances équivaut à une demande en justice* », que « *la personne qui déclare la créance d'un tiers doit, si elle n'est pas avocat, être munie d'un pouvoir spécial donné par écrit* », étant précisé que « *la recherche d'éléments de preuve d'un mandat tirés des circonstances de la cause ne peut suppléer l'absence de production d'un pouvoir spécial et écrit lors de la déclaration ou dans le délai légal de cette déclaration* » [5]. Autrement dit, en l'absence de pouvoir spécial, le mandataire du groupement bancaire n'est pas habilité à déclarer pour tous, ce pouvoir devant être produit « *lors de la déclaration* » ou « *dans le délai légal de cette déclaration* ».

C'est sur ce dernier point que la jurisprudence a, dans un second temps, fait évoluer les solutions en admettant que le pouvoir spécial peut être valablement donné avant le que le juge ne statue sur l'admission définitive des créances [6].

Ainsi au cas particulier, si ce pouvoir spécial n'est pas donné avant cette limite, la déclaration de créance ne vaudra que pour la banque CLOC.

Ainsi, la déclaration de créances équivaut à une demande en justice ; la personne qui déclare la créance d'un tiers doit, si elle n'est pas avocat, être munie d'un pouvoir spécial donné par écrit. Tel ne semble pas être le cas dans cette affaire où le chef de file du *pool* bancaire aurait dû recevoir un pouvoir spécial donné par écrit pour pouvoir déclarer les créances à la procédure collective. Cette solution trouve sa justification dans la circonstance que le chef de file, n'étant

4. Privilège de la procédure collective : C. com., art. L. 641-13.

5. Cass. ass. plén., 26 janv. 2001, n° 99-15153, *Bull. civ.*, n° 1 ; *D.* 2001. AJ 631 ; *RTD com.* 2001. 507, obs. Martin-Serf ; *ibid.* 746, obs. Cabrillac ; *RTD civ.* 2002. 805, obs. Mestre et Fages ; *JCP* E 2001, n° 14, p. 617, note Béhar-Touchais.

6. Cass. ass. plén., 4 févr. 2011, P+B+R+I, n° 09-14619.

pas un organe social légalement habilité à représenter le *pool,* fût-il constitué sous forme de société en participation, faute de personnalité morale de celui-ci, relève du droit commun du mandat. S'agissant en outre d'un mandat *ad litem* puisque la déclaration de créances équivaut à une demande en justice[7], ce pouvoir doit accompagner la déclaration de créances ou être produit dans le délai de celle-ci.

7. Arrêts de principe : Cass. com., 14 déc. 1993.

SÉANCE N° 6
Les nullités de la période suspecte

Cas pratique : mise en œuvre de l'action en nullités de la période suspecte

Le 20 janvier 2005, M. Lionel et M. Jacques ont prêté à M. Larbitre, organisateur de combats de boxe, des sommes pour un montant global de 417 000 euros. Le 9 février 2005, M. Larbitre a vendu à M. Lionel et M. Jacques un immeuble affecté à son activité professionnelle pour le prix de 677 000 euros, payé comptant à concurrence de 417 000 euros se compensant en partie avec le prêt accordé, et pour le surplus par le versement d'une somme de 260 000 euros. M. Larbitre s'est fait consentir par la banque Quasar cinq ouvertures de crédit en compte-courant d'une durée d'un an ou moins. Le 10 février 2005, il a par acte notarié, délégué à la banque Quasar les loyers à percevoir d'une société Avantime en remboursement des crédits consentis. Toutefois, face aux difficultés financières rencontrées par M. Larbitre, la banque Quasar lui a consenti cinq prêts de restructuration des ouvertures de crédit d'une durée supérieure à un an.

M. Larbitre a ensuite été mis en liquidation judiciaire le 20 mars 2006, la date de cessation des paiements étant fixée au 1er janvier 2005.

Le 10 septembre 2011, M. Élysée, liquidateur judiciaire désigné dans le jugement d'ouverture, ayant constaté l'absence d'actifs dans le patrimoine du débiteur, a assigné M. Lionel et Jacques en annulation de la vente de la maison consentie par M. Larbitre. Selon lui, en effet, cette opération a été passée en période suspecte et la compensation invoquée entre le prêt et la partie du prix de vente de la maison ne saurait valoir. S'agissant de la délégation, l'opération lui paraît, là encore, contestable dans la mesure où ce mode de paiement ne correspond pas à une pratique régulière notamment dans les relations entre M. Larbitre et la banque Quasar. Quant aux prêts de restructuration ils lui paraissent très contestables. Il a donc assigné la banque pour faire prononcer la nullité de ces prêts.

Le liquidateur est-il en droit d'agir en nullité de ces opérations ?

Corrigé

Le cas traite d'abord un aspect classique du droit des procédures collectives – les nullités de la période suspecte. Dans le but de préserver les droits des créanciers mais aussi de permettre le redressement de l'entreprise, le Code de commerce prévoit, dans les procédures de redressement judiciaire ou de liquidation judiciaire uniquement, le droit d'agir en nullité de certains actes ou paiements effectués au cours de la période suspecte. Les actions en nullité permettent de « *reconstituer l'actif du débiteur* » (C. com., art. L. 632-4) et ceci dans l'intérêt collectif des créanciers [1].

On sait que le Code de commerce distingue entre les nullités obligatoires (C. com., art. L. 632-1), que le juge à l'obligation de prononcer, des nullités facultatives (C. com., art. L. 632-2) que le juge à l'opportunité de prononcer.

1. Cass. com., 21 sept. 2010, n° 08-21030.

La question posée à la fin de l'énoncé – le liquidateur est-il en droit d'agir en nullité de ces opérations ? – soulève en réalité deux problèmes. D'une part, celui de la recevabilité des actions en nullité engagées par le liquidateur (I) et, d'autre part, celui du bien fondé de ces mêmes actions (II).

I. La recevabilité des actions engagées par le liquidateur

Le premier problème de droit soulevé par ce cas est celui de la recevabilité de l'action du liquidateur. Il conduit d'abord à se demander si le liquidateur a bien qualité pour agir et, ensuite, si au regard de l'ancienneté des faits l'action n'est pas prescrite.

La question de la recevabilité de l'action en nullité ne pose pas de difficulté quant au titulaire de l'action. Le liquidateur est en effet au nombre de ceux que la loi désigne comme pouvant mettre en œuvre cette action attitrée. On sait d'ailleurs qu'il partage cette prérogative avec l'administrateur, le mandataire judiciaire, le commissaire à l'exécution du plan et le ministère public (C. com., art. L. 632-4).

La question de la recevabilité semble en revanche plus délicate au regard de la prescription de l'action. Ce doute naît de l'enchaînement chronologique des faits qui montre que les actes contestés ont été passés à des dates anciennes ce qui devrait conduire à se demander si le droit d'agir du liquidateur n'est pas éteint. En réalité, il résulte d'une jurisprudence récente que la recevabilité de l'action en nullité n'est pas enfermée dans un délai de prescription. Ainsi, selon la Cour de cassation, « *l'action en nullité prévue à l'article L. 621-107 du Code de commerce dans sa rédaction antérieure à la loi du 26 juillet 2005 de sauvegarde des entreprises et qui tend à la reconstitution de l'actif du débiteur dans l'intérêt collectif des créanciers peut être exercée par ses titulaires, notamment le liquidateur judiciaire, aussi longtemps que ces derniers restent en fonction* »[2]. En l'espèce, si le liquidateur judiciaire était encore en fonction, il était donc parfaitement recevable à agir en nullité de la période suspecte. Il reste à examiner le bien-fondé des actions engagées.

II. Le bien-fondé des actions engagées par le liquidateur

L'énoncé fait apparaître que le liquidateur entend d'abord contester la compensation entre le prêt accordé à M. Larbitre par MM. Jacques et Lionel et l'achat de la maison de M. Larbitre par ces derniers. Il souhaite ensuite invoquer la nullité de la délégation de loyers au profit de la banque Quasar en plaçant ses actions sur le fondement des nullités obligatoires. Plusieurs cas doivent être distingués. Enfin, sont aussi visés les prêts de restructuration accordés par la banque Quasar.

A) S'agissant de la compensation qui serait intervenue entre le montant du prêt accordé par MM. Lionel et Jacques à M. Larbitre et le prix de vente de la maison de ce dernier, elle est susceptible d'être contestée sur le fondement de l'article L. 632-1, 4° du Code de commerce

2. Cass. com., 21 sept. 2010, n° 08-21030 ; v. égal. pour un arrêt écartant la prescription commerciale : Cass. com., 30 mars 2010, n° 08-17556, *D.* 2010, Actu. 1017, obs. A. Lienhard ; *RTD com.* 2010. 433, obs. J.-L. Vallens : « *Mais attendu que les actions en nullité des actes visés par les articles L. 621-107 et L. 621-108 du Code de commerce, dans leur rédaction antérieure à la loi du 26 juill. 2005 de sauvegarde des entreprises, ne relèvent pas de la prescription décennale édictée par l'article L. 110-4 du Code de commerce, laquelle est seulement applicable aux obligations nées à l'occasion de leur commerce entre commerçants ou entre non-commerçants ou aux actions qu'il énumère de manière limitative* ».

qui rend nul de plein droit « *tout paiement pour dettes échues, fait autrement qu'en espèces, effets de commerce, virements, bordereaux de cession visés par la loi n° 81-1 du 2 janvier 1981 facilitant le crédit aux entreprises ou tout autre mode de paiement communément admis dans les relations d'affaires* ».

La nullité est sérieusement envisageable dans la mesure où il résulte de la jurisprudence que, si la compensation légale, en période suspecte, ne constitue pas un mode de paiement anormal tombant sous le coup de la nullité de droit, ce n'est en revanche pas le cas lorsque la compensation est provoquée [3] ce qui paraît correspondre aux faits de l'espèce. Il appartient toutefois au liquidateur de prouver que la vente de la maison a été réalisée dans le but d'opérer une compensation volontaire entre la créance respective du M. Larbitre et ses créanciers. Et si la compensation est annulée comme étant un mode de paiement anormal, cela aura-t-il pour conséquence l'annulation de la vente ? À suivre la jurisprudence cela ne sera pas le cas [4] et c'est la raison pour laquelle MM. Jacques et Lionel devront encore 477 000 euros à M. Larbitre.

B) S'agissant de la délégation de créance accordée par M. Larbitre à la banque Quasar, il convient là encore de se demander si cette opération ne constitue pas un mode de paiement communément admis dans les relations d'affaires qui serait, par suite, frappé de nullité obligatoire. C'est une question d'appréciation mais il n'est pas certain que dans la relation avec une banque, ce mode de paiement soit qualifié d'anormal notamment si l'on s'en tient à la jurisprudence [5]. Il est donc probable que la délégation sera jugée valable.

C) S'agissant enfin la contestation des prêts de restructuration par le liquidateur, il sera difficile au liquidateur d'invoquer un cas de nullité obligatoire pour en obtenir l'annulation [6]. Celui-ci peut toutefois tenter d'obtenir l'annulation des contrats en invoquant l'article L. 632-2 du Code de commerce relatif aux nullités facultatives. Cela suppose toutefois que soit rapportée la preuve que la banque avait connaissance de la cessation des paiements. Enfin, le liquidateur aura de grandes difficultés à engager la responsabilité de la banque pour soutien abusif sauf « *cas de fraude, d'immixtion caractérisée dans la gestion du débiteur ou si les garanties prises en contrepartie de ces concours sont disproportionnées à ceux-ci* » (C. com., art. L. 650-1).

3. Cass. com., 19 déc. 2000, n° 98-11093, *D.* 2001. AJ. 306, obs. A. Lienhard, et somm. 3426, obs. A. Honorat ; *RTD com.* 2002. 165, obs. A. Martin-Serf.
4. En ce sens, v. Cass. com., 19 déc. 2000, n° 98-11093, préc.
5. V. en ce sens, Cass. com., 23 janv. 2001, n° 98-10975.
6. V. en ce sens, Cass. com., 15 déc. 2009, F-D, n° 08-15159.

SÉANCE N° 7
Les revendications

Cas pratique : la revendication du prix

M. Martin a vendu à M. Dubois plusieurs véhicules automobiles, le contrat prévoyant le transfert différé de la propriété jusqu'à complet paiement du prix par l'acheteur.

La convention portant sur quarante véhicules a été conclue le 11 janvier 2013. Le 30 juin de la même année M. Dubois a revendu à crédit et livré ces biens à M. Simbloc qui a ce jour n'a pas encore payé le prix convenu à son vendeur. Cela n'a pas empêché M. Dubois, pressé d'obtenir des fonds, de céder à la banque AXO la créance de prix qu'il détient sur M. Simbloc, le 15 juillet 2013. Cet apport en trésorerie n'a pas suffi puisque M. Dubois a été mis en redressement judiciaire le 19 septembre 2013.

Informé de cette situation, M. Martin souhaite récupérer le prix des marchandises mais il est confronté à plusieurs difficultés. Tout d'abord, suite à une demande paiement formulée auprès de M. Simbloc, ce dernier lui a indiqué qu'il a déjà réglé une partie de sa dette par compensation avec une créance qu'il détenait sur M. Dubois. Ensuite, M. Simbloc considère que les marchandises livrées ne sont pas conformes aux prévisions du contrat ce qui justifierait, selon lui, qu'il refuse de payer la partie restante du prix à M. Martin. Enfin, M. Simbloc a fait savoir à M. Martin, qu'en tout état de cause, il a déjà reçu une demande de paiement de la part de la banque AXO et qu'il ne souhaite pas payer une deuxième fois.

Corrigé

Parmi les sûretés, la réserve de propriété occupe une place particulière au sein des procédures collectives. Rendue opposable à la procédure par la loi du 12 mai 1980, elle est d'un grand intérêt pour les créanciers qui peuvent se prévaloir d'un droit de propriété et échapper ainsi à la concurrence des autres créanciers. Le régime de revendication des biens vendus sous réserve de propriété présente en outre une spécificité dans la mesure où le vendeur peut non seulement se faire restituer la chose dès lors que son droit de propriété aura été reconnu, mais il peut aussi, si une telle restitution n'est pas possible et à certaines conditions, revendiquer le prix de revente du bien. C'est là une question classique du droit des procédures collectives, dont traite ce cas pratique.

En effet, la revente par le débiteur, avant l'ouverture de sa procédure collective, de biens meubles qui lui ont été cédés avec une clause de réserve de propriété ne fait pas obstacle à la revendication du prix impayé entre les mains du sous-acquéreur, qui porte alors sur la créance du prix dû par le sous-acquéreur. Ce droit du vendeur initial résulte de l'article L. 624-18, selon lequel, *« peut être revendiqué le prix ou la partie du prix des biens visés à l'article L. 624-16 qui n'a été ni payé, ni réglé en valeur, ni compensé entre le débiteur et l'acheteur à la date du jugement ouvrant la procédure. Peut-être revendiquée dans les mêmes conditions l'indemnité d'assurance subrogée au bien »*.

Toutefois, ainsi que le montre le texte, cette revendication n'est possible qu'à certaines conditions que le cas permet de discuter en distinguant :

– d'une part, la demande en paiement de M. Martin auprès du sous-acquéreur, M. Simbloc ;

– d'autre part, la demande en paiement de la banque AXO.

I. La demande en paiement du vendeur M. Martin auprès du sous-acquéreur M. Simbloc

Pour refuser le paiement à M. Martin, vendeur initial, le sous-acquéreur M. Simbloc oppose deux exceptions : une exception de compensation, d'une part, et une exception de non-conformité des véhicules, d'autre part.

Quant à l'exception de compensation, il est vrai qu'aux termes de l'article L. 624-18 du Code de commerce, la revendication du prix n'est possible que si ce dernier n'a ni été « *payé, ni réglé en valeur, ni compensé entre le débiteur et le tiers acquéreur à la date du jugement ouvrant la procédure* » [1]. Il semble donc que l'exception invoquée par M. Dubois peut être opposée à M. Martin pour une partie du prix.

La solution paraît d'autant plus acceptable depuis que l'ordonnance du 18 décembre 2008, a fait disparaître du texte l'exigence d'une compensation « en compte-courant ». Cette précision dans la rédaction antérieure à 2008 laissait entendre que l'exception de compensation ne pouvait être valablement invoquée que dans la mesure où les relations entre les parties étaient juridiquement scellées par l'existence d'une convention de compte-courant. Cela avait d'ailleurs été confirmé par la Cour de cassation qui avait jugé qu'une compensation hors compte-courant ne constituait pas un mode de paiement faisant obstacle à la revendication du vendeur [2]. Le texte ayant évolué on peut penser que cette solution sera abandonnée ce qui donnera raison à M. Simbloc. Toutefois même si cette compensation a bien cette portée juridique elle n'a d'effet que partiel puisque seule une partie du prix est concernée, d'où l'intérêt de discuter du deuxième argument.

M. Simbloc se plaint de la non-conformité au contrat des véhicules vendus. Autrement dit, il entend opposer l'exception d'inexécution en ne versant pas le prix qu'il s'est obligé à payer. M. Martin peut toutefois objecter à cet argument que si le sous-acquéreur peut opposer au revendiquant le paiement acquis au jour du jugement d'ouverture, il ne peut en revanche se prévaloir des exceptions personnelles qu'il aurait pu lui-même opposer au débiteur comme par exemple la non-conformité des marchandises. En effet pour la Cour de cassation, « *lorsque l'acquéreur d'un bien vendu avec réserve de propriété le revend sans avoir payé l'intégralité du prix, la revente opère, par l'effet de la subrogation réelle, transport dans le patrimoine du vendeur initial du prix ou de la partie du prix impayé par le sous-acquéreur au jour de l'ouverture de la procédure collective du débiteur, sans que le sous-acquéreur puisse opposer au vendeur initial les exceptions qu'il pourrait faire valoir contre son propre vendeur* » [3]. Même si

1. C. com., art. L. 624-18.

2. Cass. com., 8 janv. 2002, n° 99-11079.

3. Cass. com., 18 janv. 2011, *D.* 2011, Actu. 368, obs. Lienhard ; *Gaz. Pal.*, 1er-2 avr. 2011, p. 36, obs. Pérochon ; Cass. com., 5 juin 2007, *Bull. civ.* IV, n° 152 ; *D.* 2007. AJ 1729, obs. Lienhard ; *Act. proc. coll.* 2007, n° 153, obs. le Corre-Broly ; *Gaz. Pal.* 20-21 juill. 2007, p. 54, obs. Pérochon ; *Rev. proc. coll.* 2007. 224, obs. Monsèrié-Bon ; *JCP* E 2008. 1207, n° 11, obs. Cabrillac et Pétel ; *RTD com.* 2008. 622, obs. Martin-Serf.

cette solution est discutée en doctrine, sa réitération récente par la Cour de cassation permet en l'espèce d'écarter l'argument de M. Simbloc.

II. La demande de paiement formulée par la banque AXO

Le dernier argument avancé par M. Simbloc concerne la cession de créance du prix de revente opérée par M. Dubois au profit de la banque AXO. Cette cession empêcherait M. Simbloc de payer M. Martin. Il s'agit ici de trancher la question du conflit entre le cessionnaire d'une créance et le vendeur avec réserve de propriété la question étant de savoir lequel des deux créanciers peut se prévaloir prioritairement de la créance de prix. En réalité deux situations doivent être distinguées :

– si au jour du jugement d'ouverture, le cessionnaire n'a pas été payé par le sous-acquéreur et le débiteur l'a été par le cessionnaire, la revendication est alors possible. En effet, la revendication s'exerce sur le prix qui se trouve subrogé aux biens revendiqués, de sorte que le droit acquis par le cessionnaire sur la créance ne peut faire échec à la revendication. Cette solution acquise sous le régime antérieur à la loi du 26 juillet 2005 devrait perdurer au-delà dans la mesure où elle repose sur un fondement classique : le cessionnaire ne peut avoir acquis plus de droit que le cédant [4] ;

– en revanche si au jour de l'ouverture de la procédure, le prix de revente des biens a été payé par le sous-acquéreur entre les mains du cessionnaire, il n'y a pas dans ce cas de revendication possible.

Au cas d'espèce on observe que l'on se trouve être en présence de la deuxième situation ce qui donne raison à M. Martin. M. Simbloc doit se libérer entre ses mains.

4. Cass. com., 20 juin 1989, *D.* 1989. 431, note Pérochon ; Cass. com., 26 avr. 2000, *D.* 2000. 278, obs. Pisoni.

SÉANCE N° 8
Les pouvoirs du débiteur en redressement et en liquidation judiciaire

Cas pratique : cession de fonds de commerce en redressement et en liquidation judiciaire

La société anonyme Tournus est immatriculée au Registre du commerce et des sociétés de Douai, lieu de son siège social. Elle a pour objet « *l'exploitation de toute activité de loisirs nocturnes notamment discothèques, bars, night-club, etc., et l'achat, la création, la location, l'exploitation et l'aliénation de tous établissements de ce genre* ». Le directeur général, Monsieur Didier, envisage plusieurs opérations visant des discothèques exploitées par différentes sociétés de la région.

Il a en particulier contacté Monsieur Hastroubal, gérant de la société Nigthfever, qui exploite une discothèque à proximité de la frontière belge. Cette société est actuellement en redressement judiciaire et ceci depuis le 1er mars 2011. Après avoir analysé la situation de la société Nigthfever, Monsieur Didier souhaiterait acquérir le fonds de commerce de cette société. À cette fin il a pris l'initiative d'entamer des négociations avec son gérant, M. Hastroubal.

Les deux dirigeants ont bien avancé mais n'ont pas encore finalisé l'opération.

Monsieur Didier est également en contact avec une autre société, la SARL Bingoplus, actuellement en liquidation judiciaire. Cette société exploite un bar de nuit disposant d'une salle de billard aux normes internationales ce qui intéresse M. Didier qui souhaite élargir les activités nocturnes de la SA Tournus. Il projette donc de racheter le fonds de commerce de cette société. À cette fin, M. Didier a pris contact avec Monsieur Parfait, liquidateur judiciaire de cette société. Les deux protagonistes ont passé un accord sur la cession du fonds. Monsieur Didier est désormais en attente de la réalisation des formalités de publicité afin de s'assurer du transfert de propriété.

Vous devez analyser sur le plan juridique les projets de Monsieur Didier.

Corrigé

L'ouverture d'une procédure collective est faite de contrainte plus ou moins forte selon le type de procédure. C'est notamment vrai pour les deux procédures évoquées dans ce cas, le redressement judiciaire et la liquidation judiciaire. Dans ces procédures en effet, les restrictions apportées au pouvoir du débiteur forte et peuvent aller, c'est toujours le cas dans la liquidation judiciaire, jusqu'à un dessaisissement total. Si ces contraintes frappent le débiteur, elles concernent aussi les personnes ayant des relations d'affaires avec ce dernier. Ces personnes doivent en effet s'assurer que leur interlocuteur dispose bien des pouvoirs suffisants pour engager valablement le patrimoine du débiteur.

Ce cas met en lumière les difficultés qui peuvent se présenter à propos de la cession d'un fonds de commerce tant dans le cadre du redressement judiciaire que de la liquidation judiciaire.

I. L'achat du fonds de commerce dans le cadre d'un redressement judiciaire

Il convient de mettre en garde M. Didier des effets liés à l'ouverture de la procédure de redressement judiciaire de la société Nightfever.

Ainsi, lorsque le fonds de commerce est la propriété d'un débiteur en procédure de redressement judiciaire, il ne peut pas être cédé librement. En effet, comme le précise l'article L. 622-7, II du Code de commerce, pendant la période d'observation, tout « *acte de disposition étranger à la gestion courante de l'entreprise* » requiert une « *autorisation du juge-commissaire* ». Or, il ne fait aucun doute que la vente du fonds de commerce, en raison de sa gravité, relève de cette catégorie d'acte. Aussi, le débiteur ou, le cas échéant, l'administrateur, doit, pour conclure cette vente de fonds de commerce, obtenir cette autorisation.

À défaut, la vente irrégulière pourrait être annulée, à la demande de tout intéressé, si elle est formulée dans un délai de trois ans à compter du jour de la publication de l'acte de vente (C. com., art. L. 622-7, III). Par ailleurs, le fait de passer un acte ou d'effectuer un paiement en violation des dispositions de l'article L. 622-7 est passible d'un emprisonnement de deux ans et d'une amende de 30 000 euros (C. com., art. L. 654-8).

L'autorisation est laissée à l'appréciation du juge-commissaire. Toutefois dans certaines circonstances le juge-commissaire ne peut pas donner cette autorisation. Il en serait ainsi lorsque, par cette autorisation, il compromet de manière inéluctable le redressement de l'entreprise. Surtout le juge-commissaire ne saurait décider de la cession du fonds de commerce s'il apparaît que cette opération équivaut à une cession totale ou partielle de l'entreprise. Dans ce cas en effet, seul le tribunal serait compétent pour prononcer une telle cession et selon un régime spécifique à cette opération. C'est l'application de l'article L. 631-22, alinéa 1er du Code de commerce qui précise qu'« *à la demande de l'administrateur, le tribunal peut ordonner la cession totale ou partielle de l'entreprise si le débiteur est dans l'impossibilité d'en assurer lui-même le redressement. Les dispositions de la section I du chapitre II du titre IV, à l'exception du I de l'article L. 642-2, et l'article L. 642-22 sont applicables à cette cession. Le mandataire judiciaire exerce les missions dévolues au liquidateur* ».

II. L'achat du fonds de commerce dans le cadre d'une liquidation judiciaire

Lorsque le tribunal décide, du fait de l'état de cessation des paiements et du redressement manifestement impossible de l'entreprise, d'ouvrir ou de prononcer une liquidation judiciaire, cela emporte des conséquences patrimoniales importantes pour le débiteur. Il est en effet frappé dessaisissement c'est-à-dire qu'il n'a pas la libre administration et disposition de ses biens même de ceux qu'il a acquis à quelque titre que ce soit tant que la liquidation judiciaire n'est pas clôturée. Pendant toute la durée de la liquidation judiciaire les droits et actions du débiteur concernant son patrimoine sont désormais exercés par le liquidateur (C. com., art. L. 641-9, I). Il résulte de cette règle que le débiteur ne saurait céder de lui-même un fonds de commerce. La vente conclue par le débiteur dessaisi serait alors inopposable à la procédure collective [1].

1. V. Cass. com., 23 mai 1995, n° 93-16930 « *attendu que les actes juridiques accomplis par le débiteur en liquidation judiciaire, dessaisi de l'administration et de la disposition de ses biens, ne sont pas frappés de nullité, mais simplement d'inopposabilité à la procédure collective* ».

L'énoncé du cas fait apparaître que M. Martin et le liquidateur judiciaire « ont passé un accord pour la cession du fonds ». En réalité, le liquidateur n'a pas en principe compétence pour décider seul de la cession du fonds de commerce. Il convient cependant de distinguer selon que le débiteur est en liquidation judiciaire ordinaire ou simplifiée.

Si la Sarl Bingoplus est soumise à une liquidation judiciaire ordinaire il convient de différencier deux situations :

– ou bien la cession du fonds correspond à une cession d'entreprise et donc seul le tribunal de la procédure pourra décider du sort du fonds de commerce en arrêtant un plan de cession de l'entreprise (C. com., art. L. 642-5, al. 1er) ;

– ou bien la vente du fonds suivra les règles de la cession d'actifs du débiteur en liquidation judiciaire, dans ce cas le fonds de commerce sera soit vendu aux enchères publiques sur ordonnance du juge-commissaire soit cédé de gré à gré sur autorisation du juge-commissaire « *au prix et conditions qu'il détermine* » (C. com., art. L. 642-19).

Le liquidateur, pour sa part, accomplira les actes nécessaires à la réalisation de la vente de gré à gré ou participera à la vente par adjudication. C'est également lui qui accomplira les actes inhérents à la cession d'entreprise. Ainsi au cas particulier, l'accord passé entre M. Martin et le liquidateur doit avoir été précédé d'une décision du tribunal ou du juge-commissaire. En tout état de cause la vente du fonds de commerce ne peut pas être valablement conclue par le liquidateur sans l'autorisation préalable du juge-commissaire. La vente passée au mépris de cette exigence encourt la *nullité absolue,* ce qui exclut sa régularisation par une autorisation postérieure du juge-commissaire [2].

Si la Sarl Bingoplus relève d'une procédure de liquidation judiciaire simplifiée, il convient là encore de distinguer deux situations :

– s'il s'agit d'une liquidation judiciaire simplifiée obligatoire, le liquidateur n'a pas besoin d'une décision préalable du juge-commissaire. Dans ce cas en effet, l'article L. 644-2, alinéa 1er du Code de commerce prévoit que « *le liquidateur procède à la vente des biens mobiliers de gré à gré ou aux enchères publiques dans les trois mois suivant le jugement de liquidation judiciaire* » ;

– s'il s'agit d'une liquidation judiciaire simplifiée facultative, alors « *le tribunal ou le président du tribunal, selon le cas, détermine les biens du débiteur pouvant faire l'objet d'une vente de gré à gré dans les trois mois de sa décision* » (C. com., art. L. 644-2, al. 3). Autrement dit dans ce cas, le liquidateur doit obtenir une décision du tribunal ou du juge-commissaire avant de procéder aux formalités de cession du fonds de commerce.

2. Cass. com., 27 oct. 1998, *Bull. civ.* IV, n° 259.

TABLE DES MATIÈRES

COURS

Première partie – Le déclenchement des procédures collectives

Troisième partie – Le dénouement des procédures collectives

TRAVAUX DIRIGÉS

Achevé d'imprimer par
l'Imprimerie France Quercy, 46090 Mercuès
N° d'impression : 31546/ - Dépôt légal : octobre 2013

IMPRIM'VERT

Imprimé en France